hugo

POCKET DICTIONARY

ENGLISCH

DEUTSCH-ENGLISCH
ENGLISCH-DEUTSCH

VORWORT

Hugo's Wörterbuch wird sich als handliches Nachschlagewerk in Taschenformat höchst dienlich erweisen. Trotz seines beschränkten Ausmaßes enthält es diejenigen Worte, die im täglichen Leben benötigt werden. Das weltbekannte Hugo'sche System der nachgeahmten Aussprache ist zur Anwendung gebracht worden; diese Darstellungsmethode der Aussprache ist so einfach, daß sie jedermann sofort ohne die geringste Mühe gebrauchen kann (siehe Seite viii). *Es ist also nicht erst erforderlich, einen komplizierten Schlüssel zu erlernen.*

Worte derselben Abstammung, die im Deutsch-Englischen Teil nicht angeführt werden, sind meistens im Englisch-Deutschen Teil vorzufinden. Diese Methode wurde angewendet, um für die größtmögliche Anzahl von Worten Raum zu finden.

PREFACE

Hugo's German Dictionary will be found a most serviceable pocket reference-book. It contains in a small space the words that are needed in everyday life. Hugo's well-known system of Imitated Pronunciation has been employed. This method of imparting the pronunciation is so simple that anyone can use it at once without the slightest trouble (see page ix). *There is no complicated key to be mastered.*

In order to save space, words belonging to the same root not given in the German-English section will generally be found in the English-German section. Many German nouns have been run on to a common stem (which may first appear as a verb or adjective). In such cases, remember that all German nouns begin with a capital letter, as this will not be apparent from the entry.

VERGLEICHSTABELLE

Maße   **Gewichte**

——

LANGENMAßE

1 inch (in.) = 2·54 cm.	1 furlong = 201·16 m.
1 foot (ft.) = 30·4 cm.	1 mile = 1 km, 610 m.
1 yard (yd.) = 91·4 cm.	1 fathom = 1·828 m.

1 knot = 1 km, 852 m.

FLACHENMAßE

1 square inch = 6·45 cm²	1 square yard = 8361 cm²
1 square foot = 929 cm²	1 acre = 40·46 Ar
1 square mile = 2·59 km²	(10 sq. miles = ca. 26 km²)

HOHLMAßE

1 pint = 0·568 Liter	(8 pints = 1 gallon)
1 quart = 1·136 Liter	1 gallon = 4·546 Liter

GEWICHTE (avoirdupois)

1 ounce (oz.) = 28·35 gr. (16 oz. = 1 pound)
1 pound (lb.) = 453·59 gr. (14 lbs. = 1 stone)
1 stone = 6·35 kg. (8 stones = 1 hundredweight)
1 hundredweight (cwt.) = 50·8 kg. (20 cwt. = 1 ton)
1 ton (englische Tonne) = 1016 kg.

THERMOMETER

$32°$ Fahrenheit = $0°$ Celsius
$212°$,,   = $100°$ Celsius

$9°$ F. gleichen $5°$ C. Um Celsius in Fahrenheit umzu echnen, multipliziere man mit 9, dividiere durch 5 und addiere 32.

COMPARATIVE TABLE

Measures   **Weights**

LINEAL MEASURE

1 Zentimeter	= 0·393 inch (10 cm. = about 4 ins.)
1 Meter	= 39·37 ins. (10 m. = about 33 ft.)
1 Hektometer	= 100 m. = 109·36 yds.
1 Kilometer	= 1000 m. = 1093·63 yds.
	(⅝ of a mile)

SQUARE MEASURE

1 Quadratmeter	= 1·196 sq. yds. (10·8 sq. ft.)
1 Ar (100 qm.)	= 119·6 sq. yds.
1 Hektar (10,000 qm.)	= 2·471 acres

CUBIC MEASURE

1 Kubikmeter	= 1·308 cu. yds.
Liter = 1·76 pints	1 Hektoliter = 22 gals.

WEIGHTS (Avoirdupois)

1 Hektogramm (100 Gramm)	= 3·527 ozs.
1 Kilogramm (1000 Gramm)	= 2·205 lbs.
1 Tonne (1000 Kilogramm)	= 0·984 ton

THERMOMETER

0° Celsius (Centigrade)	= 32° Fahrenheit
100° Celsius	= 212° Fahrenheit

5° C. are equivalent to 9° F. To convert Fahrenheit into Celsius, subtract 32, multiply by 5, and divide by 9.

ERKLÄRUNG DER NACHGEAHMTEN AUSSPRACHE

———

Die nachgeahmten Laute sollten herzhaft ausgesprochen werden, gerade als lese man ein deutsches Wort.

Man beachte die folgenden praktischen Winke:

1. Die Betonung liegt auf der **fettgedruckten** Silbe.

2. Das schräg gedruckte *a* stellt einen Laut dar, den es im Deutschen nicht gibt. Der Laut liegt zwischen dem des **o** in kommen und **ö** in Hölle.

3. **o'a** wird in einem Laut ausgesprochen; die Hauptbetonung liegt auf dem **o** und das **a** klingt nur leicht nach.

4. In vielen englischen Wörtern ist der Vokal der unbetonten Silbe kaum hörbar, ähnlich wie das **e** in morgen, Löffel. Daher ist dieser tonlose Vokal meistens durch ein (') bezeichnet: **table** (Tisch) durch **tä-b'l** od. **tä-bel**; **doctor** (Arzt) durch **dock-t'r** od. **dock-tor**; **servant** (Dienstmädchen) durch **sörr-v'nt** od. **sörr-vent**, u. s. w.

5. **uncle** (Onkel) **ank**-el. Dieser Laut in Kursivschrift ist zwischen ank, onk, unk, NICHT önk.

6. **s** am Ende eines Wortes hat gewöhnlich einen weichen Laut; ähnlich wie das **s** in so u. sehr in Norddeutschland ausgesprochen wird. In unserer nachgeahmten Aussprache wird dieses **s** durch fette Schrift bezeichnet; das scharfe **s** durch **ss**.

7. Es gibt im Deutschen keinen Laut, der dem englischen **th** entspricht. Man spreche **s** aus mit der Zungenspitze zwischen den Zähnen, wie wenn jemand lispelt. **th** hat ausser der scharfen Aussprache eine flache, wo man eher **d** als **s** hört. In der nachgeahmten Aussprache bedeutet **th** den scharfen und **dh** den flachen Laut.

Forsetzung Seite x.

EXPLANATION OF
THE IMITATED PRONUNCIATION

Read each syllable as if it were an English syllable, bearing in mind the following instructions:

ow is to be pronounced like **ow** in 'cow' or 'how':

EE like the French **u** (that is, resembling the English **ee** in 'seen,' pronounced with rounded lips);

e (italic) must be pronounced like **e** in 'open,' or **a** in 'local';

g or gh must always be pronounced like **g** in 'go' or 'drag,' but never like the **g** in 'general';

k (italic) gutturally, like **ch** in the Scotch 'loch';

r (italic) must not be pronounced at all; it is merely inserted to ensure the correct pronunciation of the preceding vowel.

ah must generally be pronounced long, but shorter and sharper if followed by two consonants;

eh like **ay** in 'play,' 'day,' but more acute.

The stressed syllable is printed in **thick type**.

IMPORTANT.—The imitated pronunciation in the German-English section, being for English-speaking people only, is framed in accordance with English "sound-spelling" principles. Users of this dictionary should beware of criticisms from foreigners who forget that this imitated pronunciation is not based upon their own phonetics.

Vice versa, the imitated pronunciation in the English-German section is for German-speaking people only.

(Fortsetzung von Seite viii)

8. **ch** wird durch **tsch** nachgeahmt:
   church (Kirche) tschörtsch

9. Ein fettes **d** wie bei **sch** bezeichnet, daß der Laut weich ist, und nicht so hart wie **tsch**:
   marriage (Heirat) mär-edsch

ABKÜRZUNGEN
IN DIESEM WÖRTERBUCH

a.; adj.	Adjektiv	mil., milit.	militärisch
accus.	Akkusativ	mus.	Musik
adv.	Adverbium	n. (neuter)	sächliches Hauptwort
art.	Artikel		
compar.	Komparativ	naut.	nautisch
conj.	Konjunktion	nuc.	kernförmig
dat.	Dativ	p.p. (past participle)	
def. (definite) bestimmt			Partizip(ium) der
dem.	demonstrativ		Vergangenheit
eccl. (ecclesiastical)		parl.	Parlament
	kirchlich	pers.	persönlich
f. (feminine)		pl.	Plural
weibliches Hauptwort		poet.	Poesie
fam.	familiär	pop.	populär
fig.	figürlich	poss. (possessive)	
gen.	Genitiv		besitzanzeigend
gram.	Grammatik	prep.	Präposition
indef.	unbestimmt	pres. (present)	Präsens
indic.	Indikativ	pron.	Pronomen
interj.	Interjektion	refl.	reflexiv
interrog. (interrogative)		s. (substantive)	
Fragewort			Hauptwort
m. (masculine)		sing.	Singular
männliches Hauptwort		tech.	technisch
mech.	Mechanik	v.	Verbum
med. (medical)		vulg. (vulgar)	gemein
medizinisch			

ZUR GEFL. BEACHTUNG.—Ein Komma (,) trennt in diesem Wörterbuch zwei od. mehr ähnliche Deutungen eines Wortes. Trennung durch ein Semikolon (;) zeigt eine andere Bedeutung an.

ABBREVIATIONS
USED IN THIS DICTIONARY

The appropriate indications are given against all words that may belong to more than one part of speech, gender, etc. Ex.: a. & adv., adjective & adverb; m., f. & n., masculine, feminine & neuter; s. pl., substantive plural.

a.; adj.	adjective	med.	medical
accus.	accusative	mil.; milit.	military
adv.	adverb	mus.	musical
art.	article	n.	neuter
compar.	comparative	naut.	nautical
conj.	conjunction	nuc.	nuclear
dat.	dative	p.p.	past participle
def.	definite	parl.	parliament
dem.	demonstrative	pers.	personal
eccl.	ecclesiastical	photog.	photographic
elec.	electric	pl.	plural
f.	feminine	poet.	poetry
fam.	familiar	pop.	popular
fig.	figurative	poss.	possessive
gen.	genitive	prep.	preposition
gram.	grammar	pres.	present
indef.	indefinite	pron.	pronoun
indic.	indicative	refl.	reflective
interj.	interjection	s.	substantive
interrog.	interrogative	sing.	singular
m.	masculine	tech.	technical
mech.	mechanics	v.	verb
		vulg.	vulgar

NOTE.—In this dictionary commas (,) separate two or more translations of a word where the meanings are similar. Semicolons (;) indicate different significations.

ß is a German character = sz.

GEOGRAPHICAL NAMES
GEOGRAPHISCHE NAMEN

Nachgeahmte Aussprache.	Imitated pronunciation.
Africa, **ä**-fri-*ka*	Afrika, n., **ahf**-re-kah
America, a-**mer**-ri-*ka*	Amerika, n., ahm-**er**-re-kah
Asia, **eh**-scha	Asien, n., **ah**-ze-*en* [en
Australia, o'ass-**trä**-li-*a*	Australien, n., ow-**strah**-le-
Austria, o'ass-tri-*a*	Österreich, n., **ers**-tri*ke*
Bavaria, ba-**weh**-ri-*a*	Bayern, n., **by**-airn
Belgium, **bel**-dschi-om	Belgien, n., **bell**-ghee-*en*
Brazil, bra-**sil**	Brasilien, n., brah-**ze**-le-*en*
Bulgaria, bol-**gah**-ri-*a*	Bulgarien, n., bull-**gah**-ri-*en*
Canada, **kä**-na-*da*	Kanada, n., **kah**-nah-dah
China, **tschei**-na	China, n., **kee**-nah [mark
Denmark, **den**-mahrk	Dänemark, n., **day**-ner-
Egypt, **ih**-dschipt	Ägypten, n., ay-**ghyp**-t*en*
England, **ing**-landd	England, n., **ang**-lahnnt
Europe, **juh**-rop	Europa, n., oy-**ro**-pah
France, frahnss	Frankreich, n., **frahnk**-ri*ke*
Germany,	Deutschland, n.,
dschörr-ma-ni	**doytch**-lahnnt
Great Britain,	Grossbritannien, n.,
greht **brit**-'n	grohs-brit-**ahnn**-e-*en*
Greece, grihss	Griechenland, n.,
	gree-k*en*-lahnnt
Holland, **hol**-andd	Holland, n., **holl**-lahnnt
Hungary, **hong**-*a*-ri	Ungarn, n., **oon**-gahrn
India, in-di-*a*	Indien, n., **inn**-di-*en*
Ireland, **air**-lannd	Irland, n., **eer**-lahnnt
Italy, **i**-tal-i	Italien, n., ee-**tah**-le-*en*
Japan, dscha-**pän**	Japan, n., **yah**-pahn
Morocco, mo-**rok**-ko	Marokko, n., mah-**rock**-ko
Netherlands,	Niederlande, n. pl.,
nedh-er-landds	**nee**-dair-lahn-d*e*
New Zealand,	Neuseeland, n.,
njuh **zih**-landd	noy-**zay**-lahnnt
Norway, **no'**ar-u'eh	Norwegen, n., **nor**-veh-gh*en*

Persia, **pörr**-sch*a*	Persien, n., **pair**-zee-*en*
Poland, **poh**-landd	Polen, n., **poh**-len
Portugal, **porr**-tju-g*al*	Portugal, n., **por**-too-gahll
Russia, **rosch**-*a*	Russland, n., **rooss**-lahnnt
Scotland, **s'kott**-landd	Schottland, n., **shott**-lahnnt
Spain, spehnn	Spanien, n., **shpah**-ne-*en*
Sweden, **ssu'i**-den	Schweden, n., **shvay**-d*en*
Switzerland,	Schweiz, f., shvites
ssu'its-er-landd	
Turkey, **törr**-ki	Türkei, f., TEER-**ki**
(the) United States,	(die) Vereinigten Staaten,
(dhie) ju-**nai**-tidd	pl., (de) fair-**ine**-ig-t*en*
s'tehtss	**shtah**-t*en*

American,	amerikanisch, a.,
a-**mer**-ri-kan	ahm-eh-re-**kahn**-ish
Australian,	australisch, a.,
o'ass-**trä**-li-en	ow-**strahl**-ish
Belgian, **bel**-dschi-en	belgisch, a., **bell**-ghish
British, **brit**-isch	britisch; britannisch, a.,
	brit-ish; brit-**ahn**-nish
Canadian, kä-**nä**-di-en	kanadisch, a., kah-**nahd**-ish
Danish, **deh**-nisch	dänisch, a., **dain**-ish
Dutch, dotsch	holländisch, a., **holl**-enn-dish
English, **ing**-lisch	englisch, a., **ang**-lish
French, frensch	französisch, a.,
	frahn-**tser**-zish
German, **dschörr**-man	deutsch, a., doytsh
Irish, **ei**-risch	irländisch, a., **eer**-lenn-dish
Italian, i-**täl**-jen	italienisch, a.,
	ee-tahl-**yay**-nish
Norwegian,	norwegisch, a.,
no'-ar-u'i-**d**schi-en	**nor**-vay-ghish
Portuguese,	portugiesisch, a.,
porr-tju-**giehs**	porr-too-**gheez**-ish
Russian, **rosch**-'n	russisch, a., **rooss**-ish
Scots, s'kotts	schottisch, a., **shott**-ish
Spanish, **s'pann**-isch	spanisch, a., **shpah**-nish
Swedish, **ssu'i**-disch	schwedisch, a., **shvay**-dish
Swiss, **ssu'iss**	schweizerisch, a.,
	shvy-tser-rish

Antwerp, änt-u'örp	Antwerpen, n., ahnt-**vairp**-en
Athens, ädh-enss	Athen, n., ah-**tain**
Berlin, börr-linn	Berlin, n., bair-**leen**
Brussels, **bröss**-'ls	Brüssel, n., **brEEss**-el
Cairo, **keh**-ro	Kairo, n., kah-**ee**-ro
Geneva, dsche-**nie**-wah	Genf, n., ghenf
Hague, heegh	Haag, m., hahg
Hamburg, häm-börgh	Hamburg, n., **hahm**-boorg
Lisbon, **lis**-bonn	Lissabon, n., lis-sa-**bonn**
London, **lon**-don	London, n., **lonn**-donn
Marseilles, mahr-**sehls**	Marseille, n., mahr-**say**'ee
Moscow, **moss**-kau	Moskau, n., **moss**-kow
Naples, **neh**-p'ls	Neapel, n., nay-ah-**pel**
New York, nju-**york**	Neu York, n., noy **york**
Paris, pä-riss	Paris, n., pah-**reess**
Rome, rom	Rom, n., rohm
Venice, **wenn**-iss	Venedig, n., vay-**nay**-dik
Vienna, wi-**en**-na	Wien, n., veen
Warsaw, u'o'ar-so'a	Warschau, n., **vahr**-show

Alps, alpss	Alpen, pl., **ahlp**-en
Atlantic Ocean, ät-**länt**-ick **ohsch**-'n	Atlantische Ozean, m., at-**lahn**-te-sheh ots-eh-ahn
Baltic Sea, **bo**'alt-ick ssieh	Ostsee, f., **ohst**-zeh
Black Sea, bläck ssieh	Schwarzes Meer, n., **shvahrts**-ess mair
Danube, **denn**-juhb	Donau, f., **doh**-now
(the) English Channel, (dhie) **ing**-lisch **tschenn**-'l	(der) Englische Kanal, m., (der) **ang**-lish-e kah-**nahll**
Mediterranean, me dit-er-**reh**-ni-en	Mittelländisches Meer, n., **mit**-el-land-ish-ess mair
North Sea, nordh ssieh	Nordsee, f., **nort**-zeh
Pacific Ocean, pass-i-fick **ohsch**-'n	Stilles Meer, n., **shtill**-ess mair
Pyrenees, pi-ri-**niehs**	Pyrenäen, pl., pe-reh-**neh**-[en]
Rhine, rain	Rhein, rine
Thames, temms	Themse, f., **tem**-ze

xiv

THE CALENDAR
DER KALENDER

Sunday, **sonn**-di	Sonntag, m., **sonn**-tahg
Monday, **monn**-di	Montag, m., **mohn**-tahg
Tuesday, ti'**uhs**-di	Dienstag, m., **deens**-tahg
Wednesday, u'**enns**-di	Mittwoch, m., **mit**-vok
Thursday, **thörrs**-di	Donnerstag, m., **don**-ers-tahg
Friday, **frei**-di	Freitag, m., **fry**-tahg
Saturday, **sätt**-or-di	{ Samstag, m., **sahmms**-tahg
	Sonnabend, m., **sonn**-ah-bent

January, **dschänn**-i'u-er-i	Januar, m., **yahnn**-oo-ahr
February, **febb**-ru-er-i	Februar, m., **fayb**-roo-ahr
March, **mahrtsch**	März, m., mairts
April, **eh**-pril	April, m., ah-**pril**
May, meh	Mai, m., my
June, **dschuhn**	Juni, m., **yoo**-ne
July, **dschuh-lai**	Juli, m., **yool**-e
August, **o'a**-gast	August, m., ow-**goost**
September, sep-**temm**-b'r	September, m., sep-**tem**-ber
October, ok-**toh**-b'r	Oktober, m., ok-**toh**-ber
November, no-**wemm**-b'r	November, m., noh-**vem**-ber
December, di-**ssem**-b'r	December, m., day-**tsem**-ber

Spring, s'**pring**	Frühling, m., **free**-ling
Summer, **somm**'r	Sommer, m., **somm**-er
Autumn, o'a-**t'm**	Herbst, m., hairbst
Winter, u'**in**-ter	Winter, m., **vinn**-ter

ABKÜRZUNGEN/ABBREVIATIONS

German			englisch
Abf.	Abfahrt	Departure	dep.
Abt.	Abteilung	Department	dept.
A.G.	Aktiengesell-schaft	Limited Company	Ltd. Co.
—	vormittags	Before noon	a.m.
Ank.	Ankunft	Arrival	arr.
B.w.	Bitte wenden	Please turn over	P.T.O.
—	siehe	Compare	cf.
d.h.	das heißt	That is to say	i.e.
D-Zug.	Durchgangzug	Fast through train	—
Gebr.	Gebrüder	Brothers	Bros.
gegr.	gegründet	Established	est.
G.m.b.H.	Gesellschaft mit beschränkter Haftung	Limited Company	Ltd. Co.
Kto.	Konto	Account	a/c
MEZ.	Mitteleuropäi-sche Zeit	Central European Time	
Km/Std.	Kilometer pro Stunde	Miles per hour	m.p.h.
p.A.	per Adresse	Care of	c/o
—	nachmittags	After noon	p.m.
—	in Vertretung von	On behalf of	p.p.
PS	Pferdestärke	Horse power	h.p.
s.o.	siehe oben	See above	—
s.u.	siehe unten	See below	—
u.A.w.g.	um Antwort wird gebeten	Please reply	R.S.V.P.
usw.	und so weiter	And so forth	etc.
WEZ.	Westeuropäi-sche Zeit	Western European Time	—
z.B.	zum Beispiel	For example	e.g.

GERMAN-ENGLISH DICTIONARY

Aal, ahl, m., eel

Aas, ahss, n., carrion

ab, ahp, adv., off, from, away, down

abändern, ahp-enn-dern, v., to alter

Abänderung, ahp-enn-*der*-oong, f., alteration

abarbeiten (sich), ahp-ahr-by-ten (*sik*), v., to overwork oneself

abbeißen, ahp-by-sen, v., to bite off

abberufen, ahp-*be*-roof-en, v., to recall, to summon away

abbestellen, ahp-*be*-shtell-en, v., to annul (orders), to countermand

abbilden, ahp-billd-en, v., to portray, to delineate

abbitten, ahp-bit-en, v., to apologize

abbrechen, ahp-brek-en, v., to break off

abbrennen, ahp-brenn-en, v., to burn down

abbürsten, ahp-*beers*-ten, v., to brush off

abdanken, ahp-dahn-ken, v., to resign, to abdicate

abdecken, ahp-deck-en, v., to clear the table

abdrucken, ahp-drook-en, v., to print

Abend, ah-bent, m., evening

Abendblatt, ah-bent-blahtt, n., evening paper

Abendessen, ah-bent-ess-en, n., supper

Abenteuer, ah-ben-toy-*er*, n., adventure

aber, ah-*ber*, conj., but

Aberglaube, ah-*ber*-glow-be, m., superstition

abergläubisch, ah-*ber*-gloy-bish, a., superstitious

abermal(s), ah-*ber*-mahl(s), adv., again, once more

abfahren, ahp-fahr-en, v., to depart, to start on a journey

Abfahrt, ahp-fahrt, f., departure

Abfall, ahp-fahll, m., refuse, waste, offal

abfangen, ahp-fahng-en, v., to catch; to intercept

abfärben, ahp-fair-ben, v., to stain; to lose colour

abfassen, ahp-fahss-en, v., to draft; to seize

abfertigen, ahp-fair-tee-gen, v., to dispatch, to expedite; to snub

abfinden, ahp-finn-den, v., to satisfy; **sich — mit,** sik — mit, to come to terms with someone

abfliessen, ahp-fleess-en, v., to flow off

Abfluß, ahp-flooss, m., outlet (pipe), gutter

abführen, ahp-fEER-en, v., to march off; to purge

Abführmittel, ahp-fEER-mitt-el, n., purgative

Abgabe, ahp-gah-be, f., tax; duty

Abgang, ahp-gahng, m., departure; sale (of goods)

abgeben, ahp-gay-ben, v., to deliver

abgebrannt, ahp-ge-brahnnt, a., burnt down

abgehen, ahp-gay-en, v., to go off, to depart

abgelebt, ahp-ge-laypt, a., decrepit, old, dissipated

abgelegen, ahp-ge-lay-gen, a., distant, remote

abgemessen, ahp-ge-mess-en, a., measured

abgeneigt, ahp-ge-ny'gt, a., disinclined

Abgeordnete, ahp-ge-ord-ne-te, m., delegate, deputy, M.P.

abgerundet, ahp-ge-roonn-det, a., rounded off

Abgesandte, ahp-ge-zahnn-te, m., envoy, emissary

abgeschmackt, ahp-ge-shmahnkt, a., insipid, in bad taste

abgesehen (von), ahp-ge-zay-en (fon), adv., irrespective of, apart from

abgespannt, ahp-ge-shpahnnt, a., tired out

abgestanden, ahp-ge-shtahnn-den, a., stale

abgewiesen, ahp-ge-vee-zen, a., rejected

abgewinnen, ahp-ge-vinn-en, v., to win from

abgewöhnen, ahp-ge-ver-nen. v., to break of a habit, to wean from

abgiessen, ahp-geess-en, v., to pour off

Abgott, ahp-got, m., idol

abgöttisch, ahp-gert-ish, a., idolatrous

abgrenzen, ahp-grenn-tsen, v., to delimit

Abgrund, ahp-groont, m., abyss, precipice

abhacken, ahp-hahck-en, v., to chop off

abhaken, ahp-hah-ken, v., to unhook; to tick off (check)

abhalten, ahp-hahll-ten, v., to detain; to restrain

abhandeln, ahp-hahn-deln, v., to bargain; to discuss

abhanden kommen, ahp-hahn-den kom-men, v., to get lost

Abhang, ahp-hahng, m., slope, declivity
abhängen von, ahp-heng-*en* fon, v., to depend
abhängig, ahp-heng-*ik*, a., dependent   [on
abhärten, ahp-hair-ten, v., to harden
abhauen, ahp-how-*en*, v., to chop off, to fell
abheben, ahp-hay-ben, v., to lift off; to cut
  (cards); to withdraw money
abhelfen, ahp-hel-*fen*, v., to remedy; to redress
abholen, ahp-hoh-len, v., to call for, to fetch from
abhören, ahp-her-ren, v., to examine (students)
abkaufen, ahp-kow-*fen*, v., to buy from
abkochen, ahp-kock-en, v., to boil
Abkomme, ahp-kom-*e*, m., descendant
abkommen, ahp-kom-*ik*, v., to get off or away
abkühlen, ahp-keel-en, v., to cool
Abkunft, ahp-koonft, f., origin, descent
abkürzen, ahp-keert-sen, v., to shorten, to abridge
abladen, ahp-lahd-en, v., to unload
ablassen, ahp-lahss-en, v., to reduce (price); to
Ablaß, ahp-lahss, m., discharge; outlet [desist
Ablauf, ahp-lowf, m., expiration
ablaufen, ahp-lowf-en, v., to expire, to run down
  (clock), to flow off
ablecken, ahp-leck-en, v., to lick off; to file
ablegen, ahp-lay-gen, v., to lay aside, to take off
ablehnen, ahp-lay-nen, v., to decline, to refuse
Ablehnung, ahp-lay-noong, f., refusal
ableiten, ahp-ly-ten, v., to divert, to derive (gram-
ablenken, ahp-lenk-en, v., to divert [mar]
ablernen, ahp-lairn-en, v., to learn by watching
ableugnen, ahp-loyg-nen, v., to deny
Ableugnung, ahp-loyg-noong, f., denial
abliefern, ahp-leef-ern, v., to deliver
Ablieferung, ahp-leef-er-oong, f., delivery
ablösen, ahp-ler-zen, v., to detach, to relieve
Ablösung, ahp-ler-zoong, f., unloosening, relief
abmachen, ahp-mahk-en, v., to settle; to undo
Abmachung, ahp-mahk-oong, f., arrangement
abmagern, ahp-mahg-ern, v., to become thin
abmalen, ahp-mahl-en, v., to portray
Abmarsch, ahp-marsh, m., departure (troops)
abmessen, ahp-mess-en, v., to measure, to survey

abmühen (sich), ahp-MEE-en (sik), v., to exert oneself   [sale

Abnahme, ahp-nahm-e, f., decrease, diminution;

abnehmen, ahp-nay-men, v., to take off, to decrease; to buy

Abnehmer, ahp-nay-mer, m., buyer, customer

abneigen, ahp-ny-gen, v., to turn away

Abneigung, ahp-ny-goong, f., aversion, disinclination

abnutzen, ahp-noots-en, v., to wear out   [nation

Abnutzung, ahp-noots-oong, f., wear and tear

Abonnement, ah-bon-ne-mahng, n., subscription, season ticket

Abonnent, ah-bon-nent, m., subscriber

abonnieren, ah-bon-neer-en, v., to subscribe

Abort, ah-bort, m., closet, W.C.

abputzen, ahp-poots-en, v., to clean, to cleanse

abquälen, ahp-kvail-en, v., to torment, to torture

abrahmen, ahp-rahm-en, v., to skim (milk)

abraten, ahp-raht-en, v., to dissuade

abräumen, ahp-roy-men, v., to clear

abrechnen, ahp-rek-nen, v., to settle; to deduct

Abrechnung, ahp-rek-noong, f., settlement

Abrechnungshaus, ahp-rek-noongs-hows, n., clearing-house

Abrede, ahp-ray-de, f., denial; agreement

abreden, ahp-ray-den, v., to dissuade

abreiben, ahp-ry-ben, v., to rub off; to wear out

Abreise, ahp-ry-ze, f., departure   [by friction

abreisen, ahp-ry-zen, v., to start on a journey

abreißen, ahp-ry-sen, v., to tear off, to demolish

abrichten, ahp-rik-ten, v., to train (animals); to   [adjust

abrufen, ahp-roof-en, v., to recall

abrunden, ahp-roonn-den, v., to round off

abrupfen, ahp-roopp-fen, v., to pluck off

abrutschen, ahp-roott-shen, v., to slip from

absagen, ahp-zahg-en, v., to refuse, to put off

Absatz, ahp-zahts, m., heel; sale; paragraph

Absatzgebiet, ahp-zahts-ge-beet, n., market, outlet (goods)

abschaffen, ahp-shahff-en, v., to abolish

Abschaffung, ahp-shahff-oong, f., abolition

abschälen, ahp-shay-len, v., to peel, to shell

abschätzen, ahp-shet-sen, v., to estimate
Abschätzung, ahp-shet-soong, f., estimate
abscheiden, ahp-shy-den, v., to separate; to die
Abscheu, ahp-shoy, m., loathing, abomination
abscheulich, ahp-shoy-lik, a., abominable
abschicken, ahp-shick-en, v., to send off
Abschied, ahp-sheet, m., farewell; dismissal
abschiessen, ahp-shee-sen, v., to shoot off
Abschlag, ahp-shlahk, m., refusal; decline (price)
abschlagen, ahp-shlah-gen, v., to refuse, to
    knock off   [instalment, part-payment
Abschlagszahlung, ahp-shlahks-tsahl-oong, f.,
abschleifen, ahp-shly-fen, v., to grind off
abschließen, ahp-shlees-en, v., to lock; to
    settle (agreement)   [ment
Abschluss, ahp-shlooss, m., conclusion, settle-
abschmelzen, ahp-shmelt-sen, v., to melt off
abschneiden, ahp-shny-den, v., to cut off
Abschnitt, anp-shnitt, m., section
abschrauben, ahp-shrow-ben, v., to unscrew
abschrecken, ahp-shreck-en, v., to scare away
abschreiben, ahp-shry-ben, v., to copy (writing)
Abschrift, ahp-shrift, f., copy (writing)
abschütteln, ahp-shEEtt-eln, v., to shake off
abschweifen, ahp-shvy-fen, v., to digress
Abschweifung, ahp-shvy-foong, f., digression
abschwören, ahp-shver-ren, v., to retract
absegeln, ahp-zay-geln, v., to sailaway; to set sail
absehen, ahp-zay-en, v., to look away; to refrain
abseifen, ahp-zy-fen, v., to clean with soap
abseits, ahp-zites, adv., aside, apart
absenden, ahp-zen-den, v., to send off, to dispatch
Absender, ahp-zen-der, m., sender
absetzen, ahp-zet-sen, v., to take off (hat); to sell
Absetzung, ahp-zet-soong, f., deposition
Absicht, ahp-sikt, f., intention, design
absichtlich, ahp-sikt-lik, a., intentional
absolvieren, ahp-zol-**veer**-en, v., to absolve; to
    complete studies   [peculiar
absonderlich, ahp-zon-der-lik, a., particular,
absondern, ahp-zon-dern, v., to separate. **sich —**,
    to seclude oneself

abspannen, ahp-shpahnn-*en*, v., to unharness; to tire out [oneself of

absparen (sich), ahp-shpahr-*en* (si*k*), v., to stint

abspenstig machen, ahp-shpen-shti*k* mahk-*en*, v., to entice away

absperren, ahp-shpair-*ren*, v., to shut off, to stop

absplittern, ahp-shplitt-*ern*, v., to splinter off

abspringen, ahp-shpring-*en*, v., to jump off; to

abspülen, ahp-shpEEl-*en*, v., to rinse [crack off

abstammen, ahp-shtahmm-*en*, v., to be derived

Abstand, ahp-shtahnnt, m., distance; (fig.) dif- [ference

abstäuben, ahp-shtoy-ben, v., to dust

Abstecher, ahp-shtek-*er*, m., excursion, short trip

absteigen, ahp-shty-gen, v., to descend; to put up (hotel)

abstellen, ahp-shtel-*en*, v., to turn off

abstempeln, ahp-shtem-peln, v., to stamp

absterben, ahp-shtair-ben, v., to die off

abstimmen, ahp-shtim-*en*, v., to put to the vote

Abstimmung, ahp-shtim-oong, f., vote; division

abstoßend, ahp-shtohs-ent, a., repulsive

abstreiten, ahp-shtry-ten, v., to contest; to dispute

Absturz, ahp-shtoorts, m., headlong fall; steep declivity [height; to descend steeply

abstürzen, ahp-shtEErt-sen, v., to fall from a

Abt, ahpt, m., abbot

Abtei, ahp-ty, f., abbey

Abteil, ahp-tile, m., compartment [classify

abteilen, ahp-ty-len, v., to divide, to partition; to

Abteilung, ahp-ty-loong, f., department, division

abtragen, ahp-trahg-en, v., to carry off; to pull down (buildings); to wear out (clothes)

abtreiben, ahp-try-ben, v., to drive off

abtrennen, ahp-trenn-en, v., to unstitch; to

abtreten, ahp-tray-ten, v., to cede [separate

Abtritt, ahp-tritt, m., exit (stage); W.C.

abtrocknen, ahp-trock-nen, v., to dry; to wipe

abtrünnig, ahp-trEEnn-i*k*, a., faithless, disloyal

Abtrünnigkeit, ahp-trEEnn-i*k*-kite, f., disloyalty

abwarten, ahp-vahrt-en, v., to wait for

abwärts, ahp-vairts, adv., downwards

abwaschen, ahp-vahsh-en, v., to wash off

abwechseln, ahp-vek-seln, v., to alternate; to change over [nate(-ly)

abwechselnd, ahp-vek-selnt, a. & adv., alter-

Abwechselung, ahp-vek-sel-oong, f., change

Abweg, ahp-vaig, m., by-way; wrong track

Abwehr, ahp-vair, f., defence; safeguard

abwehren, ahp-vair-en, v., to protect; to beat off

abweichen, ahp-vy-ken, v., to deviate, to differ

Abweichung, ahp-vy-koong, f., deviation

abweisen, ahp-vy-zen, v., to refuse; to repulse

Abweisung, ahp-vy-zoong, f., refusal; rebuff

abwendbar, ahp-vent-bar, a., preventable

abwenden, ahp-ven-den, v., to avert, to turn away

abwerfen, ahp-vair-fen, v., to throw off; to yield

abwesend, ahp-vay-zent, a., absent; missing

Abwesenheit, ahp-vay-zen-hite, f., absence

abwickeln, ahp-vick-eln, v., to unroll; to settle (business)

Abwickelung, ahp-vick-el-oong, f., settlement,

abwiegen, ahp-veeg-en, v., to weigh [liquidation

abwischen, ahp-vish-en, v., to wipe off

abzahlen, ahp-tsahl-en, v., to pay off; to pay by instalments [enumerate

abzählen, ahp-tsay-len, v., to count over, to

Abzahlung, ahp-tsahl-oong, f., part payment

Abzählung, ahp-tsay-loong, f., counting; telling

abzapfen, ahp-tsahpp-fen, v., to draw off

abzehren, ahp-tsay-ren, v., to waste; to pine away

Abzehrung, ahp-tsay-roong, f., consumption

Abzeichen, ahp-tsy-ken, n., badge

abzeichnen, ahp-tsy-ken, v., to sketch

abziehen, ahp-tsee-en, v., to pull down or off; to deduct [copy; deduction

Abzug, ahp-tsook, m., removal, retreat; proof,

abzweigen, ahp-tsvy-gen, v., to branch off

abzwingen, ahp-tsving-en, v., to extort; to obtain by force

ach, ahk, interj., ah, oh, alas

Achse, ahk-se, f., axis, axle

Achsel, ahk-sel, f., shoulder

acht, ahkt, a., eight

Acht, ahkt, f., care, attention. **sich in Acht nehmen**, sik in ahkt nay-men, to take care

achtbar, ah*k*t-bar, a., estimable
Achtbarkeit, ah*k*t-bar-kite, f., respectability
Achteck, ah*k*t-eck, n., octagon
Achtel, ah*k*-tel, n., eighth part
achten, ah*k*-ten, v., to esteem, to heed
achtens, ah*k*-tens, adv., eighthly
achtenswert, ah*k*-tens-vairt, a., worthy of esteem
achtfach, ah*k*t-fah*k*, a., eightfold
achtlos, ah*k*t-lohs, a., careless
Achtlosigkeit, ah*k*t-loh-zi*k*-kite, f., carelessness
achtmal, ah*k*t-mahl, adv., eight times
achtsam, ah*k*t-zahm, a., careful; attentive (to)
achtseitig, ah*k*t-zy-ti*k*, a., octagonal
Achtung, ah*k*-toong, f., notice! beware! esteem
achtungsvoll, ah*k*-toongs-fol, a., respectful
achtungswert, ah*k*-toongs-vairt, a., estimable
achtzehn, ah*k*t-tsain, a., eighteen
achtzig, ah*k*t-tsi*k*, a., eighty
ächzen, eh*k*-tsen, v., to groan loudly
Acker, ahck-er, m., acre; field
Ackerbau, ahck-er-bow, m., agriculture; tillage
ackern, ahck-ern, v., to plough; to till land
ade, ah-day, interj., farewell, good-bye
Adel, ah-dl, m., nobility, nobleness
adelig, ah-del-i*k*, a., noble, titled
adeln, ah-deln, v., to ennoble; to raise to the peer-
Adelstand, ah-del-shtahnt, m., nobility   [age
Ader, ah-der, f., blood-vessel; vein; artery
Adler, ah-dler, m., eagle
Adliger, ahd-leeg-er, m., nobleman
adoptieren, ah-dop-teer-en, v., to adopt
adrett, ah-drett, a., smart; handy, skilled
Affe, ahff-e, m., monkey; ape
äffen, ef-en, v., to ape, to imitate
affig, ahff-i*k*, a., foolish, silly
Agentur, ah-ghen-toor, f., agency, representation
agieren, ah-gheer-en, v., to act (business)
Ahn(e), ahn(e), m., ancestor
ähneln, ayn-eln, v., to resemble
ahnen, ahn-en, v., to foresee, to foreknow
ähnlich, ayn-li*k*, a., similar, like, resembling
Ähnlichkeit, ayn-li*k*-kite, f., likeness, similarity

Ahnung, ahn-oong, f., presentiment

Ähre, air-e, f., ear of corn

Akkord, ahk-kord, m., agreement; chord, harmony

Akkordarbeiter, ahk-kord-ahr-by-ter, m., piece-worker

Akkreditiv, ah-kray-dit-eef, n., letter of credit

akkurat, ah-koo-raht, a., tidy; exact; accurate

Akten, ahk-ten, f. pl., documents (of a case)

Aktenzeichen, ahk-ten-tsy-ken, n., reference

Aktie, ahk-tse-e, f., share (in a company)

Aktiengesellschaft, ahk-tse-en-ge-zel-shahft, f., joint-stock company

Aktionär, ahk-tse-ohn-air, m., shareholder

Aktiva, ahk-tee-vah, n. pl., assets

Aktivposten, ahk-teef-pos-ten, m., asset(s) [nude

Aktstudie, ahkt-shtoo-dee-e, f., study from the

Akzept, ah-tsept, n., acceptance (of a bill), draft

Alaun, ah-lown, n., alum

albern, ahll-bern, a., silly

Albernheit, ahll-bern-hite, f., foolishness, silliness

Alge, ahll-ge, f., sea-weed

all, aller, alle, alles, ahll, ahll-er, ahll-e, ahll-es, a., all; every; whole

allabendlich, ahll-ah-bent-lik, a., every evening

allbekannt, ahll-be-kahnt, a., universally known;

Allee, ahl-lay, f., avenue (of trees) [notorious

allein, ah-line, a. & adv. alone; only. conj., but

alleinig, ah-line-ik, a., only

allemal, ahll-e-mahl, a., always; every time.

ein für —, ine FEER —, once for all

allenfalls, ahll-en-fahlls, adv., if need be; perhaps

allenthalben, ahll-ent-hahl-ben, adv., every-

allerbest, ahl-ler-best, a., best of all [where

allerdings, ahl-ler-dings, adv., to be sure; surely

allergrößt, ahl-ler-grerst, a., greatest of all; largest of all

allerhand, ahl-ler-hahnt, a., all kinds of

allerhöchst, ahl-ler-herkst, a., supreme

allerlei, ahl-ler-ly, a., all kinds of [lovely

allerliebst, ahl-ler-leepst, a., most delightful,

allermeist, ahl-ler-my'st, a., most of all; principal

allernächst, ahl-ler-naykst, a., very next; close by

allerneu(e)st, ahl-ler-noyst, a., very latest
allerschönst, ahl-ler-shernst, a., most beautiful
Allerseelen, ahl-ler-zayl-en, n., All Souls' (Day)
allerseits, ahl-ler-zytes, adv., on every side
allerwenigst, ahl-ler-vain-igst, adv., (at the very
allesamt, ahl-le-zahmt, adv., all together [least
allezeit, ahl-le-tsite, adv., on every occasion
allgemein, ahll-ge-mine, a., general
Allgemeinheit, ahll-ge-mine-hite, f., generality
Allgewalt, ahll-ge-vahlt, f., omnipotence
allgewaltig, ahll-ge-vahl-tik, a., all-powerful
Allmacht, ahll-mahkt, f., (the) Almighty
allmächtig, ahll-mek-tik, a., omnipotent, almighty
allmählich, ahll-may-lik, a. & adv., gradual (-ly)
alltäglich, ahll-tayg-lik, a., of daily occurrence
allwissend, ahll-vis-sent, a., omniscient
allzu, ahll-tsoo, adv., much too
Almosen, ahlt-moh-zen, n., alms
Alpenglühen, ahlp-en-glEE-en, n., alp-glow
als, ahls, conj.; than; as, like; such as
alsbald, ahls-bahlt, adv., as soon as; directly
alsdann, ahls-dahnn, adv., then
also, ahll-zo, adv., thus; therefore; well!
alt, ahlt, a., old, antique; second-hand; alto
Alter, ahlt-er, n., age, old age; antiquity; old
altern, ahlt-ern, v., to age, to grow old [man
altersschwach, ahlt-ers-shvahk, a., decrepit
Altertum, ahlt-er-toom, n., antiquity [tique
altertümlich, ahlt-er-tEEm-lik, a., ancient, an-
altmodisch, ahlt-mohd-ish, a., old-fashioned
am (= an dem), ahmm, prep., at; by; in; near
Amboß, ahmm-bos, n., anvil [to the
Ameise, ah-my-ze, f., ant
Amme, ahm-me, f., (wet-) nurse
amortisieren, ah-mort-e-zeer-en, v., to cancel; to
liquidate debts
Ampel, ahmp-el, f., traffic lights; hanging lamp
Amsel, ahmm-zel, f., blackbird
Amt, ahmt, n., office; official position; job
amtlich, ahmt-lik, a., official
Amtssiegel, ahmts-zeeg-el, n., seal of office
Amtsstube, ahmts-shtoo-be, f., court-room

amüsieren, ahm-EE-zeer-*en* v., to amuse; to enjoy

an, ahnn, prep., at; on; near; by; about; in

Ananas, ahn-nah-nahs, f., pineapple

anbahnen, ahn-bahn-*en,* v., to prepare the way

Anbau, ahn-bow, m., cultivation (soil); annex

anbauen, ahn-bow-*en,* v., to cultivate (soil); to build an annex

Anbeginn, ahn-*be*-ghin, m., first beginning

anbehalten, ahn-*be*-hahlt-*en,* v., to keep on (clothes)

anbei, ahn-by, adv., enclosed; herewith; annexed

anbeißen, ahn-by-s*en,* v., to swallow (bait); to bite at or off

anbelangen, ahn-*be*-lahng-*en,* v., to concern; to

anbellen, ahn-bel-*en,* v., to bark at   [relate to

anberaumen, ahn-*be*-row-m*en,* v., to fix (time)

anbeten, ahn-bay-t*en,* v., to pray to; to worship

Anbeter, ahn-bay-t*er,* m., worshipper; admirer

anbetreffen, ahn-*be*-tref-*en,* v., to concern

anbetteln, ahn-bet-*eln,* v., to beg from

anbieten, ahn-beet-*en,* v., to offer

anbinden, ahn-bin-d*en,* v., to tie up; to attach

Anblick, ahn-blik, m., sight; view

anblicken, ahn-blik-*en,* v., to glance (look) at

anbrechen, ahn-brek-*en,* v., to break; to begin

anbrennen, ahn-bren-*en,* v., to burn (food, etc.)

anbringen, ahn-bring-*en,* v., to bring in, on, to; to fix

Anbruch, ahn-brook, m., beginning; break

Andacht, ahn-dah*k*t, f., devotion; relig. service

andächtig, ahn-*dek*-ti*k*, a., devout; attentive

andauern, ahn-dow-*ern,* v., to continue; to last

Andenken, ahn-den-ken, n., souvenir; memory

ander, ahn-d*er,* a., other; different; next

ändern, en-d*ern,* v., to change; to alter

andernfalls, ahn-d*ern*-fahls, adv., otherwise

andernteils, ahn-d*ern*-tiles, adv., on the other hand

anders, ahn-d*ers,* adv., otherwise; differently

anderseits, ahn-d*er*-sites, adv., on the other hand

anderswo, ahn-d*ers*-voh, adv., elsewhere

anderthalb, ahn-d*er*t-hahlp, a., one and a half

Änderung, en-der-oong, f., alteration; change

anderwärts, ahn-der-vairts, adv., elsewhere; otherwise

anderweitig, ahn-der-vy-tik, a., by other means; from elsewhere

andeuten, ahn-doyt-en, v., to hint; to notify

Andeutung, ahn-doyt-oong, f., hint; intimation

Andrang, ahn-drahng, m., crowd; congestion

andrängen, ahn-dreng-en, v., to crowd (against)

andrehen, ahn-dray-en, v., to turn on (gas, etc.)

androhen, ahn-droh-en, v., to threaten; to menace

aneignen, ahn-y-gnen, v., to appropriate; to acquire [another; together

aneinander, ahn-ine-ahn-der, adv., one against

anekeln, ahn-aik-eln, v., to disgust; to sicken

Anerbieten, ahn-air-beet-en, n., offer

anerkennen, ahn-air-ken-en, v., to acknowledge

anfachen, ahn-fahk-en, v., to blow (flame)

anfahren, ahn-fahr-en, v., to drive against; to transport; to rebuke

Anfall, ahn-fahl, m., attack; spasm

anfallen, ahn-fahl-en, v., to attack

Anfang, ahn-fahng, m., beginning, commencement [mence

anfangen, ahn-fahng-en, v., to begin, to com-

Anfänger, ahn-feng-er, m., beginner, novice

anfänglich, ahn-feng-lik, a. & adv., original; at first

anfangs, ahn-fahngs, adv., in the beginning

anfassen ahn-fahs-en, v., to take hold of

anfertigen, ahn-fairt-ig-en, v., to manufacture; to make [ing; making

Anfertigung, ahn-fairt-ig-oong, f., manufactur-

anfeuchten, ahn-foyk-ten, v., to moisten

anflehen, ahn-flay-en, v., to implore

anflicken, ahn-flick-en, v., to patch a thing on to

anfordern, ahn-for-dern, v., to demand; to claim

Anforderung, ahn-for-der-oong, f., demand; claim

Anfrage, ahn-frah-ge, f., enquiry; question

anfragen, ahn-frah-gen, v., to enquire

anfreunden, ahn-froyn**-den,** v., to make friends
anfügen, ahn-fEE**-gen,** v., to join on; to add [with
anführen, ahn-fEer**-en,** v., to lead; to quote; to
Anführer, ahn-**fEEr**-er,** m., leader; guide [dupe
anfüllen, ahn-fEEll**-en,** v., to fill up; to replenish
Angabe, ahn-gah-be,** f., declaration; statement
angeben, ahn-gay-ben, v., to declare; to denounce
angeblich, ahn-gayp-lik,** a., alleged; pretended
angeboren, ahn-ge-bohr-en, a., inborn, innate
Angebot, ahn-ge-boht, n., offer; bid
angebracht, ahn-ge-brahkt,** a., appropriate, fitting
angedeihen lassen, ahn-ge-dy-en lahss-en, v.,
   to confer upon a person
angeheitert, ahn-ge-hy-tert,** a., slightly tipsy
angehen, ahn-gay-en, v., to concern; to be tolerable   [ding
angehend, ahn-gay-ent, a., incipient; (fig.) bud-
angehören, ahn-ge-her-ren, v., to belong to
angehörig, ahn-ge-her-ik, a., appertaining to
Angel, ahng-el,** f., fish-hook; door-hinge
angelegen, ahn-ge-lay-gen, a., important; near
   one's heart; —**heit,** f., business; affair;
   —**tlich,** a., pressing; urgent
angeln, ahng-eln,** v., to angle
angelweit, ahng-el**-vite,** a. & adv., wide open
angemessen, ahn-ge-mess-en, a., appropriate
angenehm, ahn-ge-naym, a., agreeable, pleasant
Anger, ahng-er,** m., grass plot; common (land)
angesehen, ahn-ge-say-en, a., respected
Angesicht, ahn-ge-sikt, n., countenance; face
angesichts, ahn-ge-sikts, prep., in view of
Angestellte(r), ahn-ge-shell-te(r),** m., employee,
angetrunken, ahn-ge-troonk-en, a., tipsy [clerk
angewöhnen, ahn-ge-ver-nen, v., to accustom
Angewohnheit, ahn-ge-vohn-hite, f., habit [ed
angezogen, ahn-ge-tsoh-gen, a., dressed; stretch-
angreifen, ahn-gry-fen, v., to attack; to touch
Angreifer, ahn-gry-fer, m., aggressor; assailant
angrenzen, ahn-grent-sen, v., to abut; to adjoin
angrenzend, ahn-grent-sent, a., adjacent, border-
Angriff, ahn-griff, m., attack; assault   [ing
Angst, ahnkst, f., anxiety; fear

ängstigen, eng-stee-gen, v., to worry, to be wor-
ängstlich, engst-li*k*, a., anxious; timid   [ried
Ängstlichkeit, engst-li*k*-kite, f., anxiousness,
ungstvoll, ahngst-fol, a., full of fear   [easiness
anhaben, ahn-hahb-en, v., to have on; to wear
anhaften, ahn-hahft-en, v., to stick (or cling) to
anhalten, ahn-hahlt-en, v., to stop; to continue
Anhaltspunkt, ahn-hahlts-poonkt, m., clue
Anhang, ahn-hahng, m., annex; adherents
anhängen, ahn-heng-en, v., to append, to add to
Anhänger, ahn-heng-er, m., follower, adherent
anhänglich, ahn-heng-li*k*, a., attached, faithful
Anhängsel, ahn-heng-sel, n., appendage
anhäufen, ahn-hoyf-en, v., to heap up [congestion
Anhäufung, ahn-hoyf-oong, f., accumulation;
anheften, ahn-heft-en, v., to fasten, to tack on
anheilen, ahn-hy-len, v., to join by healing
anheucheln, ahn-hoy-*k*eln, v., to sham
Anhöhe, ahn-her-e, f., hill, rising ground; height
anhören, ahn-her-ren, v., to listen to; to hear
anhüpfen, ahn-HEEP-fen, v., to hop towards
anjagen, ahn-yahg-en, v., to gallop along; to
ankämpfen, ahn-kem-fen, v., to combat   [start
Ankauf, ahn-kowf, m., purchase
ankaufen, ahn-kowf-en, v., to purchase
Ankäufer, ahn-koyf-er, m., purchaser
Anker, ahng-ker, m., anchor
ankern, ahng-kern, v., to anchor
Ankerplatz, ahng-ker-plahts, m., roadstead; an-
anketten, ahn-ket-en, v., to chain up   [chorage
Anklage, ahn-klahg-e, f., accusation, charge
anklagen, ahn-klahg-en, v., to accuse
Ankläger, ahn-klay-ger, m., accuser: complainant
anklammern (sich), ahn-klahm-ern (si*k*), v.,
  to cling to
Anklang, ahn-klahng, m., accord; approval
ankleben, ahn-klay-ben, v., to paste on; to affix
ankleiden, ahn-kly-den, v., to dress; to attire
anklingeln, ahn-kling-eln, v., to ring up ('phone)
anklopfen, ahn-klopp-fen, v., to knock at the door
anknüpfen, ahn-k'NEEP-fen, v., to fasten; to
  commence relations

ankommen, ahn-komm-*en*, v., to arrive

ankommen auf, ahn-komm-*en* owf, v., to depend on

Ankömmling, ahn-kerm-ling, m., new-comer

ankündigen, ahn-kEEn-de-gen, v., to announce

Ankunft, ahn-koonft, f., arrival

anlächeln, ahn-lehk-eln, v., to smile at

anlachen, ahn-lahng-en, v., to greet with a laugh

Anlage, ahn-lah-ge, f., plant; investment; aptitude; enclosure; park [to concern

anlangen, ahn-lahng-en, v., to arrive; to reach;

Anlaß, ahn-lahss, m., reason, cause, motive

anlassen, ahn-lahss-en, v., to leave on; to start up

Anlasser, ahn-lahss-er, m., self-starter (car)

anläßlich, ahn-less-lik, prep., on the occasion of

Anlauf, ahn-lowf, m., start (for jumps); onset

anlaufen, ahn-low-fen, v., to become steamed (glass) [to aim at

anlegen, ahn-lay-gen, v., to lay on; to invest;

anlehnen, ahn-lay-nen, v., to lean against; to leave ajar

anlehren, ahn-lay-ren, v., to train a person

Anleihe, ahn-ly-e, f., loan

anleimen, ahn-ly-men, v., to glue on

anleiten, ahn-ly-ten, v., to guide; to instruct

anliegen, ahn-leeg-en, v., to lie or fit close to

Anliegen, ahn-leeg-en, m., request; desire

anlocken, ahn-lock-en, to bait, to decoy

anlöten, ahn-lert-en, v., to solder on

anlügen, ahn-lEEg-en, v., to lie to someone

anmachen, ahn-mahk-en, v., to fasten; to kindle

anmaßen, ahn-mahs-en, v., to usurp; to arrogate

anmaßend, ahn-mahs-ent, a., arrogant

Anmaßung, ahn-mahs-oong, f., arrogance

anmelden, ahn-mel-den, v., to announce; to notify

anmerken, ahn-mairk-en, v., to note; to annotate

Anmerkung, ahn-mairk-oong, f., annotation

anmessen, ahn-mess-en, v., to (be) measure(d)

Anmut, ahn-mooht, f., grace, gracefulness

anmutig, ahn-mooht-ik, a., graceful, comely

annageln, ahn-nahg-eln, v., to nail on

annähen, ahn-nay-en, v., to sew on

annähern, ahn-**nay**-ern, v., to approach

annähernd, ahn-**nay**-ernt, a., approximate [tion

Annahme, ahn-**nahm**-*e*, f., acceptance; assump-

annehmen, ahn-**naim**-en, v., to accept; to assume

Annehmlichkeit, ahn-**naim**-li*k*-kite, f., agree-
ableness

Annonce, ahn-**nong**-se, f., advertisement

annoncieren, ahn-nong-se-**ren**, v., to advertise

anordnen, ahn-**ord**-nen, v., to order; to arrange

Anordnung, ahn-**ord**-noong, f., arrangement;

anormal, ah-nor-mahl, a., abnormal [direction

anpacken, ahn-**pahck**-en, v., to seize

anpassen, ahn-**pahss**-en, v., to adapt; to fit

anpflanzen, ahn-**flahnt**-sen, v., to plant; to cultivate   [plantation

Anpflanzung, ahn-**flahnt**-soong, f., cultivation

anpreisen, ahn-**pry**-sen, v., to commend; to extol

anprobieren, ahn-proh-**beer**-en, v., to try on

anraten, ahn-**raht**-en, v., to advise; to recommend

anrechnen, ahn-re*hk*-nen, v., to charge to account

Anrecht, ahn-re*hkt*, n., title to; right to

Anrede, ahn-**ray**-de, f., address; speech

anreden, ahn-**ray**-den, v., to accost; to address

anregen, ahn-**ray**-gen, v., to stimulate; to rouse

Anregung, ahn-**ray**-goong, f., stimulation; provocation

anrempeln, ahn-**rem**-peln, v., to jostle against

anrichten, ahn-ri*k*-ten, v., to prepare (dishes);
to do harm   [approach

anrücken, ahn-rEEck-en, v., to move near; to

Anruf, ahn-roof, m., call, 'phone call; challenge

anrufen, ahn-roof-en, v., to call; to ring up

anrühren, ahn-rEEr-en, v., to touch; to stir to-

ansagen, ahn-zahg-en, v., to announce [gether

Ansager, ahn-zahg-er, m., announcer (radio)

ansammeln, ahn-zahmm-eln, v., to collect; to
mass

ansässig, ahn-zess-i*k*, a., domiciled; settled

Ansatz, ahn-zahts, m., appendage; added piece

anschaffen, ahn-shahff-en, v., to procure; to
furnish; to remit   [mittance

Anschaffung, ahn-shahff-oong, f., provision; re-

anschauen, ahn-show-*en*, v., to look at

Anschauung, ahn-show-oong, f., point of view

Anschein, ahn-shine, m., appearance; semblance

anscheinend, ahn-shine-ent, a., seeming

anschicken (sich) ahn-shick-*en* (si*k*), v., to get ready for a thing

Anschalg, ahn-shlahg, m., placard; plot; touch; estimate [up; to estimate

anschlagen, ahn-shlahg-*en*, v., to strike; to post

anschließen, ahn-shlees-*en*, v., to attach

Anschluß, ahn-shlooss, m., connection

anschmiegen, ahn-shmeeg-*en*, v., to nestle to; to fit closely; to comply with

anschmieren, ahn-shmeer-*en*, v., to smear on; to cheat

anschnallen, ahn-shnahll-*en*, v., to buckle on

anschnauzen, ahn-shnowt-s*en*, v., to reprimand

anschneiden, ahn-shny-d*en*, v., to cut into; to broach

anschrauben, ahn-shrow-ben, v., to screw on

anschreiben, ahn-shry-ben, v., to write up; to

anschreien, ahn-shry-en, v., to shout at [score

anschuldigen, ahn-shooll-dig-*en*, v., to accuse

Anschuldigung, ahn-shooll-dig-oong, f., accusation, indictment

anschwärzen, ahn-shvairt-s*en*, v., to blacken

ansehen, ahn-zay-*en*, v., to look at; to consider

Ansehen, ahn-zay-*en*, n., appearance; reputation

ansehnlich, ahn-zayn-li*k*, a., considerable

Ansicht, [ahn-si*k*t, f., view; prospect; opinion; —**spostkarte,** f., picture postcard; —**ssache,** f., matter of opinion

Ansied(e)lung, ahn-zeed-loong, f., colony

Ansiedler, ahn-zeed-ler, m., colonist; settler

anspannen, ahn-shpahnn-*en*, v., to stretch; to strain; to harness

anspielen, ahn-shpeel-*en*, v., to start playing; to

anspornen, ahn-shporn-*en*, v., to spur on [hint

Ansprache, ahn-shprahk-*e*, f., address; speech

ansprechen, ahn-sprehk-*en*, v., to accost; to address

Anspruch, ahn-shproo*k*, m., claim, pretension

anspruchslos, ahn-shprooks-lohs, a., modest
anspruchsvoll, ahn-shprooks-fol, a., pretentious
anspucken, ahn-shpoock-en, v., to spit at
Anstalt, ahn-shtahlt, f., institute; preparation
Anstand, ahn-shtant, m., decorum; decency
anständig, ahn-shten-dik, a., decent; becoming
Anständigkeit, ahn-shten-dik-kite, f., decency
anstatt, ahn-shtahtt, prep., instead of, in lieu of
anstaunen, ahn-shtow-nen, v., to look at in amazement
anstecken, ahn-shteck-en, v., to pin on; to set alight; to infect　　　　　　　[tagious
ansteckend, ahn-shteck-ent, a., infectious, con-
Ansteckung, ahn-shteck-oong, f., contagion
ansteigen, ahn-shty-gen, v., to ascend, to climb
anstellen, ahn-shtell-en, v., to appoint; to employ
Anstellung, ahn-shtell-oong, f., appointment, employment, position
anstiften, ahn-shtift-en, v., to instigate
Anstiftung, ahn-shtift-oong, f., instigation; provocation　　　　　　　　　　　[to tune
anstimmen, ahn-shtimm-en, v., to intonate, to
anstoßen, ahn-shtohs-en, v., to knock against; to clink (glasses)
anstößig, ahn-shters-ik, a., offensive; obnoxious
anstreichen, ahn-shtry-ken, v., to paint
Anstreicher, ahn-shtry-ker, m., house-painter
anstrengen, ahn-shtreng-en, v., to exert; to strain
Anstrengung, ahn-shtreng-oong, f., exertion
Anstrich, ahn-shtrik, m., coat of paint
anstürmen, ahn-shtEErm-en, v., to charge against
ansuchen, ahn-soo-ken, v., to apply; to request
Ansuchen, ahn-soo-ken, n., request; application
Anteil, ahn-tile, m., share, portion; sympathy
Antenne, ahn-ten-e, f., antenna; aerial (radio)
Antiquar, ahn-te-kvahr, m., antiquarian
Antiquariat, ahn-te-kvahr-e-aht, n., second-hand bookshop
Antlitz, ahnt-lits, n., countenance
Antrag, ahn-trahg, m., proposal
antragen, ahn-trahg-en, v., to propose
antreffen, ahn-treff-en, v., to meet; to come across

antreiben, ahn-try-ben, v., to drive forward (or against); to urge on; to drift along

antreten, ahn-tray-ten, v., to set out; to line up

Antrieb, ahn-treep, m., impulse; incentive

Antritt, ahn-tritt, m., commencement

antun, ahn-toon, v., to inflict; to put on

Antwort, ahnt-vort, f., answer, reply

antworten, ahnt-vort-en, v., to answer

anvertrauen, ahn-fair-trow-en, v., to entrust

anverwandt, ahn-fair-vahnt, a., related; akin

Anverwandte(r), ahn-fair-vahnt-e(r), m. & f., relative   [to grow together

anwachsen, ahn-vahks-en, v., to grow to (up)

Anwalt, ahn-vahlt, m., lawyer; solicitor; barrister

anwandern, ahn-vahn-dern, v., to tramp along

anwärmen, ahn-vairm-en, v., to take the chill off

anweichen, ahn-vy-ken, v., to soak; to soften

anweisen, ahn-vy-zen, v., to instruct; to pay through a bank   [tion; money order

Anweisung, ahn-vy-zoong, f., direction; instruc-

anwendbar, ahn-vent-bar, a., available for

anwenden, ahn-ven-den, v., to use; to apply to

Anwendung, ahn-ven-doong, f., use; application

anwesend, ahn-vay-zent, a., present

Anwesenheit, ahn-vay-zen-hite, f., presence

anwidern, ahn-veed-ern, v., to disgust

anwurzeln, ahn-voort-seln, v., to strike root

Anzahl, ahn-tsahl, f., number; quantity;—en, v., to pay a deposit;—ung, f., deposit; part-payment

anzapfen, ahn-tsahpp-fen, v., to broach (casks); to tap (trees)

Anzeichen, ahn-tsy-ken, n., mark, sign, indication

anzeichnen, ahn-tsyk-nen, v., to mark (in pencil)

Anzeige, ahn-tsy-ge, f., advertisement; notice; advice; denunciation   [nounce

anzeigen, ahn-tsy-gen, v., to advertise; to de-

Anzeiger, ahn-tsy-ger, m., indicator; informer; gazette   [tract; to put on (clothes)

anziehen, ahn-tse-en, v., to draw towards; to at-

Anziehung, ahn-tse-oong, f., attraction

Anzug, ahn-tsook, m., suit of clothes; approach

anzüglich, ahn-tSEEK-*lik,* a., suggestive; pointed
Anzüglichkeit, ahn-tSEEK-*lik*-kite, f., suggestive- [ness
anzünden, ahn-tSEEN-den, v., to light
apart, ah-part, a., singular; out of the common
Apfel, *ahp-fel,* m., apple
Apfelbaum, *ahp-fel*-bowm, m., apple-tree
Apfelblüte, *ahp-fel*-blEET-*e,* f., apple-blossom
Apfelkuchen, *ahp-fel*-kook-*en,* m., apple-tart
Apfelsine, ahp-fel-seen-*e,* f., orange
Apfelwein, *ahp-fel*-vine, m., cider
Apotheke, ah-poh-tay-*ke,* f., chemist's shop
Apotheker, ah-poh-tay-ker, m., chemist
Appell, ah-pell, m., roll-call
appellieren, ah-pell-eer-*en,* v., to appeal (court)
applaudieren, ahp-plow-deer-*en,* v., to applaud
Aprikose, ah-pre-koh-ze, f., apricot
Aquarell, ahk-vah-rel, n., water-colour painting;
— **farbe,** f., water-colour paint
Arbeit, *ahr*-bite, f., work, labour; toil [toil
arbeiten, ahr-bite-*en,* v., to work, to labour; to
Arbeiter, ahr-bite-*er,* m., workman, worker
Arbeitgeber, ahr-bite-gay-ber, m., employer
Arbeitseinstellung, ahr-bites-ine-shtell-oong,
f., strike
arbeitsfähig, ahr-bites-fay-*ik,* a., able-bodied
Arbeitslohn, ahr-bites-lohn, m., wages; pay
arbeitslos, ahr-bites-lohs, a., unemployed
Arbeitslosigkeit, ahr-bites-loh-zik-kite, f., unemployment
arg, ahrk, a., bad; severe; tremendous; wicked
ärger, airg-*er,* a., worse
Ärger, airg-er, m., annoyance; anger; vexation
ärgerlich, airg-er-*lik,* a., irritable; angry; vexed
ärgern, airg-ern, v., to annoy; to vex; to provoke
Ärgernis, airg-er-nis, n., annoyance; scandal
arglos, ahrk-lohs, a., guileless; simple
ärgste, airk-ste, a., worst
Argwohn, ahrk-vohn, m., suspicion, mistrust
argwöhnen, ahrk-vern-*en,* v., to suspect
argwöhnisch, ahrk-vern-ish, a., suspicious
Arm, ahrm, m., arm
arm, ahrm, a., poor, needy

Armband, ahrm-bahnt, n., bracelet

Armbanduhr, ahrm-bahnt-oor, f., wrist-watch

Armbinde, ahrm-bin-de, f., armlet; badge; sling

Armee, ahrm-ay, f., army

Ärmel, air-mel, m., sleeve

Armenhaus, ahrm-en-hows, n., almshouse

Armenkasse, ahrm-en-kahss-e, f., poor-relief fund

ärmlich, airm-lik, a., miserable, poor, needy

armselig, ahrm-zay-lik, a., wretched; poor

Armseligkeit, ahrm-zay-lig-kite, f., wretchedness

Armsessel, ahrm-zess-el, m., arm- (easy-) chair

Armstuhl, ahrm-shtool, m., arm-chair

Armut, ahr-moot, f., poverty, penury, indigence

Armutszeugnis, ahr-moots-tsoik-nis, n., certificate of poverty; admission of incapacity

Armvoll, ahrm-fol, m., armful

Arsen, ahr-zayn, n., arsenic

Art, ahrt, f., sort, kind; species; manner

arten, ahr-ten, v., to be(-come) a certain kind

artig, ahr-tik, a., well-behaved; polite

Artigkeit, ahr-tik-kite, f., good behaviour; courtesy

Arz(e)nei, ahrt-se-ny, f., medicine; physic [esy

Arz(e)neimittel, ahrt-se-ny-mit-tel, n., medicine

Arzt, ahrtst, m., physician; medical man

Ärztin, airts-tin, f., lady doctor

ärztlich, airts-tlik, a., medical, medicinal

As, ahss, n., ace

Asch(en)becher, ahsh-(en)-bek-er, m., ashtray

Asche, ahsh-e, f., ash(es)

Aschenbrödel, ahsh-en-brer-del, n., cinderella; domestic drudge [Wednesday

Aschermittwoch, ahsh-er-mit-vok, m., Ash-

aschfahl, ahsh-fahl, a., ash-coloured; ashen

Assessor, ahss-ess-ohr, m., junior (or assistant) judge [judge

Ast, ahst, m., branch (tree)

Asyl, ah-zeel, n., night shelter; place of refuge

Atelier, ah-tel-e-eh, n., studio

Atem, ah-tem, m., breath; respiration

Atembeklemmung, ah-tem-be-klemm-oong, f., difficulty in breathing; asthma

Atemholen, ah-*tem*-hoh-*len*, n., respiration

atemlos, ah-*tem*-lohs, a., breathless   [lessness

Atemlosigkeit, ah-*tem*-loh-*zik*-kite, f., breath-

Atemnot, ah-*tem*-noht, f., difficult breathing

Atemzug, ah-*tem*-tsook, m., respiration

Äther, ay-*ter*, m., ether

Atlas, aht-lass, m., atlas; satin

atmen, aht-*men*, v., to breathe

Atmung, aht-moong, f., breath; respiration

Attentat, aht-ten-taht, n., murderous attempt

Attentäter, aht-ten-tay-*ter*, m., (would be) assas-

Attest, aht-test, n., certificate, attestation   [sin

attestieren, aht-test-eer-*en*, v., to attest, to certify

ätzen, et-sen, v., to corrode; to cauterize; to etch

Ätznatron, ets-nah-tron, n., caustic soda

au, ow, interj., oh!

auch, owk, conj., also, likewise, as well

auf, owf, prep., on, upon; up(ward); open

aufatmen, owf-aht-men, v., to breathe again

aufbauen, owf-bow-*en*, v., to build up, to erect

aufbauschen, owl-bow-shen, v., to puff (up)

aufbehalten, owf-*be*-hahl-*ten*, v., to keep on (hat)

aufbessern, owf-bess-*ern*, v., to raise (wages);
to improve

aufbewahren, owf-*be*-vahr-*en*, v., to keep; to
take care of

Aufbewahrung, owf-*be*-vahr-oong, f., (safe)
keeping; **—stelle,** shtell-*e*, f., cloak-room

aufbieten, owf-beet-*en*, v., to exert; to proclaim

aufblasen, owf-blah-zen, v., to inflate

aufbleiben, owf-bly-ben, v., to keep open; to
stay up late

aufblühen, owf-blEE-*en*, v., to flourish   [sume

aufbrauchen, owf-brow-ken, v., to use up, to con-

aufbrausen, owf-brow-zen, v., to effervesce; to
fly into a rage

aufbrechen, owf-brek-*en*, v., to break open; to
start (journey)

aufbringen, owf-bring-*en*, v., to rear; to introduce; to raise (money)

aufbügeln, owf-bEEg-*eln*, v., to press (with hot
iron); to do up

aufdecken, owf-deck-*en,* v., to uncover; to expose

Aufdeckung, owf-deck-oong, f., exposure

aufdringlich, owf-dring-li*k,* a., importunate

aufdrucken, owf-drook-*en,* v., to print upon; to imprint

aufeinander, owf-ine-ahn-d*er,* adv., one upon another, one after another

Aufenthalt, owf-ent-hahlt, m., stay; delay

auferlegen, owf-air-lay-g*en,* v., to impose

auferstehen, owf-air-shtay-*en,* v., to rise from the dead [tion

Auferstehung, owf-air-shtay-oong, f., resurrec-

aufessen, owf-ess-*en,* v., to eat up, to consume

auffahren, owf-fahr-*en,* v., to fly into a rage

auffallend, owf-fahll-*ent,* a., striking; conspicuous

auffangen, owf-fahng-*en,* v., to catch; to intercept

auffassen, owf-fahss-*en,* v., to comprehend, to conceive (ideas); to perceive [prehension

Auffassung, owf-fahss-oong, f., conception, com-

auffordern, owf-for-d*ern,* v., to ask; to invite

Aufforderung, owf-for-d*er*-oong, f., invitation

auffressen, owf-fress-*en,* v., to eat up; to devour

aufführen, owf-f*EER-en,* v., to produce plays; to erect structures

Aufgabe, owf-gah-be, f., task; posting of letters

aufgeben, owf-gay-b*en,* v., to give up; to post

aufgeblasen, owf-g*e*-blah-z*en,* a., puffed up

Aufgebot, owf-g*e*-boht, n., public notice; bans

aufgebracht, owf-g*e*-brah*kt,* a., indignant

aufgehen, owf-gay-*en,* v., to open; to rise (cur-

aufgeklärt, owf-g*e*-klairt, a., enlightened [tain)

aufgeregt, owf-g*e*-raykt, a., excited, agitated

aufgeweckt, owf-g*e*-veckt, a., lively; bright

aufgreifen, owf-gry-f*en,* v., to seize, to take up

aufhalten, owf-hahlt-*en,* v., to hold open; to de-

aufhäufen, owf-hoyf-*en,* v., to heap up [tain

aufheben, owf-hay-b*en,* v., to lift up; to keep

aufheitern, owf-hy-t*ern,* v., to brighten up [up

Aufheiterung, owf-hy-t*er*-oong, f., brightening

aufhetzen, owf-het-s*en,* v., to rouse, to incite

aufhorchen, owf-hor-*ken,* v., to prick up one's ears

aufhören, owf-her-ren, v., to stop, to leave off
aufkaufen, owf-kowf-en, v., to buy up
aufklappen, owf-klahpp-en, v., to open up or out
aufklären, owf-klay-ren, v., to clear up
Aufklärung, owf-klay-roong, f., enlightenment
aufknacken, owf-k'nahck-en, v., to crack open
aufknöpfen, owf-k'nerp-fen, v., to unbutton
aufknüpfen, owf-k'neep-fen, v., to hang
aufkommen, owf-komm-en, v., to thrive; to grow; to gain ground
Aufkömmling, owf-kermm-ling, m., upstart
aufkündigen, owf-keen-dig-en, v., to give notice or warning [charge(s)
Aufladegebühr, owf-lah-de-ge-bEEr, f., loading-
aufladen, owf-lahd-en, v., to load; to charge with
Auflage, owf-lahg-e, f., edition (books); imposi-
auflassen, owf-lahss-en, v., to leave open [tion
Auflauf, owf-lowf, m., tumult; mob; trifle (sweets)
auflegen, owf-lay-gen, v., to apply; to lay on
auflesen, owf-lay-zen, v., to pick up; to glean
auflösen, owf-ler-zen, v., to (dis)solve; to loosen
Auflösung, owf-ler-zoong, f., dissolution; solution
aufmachen, owf-mahk-en, v., to open, to undo
Aufmachung, owf-mahk-oong, f., make-up
aufmerken, owf-mair-ken, v., to mark, to take note
aufmerksam, owf-mairk-zahm, a., attentive;
—**keit**, f., attention, attentiveness [rouse
aufmuntern, owf-moon-tern, v., to cheer up, to
Aufnahme, owf-nahm-e, f., taking up; reception
aufnehmen, owf-nay-men, v., to take up; to admit
aufopfern (sich), owf-opp-fern (sik), v., to sacrifice (oneself) [load on
aufpacken, owf-pahck-en, v., to pack up; to
aufpassen, owf-pahss-en, v., to be careful
aufpolstern, owf-pol-stern, v., to upholster
aufpumpen, owf-poom-pen, v., to pump up
aufräumen, owf-roy-men, v., to clear; to tidy
aufrecht, owf-rekt, a., upright, erect

aufregen, owf-ray-gen, v., to excite, to stir up
Aufregung, owf-ray-goong, f., excitement
aufreißen, owf-ry-sen, v., to tear open (or up)
aufreizen, owf-ry-tsen, v., to incite, to provoke
aufrichten, owf-rik-ten, v., to erect
aufrichtig, owf-rik-tik, a., sincere, candid
Aufrichtigkeit, owf-rik-tik-kite, f., sincerity, can-
aufrollen, owf-rol-en, v., to roll up [dour
Aufruf, owf-roof, m., calling up, proclamation
Aufruhr, owf-roor, f., uproar, riot, rebellion
aufrühren, owf-rEEr-en, v., to stir up, to rouse
aufrührerisch, owf-rEEr-er-ish, a., mutinous
aufsagen, owf-zahg-en, v., to recite
aufsammeln, owf-zahmm-eln, v., to collect
Aufsatz, owf-sahtts, m., essay; head-piece
aufschauen, owf-show-en, v., to lock up
aufschieben, owf-she-ben, v., to postpone, to put
Aufschlag, owf-shlahk, m., impact; facing [off
aufschlagen, owf-shlahg-en, v., to raise the eyes;
to turn up
aufschliessen, owf-shleess-en, v., to unlock
aufschluchzen, owf-shlook-tsen, v., to sob aloud
Aufschluß, owf-shlooss, m., disclosure, explanation [unbuckle
aufschnallen, owf-shnall-en, v., to buckle up; to
aufschneiden, owf-shny-den, v., to cut open; to
Aufschneider, owf-shny-der, m., boaster [boast
Aufschnitt, owf-shnitt, m., cut; cold meat(s)
aufschrauben, owf-shrow-ben, v., to screw on
aufschrecken, owf-shreck-en, v., to startle
Aufschrei, owf-shry, m., outcry; shriek
aufschreiben, owf-shry-ben, v., to write down
Aufschrift, owf-shrift, f., inscription; address
Aufschub, owf-shoop, m., delay; adjournment
aufschütten, owf-shEEtt-en, v., to pour on
aufschwellen, owf-shvell-en, v., to swell up
aufschwemmen, owf-shvemm-en, v., to swell up
aufschwingen, owf-shving-en, v., to swing up;
to brandish [revival of trade
Aufschwung, owf-shvoong, m., swinging up;
Aufsehen, owf-zay-en, n., sensation, scandal
Aufseher, owf-zay-er, m., overseer, inspector

aufsetzen, owf-zett-sen, v., to put on; to set up

Aufsicht, owf-sikt, f., supervision; care; inspection; **—srat,** m., board of inspection

aufsitzen, owf-zitt-sen, v., to sit up; to mount

aufsparen, owf-shpahr-en, v., to save up [(horse)

aufspeichern, owf-shpy-kern, v., to warehouse

aufsperren, owf-shpair-ren, v., to open wide

aufsprengen, owf-shpreng-en, v., to burst open; to blast open [to chap

aufspringen, owf-shpring-en, v., to jump up

aufsprudeln, owf-shprood-eln, v., to bubble up

aufstacheln, owf-shtahk-eln, v., to goad (spur) on

aufstampfen, owf-shtahmm-fen, v., to stamp

Aufstand, owf-shtahnt, m., rising, rebellion

aufständig, owf-shten-dik, a., rebellious

aufstapeln, owf-shtah-peln, v., to pile (stack) up

aufstehen, owf-shtay-en, v., to rise, to get up

aufsteigen, owf-shty-gen, v., to rise, to mount

aufstellen, owf-shtell-en, v., to set up, to erect

Aufstellung, owf-shtell-oong, f., statement of account; erection

Aufstieg, owf-shteek, m., ascent

aufsuchen, owf-sook-en, v., to look up; to visit

auftauchen, owf-towk-en, v., to rise; to emerge

auftauen, owf-tow-en, v., to thaw

aufteilen, owf-ty-len, v., to divide

auftischen, owf-tish-en, v., to serve up, to dish up

Auftrag, owf-trahk, m., order; commission; **—en,** v., to carry up; to serve; **—geber,** m., buyer; customer; **—nehmer,** m., person or party commissioned

auftreiben, owf-try-ben, v., to search for; to chase

auftreten, owf-tray-ten, v., to appear; to step on

Auftritt, owf-tritt, m., appearance; entrance

auftun, owf-toon, v., to open; to put on hat

aufwachen, owf-vahk-en, v., to wake up; to awake

aufwachsen, owf-vahk-sen, v., to grow up

aufwarten, owf-vahrt-en, v., to wait up; to wait on

aufwärts, owf-vairts, adv., upward(s) [a person

aufwaschen, owf-vahsh-en, v., to wash the floor

aufwecken, owf-veck-en, v., to awaken; to rouse

aufweisen, owf-vy-zen, v., to produce (results)

aufwenden, owf-ven-d*en,* v., to disburse; to devote

aufwerfen, owf-vairf-*en,* v., to throw up (open); to call into question [thread

aufwickeln, owf-vick-eln, v., to coil; to wind up

aufwiegeln, owf-veeg-eln, v., to stir up; to provoke

Aufwiegler, owf-veeg-ler, m., agitator

aufwinden, owf-vin-d*en,* v., to wind up

aufwirbeln, owf-veer-beln, v., to whirl up [up

aufwischen, owf-vish-*en,* v., to wipe up; to mop

aufwühlen, owf-v*EE*l-*en,* v., to toss or rip up

aufzählen, owf-tsay-len, v., to count up

aufzehren, owf-tsay-r*en,* v., to consume [cord

aufzeichnen, owf-tsy'k-n*en,* v., to sketch; to re-

aufziehen, owf-tsee-*en,* v., to wind up; to pull up; to rear

Aufzug, owf-tsook, m., lift; act; procession

Augapfel, owk-ahpp-fel, m., eyeball, pupil

Auge, ow-g*e,* n., eye; bud; spot

äugeln, oy-geln, v., to ogle; to leer

Augenarzt, ow-gen-ahrts-t, m., oculist

Augenblick, ow-gen-blick, m., moment; instant

augenblicklich, ow-gen-blick-li*k,* adv., at present

Augenbraue, ow-gen-brow-*e,* f., eyebrow

Augenlicht, ow-gen-li*k*t, n., eyesight

Augenlid, ow-gen-leet, n., eyelid

Augenschein, ow-gen-shine, m., appearance

augenscheinlich, ow-gen-shine-li*k,* a., apparent

Augenwimper, ow-gen-vim-per, f., eyelash

Augenzeuge, ow-gen-tsoy-g*e,* m., eye-witness

Auktionator, owk-tse-ohn-*aht*-ohr, m., auctioneer

auktionieren, owk-tse-ohn-eer-*en,* v., to auction

aus, owss, prep., out of; of; from; by; through

ausarbeiten, owss-ahr-by-t*en,* v., to work out

ausarten, owss-ahrt-*en,* v., to degenerate [hale

ausatmen, owss-aht-m*en,* v., to breathe out; to ex-

ausbedingen, owss-be-ding-*en,* v., to stipulate

ausbessern, owss-bess-*ern,* v., to repair, to restore

ausbeuten, owss-boy-t*en,* v., to exploit

ausbezahlen, owss-b*e*-tsahl-*en,* v., to pay out

ausbiegen, owss-beeg-*en,* v., to turn aside

ausbilden, owss-bil-den, v., to train

Ausbildung, owss-bil-doong, f., training; development

ausblasen, owss-blah-zen, v., to blow out

ausbleiben, owss-bly-ben, v., to stay out; to fail to

Ausblick, owss-blick, m., prospect; view [come

ausbrechen, owss-brek-en, v., to break out

ausbreiten, owss-bry-ten, v., to spread out

ausbrennen, owss-brenn-en, v., to burn out; to escape [give a toast

ausbringen, owss-bring-en, v., to bring out; to

Ausbruch, owss-brook, m., outbreak; eruption

ausbrüten, owss-brEET-en, v., to hatch out

ausbürsten, owss-bEErst-en, v., to brush clothes thoroughly [verance

Ausdauer, owss-dow-er, f., endurance; perse-

ausdehnen, owss-day-nen, v., to stretch; to expand

Ausdehnung, owss-day-noong, f., extension; enlargement; dimension [imagine

ausdenken, owss-deng-ken, v., to think out; to

ausdienen, owss-deen-en, v., to serve one's time

ausdörren, owss-der-ren, v., to parch; to season

ausdrehen, owss-dray-en, v., to turn out [timber

Ausdruck, owss-droock, m., expression

ausdrücken, owss-drEEck-en, v., to express; to squeeze out [plicit

ausdrücklich, owss-drEEck-lik, a., positive; ex-

ausdruckslos, owss-droocks-lohss, a., without expression [significant

ausdrucksvoll, owss-droocks-foll, a., expressive;

Ausdünstung, owss-dEEnn-stoong, f., evaporation; perspiration [apart; separate

auseinander, owss-ine-ahnn-der, v., to asunder;

Auseinandersetzung, owss-ine-ahnn-der-zett-soong, f., explanation [selected

auserlesen, owss-air-lay-zen, a., choice; specially

auserwählen, owss-air-vay-len, v., to choose

auserwählt, owss-air-vailt, a., elect; predestined

ausfahren, owss-fahr-en, v., to drive (ride) out

Ausfahrt, owss-fahrt, f., drive; excursion

Ausfall, owss-fahll, m., turning out; falling out; sally; **—en,** v., to turn out; to fall out; to sally

ausfechten, owss-fe*ch*-ten, v., to fight out

ausfegen, owss-fay-gen, v., to sweep out

ausfertigen, owss-fairt-ig-en, v., to expedite; to draw up (documents) [to find out

ausfindig machen, owss-fin-dig ma*h*k-en, v.,

ausflicken, owss-flick-en, v., to mend; to patch

Ausflucht, owss-floo*ch*t, f., subterfuge; excuse

Ausflug, owss-floock, m., excursion; flying out

Ausflügler, owss-flEEg-ler, m., tripper

Ausfluß, owss-flooss, m., outflow; discharge

ausforschen, owss-forsh-en, v., to investigate

Ausforschung, owss-for-shoong, f., sounding; pumping [ing questions

ausfragen, owss-frah*g*-en, v., to find out by ask-

Ausfuhr, owss-foor, f., export [to export

ausführen, owss-fEEr-en, v., to take (lead) out;

ausführlich, owss-fEEr-li*h*k, a., detailed; ample

Ausführung, owss-fEEr-oong, f., execution

ausfüllen, owss-fEEll-en, v., to fill up forms

Ausgabe, owss-gah-be, f., edition; issue; expense

Ausgang, owss-gahng, m., exit, way out; upshot

ausgeben, owss-gay-ben, v., to spend; to yield

ausgebreitet, owss-ge-bry-tet, a., spread out

ausgehen, owss-gay-en, v., to go out; to proceed from [restrained; left out

ausgelassen, owss-ge-lahss-en, a., boisterous; un-

ausgemacht, owss-ge-ma*h*kt, p.p. & a., made
out; agreed upon [cepting

ausgenommen, owss-ge-nomm-en, p.p. & a., ex-

ausgesucht, owss-ge-soo*ch*t, p.p. & a., choice

ausgezeichnet, owss-ge-tsy*h*k-net, p.p. & a., distinguished; excellent

ausgießen, owss-geess-en, v., to pour out

Ausgleich, owss-gly*h*k, m., arrangement

Ausgleichung, owss-gly-koong, f., adjustment

ausgleiten, owss-gly-ten, v., to slip, to slide

ausgraben, owss-grah*b*-en, v., to dig out

Ausguck, owss-goock, m., look out, watch (ships)

ausgucken, owss-goock-en, v., to look out

Ausguß, owss-gooss, m., (kitchen) sink; pouring out [sustain; to bear

aushalten, owss-hahll-ten, v., to hold out; to

aushändigen, owss-henn-dig-*en*, v., to hand over
aushängen, owss-heng-*en*, v., to hang out
ausharren, owss-hahr-ren, v., to persevere
ausheben, owss-hay-b*en*, v., to levy; to lift out;
   to raid   [etc.]; raid
Aushebung, owss-hay-boong, f., levy (troops,
aushelfen, owss-hel-f*en*, v., to help out; to aid
Aushilfe, owss-hil-f*e*, f., aid; temporary help
ausholen, owss-hohl-*en*, v., to lift one's arm to
aushorchen, owss-hor-k*en*, v., to sound   [strike
aushören, owss-her-ren, v., to listen to the end;
   to cross-question
aushungern, owss-hoong-*ern*, v., to famish; to
   starve into submission   [weeds
ausjäten, owss-yay-ten, v., to weed; to clear of
auskämmen, owss-kemm-*en*, to comb out
auskämpfen, owss-kemp-f*en*, v., to cease fight-
   ing; to fight it out   [sweep out
auskehren, owss-kair-ren, v., to turn out; to
auskennen (sich), owss-kenn-*en* (sik), v., to
   know one's way   [off (clothes)
auskleiden, owss-kly-d*en*, v., to undress; to take
ausklopfen, owss-klopp-f*en*, v., to beat out
auskneifen, owss-k'ny-f*en*, v., to slip away
auskochen, owss-kok-*en*, v., to boil thoroughly
auskommen, owss-komm-*en*, v., to manage to
   live; to live in peace   [living
Auskommen, owss-komm-*en*, n., subsistence;
auskundschaften, owss-koont-shahft-*en*, v., to
   reconnoitre
Auskunft, owss-koonft, f., information; intelligence; **—ei,** f., inquiry agency; **—sbureau**
   (or **—büro**), n., inquiry agency
auslachen, owss-lahk-*en*, v., to laugh at; to deride
ausladen, owss-lahd-*en*, v., to unload
Ausladung, owss-lahd-oong, f., unloading
Auslage, owss-lahg-*e*, f., outlay; disbursement;
   (shop) display
Ausland, owss-lahnt, n., foreign country
Ausländer, owss-len-d*er*, m., foreigner
ausländisch, owss-len-dish, a., foreign; alien
Auslandspaß, owss-lahnnts-pahss, m., passport

auslangen, owss-lahng-*en*, v., to suffice; to stretch out

auslassen, owss-lahss-*en*, v., to omit; to let out

auslaufen, owss-lowf-*en*, v., to run out; to stop

auslecken, owss-leck-*en*, v., to lick out [running

ausleeren, owss-lay-*ren*, v., to empty out

Ausleerung, owss-layr-oong, f., emptying; evacuation [display; to lay out

auslegen, owss-lay-g*en*, v., to spread out; to

Auslegung, owss-lay-goong, f., interpretation; ex-

ausleihen, owss-ly-*en*, v., to lend out [planation

ausliefern, owss-leef-*ern*, v., to deliver up; to extradite [tradition

Auslieferung, owss-leef-er-oong, f., delivery; ex-

auslöschen, owss-lersh-*en*, v., to extinguish

auslösen, owss-ler-z*en*, v., to redeem

ausmachen, owss-mah*k*-*en*, v., to arrange; to remove; to put out

Ausmarsch, owss-marsh, m., marching out; departure (troops); **—ieren**, v., to march out

ausmessen, owss-mess-*en*, v., to measure; to take the dimensions

Ausnahme, owss-nahm-*e*, f., exception

ausnahmslos, owss-nahms-lohs, a., without exception [ception

ausnahmsweise, owss-nahms-vy-z*e*, a., as an ex-

ausnehmen, owss-nay-m*en*, v., to except; to appear

ausnutzen, owss-noots-*en* (or **-nütz-**, -nꜰᴇᴇᴛs-), v., to exploit; to utilize

auspacken, owss-pahck-*en*, v., to unpack

auspfeifen, owss-pfy-f*en*, v., to hiss (off stage)

ausplaudern, owss-plow-dern, v., to blab

ausplündern, owss-plEnN-dern, v., to loot

auspressen, owss-press-*en*, v., to squeeze out

Auspuff, owss-pooff, m., exhaust (pipe, valve, etc.)

ausrauben, owss-row-b*en*, v., to rob; to pillage

ausräumen, owss-roy-m*en*, v., to clear away

ausrechnen, owss-re*k*-n*en*, v., to reckon out

Ausrede, owss-ray-d*e*, f., excuse; subterfuge; plea

ausreden, owss-ray-d*en*, v., to cease speaking; to speak out

ausreiben, owss-ry-ben, v., to rub out; to rub

ausreichen, owss-ry-ken, v., to suffice   [clean

Ausreiseerlaubnis, owss-ry-ze-air-lowp-nis, f., permit to leave the country

ausreißen, owss-ry-sen, v., to tear out; to run away   (horseback)

ausreiten, owss-ry-ten, v., to take a ride (on

ausrenken, owss-renk-en, v., to put out of joint

ausrichten, owss-rik-ten, v., to straighten (out); to carry out   [cate

ausrotten, owss-rot-en, v., to root out; to eradi-

ausrücken, owss-rEEck-en, v., to move out; to run away

Ausruf, owss-roof, m., exclamation; ejaculation

ausrufen, owss-roof-en, v., to exclaim; to call out

Ausrufer, owss-roof-er, m., (town) crier

Ausrufungszeichen, owss-roof-oongs-tsy-ken, n., exclamation mark

ausruhen, owss-roo-en, v., to rest; to repose

ausrupfen, owss-roopf-en, v., to pluck out

ausrüsten, owss-rEEst-en, v., to furnish; to pro-vide with; to equip   [outfit

Ausrüstung, owss-rEEst-oong, f., equipment

Aussage, owss-zahg-e, f., assertion; statement

aussagen, owss-zahg-en, v., to declare; to depose

Aussatz, owss-zahts, m., leprosy

aussätzig, owss-zets-ig, a., leprous

aussaufen, owss-zow-fen, v., to drink up (animals)

aussaugen, owss-zow-gen, v., to suck dry; to ex-haust   [switch off

ausschalten, owss-shahlt-en, v., to eliminate; to

Ausschank, ows-shahnk, m., bar; retail of liquor

ausschauen, ows-show-en, v., to look out; to have the appearance

ausscheiden, owss-shy-den, v., to separate from

ausschelten, owss-shelt-en, v., to scold

ausschenken, owss-shenk-en, v., to pour out

ausscheuern, owss-shoy-ern, v., to scour

ausschicken, owss-shick-en, v., to send out

ausschiffen, ows-shif-en, v., to disembark; to put to sea

ausschimpfen, ows-shimp-fen, v., to abuse

ausschlafen, ows-shlahf-*en*, v., to sleep enough
Ausschlag, ows-shlahk, m., rash; turning of scale
ausschlagen, ows-shlahg-*en*, v., to refuse (offers)
ausschließen, ows-shleess-*en*, v., to shut out
ausschließlich, ows-shleess-*lik*, a., exclusive
Ausschluß, ows-shlooss, m., exclusion
ausschmücken, ows-shmEECK-*en*, v., to adorn
ausschneiden, ows-shny-den, v., to cut out
Ausschnitt, ows-shnitt, m., cutting; cut out
ausschöpfen, ows-sherp-fen, v., to scoop out
ausschreiben, ows-shry-ben, v., to write out
Ausschreibung, ows-shry-boong, f., writing out;
   (prize) competition; public tender
ausschreien, ows-shry-*en*, v., to cry out; to bawl
Ausschreitung, ows-shry-toong, f., outrage
Ausschuß, ows-shooss, m., rubbish; committee
ausschütten, ows-shEETT-*en*, v., to pour out
ausschwatzen, ows-shvaht-sen, v., to blab
ausschweifen, ows-shvy-fen, v., to lead fast life
Ausschweifung, ows-shvy-foong, f., dissipation
ausschwitzen, ows-shvit-sen, v., to sweat out
aussehen, ows-zay-*en*, v., to look (have the ap-
Aussehen, ows-zay-*en*, n., appearance [pearance]
außen, ows-*en*, adv., outside; without
aussenden, ows-zen-den, v., to send out; to emit
Aussendung, ows-zen-doong, f., sending out
Außenseite, ows-sen-zy-te, f., outside; surface
außer, ows-*ser*, prep. & conj., except; beside(s)
außerdem, ows-ser-daim, adv., besides; moreover
äußere, oys-ser-e, a., outer; external
Äußere, ows-ser-e, n., appearance; outer part
außerehelich, ows-ser-ay-e-lik, a., illegitimate
außergewöhnlich, ows-ser-ge-vern-lik, a., extra-
   ordinary   [externally
außerhalb, ows-ser-hahlp, prep. & adv., outside;
äußerlich, ows-ser-lik, a., outward; apparent
äußern, oys-sern, v., to manifest; to show
außerordentlich, ows-ser-ord-ent-lik, a., extra-
   ordinary
äußerst, oys-serst, adv., extremely, exceedingly,
Äußerung, oys-ser-oong, f., utterance   [most
aussetzen, ows-zet-sen, v., to object; to disembark

Aussicht, ows-si*k*t, f., view; prospect; outlook

aussöhnen, ows-zern-en, v., to make up (quarrel)

Aussöhnung, ows-zern-oong, f., reconciliation

aussondern, ows-zon-dern, v., to single out; to

aussortieren, ows-zort-eer-en, v., to sort [reject

ausspähen, ows-shpay-en, v., to look out for a
thing [unharness

ausspannen, ows-shpahnn-en, v., to stretch out; to

aussperren, ows-shpairr-en, v., to lock out

Aussperrung, ows-shpairr-oong, f., lock-out

ausspotten, ows-shpot-en, v., to ridicule

Aussprache, ows-shprah*k-e*, f., pronunciation

aussprechen, ows-shprek-en, v., to pronounce

Ausspruch, ows-shproock, n., saying; decision

ausspucken, ows-shpoock-en, v., to spit out

ausspülen, ows-shpEEl-en, v., to rinse; to wash out

ausspüren, ows-shpEEr-en, v., to track; to trace

ausstaffieren, ows-shtahff-eer-en, v., to equip

Ausstand, ows-shtahnt, m., strike

Ausstattung, ows-shtahtt-oong, f., equipment

aussteigen, ows-shty-gen, v., to get out; to alight

ausstellen, ows-shtell-en, v., to exhibit

Ausstellung, ows-shtell-oong, f., exhibition; show

aussterben, ows-shtairb-en, v., to die out

Aussteuer, ows-shtoy-er, f., trousseau

aussteuern, ows-shtoy-ern, v., to endow

ausstopfen, ows-shtopp-fen, v., to stuff; **to pad**

ausstoßen, ows-shtols-en, v., to eject

ausstrahlen, ows-shtrahl-en, v., to (ir)radiate

Ausstrahlung, ows-shtrahl-oong, f., emission
(rays) [to put out (hand)

ausstrecken, ows-shtreck-en, v., to stretch out;

ausstreichen, ows-shtry-*k*en, v., to cross out

ausstreuen, ows-shtroy-en, v., to strew (out)

ausströmen, ows-shtrer-men, v., to stream out

aussuchen, ows-sook-en, v., to choose, to pick

Austausch, ows-towsh, m., exchange; barter

austauschen, ows-towsh-en, v., to exchange

austeilen, ows-ty-len, v., to distribute; to dole

Auster, ows-ter, f., oyster [out, to give (alms)

austragen, owss-trahg-en, v., to carry out
(round); to deliver (mail)

austreiben, owss-try-ben, v., to drive out; to [expel

austreten, owss-tray-ten, v., to step out

austrinken, owss-trink-en, v., to drink up

Austritt, owss-tritt, m., severance; resignation

austrocknen, owss-trock-nen, v., to dry up (out); to drain; to parch

ausüben, owss-EEb-en, v., to exercise; to practise; to execute [cise; to execution

Ausübung, owss-EEb-oong, f., practice; exer-

Ausverkauf, owss-fair-kowf, m., (bargain) sale

ausverkaufen, owss-fair-kowf-en, v., to sell out

Auswahl, owss-vahl, f., selection, choice

auswählen, owss-vail-en, v., to select, to choose

Auswanderer, owss-vahn-der-er, m., emigrant

auswandern, owss-vahn-dern, v., to emigrate

Auswanderung, owss-vahn-der-oong, f., emigra-

auswärtig, owss-vairt-i*k*, a., foreign [tion; exodus

auswärts, owss-vairts, adv., abroad; outward

auswaschen, owss-vahsh-en, v., to wash out (off)

Ausweg, owss-vaig, m., way out; loophole; exped-

ausweichen, owss-vy-ken, v., to make way [ient

Ausweis, owss-vice, m., statement; proof of identity; **—en**, v., to turn a person out; to expel; **—en (sich)**, v., to give proof of one's identity; **—ung**, f., eviction; expulsion; proof of identity

auswendig, owss-ven-dig, a. & adv., by heart

auswickeln, owss-vick-eln, v., to unwrap

auswischen, owss-vish-en, v., to wipe out (of)

Auswuchs, owss-vooks, m., (out)growth

Auswurf, owss-voorf, m., scum; trash

auszahlen, owss-tsahl-en, v., to pay out (away)

Auszahlung, owss-tsahl-oong, f., paying-out

Auszehrung, owss-tsair-oong, f., consumption (disease); exhaustion

auszeichnen, owss-tsy'*k*-nen, v., to distinguish

Auszeichnung, owss-tsy'*k*-noong, f., distinction; honours (exam.) [off; to undress

ausziehen, owss-tsee-en, v., to draw out; to take

Auszug, owss-tsook, m., exodus; removal; state-

Auto, ow-toh, n., motor-car [ment (account)

Autor, ow-tohr, m., author

Avis, ah-vees, m., (letter of) advice; information
avisieren, ah-veez-*eer*-en, v., to advise
Axt, ahxt, f., axe

Bach, bah*k*, m., brook; stream; rivulet
Backe, bahck-*e*, f., cheek
backen, bahck-*en*, v., to bake
Backenbart, bahck-*en*-bart, m., whiskers
Bäcker, beck-*er*, m., baker
Bäckerei, beck-*e*-ry, f., bakery; baker's shop
Bäckerladen, beck-*er*-lahd-*en*, m., baker's shop
Backofen, bahck-ohf-*en*, m., baker's oven
Backpfeife, bahck-pfy-*fe*, f., box on the ear
Backpulver, bahck-pooll-*fer*, n., baking-powder
Backstein, bahck-shtine, m., brick
Backwerk, bahck-vairk, n., pastry, cakes
Bad, baht, n., bath   [bath(s)
Badeanstalt, bahd-*e*-ahnn-shtahlt, f., public
Badeanzug, bahd-*e*-ahnn-tsook, m., bathing-suit
baden, bahd-*en*, v., to bath(e)
Badeort, bahd-*e*-ort, m., watering-place; spa
Badezimmer, bahd-*e*-tsim-*er*, n., bathroom
Badewanne, bahd-*e*-vahnn-*e*, f., bath tub
baggern, bahg-*gern*, v., to dredge
Bahn, bahn, f., path(way); track. see **Eisenbahn**
bahnen, bahn-*en*, v., to make (pave) the way
Bahnhof, bahn-hohf, m., railway-station
Bahnsteig, bahn-shty'*k*, m., (station) platform
Bahnübergang, bahn-EEb-*er*-gahng, m., railway
Bahre, bahr-*e*, f., stretcher; bier   [crossing
Bai, by, f., bay; creek
Baisse, bay-s*e*, f., fall (prices); slump
Baissespekulant, bay-s*e*-shpay-kool-*ahnt*, m.,
  bear (Stock Exchange)
bald, bahlt, adv., soon; almost; directly
baldig, bahl-di*k*, a., early, soon; speedy
balgen, bahlg-*en*, v., to scuffle; to romp
Balken, bahlk-*en*, m., beam; joist
Ball, bahll, m., ball; dance
ballen, bahll-*en*, v., to form into a ball
Ballen, bahll-*en*, m., bale; pack

Ballsaal, bahll-zahl, m., ballroom
Band, bahnt, m., volume, tome. n., ribbon; band
Bande, bahnd-*e*, f., band, horde, gang
bändigen, bend-ig-*en*, v., to tame (wild animals)
Bandmaß, bahnt-mahs, n., tape-measure
bang(e), bahng(-*e*), a. & adv., afraid, anxious
Bank, bahnk, f., bench; bank
Bankier, bahnk-e-ch, m., banker
Bankkonto, bahnk-kon-to, n., banking account
bankrott, bahnk-rott, a., bankrupt
Bankrott, bahnk-rott, m., bankruptcy; failure;
Banksatz, bahnk-zahtts, m., bank-rate   [crash
Bankwesen, bahnk-vay-zen, n., banking
bannen, bahnn-*en*, v., to ban; to captivate; to
bar, bahr, a., bare; in cash   [enchant
Bär, bare, m., bear
Barbier, bahr-beer, m., barber
barfuß, bahr-foos, a., barefoot(ed)
Bargeld, bahr-gelt, n., cash; ready money
barmherzig, bahrm-*hairt*-si*k*, a., merciful, chari-
table;   **—keit,** f., mercy; compassion
Barre, bahr-*re*, f., bar; ingot
barsch, bahr-sh, a., rude; rough; harsh
Bart, bahrt, m., beard
bärtig, bairt-ig, a., bearded; whiskered
Barzahlung, bahr-tsahl-oong, f., cash payment
Base, bah-ze, f., female relative, (generally) cousin
Baß, bahss, m., bass (voice)
Baßgeige, bahss-gy-g*e*, f., bass-viol; contrabass
Batist, baht-ist, m., cambric
Bau, bow, m., building; construction; erection
Bauch, bowk, m., belly; abdomen
Bauchredner, bowk-raid-n*er*, m., ventriloquist
Bauchweh, bowk-veh, n., stomach (belly) ache
bauen, bow-*en*, v., to build; to cultivate (land)
Bauer, bow-*er*, m., peasant; farmer; pawn (chess)
Bauernfänger, bow-*ern*-feng-*er*, m., confidence
trickster
Bauernhaus, bow-*ern*-hows, n., farmhouse
Bauernhof, bow-*ern*-hohf, m., farmyard   [house
Bauernschenke, bow-*ern*-shenk-*e*, f., village ale-
baufällig, bow-fell-ig, a., dilapidated

Baukunst, bow-koonst, f., architecture

Baum, bowm, m., tree; beam; **—eister,** m., master builder; **—kuchen,** m., cake shaped like a tree; **—stamm,** m., trunk of a tree; **—wolle,** f., cotton; **—wollen,** a., made of cotton

baumeln, bowm-eln, v., to dangle

bäumen (sich), boym-en (sik), v., to rear, to prance (horse)

Bauplan, bow-plahn, m., architect's plan

bauschen, bow-shen, v., to puff (swell) out

Baustein, bow-shtine, m., building stone (brick)

beabsichtigen, be-ahp-sik-tig-en, v., to intend

beachten, be-ahk-ten, v., to heed; to take notice

beachtenswert, be-ahk-tens-vairt, a., noteworthy

Beachtung, be-ahk-toong, f., attention, notice

Beamte, be-ahmt-e, m., official; civil servant

beängstigen, be-engst-ig-en, v., to alarm

beanspruchen, be-ahn-shprook-en, v., to demand (as a right)

beantragen, be-ahn-trahg-en, v., to propose

beantworten, be-ahnt-vort-en, v., to answer (to)

Beantwortung, be-ahnt-vort-oong, f., answer

bearbeiten, be-ar-by-ten, v., to work (upon)

beaufsichtigen, be-owf-sik-tig-en, v., to control

beauftragen, be-owf-trahg-en, v., to instruct

bebauen, be-bow-en, v., to build upon or cultivate (land)

beben, bay-ben, v., to quiver

Becher, bek-er, m., beaker; (drinking) cup

Becken, beck-en, n., basin; pelvis; cymbals (pl.)

Bedacht, be-dahkt, m., consideration; forethought

bedächtig, be-dek-tig, a., discreet; prudent

Bedächtigkeit, be-dek-tik-kite, f., prudence

bedachtsam, be-dahkt-zahm, a., circumspect

bedanken (sich), be-dahnk-en (sik), v., to thank

Bedarf, be-dahrf, m., need requirement; demand

bedauerlich, be-dow-er-lik, a., regrettable

bedauern, be-dow-ern, v., to regret; to sympathize

bedecken, be-deck-en, v., to cover (with)

bedenken, be-denk-en, v., to reflect; to think over

bedenklich, be-denk-lik, a., serious; critical

Bedenklichkeit, be-denk-lik-kite, f., gravity

bedeuten, be-**doyt**-en, v., to signify, to mean
Bedeutung, be-**doyt**-oong, f., meaning signification; significance; —**svoll,** a., significant
bedienen, be-**deen**-en, v., to serve a person
Bediente(r), be-**deen**-te(r), m., man-servant
Bedienung, be-**deen**-oong, f., service; domestics
bedingt, be-**dingt,** p.p.&a., qualified by stipulation
Bedingung, be-**ding**-oong, f., condition; terms
bedrängen, be-**dreng**-en, v., to press hard upon
Bedrängnis, be-**dreng**-niss, f., embarrassment
bedrohen, be-**droh**-en, v., to threaten with
bedürfen, be-**DEErf**-en, v., to need, to require
Bedürfnis, be-**DEErf**-niss, f., want, need
bedürftig, be-**DEErf**-tig, a., needy, indigent, poor
beehren, be-**air**-en, v., to honour with; to favour
beeilen (sich), be-**ile**-en, (sik), v., to make haste
beeinflussen, be-ine-**flooss**-en, v., to influence
beeinträchtigen, be-ine-**trek**-tig-en, v., to injure
beenden, be-**end**-en, v., to end, to finish
Beendigung, be-**end**-ig-oong, f., termination
beerben, be-**airb**-en, v., to be heir to a person
beerdigen, be-**aird**-ig-en, v., to bury; to inter
Beerdigung, be-**aird**-ig-oong, f., funeral, interment [ment
Beere, bair-e, f., berry
Beet, bait, n., (flower or vegetable) bed
befähigen, be-**fay**-ig-en, v., to qualify; to enable
Befähigung, be-**fay**-ig-oong, f., capacity; qualification
befallen, be-**fahll**-en, v., to attack [cation
Befangenheit, be-**fahng**-en-hite, f., embarrassment, perplexity [oneself with
befassen (sich), be-**fahss**-en (sik), v., to occupy
Befehl, be-**fail,** m., command, order
befehlen, be-**fail**-en, v., to command, to order
befestigen, be-**fest**-ig-en, v., to fasten; to fortify
Befestigung, be-**fest**-ig-oong, f., fastening; fortification
Befinden, be-**finn**-den, n., state of health; v., to deem; to find (verdict); —(**sich**), v., to be (in condition)
beflecken, be-**fleck**-en, v., to spot; to soil
beflissen, be-**fliss**-en, a., zealous; studious [ders)
befolgen, be-**foll**-gen, v., to follow; to observe (or-

befördern, be-ferd-ern, v., to forward   [motion
Beförderung, be-ferd-er-oong, f., dispatch, pro-
befrachten, be-frahk-ten, v., to load; to charter
befragen, be-frahg-en, v., to consult
befreien, be-fry-en, v., to free, to liberate
Befreiung, be-fry-oong, f., release; emancipation
befremden, be-fremm-den, v., to seem odd
befreunden, be-froynd-en, v., to make friends
begabt, be-gahpt, p.p. & a., talented, gifted
Begabung, be-gahb-oong, f., talent(edness)
begeben, be-gay-ben, v., to negotiate (bills)
begeben (sich), be-gay-ben (sik), v., to betake
Begebenheit, be-gay-ben-hite, f., event   [oneself
Begebnis, be-gayp-niss, n., event, occurrence
begegnen, be-gaig-nen, v., to meet (by chance)
Begegnung, be-gaig-noong, f., (chance) meeting
begehen, be-gay-en, v., to commit; to celebrate
begehren, be-gair-en, v., to demand to wish for
Begehung, be-gay-oong, f., celebration; per-
   petration   [rapture
begeistern, be-gy-stern, v., to inspire; to en-
Begeisterung, be-gy-ster-oong, f., enthusiasm
Begier(de), be-geer-(de), f., eagerness; avidity
begierig, be-geer-ik, a., eager for; desirous
begießen, be-geess-en, v., to water (sprinkle)
Beginn, be-ginn, m., beginning
beginnen, be-ginn-en, v., to begin, to start
beglaubigen, be-glow-big-en, v., to certify correct
Beglaubigung, be-glow-big-oong, f., attestation
begleichen, be-gly-ken, v., to settle (accounts)
begleiten, be-gly-ten, v., to accompany
Begleiter, be-gly-ter, m., companion   [happy
beglücken, be-glEEK-en, v., to make a person
beglückwünschen, be-glEEK-vEEnn-shen, v., to
   congratulate   [amnesty
begnadigen, be-g'nahd-ig-en, v., to pardon; to
begnügen (sich), be-g'nEEg-en (sik), v., to be
   satisfied with a thing   [tented
begnügsam, be-g'nEEg-zahm, a., (easily) con-
begraben, be-grahb-en, v., to bury; to inter
Begräbnis, be-grape-niss, n., burial; interment
begreifen, be-gry-fen, v., to touch; to comprehend

begreiflich, be-grîfe-li*k*, a., comprehensible
begrenzen, be-grent-sen, v., to delimit
Begriff, be-griff, m., idea; concept; notion
begründen, be-grEEnn-den, v., to base [argument
Begründung, be-grEEnn-doong, f., foundation;
begrüssen, be-grEES-en, v., to greet, to welcome
Begrüssung, be-grEES-oong, f., greeting, salutation
begünstigen, begEEnn-stig-en, v., to favour
Begünstigung, begEEnn-stig-oong, f., favouritism
begütigen, be-gEET-ig-en, v., to conciliate
behaart, be-hahrt, p.p. & a., hairy, hirsute
behäbig, be-hay-big, a., plump and confortable
behagen, be-hahg-en, v., to be agreeable, to please
behaglich, be-hahk-li*k*, a., comfortable; cosy
behalten, be-hahllt-en, v., to keep; to retain
Behälter, be-hell-ter, m., container; reservoir
behandeln, be-hahnn-deln, v., to treat
Behandlung, be-hahnnd-loong, f., treatment
beharren, be-hahrr-en, v., to persevere; to insist
behaupten, be-howp-ten, v., to assert; to main-
Behauptung, be-howp-toong, f., assertion [tain
behend(e), be-hent (or be-hen-de), a., agile, nimble
beherrschen, be-hairsh-en, v., to rule; to govern
behilflich, be-hilf-li*k*, a., helpful; serviceable
Behörde, be-herd-e, f., (competent) authority
behördlich, be-herd-li*k*, a., official; authoritative
behüten, be-hEET-en, v., to look after; to guard
behutsam, be-hoot-zahm, a., cautious; careful
bei, by, prep., near (to); at (the house of); upon; in
beibehalten, by-be-hahllt-en, v., to keep up
    customs); to retain
beibringen, by-bring-en, v., to teach; to bring for-
beichten, by*k*-ten, v.. to confess   [ward
Beichtstuhl, by*k*'t-shtool, m., confessional box
Beichtvater, by*k*'t-faht-er, m., (father) confessor
beide, by-de, a., both (of them)
beiderlei, by-der-ly, a., both kinds; of both sorts
beiderseits, by-der-zites, adv., on both sides
beieinander, by-ine-ahnn-der, adv., all together
Beifall, by-fahll, m., applause; assent; approval
beifolgen, by-fol-gen, v., to follow (with)
beifügen, by-fEEg-en, v., to enclose; to append

Beifügung, by-FEEG-oong, f., addition; appendage

beigeschlossen, by-ge-shloss-en, p.p. & a., enclosed

Beigeschmack, by-ge-shmahck, m., (peculiar) flavour [flavour

Beil, bile, n., hatchet; chopper; axe

Beilage, by-lahg-e, f., supplement (of a journal); attached thing

beilegen, by-lay-gen, v., to add a thing; to enclose; to impute; to settle (disputes)

Beileid, by-lite, n., condolence; sympathy

beiligen, by-leeg-en, v., to lie enclosed (with)

beim, bime (= **bei dem**, by daim), prep., with the; at the; near the

beimessen, by-mess-en, v., to attribute; to impute

beimischen, by-mish-en, v., to mix with

Bein, bine, n., leg; bone

beinahe, by-nah-e, adv., almost; nearly

Beiname, by-nahm-e, m., nickname; epithet

Beinbruch, bine-brook, m., fracture of the leg; (fig.) disaster

Beinkleid, bine-klite, n., (or **Beinkleider**, bine-kly-der), pl. trousers

beipacken, by-pahck-en, v., to pack up with

beirren, be-eerr-en, v., to confuse

beisammen, by-zahmm-en, adv., together

beischließen, by-schleess-en, v., to enclose

beiseite, by-zy-te, adv., apart, aside, on one side

beisetzen, by-zet-sen, v., to bury, to lay in the tomb

Beispiel, by-shpeel, n., example

beispiellos, by-shpeel-lohs, a., unexampled

beispielsweise, by-shpeels-vy-ze, adv., for instance; by way of example

beispringen, by-shpring-en, v., to assist promptly

beißen, by-sen, v., to bite

Beißzange, bice-tsahng-e, f., pliers, pincers

beistehen, by-shtay-en, v., to render help

beistimmen, by-htim-en, v., to agree, to concur

Beitrag, by-trahk, m., contribution

beitragen, by-trahg-en, v., to contribute

beitreten, by-trait-en, v., to join (club, etc.); to assent to (an opinion)

Beitritt, by-tritt, m., enrolment; co-operation in

Beiwagen, by-vahg-*en*, m., side-car (motor-cycle)

beiwohnen, by-wohn-*en*, v., to be present

beizeiten, by-tsy-ten, adv., betimes, early

beizen, by-tsen, v., to corrode; to cauterize [tive

bejahen, be-yah-*en*, v., to answer in the affirma-

bejahrt, be-yahrt, a., aged, advanced in years

bekämpfen, be-kemp-fen, v., to fight against

bekannt, be-kahnnt, a., well-known; renowned

Bekannte(r), be-kahnnt-*e*(r), m., acquaintance

bekanntlich, be-kahnnt-lik, adv., as everyone knows

bekanntmachen, be-kahnnt-mah*k*-en, v., to introduce; to advertise; to advise

Bekanntmachung, be-kahnnt-mah*k*-oong, f., (public) notice; proclamation [tance

Bekanntschaft, be-kahnnt-shahft, f., acquain-

bekehren, be-kair, v., to convert; to proselytize

Bekehrung, be-kair-oong, f., conversion

bekennen, be-ken-en, v., to admit; to profess

Bekenntnis, be-kennt-nis, n., profession (faith)

beklagen, be-klahg-en, v., to deplore; to lament

beklagenswert, be-klahg-ens-vairt, a., pitiable

Beklagte(r), be-klahk-te(r), m., defendant; accused

bekleiden, be-kly-den, v., to dress; to fill a post

Bekleidung, be-kly-doong, f., dressing (clothing)

beklommen, be-klomm-en, a., uneasy; oppressed

bekommen, be-komm-en, v., to receive, to get

bekömmlich, be-kermm-lik, a., beneficial

beköstigen, be-kerst-ig-en, v., to board; to feed

Beköstigung, be-kerst-ig-oong, f., board(ing); maintenance

bekräftigen, be-kreff-tig-en, v., to confirm

Bekräftigung, be-kreff-tig-oong, f., confirmation

bekränzen, be-krent-sen, v., to deck with wreaths

bekreuzigen (sich), be-kroyt-sig-en (sik), v., to cross oneself

bekümmern (sich), be-KEEmm-ern (sik), v., to be concerned about; to trouble oneself about

beladen, be-lahd-en, v., to load (or charge) with

belagern, be-lahg-ern, v., to besiege; to beleaguer

Belagerung, be-lahg-er-oong, f., siege

Belang, be-**lahng,** m., import(ance); consequence

belangen, be-**lahng**-en, v., to sue a person; to concern

belanglos, be-**lahng**-lohs, a., insignificant

belasten, be-**lahst**-en, v., to burden; to debit

belästigen, be-**lesst**-ig-en, v., to molest

Belastung, be-**lahsst**-oong, f., load; debit

belaufen, be-**lowf**-en, v., to amount to

beleben, be-**lay**-ben, v., to animate, to liven up

belebt, be-**laipt,** a., animated, lively; busy (street)

Belebung, be-**laib**-oong, f., animation

Beleg, be-**laik,** m., proof; voucher

belegen, be-**laig**-en, v., to lay something on something; to cover; to reserve a seat

belehren, be-**lair**-en, v., to instruct; to inform

Belehrung, be-**lair**-oong, f., instruction; information

beleidigen, be-**ly**-dig-en, v., to insult; to offend

Beleidigung, be-**ly**-dig-oong, f., insult; offence

belesen, be-**lay**-zen, a., well-read; scholarly

beleuchten, be-**loyk**-ten, v., to illuminate; to light (up); to elucidate [lighting; elucidation

Beleuchtung, be-**loyk**-toong, f., illumination;

belichten, be-**lik**-ten, v., to expose to light (phot.)

belieben, be-**leeb**-en, v., to like; to be pleased (with) [one's liking

beliebig, be-**leeb**-ig, a., optional; according to

beliebt, be-**leept,** p.p. & a., (well) liked; popular

bellen, bel-en, v., to bark; to bay

belohnen, be-**loh**-nen, v., to reward

Belohnung, be-**loh**-noong, f., reward

belügen, be-**lEEg**-en, v., to lie to a person; to deceive a person [amuse oneself

belustigen (sich), be-**looss**-tig-en (sik), v., to

Belustigung, be-**looss**-tig-oong, f., amusement; diversion [take possession of a thing

bemächtigen (sich), be-**mek**-tig-en (sik), v., to

bemannen, be-**mahnn**-en, v., to man; to equip

Bemannung, be-**mahnn**-oong, f., crew

bemeistern, be-**my**-stern, v., to master, to sway

bemerken, be-**mairk**-en, v., to notice; to remark;

—swert, a., remarkable; noticeable

Bemerkung, be-**mairk**-oong, f., remark; observation; notice

bemitleiden, be-**mit**-ly-den, v., to pity

bemittelt, be-**mit**-elt, a., well-to-do; having means

bemühen (sich), be-**mEE**-en (sik), v., to endeavour

Bemühung, be-**mEE**-oong, f., trouble; endeavour

benachbart, be-**nahk**-bart, a., neighbouring, adjoining [form

benachrichtigen, be-**nahk**-rik-tig-en, v., to in-

Benachrichtigung, be-**nahk**-rik-tig-oong, f., notification [dice, to wrong

benachteiligen, be-**nahk**-ty-lig-en, v., to preju-

benannt, be-**nahnnt**, a., called, named [away

benehmen, be-**nay**-men, v., to deprive of, to take

beneiden, be-**ny**-den, v., to envy; to begrudge

beneidenswert, be-**ny**-dens-vairt, a., enviable

benennen, be-**nen**-en, v., to name, to call, to term

Benennung, be-**nen**-oong, f., appellation; name

Bengel, beng-el, m., cudgel; urchin, lout

benötigen, be-**nert**-ig-en, v., to require; to need

benutzen (or benützen), be-**noott**-sen (or be-**nEEtt**-sen), v., to use, to employ

Benutzung, be-**noott**-soong, f., use, employment

Benzin, bent-seen, n., benzine; (generally) petrol

beobachten, be-oh-**bahk**-ten, v., to observe, to watch; to examine

Beobachtung, be-oh-**bahk**-toong, f., observation

bepacken, be-**pahck**-en, v., to load, to charge

bepflanzen, be-**flahnt**-sen, v., to plant with

bequem, bek-**vaim**, a., comfortable, cosy, snug

bequemen (sich), bek-**vaim**-en (sik), v., to make the best of; to submit

bequemlich, bek-**vaim**-lik, a., convenient

Bequemlichkeit, bek-**vaim**-lik-kite, f., comfortableness; snugness

beraten, be-**raht**-en, v., to advise, to counsel

beratschlagen (sich), be-**raht**-shlahg-en (sik), v., to consult (together)

Beratung, be-**raht**-oong, f., counsel; deliberation

berauben, be-**row**-ben, v., to rob, to deprive

berauschen, be-**row**-shen, v., to intoxicate

berechnen, be-**rek**-nen, v., to calculate, to count up

Berechnung, be-*rek*-noong, f., calculation
berechtigen, be-*rek*-tig-en, v., to entitle
berechtigt, be-*rek*-tigt, a., entitled; qualified
Berechtigung, be-*rek*-tig-oong, f., authorisation
beredsam, be-*rait*-zahm, a., eloquent
Beredsamkeit, be-*rait*-zahm-kite, f.,f.,eloquence
Bereich, be-*ry'k*, m., reach; scope; sphere
bereichern (sich), be-*ry*-ker-en (sik), v., to enrich
  oneself   [hoar-frost
bereifen, be-*ry*-fen, v., to fit tyres; to cover with
Bereifung, be-*ry*-foong, f., hoar-frost; tyre(s)
bereit, be-*rite*, a., ready, prepared
bereiten, be-*ry*-ten, v., to prepare, to get ready
bereits, be-*rites*, adv., already   [paredness
Bereitschaft, be-*rite*-shahft, f., readiness, pre-
bereitwillig, be-*rite*-vil-ig, a., willing, obliging
Bereitwilligkeit, be-*rite*-vil-ig-kite, f., willingness, obligingness
bereuen, be-*roy*-en, v., to repent
Bereuung, be-*roy*-oong, f., repentance, regret
Berg, bairk, m., mountain; mount; hill
bergab, bairk-*ahp*, adv., downhill   [mann
Bergarbeiter, bairk-ar-by-ter, m. (see Berg-
Bergbau, bairk-bow, m., mining
bergen, bairg-en, v., to save, to shelter; to protect
Berggipfel, bairk-gip-fel, m., mountain peak
bergig, bairg-ik, a. mountainous, hilly
Bergmann, bairk-mahnn, m., miner
Bergwerk, bairk-vairk, n., mine; (coal-)pit
Bericht, be-*rikt*, m., report; account, particulars
berichten, be-*rikt*-en, v., to report
Berichterstatter, be-*rikt*-er-shtahtt-er, m.,
  (newspaper) reporter   [arrange, to put right
berichtigen, be-*rikt*-ig-en, v., to rectify; to
Berichtigung, be-*rikt*-ig-oong, f., correction
berieseln, be-*reez*-eln, v., to irrigate
Bernstein, bairn-shtine, m., amber
bersten, bairst-en, v., to burst, to explode
berüchtigt, be-*reek*-tigt, a., notorious, ill-famed
berücksichtigen, be-*reek*-sikt-ig-en, v., to take
  into consideration   [sideration
Berücksichtigung, be-*reek*-sikt-ig-oong, f., con-

Beruf, be-roof, m., profession; calling

berufen, be-roof-en, v., to summon; to call

berufen auf (sich) be-roof-en owf (sik), v., to appeal (law)

beruflich, be-roof-lik, a., professional [refer to

Berufung, be-roof-oong, f., appeal (law)

beruhen, be-roo-en, v., to be attributable (to)

beurhigen, be-roo-ig-en, v., to quieten; to reassure

Beruhigung, be-roo-ig-oong, f., calm(ing)

berühmt, be-REEmt, a., celebrated, famous

Berühmtheit, be-REEmt-hite. f., renown, celebrity

berühren, be-REER-en, v. to touch

Berührung, be-REER-oong, f., touch(ing); contact

besagt, be-zahkt, a., aforesaid, mentioned, said

besänftigen, be-zenft-ig-en, v., to calm; to appease

Besatz, be-zahtts, m., trimming; flounce

Besatzung, be-sahtts-oong, f., garrison; crew

besaufen (sich) be-zowf-en (sik), v., (vulg.) to get drunk [injure

beschädigen, be-shay-dig-en, v., to damage, to

Beschädigung, be-shay-dig-oong, f., damage

beschaffen, be-shahff-en, v., to procure; to get

beschaffen, be-shahff-en, a., constituted

Beschaffenheit, be-shahff-en-hite, f., quality

Beschaffung, be-shahff-oong, f., supply; providing (funds, etc.) [put to work

beschäftigen, be-sheff-tig-en, v., to occupy; to

Beschäftigung, be-sheff-tig-oong, f., occupation

beschämen, be-shay-men, v., to (put to) shame

beschauen, be-show-en, v., to gaze (look) at

Bescheid, be-shy't, m., reply; instruction(s)

bescheiden, be-shy-den, a., moderate; modest

Bescheidenheit, be-shy-den-hite, f., modesty

bescheinen, be-shy-nen, v., to shine on

bescheinigen, be-shy-nig-en, v., to certify, to attest

Bescheinigung, be-shy-nig-oong, f., attestation, certificate [with a thing

beschenken, be-shenk-en, v., to present a person

bescheren, be-shair-en, v., to bestow (gifts)

Bescherung, be-shair-oong, f., bestowal of gift

beschießen, be-shees-en, v., to bombard, to fire on

Beschießung, be-shees-oong, f., bombardment

beschimpfen, be-shim-*fen*, v., to abuse; to affront

beschirmen, be-sheerm-*en*, v., to protect, to shield

Beschlag, be-shlahk, m., seizure; (damp) deposit; metal-work

beschlagen, be-shlahg-*en*, v., to show (horses); to overlay with metal; to steam (windows)

Beschlagnahme, be-shlahk-nahm-*e*, f., seizure

beschleunigen, be-shloin-ig-*en*, v., to accelerate, to hasten [ation, increase of speed

Beschleunigung, be-shloin-ig-oong, f., acceler-

beschließen, be-shlees-*en*, v., to decide, to resolve

Beschluß, be-shlooss, m., decision; resolution

beschlußfähig, be-shlooss-fay-ig, a., forming a quorum

beschmieren, be-shmeer-*en*, v., to (be)smear

beschmutzen, be-shmoott-sen, v., to soil

Beschmutzung, be-shmoott-soong, f., pollution

beschneiden, be-shny-den, v., to clip; to circumcise [cumcision

Beschneidung, be-shny-doong, f., clipping; cir-

beschönigen, be-shern-ig-*en*, v., to gloss over; to palliate [over; extenuation

Beschönigung, be-shern-ig-oong, f., glossing

beschränken, be-shrenk-en, v., to limit

beschränkt, be-shrenkt, a., limited; (pop.) dull

Beschränkung, be-shrenk-oong, f., limitation

beschreiben, be-shry-ben, v., to write on; to describe

Beschreibung, be-shry-boong, f., description

beschuldigen, be-shooll-dig-*en*, v., to accuse, to charge with a crime [tion, charge

Beschuldigung, be-shooll-dig-oong, f., accusa-

beschützen, be-shEEtt-sen, v., to protect

Beschützer, be-shEEtt-ser, m., defender, protector

Beschützung, be-shEEtt-soong, f., protection

Beschwerde, be-shvaird-*e*, f., hardship, grievance

beschweren (sich), be-shvair-*en* (sik), v., to complain [troublesome

beschwerlich, be-shvair-lik, a., burdensome;

beschwichtigen, be-shvik-ti-gen, v., to pacify; to appease; to calm [liation; appeasement

Beschwichtigung, be-shvik-tig-oong, f., conci-

beschwindeln, be-*shvin-*deln, v., to cheat; to swindle [to conjure (spirits)

beschwören, be-*shver-*en, v., to confirm by oath;

Beschwörung, be-*shver-*oong, f., confirmation by oaths; raising of spirits

beseelen, be-*zail-*en, v., to animate; to inspire

besehen, be-*zay-*en, v., to inspect; to view

beseitigen, be-*zite-*ig-en, v., to do away with; to [eliminate

Besen, bay-zen, m., broom

besessen, be-zes-en, p.p. & a., possessed, frantic

Besessene(r), be-zes-en-e(r), m., person possessed or frantic [occupy; to engage

besetzen, be-zett-sen, v., to fill a vacant place; to

Besetzung, be-zett-oong, f., cast (theatre); occupation

besichtigen, be-*zik-*tig-en, v., to view; to inspect

Besichtigung, be-*zik-*tig-oong, f., inspection

besiegen, be-zeeg-en, v., to conquer; to vanquish

besinnen (sich), be-zin-en (sik), v., to call to one's mind; to think over

Besinnung, be-zin-oong, f., consciousness

Besitz, be-zits, m., possession; property; estate

besitzen, be-zit-sen, v., to possess, to have

Besitzer, be-zit-ser, m., possessor, proprietor

Besitzung, be-zits-oong, f., possession; estate

besohlen, be-zohl-en, v., to sole (shoes) [larly

besonders, be-zon-ders, adv., especially; particu-

besonnen, be-zon-en, a., cautious; thoughtful

besorgen, be-zorg-en, v., to attend; to take [care of

Besorgnis, be-zork-niss, f., concern; fear

besorgt, be-zorkt, p.p. & a., apprehensive; anxious

Besorgung, be-zorg-oong, f., errand; care

besprechen, be-*shprek-*en, v., to discuss

Besprechung, be-*shprek-*oong, f., conversation

bespritzen, be-*shprit-*sen, v., to squirt with water

besser, bess-er, a., better

bessern, bess-ern, v., to better, to improve

Besserung, bess-er-oong, f., improvement; re-best, best, a., best [form(ation); recovery

Bestand, be-*shtahnt,* m., existence; duration

beständig, be-*shten-*dik, a., constant; permanent

Beständigkeit, be-*shten-*dig-kite, f., stability

Bestandteil, be-shtahnt-tile, m., ingredient
bestärken, be-shtairk-en, v., to confirm (fact or statement) [corroborate; to acknowledge
bestätigen, be-shtayt-ig-en, v., to confirm; to
Bestätigung, be-shtayt-ig-oong, f., confirmation
bestatten, be-shtahtt-en, v., to bury
Bestattung, be-shtahtt-oong, f., burial; funeral
beste, best-e, a., best
bestechen, be-shtek-en, v., to bribe; to corrupt
bestechlich, be-shtek-lik, a., open to bribery
Bestechung, be-shtek-oong, f., corruption
Besteck, be-shteck, n., knives, forks and spoons
bestehen, be-shtay-en, v., to consist; to exist; to resist; to pass (exam.)
bestehlen, be-shtay-len, v., to rob, to steal from
besteigen, be-shty-gen, v., to mount on
Besteigung, be-shty-goong, f., ascent; accession
bestellen, be-shtel-en, v., to order (goods); to give messages; to cultivate (soil)
Bestellung, be-shtel-oong, f., order; commission; cultivation (soil)   [much
bestens, best-ens, adv., in the best way; very
besteuern, be-shtoy-ern, v., to impose tax or duty
Besteuerung, be-shtoy-er-oong, f., imposition of
Bestie, best-e-e, beast, brute   [tax or duty
bestimmen, be-shtim-en, v., to decide; to appoint
bestimmt, be-shtimt, a., decided; for certain
Bestimmung, be-shtim-oong, f., decision; order
Bestimmungsort, be-shtim-oongs-ort, m., destination   [tise; to fine
bestrafen, be-shtrahf-en, v., to punish; to chas-
Bestrafung, be-shtrahf-oong, f., punishment; reprimand; fine   [ray treatment
Bestrahlung, be-shtrahl-oong, f., (ir)radiation;
bestreben, be-shtray-ben, v., to endeavour
Bestrebung, be-shtray-boong, f., endeavour
bestreichen, be-shtry-ken, v., to spread over
bestreiten, be-shtry-ten, v., to contest; to defray
bestreuen, be-shtroy-en, v., to sprinkle with
bestürmen, be-shtEErm-en, v., to storm; to molest
bestürzt, be-shtEErtst, a., disconcerted; alarmed
Bestürzung, be-shtEErts-oong, f., consternation

Besuch, be-sook, m., visit, call; attendance
besuchen, be-sook-en, v., to(pay a) visit; to attend
betätigen, be-tay-tig-en, v., to be engaged in
betäuben, be-toyb-en, v., to stun; to narcotize
Betäubung, be-toyb-oong, f., stupor; lethargy
beteiligen, be-ty-lig-en, v., to take part (share)
Beteiligung, be-ty-lig-oong, f., participation
beten, bay-ten, v., to pray; to say one's prayers
betiteln, be-teet-eln, v., to name; to give title
Betitelung, be-teet-el-oong, f., title; name
Beton, bay-tong, m., concrete
betonen, be-tohn-en, v., to emphasize
Betonung, be-tohn-oong, f., emphasis; stress
betören, be-ter-en, v., to befool; to delude
Betracht, be-trahkt, m., consideration; respect
betrachten, be-trahkt-en, v., to regard
beträchtlich, be-rekt-lik, a., considerable
Betrachtung, be-trahkr-oong, f., consideration
Betrag, be-trahk, m., amount; sum
Betragen, be-trahg-en, n., behaviour
betragen, be-trahg-en, v., to amount to
betragen (sich), be-trahg-en (sik), v., to behave
Betreff, be-tref, m., regard; respect   [(oneself)
betreffen, be-tref-en, v., to relate to
betreffs, be-trefs, prep., with, (in) regard to
betreiben, be-try-ben, v., to carry on (trade, etc.)
betreten, be-trayt-en, v., to step into; to enter
Betrieb, be-treep m., management; industry;
   —seinstellung, f., stoppage of work;
   —sleiter, m., (works) manager; —srat, m.,
   council of workmen (and managers)
betrinken(sich), be-tring-ken(sik),v.,to getdrunk
betroffen, be-trof-en, a., perplexed; surprised
betrüben, be-trEEb-en, v., to grieve; to afflict
Betrug, be-trook, m., deception; fraud
betrügen, be-trEEg-en, v., to deceive; to cheat
Betrüger, be-trEEg-er, m., deceiver; cheat
Betrügerei, be-trEEg-e-ry, f., imposture; deceit
betrunken, be-troonk-en, a., intoxicated; drunk
Betrunkenheit, be-troonk-en-hite, f., drunken-
Bett, bet, n., bed   [ness
Bettdecke, bet-deck-e, f., blanket; coverlet

Bettelei, bet-*e*-ly, f., begging; cadging
betteln, bet-*e*ln, v., to beg; to solicit alms
betten, bet-*e*n, v., to (make) bed(s)
Bettler, bet-*e*r, m., beggar; mendicant
Bettstelle, bet-shtel-*e*, f., bedstead
Bettuch, bet-took*h*, n., sheet
Bettwäsche, bet-vesh-*e*, f., bed-linen; bed-clothes
beugen, boyg-*e*n, v., to bend; to inflect; to decline
Beugung, boyg-oong, f., bend(ing); inflexion
Beule, boyl-*e*, f., hump; bump; swelling; bruise
beunruhigen, be-oonn-roo-ig-en, v., to disturb; to alarm; to worry   [uneasiness
Beunruhigung, be-oonn-roo-ig-oong, f., alarm;
beurkunden, be-oor-koonn-den, v., to prove by documents; to verify   [absence
beurlauben, be-oor-low-ben, v., to grant leave of
beurteilen, be-oort-lie-en, v., to judge; to estimate
Beurteilung, be-oort-ile-oong, f., judgment; criti-
Beaute, boyt-*e*, f., booty; prey; victim   [cism
Beutel, boyt-*e*l, m., small bag; pouch
bevölkern, be-ferl-kern, v., to people; to populate
Bevölkerung, be-ferl-ker-oong, f., population; in-habitants   [orize; to give power of attorney
bevollmächtigen, be-foll-mek-tig-en, v., to auth-
bevollmächtigt, be-foll-mek-tigt, a., authorized
bevor, be-fohr, conj., before; ere; —**munden**, v., to act as guardian; —**stehend**, a., imminent;
bevorzugen, v., to prefer
bewachen, be-vahk-en, v., to guard, to watch over
bewachsen, be-vahk-sen, v., to grow over
Bewachung, be-vahk-oong, f., watching; super-
bewaffnen, be-vahff-nen, v., to arm   [vision
Bewaffnung, be-vahff-noong, f., armament
bewahren, be-vahr-en, v., to keep from ill
bewähren (sich), be-vair-en (sik), v., to stand the test; to prove good
bewalden, be-vahl-den, v., to afforest
bewältigen, be-velt-ig-en, v., to accomplish; to
bewandert, be-vahnn-dert, a., skilled   [overcome
Bewandtnis, be-vahnnt-niss, f., condition; matter
bewässern, be-ves-ern, v., to irrigate, to water
Bewässerung, be-ves-er-oong, f., irrigation

bewegen, be-**vaig**-en, v., to move; to stir; to budge

Beweggrund, be-**vaik**-groont, m., motive

beweglich, be-**vaik**-lik, a., movable, mobile; agile

Beweglichkeit, be-**vaik**-lik-kite, f., mobility

Bewegung, be-**vaig**-oong, f., movement; exercise

beweinen, be-**vy**-nen, v., to weep over (for)

Beweis, be-**vice**, m., proof, evidence

beweisen, be-**vy**-zen, v., to prove; to substantiate

bewerben (sich), be-**vairb**-en (sik), v., to apply
for a thing; to seek to obtain

Bewerber, be-**vairb**-er, m., applicant; candidate

Bewerbung, be-**vairb**-oong, f., application; can-
didature   [achieve, to accomplish

bewerkstelligen, be-**vairk**-shtel-ig-en, v., to

bewilligen, be-**vil**-ig-en, v., to grant, to allow

Bewilligung, be-**vil**-ig-oong, f., allowance

bewirken, be-**veerk**-en, v., to effect; to cause

bewirten, be-**veert**-en, v., to entertain (as guest);
to regale   [vate (soil); to manage

bewirtschaften, be-**veert**-shahft-en, v., to culti-

Bewirtung, be-**veert**-oong, f., entertainment

bewohnen, be-**vohn**-en, v., to inhabit

Bewohner, be-**vohn**-er, m., resident, occupier

bewundern, be-**voonn**-dern, v., to admire

Bewunderung, be-**voonn**-der-oong, f., admiration

bewußt, be-**voosst**, a., conscious, aware, cognizant

bewußtlos, be-**voosst**-lohs, a., unconscious, insensible   [consciousness, insensibility

Bewußtlosigkeit, be-**voosst**-loh-zig-kite, f., un-

Bewußtsein, be-**voosst**-zine, n., consciousness

bezahlen, bet-**sahl**-en, v., to pay   [salary

Bezahlung, bet-**sahl**-oong, f., payment, pay,

bezaubern, bet-**sow**-bern, v., to enchant, to charm

bezeichnen, bet-**sy'k**-nen, v., to designate

Bezeichnung, bet-**sy'k**-noong, f., designation

bezeigen, bet-**sy**-gen, v., to show; to give signs of

Bezeigung, bet-**sy**-goong, f., manifestation; show

bezeugen, bet-**soyg**-en, v., to (bear) witness, to testify

Bezeugung, bet-**soyg**-oong, f., testimony

beziehen, bet-**see**-en, v., to move into; to cover
with; to obtain; —**(sich),** v., to refer; to connect with

Beziehung, bet-see-oong, f., moving into; reference; connexion; **—sweise,** adv., respectively

Bezirk, bet-seerk, m., district; borough; ward

Bezug, bet-sook, m., cover(ing); regard; reference

bezüglich, bet-seek-lik, a. & prep., respecting

bezwecken, bet-sveck-en, v., to purpose

bezweifeln, bet-svy-feln, v., to doubt; to question

bezwingen, bet-sving-en, v., to master; to bend

Bibel, beeb-el, f., Bible; Holy Scripture [come

Biber, beeb-er, m., beaver

Bibliothek, beeb-le-oh-take, f., library; study

Bibliothekar, beeb-le-oh-take-ar, m., librarian

bieder, beed-er, a., honest; straightforward

Biederkeit, beed-er-kite, f., straightforwardness

biegen, beeg-en, v., to bend; to inflect; to curve

biegsam, beek-zahm, a., pliable; bendable

Biegung, beeg-oong, f., bending; diffraction

Biene, been-e, f., bee [(light); inflexion

Bienenkorb, been-en-korp, m., bee-hive

Bienenzucht, been-en-tsookt, f., keeping of bees

Bier, beer, n., beer; ale

Biergarten, beer-gart-en, m., open air restaurant

bieten, beet-en, v., to offer; to show; to bid

Bilanz, be-lahnts, f., balance(-sheet)

Bild, bilt, n., picture, image, illustration

bilden, bild-en, v., to form, to educate

Bildhauer, bilt-how-er, m., sculptor

Bildhauerei, bilt-how-e-ry, f., sculpture

bildlich, bilt-lik, a., figurative, metaphorical

Bildnis, bilt-niss, n., image, likeness [tiful

bildschön, bilt-shern, a., lovely; dazzlingly beau-

Bildung, bild-oong, f., education; formation

Billard, bil-yart, n., billiards; billiard-table

Billett, bil-yett, n., ticket; note [just

billig, bil-ik, a., cheap; inexpensive; equitable

billigen, bil-ig-en, v., to approve of, to consent to

Billigkeit, bil-ig-kite, f., cheapness; fairness

Billigung, bil-ig-oong, f., assent, approval

bimmeln, bim-eln, v., to ring, to tinkle

Bimsstein, bims-shtine, m., pumice-stone

Binde, bin-de, f., band; bandage; tie, cravat

binden, bin-den, v., to bind; to tie, to fasten
Bindfaden, binnt-fahd-en, m., string; twine
binnen, bin-en, prep., within (time)
Birke, beerk-e, f., birch
Birnbaum, beern-bowm, m., pear-tree
Birne, beern-e, f., pear
bis, bis, prep., till, until; as far as
bisher, bis-hair, adv., hitherto; up till now
bisherig, bis-hair-ik, a., prevailing up to now
Biß, biss, m., bite; biting; sting
bißchen, bis-ken, adv., a little (bit); somewhat
Bissen, bis-en, m., morsel; mouthful
bissig, bis-ig, a., snappish; vicious; biting; caustic
bisweilen, bis-vy-len, adv., sometimes, at times
Bitte, bit-e, f., request; petition; prayer
bitten, bit-en, v., to ask, to implore; to demand
bitter, bit-er, a., bitter
Bitterkeit, bit-er-kite, f., bitterness; sharpness
bitterlich, bit-er-lik, a., bitterly; somewhat bitter
Bittersalz, bit-er-zahlts, n., Epsom salts
Bittschrift, bit-shrift, f., petition; memorial
Biwak, be-vahck, n., bivouac
blähen, blay-en, v., to puff (blow) out; to swell
blamieren, blahmm-eer-en, v., to show up some-
    one; to expose to ridicule
blank, blahnnk, a., shining; bright; glittering
Blase, blahz-e, f., bubble; blister; bladder
Blasebalg, blah-ze-bahlk, m., bellows
blasen, blahz-en, v., to blow
blasiert, blahz-eert, a., jaded; blasé
Blasinstrument, blahs-in-stroo-ment, n., wind-
blaß, blahss, a., pale, pallid, sallow   [instrument
Blässe, bless-e, f., paleness; pallor
Blatt, blahtt, n., leaf; blade; petal; sheet
blättern, blet-ern, v., to turn over leaves of a
blau, blow, a., blue   [book
Blaubart, blow-bart, a., Blue-beard
bläulich, bloy-lik, a., bluish
Blaustrumpf, blow-shtroomf, m., blue-stocking
Blech, blek, n., sheet-metal; tin; (pop.) nonsense
Blechinstrument, blek-in-stroo-ment, n., brass
Blei, bly, n., lead (metal)   [instrument

bleiben, bly-ben, v., to stay, to remain
bleich, bly'k, a., pale, faded
bleichen, bly-ken, v., to bleach; to turn pale
bleiern, bly-ern, a., leaden
Bleifeder, bly-fay-der, f., lead pencil
Bleistift, bly-shtift, m., lead pencil
blenden, blend-en, v., to blind; to dazzle
Blick, blick, m., glance; look; glimpse; peep
blicken, blick-en, v., to look; to glance
blind, blint, a., blind; sightless
Blindekuh, blinn-de-koo, f., blind-man's-buff
Blindgänger, blinnt-geng-er, m., unexploded
Blindheit, blinnt-hite, f., blindness [shell
blindlings, blinnt-links, adv., at random
blinken, blink-en, v., to shine; to gleam
blinzeln, blint-sein, v., to blink; to wink
Blitz, blits, m., lightning; flash; —ableiter, m.,
  lightning-conductor; **—licht, n., flashlight;**
  —strahl, m., flash of lightning; —blank, a.,
  spick and span; **—en, v., to lighten; to strike**
  with (by) lightning; **—schnell, a., quick as**
  lightning
Block, block, m., block; (writing) pad; pulley-
blockieren, block-eer-en, v., to blockade [block
blöde, blerd-e, a., (pop.) stupid; bashful
Blödsinn, blerd-zin, m., imbecility, idiocy
blödsinnig, blerd-zin-ik, a., idiotic; imbecile
blond, blont, a., fair(-haired); fair-complexioned
bloß, blohs, a., plain; naked; bare. adv., simply
Blöße, blers-e, f., nudity; exposed place
blühen, blEE-en, v., to bloom; to blossom; to flower
Blume, bloom-e, f., flower; bloom; aroma
Blumenkohl, bloom-en-kohl, m., cauliflower
Blumenstrauß, bloom-en-shrows, m., bouquet
Blumentopf, bloom-en-top'f, m., flower-pot
Bluse, blooz-e, f., blouse; smock
Blut, bloot, n., blood
Blutader, bloot-ahd-er, f., vein
Blutarmut, bloot-arm-oot, f., anæmia
Blüte, blEET-e, f., blossom; flower
Blutegel, bloot-aig-el, m., leech
bluten, bloot-en, v., to bleed

Blütenblatt, blEET-*en*-**blahtt,** n., petal

Blütenstaub, blEET-*en*-**shtowp,** m., pollen [day

Blütezeit, blEET-*e*-**tsite,** f., prosperous time; hey-

Blutgefäß, bloot-*ge*-**faiss,** n., blood-vessel

Blutgier, bloot-geer, f., bloodthirstiness

blutgierig, bloot-geer-ik, a., bloodthirsty

blutig, bloot-ik, a., bloody; gory [corpuscle

Blutkörperchen, bloot-kerp-er-**ken,** n., blood-

Blutsauger, bloot-zowg-er, m., vampire

Blutsturz, bloot-shtoorts, m., hemorrhage

blutsverwandt, bloots-fair-vahnt, a., closely
related; consanguineous

Blutverlust, bloot-fair-loost, m., loss of blood

Blutvergießen, bloot-fair-gees-en, n., bloodshed

Bock, bock, m., buck; ram; billy-goat; box-seat

Boden, bohd-en, n., floor; ground; bottom; attic

bodenlos, bohd-en-lohs, a., bottomless; abysmal

Bodensatz, bohd-en-**zahtts,** m., sediment;
grounds; dregs [(paper); fiddlestick

Bogen, bohg-en, m., arch; bow; bend; sheet

Bogenlicht, bohg-en-likt, n., arc-light

Bohle, bohl-e, f., thick plank (board)

Bohne, bohn-e, f., bean

Bohnensuppe, bohn-en-soopp-e,f.,(haricot)bean-

bohren, bohr-en, v., to bore; to drill [soup

Bohrer, bohr-er, m., gimlet; drill

Bolzen, bolt-sen, m., bolt; rivet; (iron) pin

Bombe, bom-be, f., bomb (-shell)

Bonbon, bong-bong, m., sweet (-stuff)

Bonbonniere, bon-bon-yair-e, f., chocolate-box;
[box of sweets

Boot, boht, n., boat

Bord, bort, m., border; ship-board

borgen, borg-en, v., to borrow; to lend; to give

Born, born, m., spring; fountain [credit

borniert, born-eert, a., narrow-minded

Börse, ber-ze, f. purse; bourse, (stock-) exchange

Börsenpapiere,ber-zen-pah-peer-e,n.pl.,stocks

Borste, borst-e, f., bristle

bösartig, bers-**art-i**k, a., ill-natured; malicious

Böschung, bersh-**oong,** f., slope; embankment

böse, berz-e, a., bad; evil; wicked

Bösewicht, berz-e-vikt, m., scoundrel; bad fellow

boshaft, bohs-hahfft, a., malicious; wicked

Boshaftigkeit, bohs-hahfft-ig-kite, f., malice

böswillig, bers-vil-*ik*, a., malevolent, meaning harm

Bote, boht-*e*, m., messenger; porter; courier

Botschaft, boht-shahfft, f., message; errand; news; legation; **—er,** m., ambassador; (Papal) nuncio

Branche, brahng-she, f., line of business; branch

Brand, brahnnt, m., fire; gangrene; blight

branden, brahn-den, v., to surge; to roll

brandig, brahnn-di*k*, a., having a burnt smell or taste; gangrenous

Brandstätte, brahnnt-shtett-*e*, f., scene of fire

Brandstiftung, brahnnt-shtif-toong, f., arson

Brandung, brahn-doong, f., surf

Branntwein, brahnnt-vine, m., brandy; alcohol

braten, braht-*en*, v., to fry; to roast; to bake

Braten, braht-*en*, m., roast meat; joint of meat

Brathuhn, braht-hoon, n., roast fowl

Bratkartoffeln, braht-kart-off-*eln*, f.pl., fried potatoes

Bratpfanne, braht-fahnn-*e*, f., frying-pan

Bratsche, braht-sh*e*, f., (bass-) viol; alto-viola

Bratwurst, braht-voorst, f., fried sausage

Brauch, brow*k*, m., usage; custom [fit for use

brauchbar, brow*k*-bar, a., of service; handy;

brauchen, brow*k*-*en*, v., to use; to employ; to need

brauen, brow-*en*, v., to brew; to mix

Brauer, brow-*er*, m., brewer

Brauerei, brow-*e*-ry, f., brewery

braun, brown, a., brown; brunette

Braunkohle, brown-kohl-*e*, f., brown-coal; lignite

bräunlich, broyn-li*k*, a., brownish; tawny

Brause, brow-ze, f., rose (watering can); effervescence; **—n,** v., to rush; to roar; to effervesce; to sprinkle; **—pulver,** n., effervescent (seidlitz) powder

Braut, browt, f., betrothed, fiancée; bride; **—jungfer,** f., bridesmaid; **—paar,** n., betrothed couple [fiancé; bridegroom

Bräutigam, broyt-ig-ahmm, m., betrothed

brav, brahf, a., honest; upright; good

brechen, brek-*en*, v., to break; to crack; to vomit

Brei, bry, m., pap, pulp, paste
breit, brite, a., broad; wide
Breite, bry-te, f., breadth; width
breiten, bry-ten, v., to extend, to spread out
breitschlagen, brite-shlahg-en, v., to beat out
Bremse, brem-ze, f., brake   [to coax, to cajole
bremsen, brem-zen, v., to (apply the) brake [brand
brennen, brenn-en, v., to burn; to cauterize; to
Brennglas, brenn-glahs, n., burning-glass
Brennnessel, bren-nes-el, f., stinging nettle
Brennpunkt, brenn-poonkt, m., focus
Brennspiritus, brenn-shpeer-it-ooss, m.,(methy-
Brennstoff, brenn-shtof, m., fuel [lated) spirits
Brett, bret, n., board; plank
Brief, breef, m., letter; epistle
Briefbogen, breef-bohg-en, m., sheet of notepaper
Briefkarte, breef-kart-e, f., letter-card
Briefkasten, breef-kahsst-en, m., letter-box
Briefmarke, breef-mark-e, f., postage-stamp
Briefpapier, breef-pah-peer, n., notepaper
Briefpost, breef-posst, f., letter-post
Brieftasche, breef-tahsh-e, f., pocket-book
Briefträger, breef-trayg-er, m., postman   [ope
Briefumschlag, breef-oomm-shlahk, m., envel-
Briefwechsel, breef-veck-sel, m., correspondence
Brill(i)ant, brill-yahnt, m., (cut) diamond
Brille, bril-e, f., pair of spectacles
bringen, bring-en, v., to bring; to convey; to take
Brise, breez-e, f., breeze
bröckeln, brer-keln, v., to crumble; to break in
    small pieces
Brocken, brock-en, m., fragment; scraps; crumb
brodeln, brohd-eln, v., to bubble (up); to simmer
Brombeere, brom-bair-e, f., bramble; blackberry
Brosche, brosh-e, f., brooch
Broschüre, brosh-EEr-e, f., pamphlet; stitched
Brot, broht, n., bread   [book
Brötchen, brert-ken, n., roll; small loaf
brotlos, broht-lohs, a., without means of support
Bruch, brook, m., break(ing); fracture; rupture
Bruchstück, brook-sTEEK, n., fragment; piece
Bruchzahl, brook-tsahl, f., fraction(al) number

Brücke, brEECK-*e*, f., bridge; viaduct
Bruder, brood-*er*, m., brother
brüderlich, brEED-er-lik, a., brotherly; fraternal
Brüderlichkeit, brEED-er-lik-kite, f., brotherli-
   ness; fraternity   [good fellowship
Brüderschaft, brEED-er-shahfft, f., brotherhood;
Brühe, brEE-*e*, f., broth, sauce, gravy; juice
brühen, brEE-en, v., to scald; to soak
brüllen, brEEll-en, v., to bellow; to bawl; to roar
brummen, broomm-en, v., to growl; to hum
Brummfliege, broomm-fleeg-*e*, f., blue-bottle
brummig, broomm-ik, a., (always) grumbling;
   grumpy
Brunnen, broonn-en, m., well; spring; fountain
Brunnenkresse, broonn-en-kress-*e*, f., water-cress
brünstig, brEnn-stik, a., fiery; passionate
Brust, broosst, f., breast; chest; bosom
Brustbild, broosst-bilt, n., half-length portrait
brüsten (sich), brEsst-en (sik), v., to pride
   oneself; to boast about something
Brustkasten, broosst-kahsst-en, m., chest;
Brüstung, brEsst-oong, f., parapet   [thorax
Brut, broot, f., brood, hatching; offspring
brütten, brEE-en, v., to hatch; to sit on (eggs)
brutto, broott-oh, adv., gross (weight)
Bube, boob-*e*, m., boy; nipper; knave (cards)
Bubenstreich, boob-en-shtry'k, m., knavish
   trick; knavery
Buch, book, n., book; volume; **—binder,** m.,
   bookbinder; **—druck,** m., (letter-press)
   printing; **—druckerei,** f., (letter-press)
   printing works; **—führung,** f., book-keeping;
   —halter, m., book-keeper; **—haltung,** f.,
   book-keeping; **—handel,** m., book-selling,
   book-trade; **—handlung,** f., bookseller's
   (shop); **—macher,** m., book-maker
Buche, book-*e*, f., beech   [book(s)
buchen, book-en, v., to book; to enter in the
Buchenholz, book-en-holts, n., beech-wood
Bücherei, bEEk-e-ry, f., library
Bücherladen, bEEk-er-lahd-en, m., book-shop
Bücherrevisor, bEEk-er-ray-veez-ohr, m., auditor

Bücherschrank, bEEk-er-shrahnk, m., book-case
Bücherstand, bEEk-er-shtahnt, m., bookstall
Bücherwurm, bEEk-er-voorm, m., bookworm
Buchsbaum, boocks-bowm, m., box(tree)
Büchse, bEEck-se, f., box; (preserve-)tin; rifle
Büchsenfleisch, bEEck-sen-fly'sh, m., tinned meat
Büchsenöffner, bEEck-sen-erff-ner, m., tin-opener   [type
Buchstabe, book-shtahb-e, m., (alphabet) letter;
buchstabieren, book-shtahb-eer-en, v., to spell
buchstäblich, book-shtayp-lik, a., literal
Bucht, bookt, f., (small) bay; bight; curvature
Buckel, boock-el, m., hump or hunch; hunchback
buck(e)lig, boock-(e)-lik, a., hunchbacked
bücken (sich), bEEck-en (sik), v., to stoop; to bow
Bücking, bEEck-ing, m., a kind of smoked herring
Bückling, bEEck-ling, m., bow; curtsey
Bude, bood-e, f., booth; stall; (pop.) diggings
Budike, bood-eek-e, f., eating-house; beer-house
Büfett, bEE-fett, n., sideboard; bar
Büffel, bEEff-el, m., buffalo, bison
Bug, boohk, m., (ship's) bow; hock, shoulder-blade
Bügel, bEEg-el, m., stirrup; bent piece; bow
Bügeleisen, bEEg-el-i-zen, n., flat-iron
bügeln, bEEg-eln, v., to iron, to press
Bügelriemen, bEEg-el-reem-en, m., stirrup strap
Bühne, bEE-ne, f., (theatre) stage; platform
Bühnenstück, bEEn-en-shtEEck, n., stage-play
Bulle, booll-e, m., bull
Bummel, boomm-el, m., lounge; jaunt; stroll
Bummelei, boomm-e-ly, f., laziness; carelessness
bummeln, boomm-eln, v., to lounge; to stroll
Bummelzug, boomm-el-tsook, m., slow train
Bummler, boomm-ler, m., loafer; lounger
bumm(e)lig, boomm-(e)-lik, a., careless; slow
bums, boomms, interj., bang! crash! pop!
Bund, boonnt, m., union, alliance; league
Bund, boonnt, n., bundle, bunch; packet
Bündel, bEEnnd-el, n., bundle; packet, parcel
Bundesgenosse, boonnd-es-ge-nos-e, m., ally
bündig, bEEnn-dik, a., concise; binding
Bündnis, bEEnnt-niss, n., alliance, union

bunt, boonnt, a., multicoloured; confused
buntfarbig, boonnt-farb-ik, a., see bunt
Bürde, bEErd-e, f., burden, load
bürden, bEErd-en, v., to load
Burg, boork, f., stronghold; castle
Bürge, bEErg-e, m., security; bail; guarantor
bürgen, bEErg-en, v., to guarantee, to stand bail; to vouch
Bürger, bEErg-er, m., burgher, citizen; townsman; inhabitant; —**krieg**, m., civil war; —**lich**, a., middle class; civilian; —**meister**, m., burgomaster; mayor; —**steig**, m., footpath, pavement
Bürgschaft, bEErk-shahft, f., pledge, guarantee
Büro, bEEr-oh, n., (formerly **Bureau**) office, counting-house
Bursche, boorsh-e, m., youth, young fellow; officer's batman; —**nschaft**, f., German students' association
Bürste, bEErs-te, f., brush
bürsten, bEErs-ten, v., to brush
Busch, boosh, m., bush, shrub; plume; tuft
Büschel, bEEsh-el, m. & n., whisp; cluster; tuft
buschig, boosh-ik, a., bunchy; tufted; bushy
Busen, booz-en, m., bosom, breast, bust
Buße, boos-e, f. penitence; repentance; atonement
büßen, bEES-en, v., to atone; to expiate (crime); [to do penance
Büste, bEEst-e, f., bust
Butter, boott-er, f., butter
Butterblume, boott-er-bloom-e, f., dandelion
Butterbrot, boott-er-broht, n., bread and butter
buttern, boott-ern, v., to churn butter; to butter
Butterstulle, boott-er-shtooll-e, f., (North-German) piece of bread and butter

ca. (= circa), tseer-kah, adv., about, approximately
Canaille, kah-nahll-ye, f., rabble, mob; rascal
Celsius,tsel-ze-ooss,m.,Celsius=centigrade(ther-
Chaiselongue, shaiz-e-long, n., couch [mometer)
Champagner, shahmm-pahnn-yer, m., champagne

Champignon, shahmm-pin-yong, m., mushroom

Charakter, kah-rahck-ter, m., character, nature

charakterfest, kah-rahck-ter-fest, a., firm of character [to depict; to characterize

charakterisieren, kah-rahck-ter-eez-eer-en, v.,

Charakterzug, kah-rahck-ter-tsook, m., trait of character

Charge, shahr-she, f., post, rank; charge

Charité, shahr-e-tay, f., infirmary

Chaussee, shos-ay, f., highway, (country-) road

Chausseegraben, shos-ay-grahb-en, m., ditch

Chef, shef, m., principal, manager, chief

Chemis, keh-me, f., chemistry [drugs

Chemikalien, keh-me-kahl-yen, n.pl., chemicals,

Chemiker, keh-mick-er, m., (scientific) chemist

chemisch, keh-mish, a., chemical

Chemisett, sheh-me-zet, n., shirt-front, "dicky"
—**chen,** ken, diminutive ending, as —**kin,** ex.;
    Lämmchen, lambkin

Chiffre, shif-er, f., cipher

Chinin, ke-neen, n., quinine

Chirurg, ke-roork, m., surgeon

Chor, kohr, m., chorus, choir

Choral, kohr-ahl, m., hymn, anthem; sacred

Chorgang, kohr-gahng, m., aisle (of a church) [music

Christ, krist, m., Christian (man); —**baum,** m.,
Christmas-tree; —**enheit,** f., Christendom;
—**entum,** n., Christianity; —**fest,** n.,
Christmas(tide); —**kind** (**chen**), Infant
Jesus, Christ Child; —**lich,** a., Christian

Commis, kom-ee, m., clerk, office-employee

Coupé, koo-pay, n., compartment (train)

Couplet, koo-play, n., music-hall (or topical) song

Cousin, koo-zeng, m., cousin (masculine)

Cousine, koo-zeen-e, f., cousin (feminine)

da, dah, adv., there; where. conj., as, when, since, because

dabei, dah-by, adv., thereby, by it; therewith,

Dach, dahk, n., roof [near (by)

Dachboder, dah*k*-bohd-*en*, m., loft

Dachdecker, dah*k*-deck-*er*, m., tiler; roofer;

Dachrinne, dah*k*-rin-*e*, f., gutter; eaves [slater

Dachs, dahx, m., badger

Dachstube, dah*k*-shtoob-*e*, f., garret, attic [means

dadurch, dah-doohr*k*, adv., through there; by that

dafür, dah-**fEEr**, adv., in return for, for that; in
place of [return; on the contrary

dagegen, dah-gay-g*en*, adv. & conj., against it, in

daheim, dah-hime, adv., at home, at one's house;
indoors [place; along

daher, dah-hair, adv., thence, hence; from that

dahin, dah-hin, adv., thither, to that place; along
away [hand; on the contrary

dahingegen, dah-hin-gay-g*en*, adv., on the other

dahinter, dah-hinnt-*er*, adv., behind it (that)

damals, dah-mahls, adv., at that time

Damast, dahmm-ast, m., damask

Dame, dahm-*e*, f., lady; gentlewoman

Damenbrett, dahm-*en*-bret, n., draught-board

Damenspiel, dahm-*en*-shpeel, n., (game) draughts

damit, dah-mit, adv. & conj., therewith, herewith; in order that

Damm, dahmm, m., dam, dike; embankment, sea-
dämmen, dem-*en*, v., to dam; to bank in [wall

dämmerig, dem-*er*-i*k*, a., dim, dusky; vague

dämmern, dem-*er*n, v., to spread faint light (as
at sunrise or sunset)

Dämmerung, dem-*er*-oong, f., twilight; dawn

Dampf, dahmf, m., steam; vapour

Dampfboot, dahmf-boht, n., steamboat

dampfen, dahm-f*en*, v., to steam; to emit steam,
vapours, fumes, etc. [muffle, to deaden

dämpfen, dem-f*en*, v., to suppress, to check; to

Dampfer, dahm-f*er*, m., steamer [ing

Dampfheizung, dahmf-hy-tsoong, f., steam heat-

Dampfkessel, dahmf-kess-*el*, m., steam-boiler

Dampfmaschine, dahmf-mah-sheen-*e*, f., steam-

Dampfschiff, dahmf-shif, n., steamship [engine

Dampfwalze, dahmf-vahlt-*e*, f., steam-roller

danach, dah-nah*k*, adv., after that; later on

daneben, dah-nay-b*en*, adv., beside it; next to it

Dank, dahngk, m., gratitude, thanks; reward

dankbar, dahngk-bar, a., grateful, thankful

Dankbarkeit, dahngk-bar-kite, f., gratitude

danken, dahngk-*en*, v., to thank

dann, dahnn, adv., then; after that, afterwards

daran, dah-**rahn**, adv., at it, threat; near (on) it

darauf, dah-**rowf**, adv., up(on) it, thereon

daraus, dah-**rows**, adv., from there, thence, from it

darein, dah-**rine**, adv., in(to) that; therein

darin, dah-**rin**, adv., therein; in that (it)

darlegen, dar-lay-g*en*, v., to show; to exhibit; to [lay down

Darleh(e)n, dar-lain, n., loan

darleihen, dar-ly-*en*, v., to lend, to loan

Darm, darm, m., intestine, gut [to produce

darstellen, dar-shtel-*en*, v., to present, to show;

Darstellung, dar-shtel-oong, f., presentation

darüber, dah-**reeb**-*er*, adv., over (about) that

darum, dah-**roomm**, adv., concerning [among

darunter, dah-**roonnt**-*er*, adv., underneath;

das, duss, n., def. article the dem. pron., that

Dasein, dah-**zine**, n., existence, being

daselbst, dah-**zelpst**, adv., in that (very) place

daß, duss, conj., that

datieren, dah-**teer**-*en*, v., to date

Dattel, daht-*el*, f., date (fruit)

Datum, daht-oomm, n., date (calendar)

Dauer, dow-*er*, f., duration; length of time

dauerhaft, dow-*er*-hahfft, a., durable, lasting

dauern, dow-*ern*, v., to last; to continue

dauern, dow-*ern*, v., to grieve at; to regret; to

Daumen, dowm-*en*, m., thumb [pity

Daune, down-*e*, f., down (feather)

davon, dah-fon, adv., thereof, therefrom; from

davor, dah-**fohr**, adv., in front of it or that [(of) it

dazu, dah-**tsoo**, adv., thereto, to it (that); for it

dazumal, dah-tsoo-mahl, adv., at (about) that
time

dazwischen, dah-tsvish-*en*, adv., between it (that,
them); among it (that, them)

debitieren, day-bitt-eer-*en*, v., to debit; to charge

Decke, deck-*e*, f., cover(ing); ceiling; layer [up

Deckel, deck-*el*, m., lid; cover (books)

decken, deck-*en*, v., to cover; to reimburse

Deckung, deck-*oong*, f., cover, shelter, protection

Degen, day-gen, m., sword

dehnen, dain-*en*, v., to stretch; to extend

Deich, dy'*k*, m., dike; dam; embankment

dein, dine, (gen. of **du**), pers. pron., thine;

deinige, dy-nig-*e*, poss. pron., thine [thy

deklinieren, day-kleen-eer-*en*, v., to decline (nouns, adjectives, etc.)

delikat, day-le-kaht, a., delicious

Delikatessen-geschäft, day-le-kaht-ess-*en*-ge-shefft, n., (-laden, -handlung), (-lahd-*en*, m., hahnnd-loong, f.), provision store

dem, daim, (dat of **der** or **das**), (to) the

dementsprechend, daim-ent-shpre*k*-ent, adv., accordingly

demgemäß, daim-ge-mace, adv., correspondingly; according to (that)

demnach, daim-nah*k*, adv., accordingly; hence

demnächst, daim-nai*k*st, adv., shortly, soon

Demut, day-moot, f., humility, humbleness

demütig, day-MEET-i*k*, a., humble; **—en,** v., to humble; to humiliate

Demütigung, day-MEET-ig-oong, f., humiliation; abasement [das], (to) the

den, dain (accus. of **der**, dat. pl. of **der, die,**

denen, dain-*en* (dat. pl. of **der**), to them, to those

denkbar, denk-bar, a., imaginable

denken, deng-k*en*, v., to think

Denkmal, dengk-mahl, n., monument, memorial

denkwürdig, dengk-VEERd-i*k*, a., notable; memor-denn, den, conj., for because, since [able

dennoch, den-o*k*, adv. & conj., however, still

Depesche, day-pesh-*e*, f., dispatch; telegram

depeschieren, day-pesh-eer-*en*, v., to telegraph

deponieren, day-pon-eer-*en*, v., to deposit

deprimieren, day-preem-eer-*en*, v., to depress

der, die, das, der, dee, duss, def. art. m. f.& n., the

derb, dairp, a., firm, robust; rude, rough, coarse

dereinst, dair-ine'st, adv., some (future) day

deren, dair-*en*, (gen. sing. f. & gen. pl. of **die**), whose, of whom, of which

derent-halben, -wegen, -willen, dair-ent-hahlb-*en*, -vaig-*en*, -vil-*en*, dem. pron., for her (their) sake

dergleichen, dair-gly-*ken*, adv., such as

der-jenige, die-, das-, d*er*-yain-ig-*e*, de-, duss-m.f.n., dem. pron., he who, she who, that which

der-selbe, die-, das-, d*er*-zel-b*e*, de-, duss-m. f. n., dem. pron., the same

des, dess, (gen. of **der**), of the; of whom

desgleichen, dess-gly-*ken*, a. & adv., such as, like; of the same kind   [that is why

deshalb, dess-hahlp, adv.&conj., on that account;

dessen, dess-*en*, (gen. sing. of **der**), of him, of it, of that   [bess-*er*, so much the better

desto, dess-toh, adv., so much — **besser,** —

deswegen, dess-vaig-*en*, adv. & conj., on that account   [ness

Detailgeschäft, day-tahll-g*e*-shefft,n., retail busi-

deuten, doyt-*en*, v. to point out; to explain

deutlich, doyt-li*k*, a., distinct, clear, intelligible

deutsch, doytsh, a., German

Deutung, doyt-oong, f., interpretation, explanation

Devise, day-veez-*e*, f., device, motto; currency

Diamant, de-ah-mahnt, m., diamond

Diarium, de-ahr-yoomm, n., note-book, diary

dich, di*k*, (accus. of **du**), thee, you

dicht, di*k*t, a., dense; tight; solid

dichten, di*k*-ten, v., to write poetry or fiction; to

Dichter, di*k*-ter, m., poet, writer; bard   [compose

Dichtheit, Dichtigkeit, di*k*t-hite, di*k*t-ig-kite, f., density

Dichtkunst, di*k*t-koonnst, f., (art of) poetry

Dichtung, di*k*t-oong, f., composition, fiction;

dick, dick, a., thick; fat, stout   [tightening

Dicke, dick-*e*, f., thickness; stoutness

Dickkopf, dick-kop'f, m., stubborn fellow

Dieb, deep, m., thief, robber

Diebstahl, deep-shtahl, m., theft, robbery

Diele, deel-*e*, f., deal (floor-) board; plank; lobby,

dienen, deen-*en*, v., to serve   [lounge

Diener, deen-*er*, m., servant, footman, valet; —schaft, f., domestic servants

dienlich, deen-lik**,** a., of service, useful

Dienst, deenst, m., service; duty; favour; **—bote,** m., domestic servant; **—mann,** m., (outside) porter

diesbezüglich, dees-bet**-**SEEk**-**lik**,** a., referring to this (that) [dem. pron., this, that

dieser, diese, dieses, deez-er**, —**e**, —**es**,** m. f. n.,

diesmal, dees-nahl**,** adv., this time; for (this) once

diesseits, dees-zites**,** adv. & prep., on this side

Diktat, dick-taht**,** n., dictation

diktieren, dick-teer-en**,** v., to dictate

Diner, de-nay**,** n., dinner, banquet

Ding, ding, n., thing; subject; matter [gree

Diplom, dip-lohm, n., diploma; (university) de-

Dirigent, de-re-ghent**,** m., (musical) conductor

dirigieren, de-re-geer-en**,** v., to conduct (bands)

Dirne, deern-e**,** f., girl, wench, lass; hussy, baggage

Diskont(o), dis-kont-(oh)**,** m., discount, rebate

diskontieren, dis-kont-eer-en**,** v., to discount

dispensieren, dis-pen-zeer-en**,** v., to exempt

disponibel, dis-poh-neeb-el**,** a., available

disponieren, dis-pohn-eer-en**,** v., to dispose over; to give instructions about

Distel, dist-el**,** f., thistle

distinguiert, dist-ing-geert**,** a., distinguished

doch, dok, conj. & adv., still, yet, however; in-

Docht, dokt**,** m., wick [deed, do!

Dogge, dog-e**,** f., (bull-) dog, hound, large dog

Dohle, dohl-e**,** f., daw, jackdaw

Dolch, dolk, m., dagger, poniard

dolmetschen, dol-metsh-en**,** v., to interpret

Dolmetscher, dol-metsh-er**,** m., interpreter

Dom, dohm, m., cathedral, minster

Domkirche, dohm-keerk**-**e**,** f., cathedral-church,

Donner, don-er**,** m., thunder [minster

donnern, don-ern**,** v., to thunder

Donnerschlag, don-er**-**shlahk**,** m., peal of thunder

Donnerwetter, don-er**-**vet**-**er**,** n., thunderstorm; hang it all!

Doppel, dop-el**,** n., double, duplicate

Doppeladler, dop-el**-**ahd**-**ler**,** m., double eagle

doppeln, dop-eln**,** v., to double

doppelt, dop-*elt*, a., double, two-fold
Dorf, dorf, n., village, hamlet
Dorfschaft, dorf-shahfft, f., rural community
Dorn, dorn, m., thorn, prickle
dornig, dorn-*ik*, a., thorny
Dornröschen, dorn-rerz-*ken*, n., Sleeping Beauty
dorren, dor-*en*, v., to parch, to (become) dry
dörren, der-*en*, v., to parch, to scorch
dort(en), dort(-*en*), adv., there; in that (your) place
dorther, dort-hair, adv., from there, from thence
dorthin, dort-him, adv., thither, to that place
dortig, dort-*ik*, a., of that place or locality
Dose, doh-ze, f., dose; box
Dotter, dot-*er*, m. & n., yolk of an egg
Dozent, doht-sent m., university lecturer
Drache(n), drahk-*e*(*n*), m., dragon; kite
Draht, draht, m., wire(-thread)
drahten, draht-*en*, v., to wire, to telegraph
drahtlich, draht-li*k*, a., by wire, telegraphically
drahtlos, draht-lohs, a., wireless (telegraphy,
dran, drahnn see **daran** [telephony)
Drang, drahng, m., throng; pressure; urge
drängen, dreng-*en*, v., to squeeze, to press, to
drauf, drowff, see **darauf** [push; to dun
draußen, drows-*en*, adv., outside; out of doors
Dreck, dreck, m., dirt, filth
dreckig, dreck-i*k*, a., dirty, filthy
drehen, dray-*en*, v., to turn, to twist; to wind
drei, dry, a., three
Dreieck, dry-eck, n., triangle
dreieckig, dry-eck-i*k*, a., triangular; three-cor-
dreierlei, dry-er-ly, a., of three kinds [nered
dreifach, dry-fah*k*, a., threefold; treble; triple
dreimal, dry-mahl, adv., three times; thrice
dreiseitig, dry-zy-ti*k*, a., trilateral
dreißig, dry-si*k*, a., thirty
dreist, dry'st, a., bold, audacious; impudent
dreizehn, dry-tsain, a., thirteen
dreschen, dresh-*en*, v., to thresh; (pop.) to thrash
dressieren, dres-eer-*en*, v., to train (animals)
drin, drinn, see **darin** [trate
dringen, dring-*en*, v., to force; to urge; to pene-

dringend, dring-ent, a., urgent, pressing
drinnen, drinn-en, adv., inside
dritte, dritt-e, a., third
Drittel, dritt-el, n., third (part)
drittens, dritt-ens, adv., thirdly
droben, drohb-en, adv., above, up there; on high
Droge, drohg-e, f., drug
Drogerie, drohg-er-ee, f., drug-store
drohen, drohb-en, v., to threaten, to menace
Drohne, drohn-e, f., drone, (fig.) idler
dröhnen, drern-en, v., to rumble, to roar, to boom
Drohung, droh-oong, f., threat, menace
drollig, drol-lik, a., droll, funny, quaint
Droschke, drosh-ke, f., hackney-carriage, cab
Drossel, dross-el, f., thrush, throstle
drüben, drEEb-en, adv., over there, yonder
drüber, drEEb-er, see **darüber**
Druck, droock, m., pressure; depression; print(ing)
drucken, droock-en, v., to print; to put in type
drücken, drEEck-en, v., to press, to squeeze; to [oppress
Drucker, droock-er, m., printer [oppress
Druckerei, droock-e-ry, f., printing-works
Drucksache, droock-sahk-e, f., printed matter
drunten, droonnt-en, adv., below, down there
drunter, droonnt-er, see **darunter**
Drüse, drEEz-e, f., gland
du, doo, pers. pron., thou
Dudelsack, dood-el-zahck, m., bagpipes
Duft, dooft, m., odour, fragrance
duften, dooft-en, v., to perfume, to be fragrant
dulden, doolld-en, v., to tolerate, to suffer
duldsam, doollt-zahm, a., (long-) suffering; tolerant
dumm, doomm, a., stupid, dull; slow of under-standing
Dummheit, doomm-hite, f., stupidity [duffer
Dummkopf, doomm-kopp-f, m., blockhead;
dumpf, doommf, a., dull, deep-sounding; stuffy, close
düngen, dEEnng-en, v., to manure, to fertilize
Dünger, dEEnng-er, m , manure, dung, fertilizer
dunkel, doonng-kel, a., dark; gloomy, murky

Dunkelheit, doonng-kel-hite, f., darkness
dunkeln, doonng-keln, v., to grow dark
dünn, dEEnn, a., thin; lean; flimsy
Dunst, doonst, m., vapour, steam; mist
dünsten, dEEnns-ten, v., to steam; to stew
dunstig, doonns-tik, a., vaporous; hazy, misty
durch, doohrk, prep., through, by (means of)
durchaus, doohrk-ows, adv., throughout; quite; thoroughly [(glance) through
durchblicken, doohrk-blick-en, v., to peep
durchbohren, doohrk-bohr-en, v., to pierce through [thoroughly
durchbraten, doohrk-braht-en, v., to roast (fry)
durchbrechen, doohrk-brek-en, v., to break-through
durchdringen, doohrk-dring-en, v., to permeate
Durchfahrt, doohrk-fahrt, f., thoroughfare,
Durchfall, doohrk-fahll, m., diarrhoea [passage
durchfinden (sich), doohrk-finn-den (sik), v., to find one's way through
durchfließen, doohrk-flees-en, v., to flow through
durchführen, doohrk-fEEr-en, v., to carry (lead) through; to achieve [passage; way through
Durchgang, doohrk-gahng, m., passing through;
durchhelfen, doohrk-help-en, v., to help through
durchkocken, doohrk-kok--en, v., to cook well
durchkommen, doohrk-kom-en, v., to get through
durchkreuzen, doohrk-kroyt-sen, v., to traverse
durchlassen, doohrk-lahss-en, v., to get through
Durchlaucht, doohrk-lowkt, f., Serene Highness
durchlaufen, doohrk-lowf-en, v., to run through
durchlesen, doohrk-lay-zen, v., to read through
durchlöchern, doohrk-lerk-ern, v., to make holes through; to perforate [(hardship, etc.)
durchmachen, doohrk-mahk-en, v., to experience
Durchmesser, doohrk-mess-er, m., diameter
durchnässen, doohrk-ness-en, v., to wet through
durchnehmen, doohrk-naym-en, v., to go through
durchprügeln, doohrk-prEEg-eln, v., to thrash
Durchreise, doohrk-ry-ze, f., journey through
durchreisen, doohrk-ry-zen, v., to travel through

durchsägen, doohr*k*-zayg-*en*, v., to saw through

durchschausen, doohr*k*-show-*en*, v., to see through

Durchschlag, doohr*k*-shlahk, m., carbon copy

durchschlagen, doohr*k*-shlahg-*en*, v., to break through; to knock (holes) through; —(sich), to rough it [through

durchschneiden, doohr*k*-shny-d*en*, v., to cut

Durchschnitt, doohr*k*-shnit, m., average

durchschnittlich, doohr*k*-shnit-lik, a., average

durchsehen, doohr*k*-zay-*en*, v., to look through

durchsichtig, doohr*k*-zik-tik, a., transparent

durchspielen, doohr*k*-shpeel-*en*, v., to play through

durchstöbern, doohr*k*-shterb-*ern*, v., to ransack

durchsuchen, doohr*k*-zook-*en*, v., to search

durchtrieben, doohr*k*-treeb-*en*, a., cunning

durchwandern, doohr*k*-vahnd-*ern*, v., to wander through [thoroughly

durchwaschen, doohr*k*-vahsh-*en*, v., to wash

durchweg, doohr*k*-vek, adv., throughout; ordinarily [to work one's way through

durchwinden (sich), doohr*k*-vinn-d*en* (si*k*), v.,

durchzählen, doohr*k*-tsay-len, v., to count over

durchziehen, doohr*k*-tsee-*en*, v., to pull through

dürfen, dEErft-*en*, v., to dare; to be allowed, may

dürftig, dEErft-i*k*, a., needy; inadequate

dürr, dEErr, a., dry; barren; arid; fleshless

Dürre, dEErr-*e*, f., aridity; drought

Durst, doohrst, m., thirst

dürsten, dEErst-*en*, v., to thirst; to be thirsty

durstig, doorst-i*k*, a., thirsty

Dusche, doosh-*e*, f., douche; shower-bath

duschen, doosh-*en*, v., to have a shower-bath

düster, dEEst-*er*, a., dark; gloomy; dim

Düsternis, dEEst-er-niss, f., darkness, gloom

Dutzend, doott-sent, n., dozen

duzen, doott-s*en*, v., to call a person "thou"

"D"-Zug, day-tsook, m., corridor-train

Ebbe, eb-*e*, f., ebb-tide

ebben, eb-*en*, v., to ebb

eben, ay-b*en*, a. & adv., even, level, flat, exact, just

Ebene, ay-b*en*-e, f., plain, level ground [so

ebenfalls, ay-ben-fahlls, adv., likewise; also

Ebenholz, ay-ben-holts, n., ebony

Ebenmaß, ay-ben-mahs, n., symmetry; harmony

ebenso, ay-ben-zo, adv., just so, just as

ebnen, ayb-nen, v., to level, to flatten

echt, e*k*t, a., genuine; true; real

Ecke, eck-*e*, f., corner, angle, nook, edge

eckig, eck-i*k*, a., cornered; angular; awkward

edel, ay-del, a., noble; high-born; precious

Edelmann, ay-del-mahnn, m., nobleman

Edelmut, ay-del-moot, m., noble-mindedness

edelmütig, ay-del-m*ee*t-i*k*, a., magnanimous, noble

Edelstein, ay-del-shtine, m., precious stone, jewel

Efeu, ay-foy, m., ivy

Effekten, ef-fek-ten, n.pl., effects; stock(s), secu-

egal, ay-gahl, a., all the same; indifferent [rities

ehe, ay-e, adv., before, ere; formerly

Ehe, ay-e, f., matrimony; marriage

ehedem, ay-e-daym, adv., before, ere

Ehegatte, ay-e-gahtt-e, m., husband

ehelich, ay-e-li*k*, a., conjugal, matrimonial

ehemalig, ay-e-mahl-i*k*, a., former, previous

ehemals, ay-e-mahls, adv., formerly

Ehemann, ay-e-mahnn, m., husband

Ehepaar, ay-e-par, n., married couple

eher, ay-er, adv., earlier; sooner

Ehescheidung, ay-e-shy-doong, f., divorce

ehrbar, air-bar, a., honourable, respectable,

Ehre, air-e, f., honour; repute, credit [decent

ehren, air-en, v., to honour; to pay honour to

Ehrenamt, air-en-ahmmt, n., honorary post

ehrenhaft, air-en-hahfft, a., honourable

Ehrenwort, air-en-vort, n., word of honour

ehrerbietig, air-airr-beet-i*k*, a., respectful

Ehrfurcht, air-foor*k*t, f., veneration; awe

Ehrgeiz, air-gites, m., ambition

ehrgeizig, air-gite-si*k*, a., ambitious

ehrlich, air-li*k*, a., honest, fair(dealing); true

Ehrlichkeit, air-li*k*-kite, f., honesty; reliability

ehrsam, air-zahm, a., decent; respectable
ehrwürdig, air-VEErd-ik, a., venerable, reverend
Ei, i, n., egg
Eiche, i-ke, f., oak(-tree)
Eichel, i-kel, f., acorn
Eichenholz, i-ken-holts, n., oak-wood
Eichhörnchen, i'k-hern-ken, n., squirrel
Eid, ite, m., oath
Eidechse, i-deck-se, f., lizard
Eidotter, i-dot-er, m. & n., yolk of an egg
Eierkuchen, i-er-kook-en, n., omelet
Eierschale, i-er-shahl-e, f., egg-shell
Eifer, i-fer, m., zeal, eagerness; ardour
Eifersucht, i-fer-sookt, f., jealousy
eifersüchtig, i-fer-SEEkt-ik, a., jealous
eifrig, i-frik, a., zealous, eager, keen
eigen, i-gen, a., own; particular; singular
Eigenheit, i-gen-hite, f., peculiarity; singularity
eigenmächtig, i-gen-mekt-ik, a., arbitrary
Eigenname, i-gen-nahm-e,m., proper name (noun)
eigennützig, i-gen-NEEtt-sik,a.,selfish,self-seeking
eigens, i-gens, adv., purposely; expressly
Eigenschaft, i-gen-shahft, f., attribute; property
Eigensinn, i-gen-zinn, m., obstinacy, caprice
eigensinnig, i-gen-zinn-ik,a.,wilful;capricious;ob-
eigentlich,i-gent-lik,a.,real,true;essential [stinate
Eigentum, i-gen-toom, n., property, estate
Eigentümer, i-gen-tEEm-er, m., proprietor, **owner**
eigentümlich, i-gen-tEEm-lik, a., peculiar
eigenwillig, i-gen-vil-ik, a., wilful, self-willed
eignen (sich), i-gnen (sik), v., to be fit (suitable)
Eile, i-le, f., hurry, haste; promptness, speed
eilen, i-len, v., to hurry [passenger train
Eilgut, ile-goot, n., express-goods, goods sent by
eilig, i-lik, a., pressing, urgent; speedy, quick
Eimer, i-mer, m., pail, bucket
ein, eine, ein, ine, i-ne, ine, indef. art., a., an; one
einander, ine-ahnn-der, adv., one another; each
einatmen, ine-aht-men, v., to inhale [other
Einband, ine-bahnt, m., binding, cover (book)
einbilden (sich), ine-bil-den (sik), v., to imagine
Einbildung, ine-bil-doong, f., imagination, fancy

Einbildungskraft, ine-bil-doongs-krahfit, f., (power of) imagination

einbinden, ine-binn-den, v., to bind (book)

Einblick, ine-blick, m., insight

einbrechen, ine-brek-en, v., to break in (through)

Einbrecher, ine-brek-er, m., burglar, housebreaker

einbringen, ine-bring-en, v., to bring in

Einbruch, ine-brook, m., burglary

eindämmen, ine-dem-en, v., to dam in or up

eindringen, ine-dring-en, v., to penetrate

eindringlich, ine-dring-lik, a., intrusive; forcible

Eindruck, ine-droock, m., impression; imprint

einerlei, ine-er-ly, a., of the same kind, all the same

einerseits, ine-er-zites, adv., on the one hand

einfach, ine-fahk, a., simple, single, plain

Einfahrt, ine-fahrt, f., gateway, doorway, drive

Einfall, ine-fahll, m., idea; invasion; collapse

einfallen, ine-fahll-en, v., to fall in; to occur

einfältig, ine-felt-ik, a., simple-minded, foolish

einfangen, ine-fahng-en, v., to capture; to arrest

Einfassung, ine-fahss-oong, n., border, edge

einfinden (sich), ine-finn-den (sik), v., to arrive

Einfluß, ine-flooss, m., influence; influx

einflußreich, ine-flooss-ry'k, a., influential

einförmig, ine-ferm-ik, a., uniform; monotonous

Einfuhr, ine-foor, f., import(ation)

einführen, ine-fEer-en, v., to import; to introduce

Einführung, ine-fEer-oong, f., introduction; import

Eingabe, ine-gahb-e, f., petition; address [port

Eingang, ine-gahng, m., entry; arrival; opening

eingeben, ine-gay-ben, v., to administer; to suggest [gest

eingebildet, ine-ge-bil-det, a., conceited

eingeboren, ine-ge-bohr-en, a., native; indigenous

Eingebung, ine-gay-boong, f., inspiration

eingehen, ine-gay-en, v., to arrive; to agree; to shrink; to perish

eingehend, ine-gay-ent, a., in detail; thorough

Eingemachtes, ine-ge-mahk-tes, n., preserve; jam

eingenommen, ine-ge-nom-en, a., prejudiced

eingeschlossen, ine-ge-shlos-en, a., enclosed; locked up [(letter)

eingeschrieben, ine-ge-shreeb-en, a., registered

Eingeständnis, ine-ge-shtent-niss, n., confession
eingestehen, ine-ge-shtay-en, v., to confess
Eingeweide, ine-ge-vy-de, n., intestines, bowels
eingießen, ine-gees-en, v., to pour into
eingravieren, ine-grahv-eer-en, v., to engrave
eingreifen, ine-gry-fen, v., to catch; to meddle
Eingriff, m., intervention
einhalten, ine-hahllt-en, v., to stop; to fulfil
einhändigen, ine-henn-dig-en, v., to hand over
einheimisch, ine-hy-mish, a., native, indigenous
Einheit, ine-hite, f., unit(y); union
einheitlich, ine-hite-lik, a., uniform; homogeneous
einheizen, ine-hite-sen, v., to light a fire (in room)
einher, ine-her, adv., along
einholen, ine-hohl-en, v., to overtake; to bring in
einhüllen, ine-heell-en, v., to envelop; to wrap
einig, ine-ik, a., in agreement, unanimous
einige, ine-ig-e, indef. pron., a few, several
einigen, ine-ig-en, v., to unite; to agree
Einigkeit, ine-ig-kite, f., unity, agreement
einimpfen, ine-im-fen, v., to inoculate; to vaccinate
einkassieren, ine-kahss-eer-en, v., to cash
Einkauf, ine-kowf, m., purchase, buying
einkaufen, ine-kowf-en, v., to purchase, to buy
Einkäufer, ine-koyf-er, m., buyer
einkehren, ine-kayr-en, v., to stay at (or go into)
  an inn; to turn (thoughts, etc.) inwards [mony
Einklang, ine-klahng, m., unison, accord, har-
Einkommen, ine-kom-en, n., income; revenue
Einkünfte, ine-keennft-e, f.pl., revenue; rent-roll
einladen, ine-lahd-en, v., to invite; to load into
Einladung, ine-lahd-oong, f., invitation
Einlage, ine-lahg-e, f., enclosure; investment
Einlaß, ine-lahss, m., admission; letting-in
einlassen, ine-lahss-en, v., to admit; to enter
einlaufen, ine-lowf-en, v., to shrink
einleben (sich), ine-lay-ben (sik), v., to become
  familiar in a place
einleiten, ine-ly-ten, v., to introduce; to initiate
Einleitung, ine-ly-toong, f., introduction, preface
einlösen, ine-lerz-en, v., to redeem, to honour
  (bills)

einmachen, ine-mah*k*-en, v., to preserve, to pickle
einmal, ine-mahl, adv., once, once upon a time;
   just
Einmaleins, ine-mahl-ines, n., multiplication-table
einmalig, ine-mahl-i*k*, a., happening only once
Einmarsch, ine-march, m., marching-in, entry
einmengen, ine-meng-en, v., to meddle
einmischen, ine-mish-en, v., to mix, to meddle
Einnahme, ine-nahm-e, f., occupation; takings
einnehmen, ine-naym-en, v., to take medicine;
   to take in; to collect (taxes); to conquer
Einöde, ine-erd-e, f., wilderness, desert
einpacken, ine-pahck-en, v., to pack (up)
einpflanzen, ine-flahnt-sen, v., to plant; to implant
einpökeln, ine-perk-eln, v., to pickle, to cure
einprägen, ine-prayg-en, v., to impress; to imprint
einquartieren, ine-kvahrt-eer-en, v., to quarter,
   [to billet
einrahmen, ine-rahm-en, v., to frame [to billet
einräumen, ine-roym-en, v., to put in order; to
   accord, to grant (credit, etc.) [(doing) a thing
einreden, ine-rayd-en, v., to talk a person into
einreichen, ine-ry-*k*en, v., to hand over, to deliver
einrichten, ine-ri*k*-ten, v., to arrange; to put in
   order; to furnish [niture, furnishing
Einrichtung, ine-ri*k*-toong, f., arrangement; fur-
einrücken, ine-rEEck-en, v., to insert (advt.); to
Eins, ines. see **ein** [set going
einsalzen, ine-sahlt-zen, v., to salt; to cure (fish)
einsam, ine-zahm, a., solitary, lonely, secluded
Einsamkeit, ine-zahm-kite, f., solitude, isolation
einsammeln, ine-zahmm-eln, v., to gather (in)
Einsatz, ine-zahtts, m., insertion; (shirt-) front;
   stake (games) [terpolate; to switch on
einschalten, ine-shahllt-en, v., to put in; to in-
einschätzen, ine-shett-sen, v., to assess, to value
einschenken, ine-shenk-en, v., to pour in (out)
einschiffen (sich), ine-shif-en (si*k*), v., to embark
einschlafen, ine-shlahf-en, v., to go to sleep
einschlagen, ine-shlahg-en, v., to knock in; to
   wrap up; to smash; to strike (lightning)
einschließen, ine-shlees-en, v., to lock (up);
   to enclose; to include

einschließlich, ine-shlees-li*k*, a., inclusive of

einschmieren, ine-shmeer-*en*, v., to (be)smear

Einschnitt, ine-shnit, m., incision, cut, slit

einschränken, ine-shrenk-*en*, v., to restrict

Einschränkung, ine-shrenk-oong, f., restriction

einschrauben, ine-shrow-b*en*, v., to screw in

Einschreibebrief, ine-shry-be-breef, m., registered letter   [book); to register

einschreiben, ine-shry-b*en*, v., to write in (a

einschreiten, ine-shry-t*en*, v., to interpose

einschrumpfen, ine-shroom-f*en*, v., to shrink

einschüchtern, ine-shEE*k*-tern, v., to intimidate

einschütten, ine-shEEtt-*en*, v., to pour into

einsegnen, ine-zaig-n*en*, v., to bless, to confirm

Einsegnung, ine-zaig-noong, f., confirmation

einsehen, ine-zay-*en*, v., to look into; to under-   [stand

einseitig, ine-zy-ti*k*, a., one-sided

einsenden, ine-zen-d*en*, v., to send in; to forward

einsetzen, ine-zet-s*en*, v., to insert; to stake

Einsicht, ine-si*k*t, f., insight; inspection   [cious

einsichtsvoll, ine-zi*k*ts-fol, a., intelligent; judi-

Einsiedler, ine-zeed-l*er*, m., hermit, recluse

einsilbig, ine-zil-bi*k*, a., of one syllable

einsinken, ine-zink-*en*, v., to sink in

einspannen, ine-shpahn-*en*, v., to put horses in   a carriage; to stretch on a frame

Einspänner, ine-shpenn-*er*, m., one-horse carriage

einsperren, ine-shpairr-*en*, v., to lock up

einsprechen, ine-shpre*k*-*en*, v., to object

Einspruch, ine-shproo*k*, m., objection, protest

einst, ine'st, adv., once upon a time

einstecken, ine-shteck-*en*, v., to arrest; to pocket

einstehen, ine-shtay-*en*, v., to stand up for

einsteigen, ine-shty-g*en*, v., to step (get) into

einstellen, ine-shtel-*en*, v., to put in place; to ad-   [just; to stop

einstig, ine'st-i*k*, a., former; future

einstimmen, ine-shtim-*en*, v., to agree

einstimmig, ine-shtim-i*k*, a., unanimous

Einstimmung, ine-shtim-oong, f., consent, assent

einstmals, ine'st-mahls, adv., at one time   [in

einströmen, ine-shtrerm-*en*, v., to flow or stream

einstudieren, ine-shtood-eer-*en*, v., to study well

Einsturz, ine-shtoorts, m., collapse, downfall, crash
einstürzen, ine-shtEErt-sen, v., to collapse
einstweilen, ine'st-vile-*en*, adv., meanwhile, for the
einstweilig, ine'st-vile-*ig*, a., temporary [present
eintauchen, ine-towk-*en*, v., to immerse; to dip in
einteilen, ine-ty-len, v., to divide; to classify
eintönig, ine-tern-*ik*, a., monotonous; tedious
Eintracht, ine-trahkt, f., harmony; union
eintragen, ine-trahg-*en*, v., to bring in; to enter
einträglich, ine-traik-lik, a., profitable, productive
Eintragung, ine-trahg-oong, f., entry (in books)
eintreffen, ine-tref-*en*, v., to arrive; to come
eintreiben, ine-try-ben, v., to drive in; to collect
eintreten, ine-tray-ten, v., to step in; to occur
Eintritt, ine-tritt, m., entry, entrance, admission
Eintrittskarte, ine-trits-kart-*e*, f., admission ticket
Einvernehmen, ine-fair-naym-*en*, n., agreement
einverstanden, ine-fair-shtann-den, a., agreed
Einwand, ine-vahnt, m., objection
einwandern, ine-vahnn-dern, v., to immigrate
einwandfrei, ine-vahnnt-fry, a., free from
einwärts, ine-vairts, adv., inward(s)   [objection
einwechseln, ine-veck-seln, v., to give change;
     to exchange   [crate; to inaugurate
einweihen, ine-vy-*en*, v., to dedicate; to conse-
Einweihung, ine-vy-oong, f., inauguration
einwenden, ine-ven-den, v., to object, to protest
Einwendung, ine-ven-doong, f., objection, protest
einwickeln, ine-vick-eln, v., to wrap; to envelop
einwilligen, ine-vil-ig-*en*, v., to consent to agree
Einwilligung, ine-vil-ig-oong, f., consent, assent
einwirken, ine-veerk-*en*, v., to have an influence
Einwirkung, ine-veerk-oong, f., action; influence
Einwohner, ine-vohn-*er*, m., inhabitant, resident
Einwurf, ine-voorf, m., objection, rejoinder; slot
Einzahl, ine-tsahl, f., singular (number)
einzahlen, ine-tsahl-*en*, v., to pay in   [culars
Einzelheiten, ine-tsel-hy-ten, f.pl., details, parti-
einzeln, ine-ts*e*ln, a., single, individual, particular
einziehen, ine-tsee-*en*, v., to draw (pull) in(to);
     to collect (money); to withdraw from circulation
einzig, ine-tsik, a., only, sole, single, unique

Einzug, ine-tsook, m., entry, entrance; moving in
Eis, ice, m., ice
Eisbahn, ice-bahn, f., ice-rink
Eisbär, ice-bear, m., Polar bear
Eisbein, ice-bine, n., pickled knuckle of pork
Eisberg, ice-bairk, m., iceberg
Eisen, ize-*en*, n., iron
Eisenbahn, ize-*en*-bahn, f., railway
eisern, ize-*ern*, a., made of iron
eisig, ize-*ik*, a., icy, chilly
Eismeer, ice-mair, n., Polar sea
Eisschrank, ice-shrahngk, m., refrigerator, ice-
Eiszapfen, ice-tsahpp-fen, m., icicle [box
eitel, ite-*el*, a., vain; futile; coquetish
Eitelkeit, ite-*el*-kite, f., vanity; futility
Eiter, ite-*er*, m., purulent matter, pus
eitern, ite-*ern*, v., to fester, to ulcerate; to suppurate
Eiweiß, i-vice, n., white of egg; albumen
Ekel, aik-*el*, m., disgust; loathsome person
ekelhaft, aik-*el*-hahfft, a., disgusting, loathsome
ekeln, aik-*eln*, v., to feel loathing (disgust, nausea)
elektrisch, ay-leck-trish, a., electric, electrical
Elektrizität, ay-leck-tree-tsee-teht, f., electricity
Elend, ail-ent, n., misery, wretchedness; calamity
elend, ail-ent, a., miserable, wretched; needy
elf, elf, a., eleven
Elfe, el-fe, elf, fairy
Elfenbein, elf-en-bine, n., ivory
Elftel, elf-tel, n., eleventh part
Ellbogen, el-bohg-en, m., elbow
Elster, el-ster, f., magpie
Eltern, el-tern, pl., parents
Email (pop. **Emaille**), ay-mahl-yer, f., enamel
Empfang, emp-fahng, m., receipt, reception
empfangen, emp-fahng-en, v., to receive
Empfänger, emp-feng-er, m., receiver, addressee
Empfängnis, emp-feng-niss, f., conception
Empfangschein, emp-fahng-shine, m., receipt
empfehlen, emp-fail-en, v., to recommend
empfinden, emp-fin-den, v., to feel; to perceive
empfindlich, emp-fint-lik, a., sensitive, delicate;
——**keit,** f., sensitiveness

Empfindung, emp-**fin**-doong, f., perception, sensation, feeling

empor, em-**pohr**, adv., up(ward)

empören, em-**per**-en, v., to (drive to) revolt

Empörung, em-**per**-oong, f., rising, revolt, rebellion

emsig, em-zi*k*, a., industrious; busy; assiduous

Emsigkeit, em-zi*k*-kite, f., diligence; assiduity

Ende, en-*de*, n., end; result; conclusion [activity

enden, en-*den*, v., to end, to finish

endgültig, ent-**geel**-ti*k*, a., final; conclusive

endlich, ent-li*k*, a., final; finite

Endung, end-oong, f., ending, termination

eng, eng, a., narrow; tight; of limited space

Enge, eng-*e*, f., narrowness; tightness; straits

Engel, eng-*el*, m., angel

engherzig, eng-**hairt**-si*k*, a., narrow-minded

en gros, ahng gr*oh*, adv., wholesale

Enkel, eng-kel, m., grandchild, grandson

entarten, ent-**art**-en, v., to degenerate

entbehren, ent-**bair**-en, v., to spare; to miss

Entbehrung, ent-**bair**-oong, f., privation, want

entbinden, ent-**bin**-*den*, v., to release; to absolve; to deliver of a child [couchement; release

Entbindung, ent-**bin**-doong, f., confinement, accouchement; release

entblößen, ent-**blers**-en, v., to bare; to deprive of

entdecken, ent-**deck**-en, v., to discover

Ente, ent-*e*, f., duck

entehren, ent-**air**-en, v., to dishonour; to disgrace

Entenbraten, ent-*en*-braht-*en*, m., roast duck

enterben, ent-**airb**-en, v., to disinherit

Enterich, ent-er-i*k*, m., drake [person's hands

entfallen, ent-**fahll**-en, v., to fall (drop) from a

entfalten, ent-**fahlt**-en, v., to unfold; to develop

entfernen, ent-**fairn**-en, v., to remove; to retire

entfernt, ent-**fairnt**, a., distant, remote, far

Entfernung, ent-**fairn**-oong, f., distance; removal; withdrawal [set ablaze

entflammen, ent-**flahmm**-en, v., to inflame; to

entfliehen, ent-**flee**-en, v., to flee from; to escape

entführen, ent-**feer**-en, v., to carry off; to abduct

entgegen, ent-**gayg**-en, adv., against; towards

entgegensehen, ent-**gayg**-*en*-zay-*en*, v., to look forward to

entgegnen, ent-gayg-nen, v., to retort; to reply

Entgegnung, ent-gayg-noong, f., reply; retort

entgehen, ent-gay-en, v., to escape; to elude

Entgelt, ent-gelt, n., equivalent; recompense

entgelten, ent-gelt-en, v., to suffer for a thing

entgleisen, ent-gly-zen, v., to derail

enthalten, ent-hahllt-en, v., to contain   [frain

enthalten (sich), ent-hahllt-en (sik), v., to re-

enthüllen, ent-HEEll-en, v., to unveil; to uncover

entkleiden, ent-kly-den, v., to undress; to disrobe

entkommen, ent-kom-en, v., to escape

entladen, ent-lahd-en, v., to unload; to discharge

Entladung, ent-lahd-oong, f., discharge; explosion   [side of

entlang, ent-lahng, adv. & prep., along, by the

entlassen, ent-lahss-en, v., to dismiss; to discharge

Entlassung, ent-lahss-oong, f., dismissal

entlaufen, ent-lowf-en, v., to run away

entmutigen, ent-moot-ig-en, v., to discourage

entnehmen, ent-naym-en, v., to take from

enträtseln, ent-rayt-seln, v., to decipher

entreißen, ent-rice-en, v., to snatch a thing from

entrinnen, ent-rin-en, v., to run from

entrüsten, ent-rEEst-en, v., to become indignant

Entrüstung, ent-rEEst-oong, f., indignation

entsagen, ent-zahg-en, v., to renounce; to resign

entschädigen, ent-shayd-ig-en, v., to indemnify

Entschädigung, ent-shayd-ig-oong, f., indemni-
fication; compensation

entscheiden, ent-shy-den, v., to decide

Entscheidung, ent-shy-doong, f., decision

entschieden, ent-sheed-en, a., decided

Entschiedenheit, ent-sheed-en-hite, f., deter-
mination; firmness   [die

entschlafen, ent-shlahf-en, v., to fall asleep; to

entschließen (sich), ent-shlees-en (sik), v., to
decide, to determine

entschlossen, ent-shloss-en, a., determined

Entschluß, ent-shlooss, m., decision; resolve

entschuldigen, ent-shoolld-ig-en, v., to excuse;
to apologize   [apology

Entschuldigung, ent-shoolld-ig-oong, f., excuse;

entschwinden, ent-**shvin**-den, v., to vanish; to
    die away   [to horrify
entsetzen, ent-**zet**-sen, v., to dismiss from office;
Entsetzen, ent-**set**-sen, n., horror; dismissal
entsetzlich, ent-**zets**-li*k*, a., awful, horrible [ber
entsinnen (sich), ent-**zin**-en (si*k*), v., to remem-
entsprechen, ent-**shprek**-en, v., to correspond to
entspringen, ent-**shpring**-en, v., to escape; to
    originate, to spring from   [to existence
entstehen, ent-**shtay**-en, v., to arise; to come in-
Entstehung, ent-**shtay**-oong, f., origin, formation
entstellen, ent-**shtel**-en, v., to disfigure, to deface
enttäuschen, ent-**toysh**-en, v., to disappoint
Enttäuschung, ent-**toysh**-oong, f., disappoint-
entwaffnen, ent-**vahff**-nen, v., to disarm [ment
entwässern, ent-**vess**-ern, v., to drain (land)
entweder, ent-**vaid**-er, conj., either
entweichen, ent-**vy**-k*en, v., to escape; to disappear
entwenden, ent-**vend**-en, v., to misappropriate
entwerfen, ent-**vairf**-en, v., to design, to draft
entwerten, ent-**vairt**-en, v., to reduce in value
entwickeln, ent-**vick**-eln, v., to develop; to unroll
Entwickelung, ent-**vick**-loong, f., development
Entwurf, ent-**voorf**, m., design, sketch, outline
entziehen, ent-**tsee**-en, v., to withdraw from
entziffern, ent-**tsiff**-ern, v., to decipher; to solve
entzücken, ent-**tseeck**-en, v., to charm, to enchant
Entzücken, ent-**tseeck**-en, n., delight, rapture
entzünden, ent-**tseend**-en, v., to inflame
Entzündung, ent-**tseend**-oong, f., inflammation
entzwei, ent-**tsvy**, adv., in two; asunder
Equipage, ek-vee-**pah**-she, f., carriage
er, air, pers. pron., he
erachten, air-ah*k*t-en, v., to deem; to consider
Erachten, air-**ah***k*t-en, n., judgment; opinion
erbarmen (sich), air-**barm**-en (si*k*), v., to have
    compassion on   [wretched
erbärmlich, air-**bairm**-li*k*, a., pitiable, miserable,
Erbarmung, air-**barm**-oong, f., compassion, pity
Erbe, airb-e, m., heir, successor, legatee
Erbe, airb-e, n., inheritance, bequest
erben, air-ben, v., to inherit

erbeuten, air-boyt-*en*, v., to capture; to take as booty

Erbfeind, airp-fin't, m., mortal foe

erbieten (sich), air-beet-*en* (sik), v., to volunteer

erbitten, air-bit-*en*, v., to ask; to petition for

Erbitterung, air-bit-*er*-oong, f., exasperation

erblassen, air-blahss-*en*, v., to (turn) pale; to die

Erblasser, air-lahss-*er*, m., testator

erblich, airp-lik, a., hereditary

erblicken, air-blick-*en*, v., to behold, to view

erblinden, air-blin-*den*, v., to go blind

erbrechen, air-brek-*en*, v., to break open; to vomit

Erbschaft, airp-shahfft, f., inheritance; legacy

Erbse, airp-se, f., pea

Erbsensuppe, airp-sen-zoop-*e*, f., pea-soup

Erdbeben, airt-baib-*en*, n., earthquake

Erdbeere, airt-ba-r-*e*, f., strawberry

Erdboden, airt-bohd-*en*, m., soil; surface of the earth

Erde, aird-*e*, f., earth; world, globe

erdenken, air-denk-*en*, v., to think out; to invent

erdenklich, air-denk-lik, a., imaginable

erdichten, air-dik-ten, v., to invent; to feign

erdrosseln, air-dross-*eln*, v., to throttle, to strangle

erdrücken (sich), air-drEEck-*en*, v., to smother

ereignen (sich), air-i-gnen (sik), v., to happen

Ereignis, air-i-gniss, n., occurrence; event; accident

erfahren, air-fahr-*en*, v., to hear, to learn

Erfahrung, air-fahr-oong, f., experience

erfassen, air-fahss-*en*, v., to seize, to grasp

erfinden, air-fin-*den*, v., to invent, to devise

Erfinder, air-fin-*der*, m., inventor

Erfindung, air-fin-doong, f., invention, contrivance; device

Erfolg, air-folk, m., success; result; issue, outcome

erfolgen, air-folg-*en*, v., to result; to take place

erforderlich, air-ford-*er*-lik, a., necessary

erfordern, air-ford-*ern*, v., to require, to necessitate

erforschen, air-forsh-*en*, v., to explore

erfrechen (sich), air-frek-*en* (sik), v., to have the audacity (to)

erfreuen, air-froy-*en*, v., to gladden, to delight

erfreulich, air-froy-lik, a., pleasing; gratifying

erfrieren, air-free-*ren*, v., to die of cold

erfrischen, air-**frish**-en, v., to refresh

Erfrischung, air-**frish**-oong, f., refreshment

erfüllen, air-**fEll**-en, v., to fulfil; to fill with

Erfüllung, air-**fEll**-oong, f., fulfilment; compli-
ergänzen, air-**gent**-sen, v., to complete   [ance

ergänzen, air-**gent**-sen, v., to complete

ergeben (sich), air-**gaib**-en (sik), v., to surrender;
to result   [tachment

Ergebenheit, air-**gaib**-en-hite, f., devotion; at-
ergebenst, air-**gayb**-enst, a., (most) humble

ergebenst, air-**gayb**-enst, a., (most) humble

Ergebnis, air-**gaip**-niss, n., n., result; issue, conclusion

ergiebig, air-**geeb**-ik, a., productive; prolific

ergießen, air-**gees**-en, to flow (pour) from

ergötzlich, air-**gertts**-lik, a., diverting

ergreifen, air-**gry**-fen, v., to seize, to catch hold of

erhaben, air-**hahb**-en, a., sublime; illustrious

erhalten, air-**hahllt**-en, v., to receive; to preserve

erheben, air-**haib**-en, v., to raise (up), to lift

erheblich, air-**haip**-lik, a., considerable

erhellen, air-**hell**-en, v., to light up; to clear up

erhöhen, air-**her**-hen, v., to raise; to enhance

Erhöhung, air-**hohl**-hoong, f., elevation; increase

erholen (sich), air-**hohl**-en (sik), v., to recover

Erholung, air-**hohl**-oong, f., rest; recovery

erinnern, air-**in**-ern, v., to remind

erinnern (sich), air-**in**-ern (sik), v., to remember

Erinnerung, air-**in**-er-oong, f., remembrance

erkälten (sich), air-**kelt**-en (sik), v., to catch cold

Erkältung, air-**kelt**-oong, f., cold, chill, catarrh

erkennen, air-**ken**-en, v., to recognise

erkenntlich, air-**kent**-lik, a., cognizant; grateful

Erkenntnis, air-**kent**-niss, f., perception; knowledge; understanding

Erkennung, air-**ken**-oong, f., recognition

Erker, airk-er, m., alcove, balcony   [to declare

erklären, air-**klair**-en, v., to explain; to elucidate;

erklärlich, air-**klair**-lik, a., (quite) comprehensible

Erklärung, air-**klair**-oong, f., explanation; declar-

erkranken, air-**krank**-en, v., to fall ill   [ation

erkundigen (sich), air-**koond**-ig-en (sik), v., to
inquire; to make inquiries

Erkundigung, air-**koond**-ig-oong, f., inquiry

erlangen, air-**lahng**-*en*, v., to reach, to attain
Erlaß, air-**lahss**, m., remission; relief; enactment
erlassen, air-**lahss**-*en*, v., to publish (laws); to remit (debts, etc.)
erlauben, air-**lowb**-*en*, v., to permit, to allow
Erlaubnis, air-**lowp**-niss, f., permission
erläutern, air-**loyt**-*ern*, v., to make clear; to
Erle, **airl**-*e*, f., alder(-tree)   [elucidate
erleben, air-**laib**-*en*, v., to experience
Erlebnis, air-**laip**-niss, n., personal experience
erledigen, air-**laid**-ig-*en*, v., to settle; to adjust
Erledigung, air-**laid**-ig-oong, f., settlement
erleichtern, air-**ly'k**-tern, v., to make easy
Erleichterung, air-**ly'k**-ter-oong, f., relief; facility
erleiden, air-**ly**-den, v., to suffer, to sustain; to bear
erlernen, air-**lairn**-*en*, v., to learn, to acquire
erliegen, air-**leeg**-*en*, v., to succumb
Erlkönig, **airl**-kern-ik, m., king of the elves
Erlös, air-**lers**, m., proceeds of a sale
erlöschen, air-**lersh**-*en*, v., to be extinguished
erlösen, air-**lerz**-*en*, v., to save; to redeem
Erlösung, air-**lerz**-oong, f., release; salvation
ermächtigen, air-**mek**-tig-*en*, v., to empower
Ermächtigung, air-**mek**-tig-oong, f., authority
ermahnen, air-**mahnn**-*en*, v., to admonish, to warn
ermangeln, air-**mahng**-*eln*, v., to be deficient in
ermannen (**sich**), air-**mahnn**-*en* (sik), v., to pluck up courage   [lower (prices)
ermäßigen, air-**mace**-ig-*en*, v., to moderate; to
ermitteln, air-**mit**-*eln*, v., to ascertain, to find out
ermöglichen, air-**merg**-lik-*en*, v., to make possible
ermorden, air-**mord**-*en*, v., to murder; to assas-
ermüden, air-**mEEd**-*en*, v., to tire   [sinate
ermuntern, air-**moont**-*ern*, v., to rouse; to liven up
ermutigen, air-**moot**-ig-*en*, v., to encourage
ernähren, air-**nair**-*en*, v., to nourish, to keep in
Ernährung, air-**nair**-oong, f., nourishment [food
ernennen, air-**nen**-*en*, v., to appoint; to nominate
erneuern, air-**noy**-*ern*, v., to renew; to renovate
erniedrigen, air-**need**-rig-*en*, v., to lower
Ernst, airnst, m., seriousness; sternness; severity

ernst, airnst, a., serious, earnest; solemn, grave
ernsthaft, airnst-hahfft, a., serious, earnest
ernstlich, airnst-lik, a., earnest, fervent
Ernte, airnt-e, f., harvest(-time); crop
ernten, airnt-en, v., to harvest; to reap
erobern, air-**ohb-**ern, v., to conquer, to capture
Eroberung, air-**ohb-**er-oong, f., capture, conquest
eröffnen, air-**erff-**nen, v., to open; to inaugurate
Eröffnung, air-**erff-**noong, f., opening; inauguration
erörtern, air-**ert-**ern, v., to discuss, to argue
Erörterung, air-**ert-**er-oong, f., discussion, debate
erpressen, air-**press-**en, v., to extort [mail(ing)
Erpressung, air-**press-**oong, f., extortion, black-
erproben, air-**prohb-**en, v., to try; to experience
erquicken, air-**kvick-**en, v., to refresh
erraten, air-**raht-**en, v., to guess; to conjecture
erregen, air-**rayg-**en, v., to excite; to agitate
Erregung, air-**rayg-**oong, f., irritation; agitation
erreichen, air-**ry-**ken, v., to reach; to attain
erretten, air-**rett-**en, v., to save; to rescue
errichten, air-**rik-**ten, v., to erect; to set up
erröten, air-**rert-**en, v., to blush; to redden [ment
Errungenschaft, air-**roong-**en-shahfft, f., achieve-
Ersatz, air-**zahtts,** m., substitute; reparation
erschallen, air-**shahll-**en, v., to (re)sound
erscheinen, air-**shy-**nen, v., to appear [nomenon
Erscheinung, air-**shy-**noong, f., appearing; phe-
erschießen, air-**sheess-**en, v., to shoot dead
erschlagen, air-**shlahg-**en, v., to slay; to kill
erschmeicheln, air-**shmy-**keln, v., to obtain by
flattery
erschöpfen, air-**sherpp-**fen, v., to exhaust
Erschöpfung, air-**sherpp-**foong, f., exhaustion
erschrecken, air-**shreck-**en, v., to frighten
erschüttern, air-**shEEtt-**ern, v., to shake up
erschwingen, air-**shving-**en, v., to attain, to afford
ersehen, air-**zay-**en, v., to learn from
ersetzen, air-**zet-**sen, v., to replace; to substitute
ersichtlich, air-**zikt-**likt, a., visible, manifest
ersparen, air-**shpahr-**en, v., to save, to economise
Ersparnis, air-**shpahr-**niss, f., economy
erst, airst, adv., at first; previously; only (just)

erstarren, air-shtahr-*en*, v., to stiffen; to grow numb (rigid)   [der, to send in

erstatten, air-shtahtt-*en*, v., to restore; to ren-

erstaunen, air-shtown-*en*, v., to be astonished

erstaunlich, air-shtown-*lik.* a.. astonishing, **erste,** airst-*e*, a., first   [amazing

erstechen, air-shtek-*en*, v., to stab to death

erstehen, air-shtay-*en*, v., to buy; to purchase

ersteigen, air-shty-g*en*, v., to mount; to climb

erstens, airst-*ens*, adv., first; in the first place

ersticken, air-shtick-*en*, v., to stifle; to suffocate

erstrecken, air-shtreck-*en*, v., to reach up to

ersuchen, air-sook-*en*, v., to request

ertappen, air-tahpp-*en*, v., to catch (in the act)

erteilen, air-ty-l*en*, v., to bestow, to confer upon

ertönen, air-tern-*en*, v., to sound

Ertrag, air-trahk, m., yield, produce, returns

ertragen, air-trahg-*en*, v., to bear; to tolerate

erträglich, air-traik-*lik*, a., bearable, tolerable

ertrinken, air-trink-*en*, v., to be drowned   [up

erwachen, air-vahk-*en*, v., to (a)wake; to start

erwachsen, air-vahck-s*en*, v., to grow up, a., grown-up, adult

erwägen, air-vaig-*en*, v., to weigh (in one's mind)

erwählen, air-vail-*en*, v., to choose; to elect

erwähnen, air-vain-*en*, v., to mention, to refer to

erwärmen, air-vairm-*en*, v., to warm

erwarten, air-vart-*en*, v., to expect; to await

Erwartung, air-vart-oong, f., expectation

erwecken, air-veck-*en*, v., to awake; to rouse

erweichen, air-vy-k*en*, v., to soften; to grow soft

erweisen, air-vy-z*en*, v., to render; to prove

erweitern, air-vy-t*ern*, v., to enlarge, to widen

Erwerb, air-vairp, m., gain, profit; acquisition

erwerben, air-vairb-*en*, v., to acquire; to earn

erwidern, air-veed-*ern*, v., to reply, to reciprocate

erwünscht, air-VEENnsht, a., desired, desirable

erwürgen, air-VEERg-*en*, v., to strangle

Erz, airts, n., ore, metal   [tell

erzählen, air-tsail-*en*, v., to relate, to narrate, to

Erzählung, air-tsail-oong, f., tale, story, narration

Erzbischof, airts-bish-ohf, m., archbishop

erzeugen, air-tsoyg-*en*, v., to produce; to engender

Erzeugnis, air-tsoyk-niss, n., product, produce

Erzeugung, air-tsoyg-oong, f., production

erziehen, air-tsee-*en*, v., to rear; to educate

Erziehung, air-tsee-oong, f., rearing; education

erzielen, air-tseel-*en*, v., to aim at; to achieve

erzürnen, air-tsEErn-*en*, v., to make angry

erzwingen, air-tsving-*en*, v., to enforce; to [obtain by force

es, ess, pers. pron., it

Esche, esh-*e*, f., ash(tree)

Esel, ay-zel, m., donkey, ass

Espe, esp-*e*, f., aspen(tree)

eßbar, ess-bar, a., eatable, edible

Esse, ess-*e*, f., chimney; flue; forge

essen, ess-*en*, v., to eat

Essig, ess-ik, m., vinegar

Eßlöffel, ess-lerff-el, m., table-spoon

etablieren, ay-tahb-leer-*en*, v., to establish

Etablissement, ay-tahb-liss-*e*-mahng, n., estab-[lishment

Etage, ay-tah-she, f., storey (of a house)

Etat, ay-tah, m., balance-sheet; budget

Etikett, ay-tee-ket, n., label, ticket

etlich, et-lik, indef. pron., some; a few

Etui, ay-twee, n., (cigarette-) case [perhaps

etwa, et-vah, adv., about, approximately; perchance,

etwaig, et-vah-ik, a., possible; incidental

etwas, et-vahss, indef. pron., something, some;

euch, oyk, pers. pron., you, to you [somewhat

euer, oy-ee, poss. pron., your

Eule, oyl-*e*, f., owl

Euter, oyt-er, n., udder [Protestant

evangelisch, ay-fahng-ayl-ish, a., evangelical;

Evangelium, ay-fahng-ayl-e-oomm, n., gospel

eventuell, ay-vent-oo-el, a. & adv., if so; possible

ewig, ayv-ik, a., eternal, everlasting; endless

Ewigkeit, ayv-ik-kite, f., eternity

Examen, ecks-ahm-en, n., examination

Exemplar, ecks-emp-lahr, n., sample; copy

exerzieren, ecks-er-tseer-en, v., to drill, to train

Expedition, eck-pay-dit-se-ohn, f., publishing office; forwarding (dispatch) department

Extrablatt, ecks-trah-blahtt, n., special edition

fabelhaft, fahb-*el*-hahfft, a., fabulous; (pop.) mar-
Fabrik, fah-brick, f., factory, works   [vellous
Fabrikant, fah-brick-**ahnnt**, m., manufacturer
Fabrikat, fah-brick-**aht**, n., manufactured article;   make
fabrizieren, fah-bree-tseer-*en*, v., to manufacture
Fach, fahk, n., division; branch, line of business
Fachausdruck, fahk-ows-droock, m., technical
Fächer, fek-*er*, m., fan; pigeon-hole   [term
Fachmann, fahk-mahnn, m., expert, specialist
fachmännisch, fahk-men-ish, a., expert
Fackel, fahck-*el*, f., torch; firebrand; —**zug,** m.,
torchlight procession
fade, fahd-*e*, a., tasteless, insipid, dull
Faden, fahd-*en*, m., thread, fathom;—**scheinig,**
a., threadbare, shiny, shabby
fähig, fay-ik, a., capable, able, competent
Fähigkeit, fay-ik-kite, f., capability, fitness, apti-
fahl, fahl, a., faded; livid; sallow   [tude
Fahne, fahn-*e*, f., flag, colours, banner
Fähnrich, fayn-rik, m., cornet, ensign
Fahrdamm, fahr-dahmm, m., carriage-way
Fähre, fay-r*e*, f., ferry-(boat)   [to convey
fahren, fahr-*en*, v., to ride; to drive; to travel;
Fahrkarte, fahr-kart-*e*, f., (travelling-)ticket
Fahrkartenschalter,   fahr-kart-*en*-shahllt-*er*,
m., booking-office
fahrlässig, fahr-less-ik, a., careless, negligent
Fährmann, fair-mahn, m., ferryman
Fahrplan, fahr-plahn, m., time-table
Fahrrad, fahr-raht, n., cycle, bicycle
Fahrschein, fahr-shine, m., ('bus & tram) ticket
Fahrstuhl, fahr-shtool, m., (passenger-) lift
Fahrt, fahrt, f., journey, drive, ride, voyage, trip
Fährte, fairt-*e*, f., track, trail, spoor
Fahrwasser, fahr-vahss-*er*, n., fairway, navigable
Fahrzeit, fahr-tsite, f., journey-time   [water
Fahrzeug, fahr-tsoyk, n., vessel, craft; vehicle, con-
Faktura, fahckt-oor-ah, f., invoice, bill   [veyance
fakturieren, fahckt-oo-reer-*en*, v., to invoice
Falke, fahlk-*e*, m., falcon; hawk
Fall, fahll, m., case; fall

Falle, fahll-*e*, f., trap, snare
fallen, fahll-*en*, v., to fall; to decrease
fällen, fel-*en*, v., to fell, to cut down (trees)
fällig, fel-*ik*, a., due, payable
falls, fahlls, conj., in case (that); provided (that)
Fallschirm, fahll-sheerm, m., parachute
falsch, fahllsh, a., wrong, false, forged; mistaken
fälschen, fel-shen, v., to forge; to adulterate
Falschheit, fahllsh-hite, f., falseness; falsehood
Falschmünzer, fahllsh-MEEnnt-ser, m., coiner
Fälschung, felsh-oong, f., falsification; forgery
Faltboot, fahllt-boht, n., collapsible boat
Falte, fahllt-*e*, f., fold; wrinkle; pleat, crease
falten, fahllt-*en*, v., to fold; to crease, to crumple
faltig, fahllt-*ik*, a., wrinkled, creased, crumpled
Familie, fahm-eel-ye, f., family; tribe, stock
famos, fahm-ohs, a., excellent, splendid
Fang, fahng, m., catch, capture; prey, booty
fangen, fahng-*en*, v., to catch, to capture, to trap
Farbe, fahrb-*e*, f., colour, colouring, tint; paint
färben, fairb-*en*, v., to dye; to colour, to tint
Färberei, fairb-*e*-ry, f., dye-works; dyer's art
farbig, farb-*ik*, a., coloured, variegated
Farbstoff, farp-shtof, m., dye-stuff, pigment
Farn, farn, m., bracken, fern
Fasan, fah-zahn, m., pheasant
Fasching, fahsh-ing, m., carnival
Faser, fah-zer, f., fibre; filament; string
faserig, fah-zer-ik, a., fibrous; stringy
Faß, fahss, n., vat, cask, barrel, keg, hogshead
fassen, fahss-*en*, v., to seize, to take hold of
fassen (sich), fahss-*en* (sik), v., to compose oneself
faßlich, fahss-lik, a., comprehensible; tangible
Fasson, fahss-ong, f., shape, pattern, make
fast, fahsst, adv., almost, nearly
fasten, fahsst-*en*, v., to fast; to abstain from meat
Fastnacht, fahsst-nahkt, f., carnival-time
fatal, faht-ahl, a., disagreeable, vexatious, awkward
fauchen, fowk-*en*, v., to spit like a cat; to hiss
faul, fowl, a., rotten, putrid; lazy, indolent
faulen, fowl-*en*, v., to rot, to putrify   [life
faulenzen, fowl-ent-sen, v., to laze, to lead an idle

Faulheit, fowl-hite, f., laziness, idleness
Fäulnis, foyl-niss, f., rottenness; putrefaction
Faulpelz, fowl-pelts, m., lazybones, idle fellow
Faust, fowst, f., fist
Faustkampf, fowst-kahmmf, m., boxing(match)
fechten, fekt-en, v., to fence, to fight with swords
Feder, fayd-er, f., feather; pen(-nib); quill; spring
Federhalter, fayd-er-hahllt-er, m., penholder
federn, fayd-ern, v., to be springy or elastic
Federvieh, fayd-er-fee, n., poultry
Fee, fay, f., fairy, elf, fay   [magnificent
feenhaft, fay-en-hahfft, a., fairylike; gorgeous,
Fegefeuer, fay-ge-foy-er, n., purgatory
fegen, fayg-en, v., to sweep, to wipe, to scour
Fehde, fayd-e, f., feud, dispute, quarrel
fehlen, fail-en, v., to miss, to mistake; to ail
Fehler, fail-er, m., mistake; defect, blemish, flaw
fehlerhaft, fail-er-hahfft, a., faulty, defective
Fehlgriff, fail-grif, m., bad choice; mistake
Fehlschlag, fail-shlahk, m., failure; wrong stroke
fehlschlagen, fail-shlahg-en, v., to miss; to fail
Feier, fy-er, f., celebration, solemnization   [work
Feierabend, fy-er-ahb-ent, m., cessation from
feierlich, fy-er-lik, a., ceremonious; dignified, grave
feiern, fy-ern, v., to celebrate; to honour
Feiertag, fy-er-tahk, m., feast-day, festival, holiday
feig(e), fy'g(e), a., cowardly, timid; fainthearted
Feige, fy-ge, f., fig
Feigheit, fike-hite, f., cowardice; timidity
feigherzig, fike-hairt-sik, a., cowardly
Feigling, fike-ling, m., coward; poltroon
feil, file, a., vendible, for sale; venal, mercenary
feilbieten, file-beet-en, v., to offer for sale
Feile, file-e, f., file, rasp
feilen, file-en, v., to file; to polish
fein, fine, a., fine, slender; elegant, graceful; re-
Feind, fine't, m., enemy, foe, adversary   [fined
feindlich, fine't-lik, a., hostile, opposed, unfriendly
Feindschaft, fine't-shahfft, f., enmity, hostility
feindselig, fine't-zail-ik, a., hostile, inimical
feinfühlig, fine-FEEl-ik, a., sensitive, delicate
Feinheit, fine-hite, f., fineness subtlety; refinement

Feinschmecker, fine-shmeck-**er,** m., gastronome
Feld, felt, n., field
Felddienst, felt-deenst, m., active service
Feldherr, felt-hairr, m., commander-in-chief
Feldmesser, felt-mess-**er,** m., surveyor
Feldstecher, felt-shtek-**er,** m., field-glass
Feldwebel, felt-vaib-**el,** m., sergeant-major
Feldzug, felt-tsook, m., campaign
Fell, fel, n., skin, hide
Fels, fels, m., see Felsen
Felsen, fel-zen, m., rock; cliff; crag
Felsenriff, fel-zen-rif, n., reef
Fenster, fenst-er, n., window
Fensterbrett, fenst-er-bret, n., window-sill
Fensterladen, fenst-er-lahd-**en,** m., shutter
Fensterscheibe, fenst-er-shy-be, f., window-pane
Ferien, fair-yen, pl., holidays
Ferkel, fairk-el, n., young pig
fern, fairn, a. & adv., far, distant, remote
Ferne, fairn-e, f., distance   [moreover
ferner, fairn-er, adv., further(more); farther;
fernerhin, fairn-er-hin, adv., in future, henceforth
Fernrohr, fairn-rohr, n., telescope, field-glass
Fernsehen, fairn-zay-**en,** n., television
Fernsprecher, fairn-shprek-**er,** m., telephone
Fernsprechzelle, fairn-shprek-tsel-**e,** f., tele-
Ferse, fair-ze, f., heel   [phone call-box
fertig, fairt-ik, a., ready, prepared; skilled; finished
Fertigkeit, fairt-ig-kite, f., skill, dexterity
fertigstellen, fairt-ig-shtel-**en,** v., to complete; to
fesch, fesh, a., smart, fashionable   [finish
Fessel, fes-el, f., fetters, shackles (pl.); fetlock
fesseln, fes-eln, v., to fetter, to chain, to shackle
fest, fest, a., firm, fast; constant
Fest, fest, n., festival, holiday, fête
Festessen, fest-ess-**en,** n., banquet
festhalten, fest-hahllt-**en,** v., to hold fast; to detain
Festigkeit, fest-ik-kite, f., firmness   [to cling
festklammern, fest-klahmm-**ern** (sik), v.,
Festland, fest-lahnnt, n., mainland, continent
festlich, fest-lik, a., festive; solemn; splendid
Festlichkeit, fest-lik-kite, f., festivity

festmachen, fest-mahk-*en*, v., to fix, to attach
festnageln, fest-nahg-eln,v.,to nail fast; to clinch
festsetzen, fest-zet-sen, v., to arrange; to stipulate
Festspiel, fest-shpeel, n., festival-play
feststellen, fest-shtel-en, v., to ascertain; to fix
Feststellung, fest-shtel-oong, f., evidence
Festtag, fest-tahk, m., holiday, feast-day
Festung, fest-oong, f., fortress, stronghold
fett, fet, a., fat, greasy
Fett, fet, n., fat, grease
fettig, fet-ik, a., fatty, greasy, oily
Fettigkeit, fet-ig-kite, f., fatness, greasiness; rich-
Fetzen, fet-sen, m., shred, scrap, rag [ness (food)
feucht, foykt, a., damp, moist, humid
feuchten, foykt-*en*, v., to moisten, to damp, to wet
Feuchtigkeit, foykt-ik-kite, f., moisture, humidity
Feuer, foy-er, n., fire
feuern, foy-ern, v., to fire; to light a fire
Feuersbrunst, foy-ers-broonst, f., conflagration
Feuerspritze, foy-er-shprit-se, f., fire-engine
Feuerstein, foy-er-shtine, m., flint
Feuerwehr, foy-er-vair, f., fire-brigade
Feuerwerk, foy-er-vairk, n., firework(s)
Feuerzeug, foy-er-tsoyk, n., (petrol) lighter
feurig, foyr-ik, a., fiery; ardent, passionate
Fibel, feeb-el, f., first (spelling) book, primer
Fiber, feeb-er, f., fibre, filament
Fichte, fik-te, f., pine(-tree); spruce(-fir)
fidel, feed-ail, a., jovial, jolly, merry
Fieber, feeb-er, n., fever, (high) temperature
fieberhaft, feeb-er-hahfft, a., feverish, febrile
fiebern, feeb-ern, v., to be feverish (delirious)
Fiedel, feed-el, f., fiddle, violin
fiedeln, feed-eln, v., to (scrape a) fiddle
Filiale, fil-yahl-e, f., branch establishment
Filz, filts, m., felt
finden, finn-den, v., to find
Findigkeit, finn-dik-kite,f.,cleverness,shrewdness
Findling, finnt-ling, m., foundling
Finger, fing-er, m., finger
Fingerhut, fing-er-hoot, m., thimble; foxglove
Fingerzeig, fing-er-tsike, m., indication, hint

Fink, fink, m., finch
Finne, finn-*e*, f., fin
finster, finn-ster, a., dark, gloomy
Finsternis, finn-ster-niss, f., darkness, gloom
Firnis, feern-iss, m., varnish
Fisch, fish, m., fish
Fischbein, fish-bine, n., whalebone
fishchen, fish-*en*, v., to fish
Fischer, fish-*er*, m., fisherman
Fischotter, fish-ot-*er* m., & f., otter
Fistel, fist-*el*, f., fistula; falsetto (voice)
Fittich, fit-i*k*, m., pinion, wing
fix, fix, a., fast, fixed; prompt, quick, nimble
Fixum, fix-oomm, n., fixed sum or salary
flach, flah*k*, a., flat, plain, even
Fläche, fle*k*-*e*, f., surface, plain, plane, level
Flachs, flahx, m., flax
flackern, flah*k*-ern, v., to flicker; to flare, to blaze
Flagge, flahgg-*e*, f., flag
Flamme, flahmm-*e*, f., flame
flammen, flahmm-*en*, v., to flare, to be in flames;   [to glare
Flanell, flahn-ell, m., flannel
Flasche, flahsh-*e*, f., bottle; flask
flattern, flaht-*ern*, v., to flutter; to be fickle
flau, flow, a., feeble, faint, languid, dull
Flaum, flown, m., down, fluff
Flechte, fle*k*-te, f., tress, braid, plait; herpes
flechten, fle*k*-ten, v., to braid; to intertwine
Fleck, fleck, m., spot; place; piece of land
flecken, fleck-*en*, v., to stain, to spot; to soil easily
fleckig, fleck-i*k*, a., stained, spotted, marked
Fledermaus, flaid-*er*-mows, f., bat
Flegel, flaig-*el*, m., flail; boor; churl
flehen, flay-*en*, v., to implore, to beseech
flehentlich, flay-ent-li*k*, a., urgent, fervent
Fleisch, fly'sh, n., flesh; meat
Fleischbrühe, fly'sh-bree-*e*, f., meat broth, beef-   [tea
Fleischer, fly-sh*er*, m., butcher
Fleiß, flice, m., application, industry, diligence
fleißig, flice-i*k*, a., assiduous, industrious, diligent
Flicken, flick-*en*, m., patch
flicken, flick-*en*, v., to patch, to mend, to repair

Flieder, fleed-*er*, m., lilac

Fliege, fleeg-*e*, f., fly

fliegen, fleeg-*en*, v., to fly; to rush (sweep) along

Flieger, fleeg-*er*, m., flier; airman

fliehen, flee-*en*, v., to flee; to fly

fließen, flees-*en*, v., to flow, to run, to gush

fließend, flees-*ent*, a. & adv., flowing, fluent(ly)

flimmern, flim-*ern*, v., to glitter, to glisten, to [shimmer

flink, flink, a., agile, quick, nimble

Flinte, flint-*e*, f., gun, musket, rifle

Flitter, flit-*er*, m., spangle, tinsel

Flitterwochen, flit-*er*-vok-*en*, f., pl., honeymoon

Flocke, flock-*e*, f., flake, flock

flockig, flock-*ik*, a., flaky, fluffy, like flock(s)

Floh, floh, m., flea

Flor, flohr, m., blossom, bloom; crape; veil

Floß, flohs, n., raft, float

Flosse, flos-*e*, f., fin

Flöte, flert-*e*, f., flute [to warble

flöten, flert-*en*, v., to play the flute; to whistle;

flott, flot, a., afloat; free, merry; fleet, fast

Flotte, flot-*e*, f., fleet, navy

Fluch, flook, m., curse; malediction; imprecation

fluchen, flook-*en*, v., to curse, to swear

Flucht, flookt, f., flight, escape; suite (rooms)

flüchten, flœkt-*en*, v., to take flight, to flee

flüchtig, flœkt-*ik*, a., fugitive, flying; hasty

Flüchtigkeit, flœkt-*ik*-kite, f., carelessness

Flüchtling, flœkt-*ling*, m., fugitive; exile; refugee

Flug, flook, m., flight, flying; **—hafen** m., airport;
   —platz m., aerodrome; **—zeug** n., aeroplane

Flügel, flœg-*el*, m., wing, pinion; grand piano

flugs, flooks, adv., quickly; speedily; instantly

Flugschrift, flook-shrift, f., pamphlet

Flunder, floonn-*der*, m., flounder

Flur, floohr, f., field; m., entrance(-hall), vestibule

Fluß, floohs, m., river; running water; stream(let)

flüssig, flœss-*ik*, a., liquid, fluid

Flüssigkeit, flœss-*ig*-kite, f., liquid, fluid; liquid-
   flüstern, flœsst-*ern*, v., to whisper [ity

Flut, floot, f., flood, waves; high tide

fluten, floot-*en*, v., to swell, to flow, to rise

Fohlen, fohl-*en*, n., foal; colt [obedience
Folge, fol-g*e*, f., succession; sequence; conclusion;
folgen, fol-g*en*, v., to follow; to succeed to
folgendermaßen, fol-gend-*er*-mahss-*en*, adv., as
folgern, fol-gern v., to draw a conclusion [follows
folglich, folk-lik, adv. & conj., consequently; hence
folgsam, folk-zahm, a., obedient, submissive
Folgsamkeit, folk-zahm-kite, f., obedience
Folter, folt-*er*, f., rack, instrument of torture
foltern, folt-ern, v., to torture, to (put to the) rack
förderlich, ferd-*er*-lik, a., conducive, useful
fordern, ford-ern, v., to demand, to challenge
fördern, ferd-ern, v., to further; to promote
Forderung, ford-*er*-oong, f., demand; claim,
Forelle, foh-rel-*e*, f., trout [debt, challenge
Form, form, f., shape, form; ceremony; usage
Format, form-**aht**, n., size
Formel, form-*el*, f., formula; schedule; form
formen, form-*en*, v., to form, to fashion, to mould
förmlich, ferm-lik, a., formal, in due form; down-
Formular, form-oo-**lahr**, n., (blank) form [right
forschen, forsh-*en*, v., to inquire, to investigate
Forscher, forsh-*er*, m., investigator, inquirer,
Forst, forst, m., forest [scholar
Förster, ferst-*er*, m., forester
fort, fort, adv., forth, forward; away
fortan, fort-**ahn**, adv., henceforth in future
Fortbildung, fort-bild-oong, f., finishing of a
person's education [ing
fortdauernd, fort-dow-*er*nt, a., continuous, last-
fortfahren, fort-fahr-*en*, v., to continue, to go on
Fortkommen, fort-kom-*en*, n., livelihood, living
fortlaufend, fort-lowf-*en*t, a., uninterrupted
fortpflanzen, fort-flahnnt-s*en*, v., to propagate
Fortsatz, fort-zahtts m., continuation, appendage
Fortschritt, fort-shrit, m., progress; improvement
fortsetzen, fort-zet-s*en*, v., to continue
Fortsetzung, fort-zet-soong, f., continuation
fortwährend, fort-vair-*en*t, a., continual; lasting
fortziehen, fort-tsee-*en*, v., to move away
Foyer, fwah-yeh, n., lobby, lounge, entrance-hall
Fracht, frah*k*t, f., freight(age), charge for carriage

Frachtbrief, frah*k***t-breef, m., bill of lading
Frachtsatz, frah*k***t-zahtts, m., freight-rate
Frack, frahck, m., (pop.) tails, evening dress-coat
Frage, frah*g-e*, f., question, inquiry
fragen, frah*g-en*, v., to ask, to question, to inquire
Fragezeichen, frah*g-e-*tsy-*ken*, n., question mark
fraglich, frah*k-*lik, a., questionable
frankieren, frahnk-*eer-en*, v., to pay (postage)
franko, frah*nk-*oh, adv., post-paid (carriage) free
Franzbranntwein, frahnts-brahnt-vine, m.,
frappant, frah*pp-*ahnt, a., a striking   [brandy
**Fraß, frahss, m., (coarse) food, (vulg.) grub
Fratze, frah*tt-se*, f., grimace, ugly face; tomfoolery
Frau, frow, f., woman, wife, Mrs.   [gette
Frauenrechtlerin, frow*-en*-re*kt*-ler-in, f., suffra-
Frauenzimmer, frow*-en*-tsim-er, n., female
Fräulein, froy*-line*, n., Miss, young lady
frech, fre*k*, a., impudent; bold, daring
Frechheit, fre*k*-hite, f., impudence; offensiveness
frei, fry, a., free, at liberty; independent
Freie, fry*-e*, n., open country
frieen, fry*-en*, v., to court; to marry
Freier, fry*-er*, m., wooer, suitor
freigebig, fry*-gay-*big, a., open-handed, liberal
freihalten, fry*-hahlt-*en, v., to pay a person's ex-
Freiheit, fry*-hite*, f., freedom, liberty   [penses
Freiherr, fry*-herr*, m., baron
Freilauf, fry*-lowf*, m., free-wheel (bicycle)
freilich, fry*-lik*, adv., certainly, to be sure, quite so
Freimaurer, fry*-mowr-*er, m., freemason
Freimut, fry*-moot*, m., frankness, candour
Freischütz, fry*-sh*EETts, m., marksman shooting
  with magic bullets   [to absolve
freisprechen, fry*-shpre*k-en,v., (crimes) to acquit;
Freitag, fry*-tah*k, m., Friday; free (holi-)day
freiwillig, fry*-vil-*ik, a., voluntary; spontaneous
fremd, fremt, a., strange; foreign; curious, odd
fremdartig, fremt*-art-*ik,a.,strange,singular,odd
Fremde, frem*-de*, f., foreign (strange) country
Fremde(r), frem*-de*(r), m., stranger, foreigner
Fremdsprache, fremt*-shraph*k-e, f., foreign
  tongue

fressen, fress-*en*, v., to eat (of animals)

Frettchen, fret-*ken*, v., ferret

Freude, froyd-*e*, f., joy(fulness), gladness, delight

freudestrahlend, froyd-*e*-shtrahl-ent, a., radiant

freuen, froy-*en*, v., to please; to rejoice [with joy

Freund, froynt, m., friend

freundlich, froynt-lik, a., friendly, amiable, kind

Freundlichkeit, froynt-lik-kite, f., kindness

Freundschaft, froynt-shahfft, f., friendship

freundschaftlich, froynt-shahfft-lik, a., friendly

Frevel, fray-*fel*, m., wickedness, malice; ill

frevelhaft, fray-fel-hahfft, a., wanton, wicked

Friede(n), freed-*e*(n), m., peace, concord [of peace

Friedenschluß, freed-*en*-shlooss, m., conclusion

friedfertig, freet-fairt-ik, a., peaceable, pacific

Friedhof, freet-hohf, m., churchyard, cemetery

friedlich, freed-lik, a., peaceable, pacific

frieren, freer-*en*, v., to freeze; to feel cold

frisch, frish, a., fresh; cool

Frische, frish-*e*, f., freshness; coolness

Friseur, free-zer, m., hairdresser

frisieren, free-zeer-*en*, v., to dress a person's hair

Frist, frist, f., space of time; interval; date; delay

fristen, frist-*en*, v., to delay, to put off; to reprieve

Frisur, free-zoor, f., dressing of the hair; head-

froh, froh, a., glad, joyful, delighted [dress

fröhlich, ferr-lik, a., cheerful, glad; **—keit,** f.,

cheerfulness; joyfulness

frohlocken, froh-lock-*en*, v., to exult, to rejoice

Frohsinn, froh-zin, m., gaiety, happy disposition

fromm, from, a., pious, religious, devout

Frömmigkeit, frermm-ik-kite, f., piety, godli-

frönen, frern-*en*, v., to serve slavishly [ness

Frosch, frosh, m., frog

Frost, frost, m., frost; frosty weather; severe cold

Frostbeule, frost-boy-*le*, f., chilblain

frösteln, frerst-eln, v., to chill, to feel chilly

frostig, frost-ik, a., frosty; frozen

Frucht, frookt, f., fruit; **—bar,** a., fruitful, fertile,

fruit-bearing; **—barkeit,** f., fruitfulness;

—en, v., to bear fruit; to have effect

früh, frEE, a., early

Frühe, frEE-*e*, f., (early) morning
früher, frEE-*er*, a., earlier, sooner, adv., formerly
Frühjahr, frEE-yahr, n., spring(-time)
Frühling, frEE-ling, m., spring(-time)
Frühschoppen, frEE-shop-*en*, m., morning drink
Frühstück, frEE-shtEEck, n., breakfast
frühzeitig, frEE-tsite-*ik*, a. & adv., early, betimes
Fuchs, fooks, m., fox; chestnut horse; freshman
fuchteln, fookt-*eln*, v., to gesticulate; to brandish
Fuge, foog-*e*, f., joint; seam; fugue
fügen, fEEg-*en*, v., to join, to put together; —(sich), —(*sik*), v., to submit, to accommodate oneself
fügsam, fEEg-zahm, a., tractable, accommodating
fühlbar, fEEl-bar, a., sensible, palpable; perceptible
fühlen, fEEl-*en*, v., to feel, to touch; to sense
Fühlung, fEEl-oong, f., contact, touch
Fuhre, foor-*e*, f., cart-load
führen, fEEr-*en*, v., to lead, to conduct, to guide; to manage; to stock
Führer, fEEr-*er*, m., leader; driver; manager; guide: guide-book
Führerschein, fEEr-*er*-shine, m., driving licence
Fuhrlohn, foor-lohn, m., cartage, carriage
Fuhrmann, foor-mahnn, m., carter, carman
Führung, fEEr-oong, f., conduct; guidance, management
Fuhrwerk, foor-vairk, n., vehicle, carriage
Fülle, fEEll-*e*, f., plenty, abundance, profusion
Füllen, fEEll-*en*, n., foal, colt, filly
füllen, fEEll-*en*, v., to fill
Füllfeder, fEEll-fayd-*er*, f., fountain-pen
Fund, foont, m., a thing found
Fundbureau (Fundbüro), foont-bEEr-oh, n.,
fünf, fEEnf, a., five   [lost-property office
Funk(e), foonk(-*e*), m., spark, flash, flashing light
funkeln, foonk-*eln*, v., to sparkle, to flash
Funk(en)station, foonk-(*en*)shtah-tse-ohn, f., wireless station
Funkentelegraphie, foonk-*en*-tel-*eg*-rah-fee, f., wireless telegraphy
Funker, foonk-*er*, m., (wireless) telegraphist
Funkspruch, foonk-shprook, m., wireless message

für, fEEr, prep., for, in favour of
Fürbitte, fEEr-bit-*e*,f.,intercession,plea,mediation
furchen, foor-*ken*, v., to furrow, to ridge
Furcht, foor*k*t, f., fear, apprehension, anxiety [rible
furchtbar, foor*k*t-bar, a., fearful, frightful, hor-
fürchten, fEEr*k*-ten, v., to fear, to be afraid of
fürchterlich, fEEr*k*-ter-li*k*, a., dreadful, terrible
furchtsam, foor*k*t-zahm, a., timid, apprehensive
Fürsorge, fEEr-zorg-*e*, f., care, solicitude
Fürsprache, fEEr-shprah-*ke*, f., intercession, plea
Fürst, fEErst, m., prince
Fürstentum, fEErst-en-toom, n., principality
fürstlich, fEErst-li*k*, a., princely
Fuß, foos, m., foot, paw
Fußboden, foos-bohd-en, m., floor(ing)
Fußgänger, foos-geng-*er*, m., pedestrian
Fußtritt, foos-trit, m., kick
Fußtruppen, foos-troopp-en, f., pl., infantry
Futter, foott-*er*, n., food; fodder; lining (cloth)
Futteral, foott-*er*-ahl, n., case, covering, sheath
füttern, fEEtt-ern, v., to feed; to line

Gabe, gahb-*e*, f., gift, present, talent
Gabel, gahb-*el*, f., fork
gabeln, gahb-eln, v., to fork, to eat with a fork
gaffen, gahff-en, v., to gape; to yawn
gähnen, gain-en, v., to yawn
Galanteriewaren, gah-lahnnt-*er*-ee-vahr-en, f.
Galeere, gah-lair-*e*, f., galley [pl., fancy goods
Galgen, gahll-gen, m., gallows, gibbet
Galle, gahll-*e*, f., gall, bile; venom
Gamasche, gah-mahsh-*e*, f., spat, legging
Gang, gahng, m., walk; path; corridor; course
Gängelband, gheng-el-bahnnt,n.,leading-strings
Gans, gahnns, f., goose
Gänseblume, ghen-ze-bloom-*e*, f., daisy
Gänsebraten, ghen-ze-braht-en, m., roast goose
Gänsehaut, ghen-ze-howt, f., goose-flesh; goose-
Gänserich, ghen-ze-ri*k*, m., gander [skin
ganz, gahnts, a., whole, complete, all. adv., quite
gänzlich, ghents-li*k*, a., entire, total, quite

gar, gahr, a., ready, (well) cooked. adv., fully, quite

Garaus, gahr-ows, m., finishing stroke

Garbe, gahrb-e, f., sheaf [room, dressing-room

Garderobe, gahrd-rohb-e, f., wardrobe; cloak-

Gardine, gahrd-een-e, f., curtain

gären, gay-ren, v., to ferment: to effervesce

Garn, gahrn, n., thread, yarn, twine

garnieren, gahrn-eer-en, v., to trim; to garnish

Garnison, gahrn-ee-zong, f., garrison [set, suite

Garnitur, gahrn-ee-toor, f., trimming, fitting(s);

garstig, gahrst-ik, a., nasty, objectionable; loath-

Garten, gahrt-en, m., garden [some

Gärtner, gairt-ner, m., gardener

Gärtnerei, gairt-ne-ry, f., gardening, horticulture

Gasse, gahss-e, f., (narrow) street, alley, lane

Gassenhauer, gahss-en-how-er, m., popular song

Gast, gahsst, m., guest, visitor, (star) actor; customer (inns); **—frei,** a., hospitable; **—freund-**
lich, a., hospitable; **—freundschaft,** f., hos-
pitality; **—geber,** m., host; **—haus,** n., inn,
tavern; **—hof,** hostelry, hotel; **—tube,** f.,
spare room; coffee room; **—wirt,** m., landlord, innkeeper

Gatte, gahtt-e, m., husband

Gattin, gahtt-in, f., wife [genus; breed

Gattung, gahtt-oong, f., kind, sort; species;

gaukeln, gowk-eln, v., to juggle; to delude

Gaukler, gowk-ler, m., juggler, conjurer, magician

Gaul, gowl, m., (inferior) horse, nag, old crock

Gaumen, gowm-en, m., gum(s), palate

Gauner, gown-er, m., swindler, sharper, rogue

gaunern, gown-ern, v., to swindle, to cheat

Gebäck, ge-beck, n., baker's goods, pastry, etc.

Gebärde, ge-baird-e, f., look, mien; gesture

gebärden (sich), ge-baird-en (sikh), v., to deport

gebären, ge-bair-en, v., to give birth [oneself

Gebäude, ge-boyd-e, n., structure, building

geben, gay-ben, v., to give, to bestow, to present

Gebet, ge-bait, n., prayer, praying

Gebiet, ge-beet, n., territory, dominion; sphere

gebieten, ge-beet-en, v., to command, to order

Gebieter, ge-beet-er, m., commander, lord, master

gebieterisch, ge-beet-er-ish, a., imperious
gebildet, ge-bild-et, p.p. & a., educated
Gebirge, ge-beerr-ge, n., mountain-range
Gebiß, ge-biss, n., set of teeth, denture; bridle-bit
Gebot, ge-boht, n., command(ment), order
Gebrauch, ge-browk, m., use, employment; usage
gebrauchen, ge-browk-en, v., to use, to employ
gebräuchlich, ge-broyk-lik, a., in use, current
gebrechen, ge-brek-en, v., to ail, to want
gebrechlich, ge-brek-lik, a., weak, feeble, fragile,
Gebrüder, ge-brEEd-er, m. pl., brothers   [frail
Gebühr, ge-bEER, f., due, duty, obligation, fee
gebühren (sich), ge-bEER-en (sik), v., to be proper;
gebührlich, ge-bEER-lik, a., seemly   [to belong
Geburt, ge-boort, f., birth; confinement
gebürtig, ge-bEErt-ik, a., native of —
Geburtstag, ge-boorts-tahk, m., birthday
Gebüsch, ge-bEEsh, n., bushes, thicket, copse
Geck, geck, m., fop, dandy, fool
geckenhaft, geck-en-hahfft, a., foppish, dandyish
Gedächtnis, ge-dekt-niss, n., remembrance
Gedanke, ge-dahng-ke, m., thought, idea
Gedankenstrich, ge-dahng-ken-shtrik, m., dash
Gedärme, ge-dairm-e, f. pl., entrails, bowels, in-
Gedeck, ge-deck, n., covering; cover   [testines
gedeihen, ge-dy-en, v., to prosper, to thrive
gedenken, ge-deng-ken, v., to remember
Gedicht, ge-dikt, n., poem, piece of poetry, verse(s)
gediegen, ge-deeg-en, a., solid; genuine; pure
Gedränge, ge-dreng-e, n., crowd; trouble, straits
Geduld, ge-doolt, f., patience   [patience
gedulden (sich), ge-doold-en (sik), v., to have
geduldig, ge-doold-ik, a., patient; indulgent
Geehrtes, ge-airt-es, n., letter, favour
geeignet, ge-i'g-net, p.p. & a., suitable, favourable,
Gefahr, ge-far, f., danger, peril, risk   [fitted for
gefährden, ge-faird-en, v., to endanger, to imperil
gefährlich, ge-fair-lik, a., dangerous, perilous,
Gefährte, gefairt-e, m., companion, associate [risky
Gefalle(n), ge-fahll-e(n), m., favour, kind service
gefallen, ge-fahll-en, v., to please; to like

gefällig, ge-fel-i*k*, a., kind; obliging

gefälligst, ge-fel-igst, adv., kindly, if you please

Gefangene(r), ge-fahng-en-*e*(r), m., prisoner

Gefangenschaft, ge-fahng-en-shahfft, f., cap-

Gefängnis, ge-feng-niss, n., prison, jail [tivity

Gefäß, ge-face, n., vessel, receptacle

Gefecht, ge-fe*k*t, n., combat, action, engagement

Gefieder, ge-feed-er, n., plumage, feathers

Geflecht, ge-fle*k*t, n., plaited work

Geflügel, ge-flEEg-el, n., poultry, winged creatures

Gefolge, ge-folg-e, n., suite, train, retinue

gefräßig, ge-frace-i*k*, a., gluttonous; ravenous

Gefreite(r), ge-fry-te(r), m., lance-corporal

gefrieren, ge-freer-en, v., to freeze, to congeal

Gefühl, ge-fEEl, n., feeling, emotion, sense; touch

gegen, gayg-en, prep., towards; against; about

Gegend, gayg-ent, f., country, region; scenery

Gegensatz, gayg-en-zahtts, m., contrast

gegenseitig, gayg-en-zite-i*k*, a., opposite; mutual

Gegenstand, gayg-en-shtahnnt, m., object; theme

Gegenteil, gayg-en-tile, n., contrary, reverse

gegenüber, gayg-en-EEb-er, adv., opposite, facing

Gegenwart, gayg-en-vahrt, f., presence, present

gegenwärtig, gayg-en-vairt-i*k*, a., nowadays

Gegner, gayg-ner, m., opponent, adversary

Gehalt, ge-hahllt, m., constituents; ingredients; capacity; n., salary, stipend

gehässig, ge-hess-i*k*, a., spiteful; hateful

Gehäuse, ge-hoy-ze, n., box, case, casing, shell

Gehege, ge-hay-ge, n., enclosure; park, preserve

geheim, ge-hime, a., secret; hidden; mysterious

Geheimnis, ge-hime-niss, n., secret, mystery

Geheimpolizist, ge-hime-pol-e-tsist, m., detective

Geheimrat, ge-hime-raht, m., Privy Councillor

gehen, gay-en, v., to go, to walk, to work, to act

Gehilfe, ge-hilf-e, m., assistant, colleague; clerk

Gehirn, ge-heern, n., brain(s); sense, intellect

Gehölz, ge-herlts, n., copse, thicket, wood

Gehör, ge-her, n., hearing

gehorchen, ge-hor-ken, v., to obey

gehören, ge-her-ren, v., to belong; to be due

gehörig, ge-*her*-rik, a., belonging to; proper, fit
gehorsam, ge-*hohr*-zahm, a., obedient, tractable
Gehrock, gay-rock, m., frock-coat   [docile
Geier, guy-*er*, m., vulture
Geige, guy-ge, f., fiddle, violin
geigen, guy-gen, v., to fiddle, to play the violin
geil, guy'l, a., rank, luxurious; wanton, lascivious
Geisel, guy-zel, m., hostage   [lewd
Geiß, guy's, f., she-goat; **—bock,** m., billy-goat
Geißel, guy's-*el*, f., scourge, whip
geißeln, guy-seln,v., to scourge,to flagellate, to whip
Geist, guy'st, m., ghost, spirit, spectre; intellect, mind
geisterhaft, guy-ster-hahfft, a., ghostlike, spectral
geistig, guy-stik, a., spiritual; mental; alcoholic
geistlich, guy-stlik, a., spiritual, sacred; clerical
Geistliche(r), guy-stlik-e(r), m., clergyman
geistreich, guy-stry'k, a., witty, clever, smart
Geiz, guy'ts, m., avarice, greed, meanness
geizen, guy-tsen, v., to be avaricious or mean
Geizhals, guy'ts-hahlts, m., miser, skinflint
geizig, guy-tsik, a., avaricious, greedy, miserly
Gelächter, ge-lek-ter, n., laughter, laughing
Gelage, ge-lahg-e, n., feast, carousal
Gelände, ge-lend-e, n., country-side, territory
Geländer, ge-lend-er, n., rail(ing), balustrade
gelangen, ge-lahng-en, v., to arrive at, to reach
gelassen, ge-lahss-en, p.p. & a., calm, unruffled
geläufig, ge-loyf-ik, a., fluent; ready; with ease
gelaunt, ge-lownt, a., —humoured, —tempered
gelb, gelp, a., yellow
Gelbsucht, gelp-sookt, f., jaundice
Geld, gelt, n., money, coin; **—mittel,** n.pl., means; financial resources; **—schrank,** n., (money-) safe
gelegen, ge-lay-gen, a., situated, lying; appropriate
Gelegenheit, ge-laig-en-hite, f., opportunity
Gelegenheitskauf, ge-laig-en-hites-kowf, m., chance purchase, bargain, job-lot   [dental
gelegentlich, ge-laig-ent-lik, a., occasional, inci-
gelehrig, ge-lair-ik, a., teachable; tractable; docile
gelehrt, ge-lairt, a., learned, well-read, scholarly

Gelehrte(r), ge-laiRt-*e*(r), m., scholar, scientist

Geleise, ge-ly-ze, n., track, permanent way, rails

Geleit, ge-lite, n., escort, accompaniment

geleiten, ge-ly-t*e*n, v., to escort, to accompany

Gelenk, ge-lenk, n., joint articulation; link

gelenkig, ge-lenk-i*k*, a., jointed; flexible

Geliebte(r), ge-leep-t*e*(r), f., beloved one, lover

gelind(e), ge-linnd-(*e*), a., gentle, mild, slight

gelingen, ge-ling-*e*n, v., to succeed, to be successful

gellen, ghel-*e*n, v., to yell, to utter shrill sounds

geloben, ge-lohb-*e*n, v., to vow ⸤apply

gelten, gelt-*e*n, v., to have value, to be valid, to

Geltung, gelt-oong, f., worth; validity; prominence

Gelübde, ge-leepp-d*e*, n., vow, solemn promise

Gelüst(e), ge-leest-(*e*), n., desire, longing; appetite

gelüsten, ge-leest-*e*n, v., to (burn with) desire

Gemach, ge-mah*k*, n., room, cabinet, chamber

gemächlich, ge-mai*k*-li*k*, a., at one's ease; leisurely

Gemahl, ge-mahl, m., (f. ...**in**, ...**in**), husband

Gemälde, ge-maild-*e*, n., painting ⸤(wife), spouse

gemäß, ge-maiss, a. & adv., conformable; according to, in consequence of

gemein, ge-mine, a., common; ordinary; general; low, mean; **—sam**, a., common, mutual; **—schaftlich**, a., common, joint, mutual

Gemeinde, ge-mine-d*e*, f., community; parish

Gemeine(r), ge-mine-*e*(r), m., private (soldier)

Gemeinheit, ge-mine-hite, f., meanness, lowness

Gemeinschaft, ge-mine-shahfft, f., community; fellowship

Gemenge, ge-meng-*e*, n., mixing, mingling; crowd

gemessen, ge-mess-*e*n, a., measured; strict; slow

Gemetzel, ge-mets-*e*l, n., slaughter, massacre

Gemisch, ge-mish, n., mixture

Gemse, ghem-ze, f., chamois ⸤tering

Gemurmel, ge-moorm-*e*l, n., murmur(ing), mut-

Gemüse, ge-meez-*e*, n., vegetable(s), greens

Gemüt, ge-meet, n., feeling, soul; mind; nature

gemütlich, ge-meet-li*k*, a., comfortable, cosy, snug; agreeable

Gemütlichkeit, ge-meet-li*k*-kite, f., comfort, cosiness, snugness

genau, ge-**now,** a., exact, precise; strict
genehmigen, ge-**naim**-ig-en, v., to sanction
geneigt, ge-**ny'kt,** a., sloping; inclined; disposed
genesen, ge-**naiz**-en, v., to recover, to get well
Genick, ge-**nick,** n., neck; nape of the neck
Genie, shain-**ee,** n., genius
genieren (sich), shain-**eer**-en (sik), v., to be shy
genießen, ge-**nees**-en, v., to enjoy [(embarrassed)
Genosse, ge-**noss**-e, m., companion, comrade, asso-
Genre, shahng-**er,** n., kind, sort, species [ciate
genug, ge-**nook,** adv., enough
Genüge, ge-**neeg**-e, f., sufficiency; plenty
genügen, ge-**neeg**-en, v., to suffice [tent
genügsam, ge-**neek**-zahm, a., easily satisfied, con-
Genugtuung, ge-**nook**-too-oong, f., satisfaction
Genuß, ge-**nooss,** m., enjoyment; partaking (food)
Gepäck, ge-**peck,** n., luggage, baggage; **—abgabe,**
  f., cloakroom; **—schein,** m., luggage ticket;
  —träger, m., porter
gerade, grahd-e, a. & adv., straight; direct; just
geradeaus, grahd-e-**ows,** adv., straight ahead
Gerät, ge-**rait,** n., tools, utensils, implements
geraten, ge-**raht**-en, v., to hit upon, to get (in)to
Geratewohl, ge-**raht**-e-vohl, n., random
geraum, ge-**rowm,** a., ample; considerable [sive
geräumig, ge-**roym**-ik, a., spacious, roomy, exten-
Geräusch, ge-**roysh,** n., noise; clamour; sound
gerben, gairb-en, v., to tan; to dress hides
gerecht, ge-**rekt,** a., just, fair, righteous
Gerechtigkeit, ge-**rekt**-tik-kite, f., justice, fairness
Gerede, ge-**raid**-e, n., talk(ing); gossip; scandal
gereuen, ge-**roy**-en, v., to repent
Gericht, ge-**rikt,** n., court of justice; tribunal;
  dish, course; **—shof,** m., court of justice
gerichtlich, ge-**rikt**-lik, a., judicial, legal, lawful
gering, ge-**ring,** a., slight, unimportant; trifling,
  low; **—fügig,** a., trifling, petty
geringschätzig, ge-**ring**-shet-sik, a., disdainful
gerinnen, ge-**rin**-en, v., to curdle; to clot
Gerippe, ge-**rip**-e, n., skeleton; framework
gern(e), gairn(e), adv., gladly, with pleasure,
Gerste, gairst-e, f., barley [willingly

Geruch, ge-rook, m., (sense of) smell(ing); odour

Gerücht, ge-REEkt, n., rumour, hearsay

Gerümpel, ge-REEmp-el, n., lumber, rubbish

Gerüst, ge-rREEST, n., scaffold(ing), stage, platform

gesamt, ge-zahmmt, a., whole, entire, total

Gesandte(r), ge-zahnnt-e(r), m., ambassador

Gesandtschaft, ge-zahnnt-shahfft, f., embassy

Gesang, ge-zahng, m., singing; song; ditty

Gesäß, ge-zaiss, n., seat, fundament

Geschäft, ge-sheft, n., business; affair; trade

geschäftig, ge-sheft-ik, a., busy, active

geschäftlich, ge-sheft-lik, a., relating to business

Geschäftsführer, ge-shefts-FEER-er, m., manager

geschehen, ge-shay-en, v., to happen, to occur

Geschehnis, ge-shay-niss, n., occurrence

gescheit, ge-shite, a., intelligent, shrewd, sensible

Geschenk, ge-shenk, n., present; gift

Geschichte, ge-shikt-e, f., story, tale; history

Geschick, ge-shick, n., fate, destiny; aptitude

geschickt, ge-shickt, a., apt, skilled, dexterous

Geschirr, ge-sheerr, n., crockery, pots and pans

Geschlecht, ge-shlekt, n., sex; gender; species, kind; generation

geschlechtlich, ge-shlekt-lik, a., sexual; generic

Geschmack, ge-shmahck, m., taste, flavour, relish

geschmeidig, ge-shmy-dik, a., supple, flexible

Geschöpf, ge-sherppf, n., creature

Geschoß, ge-shoss, n., projectile, missile

Geschrei, ge-shry, n., cry(ing), shrieking; scream-

Geschütz, ge-sHEEts, n., cannon, (big) gun [ing

Geschwader, ge-shvahd-er, n., squadron (fleet)

Geschwätz, ge-shvets, n., talk, babble, gossip

geschwätzig, ge-shvets-ik, a., talkative, garrulous

geschwind, ge-shvint, a., quick, swift, prompt

Geschwindigkeit, ge-shvind-ig-kite, f., speed; swiftness, velocity [sister(s)

Geschwister, ge-shvist-er, n., brother(s) and/or

Geschworene(r), ge-shvohr-en-e(r), m., juryman

Geschwulst, ge-shvoolst, n., swelling, inflation

Geschwür, ge-shvEER, a., boil, ulcer, abscess

Gesell(e), ge-zel-(e), m., companion, mate, fellow

gesellen (sich), ge-zel-en (sik), v., to associate

gesellig, ge-zel-i*k*, a., companionable, sociable

Geselligkeit, ge-zel-ig-kite, f., sociability

Gesellschaft, ge-zel-shahfft, f., society; company; party; —**lich**, a., social, sociable

Gesetz, ge-zets, n., law, statute; —**lich**, a., lawful, legal

Gesicht, ge-zi*kt*, n., face, countenance; eyesight, vision; —**kreis**, n., horizon; —**spunkt**, m., [point of view

Gesinde, ge-zin-de, n., servants [point of view

Gesindel, ge-zin-del, n., mob, rabble

gesinnt, ge-zinnt, a., minded, disposed [feeling

Gesinnung, ge-zin-oong, f., disposition, mind,

Gespann, ge-shpahnn, n., yoke, team; couple

gespannt, ge-shpahnnt, a., tense, taut, curious

Gespenst, ge-shpenst, n., phantom, spectre, ghost

Gespräch, ge-shprayk, n., conversation; dialogue

gesprächig, ge-shprayk-i*k*, a., talkative

Gestalt, ge-shtahlt, f., form(ation), figure, shape

gestalten, ge-shtahlt-en, v., to shape, to form

Geständnis, ge-shtent-niss, n., confession

Gestank, ge-shtahnk, m., stench, bad smell, stink

gestatten, ge-shtahtt-en, v., to permit, to allow

gestehen, ge-shtay-en, v., to confess, to admit

Gestell, ge-shtell, n., stand, trestle, jack

gestern, gest-ern, adv., yesterday

Gestöber, ge-shter-ber, n., drift, storm [bery

Gesträuch, ge-shtroyk, n., bushes, shrubs, shrub-

gestreift, ge-shtry'ft, p.p. & a., striped, streaky

gestrig, ghes-trik, a., yesterday's, of yesterday

Gestüt, ge-shtEEt, n., stud, breeding farm (horses)

Gesuch, ge-sook, n., petition; request; demand

gesund, ge-soonnt, a., healthy, well; wholesome

Gesundheit, ge-zoonnt-hite, f., health, soundness

Getöse, ge-terz-e, n., loud noises, clashing, crashing

Getränk, ge-trenk, n., drink, beverage [to dare

getrauen (sich), ge-trow-en (si*k*), v., to venture,

Getreide, ge-try-de, n., cereals, corn, grain

getreu, ge-troy, a., faithful, true

Getriebe, ge-treeb-e, n., driving gear, mechanism

getrost, ge-trohst, a., confident, hopeful [crowd

Getümmel, ge-tEEmm-el, n., turmoil, tumult;

Gewächs, ge-vex, n., growth, anything that grows

Gewähr, ge-vair, f., guarantee, surety, security

gewähren, ge-vair-en, v., to grant, to afford

gewährleisten, ge-vair-ly-sten, v., to guarantee

Gewalt, ge-vahllt, f., force, power, might

gewaltig, ge-vahllt-ik, a., mighty, strong; im- [mense

gewaltsam, ge-vahllt-zahm, a., violent

Gewand, ge-vahnnt, n., garment, gown, attire

gewandt, ge-vahnnt, a., agile, active, supple

gewärtigen, ge-vairt-ig-en, v., to expect a thing

Gewebe, ge-vaib-e, n., web, fabric; tissue

Gewehr, ge-vair, n., rifle, gun; weapon

Geweih, ge-vy, n., horns, antlers [business

Gewerbe, ge-vairb-e, n., trade, profession, line of

Gewerkschaft, ge-vairk-shahfft, f., trade-union

Gewicht, ge-vikt, n., weight; stress

gewiegt, ge-veekt, a., expert, shrewd, experienced

gewillt, ge-vilt, a., willing, disposed, inclined

Gewinn, ge-vin, m., profit(s); winning(s); gain

gewinnen, ge-vin-en, v., to win; to gain; to ex- [tract

gewiß, ge-vis, a., certain, sure

Gewissen, ge-vis-en, n., conscience

gewissenhaft, ge-vis-en-hahfft, a., conscientious

Gewissensbiß, ge-vis-ens-biss, m., pang (con-science)

gewissermaßen, ge-vis-er-mahss-en, adv., to a (certain) degree, in a way

Gewißheit, ge-vis-hite, f., certainty, surety, as- [surance

Gewitter, ge-vit-er, n., thunder(storm)

gewogen, ge-vohg-en, a., kindly disposed [to

gewöhnen, ge-vern-en, v., to accustom; to inure

Gewohnheit, ge-vohn-hite, f., custom, usage, habit

gewöhnlich, ge-vern-lik, a., usual, ordinary; vul- [gar

gewohnt, ge-vohnt, a., wont, accustomed

Gewölbe, ge-verl-be, n., vault; arch

Gewölk, ge-verlk, n., clouds [burrowing

Gewühl, ge-veel, n., agitation; tumult; constant

Gewürz, ge-veerts, n., spice, seasoning, condiment

Gezeiten, ge-tsy-ten, f.pl., tide(s)

geziemen, ge-tseem-en, v., to be proper, becoming

geziert, ge-tseert, p.p. & a., affected, namby-pamby

Gezwitscher, ge-tsvit-sher, n., twittering, chirping

Gicht, gikt, f., gout, podagra

Giebel, geeb-el, m., gable(-end), house-top

Gier, geer, f., greed(iness), avidity, eagerness

gierig, geer-ik, a., covetous, greedy [metal

giessen, gees-en, v., to pour; to spill; to cast

Gießkanne, gees-kahnn-e, f., watering-can

Gift, gift, n., poison; venom

giftig, gift-ik, a., poisonous; venomous

Ginster, ghins-ter, m., broom (plant)

Gipfel, ghip-fel, m., summit, top, peak

Gips, ghips, n., plaster of Paris

Girlande, ghir-lahnd-e, f., garland, festoon

Gitter, ghit-er, n., railing, fence, grille

Glanz, glahnts, m., brilliancy, radiance, brightness

glänzen, glent-sen, v., to radiate, to be bright

Glas, glahs, n., glass

gläsern, glay-zern, a., of glass, vitreous

glatt, glahtt, a., smooth, even, polished [smooth

glätten, glet-en, v., to smooth, to press; to grow

Glatze, glahtt-se, f., bald place, baldness of the head

Glaube, glow-be, m., belief, faith, trust

glauben, glowb-en, v., to believe; to credit

gläubig, gloy-bik, a., believing, faithful, orthodox

Gläubiger, gloy-big-er, m., creditor

glaublich, glowp-lik, a., credible

gleich, gly'k, a., like, equal; at once; presently

gleichen, gly-ken, v., to be similar to, to resemble; to equalize

gleichfalls, gly'k-fahlls, adv., also; the same to you

Gleichgewicht, gly'k-ge-vikt, n., equilibrium

gleichgültig, gly'k-GEElt-ik, a., indifferent

gleichmäßig, gly'k-mace-ik, a., even, uniform

Gleichmut, gly'k-moot, m., evenness of temper

Gleichnis gly'k-niss, n., simile, parable, image

gleichsam, gly'k-zahm, adv., so to speak, as it were

Gleichstrom gly'k-shtrohm, m., direct current

gleichviel, gly'k-feel, conj., no matter (if)

gleichzeitig, gly'k-tsy-tik, a., at the same time

gleiten, gly-ten, v., to glide, to slide

Gletscher, glet-sher, m., glacier

Glied, gleet, n., limb, member, joint, link

gliedern, gleed-*ern*, v., to divide into parts [light

glimmen, glim-*en*, v., to glimmer, to spread faint

Glimmer, glim-*er*, m., glimmer; mica; —**n**, v., to glint, to glimmer, to sparkle

glimpflich, glim-*flik*, a., moderate, indulgent

glitzern, glit-*sern*, v., to glitter, to sparkle

Glocke, glock-*e*, f., bell; globe (lamp); calyx

Glockenblume, glock-*en*-bloom-*e*, f., bluebell

Glockenspiel, glock-*en*-shpeel, n., chime (bells)

glotzen, glot-*sen*, to stare

Glück, glEECk, n., (good) fortune, (good) luck, chance; success; —**en**, v., to succeed; —**lich**, a., fortunate, happy, prosperous; —**licher-weise**, adv., happily; —**selig**, a., blissful; —**sspiel**, n., game of chance; —**wunsch**, m., congratulation

glucken, gloock-*en*, v., to cluck like a hen

glühen, glEE-*en*, v., to glow; to make red-hot

Glühstrumpf, glEE-shtroomf, m., incandescent

Glut, gloot, f., glow, red-heat; ardour [mantle

G. m. b. H., gay em bay hah. = limited company

Gnade, g'nah-*de*, f., grace; mercy, leniency, favour

gnädig, g'nayd-*ik*, a., gracious, merciful, lenient

Gold, golt, n., gold

golden, goll-*den*, a., golden, made of gold

Goldlack, golt-lahck, m., wall-flower

Goldschnitt, golt-shnit, m., gilt edge

Goldwährung, golt-vair-oong, f., gold-standard

Golf, golff, m., gulf

gönnen, gernn-*en*, v., not to grudge

Gönner, gernn-*er*, m., well-wisher, patron, pro- [tector

Gosse, goss-*e*, f., gutter, drain

Gott, got, m., God, god, idol [twilight of the gods

Götterdämmerung, gertt-er-dem-er-oong, f.,

Gottesdienst, got-*es*-deenst, m., divine service

göttlich, gertt-*lik*, a., divine, godlike; droll, funny

gottlob, got-lohp, interj., thank God, thank good- [ness

Götze, gertt-*se*, m., idol

Grab, grahp, n., grave, tomb; —**en**, m., ditch, trench; v., to dig; to engrave; —**mal**, n., tomb, sepulchre; —**schrift**, f., epitaph

Grad, graht, m., degree, grade

Graf, grahf, m., count, earl

Grafschaft, grahf-shafft, f., county, shire; earl-[dom

Gram, grahm, m., grief, sorrow, sadness [sorrow

grämen (sich), gray-men (sik), v., to grieve, to

Grammatik, grahm-ahtt-ik, f., grammar

Granat, grahn-aht, m., garnet

Granate, grahn-aht-e, f., shell, grenade

Gras, grahs, n., grass

grasen, grahz-en, v., to graze

Grashalm, grahss-hahlm, m., blade of grass

grassieren, grahss-eer-en, v., to spread, to rage

gräßlich, gress-lik, a., horrible, awful, terrible

Grat, graht, m., sharp edge

Gräte, grayt-e, f., fish-bone

gratulieren, graht-oo-leer-en, v., to congratulate

grau, grow, a., grey, gray

grauen, grow-en, v., to dawn; to shudder at a

Grauen, grow-en, n., fear, dread, horror [thing

grauenhaft, grow-en-hahfft, a., sinister, horrible

Graupe, grow-pe, f., hulled barley, barley-groats

Graus, grows, m., dread, horror [man

grausam, grow-zahm, a., cruel, barbarous, inhu-

grausen, grow-zen, v., to shudder at a thing

gravieren, grahv-eer-en, v., to engrave

graziös, grah-tsee-erss, a., graceful

greifen, gry-fen, v., to seize

Greis, grice, m., aged man

grell, grel, a., shrill, harsh, piercing; glaring, gaudy

Grenze, grent-se, f., border, frontier; limit, edge

grenzen, grent-sen, v., to border, to abut

Greuel, groy-e, m., horror, abomination; atrocity

greulich, groy-lik, a., horrible, atrocious

Grieß, greess, m., grit; semolina

Griff, grif, m., grip, seizure, capture; handle

Griffel, grif-el, m., slate-pencil; stylus

Grille, gril-e, f., cricket; whim, fancy

Grimm, grim, m., wrath, anger, fury

grimmig, grim-ik, a., furious, full of wrath; fierce

grinsen, grin-zen, v., to be grinning, to grin

grob, grop, a., rude, coarse, uncouth [civility

Grobheit, grop-hite, f., rudeness, coarseness, in-

Groll, groll, m., resentment, grudge, malice

grollen, groll-*en***, v., to rumble; to have a grudge**
Gros, gross, n., gross (12 dozen)
groß, grohs, a., great, big, large, spacious; tall
großartig, grohs-art-*ik***, a., grand, sublime**
Größe, grers-*e***, f., greatness, bigness; size**
großenteils, grohs-*en***-tiles, adv., to a large extent or measure**
Großhandel, grohs-hahnnd-*el***, m., wholesale**
großjährig, grohs-yair-*ik***, a., of (full) age [trade**
Großmacht, grohs-mah*kt***, f., first-rate nation**
Großmut, grohs-moot, f., generosity
Großmutter, grohs-moott-*er***, f., grandmother**
Großstadt, grohs-shtaht, f., large town (city)
größtenteils, grerst-*en***-tiles, adv., chiefly, mostly**
Großtuer, grohs-too-*er***, m., swaggerer, boaster**
Großvater, grohs-faht-*er***, m., grandfather**
großziehen, grohs-tsee-*en***, v., to rear; to bring up**
großzügig, grohs-tsEEG-*ik***, a., on a grand scale**
Grübchen, grEEp-*ken***, n., dimple**
Grube, groob-*e***, f., pit, mine, hollow, cavity**
grübeln, grEEb-*eln***, v., to brood, to ponder**
Gruft, groof, f., tomb, vault
grün, grEEn, a., green   **[bottom (sea); cause**
Grund, groont, m., ground, soil, low, ground;
gründen, grEEnn-den, v., to found, to establish
grundfalsch, groont-fahlsh, a., radically wrong
Grundlage, groont-lahg-*e***, f., elements, rudiments**
gründlich, grEEnt-lik, a., solid, profound; thorough
Grundriß, groont-riss, m., ground plan; sketch
Grundsatz, groont-zahts, m., principle; axiom
Grundstein, groont-shtine, m., foundation stone
Grundstück, groont-shtEEk, n., plot of land
Gründung, grEEnn-doong, f., foundation
grünen, grEEn-*en***, v., to be (or glow) green**
Grünspan, grEEn-shpahn, m., verdigris
grunzen, groont-*sen***, v., to grunt**
Gruppe, groopp-*e***, f., group, clump, cluster**
gruselig, grooz-*e***lik, a., ghastly, shuddering**
gruseln, grooz-*eln***, v., to shiver with fear**
Gruß, groos, m., greeting, salutation, bow; regard(s)
grüßen, grEEs-*en***, v., to greet, to salute, to doff**
Grütze, grEET-s*e***, f., groats: (fig.) gumption**

gucken, goock-*en*, v., to look, to peep

Gulasch, gool-ahsh, n., highly seasoned stew

Gulden, goold-*en*, m., florin, Dutch guilder

gültig, gEElt-ik, a., valid, current; legal, legitimate

Gummi, goomm-ee, m. & n.,(india-)rubber; gum

Gummireifen, goomm-ee-ry-fen, m., rubber tyre

Gunst, goonst, f., favour, kindness, goodwill

günstig, gEEnst-ik, a., favourable, advantageous

Günstling, gEEnst-ling, m., favourite, pet

Gurgel, goorg-*el*, f., throat, gullet

gurgeln, goorg-*eln*, v., to gargle, to gurgle

Gurke, goork-*e*, f., cucumber, gherkin

Gurt, goort, m., girth, girdle, belt: strap

Gürtel, gEErt-*el*, m., girdle, belt, waist-belt [girdle

gürten, gEErt-*en*, v., to gird, to put on a belt or

Guß, gooss, m., pouring; shower, icing; founding;

Gußeisen, gooss-ize-*en*, n., cast-iron [casting

gußeisern, gooss-ize-*ern*, a., made of cast-iron

gut, goot, a., good, beneficial, conducive. adv., well

Gut, goot, n., commodity, goods; farm, possession

Gutachten, goot-ah*kk*-ten, n., expert opinion

Gutdünken, goot-dEEng-ken, n., judgment, opinion

Güte, gEEt-*e*, f., goodness, kindness, virtue [station

Güterbahnhof, gEEt-er-bahn-hohf, m., goods-

Guthaben, goot-hahb-*en*, n., outstanding debt

gutheißen, goot-hice-*en*, v., to approve, to sanction

gütig, gEEt-ik, a., good(-natured), good-hearted

gutmütig, goot-mEEt-ik, a., good-natured

Gutsbesitzer, goots-be-zit-ser, m., landowner, owner of a farm [thing to a person

gutschreiben, goot-shry-ben, v., to credit some-

gutwillig, goot-vill-ik, a., obliging, willing

Gymnasiast, ghim-nahz-yahst, m., scholar of a German grammar school [grammar school

Gymnasium, ghim-nahz-yoom, n., German

Haar, hahr, n., hair; **—büschel**, m., tuft of hair; **—nadel**, f., hair-pin; **—schnitt**, m., hair-cut, style of head-dress; **—tracht**, f., style of head-dress; **—wuchs**, m., growth of hair

haarscharf, hahr-sharf, a., very sharp, very exact
haarsträubend, hahr-shtroyb-ent, a., shocking, making the hair stand on end
Habe, hah-be, f., property, possession(s), fortune,
haben, hah-ben, v., to have   [belongings
Haben, hah-ben, n., credit(-side of the ledger)
Habgier, hahp-geer, f., avarice, greed, covetousness   [obtain (get hold of) a thing
habhaft werden, hahp-hahfft vaird-en, v., to
Habicht, hahb-ikt, m., hawk   [goods and chattels
Habseligkeit, hahp-zail-ig-kite, f., (gen.pl., **-en**)
Habsucht, hahp-sookt, f., avarice, greed
Hacke, hahck-e, f., hoe, pickaxe; heel
hacken, hahck-en, v., to pick, to peck; to hack
Hader, hahd-er, m., quarrel, dispute, brawl; cad
Hafen, hahf-en, m., port, harbour; (earthen) pot
Hafer, hahf-er, m., oats
Haferbrei, hahf-er-bry, m., oatmeal-porridge
Hafermehl, hahf-er-mail, n., oatmeal   [ment
Haft, hahfft, f., detention, confinement; imprison-
Haftbefehl, hahfft-be-fail, m., warrant for arrest
haften, hahfft-en, v., to adhere, to be fixed to
Haftpflicht, hahfft-flikt, f., liability, responsibility
Haftung, hahfft-oong, f., liability; adhesion
Hag, hahk, m., grove, bush; meadow-land; hedge
Hagedorn, hahg-e-dorn, m., hawthorn, may-tree
Hagel, hahg-el, m., hail; (fig.) shower (stones, etc.)
hageln, hahg-eln, v., to hail
hager, hahg-er, a., haggard; lean, thin; slender
Hagestolz, hahg-e-shtolts, m., confirmed (and crusty) old bachelor
Hahn, hahn, m., cock(-erel), rooster; tap, faucet
Hai, hy, m., shark
Hain, hine, m., wood, coppice
häkeln, hay-keln, v., to crochet
Haken, hahk-en, m., hook; peg; crook
haken, hahk-en, v., to hook; to fasten with a
halb, hahlp, a., half   [hook
halber, hahlb-er, prep., owing to, on account of
halbieren, hahll-beer-en, v., to halve, to divide into
Halbinsel, hahlb-in-zel, f., peninsula   [halves
halbjährlich, hahlp-yair-lik, a., half-yearly

Halbkreis, hahlp-krice, m., semi-circle
Halbkugel, hahlp-koog-el, f., hemisphere
Halbmesser, hahlp-mess-er, m., radius
Halbschuh, hahlp-shoo, m., (low) shoe
halbstündlich, hahlp-shtEEnt-lik, a., half-hourly
halbwegs, hahlp-vaiks, a., tolerably, half-way
Halbwelt, hahlp-velt, f., shady society, demimonde
halbwüchsig, hahlp-VEEK-ik, a., half-grown
Hälfte, helf-te, f., half, moiety
**Hall, hahll, m., sound, peal, reverberation
Halle, hahll-e, f., hall, covered space, gallery
hallen, hahll-en, v., to (re)sound
**Halm, hahllm, m., blade, stalk, halm
**Hals, hahlls, m., neck, throat, windpipe, gullet
Halsband, hahlls-bahnnd, n., neck-band, collar
Halsbinde, hahlls-bin-de, f., tie, cravat [throat
Halsschmerzen, hahlls-shmairt-sen, m., pl., sore
halsstarrig, hahlls-shtar-rik, a., stubborn
Halstuch, hahlls-took, n., neckcloth, muffler, shawl
Halsweh, hahlls-vay, n., see **Halsschmerzen**
**Halt, hahllt, m., halt, stop; stability; firmness
haltbar, hahllt-bar, a., durable, solid, firm
halten, hahllt-en, v., to hold; to stop; to keep
Halteplatz, hahllt-e-plahtts, m., see **Haltestelle**
Halter, hahllt-er, m., holder, support, knob
Haltestelle, hahllt-e-shtell-e, f., stopping-place
Haltung, hahllt-oong, f., bearing, carriage; conduct
Halunke, hahll-oonk-e, m., scoundrel, rogue; ruffian
hämisch, hay-mish, a., spiteful, malicious
Hammel, hahmm-el, m., wether; mutton [mutton
Hammelbraten, hahmm-el-braht-en, m., roast
Hammelfleisch, hahmm-el-fly'sh, n., mutton
Hammelkeule, hahmm-el-koyl-e, f., leg of mutton
Hammer, hahmm-er, m., hammer
hämmern, hemm-ern, v., to hammer, to forge
Hampelmann, hamp-el-mahnn, m., little puppet
Hamster, hahmm-ster, m., hamster; hoarder
**Hand, hahnnt, f., hand [manual work
Handarbeit, hahnnt-ahr-bite, f., needlework
Handel, hahnn-del, m., trade; transaction

handeln, hahnn-d*e*ln, v., to trade, to act, to proceed; to bargain, to deal
Handfertigkeit, hahnnt-fairt-ig-kite, f., skill
handfest, hahnnt-fest, a., a sturdy, stalwart, strong
Handfläche, hahnnt-flek-*e*, f., (hand) palm
Handegelenk, hahnnt-ge-lenk, n., wrist
handgemein werden, hahnnt-ge-mine **vaird**-*e*n, v., to come to blows [hand fight
Handgemenge, hahnnt-ge-meng-*e*, n., hand-to-
Handgepäck, hahnnt-ge-peck, n., small luggage
handgreiflich, hahnnt-grife-lik, a., palpable
Handgriff, hahnnt-grif, m., grip; manipulation
handhaben, hahnnt-hahb-*e*n, v., to handle
Handkoffer, hahnnt-kof-*e*r, m., suitcase
Handlanger, hahnnt-lahng-*e*r, m., handy man
Händler, hend-l*e*r, m., trader, (retail) dealer
Handlung, hahnnd-loong, f., action; deed; shop
Handrücken, hahnnt-rEEck-*e*n, m., back of hand
Handschrift, hahnnt-shrift, f., handwriting
Handschuh, hahnnt-shoo, m., glove
Handtuch, hahnnt-took, n., towel [twinkling
Handumdrehen, hahnnt-oomm-dray-*e*n, n., a
Handwerk, hahnnt-vairk, n., (handi)craft, trade
Handwerker, hahnnt-vairk-*e*r, m., tradesman, mechanic, craftsman
Handwerksbursche, hahnnt-vairks-boorsh-*e*, m., travelling journeyman
Handwerkszeug, hahnnt-vairks-tsoyk, n., mechanic's tools
Hanf, hahnnf, m., hemp [chanic's tools
Hänfling, henf-ling, m., linnet
Hang, hahng, m., incline, slope; inclination [bridge
Hängebrücke, heng-*e*-brEECk-*e*, f., suspension-
Hängematte, heng-*e*-mahtt-*e*, f., hammock
hangen, hahng-*e*n, v., to hang, to be suspended
hängen, heng-*e*n, v., to hang, to suspend
Hanswurst, hahnns-voorst, m., buffoon, clown
Hantel, hahnnt-*e*l, f., dumb-bell
hantieren, hahnnt-eer-*e*n, v., to handle, to manipulate
hapern, hahp-*e*rn, v., to be difficult [ipulate
Happen, hahpp-*e*n, m., mouthful, morsel, bit
Harfe, harf-*e*, f., harp
Harke, hark-*e*, f., rake

harken, hark-*en,* v., to rake

Harm, harm, m., grief, sorrow; harm, wrong

härmen (sich), hairm-*en,* (si*k*), v., to grieve over

harmlos, harm-lohs, a., harmless; unconcerned

harmonisch, hahr-mo-nish, a., harmonious

Harn, harn, m., urine

Harnisch, harn-ish, m., armour; harness

harren, har-ren, v., to wait; to tarry; to persevere

hart, hart, a., hard, firm, solid, severe [sternness

Härte, hairt-*e,* f., hardness; hardiness; roughness

härten, hairt-*en,* v., to harden; to temper (iron)

hartgesotten, hart-ge-zot-*en,* a., hard-boiled

hartherzig, hart-hairt-si*k,* a., hard-hearted

hartnäckig, hart-neck-i*k,* a., stubborn, stiff-neck-

Harz, harts, n., resin, rosin, gum [ed; chronic

haschen, hahsh-*en,* v., to catch, to snatch, to seize

Hase, hah-*ze,* m., hare [eagerly

Haselnuß, hah-zel-nooss, f., hazel-nut

Hasenfuß, hah-zen-foohs, m., hare's-foot; coward

Haspe, hahsp-*e,* f., hinge, hasp, clamp

haspeln, hahsp-*eln,* v., to wind on a reel: to rush

Haß, hahss, m., hate, hatred [along

hassen, hahss-*en,* v., to hate

häßlich, hess-li*k,* a., ugly: hideous; plain

Hast, hahsst, f., haste, hurry

hasten, hahsst-*en,* v., to hasten, to hurry

hastig, hahsst-i*k,* a., hasty, hurried, precipitate

hätscheln, het-sheln, v., to fondle; to pamper

Haube, howb-*e,* f., woman's cap, bonnet; crest

Haubenlerche, howb-en-lair-*ke,* f., crested lark

Haubitze, how-bit-*se,* f., howitzer

Hauch, howk, m., breath, exhalation

hauchen, howk-*en,* v., to breathe, to exhale

Haue, how-*e,* f., (pop.) beating, spanking

hauen, how-*en,* b., to strike violently; to hew, to cut

Haufe (n), howf-*e*(n), m., heap, group, mass; crowd

häufen, hoyf-*en,* v., to heap (up), to accumulate

haufenweise, howf-*en*-vy-*ze,* adv., (pop.) in heaps

häufig, hoyf-i*k,* a., frequent; numerous; usual

Haupt, howpt, n., head; chief (tain);principal,main

Hauptbahnhof, howpt-bahn-hohf, m., principal

Hauptbuch, howpt-book, n., ledger [station

Häuptling, hoypt-ling, m., chieftain, captain
Hauptmann, howpt-mahnn, m., captain
Hauptquartier, howpt-kvart-eer, n., headquarter-
Hauptsache, howpt-sahk-e, f., chief thing   [ers
hauptsächlich, howpt-sek-lik, a., principal
Hauptstadt, howpt-shtaht, f., capital, metropolis
Hauptstraße, howpt-shtrahss-e, f., main street
Hauptwort, howpt-vort, n., noun, substantive
Haus, howss, n., house, dwelling
Hausarzt, howss-artst, m., family doctor
hausbacken, howss-bahck-en, a., home-made
hausen, howz-en, v., to dwell; to live; to ravage
Hausflur, howss-floohr, m., entrance-hall, vestibule
Hausfrau, howss-frow, f., housewife
Hausgerät, howss-ge-rait, n., household utensils
Haushalt, howss-hahlt, m., household
haushalten, howss-hahll-ten, v., to keep house
Haushälterin, howss-helt-er-in, f., housekeeper
Hausherr, howss-hairr, m., master of the house
hausieren, howz-eer-en, v., to hawk; to peddle
Hausierer, howz-eer-er, m., pedlar, hawker
Hausknecht, howss-k'nekt, m., porter, boots
häuslich, hoys-lik, a., domestic(ated), thrifty
Häuslichkeit, hoys-lik-kite, f., family-circle [vant
Hausmädchen, howss-mait-ken, n., general ser-
Hausschlüssel, howss-shlEEss-el, m., front-door
Hausse, hoh-se, f., rise of prices; boom   [key
Haustier, howss-teer, n., domestic animal
Haustüre(e), howss-tEEr-(e), f., street-door
Hauswirt, howss-veert, m., landlord
Haut, howt, f., skin, hide, coat; peel
häuten, hoyt-en, v., to skin, to flay
Hebamme, haip-ahmm-e, f., midwife, monthly
Hebel, hay-bel, m., lever   [nurse
heben, hay-ben, v., to lift; to raise
Hecht, hekt, m., pike, jack   [hatch, brood
Hecke, heck-e, f., hedge (-row); thorny bushes;
hecken, heck-en, v., to hatch; to breed
Heer, hair, n., army; host, legion; **—führer,** m.,
  commander (-in-chief)
Hefe, hayf-e, f., leaven, yeast, sediment; dregs
Heft, heft n. exercise-book book(let); knife-handle

heften, heft-*en*, v., to fasten, to stick; to stitch
heftig, heft-*ik*, a., violent, vehement; irritable
Heftpflaster, heft-flahst-*er*, n., court-plaster
hegen, hayg-*en*, v., to preserve; to cherish
Hehl, hail, m. & n., secrecy, concealment
Hehler, hail-*er*, m., receiver of stolen property
hehr, hair, a., lofty, high, sublime
Heide, hy-d*e*, f., heath, common. m., heathen; Gen-
Heidekraut, hy-d*e*-krowt, n., heather [tile
Heidelbeere, hy-d*e*l-beer-*e*, f., bilberry
Heidenbild, hy-den-bilt, n., idol
Heidentum, hy-den-toom, n., paganism, heathen-
heidnisch, hide-nish, a., heathenish, pagan [dom
heikel, hy-k*e*l, a., knotty, delicate, ticklish; fussy
heil, hile, a., sound, whole, intact; cured
Heil, hile, n., welfare, security, safety. interj., Hail!
Heiland, hy-lahnnt, m., Saviour, Redeemer
Heilbutt(e), hile-boott(*e*), m., (f.,) halibut
heilen, hile-en, v., to heal, to cure; to be healed
heilig, hile-ik, a., holy, sacred, hallowed, saintly
Heiligabend, hile-ig-ahb-*ent*, m., Christmas Eve
Heilige(r), hile-ig-*e*(r), m., saint
heiligen, hile-ig-*en*, v., to hallow, to sanctify; to deify
Heiligenbild, hile-ig-en-bilt, n., image of a saint
Heiligenschein, hile-ig-en-shine, m., halo, gloriole
Heiligtum, hile-ik-toom, n., sanctuary, sanctum
heilkräftig, hile-kreft-ik, a., curative, healing
Heilkunde, hile-koonn-d*e*, f., medical science
heillos, hile-lohs, a., incurable, past remedy
heilsam, hile-zahm, a., wholesome, beneficial
Heilsarmee, hiles-arm-ay, f., Salvation Army
Heim, hime, n., home, dwelling
Heimat, hime-aht, f., home; (soil) native place
heimatlos, hime-aht-lohs, a., homeless; stateless
Heimchen, hime-k*en*, n., cricket (insect)
Heimfahrt, hime-fahrt, f., homeward journey
heimisch, hime-ish, a., native, domestic, national
Heimkehr, hime-kair, f., return home
Heimkunft, hime-koonft, f., see **Heimkehr**
heimlich, hime-lik, a., secret, clandestine, privy
heimsuchen, hime-sook-*en*, v., to afflict [ery
Heimtücke, hime-t*e*eck-*e*, f., malice, spite, treach-

heimtückisch, hime-tEECK-ish, a., treacherous, spiteful

heimwärts, hime-vairts, adv., homeward [spiteful

Heimweg, hime-vaik, m., way home

Heimweh, hime-vay, n., home-sickness, nostalgia

Heinzelmännchen, hine-tsel-men-ken, n., hob-goblin, gnome

Heirat, hy-raht, f., marriage [goblin, gnome

heiraten, hy-raht-en, v., to marry, to get married

heischen, hy-shen, v., to demand, to ask

heiser, hy-zer, a., hoarse, husky, raucous

heiß, hice, a., hot [to bid; to signify

heißen, hy-sen, v., to call; to be called; to name;

Heißhunger, hice-hoong-er, m., ravenous appetite

heiter, hite-er, a., bright, serene, clear; cheerful, gay

Heiterkeit, hite-er-kite, f., mirth; cheerfulness

heizen, hite-sen, v., to heat, to light a fire

Heizer, hite-ser, m., stoker, fireman

Held, helt, m., hero: champion [support

helfen, helf-en, v., to help, to aid, to promote, to

Helfershelfer, hel-fers-hel-fer, m., accomplice

hell, hel, a., clear, shrill, bright, brilliant, light

Helle, hel-e, f., clearness, brightness, brilliancy

Heller, hel-er, m., (coin) half a farthing; mite

Helm, helm, m., helmet, m. & n., helm, rudder

Hemd(e), hemd(-e), n., shirt, chemise

hemmen, hem-en, v., to stop, to check, to impede

Hemmnis, hem-niss, n., impediment, check

Hengst, hengst, m., stallion

Henkel, heng-kel, m., handle, ear (pots)

henken, heng-ken, v., to hang a person

Henker, heng-ker, m., hangman, executioner

Henne, hen-e, f., hen, fowl

her, hair, adv., hither, here

herab, hair-ahp, adv., down(ward) [condescend

herablassen (sich), hair-ahp-lahss-en (sik), v., to

heran, hair-ahnn, adv., this way, near this place

heranwachsen, hair-ahnn-vahx-en, v., to grow up

herauf, hair-owf, adv., up(ward), up here; up hill

heraus, hair-owss, adv., out of [lenge

herausfordern, hair-owss-ford-ern, v., to chal-

herausgeben, hair-owss-gaib-en, v., to hand over; to give change; to publish

herausstellen (sich), hair-owss-shtel-en(sik), v.,

to prove to be, to turn out to be

herb, hairp, a., harsh, acrid, sharp, bitter

Herbe, hairb-*e*, f., harshness, acridity, bitterness

herbei, hair-by, adv., hither, here, this way

herbeiführen, hair-by-FEER-*en*, v., to bring about

herbemühen (sich), hair-*be*-MEE-*en* (sik), v., to trouble a person to come here

Herberge, hair-bairg-*e*, f., shelter, lodging, hostel

Herbst, hairpst, m., autumn, fall; harvest-time

Herd, hairt, m., hearth, fireplace

Herde, haird-*e*, f., herd, flock, drove; troop

herein, hair-ine, adv., in(to) this place; come in!

hereinfallen, hair-ine-fahll-*en*, v., to tumble into

hereinlegen, hair-ine-laig-*en*, v., to put in(to); to

Herfahrt, hair-fahrt, f., journey hither   [swindle

hergeben, hair-gaib-*en*, v., to give up; to surrender

hergebracht, hair-*ge*-brah*k*t, p.p. & a., handed

Hering, hair-ing, m., herring   [down, traditional

herkommen, hair-kom-*en*, v., to come here

Herkunft, hair-koonft, f., arrival; descent, origin

hermachen (sich), hair-mah*k*-*en*, (sik), v., to

Hermelin, hairm-el-een, m., ermine, stoat [tackle

hernach, hair-nah*k*, adv., after(wards), after that

Herr, hairr, m., master; Mr., lord, Lord; sir;—**gott**, m., the Lord God;—**schaft**, f., dominion, rule;—**scher**, m., ruler, sovereign;—**schsucht**, f., craving for power;—**isch**, a., lordly; domineering;—**lich**, a., magnificent, delightful;—**schen**, v., to rule, to reign; to prevail

herrichten, hair-ri*k*-ten, v., to prepare, to set in order

herrühren, hair-REER-*en*, v., to originate from

hersagen, hair-sahg-*en*, v., to say one's lesson

herschaffen, hair-shahff-*en*, v., to convey here

herstammen, hair-shtahmm-*en*, v., to descend (be derived) from

herstellen, hair-shtel-*en*, v., to produce

Hersteller, hair-shtel-*er*, m., producer

herüber, hair-EEB-*er*, adv., over here, across

herum, hair-oomm, adv., (a)round, round about

herumkommen, hair-oomm-kom-*en*, v., to get round (places)

herumstöbern, hair-oomm-shterb-*ern*, v., to rummage about

herunter, hair-*oonnt*-er, adv., down(ward)

hervor, hair-for, adv., forward, forth [forth

hervorbringen, hair-for-bring-*en*, v., to bring

hervorgehen, hair-for-gay-*en*, v., to result from

hervorheben, hair-for-haib-*en*, v., to accentuate, to emphasize

hervorragend, hair-for-rahg-*ent*, a., prominent; eminent; distinguished

hervorrufen, hair-for-roof-*en*, v., to call forth

hervortreten, hair-for-trait-*en*, v., to step forward; to stand out in relief

Herz, hairts, n., heart

Herzeleid, hairt-se-lite, n., bitter grief

Herzensangst, hairt-*sens*-ahngst, f., anguish

Herzenslust, hairt-*sens*-loost, f., heart's delight

herzergreifend, hairts-air-gry-*fent*, a., affecting

herzhaft, hairts-hahft, a., bold; hearty

herzig, hairt-sik, a., sweet, dear

herzinnig, hairts-in-ik, a., hearty, cordial

herzlich, hairts-lik, a., cordial, heartfelt, sincere

Herzog, hairt-sohk, m., duke

Herzschlag, hairts-shlahk, m , heart-beat; apoplexy

herzu, hairt-soo, see **herbei** [plexy

Hetze, het-se, f., hunt; baiting

hetzen, het-sen, v., to hunt; to make mischief

Hetzerei, het-se-ry, f., rushing; mischief-making

Heu, hoy, n., hay; —**boden,** boh-den, m., hay-loft

Heuchelei, hoy-kel-ly, f., hypocrisy; sham; cant

heucheln, hoy-keln, v., to reign; to sham

heuchlerisch, hoyk-ler-ish, a., hypocritical

heuer, hoy-er, adv., this year

Heugabel, hoy-gahb-el, f., pitchfork

heulen, hoyl-en, v., to howl, to roar, to shriek

heurig, hoy-rik, a., this year's

Heuschober, hoy-shohb-er, m., hay-rick

Heuschrecke, hoy-shreck-e, f., grasshopper

heute, hoyt-e, adv., to-day, this day

heutig, hoyt-ik, a., of this day (date); present

heutzutage, hoyt-tsoo-tahg-e, adv., nowadays

Hexe, hex-e, f., witch, sorceress, enchantress

hexen, hex-*en*, v., to practise magic or witchcraft; **—meister**, m., wizard; **—schuß**, m., lumbago [bago

Hieb, heep, m., stroke, blow, cuff, smack

hier, heer, adv., here, this place, now [hereon

hieran, hier-ahnn, adv., to this place; hereat

hierauf, hier-owf, adv., hereon, hereupon

hierbei, hier-by, adv., herewith, hereby; enclosed

hierher, hier-hair, adv., to this place; hither

hierhin, hier-hin, adv., to that place; thither

hierselbst, hier-zelpst, adv., here, in this town

hierzulande, hier-tsoo-lahnn-*de*, adv., in this country

hiesig, hee-zik, a., in this place (town) [country

Hilfe, hilf-*e*, f., help, aid, assistance, relief, support

Hilfeleistung, hilf-*e*-ly-stoong, f., assistance, aid

hilfreich, hilf-ry'k, a., helpful; charitable

Hilfsmittel, hilfs-mit-*el*, n., remedy, help; expe-

Hilfsquelle, hilfs-kvel-*e*, f., resource [dient

Himbeere, him-bair-*e*, f., raspberry

Himmel, him-*el*, m., heaven, sky; **—angst,** f., great fear or alarm; **—bett,** n., bed with canopy; **—fahrt,** f., Ascension; **—reich,** n., kingdom of heaven; **—sgegend,** f.; **—srichtung,** f., quarter (of heavens); cardinal point; **—szelt,** n., vault of heaven, firmament; **—schreiend,** a., crying to heaven, shameful; **—weit,** a., very distant

himmlisch, him-lish, a., heavenly, divine [down

hin, hin, adv., thither, there (to that place); along;

hinab, hin-ahpp, adv., down (there), downward(s)

hinan, hin-ahnn, adv., up (there), upward(s)

hinauf, hin-owf, adv., up (there)

hinaus, hin-owss, adv., out (there) [go to a place

hinbestellen, hin-*be*-shtel-*en*, v., to bid someone

hinderlich, hin-*der*-lik, a., obstructive

hindern, hin-dern, v., to hinder, to prevent

Hindernis, hin-*der*-niss, n., hindrance

hindeuten, hin-doyt-*en*, v., to point to

hindurch, hin-doohr'k, adv., through(out)

hinein, hin-ein, adv., into, in(side); **—begeben (sich),** v., to go in(to); **—geraten,** v., accidentally to get into; **—schaffen,** v., to take (get) something in(to)

hinfahren, hin-fahr-en, v., to drive to a place

Hinfahrt, hin-fahrt, f., outward journey

hinfallen, hin-fahl-en, v., to fall down [untenable

hinfällig, hin-fel-i*k*, a., decrepit; tumble-down;

Hingabe, hin-gahb-*e*, f., surrender; devotion

hingeben, hin-gayb-en, v., to deliver; to sacrifice

hingegen, hin-gayg-en, adv., on the other hand;
on the contrary

hingelangen, hin-ge-lahng-en, v., to get to a place

hingerissen, hin-ge-ris-en, a., carried away

hinhalten, hin-hahlt-en, v., to hold out; to put off

hinken, hing-ken, v., to limp [place

hinkommen, hin-kom-en, v., to reach (get to) a

hinlänglich, hin-leng-li*k*, a., adequate, sufficient

hinlegen, hin-layg-en, v., to lay down, to put down

hinreichend, hin-ry'*k*-ent, a., adequate, sufficient

Hinreise, hin-ry-ze, f., see **Hinfahrt** [away

hinreißen, hin-ry-sen, v., to tear along; to carry

hinrichten, hin-ri*k*-ten, v., to direct; to put to

Hinrichtung, hin-ri*k*-toong, f., execution [death

hinschaffen, hin-shahf-en, v., to convey there

hinscheiden, hin-shy-den, v., to pass away

hinschlängeln (sich), hin-shleng-eln (si*k*), v.,
[to wind along

Hinsicht, hin-si*k*t, f., regard [to wind along

hinsichtlich, hin-si*k*t-li*k*, a., with regard to

hinten, hint-en, adv., behind; in the rear

hinter, hint-er, prep., behind

Hinterbliebene(r), hint-er-**bleeb**-en-*e*(r), m.,
(mourning) survivor

hintergehen, hint-er-gay-en, v., to deceive, to
dupe

Hintergrund, hint-er-groonnt, m., background

Hinterhalt, hint-er-halt, m., ambush, ambuscade

hinterher, hint-er-hair, adv., behind; afterwards

hinterlassen, hint-er-lahss-en, v., to bequeath;
to leave behind

hinterlegen, hint-er-laig-en, v., to deposit

Hinterlist, hint-er-list, f., cunning, deception,
[fraud

Hinterrad, hint-er-raht, n., back-wheel [fraud

hinterrücks, hint-er-rEEcks, adv., from behind

hintreten, hin-trayt-en, v., to step somewhere

hinüber, hin-EEb-er, adv., over(there), across

hinübersetzen, hin-EEb-er-zet-sen, v., to ferry over

hin und her, hin oonnt hair, adv., to and fro

hinunter, hin-oonnt-er, adv., down, downwards downstairs

Hinweg, hin-veck, m., the way there

hinweg, hin-veck, adv., away, off

Hinweis, hin-vice, m., reference; indication

hinweisen, hin-vy-zen, v., to point(to); to indicate

hinziehen, hin-tsee-en, v., to drag out; to draw to(wards); to move to

hinzu, hin-tsoo, adv., near (to) the place; in addition

hinzufügen, hin-tsoo-FEEg-en, v., to add to

hinzusetzen, hin-tsoo-zet-sen, v., to add, to annex

hinzutun, hin-tsoo-toon, v., to add to

hinzuziehen, hin-tsoo-tsee-en, v., to add to; to draw someone into

Hirn, heern, n., brain

Hirnschale, heern-shahl-e, f., skull, cranium

hirnverbrannt, heern-fair-brahnnt, a., crazy

Hirsch, heersh, m., stag

Hirschgeweih, heersh-ge-vy, n., antlers of a stag

Hirt(e), heert-(e), m., shepherd, herdsman

Hirtenstab, heert-en-shtahp, m., shepherd's crook; bishop's crosier

hissen, his-en, v., to hoist

Hitze, hit-se, f., heat, warmth

hitzig, hit-sik, a., hot(-headed), hasty; impetuous

Hitzkopf, hits-kopp'f, m., hot-headed person

Hitzschlag, hits-shlahk, m., heat-apoplexy (stroke), sunstroke

Hobel, hohb-el, m., plane

hobeln, hohb-eln, v., to plane

Hobelspäne, hohb-el-shpay-ne, m.pl., shavings

hoch, hohk, a., high, elevated, lofty

Hochachtung, hohk-ahk-toong, f., respect, (high) esteem; **—svoll**, adv., faithfully

Hochamt, hohk-ahmmt, n., High Mass

Hochbahn, hohk-bahn, f., elevated railway

hochbetagt, hohk-be-tahkt, a., (very) aged

hochdeutsch, hohk-doytsh, a., high (pure) German

hochfein, hohk-fine, a., superfine, exquisite

hochgradig, hohk-grahd-i𝑘, a., in a high degree
hochhalten, hohk-hahllt-en, v., to hold up
Hochmut, hohk-moot, m., haughtiness, pride
hochmütig, hohk-MEE-ti𝑘, a., haughty, proud
hochnäsig, hohk-nay-zi𝑘, a., (pop.) supercilious
Hochschule, hohk-shool-e, f., university, academy
Hochsommer, hohk-zom-er, m., midsummer
höchst, herkst, a. & adv., highest
Hochstapler, hohk-shtahp-ler, m., adventurer
höchstens, herk-stens, adv., at the most
Hochverrat, hohk-fair-raht, m., high treason
Hochwild, hohk-vilt, n., big game   [erence
Hochwürden, hohk-vEErd-en, f., (Your, His) Rev-
Hochzeit, hohk-tsite, f., wedding, marriage
Hockzeitsreise, hohk-tsites-ry-ze, f., honey-
hocken, hock-en, v., to squat   [moon
Höcker, herck-er, m., knob, bump, hump, hunch
Hof, hohf, m., court(yard), quadrangle; farm
hoffen, hoff-en, v., to hope, to expect; to await
hoffentlich, hof-ent-li𝑘, adv., it is to be hoped
Hoffnung, hof-noong, f., hope, expectation
höflich, herf-li𝑘, a., polite, courtly, courteous
Höflichkeit, herf-li𝑘-kite, f., politeness, courtesy
Hofnarr, hohf-nar, m., court-jester
Hofrat, hohf-raht, m., Privy Council(lor) [(mus.)
Höhe, her-he, f., height, altitude; level; pitch
Hoheit, hoh-hite, f., elevation; grandeur
Höhepunkt, her-he-poonkt, m., height, acme
hohl, hohl, a., hollow(ed out); concave
Höhle, herl-e, f., cave(rn), hole, burrow; hovel
höhlen, herl-en, v., to (become) hollow
Hohlmaß, hohl-mahs, n., measure of capacity; dry measure
Hohn, hohn, m., scorn, derision, sneer
höhnen, hern-en, v., to sneer, to jeer
höhnisch, hern-ish, a., scornful; sneering, mock-
Höker, herk-er, m., hawker, huckster   [ing
hold, holt, a., well-disposed, attached to; lovely
holen, hohl-en, v., to fetch, to come for
Hölle, herll-e, f., hell, inferno; limbo
Höllenstein, herll-en-shtine, m., nitrate of silver
höllisch, herll-ish, a., hellish, diabolical, infernal

holperig, holp-er-*ik*, a., uneven, rough, rugged

Holunder, hohl-oond-*er*, m., elder

Holz, holts, n., wood; timber; grove

hölzern, herlt-sern, a., wooden; clumsy, stiff

Holzkohle, holts-kohl-*e*, f., charcoal

Holzschnitt, holts-shnit, m., wood-engraving

Holzweg, holts-vaik, m., cart-track; wrong track

Honig, hohn-*ik*, m., honey [(scent)

Honigkuchen, hohn-*ik*-kook-*en*, m., ginger-bread

Honorar, on-ohr-ar, n., fee (for professional men)

honorieren, hon-oh-reer-*en*, v., to honour (bills,

Hopfen, hop-fen, m., hop(-plant), hops [etc.]

Hopfenstange, hop-fen-shtahng-*e*, f., hop-pole

hopsen, hop-sen, v., to hop, to skip [up one's ears

horchen, hork-*en*, v., to hearken, to listen; to prick

Horde, hord-*e*, f., horde, wandering tribe; band

hören, her-ren, v., to hear; to listen to

Horn, horn, n., horn; (French) horn

Hörnchen, hern-*ken*, n., small horn; crescent-roll

Hornhaut, horn-howt, f., horny skin; cornea

Hornisse, horn-iss-*e*, f., hornet [(eye)

Hornvieh, horn-fee, n., (horned) cattle; block-head

horrend(e), horr-end-(*e*), a., enormous; horrid

Hörsaal, her-zahl, m., lecture-hall

Horst, horst, m., bush, thicket; eyrie

Hort, hort, m., treasure, hoard; refuge

Hörweite, her-vy-*te*, f., earshot

Hose, hoh-*ze*, f., (also plural) trousers, breeches

Hosenträger, hohz-en-trayg-*er*, m., (pair of) braces

Hospiz, hos-peets, n., shelter, refuge, asylum

Hostie, host-*ye*, f., host, consecrated wafer

Hub, hoop, m., stroke (of piston); heaving, lifting

hübsch, hEEpsh, a., pretty; polite; nice

huckepack, hook-*e*-pahck, adv., pickaback

Huf, hoof, m., hoof

Hufeisen, hoof-y-zen, n., horseshoe

Hufschmied, hoof-shmeet, m., shoeing-smith;

Hüfte, hEEft-*e*, f., hip, haunch [farrier

Hügel, hEEg-el, m., hill, hillock, elevation

hügelig, hEEg-el-ik, a., hilly

Huhn, hoon, n., hen, chicken; fowl

Hühnerauge, hEEn-er-owg-e, n., corn (on foot)

Hühnerbraten, hEEn-er-braht-en, f., roast chicken

Hühnerfrikassee, hEEn-er-frik-ahss-ay, n., stewed chicken

Hühnerhof, hEEn-er-hohf, m., poultry farm

Huld, hoolt, f., graciousness, favour, benevolence

huldigen, hoold-ig-en, v., to render homage

Hülle, hEEl-e, f., wrap(per); covering; garment

Hülle und Fülle, hEEl-e oont fEEl-e, abun-hüllen, hEEl-en, v., to wrap to envelop [dance

Hülse, hEEl-ze, f., husk, shell; pod; —nfrucht, f., leguminous vegetables

Hummel, hoomm-el, f., humble- (bumble-) bee

Hummer, hoomm-er, m., lobster

humpeln, hoomp-eln, v., to limp, to hobble

Hund, hoont, m., dog, hound

Hundehütte, hoond-e-hEEtt-e, f., dog-kennel

Hundekälte, hoond-e-kelt-e, f., terrible cold

hundert, hoond-ert, a., hundred

hunderterlei, hoond-ert-er-ly, adv., of a hundred

Hündin, hEEnd-in, f., bitch [different sorts

Hüne, hEEn-e, m., giant

Hunger, hoong-er, m., hunger; starvation; famine

hung(e)rig, hoong-(e)-rik, a., hungry; starving

hungern, hoong-ern, v., to feel hungry; to be star-

Hungersnot, hoong-ers-noht, f., famine [ving

Hupe, hoop-e, f., motor-horn (siren)

hüpfen, hEEp-fen, v., to hop, to skip, to jump

Hürde, hEErd-e, f., hurdle; fold, pen [steeple-chase

Hürdenrennen, hEErd-en-ren-en, n., hurdle-race,

hurtig, hoort-ik, a., quick, brisk, swift

huschen, hoosh-en, v., to scurry, to whisk

husten, hoost-en, v., to cough

Husten, hoost-en, m., cough

Hut, hoot, m., hat; f., look-out, guard, care

hüten, hEEt-en, v., to guard, to watch over

hüten (sich), hEEt-en (sik), v., to guard against

Hütte, hEEtt-e, f., hut, cabin, cottage; foundry

Hyäne, he-ayn-e, f., hyena

Hypothek, hip-oh-take, f., mortgage

ich, *ik,* pers. pron., I

Idee, *e-day,* f., idea

Igel, *eeg-el,* m., hedgehog

ihm, *eem,* dat. pers. pron., (to) him; (to) it

ihn, *een,* accus. pers. pron., him; it

ihnen, *een-en,* dat. pl. pers. pron., (to) them

Ihnen, *een-en,* dat. pers. pron., (to) you

ihr, *eer,* pers. pron., (to) her, you. poss. pron., her(s), your(s)

Ihr, *eer,* poss. pron., your

Iltis, *ilt-is,* m., polecat

im (= **in dem**), *im,* in the

Imbiß, *im-biss,* m., snack, collation

immer, *im-mer,* adv., always; continually

impfen, *im-fen,* v., to vaccinate, to inoculate

imponieren, *im-pohn-eer-en,* v., to impress one

imposant, *im-poh-zahnnt,* a., imposing

imstande, *im-shtahnnd-e,* a., **—sein,** **—**sine, to be able to

in, *in,* prep., at, to

Inbegriff, *in-be-grif,* m., essence; inclusion

Inbrunst, *in-broonnst,* f., fervour, ardour

indem, *in-daim,* conj., while, whilst; by, in

indes(sen), *in-des-(en),* conj., however. adv., meanwhile

indisponiert, *in-dis-poh-neert,* a., indisposed

ineinander, *in-ine-ahn-der,* adv., into one another

infolge, *in-folg-e,* prep., in consequence of

Ingenieur, *in-shayn-yer,* m., engineer

Ingrimm, *in-grim,* n., wrath, anger

Ingwer, *ing-ver,* m., ginger

Inhaber, *in-hahb-er,* m., possessor; bearer; holder

Inhalt, *in-hahllt,* m., contents

Inkrafttreten, *in-krahfft-trayt-en,* n., coming into force

Inland, *in-lahnnt,* n., home, interior of country

inländisch, *in-lend-dish,* a., native, home, inland

inmitten, *in-mit-en,* prep., in the middle (centre)

inne, *in-e,* adv., in one's possession

innehalten, *in-e-hahllt-en,* v., to observe; to stop

inner, *in-er,* a., interior, inside, inner

innerhalb, *in-er-hahllp,* adv., inside. prep., within

innerlich, *in-er-lik,* a., inner, within, internal

innig, in-ik, a., intimate, close, fond
Innung, in-oong, f., corporation, guild; craft
ins, (= in das), ins, into the
Insasse, in-zahss-e, m., inmate; occupant
insbesondere, ins-be-zon-der-e, adv., in particular
Inschrift, in-shrift, f., inscription
Insel, in-zel, f., island, isle
Inserat, in-zair-aht, n., advertisement
inserieren, in-zer-eer-en, v., to advertise
insgesamt, ins-ge-zahmmt, adv., altogether
inspizieren, in-shpeets-eer-en, v., to inspect
inständig, in-shtend-ik, a., earnest, pressing, urgent
instruieren, in-shtroo-eer-en, v., to instruct
Intendant, in-ten-dahnt, m., (stage-)manager
interessant, in-ter-ess-ahnnt, a., interesting
Interesse, in-ter-ess-e, n., interest
interessieren, in-te-ress-eer-en, v., to interest
internieren, in-tairn-eer-en, v., to intern [villain
Intrigant, in-treeg-ahnt, m., plotter; (theatre)
Invalide, in-vah-leed-e, m., disabled serviceman
inwärts, in-vairts, a. & adv., inward(s)
inwendig, in-vend-ik, a., inward, interior, internal
inzwischen, int-svish-en, adv., meantime, mean-
irden, eerd-en, a., earthen   [while
irdisch, eerd-ish, a., earthly, worldly
irgend, eerg-ent, adv., any; **—jemand, —yay-**
mahnnt, anybody; **—wie, —**vee, anyhow
irre, eerr-e, a. & adv., astray; perplexed; deranged
Irre, eerr-e, m., insane person, madman
irreführen, eerr-e-fEEr-en, v., to lead astray
irremachen, eerr-e-mahk-en, v., to bewilder
irren, eerr-en, v., to err, to go astray; to stray
Irrenanstalt, eerr-en-ahnn-shtahllt, f., lunatic
Irrarten, eerr-gart-en, m., maze   [asylum
irrig, eerr-ik, a., erroneous, wrong, false
Irrsinn, eerr-zinn, m., insanity, lunacy
irrsinnig, eerr-zin-ik, a., insane, mentally deranged
Irrtum, eerr-toom, m., error, mistake; oversight
irrtümlich, eerr-tEEm-lik, a., erroneous
isolieren, ees-oh-leer-en, v., to isolate; to insulate

ja, yah, adv., yes; **—wohl,** yes indeed
Jacht, yah*k*t, f., yacht
Jacke, yah*k-e*, f., jacket, coat
Jagd, yah*k*t, f., hunt(ing), chase, shooting
jagen, yahg-*en*, v., to hunt, to chase; to hurry
Jäger, yaig-*er*, m., hunter, sportsman; rifleman
jäh(e), yay(*e*), a., sudden, impetuous; steep
jählings, yay-lings, adv., suddenly, abruptly
Jahr, yahr, n., year [years
jahrelang, yahr-*e*-lahng, adv., continuing for
Jahreswechsel, yahr-*es*-veck-s*el*, m., new year
Jahreszeit, yahr-*es*-tsite, f., season, time of the year
Jahrgang, yahr-gahng, m., vintage; publication
Jahrhundert, yahr-hoonn-d*ert*, n., century
jährig, yair-i*k*, a., of a (one) year
jährlich, yair-li*k*, a., annual, yearly
Jahrmarkt, yahr-markt, m., fair
Jahrtausend, vahr-**tow**-zent, n., millenium
Jahrzehnt, yahr-tsaint, n., decade
Jähzorn, yay-tsorn, m., sudden anger; irritability
Jalousie, shahl-oo-zee, f., Venetian blind
Jammer, yahmm-*er*, m., great misery, calamity
jämmerlich, yem-*er*-li*k*, a., wretched, pitiable
jammern, yahmm-*ern*, v., to lament, to wail
jammervoll, yahmm-*er*-fol, a., full of misery
Jänner, yen-*er*, m., (Austrian) January
jäten, yay-ten, v., to weed
jauchzen, yow*k*-tsen, v., to shout exultingly
je, yay, adv., ever; each, every
jedenfalls, yaid-*en*-fahls, adv., in any case
jeder, yaid-*er*, indef. pron., each, every; **—mann,** indef. pron., everybody, each; **—zeit,** adv., at any time, always
jedesmal, yaid-*es*-mahl, adv., each (every) time
jedoch, yay-doch, adv., however, still, nevertheless
jeglich, yaig-li*k*, indef. pron., each, every [less
jeher, yay-hair, adv., always
jemals, yay-mahls, adv., ever [one, anybody
jemand, yay-mahnnt, indef. pron., someone, any-
jener, yain-*er*, dem. pron., that, yonder
jenseits, yen-zites, prep., on the other side

jetzig, yet-si*k*, a., actual, of the present time

jetzt, yetst, adv., now, at present

Joch, yoh*k*, n., yoke   [currant

Johannisbeere, yoh-**hahnn**-is-bair-*e*, f., (red)

Joppe, yop-*e*, f., sports-coat, hunting-coat

Jubel, yoob-*el*, m., jubilation, exultation

jubeln, yoob-*e*ln, v., to jubilate, to rejoice

jucken, yoock-en, v., to itch

Jude, yood-*e*, m., Jew

jüdisch, yEHd-ish, a., Jewish

Jugend, yoog-ent, f., youth, early life (years)

jugendlich, yoog-ent-li*k*, a., youthful

jung, yoong, a., young, youthful

Junge, yoong-*e*, m., boy, lad. n., young (animals)

Jünger, yEEng-*e*, m., disciple, follower, adherent

Jungfer, yoong-*fer*, f., maid(en), virgin, spinster

Jungfrau, yoong-frow, f., maid(en); virgin

Junggeselle, yoong-ge-zel-*e*, m., bachelor

Jüngling, yEEng-li, g.m., youth, young man

jüngst, yEEngst, a. v., recently, a short time ago

Junker, yoonk-*er*, m., (young) nobleman; reac-

Jurist, yoor-ist, m., lawyer, jurist   [tionary

Juwel, yoo-**vail**, m., jewel, gem

Juwelier, yoo-vail-**eer**, m., jeweller

Kabel, kahb-*el*, n., cable

Kabeliau, kahb-*el*-yow, m., cod(-fish)

kabeln, kahb-*e*ln, v., to cable

Kachel, kah*k*-*el*, f., (glazed) tile

Käfer, kay-*fer*, m., beetle (American: bug)

Kaffee, kahff-ay, m., coffee

Kaffer, kahff-*er*, m., Kaffir; boorish person

Käfig, kay-fi*k*, m., cage

kahl, kahl, a., bare, bleak; bald; shorn

Kahlkopf, kahl-kopp'f, m., baldpate (person)

Kahn, kahn, m., skiff, small boat; barge

kahnfahren, kah-fahr-*e*n, v., to go boating

Kai, ky, m., quay, jetty

Kaiser, ky-zer, m., emperor

Kaiserin, ky-zer-in, f., empress

kaiserlich, ky-zer-li*k*, a., imperial; cæsarian

Kaiserreich, ky-zer-**ry'k,** n., empire
Kajütte, kah-yeett-**e,** f., cabin (of a ship)
Kakadu, kah-kah-doo**, m., cockatoo
Kakao, kah-kahp**, m., cocoa
Kalb, kahlp, n., calf
Kalbfleisch, kahlp-fly'sh**, n., veal
Kalbsbraten, kahlps-braht-**en,** m., roast veal
Kalbskotelett, kahlps-kot-let**, n., veal cutlet
Kalbsschnitzel, kahlps-shnit-sel**, n., veal collop
Kalender, kahl-end-**er,** m., calendar, almanac
Kalk, kahlk, m., lime, chalk
kalt, kahlt, a., cold, frigid, chilly; —**blütig,** a.,
   cold-blooded; **cool-headed;** —**herzig,** a.,
   cold-hearted
Kälte, kelt-e**, f., cold(ness), frigidity, chill(iness);
   —n., to chill, to ice
Kamel, kahmm-ail**, n., camel
Kamerad, kahmm-er-aht**, m., comrade, compan-
   ion; —**schaft,** f., comradeship
Kamille, kahmm-il-e**, f., camomile
Kamin, kahmm-een**, m., chimney (pot); fireplace
Kamm, kahmm, m., comb; crest, ridge (mountain)
kämmen, kem-en**, v., to comb
Kammer, kahmm-er**, f., chamber, small room;
   —**diener,** m., valet; —**heer,** m., chamberlain;
   —**zofe,** f., lady's maid
Kammgarn, kahmm-gahrn**, n., worsted (yarn)
Kampf, kahmmf, m., combat, engagement, fight
kämpfen, kem-fen**, v., to fight, to struggle
Kampfer, kahmm-fer**, m., camphor   [rior
Kämpfer, kem-fer**, m., fighter, combatant, war-
kampflustig, kahmmf-loost-ik**, a., eager for
Kanal, kahn-ahl**, m., channel; canal   [battle
Kanalisation, kahn-ahl-e-zahts-**yohn,** f., drain-
Kanapee, kahn-ahp-pay**, n., sofa, couch   [age
Kaninchen, kahn-een-ken**, n., rabbit, cony
Kanne, kahn-e**, f., can, pot, jug; tankard
Kanone, kahn-ohn-e**, f., cannon, big gun
Kanonenkugel, kahn-ohn-en-koog-el**, f., cannon-
Kante, kahnnt-e**, f., edge, border, corner   [ball
kantig, kahnnt-ik**, a., edged, angular, with edges
Kanzel, kahnnt-sel**, f., pulpit; —**rede,** f., sermon

Kanzlei, kahnnt-*se*-ly, f., government office

Kanzler, kahnnt-s*ler*, m., chancellor

Kap, kahpp, n., cape, promontory, headland

Kapaun, kahpp-*own*, m., capon

Kapelle, kahpp-el-*e*, f., chapel; (small) band

Kapellmeister, kahpp-el-my-st*er*, m., band-
master [piracy

kapern, kahpp-*ern*, v., to capture; to carry on

kapieren, kahpp-eer-*en*, v., to grasp, to understand

Kapitän, kahpp-e-*tain*, m., captain, master-mari-

Kapitel, kahpp-it-*el*, n., chapter [ner

Kaplan, kahpp-*lahn*, m., chaplain

Kappe, kahpp-*e*, f., cap; hood, cowl

Kapsel, kahpp-*sel*, f., capsule, casing

kaputt, kahpp-*oott*, a., ruined; smashed, broken

Karaffe, kar-ahff-*e*, f., decanter, water-bottle, jug

Karfreitag, kar-fry-*tahk*, m., Good Friday

karg, kark, a., mean; economical; parsimonious

karieren, kar-eer-*en*, v., to chequer [scanty

karmesin, karm-e-*zeen*, a., crimson

Karo, kar-*oh*, n., check; diamonds (cards)

Karosse, kar-oss-*e*, f., state-coach, fine carriage

Karosserie, kar-oss-er-ee, f., coach-work, uphol-

Karpfen, karp-*fen*, m., carp [stery (vehicles)

Karre, kar-*re*, f., barrow, cart

Karren, kar-*ren*, m., cart, dray, barrow

Karriere, kar-e-*ayr*-e, f., career

Karte, kart-*e*, f., card; map, chart; ticket

Kartenschläger, kart-en-shlayg-*er*, m., fortune-

Kartoffel, kart-off-*el*, f., potato [teller by cards

Kartoffelbrei, kart-off-el-bry, m., mashed
potatoes

Karton, kart-ong, m., cardboard(-box) [round

Karussell, kar-ooss-*el*, n., roundabout, merry-go-

Karzer, kart-s*er*, m. & n., detention, lock-up

Kaschemme, kahsh-em-*e*, f., thieves' den, low

Käse, kay-z*e*, m., cheese [lodging-house

Käseglocke, kay-ze-glock-*e*, f., cheese-cover

Kaserne, kah-zern-*e*, f., barracks

Kasperletheater, kahss-*per*-le-tay-*aht*-er, n.,
Punch and Judy show

Kassa, kahss-ah, f., (in) cash

Kasse, kahss-*e*, f., cash(-box); cash-till; box-office

Kassette, kahss-et-*e*, f., cash-box

kassieren, kahss-eer-*en*, v., to cash; to rescind

Kassierer, kahss-eer-*er*, m., cashier; booking-clerk

Kastanie, kahss-tahn-y*e*, f., chestnut

Kastellan, kah-st-*el*-ahn, m., steward, majordomo

Kasten, kahsst-*en*, m., box, trunk case

Kastengeist, kahsst-*en*-gy'st, m., snobbery

Kater, kaht-*er*, m., male cat; hangover

Katheder, kaht-aid-*er*, n., professor's chair

Kattun, kaht-oon, m., cotton material, calico

Katze, kahtt-s*e*, f., cat

Katzensprung, kahtt-s*en*-shproong, m., stone's throw

Kauderwelsch, kowd-*er*-velsh, n., gibberish

kauen, kow-*en*, v., to chew, to masticate

kauern, kow-*ern*, v., to cower, to crouch (down)

Kauf, kowff, m., buying, purchase; bargain

kaufen, kowf-*en*, v., to buy, to purchase

Käufer, koyf-*er*, m., purchaser, buyer; customer

Kauffahrtei, kowf-fahr-ty, f., merchant-service

Kaufhaus, kowf-howss, n., (department-)store(s)

kaufkräftig, kowf-kreft-i*k*, a., having purchasing power

käuflich, koyf-li*k*, a., for sale, purchasable

kauflustig, kouf-loost-i*k*, a., inclined to buy

Kaufmann, kowf-mahnn, m., dealer, merchant

Kaulquappe, kowl-kvahpp-*e*, f., tadpole

kaum, kowm, adv., hardly, scarcely, barely

Kautabak, kow-tah-bahck, m., chewing-tobacco

Kaution, kow-tse-ohn, f., security, bail

Kautschuk, kow-tshook, m. & n., india-rubber

Kauz, kowts, m., (wood-)owl; queer fellow

keck, keck, a., bold, daring; impudent, cheeky

Kegel, kay-gel, m., skittle, (nine)pin; cone

Kegelbahn, kay-gel-bahn, f., skittle-alley

kegeln, kay-geln, v., to play (at) skittles; to bowl

kegelschieben, kay-gel-sheeb-*en*, v., to play (at) skittles

Kehle, kayl-*e*, f., throat, gullet

Kehlkopf, kayl-kopp'f, m., larynx

kehren, kayr-*en*, v., to sweep; to turn (over)

kehren (sich), kayr-*en* (si*k*), v., to care (heed)

Kehricht, kayr-i*k*t, m., sweepings, rubbish, dirt

Kehrseite, kayr-zy-*te*, f., reverse, wrong side
Kehrt machen, kayrt mahk-*en*, v., to turn about
keifen, ky-*fen*, v., to chide, to scold, to squabble
Keil, kile, m., wedge; key
keilen, ky-*len*, v., to wedge; to thrash
Keilerei, kile-*le*-ry, f., free fight
Keilkissen, kile-kis-*en*, n., (wedge-shaped) bolster
Keim, kime, m., germ, seed-bud, ovum
keimen, ky-*men*, v., to germinate, to sprout
kein, kine, indef. pron., no, not a, not any
keinerlei, ky-*ner*-ly, a., not of any kind
keinerseits, ky-*ner*-zites, adv., on neither side
keinesfalls, ky-*nes*-fahlls, adv., on no account
Kelch, kelk, m., goblet, cup; chalice; calyx
Kelle, kel-*e*, f., scoop, ladle
Keller, kel-*er*, m., cellar, basement; vault
Kellermeister, kel-*er*-my-ster, m., butler
Kellner, kel-ner, m., waiter, barman, butler
Kelter, kelt-*er*, f., wine-press
keltern, kelt-ern, v., to press the grapes
kennen, ken-*en*, v., to know, to be acquainted [with
Kenner, ken-*er*, m., expert, connoisseur
Kenntnis, kent-niss, f., knowledge, information
Kennzeichen, ken-tsy-*ken*, n., sign, mark
kennzeichnen, ken-tsy-k'nen, v., to characterize
kentern, kent-ern, v., to capsize, to overrun
kerben, kairb-*en*, v., to notch, to mill, to indent
Kerker, kairk-*er*, m., jail, prison, dungeon
Kerl, kairl, m., fellow, chap; individual
Kern, kairn, m., kernel, pip, nucleus, pith
kerngesund, kairn-ge-zoont, a., thoroughly healthy
kernig, kairn-ik, a., full of pips; pithy; solid, robust
Kerze, kairt-se, f., candle, taper [arrow
kerzengerade, kairt-sen-grad-*e*, a., straight as an
Kerzenstärke, kairt-sen-shtairk-*e*, f., candle-[power
Kessel, kes-el, m., kettle, cauldron, boiler
Kette, ket-*e*, f., chain; range (mountains)
ketten, ket-*en*, v., to chain
Ketzer, ket-ser, m., heretic
Ketzerei, ket-se-ry, f., heresy

keuchen, koy-*ken*, v., to gasp, to pant, to wheeze

Keuchhusten, koy*k*-hoost-*en*, m., whooping-cough

Keule, koyl-*e*, f., club, cudgel; leg (mutton, etc.)

keusch, koysh, a., chaste, pure, immaculate

kichern, keek-*ern*, v., to giggle, to titter, to chuckle

Kiebitz, kee-bits, m., plover, peewit, lapwing

Kiefer, keef-*er*, m., jaw(-bone), f., pine, fir

Kiel, keel, m., quill(-pen); float (angling); keel

Kieme, keem-*e*, f., gills, branchiæ

Kiepe, keep-*e*, f., back-basket

Kies, kees, m., gravel

Kiesel, keez-*el*, f., pebble

kikeriki, keek-*e*-reek-ee, interj., cock-a-doodle-doo [

Kilo, keel-oh, n., kilogram

Kind, kint, n., child

Kinderei, kin-d*e*-ry, f., childishness, nonsense

kinderleicht, kin-der-ly'*k*t, a., very easy

Kinderstube, kin-der-shtoob-*e*, f., nursery; breeding

Kindeskind, kin-d*es*-kint, n., grandchild

Kindheit, kint-hite, f., childhood, infancy

kindisch, kin-dish, a., childish; foolish

kindlich, kint-li*k*, a., childlike; simple

Kindtaufe, kint-towf-*e*, f., christening, baptism

Kinn, kin, n., chin, lower jaw; **—backe(n),** m.&f., **—lade,** f., jaw-bone, mandible

Kino, keen-oh, n., cinema

Kippe, kip-*e*, f., brink, edge [balance

kippen, kip-*en*, v., to tilt, to tip (over), to lose one's

Kirche, keer*k*-*e*, f., church

Kirchenchor, keer*k*-en-kor, m., church-choir

Kirchengemeinde, keer*k*-en-ge-mine-d*e*, f., parish [ish

Kirchenschiff, keer*k*-en-shif, v., nave

Kirchhof, keer*k*-hohf, m., churchyard, cemetery

Kirchspiel, keer*k*-shpeel, n., parish

Kirchturm, keer*k*-toorm, m., steeple, spire

Kirchweih(e), keer*k*-vy-(*e*), f., annual fair; consecration (church)

Kirmes, keerm-*es*, f., country-fair

Kirsche, keersh-*e*, f., cherry [brandy

Kirschwasser, keersh-vahss-*er*, n., cherry-

Kissen, kiss-en, n., cushion, pillow

Kiste, kist-e, f., box, case, chest

Kitt, kit, m., putty; cement

Kittel, kit-el, m., smock, overall, frock

kitten, kit-en, v., to cement; to putty

Kitzel, kit-sel, m., tickle, tickling, itching

kitzelig, kit-sel-ik, a., ticklish, sensitive, delicate

kitzeln, kit-seln, v., to tickle; to itch

Kladde, klahdd-e, f., scrap book; rough draft

klaffen, klahff-en, v., to gape, to form a gap, to yawn

kläffen, klef-en, v., to bark, to yap, to yelp [wood]

Klafter, klahff-ter, m., f. & n., fathom; line (of

klagbar, klahk-bar, a., actionable, recoverable

Klage, klahg-e, f., complaint, wailing, lamentation

Klagelaut, klahg-e-lowt, m., plaintive note

Klagelied, klahg-e-leet, n., plain-chant

klagen, klahg-en, v., to complain, to wail; to take legal action

Kläger, klayg-er, m., complainant, plaintiff

kläglich, klayk-lik, a., plaintive; lamentable

Klammer, klahmm-er, f., clasp; peg; bracket

klammern, klahmm-ern, v., to clasp; to cramp

Klang, klahng, m., sound, ring, tone

Klappe, klahpp-e, f., flap, tray; valve

klappen, klahpp-en v., to click; to tally, to work

klapperig, klahpp-er-ik, a., rattling, shaky [well

klappern, klahpp-ern, v., to rattle, to clatter

Klapperschlange, klahpp-er-shlahng-e, f., rattle-snake

Klapperstorch, klahpp-er-shtork, m., stork

Klappstuhl, klahpp-shtool, m., folding chair

Klaps, klahpps, m., tap, slap; bang

klar, klar, a., clear, lucid; transparent   [clear

klären, klair-en, v., to clarify, to purify; to become

Klarheit, klar-hite, f., clearness, clarity, brightness

klarlegen, klar-layg-en, v., to clear up a thing

Klasse, klahss-e, f., class, division

Klassiker, klahss-ik-er, m., classic(al writer); standard work

klassisch, klahss-ish, a., classical

Klatsche, klahtsh-*e*, f., flap; sneak [gossip
klatschen, klahtsh-*en*, v., to clap; to smack; to
Klatscherei, klaht-she-ry, f., scandal-mongering
klatschnaß, klahtsh-nahss, a., wet to the skin
klauben, klowb-*en*, v., to pick (to pieces); to cavil
Klaue, klow-*e*, f., claw, talon, fang, paw
klauen, klow-*en*, v., to scratch; (pop.) to sneak
Klause, klow-ze, f., cleft, crack; secluded dwell-
Klausel, klow-zel, f., clause, proviso [ing
Klavier, klahv-eer, n., pianoforte, piano
kleben, klayb-*en*, v., to adhere, to stick, to affix
kleberig, klayb-*er-ik*, a., adhesive, sticky, gluey
Klebstoff, klayp-shtof, m., adhesive substance
kleckern, kleck-*ern*, v., to slobber, to make a mess
Klecks, klecks, m., ink-blot, blotch
klecksen, kleck-sen, v., to make blots
Klee, klay, m., clover, shamrock
Kleeblatt, klay-blahtt, n., shamrock, trefoil leaf
Kleid, klite, n., dress, garment, gown; —**er**, n.pl
clothes, dresses; —**erschrank**, m., wardrobe;
—**ung**, f., clothing; —**ungsstück**, n., garment; —**en**, v., to dress, to clothe; —**sam**,
a., becoming, fitting
klein, kline, a., small, little; short, insignificant
kleingeistig, kline-guy-stik, a., of a narrow mind
Kleingeld, kline-gelt, n., (small) change
kleingläubig, kline-gloyb-*ik*, a., lacking in faith
Kleinigkeit, kline-ig-kite, f., small matter, trifle
kleinlaut, kline-lowt, a., dejected, downcast
kleinlich, kline-*lik*, a., petty; narrow-minded
Kleinmut, kline-moot, m., despondency
Kleinod, kline-oht, n., jewel, gem, treasure
Kleinstädter, kline-shtet-*er*, m., inhabitant of a
Kleister, kly-ster, m., paste, size [small town
kleistern, kly-stern, v., to stick with paste
Klemme, klem-*e*, f., clamp, vice; tight corner
klemmen, klem-*en*, v., to squeeze, to pinch, to
jam; (pop.) to steal
Klemmer, klem-*er*, m., eye-glasses
Klempner, klemp-*ner*, m., plumber, tinker
Klette, klet-*e*, f., bur; (pop.) sticker, bore
klettern, klet-*ern*, v., to climb, to clamber

Klima, kleem-ah, n., climate
Klimaanlage, kleem-ah-ahn-lah-ge, f., air-conditioning
Klimbim, klim-bim, m., tricks of the trade; fuss,
klimmen, klim-en, v., to climb; to strive for [noise
klimpern, klim-pern, v., to jingle, to tinkle; to
Klinge, kling-e, f., blade (knife, sword) [strum
Klingel, kling-el, f., bell; —**beutel,** m., offertory
klingeln, kling-eln, v., to ring a bell [bag
klingen, kling-en, v., to sound, to resound
Klinke, klink-e, f., door-handle, latch, catch
klinken, klink-en, v., to latch or unlatch the door
Klippe, klip-e, f., cliff, crag, reef, rock
klirren, kleerr-en, v., to clatter, to clash, to rattle
Klistier, klist-eer, n., enema, syringe
Kloben, klohb-en, m., block (wood); pulley
klobig, klohb-ik, a., rude, rough, clumsy
klopfen, klop-fen, v., to knock, to tap, to rap, to
Klöppel, klerpp-el, m., clapper, cudgel [beat
Klops, klops, m., meat-ball
Kloß, klohs, m., dumpling; lump, clod
Kloster, klohs-ter, n., cloister, monastery, convent
Klostergang, klohs-ter-gahng, m., cloister(s)
Klotz, klots, m., log, block; trunk (stump) of a tree
klotzig, klot-sik, a., clumsy, heavy; enormous
Kluft, klooft, f., gap, cleft, chasm; (pop.) clothes
klug, klook, a., clever; sensible; prudent; wise
klügeln, klEEg-eln, v., to affect wisdom
Klugheit, klook-hite, f., prudence, wisdom
Klumpen, kloomp-en, m., lump, mass; clot
knabbern, k'nahbb-ern, v., to gnaw, to nibble
Knabe, k'nahb-e, m., boy, lad
knabenhaft, k'nahb-en-hahfft, a., boyish
Knabenstreich, k'nahb-en-shtry'k, m., boyish
knacken, k'nahck-en, v., to crack, to snap [trick
Knacks, k'nahcks, m., crack
Knackwurst, k'nahck-voorst, f., smoked sausage
Knall, k'nahll, m., crack, report, crash, bang
Knallbonbon, k'nahll-bong-bong, m., (Christ-
knallen, k'nahll-en, v., to crack [mas) cracker
knallrot, k'nahll-roht, a., glaring red
knapp, k'nahpp, a., tight(-fitting); scanty; narrow

Knappe, k'nahpp-*e*, m., squire

Knappheit, k'nahpp-hite, f., tightness; scan-

Knarre, k'narr-*e*, f., (watchman's) rattle [tiness

knarren, k'narr-*en*, v., to creak, to grate, to squeak

Knaster, k'nahst-*er*, m., (inferior) tobacco

knattern, k'nahtt-*ern*, v., to rattle, to crackle

Knäuel, k'noy-*el*, n., ball (thread); tangle; throng

knauserig, k'nowz-*er*-ik, a., mean, stingy

knausern, k'nowz-*ern*, v., to pinch and scrape

Knebel, k'nayb-*el*, m., gag; cudgel

knebeln, k'nayb-*eln*, v., to gag

Knecht, k'ne*kt*, m., (menial) servant; labourer

knechten, k'ne*kt*-*en*, v., to make a drudge (slave)

knechtschaft, k'ne*kt*-shahfft, f., bondage

kneifen, k'ny-f*en*, v., to pinch, to nip [eye-glass

Kneifer, k'ny-f*er*, m., person or thing that pinches;

Kneipe, k'ny-p*e*, f., public-house, pot-house; inn

kneipen, k'ny-p*en*, v., to carouse; to tipple

kneten, k'nayt-*en*, v., to knead, to mix, to mould

Knick, k'nick, m., break, bend; flaw

knicken, k'nick-*en*, v., to crack, to break, to split

knicksen, k'nick-s*en*, v., to curtsy

Knie, k'nee, n., knee

knie(e)n, k'nee-*en*, v., to kneel

kniefällig, k'nee-fel-*ik*, adv., on bended knee

Kniegeige, k'nee-guy-g*e*, f., violoncello

Kniehosen, k'nee-hoz-*en*, f.pl., knee-breeches

Kniescheibe, k'nee-shy-b*e*, f., knee-cap

Kniff, k'nif, m., pinch(ing); fold; knack, dodge

kniffen, k'nif-*en*, v., to fold, to crease [trick

knipsen, k'nip-s*en*, v., to punch (tickets); to snap

Knirps, k'neerps, m., little fellow, nipper

knirschen, k'neersh-*en*, v., to creak; to gnash

knistern, k'nist-*ern*, v., to crackle, to rustle

Knix, k'nix, m., curtsy

Knoblauch, k'nohb-low*k*, n., garlic

Knöchel, k'ner*k*-*el*, m., knuckle; ankle

Knochen, k'noh*k*-*en*, m., bone

knöcherig, k'ner*k*-rik, a., bony, fleshless

knochig, k'noh*k*-ik, a., bony, osseous

Knödel, k'nerd-*el*, m., dumpling

Knollen, k'nohll-*en*, m., lump, bulb, tuber

knollig, k'nol-ik, a., bulbous, tuberous; lumpy
Knopf, k'noppf, m., button, knob
knöpfen, k'nerpp-fen, v., to button
Knopfloch, k'noppf-lok, n., button-hole
Knorpel, k'norp-el, m., cartilage, gristle
knorpelig, k'norpp-el-ik, a., gristly
knorrig, k'norr-ik, a., gnarled, knotted
Knospe, k'nosp-e, f., bud
knospen, k'nosp-en, v., to bud, to shoot, to sprout
Knoten, k'noht-en, m., knot; knotty point; hitch;
knoten, k'noht-en, v., to knot   [plot
knüpfen, k'nEEpp-fen, v., to tie, to knot
Knüppel, k'nEEpp-el, m., cudgel, club
knurren, k'noorr-en, v., to growl, to snarl
knurrig, k'noorr-ik, a., snarling, growling;
knusperig, k'noosp-er-ik, a., crisp   [grumbling
knutschen, k'noot-shen, v., to squeeze, to cuddle
Knüttelvers, k'nEEtt-el-fairs, m., doggerel
Kobold, koh-bollt, m., goblin, imp
Koch, kok, m., (**Köchin,** kerk-in, f.,) cook; **—er,**
    m., person who cooks; cooker, boiler;
    —geschirr, n., cooking utensils; **—herd,** m.,
    kitchen range; **—topf,** m., saucepan; **—en,**
    v., to cook, to boil
Köder, ker-der, m., bait, lure
Koffer, kof-er, m., (travelling-)trunk, box
Kohl, kohl, m., cabbage
Kohle, kohl-e, f., coal, carbon; charcoal   [mine
Kohlenbergwerk, kohl-en-bairk-vairk, n., coal-
Kohlengrube, kohl-en-groob-e, f., coal-pit
Kohlensäure, kohl-en-zoyr-e, f., carbonic acid
Kohlkopf, kohl-kopf, m., cabbage
kohlrabenschwarz, kohl-rabh-en-shvahrts, a.,
Kohlrübe, kohl-rEEb-e, f., turnip   [pitch black
Koje, koh-ye, f., berth, small cabin
Kokon, koh-kon, m., cocoon
Kokosnuß, koh-kos-nooss, f., coconut
Koks, kohks, m., coke
Kolben, kolb-en, m., butt-end (gun); carboy
Kolibri, kol-e-bree, m., humming-bird   [piston
Kolleg, kol-aik, m., lecture(-hall)
Kollege, kol-aig-e, m., colleague; mate

kollegial, kol-laig-e-ahl, a., like a colleague

Kollegium, kol-laig-e-oomm, n., council board

Koller, kol-*er*, m., rage, frenzy; staggers (horse)

kollern, kol-*er*n, v., to gurgle; to rumble; to roll

Kolonialwaren, kol-on-e-ahl-vahr-*en*, f. pl., groceries

kolossal, kol-os-ahl, a., colossal, enormous, huge

Komiker, koh-mik-*er*, m., comedian; comic actor

komisch, kohm-ish, a., funny, comical [or author

Komitee, kom-mit-tay, n., committee

Kommando, kom-mahnn-doh, n., (word of) command, order; detachment; **—brücke,** f., (captain's) bridge

kommen, kom-*en*, v., to come; to get (to a place)

Komment, kom-ahng, m., students' regulations

Kommers, kom-airs, m., students' carousal

Kommerzienrat, kom-mairt-*se*-en-raht, **m.,** (title) Councillor of Commerce

Kommis, kom-ee, m., (counting-house) clerk [bread

Kommißbrot, kom-mis-broht, n., black army-

Kommode, kom-mohd-*e*, f., chest of drawers

Komödie, kom-erd-y*e*, f., comedy, play [business]

Kompagnon, kom-pahnn-yong, m., partner (in

Komplex, kom-plex, m., plot of land. a., compli-

Komplott, kom-plot, v., plot, conspiracy [cated

komponieren, kom-pohn-eer-*en*, v., to compose

Komponist, kom-pohn-ist, m., composer

Kompott, kom-pot, n., stewed fruit

kompromittieren (sich), kom-proh-mit-eer-*en* (sik), v., to expose oneself   [ter of count

Komtesse, kom-tess-*e*, f., countess, wife or daugh-

Konditor, kon-deet-ohr, m., pastry-cook   [shop

Konditorei, kon-deet-oh-ry, f., confectioner's

Konfekt, kon-fekt, n., confectionery, sweetmeats

Konfektion, kon-fekt-se-ohn, f., ready-made clothing

Konfession, kon-fess-e-ohn, f., creed, faith

Konfirmand, kon-feerm-ahnt, m., boy (or girl) [to be confirmed

König, kern-ik, m., king

Königin, kern-ig-in, f., queen

Königreich, kern-ig-ry*k*, n., kingdom, realm

Königtum, kern-ig-toom, n., kingship, royalty

Konkurrent, kong-koor-**rent,** m., competitor

Konkurrenz, kong-koor-**rents,** f., competition

konkurrieren, kong-koor-**reer-***en*, v., to compete

Konkurs, kong-**koors,** m., bankruptcy, insolvency

können, kern-*en*, v., to be able to, to be capable

konsequent, kon-ze-**kvent,** a., consistent

Konsequenz, kon-ze-**kvents,** f., consistency; consequence

Konserve, kon-**zairv-***e*, f., tinned or bottled food

konservieren, kon-zairv-**eer-***en*, v., to preserve

Konsortium, kon-**zorts-**e-*oomm*, m., syndicate; ring; gang [ascertain; to notice

konstatieren, kon-staht-**eer-***en*, v., to state; to

Konsum, kon-**zoom,** m., consumption (of goods)

Konsument, kon-zoom-**ent,** m., consumer

Konsumverein, kon-**zoom-**fair-*ine*, m., co-oper-

Konto, kon-**toh,** n., account [ative society (stores)

Kontor, kon-**tohr,** n., office, counting-house

Konzept, kon-**tsept,** n., rough draft; copy

Kopf, kop'f, m., head; skull; sense

köpfen, kerp-fen, v., to behead; to poll (lop) trees

Kopfhaut, kop'f-howt, f., scalp

Kopfkissen, kop'f-kis-*en*, n., pillow [lettuce

Kopfsalat, kop'f-zahl-aht, m., (round-headed)

Kopfschmerz, kop'f-shmairts, m., headache

kopfüber, kop'f-**EEB-***er*, adv., head over heels

Kopfweh, kop'f-vay, n., see Kopfschmerz

Kopfzerbrechen, kop'f-tsair-brek-*en*, n., racking

koppeln, kop-*eln*, v., to tie together [of the brains

Korb, korp, m., basket, hamper, crate

Korinthe, koh-**rint-***e*, f., currant

Kork, kork, m., cork; —**zieher,** m., corkscrew

Korn, korn, n., grain (of seed); corn

Kornähre, korn-ayr-*e*, f., ear of corn

körnen, kern-*en*, v., to grain

körnig, kern-*ik*, a., granular, grainy

Kornspeicher, korn-spy-*ker*, m., corn-loft

Körper, kerp-*er*, m., body; substance; —**schaft,** f., corporation; —**lich,** a., bodily, physical; substantial

Korps, kor, n., corps, body of troops; association; —**geist,** m., public spirit, esprit de corps

Korrektur, kor-rek-**toor,** f., correction
korrigieren, kor-re-geer-*en*, v., to correct; to re-
kosen, kohz-*en*, v., to fondle, to caress [vise
Kosename(n), kohz-*e*-nahm-*e*(n), m., pet name
Kost, kost, f., food; fare; victuals
kostbar, kost-bar, a., precious, valuable; splendid
Kosten, kost-*en*, pl., cost(s), expenses
kosten, kost-*en*, v., to cost; to taste, to try (food)
Kostenanschlag, kost-*en*-ahnn-shlahk, m., esti-
Kostenpreis, kost-*en*-price, m., cost-price [mate
Kostgeld, kost-gelt, n., (cost of) board; alimony
köstlich, kerst-lik, a., delicious, dainty; precious
kostspielig, kost-shpeel-ik, a., costly, dear
Kot, koht, m., mud, filth; excrements; dung
Kotelett, kot-let, n., cutlet, chop
Köter, kert-*er*, m., cur, (pop.) tike
Kotflügel, koht-fl**EE**g-*el*, m., mud-guard
kotzen, kot-sen, v., (pop.) to vomit
Krabbe, krahbb-*e*, f., crab, shrimp; urchin, brat
krabbeln, krahbb-*e*ln, v., to wriggle; to crawl
krach, krahk, interj., bang, crash, crack
Krach, krahk, m., crash; smash; (pop.) row
krachen, krahk-*en*, v., to crash; to burst
krächzen, krek-tsen, v., to croak, to caw
Kraft, krahfft, f., strength, power; force, validity
kraft, krahfft, prep., by virtue of [broth
Kraftbrühe, krahfft-br**EE**-*e*, f., strong soup;
kräftig, kreft-ik, a., strong, vigorous, powerful
kräftigen, kreft-ig-*en*, v., to strengthen
Kraftwagen, krahfft-vahg-*en*, m., motor-car
Kraftwerk, krahfft-vairk, n., power-station
Kragen, krahg-*en*, m., collar
Krähe, kray-*e*, f., crow
krähen, kray-*en*, v., to crow
Kralle, krahll-*e*, f., claw, talon
krallen, krahll-*en*, v., to scratch, to claw
Kram, krahm, m., goods; small shop or trade; stuff
kramen, krahm-*en*, v., to rummage
Krämer, kraym-*er*, m., (small) shopkeeper
Krampf, krahmp'f, m., cramp, spasm, convulsion
krampfhaft, krahmp'f-hahfft, a., convulsive,
Kran, krahn, m., crane; tap, cock [spasmodic

Kranich, krahn- i*k*, m., crane (bird)

krank, krahnk, a., ill, sick, ailing, diseased; **—haft,** a., morbid, diseased; pathological

kränkeln, krenk-eln, v., to ail, to be ailing

kränken, krenk-en, v., to offend, to injure

Krankenhaus, krahnk-en-hows, n., hospital

Krankenkasse, krahnk-en-kahss-e, f., sick-fund

Krankenpflegerin, krahnk-en-p'flayg-er-in, f., sick-nurse   [lance[-cart]

Krankenwagen, krahnk-en-wahg-en, m., ambu-

Krankenwärter, krahnk-en-vairt-er, m., hospital-nurse

Krankheit, krahnk-hite, f., illness, disease

kränklich, krenk-li*k*, a., sickly, delicate

Kranz, krahnts, m., wreath, garland   [vate party

Kränzchen, krents-ken, n., small wreath; pri-

kratzen, krahts-en, v., to scratch; to scrape; to

kraus, krows, a., curly, frizzled; crisp   [scrawl

Krause, krowz-e, f., ruff, frill; curliness

kräuseln, kroyz-eln, v., to curl, to frizzle, to crimp

Kraut, krowt, n., plant, herb: (S. Ger.) cabbage

Krawall, krah-vahll, m., riot, noisy gathering

Krawatte, krah-vahtt-e, f., neck-tie, cravat

kraxeln, krahx-eln, v., to climb mountains

Krebs, krapes, m., crawfish, crayfish; cancer

Kreide, kry-de, f., chalk, crayon; (carbonate of)

Kreis, krice, m., circle; district, parish   [lime

kreischen, kry-shen, v., to scream, to yell, to

Kreisel, kry-zel, m., spinning-top   [shriek

kreisen, kry-zen, v., to move in a circle, to turn

kreisförmig, krice-ferm-i*k*, a., circular   [round

Kreislauf, krice-lowf, m., circulation

Kreissäge, krice-zayg-e, f., circular-saw

Kreisstadt, krice-shtahtt, f., county-town

Krempe, kremp-e, f., edge, border; brim (hat)

Kremser, krem-zer, m., break, charabanc

krepieren, kray-peer-en, v., to die, to perish; to

Krepp, krep, m., crape   [burst (shells)

Kresse, kres-e, f., cress

Kreuz, kroyts, m., cross; affliction

Kreuzband, kroyts-bahnt, n., (postal) wrapper

kreuzbrav, kroyts-brahf, a., honest to the core

kreuzen, kroyts-_en_, v., to cross

Kreuzfahrt, kroyts-fahrt, f., crusade

Kreuzgang, kroyts-gahng, m., cloister; cutting

kreuzigen, kroyts-ig-_en_, v., to crucify

Kreuzritter, kroyts-rit-_er_, m., crusader [nation

Kreuzverhör, kroyts-fair-her, m., cross-exami-

Kreuzzug, kroyts-tsook, m., crusade, Holy War

kribbelig, krib-el-_ik_, a., crotchety, fretful

kribbeln, krib-el_n_, v., to prickle, to tingle; to swarm

kriechen, kreek-en, v., to creep, to crawl

Kriecher, kreek-er, m., cringer, toady

Krieg, kreek, m., war(fare); **—en,** v., to wage war; to seize; (pop.) to receive, to get; **—er,** m., warrior; combatant; **—erisch,** a., warlike, martial; **—führung,** f., warfare; **—serklä-rung,** f., declaration of war; **—sgefangene(r),** m., prisoner of war; **—sgericht,** n., court-martial; **—sgesetz,** n., martial law; **—szustand,** m., state of war

Kriminalbeamte(r), krim-in-**ahl**-be-ahmt-_e_(r).

Krippe, krip-e, f., manger, crib [m., detective

Krise, (Krisis), kree-_ze_, (kree-ziss), f., crisis

Kritik, krit-eek, f., criticism, critique, review

Kritiker, krit-ik-_er_, m., critic, reviewer

kritisieren, krit-eez-eer-_en_, v., to criticise

kritzeln, krit-sel_n_, v., to scratch; to scribble

Krone, krohn-e, f., crown; wreath; chandelier

krönen, krern-en, v., to crown

Kronerbe, krohn-airb-_e_, m., heir to the throne

Kronprinz, krohn-prints, m., Crown Prince

Kropf, krop'f, m., gizzard, crop; goitre, wen

Kröte, krert-e, f., toad; (pop.) pl. coppers, pence

Krücke, krEck-e, f., crutch; crook(-handle)

Krug, krook, m., jug, pitcher; tavern, ale-house

Kruke, krook-e, f., stone jar or bottle

Krume(n), kroom-e(n), f., crumb

krümelig, krEEm-el-_ik_, a., crumbly, crumbling

krumm, kroomm, a., crooked, bent, curved [bend

krümmen, krEmm-en, v., to wind, to twist, to

Krümmung, krEEmm-oong, f., curve, bend

Krüppel, krEpp-el, m., cripple, deformed person

krüppelig, krEpp-el-_ik_, a., crippled

Kruste, kroost-*e*, f., crust; crackling

krustig, kroost-*ik*, a., crusty, covered with crust

Kübel, kEEb-*el*, m., vat, bucket

Küche, kEEk-*e*, f., kitchen; cooking

Kuchen, kook-*en*, m., cake

Küchenzettel, kEEk-en-tset-*el*, m., menu

Küchlein, kEEk-line, n., small cake; small chicken

Kücken, kEEk-*en*, n., chick   [chick

Kuckuck, kook-kook, m., cuckoo

Küfer, kEEf-*er*, m., cooper; cellar-man

Kugel, koog-*el*, f., ball, globe, sphere; bullet

kugeln, koog-*eln*, v., to roll; to make globular

kugelrund, koog-el-roont, a., globular, round as

Kuh, koo, f., cow   [a ball

kühl, kEEl, a., cool, fresh; cold, unfeeling

Kühle, kEEl-*e*, f., coolness, freshness

kühlen, kEEl-*en*, v., to cool; to ice (wine, etc.)

kühn, kEEn, a., bold, brave, intrepid, rash

kulant, kool-*ahnt*, a., fair; easy; obliging

Kulanz, kool-*ahnts*, f., fairness, promptness

Kulisse, kool-iss-*e*, f., (theatre) scene, wing

Kultur, koolt-*oor*, f., civilization; cultivation

(soil); breeding (cattle)

Kultusminister, koolt-oos-min-ist-*er*, m., minister of education

Kumme, koomm-*e*, f., basin, bowl   [(liqueur)

Kümmel, kEEmm-*el*, m., caraway; kümmel

Kummer, koomm-*er*, m., grief, sorrow

kümmerlich, kEEmm-er-*lik*, a., wretched, miserable, grievous   [to be stunted; to concern

kümmern, kEEmm-*ern*, v., to afflict; to grieve;

Kümmernis, kEEmm-er-niss, f., affliction, grief

kund, koont, a., (well-)known, notorious

kündbar, kEEnt-bar, a., subject to notice, at call

Kunde, koond-*e*, m., customer, client, f., science; knowledge, information   [notify

kundgeben, koont-gayb-*en*, v., to publish, to

Kundgebung, koont-gayb-oong, f., manifestation

kundig, koond-*ik*, a., acquainted (familiar) with

kündigen, kEEnd-ig-*en*, v., to give notice

Kundschaft, koont-shahfft, f., circle of customers; information

Kundschafter, koont-shahfft-*er*, m., scout, spy

künftig, KEEnft-*ik*, a., future, in times to come

Kunst, koonst, f., art; skill, cleverness

Kunstbutter, koonst-boott-*er*, f., margarine

kunstfertig, koonst-fairt-*ik*, a., possessing skill

kunstgemäß, koonst-*ge*-mayss, a., artistic

kunstgerecht, koonst-*ge*-rekt, a., according to the rules of art   [noisseur

Kunstkenner, koonst-ken-*er*, m., art expert, con-

Künstler, KEEnst-ler, m., artist, artiste   [artist

künstlerisch, KEEnst-ler-ish, a., artistic, like an

künstlich, KEEnst-lik, a., artificial; ingenious

Kunstseide, koonst-zy-d*e*, f., artificial silk

Kunststück, koonst-shtEECk, n., clever trick, feat

kunterbunt, koont-er-boont, a., gaudy, variegat-

Kupfer, koopp-f*er*, n., copper   [ed; jumbled

kupfern, koopp-f*er*n, a., (made) of copper

Kupferstich, koopp-f*er*-shtik, m., engraving

Kuppe, koopp-*e*, f., mountain-peak

Kuppel, koopp-*el*, f., cupola, dome

kuppeln, koopp-*el*n, v., to pair; to be go-between

Kuppelung, koopp-loong, f., clutch, coupling

Kuratel, koor-aht-el, f., trusteeship

Kurbel, koorb-*el*, f., crank-handle, winch-handle

kurbeln, koorb-*el*n, v., to turn a handle, to crank

Kürbis, KEErb-iss, m., pumpkin   [Brandenburg]

Kurfürst, koor-fEErst, m., elector (as elector of

Kurgast, koor-gahsst, m., visitor to a watering-

kurieren, koor-eer-en, v., to cure   [place

Kurort, koor-ort, m., health-resort, watering-place

Kurpfuscher, koor-p'foosh-*er*, m., quack, charla-

Kurs, koors, m., currency; rate of exchange   [tan

Kursbuch, koors-book, n., time-table, railway-

Kürschner, KEErsh-ner, m., furrier   [guide

Kursus, koor-zoos, m., course of lessons or lectures

kurz, koorts, a., short

Kürze, KEErt-s*e*, f., shortness; brevity [wages. etc.

kürzen, KEErt-sen, v., to shorten; to cut down

kurzerhand, koort-ser-hahnnt, adv., abruptly

kurzgefaßt, koorts-ge-fahsst, a., concise

kürzlich, KEErts-lik, adv., lately, recently; latterly

Kurzschluß, koorts-shlooss, m., short circuit
Kurzschrift, koorts-shrift, f., shorthand
kurzsichtig, koorts-zik*t*-ik, a., short-sighted
kurzum, koorts-oomm, adv., in short, in a word
Kurzweil, koorts-vile, f., amusement, pastime
kuschen, koosh-en, v., to lie down (especially
Kuß, kooss, m., kiss   [dogs)
küssen, KEESS-en, v., to kiss
Küste, KEESS-e, f., coast, beach, shore
Küster, KEESS-er, m., verger, sexton
Kutsche, koott-she, f., coach, carriage
Kutscher, koott-sh*er*, m., coachman, driver
Kutscherbock, koott-sher-bock, m., box-seat
kutschieren, koott-sheer-en, v., to drive (coach,
Kutte, koott-e, f., (monk's) cowl   [etc.)
Kuvert, koo-vair, n., envelope, wrapper, cover

labbern, lahbb-ern, v., to lap (up), to slobber
laben, lahb-en (sik), v., to refresh oneself
Lache, lahk-e, f., puddle, pool; laughter
lächeln, lek-eln, v., to smile
lachen, lahk-en, v., to laugh
lächerlich, lek-er-lik, a., laughable, ludicrous, ri-
Lachs, lahx, m., salmon   [diculous
Lack, lahk, m., lac, lacquer, varnish
lackieren, lahck-eer-en, v., to lacquer
Lackleder, lahck-laid-*er*, n., patent-leather
Lackstiefel, lahck-shteef-*el*, m., patent-leather
Lade, lahd-e, f., chest, box, trunk   [boots
Laden, lahd-en, m., shop, store(s), shutter
laden, lahd-en, v., to load, to charge, to invite
Ladentisch, lahd-en-tish, m., (shop-)counter
Laderaum, lahd-e-rowm, m., hold (of a ship)
Ladung, lahd-oong, f., load, cargo; volley
Lage, lahg-e, f., position, situation [house); stock
Lager, lahg-er,n.,bed, couch; lodging; camp; store-
Lagerbier, lahg-er-beer, n., lager(-beer) [house
Lagerhaus, lahg-er-howss, n., (bonded) ware-
lagern, lahg-ern, v., to lie down, to rest, to en-
    camp; to be stored (warehoused); to store
Lagerstätte, lahg-er-shtett, f., resting-place
lahm, lahm, a., paralysed, limping, lame; impotent

lähmen, laym-en, v., to paralyse, to make lame
Lahmheit, lahm-hite, f., lameness, paralytic con-
Lähmung, laym-oong-_l._, paralysis   [dition
Laib, lipe, m., loaf (bread)
Laie, ly-_e,_ m., layman, novice, outsider
Lakai, lahck-ky, m., lackey, footman
Laken, lahk-en, n., (linen) sheet; shroud
Lakritze, lahck-rit-se, f., liquorice
lallen, lahll-en, v., to mumble, to babble
Lamm, lahmm, n., lamb
Lampe, lahmp-e, f., lamp, light
Lampenfieber, lahmp-en-feeb-er, n., stage-fright
Lampenschirm, lahmp-en-sheerm, m., lamp-
    shade
lancieren, lahng-seer-en, v., to throw; to launch
Land, lahnnt, n., land, country, territory
landeinwärts, lahnnt-ine-vairts, adv., up country
landen, lahnd-en, v., to land, to disembark
Landenge, lahnnt-eng-e, f., isthmus
Länderei, lend-e-ry, f., landed estate(s)   [country
Landesadel, lahnn-des-ahd-el, m., nobility of the
Landesfürst, lahnn-de-fEErst, m., ruling prince
Landeskirche, lahnn-des-keerk-e, f., established
    church   [tume
Landestracht, lahnn-des-trahkt, f., national cos-
landesüblich, lahnn-des-EEp-lik, a., customary
    in a country   [against one's country
Landesverrat, lahnn-des-fair-raht, m., treason
Landgericht, lahnnt-ge-rikt, n., provincial court
Landgut, lahnnt-goot, n., country-seat (-estate)
Landkarte, lahnnt-kart-e, f., (geographical) map
landläufig, lahnnt-loyf-ik, a., customary in a
ländlich, lent-lik, a., countrylike, rural   [country
Landmann, lahnnt-mahnn, n., countryman, far-
    mer, peasant
Landmesser, lahnnt-mess-er, m., surveyor
Landpartie, lahnnt-part-ee, f., trip into country
Landrat, lahnnt-raht, m., Lord Lieutenant
Landschaft, lahnnt-shafft, f., landscape, scenery
Landsitz, lahnnt-zits, m., country-seat, villa
Landsmann, lahnnts-mahnn, m., fellow
    country-man

Landstraße, lahnnt-shtrahs-*e*, f., main-road

Landstreicher, lahnnt-shtry-*ker*, m., vagrant

Landsturm, lahnnt-shtoorm, m., defence corps

Landtag, lahnnt-tah*k*, m., diet, federal state parliament [landing-stage

Landungsbrücke, lahnnd-oonss-br*EECK-e*, f.,

Landwehr, lahnnt-vair, f., militia, territorial force

Landwirt, lahnnt-veert, m., farmer; —**schaft**, f., agriculture

lang, lahng, a., long; tall; —**e**, adv., long (time); —**en**, v., to suffice; to stretch out one's hand; to hand; to seize; —**her**, adv., long ago; —**jährig**, a., of long standing; —**sam**, a., slow; tardy; —**weilen**, v., to tire, to bore; —**weilig**, a., boring, tedious; —**wierig**, a., lengthy, long lasting

Länge, leng-*e*, f., length; stature; size; —**ngrad**, n., (degree of) longitude; —**nmaß**, n., linear measure [ousness

Lang(e)weile, lahng-(*e*)-vy-*le*, f., boredom, tedi-

länglich, leng-li*k*, a., longish, elongated

Langmut, lahng-moot, f., forbearance

längs, lengs, av. & prep., along

längst, lengst, a., longest, adv., long ago

längstens, leng-stens, adv., at the longest (latest)

Lanze, lahnt-s*e*, f., lance, spear

Lappalie, lahpp-ah*l*-y*e*, f., trifle, paltry matter

Lappen, lahpp-en, m., rag, shred; duster

lappig, lahpp-i*k*, a., limp; ragged; trifling

läppisch, lep-ish, a., foolish, nonsensical; effemin-

Lärche, lair-*ke*, f., larch-tree [ate

Lärm, lairm, m., noise, din, uproar, tumult

lärmen, lairm-en, v., to make a noise, to clamour

Larve, lahrf-*e*, f., mask; pretty face; larva, grub

Lasche, lahsh-*e*, f., latchet; flap; gusset; fish-plate

lassen, lahss-en, v., to let, to allow (to); to cause to be done; to leave

lässig, less-i*k*, a., lazy, idle, indolent; neglectful

Last, lahsst, f., burden; charge; trouble

lasten, lahsst-en, v., to weigh heavily

Laster, lahst-er, n., vice; depravity, viciousness

lasterhaft, lahst-*er*-hahft, a., vicious, depraved

Lästermaul, lest-*er*-mowl, n., scandal-monger

lästern, lest-*ern*, v., to blaspheme, to slander

Lästerung, lest-*er*-oong, f., blasphemy; slander

lästig, lest-*ik*, a., burdensome, troublesome, irksome

Lasttier, lahst-teer, n., beast of burden; drudge

Laterne, laht-airn-*e*, f., lantern   [post

Laternenpfahl, laht-airn-en-p'fahl, m., lamp-

latschen, laht-sh*en*, v., to shuffle along, to slouch

Latte, laht-t*e* f., lath

Lattengitter, laht-en-git-*er*, n., trellis(-work)

Latz, lahtts, m., bib, pinafore; flap

lau, low, a., lukewarm, tepid; half-hearted

Laub, lowp, n., foliage, leaves

Laube, lowb-*e*, f., arbour, porch

Laubfrosch, lowp-frosh, m., green frog

Laubsäge, lowp-zaig-*e*, f., fret-saw

Lauch, lowk, m., leek

Lauer, low-*er*, f., ambush, lurking(-place); am-

lauern, low-*ern*, v., to lie in wait   [buscade

Lauf, lowf, m., run(-ning); path, track; (gun)

Laufbahn, lowf-bahn, f., career; race-course   [barrel

Laufbrett, lowf-bret, n., running-board

Laufbursche, lowf-boorsh-*e*, m., errand-boy

laufen, lowf-*en*, v., to run; to flow; to course

Läufer, loyf-*er*, m., runner; narrow carpet; (chess) bishop

Lauffeuer, lowf-foy-*er*, n., wild fire

Laufgraben, lowf-grahb-*en*, m., (communica-

Lauge, lowg-*e* f., lye   [tion-) trench

Laune, lown-*e*, f., mood, humour

launenhaft, lown-en-haft, a., capricious, moody

launig, lown-*ik*, a., entertaining, droll

Laus, lowss, f., louse

Lausbube, lowss-boob-*e*, m., (pop.) (young) scamp

lauschen, lowsh-*en*, v., eavesdrop, to listen

lauschig, lowsh-*ik*, a., snug, cosy, pleasant

Lausejunge, low-ze-yoong-*e*, m., see **Lausbube**

laut, lowt, a., loud; noisy. prep., by virtue of

Laut, lowt, m., sound, tone, note

Laute, lowt-*e*, f., lute
lauten, lowt-*en*, v., to sound; to express, to phrase
läuten, loyt-*en*, v., to ring, to peal, to tinkle
lauter, lowt-*er*, a., pure, unadulterated, unsullied
läutern, loyt-*ern*, v., to purify, to chasten, to ennoble   [noble
lauwarm, low-varm, a., lukewarm
Lavendel, lah-vend-*el*, m., lavender
Lawine, lah-veen-*e*, f., avalanche
Lebemann, lay-be-mahnn, m., man about town
Leben, lay-ben, n., life, existence
leben, lay-ben, v., to live, to exist
lebendig, lay-bend-*ik*, a., alive, live; full of vigour
Lebensdauer, lay-bens-dow-*er*, f., duration of life
Lebensfreude, lay-bens-froyd-*e*, f., joy of life
Lebensgefahr, lay-bens-ge-fahr, f., danger to life
Lebensgefährte, lay-bens-ge-fair-te,m., companion for life
lebensgroß, lay-bens-grohs, a., life-size
Lebenskraft, lay-bens-krahfft, f., vital force
lebenslänglich, lay-bens-leng-lik, a., lifelong
Lebenslauf, lay-bens-lowf, m., career
Lebenslust, lay-bens-loost, f., joy of living; gaiety
Lebensmittel, lay-bens-mit-*el*, n., provisions, food   [livelihood
Lebensunterhalt, lay-bens-oont-er-hahllt, m.,
lebenswahr, lay-bens-var, a., true to life
Lebenszweck, lay-bens-tsveck, m., object in life
Leber, lay-ber, f., liver
Leberfleck, lay-ber-fleck, m., mole, birth-mark
Lebertran, lay-ber-trahn, m., cod-liver oil
Leberwurst, lay-ber-voorst, f., liver-sausage
Lebewesen, lay-be-vaiz-en, n., living creature
Lebewohl, lay-be-vohl, n., farewell
lebhaft, laip-hahfft, a., lively, vivacious
Lebkuchen, laip-kook-*en*, m., gingerbread
Lebtag, laip-tahk, m., (all the) days of one's life
lechzen, lek-tsen, v., to be parched; to yearn for
leck, leck, a., leaky, leaking
Leck, leck, m. & n., leak(-age), outlet (water)
lecken, leck-*en*, v., to lick; to leak
lecker, leck-*er*, a., dainty, delicious   [delicacy
Leckerbissen, leck-*er*-bis-en, m., dainty morsel,

Leckerei, leck-*e*-ry, f., daintiness; titbit

Leckermaul, leck-*er*-mowl, n., person fond of [good food

Leder, lay-d*er*, m., leather; hide

ledern, lay-d*ern*, a., (made) of leather; leathery

ledig, lay-dik, a., free; single; vacant [tough

lediglich, lay-dik-lik, adv., purely, simply, solely

leer, lair, a., empty, unoccupied, vacant

Leere, lair-*e*, f., void(ness), vacuum, space

leeren, lair-*en*, v., to empty, to vacate

legen, lay-g*en*, v., to lay, to put; **sich...**, sik..., to lie down; to become calm [bequeath

legieren, lay-geer-*en*, v., to alloy (metals); to

Legierung, lay-geer-oong, f., alloy, alligation

Legitimation, lay-geet-eem-ahts-yohn, f., proof of identity [to prove one's identity

legitimieren (**sich**), lay-geet-eem-eer-*en* (sik), v.,

Lehm, laim, m., loam; clay

lehmig, laim-ik, a., loamy, clayey

Lehne, lain-*e*, f., (chair-)back, arm- or elbow-rest

lehnen, lain-*en*, v., to lean, to recline; to prop

Lehnsessel, lain-sess-el, m., arm-chair, easy-chair

Lehnstuhl, lain-shtool, m., arm-chair, easy-chair

Lehranstalt, lair-ahn-shtahllt, f., college, school

Lehrbuch, lair-book, n., text-book

Lehre, lair-*e*, f., advice, tuition; apprenticeship;

lehren, lair-*en*, v., to teach, to instruct [science

Lehrer, lair-*er*, m., teacher

Lehrfach, lair-fahk, n., branch of instruction

Lehrgang, lair-gahng, m., course (of lessons)

Lehrgeld, lair-gelt, n., apprentice's premium, paying for one's experience

Lehrjunge, lair-yoorg-*e*, m., apprentice (boy)

Lehrling, lair-ling, m., apprentice, beginner

Lehrmeister, lair-my-st*er*, m., tutor; master of an apprentice

Lehrmittel, lair-mitt-el, n., appliance for teaching

Lehrplan, lair-plahn, m., curriculum, plan of [teaching

lehrreich, lair-ry'k, a., instructive

Lehrsatz, lair-zahtts, m., proposition; doctrine

Lehrstuhl, lair-shtool, m., professor's chair

Leib, lipe, m., body; belly, abdomen; womb

Leibbinde, lipe-bin-d*e*, f., sash; belly-band

Leibchen, lipe-*ken*, n., bodice, corset; small body
leibeigen, lipe-i-*gen*, a., in bondage
Leibeigene(r), lipe-i-gen-*e*(r), m., serf, bondsman
Leibeserbe, ly-bes-airb-*e*, m., legitimate heir
Leibeskraft, ly-bes-krahfft, f., physical strength
Leibesübung, ly-bes-EEB-oong, f., physical
    exercise   [guard
Leibgarde, lipe-gard-*e*, f., life-guard(s), body-
Leibgericht, lipe-ge-rikt, n., favourite dish
leibhaft(ig), lipe-hahfft(-ik), a., real, personified
leiblich, lipe-ik, a., corporeal; earthly; worldly
Leibrente, lipe-rent-*e*, f., life annuity
Leibschmerzen, lipe-shmairt-sen,   m.pl.
    stomach-ache
Leibwäsche, lipe-wesh-*e*, f., body-linen
Leiche, ly-*ke*, f., corpse, dead body
leichenblaß, ly-ken-blahss, a., deadly pale
Leichenfeier, ly-ken-fy-*er*, f., funeral rites [sheet
Leichenhemd, ly-ken-hemt, n., shroud, winding-
Leichenschau, ly-ken-show, f., inquest (on body)
Leichenwagen, ly-*ken*-vahg-en, m., hearse
Leichnam, ly*k*-nahm, m., corpse
leicht, lykt, a., light (in weight); easy; light; slight
leichtfaßlich, ly*k*t-fahss-lik, a., easy to under-
    stand   [frivolous
leichtfertig, ly*k*t-fairt-ak, a., light-hearted
leichtfüßig, ly*k*t-FEESS-ik, a., light-footed, nim-
leichtgläubig, ly*k*t-gloyb-ik, a., credulous [ble
leichtherzig, ly*k*t-hairt-sik, a., light-hearted
leichthin, ly*k*t-hin, adv., lightly   [ease
Leichtigkeit, ly*k*t-ik-kite, f., lightness (weight)
leichtlebig, ly-*k*t-laib-ik, a., easy-going, happy-
    go-lucky   [ness
Leichtsinn, ly*k*t-zin, m., carelessness, reckless-
leichtsinnig, ly*k*t-zin-ik, a., careless, reckless
leid, lite, a., **es tut mir leid** = I am sorry
Leid, lite, n., injury; wrong; harm; grief; pain
leiden, ly-der, v., to suffer; to allow, to permit
Leiden, ly-den, n., suffering; ailment; disease;
   —**schaft**, f., passion; —**schaftlich**, a.,
   passionate; —**sgefährte**, m., companion in
   trouble

leider, ly-der, interj., unfortunately
leidlich, lite-lik, a., bearable; passable
Leier, ly-er, f., lyre; wearisome (old) tune
Leierkasten, ly-er-kahsst-en, m., street-organ
leiern, ly-ern, v., to grind out a tune; to turn a
leihen, ly-en, v., to lend [handle
Leihhaus, ly-hows, n., pawnshop
leihweise, ly-vy-ze, adv., on hire; by way of a loan
Leim, lime, m., glue
leimen, lime-en, v., to glue; to lime (birds)
Lein, line, m., flax
Leine, line-e, f., cord, line, thin rope; leash
leinen, line-en, a., (of) linen
Leinen, line-en, n., linen (goods)
Leinentuch, line-en-took, n., (linen-) sheet
Leinöl, line-erl, n., linseed-oil
Leinsamen, line-zahm-en, m., linseed, flax-seed
Leinwand, line-vahnt, f., linen; canvas
leise, ly-ze, a., soft, gentle, low
Leiste, ly-ste, f., border, moulding, slat; groin
leisten, ly-sten, v., to render, to perform
leisten (sich), ly-sten (sik), v., to afford a thing
Leisten, ly-sten, m., boot-tree, last
Leistung, ly-stoong, f., accomplishment; capacity
leistungsfähig, ly-stoongs-fay-ik, a., efficient
leiten, lite-en, v., to lead; to conduct; to manage
Leiter, lite-er, m., leader, conductor; manager
Leiter, lite-er, f., ladder, steps [grammar (book)
Leitfaden, lite-fahd-en, m., clue; elementary
Leithammel, lite-hahmm-el, m., bell-wether,
Leitsatz, lite-zahtts, m., guiding rule [leader
Leitung, lite-oong, f., lead(ing), conduct(ing);
conduit; management
Lektion, lekt-se-ohn, f., lesson, lecture
Lektor, leck-tohr, m., (university) lecturer
Lektüre, leck-teer-e, f., reading (matter)
Lende, lend-e, f., loin; hip; thigh; —nbraten, m.,
roast loin, sirloin
lenken, lenk-en, v., to turn; to bend; to drive;
Lenz, lents, m., (poetic) spring-time [to direct
Lepra, lay-prah, f., leprosy
Lerche, lairk-e, f., (sky-)lark

lernbegierig, lairn-be**-geer-**ik, a., eager to learn

lernen, lairn-en, v., to learn, to study; to serve

Lese, lay-ze, f., picking; vintage [apprenticeship

lesen, lay-zen, v., to read

leserlich, lay-zer-lik, a., legible; easy to read

Lesezeichen, lay-ze-tsy-ken, n., bookmark

letzt, letst, a., last; latest; ultimate, final

letztens, lets-tens, adv., lastly, finally

letzthin, letst-hin, adv., lately, of late

leuchten, loyk-ten, v., to shine, to give light

Leuchter, loyk-ter, m., candlestick; chandelier

Leuchtfeuer, loykt-foy-er, n., beacon

Leuchtkäfer, loykt-kay-fer, m., glow-worm, fire-

Leuchtturm, loykt-toorm, m., lighthouse   [fly

leugnen, loyg-nen, v., to deny; to retract   [fame

Leumund, loy-moont, m., repute, reputation;

Leumundszeugnis, loy-moonts-tsoyk-niss, n.,
(certificate of) character

Leute, loyt-e, m. pl., people; men; workpeople

leutselig, loyt-zayl-ik, a., affable, condescending

Libelle, le-bel-e, f., dragon-fly

Licht, likt, n., light; brightness; illumination;
candle; —**bild,** n., photograph; —**strahl,** m.,
ray of light; —**ung,** f., clearing; glade; thin-
ning (of ranks)

lichterloh, lik-ter-loh, adv., (blazing) brightly

lichtscheu, likt-shoy, a., afraid of (day-)light

Lid, leet, n., (eye-)lid

lieb, leep, a., dear, beloved

liebäugeln, leep-oyg-eln, v., to ogle

Liebchen, leep-ken, n., beloved (one), sweetheart

Liebe, leeb-e, f., love, affection; fondness

Liebelei, leeb-e-ly, f., flirtation; dallying

lieben, leeb-en, v., to love, to be fond of [rather

lieber, leeb-er, a. & adv., (compar. of **lieb**) dearer;

liebenswürdig, leeb-ens-VEErd-ik, a., amiable,
lovable

Liebesdienst, leeb-es-deenst, m., kind service,
good turn

Liebeserklärung, leeb-es-air-klair-oong, f., declaration of love

Liebesgabe, leeb-es-gahb-e, f., charitable gift

Liebespaar, leeb-*es*-pahr, n., courting couple
liebevoll, leeb-*e*-fol, a., loving, affectionate; kind-hearted [of
liebgewinnen, leep-g*e*-vin-*en*, v., to become fond
liebhaben, leep-hahb-*en*, v., to love; to be fond of
Liebhaber, leep-hahb-*er*, m., lover; leading actor
Liebhaberei, leep-hahb-*e*-ry, f., fancy, hobby
liebkosen, leep-koz-*en*, v., to caress, to fondle
lieblich, leep-lik, a., lovely; agreeable, pleasing
Liebling, leep-ling, m., darling, pet; favourite
liebreich, leep-ry'k, a., loving, affectionate
Liebreiz, leep-ry'ts, m., charm, gracefulness
Liebschaft, leep-shahft, f., love-affair
Lied, leet, n., song, tune, melody; —**erkranz,** m., collection of songs
liederlich, leed-er-lik, a., slovenly; dissolute
Lieferant, leef-er-ahnt, m., supplier, contractor
liefern, leef-ern, v., to deliver, to supply [supply
Lieferung, leef-er-oong, f., delivery; consignment;
liegen, leeg-*en*, v., to lie, to be lying (situated)
Liga, leeg-ah, f., league
Likör, le-ker, n., liqueur, cordial
lila, lee-lah, a., lilac(-coloured), pale mauve
Lilie, leel-ye, f., lily
lind, lint, a., soft, gentle
Linde, lin-de, f., lime(-tree), linden(-tree)
lindern, lin-dern, v., to soften; to alleviate, to ease
Lindwurm, lint-voorm, m., dragon; griffin
Lineal, lin-e-ahl, n., ruler; rule
Linie, leen-ye, f., line, rule; lineage
liniieren, lin-e-eer-*en*, v., to rule, to line
link, link, a., left (-hand side); port (ships)
linkisch, link-ish, a., clumsy, awkward
links, links, adv., on the left; on the reverse side
Linse, lin-ze, f., lentil; (crystalline) lens
Lippe, lip-e, f., lip
lispeln, lisp-eln, v., to lisp; to murmur; to ripple
List, list, f., craftiness, cunning, artifice
Liste, list-e, f., list, register, schedule
listig, list-ik, a., cunning, crafty, wily
Listigkeit, list-ik-kite, f., craftiness
Literat, lit-er-aht, m., literary man, writer

Litfaßsäule, lit-fahss-zoyl-*e*, f., advertisement [pillar

Litze, lit-ze, f., lace, braid, cord

Livree, leev-ray, f., livery, uniform

Lob, lohp, n., praise, applause; good mark

loben, lohb-*en*, v., to praise

lobenswert, lohb-*ens*-vairt, a., praiseworthy

löblich, lerp-*lik*, a., laudable, praiseworthy

Loch, lok, n., hole; opening; aperture

lochen, lok-*en*, v., to perforate

löcherig, lerk-*er*-ik, a., full of holes, perforated

Locke, lock-*e*, f., curl, lock, ringlet

locken, lock-*en*, v., to curl; to allure

locker, lock-*er*, a., loose; spongy

lockern, lock-*ern*, v., to loosen; to slacken

lockig, lock-ek, a., curly

Lockmittel, lock-mit-*el*, n., bait; temptation

Loden, lohd-*en*, m., rough (woollen) cloth

lodern, lohd-*ern*, v., to blaze (flare) up

Löffel, lerff-*el*, m., spoon; ladle

löffeln, lerff-*eln*, v., to ladle; to eat with a spoon

löffelweise, lerff-*el*-vy-ze, adv., by spoonfuls

Loge, lohsh-*e*, f., (theatre) box; lodge; **—nbruder,** m., (brother) mason; **—nschließer,** m., theatre attendant

logieren, lohsh-eer-*en*, v., to lodge

Logis, lohsh-ee, n., lodgings, apartments

lohen, loh-*en*, v., to tan; to blaze up

Lohn, lohn, m., reward, recompense; wage(s)

lohnen, lohn-*en*, v., to reward; to pay wages

lohnen (sich) lohn-*en* (*sik*), v., to be profitable

Löhnung, lern-oong, f., pay(ment of wages)

Lokal, loh-kahl, n., premises; restaurant; resort

Lokomobile, loh-koh-moh-beel-*e*, f., traction-[engine

Loos, lohs, n., see Los

Lorbeer, lor-bair, m., laurel(-tree), bay(-tree)

Lorbeerkranz, lor-bair-krahnts, m., laurel-[wreath

Lore, lohr-*e*, f., lorry, truck

Los, lohs, n., lot; lottery-ticket; fate, destiny

los(e) lohz-(*e*), a., loose, slack [get the knack

losbekommen, lohs-be-kom-*en*, v., to loosen; to

losbinden, lohs-bin-den, v., to untie

Löschblatt, lersh-blahtt, n., blotting-paper

Löscheimer, lersh-i-mer, m., fire-bucket

löschen, lersh-*en*, v., to extinguish; to quench; to blot (out); to unship

Löschpapier, lersh-pahp-eer, n., see Löschlose, loh-ze, a., loose; movable; dissipated [blatt

Lösegeld, lerz-e-gelt, n., ransom

losen, loh-zen, v., to draw lots, to toss

lösen, lerz-en, v., to loosen; to sever; to (dis)solve; to take (tickets)

losfahren, lohs-fahr-en, v., to ride (drive, dash) off

losgehen, lohs-gay-en, v., to go off (or for)

loskaufen, lohs-kowf-en, v., to ransom, to redeem

loskommen, lohs-kom-en, v., to get off; to be set free

loslassen, lohs-lahss-en, v., to let go; to release

löslich, lers-lik, a., soluble, dissolvable   [free

losmachen, lohs-mahk-en, v., to untie, to undo, to

losschießen, lohs-sheess-en, v., to fire (away); to start firing   [hammer; to get rid of

losschlagen, lohs-shlahg-en, v., to loosen with a

losschrauben, lohs-shrowb-en, v., to unscrew

losspringen, lohs-shpring-en, v., to snap off; to jump at

losstürmen, lohs-shteErm-en, v., to (take by) storm

lostrennen, lohs-tren-en, v., to sever; to unstitch

Losung, lohz-oong, f., casting lots; pass-word, battle-cry

Lösung, lerz-oong, f., solution; severance

loswerden, lohs-vaird-en, v., to get rid of

losziehen, lohs-tsee-en, v., to pull off; to go away; to gird against

Lot, loht, n., (weight) about 10 grammes; plumblöten, lert-en, v., to solder   [line

Lotleine, loht-line-e, f., plumb-line, plummet

Lotse, loht-se, m., pilot (ship)   [person) along

lotsen, loht-sen, v., to pilot; (pop.) to drag (a

lottern, lot-ern, v., to lead a fast life

Löwe, lerv-e, m., lion; —maul, n., snapdragon; —nzahn, m., dandelion

Luchs, looks, m., lynx; artful person

Lücke, lEEck-e, f., gap, hiatus; breach, break

Luder, lood-*er*, n., abomination; beast
Luft, looft, f., air; gas; breath
Luftdruck, looft-droock, m., air-pressure
lüften, lEEft-*en*, v., to ventilate; to lift (hat)
luftig, looft-*ik*, a., airy; lofty; light as air
luftleer, looft-lair, a., void of air
Luftlinie, looft-leen-*ye*, f., bee-line, as the crow [flies
Luftschloß, looft-shloss, n., castle in the air
Luftstoß, looft-shtohss, m., gust of wind
Luftzug, looft-tsook, m., draught of air, air-
Lüge, lEEg-*e*, f., lie, falsehood [current
lügen, lEEg-*en*, v., to lie, to tell falsehoods
Lügner, lEEg-*ner*, m., liar
lügnerisch, lEEg-*ner*-ish, a., lying, untruthful
Luke, look-*e*, f., hatchway; dormer-window
Lümmel, lEEmm-*el*, m., lout, boor
lümmeln, lEEmm-*eln*, v., to slouch
Lump, loomp, m., shabby fellow, scamp, rascal
Lumpen, loomp-*en*, m., rag; rubbish; **—geld,** n., insignificant sum; **—gesindel,** **—pack,** n., riff-raff, rabble; **—kram,** m., wretched stuff
Lumperei, loomp-*e*-ry, f., trash, rubbish
lumpig, loomp-*ik*, a., tattered; scurvy
Lunge, loong-*e*, f., lung [f., pneumonia
Lungenentzündung, loong-*en*-ent-tsEEnd-oong,
lungern, loong-*ern*, v., to loiter; to covet a thing
Lunte, loont-*e*, f., slow match; tail, brush
Lupe, loop-*e*, f., magnifying glass
Lust, loost, f., desire; inclination; joy
Lustbarkeit, loost-bar-kite, f., festivity, revelry
lüsten (nach), lEEst-*en* (nahk), v., to have desire
Lüster, lEEst-*er*, m., lustre, chandelier [for
lüstern, lEEst-*ern*, a., longing for; lustful
lustig, loost-*ik*, a., gay, jovial, laughable
Lustmord, loost-mort, m., murder for pleasure
Lustspiel, loost-shpeel, n., comedy
lustwandeln, loost-vahnd-*eln*, v., to stroll, to
lutschen, loott-sh*en*, v., to suck [promenade
Luxus, loox-ooss, m., luxury

M. = Mark, mark, f., mark (coin)

Maat, maht, m., (ship's) mate; comrade

machen, mah*k*-en, v., to make, to do, to matter

Machenschaft, mah*k*-en-shahfft, f., machination, intrigue

Macherei, mah*k*-e-ry, f., bungling [intrigue

Macht, mah*k*t, f., might, authority, power; **—befugnis**, f., (full) power; **—haber**, m., person in power; **—spruch**, m., decree, peremptory order

mächtig, me*k*t-i*g*;a., mighty, powerful, considerable [able

Mädchen, mait-*k*en, n., girl, maid, maiden

Made, mahd-e, f., maggot, grub, (cheese-)mite

Mädel, maid-el, n., (pop.) girl

madig, mahd-i*k*, a., maggoty, worm-eaten

mag, mahg, 3rd pers. sing. of **mögen**, likes, may

Magd, mah*k*t, f., (maid or farm-)servant

Magen, mahg-en, m., stomach; gizzard

Magenschmerzen, mahg-en-shmairt-sen, m.pl., stomach pains [stomach pains

mager, mahg-er, a., a lean, thin

magern, mahg-ern, v., to grow thin

Magistrat, mahg-ist-raht, m., town-council, corporation; **—ur**, f., municipal council

Mahagoni, mah-hah-gohn-e, n., mahogany

mähen, may-en, v., to mow, to cut (grass, etc.), to reap [reap

Mahl, mahl, n., meal, repast, feast

mahlen, mahl-en, v., to grind, to mill

Mahlzeit, mahl-tsite, f., meal, repast

Mähne, mayn-e, f., mane; (pop.) head of hair

mahnen, mahn-en, v., to remind, to admonish

Mahnung, mahn-oong, f., dunning; warning

Mähre, mayr-e, f., mare; old horse

Maid, mite, f., (poet.) maid(en)

Maiglöckchen, my-glerck-ken, n., lily-of-the-valley [valley

Maikäfer, my-kay-fer, m., cockchafer

Mais, mice, m., maize, Indian corn

Maiskolben, mice-kolb-en, m., corn-cob

majorenn, mah-yoh-ren, a., of age, having attained majority

Makel, mahk-el, m., stain, blot; blemish

Mäkelei, mayk-e-ly, f., fault finding

mäkeln, mayk-eln, v., to find fault, to cavil

Makler, mahk-ler, m., broker, commission-agent

Makrele, mahk-rayl-e, f., mackerel

Makrone, mahk-**rohn**-*e*, f., macaroon
Makulatur, mahk-oo-laht-**oor**, f., waste-paper
Mal, mahl, n., mole, (birth-)mark; time(s)
malen, mahl-*en*, v., to paint, to depict
Maler, mahl-*er*, m., painter, artist
Malerei, mahl-*e*-**ry**, f., (art of) painting
malerisch, mahl-*er*-ish, a., picturesque, artistic
Malheur, mahl-**er**, n., misfortune, accident
Malz, mahlts, n., malt
man, mahn, indef. pron., one, people, they
manch, mahnn*k*, a., many a, many a one
mancherlei, mahnn-**ker**-ly, a., different (kinds
of), many, various, diverse [often
manchmal, mahnn-*k*mahl, adv., sometimes,
Mandarine, mahnn-dah-**reen**-*e*, f., tangerine
Mandat, mahnn-**daht**, n., mandate, authorization;
Mandel, mahnn-del, f., almond; tonsil [decree
Mange(l), mahng-*e*(l), f., mangle
Mangel, mahng-*el*, m., want, lack, scarcity, absence, shortcoming
mangelhaft, mahng-*el*-hahfft, a., defective, imperfect, insufficient
mangeln, mahng-*eln*, v., to be wanting (in)
mangels(an), mahng-*els*(ahn), prep., in default
Manie, mahn-**ee**, f., mania [(of)
Manier, mahn-**eer**, f., manner, mode, fashion
manierlich, mahn-**eer**-li*k*, a., well-mannered
(bred); polite [shortness
Manko, mahng-koh, n., deficiency, shortage
Mann, mahn, m., man; husband; **—esalter,** n.,
man's estate, age of manhood; **—schaft,** f.,
crew, (ship's) company; team; gang of men;
—sleute, m.pl., men, the male sex
Männchen, men-*ken*, n., little man, manikin;
male animal
mannhaft, mahnn-hahfft, a., manly, virile, brave
mannigfach, mahnn-i*k*-fah*k*, a., manifold, varied
mannigfaltig, mahnn-i*k*-fahlt-i*k*, a., manifold,
multifarious
männlich, men-li*k*, a., male, masculine
Mansarde, mahnn-**zard**-*e*, f., attic, garret [mess
Mansch, mahnnsh, m., mixture, hotch-potch,

manschen, mahnn-shen, v., to mix, to concoct a mess

Manschette, mahnn-shet-e, f., cuff, wristband; **—nknopf,** m., cuff-link [casing

Mantel, mahnn-tel, m., mantle, coat, cloak

Manufaktur, mahnn-oo-fahck-toor, f., factory; (textile) mill; **—waren,** f., pl., manufactured goods, especially textiles

Mappe, mahpp-e, f., portfolio, album, satchel

Märchen, mair-ken, n., fairy-tale, fable, romance

märchenhaft, mair-ken-hahfft, a., legendary, like a fairy-tale

Marder, mard-er, m., marten [a fairy-tale

Märe, mair-e, f., rumour; news, tidings; fairy-tale

Marienkäfer, mar-ee-en-kayf-er, m., lady-bird

Marine, mar-een-e, f., navy, fleet [inate

marinieren, mar-een-eer-en, v., to pickle, to mar-

Mark, mark, n., marrow; pith; vigour, f., mark (coin); f., parish-land; frontier-country; **—stein,** m., boundary stone; epoch

markant, mark-ahnnt, a., marked

Marke, mark-e, f., token, sign; stamp; brand

Markgraf, mark-grahf, m., margrave [pretend

markieren, mark-eer-en, v., to emphasize; to

Markt, markt, m., market; fair; trade, business

Marktbude, markt-bood-e, f., market-stall

Marktflecken, markt-fleck-en, m., market-town

Marktplatz, markt-plahtts, m., market-place

Marktschreier, markt-shry-er, m., cheap-jack

Marmelade, marm-e-lahd-e, f., jam

Marmor, marm-ohr, m., marble

Marmorbild, marm-ohr-bilt, n., marble statue

Marone, mar-ohn-e, f., sweet chestnut

Marsch, marsh, m., march, f., marshy land

marschbereit, marsh-be-rite, a., ready to march

marshieren, marsh-eer-en, v., to march

Marstall, mar-shtahll, m., royal stables or stud

Marter, mart-er, f., torture, torment, agony

Märterer, mairt-er-er, m., martyr

martern, mart-ern, v., to torture, to torment, to put on the rack

Märtertum, mairt-er-toom, n., martyrdom

Märtyrer, mairt-e-rer, m., martyr

Masche, mahsh-*e*, f., mesh, stitch

maschig, mahsh-*ik*, a., meshy, formed of meshes

Masern, mah-zern, f. pl., measles [size

Maß, mahss, n., measure; rate, proportion; extent;

Masse, mahss-*e*, f., bulk, mass, volume; quantity

massenhaft, mahss-*en*-hahfft, a., & adv., massed together, numerous: (pop.) heaps

maßgebend, mahss-gayb-*ent*, a., decisive, authoritative, leading

massieren, mahss-eer-*en*, v., to massage

massig, mahss-*ik*, a., solid, massive, bulky

mäßig, mace-*ik*, a., moderate; temperate: frugal

mäßigen, mace-ig-*en*, v., to moderate; to modify

Maßkrug, mahss-krook, m., quart-pot (-can)

Maßnahme, mahss-nahm-*e*, f., step; measure

Maßregel, mahss-raig-*el*, f., measure

maßstab, mahss-shtahp, m., rule(r); scale

Mast, mahsst, m., (ship) mast. f., fattening, mast

Mastdarm, mahsst-darm, m., great gut, rectum

mästern, mest-*en*, v., to fatten; to batten

Material, maht-air-ee-ahl, n., material

Materie, maht-air-ye, f., matter; subject

Matratze, maht-rahtt-*se*, f., mattress

Matrose, maht-roh-*se*, m., seaman, sailor, mariner

Matsch, mahttsh, m., slush, slop, pulp, mash

matschig, mahttsh-*ik*, a., muddy, messy, sloppy

matt, mahtt, a., exhausted, jaded, lifeless; dull; faint; mat, (chess) mate

Matte, mahtt-*e*, f., mat(ting); mead, meadow

Mauer, mow-*er*, f., wall; partition; —**blümchen,** n., wallflower; —**n,** v., to build wall

Maul, mowl, n., snout, muzzle; (pop.) big mouth

Maulbeere, mowl-bair-*e*, f., mulberry

Maulesel, mowl-ayz-*el*, m., mule

Maulkorb, mowl-korp, m., (dogs, etc.) muzzle

Maulschelle, mowl-shel-*e*, f., box on the ear

Maulsperre, mowl-shpairr-*e*, f., lock-jaw

Maultier, mowl-teer, n., see Maulesel

Maulwurf, mowl-voorf, m., mole

Maurer, mowr-*er*, m., bricklayer, mason; builder

Maus, mows, f., mouse [mouse

mauschenstill, moys-*ken*-shtill, a., quiet as a

Mausefalle, mow-ze-fahll-e, f., mouse-trap
mausen, mowz-en, v., to catch mice; to sneak
mausern, mow-zern, v., to moult
mausetot, mow-ze-toht, a., stone-dead
Mechanik, mek-ahn-ik, f., mechanics, mechanism
Mechaniker, mek-ahn-ik-er, m., mechanic
meckern, meck-ern, v., to bleat   [fitter
Medaille, may-dahll-ye, f., medal
Medikament, may-de-kah-ment, n., medicine,
Medizin, may-de-tseen, f., medicine, physic [drug
Mediziner, may-de-tseen-er, m., medical man or
Meer, mair, n., sea, ocean, main   [student
Meerbusen, mair-booz-en, m., gulf, bay
Meerenge, mair-eng-e, f., straits, channel
Meeresspiegel, mair-es-shpeeg-el, m., sea-level
Meerrettich, mair-ret-ik, m., horse-radish
Meerschweinchen, mair-shvine-ken, n., guinea-
Mehl, mail, n., flour, meal   [pig
mehlig, mail-ik, a., floury, mealy; farinaceous
Mehlspeise, mail-shpy-ze, f., farinaceous food;
mehr, mair, adv., more   [pudding
mehrdeutig, mair-doyt-ik, a., ambiguous
mehren, mair-en, v., to multiply, to increase
mehrere, mair-e-re, a., several, a few, different
mehrfach, mair-fahk, a., manifold. adv., repeat-
   edly, on several occasions
Mehrheit, mair-hite, f., majority; plurality
mehrmal(s), mair-mahl(s), adv., several times
Mehrzahl, mair-tsahl, f., plural; greater part
meiden, my-den, v., to avoid, to shun
Meierei, my-e-ry, f., (dairy-)farm
Meile, my-le, f., mile
meilenweit, my-len-vite, a., stretching for miles,
mein, mine, poss. a. & pron., my, mine [miles away
Meineid, mine-ite, m., perjury, false oath
meineidig, mine-i-dik, a., perjured
meinen, my-nen, v., to mean; to signify; to purpose; to think, to opine; to assert
meinerseits, mine-er-zites, adv., on my part, as
   to myself   [like myself
meinesgleichen, my-nes-gly-ken, pron., people
meinesteils, my-nes-tiles, adv., on my part

meinet-halben, -wegen, -willen, my-net-hahllb-*en,* vay-*gen,* vil-*en,* adv., on my account, for my sake

Meinung, my-*noong,* f., opinion, view; intention, [wish

Meise, my-*ze,* f., tomtit; titmouse

Meißel, my-*sel,* m., chisel

meißeln, my-*seln,* v., to carve, to chisel

meist, my'st, a., most, greatest [(auctions)

meistbietend, my'st-beet-*ent,* a., bidding most

meistens, my-*stens,* adv., mostly, in most cases, generally, mostly

Meister, my-*ster,* m., master; champion (sport)

meisterhaft, my-*ster*-hahfft, a., masterly. adv.; [perfection

meistern, my-*stern,* v., to master

Meisterschaft, my-*ster*-shahfft, f., championship, mastery

Meisterstück, my-*ster*-shteeck, n., masterpiece

Meistgebot, my'st-*ge*-boht, n., highest bid

Melange, may-lahng-she, f., mixture

Melasse, may-lahss-*e,* f., molasses, treacle

melden, meld-*en,* v., to announce, to inform, to report; **sich —,** si*k* —, to report oneself

Meldung, meld-*oong,* f., notification; report

melken, melk-*en,* v., to milk

Memme, mem-*e,* f., coward, poltroon

Menage, men-ah-she, f., household

Menge, meng-*e,* f., crowd, quantity, swarm

mengen, meng-*en,* v., to mix. **sich —,** si*k* — to meddle

Mensch, mensh, m., man, human being. n., hussy

Menschenalter, men-shen-ahlt-*er,* n., generation; age of man [thrope

Menschenfeind, men-shen-fy'nt, m., misan-

Menschenfreund, men-shen-froynt, m., philanthropist

Menschenkenner, men-shen-ken-*er,* m., a judge of human nature

menschenmöglich, men-shen-*merk*-li*k,* a., feasible; humanly possible

menschenscheu, men-shen-shoy, a., unsociable

Menschenschlag, men-shen-shlahk, m., race of men

Menschenverstand, men-shen-fair-shtahnnt, m., common-sense

Menschheit, mensh-hite, f., mankind; human

menschlich, mensh-lik, a., human(e) [nature

Menschlichkeit, mensh-lik-kite, f., humaneness

Mensur, men-zoor, f., (students') fencing bout

merkbar, mairk-bar, a., perceptible, noticeable

merken, mairk-en, v., to mark, to note, to observe

merkenswert, mairk-ens-vairt, a., noteworthy

merklich, mairk-lik, a., perceptible; visible

Merkmal, mairk-mahl, n., characteristic

merkwürdig, mairk-VEErd-ik, a., strange, curious, noteworthy

merkwürdigerweise, mairk-VEErd-ig-er-vy-ze, adv., curious to relate

Meßamt, mess-ahmmt, n., (office of) mass

Messe, mess-e, f., mass; fair

messen, mess-en, v., to measure; to gauge

Messer, mess-er, n., knife

Messing, mess-ing, n., brass

Metall, mait-ahll, n., metal

metallen, mait-ahll-en, a., of metal

Meter, mait-er, m., metre

Metermaß, mait-er-mahs, n., metric measurement; equivalent to inch-tape

Metier, mait-yay, n., calling, vocation

Mettwurst, met-voorst, f., (soft) German sausage

metzeln, met-seln, v., to massacre

Metzger, mets-gher, m., butcher

Meuchelmord, moyk-el-mort, m., assassination

Meuchelmörder, moyk-el-merd-er, m., assassin

meuchlerisch, moyk-ler-ish, a., treacherous, like

Meute, moyt-e, f., pack (hounds) [an assassin

Meuterei, moyt-e-ry, f., mutiny

Meuterer, moyt-er-er, m., mutineer

meutern, moyt-ern, v., to mutiny

mich, mik, pers. pron., accus. of **ich,** me

Mieder, meed-er, n., corsage, tight bodice

Miene, meen-e, f., mien, air, look

Miete, meet-e, f., hire; rent; tenancy

mieten, meet-en, v., to hire, to rent; to charter

Mieter, meet-er, m., tenant

Mietskaserne, meets-kah-zairn-*e*, f., tenement-building [building

Milch, mil*k*, f., milk; soft roe (fish)

milchig, mil*k-ik*, a., milky, like milk [pudding

Milchspeise, mil*k*-shpy-ze, f., milk-diet; milk-

Milchstraße, mil*k*-shtrahs-*e*, f., milky-way [farm

Milchwirtschaft, mil*k*-veert-shahfft, f., dairy-

mild(e), milld(-*e*), a., mild, gentle, soft; lenient

Milde, milld-*e*, f., mildness, gentleness, softness; leniency   [to mitigate

mildern, milld-*ern*, v., to make mild; to soothe;

mildherzig, millt-hairt-sik, a., tender-hearted

mildtätig, millt-tait-ik, a., charitable

Milieu, mil-*yer*, n., sphere; atmosphere; tone

Milz, millts, f., spleen

minder, min-*der*, a. & adv., less(er); smaller;

Minderheit, min-*der*-hite, f., minority   [minor

minderjährig, min-*der*-yair-*ik*, a., under age

mindern, min-*dern*, v., to lessen, to decrease

minderwertig, min-*der*-vairt-*ik*, a., inferior

mindest, min-*dest*, adv., least, lowest, smallest

Mine, meen-*e*, f., mine

Minenbau, meen-*en*-bow, m., mining

Ministerium, minn-ist-air-e-*oomm*, n., ministry

Ministerpräsident, minn-ist-*er*-pray-ze-*dent*, m., prime minister

Minne(ge)sang, minn-*e*(ge)-zahng, m., love-song

Minorität, meen-o-re-tayt, f., minority

Minute, meen-*oot*-*e*, f., minute

mir, meer, pers. pron. dative of **ich,** to me, me

mischen, mish-*en*, v., to mix; to alloy; to mingle; to shuffle cards; **sich —,** si*k* —, to interfere, to meddle

Mischling, mish-ling, m., hybrid, cross-breed

Mischmasch, mish-mahsh, m., jumble; mess

Mischrasse, mish-rahss-*e*, f., cross-breed

Mispel, misp-*el*, f., medlar

mißachten, miss-ah*kt*-*en*, v., to disregard; to despise, to disdain

mißarten, miss-art-*en*, v., to degenerate

Mißbehagen, miss-*be*-hahg-*en*, n., an uncomfortable feeling; discontent

mißbilligen, miss-bil-ig-*en*, v., to disapprove (of)

Mißbrauch, miss-browk, m., abuse, wrong use

mißbrauchen, miss-browk-en, v., to misuse

missen, miss-en, v., to miss; to dispense with

Mißerfolg, miss-air-follk, m., failure, ill-success

Missetat, miss-e-taht, f., misdeed; crime

Missetäter, miss-e-tayt-er, m., evil-doer; criminal

mißfallen, miss-fahll-en, v., to displease

Mißgeburt, miss-ge-boort, f., monster, deformity, cripple from birth

Mißgeschick, miss-ge-shick, n., misfortune

mißgestaltet, miss-ge-shtahllt-et, a., misshapen, deformed [low-spirited

mißgestimmt, miss-ge-shtimmt, a., depressed,

mißgönnen, miss-gernn-en, v., to begrudge

Mißgunst, miss-goonst, f., jealousy, envy; grudge

mißhandeln, miss-hahn-deln, v., to ill-treat, to maltreat

mißlich, miss-lik, a., awkward, delicate; doubtful

mißliebig, miss-leeb-ik, a., unpopular; obnoxious

mißlingen, miss-ling-en, v., to fail, to be abortive

mißmutig, miss-moot-ik, a., discontented, bad-tempered

mißraten, miss-raht-en, a., badly brought up

Mißstand, miss-shtahnnt, m., grievance; bad state

mißstimmen, miss-shtim-en, v., to put out of tune

Mißtrauen, miss-trow-en, n., mistrust, distrust. v., to distrust, to mistrust

mißtrauisch, miss-trow-ish, a., distrustful, suspicious [derstanding

Mißverständnis, miss-fer-shtent-niss, n., misun-

mißverstehen, miss-fer-shtay-en, v., to misunder-stand

Mist, mist, m., manure; dung; rubbish [stand

mit, mit, prep., with. adv., also, likewise

miteinander, mit-ine-ahnn-der, adv., with one another [one; blackhead

Mitesser, mit-ess-er, m., person eating with some-

Mitgefühl, mit-ge-fEEl, n., sympathy

Mitgift, mit-gift, f., dowry, marriage-portion

Mitglied, mit-gleet, n., member (society, etc.)

Mithilfe, mit-hilf-e, f., aid, help, assistance

mithin, mit-hin, adv., therefore consequently; thus, so

Mitleid, mit-lite, n., sympathy; compassion; —**enschaft,** f., common suffering

mitmachen, mit-mahk-en, v., to join in, to participate

Mitmensch, mit-mensh, m., fellow-man

mitreden, mit-raid-en, v., to join in conversations

Mitschuld, mit-shoolt, f., complicity

Mittag, mit-tahg, m., midday; noon; n., midday meal; —**brot,** —**essen,** n., midday meal; —**(s)schlaf,** m., after-dinner nap, siesta

mittags, mit-tahgs, adv., at noon or midday

Mittäter, mit-tayt-er, m., accomplice

Mitte, mit-e, f., middle, centre; midst

mitteilen, mit-tile-en, v., to inform, to advise

Mitteilung, mit-tile-oong, f., communication, information

mittel, mit-el, a., central, middle; medium

Mittel, mit-el, n., means; remedy, medicine; medium

Mittelalter, mit-el-ahlt-er, n., Middle Ages

mittelbar, mit-el-bar, a., intermediate; indirect

mittellos, mit-el-lohs, a., without means

mittelmäßig, mit-el-maiss-ik, a., mediocre, middling

mittels, mit-els, prep., by means of

Mittelstand, mit-el-shtahnnt, m., middle-classes

Mittelstufe, mit-el-shtoof-e, f., intermediate step

Mittelweg, mit-el-vaik, m., middle course

mitten, mit-en, adv., in the midst of; —**durch,** adv., right through the centre

Mitternacht, mit-er-nahkt, f., midnight

mittlerweile, mit-ler-vy-le, adv., meanwhile

mittun, mit-toon, v., to join (help) in

mitunter, mit-oont-er, adv., occasionally

Mitwelt, mit-velt, f., contemporary world

mitwirken, mit-veerk-en, v., to co-operate in

mitzählen, mit-tsayl-en, v., to take into account

Möbel, merb-el, n., (piece of) furniture

Mobiliar, moh-bil-yar, n., household effect(s), furniture

möblieren, merb-leer-en, v., to furnish

Mode, mohd-e, f., fashion; vogue; craze; fad

Modell, moh-dell, n., model; mould; pattern

modellieren, moh-del-leer-en, v., to model, to mould

Moder, mohd-er, m., mould(ering), mustiness

moderig, mohd-er-i*k*, a., musty, mouldy, decay-
modern, mohd-*ern*, v., to rot; to go mouldy [ing
modisch, moh-dish, a., stylish, fashionable
Modistin, moh-dist-in, f., milliner
mogeln, mohg-*eln*, v., to cheat, to trick
mögen, me*r*g-*en*, v., to like (to); may
möglich, merk-li*k*, a., possible; practicable
möglicherweise, merk-lik-er-vy-ze, adv., possibly
Möglichkeit, merk-lik-kite, f., possibility; feasi-
Mohn, mohn, m., poppy [bility
Mohr, mohr, m., Moor, black man, negro
Möhre, mer-*e*, f., carrot [chocolate cream-bun
Mohrenkopf, mohr-en-kop'f, m., Moor's head;
Mohrrübe, mohr-rEEb-*e*, f., carrot
Mokka (kaffee), mock-ah (kahff-ay), m., Mocha
Molch, mo'*k*, m., salamander [(first quality) coffee
Molkerei, molk-*e*-ry, f., dairy-farm(ing)
Moll, mol, n., minor key (music)
mollig, mol-i*k*, a., comfortable, cosy, snug
Moment, moh-ment, m., moment; n., motive;
  momentum; —**aufnahme,** f., snap-shot
momentan, moh-men-tahn, a., momentary;
  immediate
Monat, moh-naht, m., month; —**sheft,** n.,
  (monthly) magazine
monatlich, mohn-aht-li*k*, a., a monthly, by the
Mönch, men*k*, m., monk; friar [month
Mond, mohnt, m., moon; —**schein,** m., moon-
  shine, moonlight; —**sichel,** f., crescent (-moon)
mondsüchtig, a., moonstruck; somnambulistic
Montage, mon-tah-she, f., fixing-up (machines)
montieren, mont-eer-*en*, v., to fit up (machines)
Moor, mohr, n., swamp, bog, fen, marsh
Moos, mohs, n., moss
moosig, moh-zi*k*, a., mossy, moss-grown
Mops, mops, m., pug (-dog)
Morast, moh-**rahst,** m., bog, swampy soil, mud,
Mord, mort, m., murder, homicide [morass
Mordbrennerei, mort-bren-*e*-ry, f., incendiar-
morden, mord-*en*, v., to murder [ism
Mörder, merd-*er*, m., murderer
mörderisch, merd-er-ish, a., murderous

Mordgier, mort-gheer, f., bloodthirstiness

Mordskerl, morts-kairl, m., devil of a fellow

Mordslärm, morts-lairm, m., terrible noise

mordsmäßig, morts-maiss-ik, a., enormous, awful

Mordsspektakel, morts-shpeck-tahk-el, m., terrible noise

Morgen, morg-en, m., morning, morrow; East, Orient

morgen, morg-en, adv., tomorrow   [paper

Morgenblatt, morg-en-blahtt, n.. morning news-

morgendlich, morg-ent-lik, a., of (in) the morning

Morgengrauen, morg-en-grow-en, n., daybreak

Morgenland, morg-en-lahnt, n., Orient, East

Morgenrock, morg-en-rock, m., housecoat

Morgenrot, morg-en-roht, n., red morning sky

morgens, morg-ens, adv., in the morning; every

morsch, morsh, a., rotten, decayed   [morning

Mörser, merz-er, m., mortar; mortar-piece

Mörtel, mert-el, m., mortar; plaster

Moschee, mosh-ay, f., mosque

Moschus, mosh-ooss, m., musk

Moselwein, moh-zel-vine, m., Moselle (wine)

Most, mosst, m., new wine, grape-juice

Mostrich, mosst-rik, m., mustard

motivieren, moh-teev-eer-en, v., to allege motive

Motor, moh-tohr, m., engine, motor   [or reason

Motorrad, moh-tohr-raht, n., motor-cycle

Motte, mot-e, f., moth

moussieren, mooss-eer-en, v., to froth, to effer-

Möwe, merv-e, f., (sea)-gull or mew   [vesce

Mücke, mEEck-e, f., gnat, midge

mucken, moock-en, v., to growl, to mutter

Mückenstich, mEEck-en-shtik, m., gnat-bite

müde, mEEd-e, a., tired, fatigued

Müdigkeit, mEEd-ik-kite, f., tiredness, fatigue

muffig, mooff-ik, a., sulky; stuffy, fusty

Mühe, mEE-e, f., trouble; labour; effort; pains

mühen (sich), mEE-en (sik), v., to take pains, to

Mühle, mEEl-e, f., mill   [make an effort

Muhme, moom-e, f., aunt   [cares

Mühsal, mEE-zahl, f. & n., hardship, trouble; toil;

mühsam, mEE-zahm, a., wearisome; troublesome; painstaking

mühselig, mEE-zail-ik, a., laborious; wretched

Mulde, moold-e, f., trough, tray; valley

Müll, mEEll, m. & n., rubbish, refuse

Müller, mEEll-er, m., miller

Mumie, moomm-ye, f., mummy

Mumpitz, moomm-pits, m., nonsense, rubbish

Mund, moont, m., mouth

Mundart, moont-art, f., dialect; idiom

Mündel, mEEn-del, m. & n., minor, ward

munden, moon-den, v., to please (one's palate)

münden, mEEn-den, v., to run into [etc.]

mundgerecht, moont-ge-rekt, a., palatable; suit-

mündig, mEEn-dik, a., of age [able

mündlich, mEEnt-lik, a., verbal; viva voce

Mundstück, moont-shtEEck, n., mouth-piece; tip (cigarette)

Mündung, mEEn-doong, f., mouth (rivers); estuary; muzzle (guns)

munkeln, moonk-eln, v., to rumour; to whisper

Münster, mEEnst-er, n., cathedral, minster

munter, moont-er, a., vigorous; lively; merry

Münze, mEEnt-se, f., coin(age); cash; mint [short

mürb(e), mEErb(-e), a., soft, tender; well-done;

murksen, moork-sen, v., to murder; to botch

murmeln, moorm-eln, v., to murmur

murren, moorr-en, v., to grumble, to murmur

mürrisch, mEErr-ish, a., sulky, ill-tempered;

Mus, moos, n., (fruit-)jams; mush, pap [sullen

Muschel, moosh-el, f., mussel; shell

Muscheltier, moosh-el-teer, n., shell-fish

Musik, mooz-eek, f., music; —**alisch,** a., musical; —**ant,** m., (low-class) musician; —**anten-knochen,** m., funny-bone; —**er,** musician, professional player

musizieren, mooz-e-tseer-en, v., to play music

Muskat(nuß), moos-kaht-(nooss), m. & f., nut-

Muskel, mOOSS-kel, f., muscle [meg

muskulös, moos-koo-lerss, a., muscular

muß, mOOSS, 3rd person sing., pres. indic., must

Muße, mOOHS-e, f., leisure; spare time

müssen, mEESS-en, v., to have to, to be obliged to;

müßig, mEESS-ik, a., idle, lazy; useless [must

Müßiggang, mEESS-ik-gahng, m., idleness, sloth

Muster, moost-er, n., sample; design; pattern; model; **—schutz,** m., copyright of designs

mustergültig, moost-er-gEElt-ik, a., typical, standard; fit to serve as model [model

musterhaft, moost-er-hahft, a., exemplary,

mustern, moost-ern, v., to muster; to review; to figure

Mut, mooht, m., courage, pluck, bravery

mutig, moot-ik, a., courageous, plucky, brave

mutmaßen, moot-mahs-en, v., to presume

mutmaßlich, moot-mahs-lik, a., presumably

Mutter, moott-er, f., mother; (animals) dam

Mutterleib, moott-er-lipe, m., womb

mütterlich, mEEtt-er-lik, a., motherly, maternal

Muttermal, moott-er-mahl, n., birth-mark, mole

mutterseelenallein, moott-er-zail-en-ahll-ine, a., quite forlorn; quite alone

Mutwille, moot-vil-e, m., playfulness; wilfulness

mutwillig, moot-vil-ik, a., mischievous; playful

Mütze, mEEtt-se, f., cap, bonnet [a cap

Mützenschirm, mEEtt-sen-sheerm, m., peak of

na! nah, interj., now! now then! well!

Nabel, nahb-el, m., navel

nach, nahk, prep. & adv., after; to(wards); according to; past

nachäffen, nahk-eff-en, v., to ape, to copy

nachahmen, nahk-ahm-en, v., to imitate, to copy

Nachbar, nahk-bar, m., neighbour

Nachbarschaft, nahk-bar-shahfft, f., neighbourhood; proximity

nachdem, nahk-daim, adv. & conj., after(wards); according; (in legal documents) whereas

nachdenken, nahk-deng-ken, v., to reflect

nachdenklich, nahk-deng-klik, a., meditative

Nachdruck, nahk-droock, m., emphasis; reproduction

nachdrücklich, nahk-drEEck-lik, a., emphatic

nacheinander, nah*k*-ine-**ahnn**-d*er,* adv., one after the other

Nachen, nah*k*-*e*n, m., skiff, small boat, punt

Nachfolger, nah*k*-folg-*er,* m., successor

nachforschen, nah*k*-forsh-*e*n, v., to investigate

Nachfrage, nah*k*-frahg-*e,* f., demand; inquiry after

nachgeben, nah*k*-gayb-*e*n, v., to give in, to give afterwards

nachgehen, nah*k*-gay-*e*n, v., to go after; to attend to

Nachgeschmack, nah*k*-ge-shmahck, m., aftertaste

nachgiebig, nah*k*-geeb-ik, a., indulgent; yielding, submissive

nachgrübeln, nah*k*-gʀɛɛb-*e*ln, v., to muse over

nachhelfen, nah*k*-helf-*e*n, v., to give help; to push a thing forward

nachher, nah*k*-hair, adv., afterwards; later on

Nachhilfe, nah*k*-hilf-*e,* f., assistance, aid

nachholen, nah*k*-hohl-*e*n, v., to make up for; to

Nachhut, nah*k*-hoot, f., rearguard   [recover

Nachkomme, nah*k*-kom-*e,* m., descendant

nachkommen, nah*k*-kom-*e*n, v., to come after; to comply with   [estate

Nachlaß, nah*k*-lahss, m., relaxation; reduction;

nachlassen, nah*k*-lahss-*e*n, v., to bequeath; to abate; —**schaft,** f., inheritance

nachlässig, nah*k*-less-ik, a., careless, negligent

nachmachen, nah*k*-mahk-*e*n, v., to imitate; to counterfeit

Nachmittag, nah*k*-mit-ahg, m., afternoon

nachmittags, nah*k*-mit-ahks, adv., in (during) the afternoon   [c.o.d.

Nachnahme, nah*k*-nahm-*e,* f., reimbursement;

nachrechnen, nah*k*-rek-n*e*n, v., to check, to verify

Nachricht, nah*k*-rikt, f., information, report, news

Nachruf, nah*k*-roof, m., obituary notice

nachrufen, nah*k*-roof-*e*n, v., to call after a person

nachschicken, nah*k*-shick-*e*n, v., to forward (mail)

nachschlagen, nah*k*-shlahg-*en*, v., to look up books

Nachschub, nah*k*-shoop, m., reinforcements; new batch (baking) [to look after

nachsehen, nah*k*-zay-*en*, v., to look up a thing; **nachsenden**, nah*k*-zen-d*en*, v., see **nachschicken**

Nachsicht, nah*k*-zik*t*, f., indulgence, toleration

nachsichtig, nah*k*-zik-tik, a., indulgent, lenient

nachsinnen, nah*k*-zin-*en*, v., to reflect, to ponder

nachsitzen, nah*k*-zit-s*en*, v., to be kept in school

nächst, nayk*st*, a., nearest.   adv., next, nearest

nachstehen, nah*k*-shtay-*en*, v., to rank after; to stand after

nachstellen, nah*k*-shtel-*en*, v., to put after; to put back (clocks); to pursue a person

Nächstenliebe, nayk-sten-leeb-*e*, f., love of one's neighbour

nächstens, nayk-st*ens*, adv., shortly, very soon

nachstöbern, nah*k*-shterb-*ern*, v., to rummage (after)

nachsuchen, nah*k*-sook-*en*, v., to sue after; to search for

Nacht, nah*kt*, f., night [search for

Nachteil, nah*k*-tile, m., drawback; injury, loss

nachteilig, nah*k*-ty-lik, a., detrimental, injurious

Nachthemd, nah*kt*-hemt, n., night-shirt

Nachtigall, nah*k*-te-gahll, f., nightingale

Nachtisch, nah*k*-tish, m., dessert, sweets

nächtlich, nayk*t*-lik, a., at night, nocturnal

Nachtmahl, nah*kt*-mahl, n., supper

Nachtrag, nah*k*-trahk, m., codicil; postscript

nachtragen, nah*k*-trahg-*en*, v., to bear a grudge; to append [belated

nachträglich, nah*k*-traik-lik, a., supplementary;

nachts, nah*kts*, adv., at (during the night)

nachtwandeln, nah*kt*-vahnn-d*eln*, v., to walk in one's sleep

Nachweis, nah*k*-vice, m., information, particulars

nachweisbar, nah*k*-vice-bar, a., manifest; demonstrable

nachweisen, nah*k*-vy-z*en*, v., to indicate, to prove

Nachwelt, nah*k*-velt, f., posterity [young shoot(s)

Nachwuchs, nah*k*-vooks, m., new generation(s);

nachzahlen, nah*k*-tsahl-en, v., to pay in addition
nachzählen, nah*k*-tsayl-en, v., to count over (again) [to follow
nachziehen, nah*k*-tsee-en, v., to draw (drag) after;
Nachzügler, nah*k*-tsEEg-ler, m., straggler; camp-follower
Nacken, nahk-en, m., nape (scruff) of the neck
nackend, nahk-ent, a., naked
nackt, nahkt, a., naked, bare, nude
Nadel, nahd-el, f., needle
Nagel, nahg-el, m., nail
nageln, nahg-eln, v., to nail
nagelneu, nahg-el-noy, a., brand-new
nagen, nahg-en, v., to gnaw, to nibble
nahe, nah-e, a. & adv., near(ly), close to; **—bei,**
adv., close by, nearly; **—legen,** v., to urge a
person to do a thing; **—liegen,** v., to be
obvious, near at hand; **—n (sich),** v., to approach, to draw near; **—treten,** v., to approach
Nähe, nay-e, f., proximity; neighbourhood
nähen, nay-en, v., to sew; to do needlework
näher, nay-er, a., nearer, closer
Näheres, nay-er-es, n., particulars, details
nähern (sich), nay-ern (si*k*), v., to approach
Nähgarn, nay-garn, n., sewing cotton
nähren, nayr-en, v., to nourish; to feed
nahrhaft, nar-hahft, a., nourishing; rich, sub-
Nahrung, nar-oong, f., food, sustenance [stantial
Nahrungsmittel, nar-oongs-mit-el, n., foodstuff
Naht, naht, f., seam; joint
Name, nahm-e, n., name; reputation [of
namens, nahm-ens, adv., named. prep., on behalf
Namensvetter, nahm-ens-fet-er, m., namesake
namentlich, nahm-ent-li*k*, a. & adv., by name;
especially, particularly [nowned
namhaft, nahm-hahft, a., named, by name; re-
nämlich, naim-li*k*, a. & adv., the same; namely,
that is to say
Napf, nahp'f, m., basin, bowl, dish, mug
Napfkuchen, nahp'f-kook-en, m., kind of madeira
Narbe, narb-e, f., scar, cicatrice, mark [cake
Narr, nahrr, m., fool

Narrenstreich, nahrr-*en*-shtry'*k*, m., foolish trick

Narrheit, nahrr-hite, f., foolishness, folly

närrisch, nairr-ish, a., foolish, crazy; droll

naschen, nahsh-*en*, v., to enjoy dainties on the sly

naschhaft, nahsh-hahfft, a., having a sweet tooth

Naschkätchen, nahsh-kets-*ken*, n., person fond of sweets

Naschwerk, nahsh-vairk, n., sweetmeats

Nase, nahz-*e*, f., nose; snout, proboscis

Nasenloch, nahz-*en*-lok, n., nostril

naseweis, nahz-*e*-vice, a., forward, pert

Nashorn, nahs-horn, n., rhinoceros

naß, nahss, a., wet; moist, damp, humid

Nassauer, nahss-ow-*er*, m., sponger

Nässe, ness-*e*, f., wet(ness); moisture

nässen, ness-*en*, v., to wet; to moisten

Natter, nahtt-*er*, f., viper, adder, asp

Natur, nah-toor, f., nature

Naturerscheinung, nah-toor-air-shy-noong, f., natural phenomenon

Naturforscher, nah-toor-forsh-*er*, m., naturalist

Naturgeschichte, nah-toor-ge-shik-t*e*, f., natural history

natürlich, nah-TEER-lik, a. & adv., natural; (of course

Nebel, nayb-*el*, m., fog; mist; haze

nebelig, nayb-el-ik, a., foggy; misty; hazy

neben, nayb-*en*, prep., next to, beside(s); side by side

nebenan, nayb-*en*-ahnn, adv., next door; adjoining

nebenbei, nayb-*en*-by, adv., near by; incidentally

Nebenbuhler, nayb-*en*-bool-*er*, m., rival

nebeneinander, nayb-*en*-ine-ahnn-d*er*, adv., side by side

Nebenfluß, nayb-*en*-flooss, m., tributary

nebenher, nayb-*en*-hair, adv., by the side; besides

Nebensache, nayb-*en*-sahk-*e*, f., minor matter

nebensächlich, nayb-*en*-sayk-lik, a., subordinate

Nebenstraße, nayb-*en*-shtrahs-*e*, f., side-street

nebst, naipst, prep., together with; besides

necken, neck-*en*, v., to tease; to chaff

neckisch, neck-ish, a., teasing; droll

Neffe, nef-*e*, m., nephew

Neger, nayg-*er*, m., negro

nehmen, naym-*en*, v., to take; to receive, to accept

Neid, nite, m., envy, jealousy

neidisch, ny-dish, a., envious, jealous

Neige, ny-gh*e*, f., slope; depression; end; dregs

neigen, ny-gh*en*, v., to bend; to bow; to tilt; to incline

Neigung, ny-goong, f., slope, incline, gradient; in-[clination, liking

nein, nine, adv., no; nay

Nelke, nelk-*e*, f., carnation; pink; clove

nennen, nen-en, v., to name, to call; to mention; to term

Nerv, nairf, m., nerve

nervig, nairv-i*k*, a., strong, terse; pithy

nervos, nairv-ers, a., excitable, irritable, nervy, having weak nerves

Nerz, nairts, m., mink

Nessel, nes-el, f., nettle

Nest, nest, n., nest; eyrie; small town or village

Nesthäkchen, nest-häik-*k*en, n., youngest (pet) [child

nett, net, a., nice; neat, tidy, pretty

netto, net-oh, adv., net, clear

Netz, nets, n., net, network

netzen, nets-en, v., to wet; to form like a net

neu, noy, a., new, novel; original; fresh [fangled

neubacken, noy-bahck-*en*, a., new(ly) baked; new-

Neubau, noy-bow, m., building in course of erection

neuerdings, noy-*er*-dings, adv., lately, latterly, of late; anew [novelty

Neuerung, noy-*er*-oong, f., innovation, reform;

neu(e)stens, noy-(*e*)-stens, adv., of late, recently

Neugier(de), noy-geer-(-d*e*), f., curiosity

neugierig, noy-geer-i*k*, a., curious, inquisitive

Neuheit, noy-hite, f., newness

Neuigkeit, noy-i*k*-kite, f., (piece of) news; novelty

Neujahr, noy-yar, n., New Year('s Day)

neulich, noy-li*k*, a. & adv., recent(ly); the other [day

Neuling, noy-ling, m., novice, beginner

Neumond, noy-mohnt, m., new moon

neun, noin, a., nine

neunzehn, noin-tsain, a., nineteen

neunzig, noin-tsi*k*, a., ninety

Neuzeit, noy-tsite, f., modern times

neuzeitlich, noy-tsite-li*k*, a., modern, up-to-date

nicht, ni*k*t, adv., not

Nichte, ni*k*-te, f., niece

nichtig, ni*k*-ti*k*, a., void; vain, idle

Nichtraucher, ni*k*t-rowk-er, m., non-smoker

nichts, ni*k*ts, indef. pron., nothing, nought

nichtsdestoweniger, ni*k*ts-dest-oh-vain-ig-er, adv., nevertheless

Nichtsnutz, ni*k*ts-nootts, m., good-for-nothing

nichtssagend, ni*k*ts-zahg-ent, a., meaningless

nichtswürdig, ni*k*ts-vEErd-i*k*, a., worthless, vile

nicken, nick-en, v., to nod (one's head)

nie, nee, adv., never, at no time

nieder, need-er, a. & adv., common, low; down

niederdrücken, need-er-drEECK-en, v., to press down; to oppress

niedergeschlagen, need-er-ge-shlahg-en, a., depressed, dejected

Niederlage, need-er-lahg-e, f., defeat; warehouse

niederlassen (sich), need-er-lahss-en (si*k*), v., to settle; to establish oneself

niedermetzeln, need-er-met-seln, v., to massacre

Niederschlag, need-er-shlahg, m., precipitation; sediment

niederschlagen, need-er-shlah-gh*e*n, v., to knock down; to cast down; to suppress

niederste, need-erst-e, a., lowest, nethermost

Niedertracht, need-er-trah*k*t, f., infamy, vileness

niederträchtig, need-er-trek-ti*k*, a., vile, mean, base, infamous

Niederung, need-er-oong, f., lowland, plain

niedlich, neet-li*k*, a., dainty, neat; nice, pretty

niedrig, need-ri*k*, a., low; base, vulgar

niemals, nee-mahls, adv., never, at no time

niemand, nee-mahnnt, indef. pron., nobody

Niere, neer-e, f., kidney

Nierenbraten, neer-en-braht-en, m., loin of veal

niesen, nees-en, v., to sneeze

Niete, neet-e, f., blank

nieten, neet-en, v., to rivet

Nilpferd, neel-p'fairt, n., hippopotamus

nimmer, nim-er, adv., never at any time
nimmermehr, nim-er-mair, adv., nevermore
nippen, nip-en, v., to sip
Nippes, nips, f.pl., knick-knacks, small ornaments
nirgend(s), neerg-ent(s), adv., nowhere
Nische, nish-e, f., niche, recess
nisten, nist-en, v., to (make a) nest
Niveau, nee-voh, n., level
Nixe, nix-e, f., nymph, water-sprite
nobel, nohb-el, a., generous, liberal; noble
noch, nok, adv., still, yet, besides; nor
nochmals, nok-mahls, adv., once more, again
Nonne, non-e, f., nun
Nord(en), nord-(en), m., north
nordisch, nord-ish, a., northern; northerly; Norse
nördlich, nert-lik, a., northerly, northern; arctic
adv., north (of)   [lights
Nordlicht, nord-likt, n., aurora borealis, northern
nörgeln, nerg-eln, v., to grumble, to find fault
Norm, norm, f., pattern, model   [with, to nag
Not, noht, f., need, necessity; distress, want; dan-
Notar, noht-ar, m., notary, solicitor [ger; trouble
notariell, notahr-yel, a., (certified) by a notary
Notbehelf, noht-be-helf, m., stop-gap, makeshift,
expedient   [nature
Notdurft, noht-doorft, f., pressing need; relief to
notdürftig, noht-DEERft-li**k**, a., needy, scanty
Note, noht-e, f., note (of music); mark, certifi-
cate (school); remark
Noten, noht-en, f. pl., music (sheet)
Notfall, noht-fahll, m., case of emergency   [sity
notgedrungen, noht-ge-droong-en, a., from neces-
notieren, noht-eer-en, v., to note, to jot down
nötig, nert-ik, a., necessary, needful, required
nötigen, nert-ig-en, v., to force, to oblige; to invite; to urge
Notiz, noht-eets, f., notice, cognizance; memorandum; **—buch,** n., notebook
Notleine, noht-ly-ne, f., communication-cord
Notstand, noht-shtahnnt, m., (state of) emergency; urgent need
Notwehr, noht-vair, f., self-defence

notwendig, noht-ven-di*k*, a., necessary, needful

Novelle, noh-vel-*e*, f., short story

nu, noo, interj., well, now

Nu, noo, n., moment, instant

Nuance, noo-ang-*se*, f., shade, tint [ate, frugal

nüchtern, nEE*k*-ter*n*, a., sober; fasting; temper-

Nudel, nood-*el*, f., kind of spaghetti, vermicelli

Null, nooll, f., nought, cypher

null, nooll, a., void; scratch (tennis)

Nullgrad, nooll-graht, m., freezing-point

numerieren, noomm-er-eer-*en*, v., to number

Nummer, noomm-*er*, f., number; copy, issue; size

nun, noon, adv., now, at present; then; well now!

nunmehr, noon-mair, adv. & conj., now, by (from)

nur, noor, adv., only, solely [this time

Nuß, nooss, f., nut

Nußknacker, nooss-k'nahck-*er*, m., nut-cracker

Nüster, nEEst-*er*, f., nostril (animals)

nutz(e), noottss(-*e*), a., profitable, useful

Nutz, nootts, m., usefulness, profitableness

Nutzen, nootts-*en*, m., utility, use; gain, advantage

nutzen, nootts-*en*, v., to be useful (of service)

nützen, nEEtts-*en*, v., to utilize a thing

nützlich, nEEtts-li*k*, a., useful, of use

ob, op, conj., whether, if.   prep., above

Obacht, oh-bah*k*t, f., attention, heed

Obdach, op-dah*k*, n., shelter, lodging

oben, oh-ben, adv., above, upstairs; overhead

obenan, oh-ben-ahnn, adv., at the top (head) of

obendrein, oh-ben-drine, adv., in the bargain, over and above

ober, oh-b*er*, a., upper, higher, superior

Oberbefehlshaber, oh-ber-be-fails-hahb-*er*, m., commander-in-chief

Oberfläche, oh-ber-fle*k*-*e*, f., surface

oberflächlich, oh-ber-fle*k*-li*k*, a., superficial, shal-

oberhalb, oh-ber-hahlp, prep., above   [low

Oberhaupt, oh-ber-howpt, n., chief, sovereign,

Oberhemd, oh-ber-hemt, n., shirt   [head

Oberkellner, oh-ber-kel-ner, m., head-waiter

Oberkiefer, oh-ber-keef-er, m., upper jaw

Oberkörper, oh-ber-kerp-er, m., upper part of body, torso

Oberleder, oh-ber-layd-er, n., uppers (shoe)

Oberlicht, oh-ber-likt, n., sky-(top-)light

Oberschenkel, oh-ber-sheng-kel, m., thigh

Oberst, oh-berst, m., colonel

Obertasse, oh-ber-tahss-e, f., cup

obgleich, op-gly'k, conj., although, though

Obhut, op-hoot, f., protection, care, guardianship

obig, oh-bik, a., foregoing, above(-mentioned)

Oblate, ob-laht-e, f., wafer [man

Obmann, op-mahnn, m., chief, chairman, fore-

Obrigkeit, oh-brik-kite, f., public authorities

Obst, ohpst, n., fruit(s)

obwohl, ob-vohl, conj., although, though

Ochs(e), ooks(e), m., ox, bullock

Ochsenbraten, ock-sen-braht-en, m., roast beef

öde, erd-e, a., deserted, dreary

Öde, erd-e, f., desert, waste

oder, oh-der, conj., or

Ofen, oh-fen, m., stove, fire-place; oven; furnace

offen, of-en, a., open; candid, frank

offenbar, of-en-bahr, a., obvious, manifest, evident; —en, v., to reveal, to manifest

offenherzig, of-en-hairt-sik, a., openhearted, frank

offenstehen, of-en-shtay-en, v., to be open

öffentlich, erf-ent-lik, a., public [(permitted)

Öffentlichkeit, erf-ent-lik-kite, f., publicity

offerieren, of-er-eer-en, v., to offer

Offerte, of-airt-e, f., offer

öffnen, erf-nen, v., to open

oft, oft, adv., often, frequently

Oheim, oh-hime, m., uncle

ohne, oh-ne, prep., without

ohnegleichen, oh-ne-gly-ken, a., unparalleled

Ohnmacht, ohn-mahkt, f., fainting fit, fainting

ohnmächtig, ohn-mekt-ik, a., swooning

Ohr, ohr, n., ear

Öhr, er, n., (needle) eye; eye(let)

Ohrfeige, ohr-fy-ge, f., box on the ear

Öl, erl, n., oil

Ölbild, erl-bilt, n., oil-painting

ölen, erl-en, v., to oil, to lubricate

Ölfarbe, erl-farb-e, f., oil-paint

ölig, erl-ik, a., oily; unctuous

Onkel, ong-kel, m., uncle

Oper, oh-per, f., opera(-house)

Operette, oh-per-et-e, f., light opera, musical co-

Opfer, op-fer, n., victim; sacrifice; martyr [medy

Opferlamm, op-fer-lahmm, n., lamb for sacrifice;

opfern, op-fern, v., to sacrifice [innocent victim

Orden, ord-en, m., order; distinction, decoration

ordentlich, ord-ent-lik, a., ordinary; re-

ordinär, ord-in-air, a., vulgar, common [gular

ordnen, ord-nen, v., to regulate; to put in order;
to settle

Ordnung, ord-noong, m., order, arrangement

Ordonnanz, ord-oh-nahnts, f., (milit.) orderly

Orgel, org-el, f., organ [order

orgeln, org-eln,v.,to play (grind) the (barrel-)organ

orientieren (sich), or-yent-eer-en (sik), v., to
find one's way; to collect information

Orkan, or-kahn, m., hurricane, gale

Ort, ort, m., place, spot, locality; town(ship)

örtlich, ert-lik, a., local

Ortschaft, ort-shahft, f., locality; township, place

Ortssinn, orts-zin, m., sense (bump) of locality

Öse, erz-e, f., loop, eye

Ost(en), osst(-en), m., east; East, Orient

Osterei, ohst-er-i, n., Easter-egg

Ostern, ohst-ern, f.pl., Easter(-tide)

östlich, erst-lik, a., eastern, easterly

Otter, ot-er, m., otter. f., adder

Paar, pahr, n., pair; brace; yoke

paar, pahr, a., a few, several

paaren, pahr-en, v., to pair, to couple; to match

paarmal, pahr-mahl, adv., a few times

Pacht, pahkt, f., lease, tenancy; tenure (land)

pachten, pahkt-en, v., to lease, to rent; to farm

Pächter, pekt-er, m., tenant(-farmer); lease-
holder, lessee

Pack, pahck, n., luggage; pack(-et, -age); rabble,
packen, pahck-en, v., to pack; to seize   [mob
Packesel, pahck-ay-zel, m., pack-mule; drudge
paff, pahff, interj., bang! pop!
paffen, pahff-en, v., to puff, to smoke
Paket, pah-kait, n., parcel, package, packet
Palast, pha-lahsst, m., palace
Panne, pahnn-e, f., break-down (motor-cars, etc.)
Pantoffel, pahnn-toff-el, m., slipper; —held, m., henpecked husband
Panzer, pahnnt-ser, m., armour, (coat of) mail
panzern, pahnnt-sern, v., to encase in armour
Papagei, pah-pah-guy, m., parrot
Papier, pah-peer, n., paper
papieren, pah-peer-en, a., made of paper
Papierkorb, pah-peer-korp, m., waste-paper bas-
Pappe, pahpp-e, f., cardboard; pap, paste   [ket
Pappel, pahpp-el, f., poplar(-tree)   [pasteboard
Pappendeckel, pahpp-en-deck-el, m., cardboard,
Pappschachtel, pahpp-shahk-tel, f., cardboard
Paprika, pahpp-re-kah, n., Cayenne pepper [box
Papst, pahpst, m., Pope, Pontiff
päpstlich, paipst-lik, a., papal, pontifical; papist
Parfüm, par-fEEm, n., perfume, scent
parieren, pah-reer-en, v., to obey; to stop short; to wager; to parry   [(theatre)
Parkett, par-kett, n., parquet (floor); stall's
Partei, par-ty, f., party (political or contracting); faction
parteiisch, par-ty-ish, a., one-sided, biassed
Parterre, par-tairr, n., ground-floor; pit(theatre)
Partie, part-ee, f., party; outing; parcel; game
Partitur, par-t-etoor, f., (musical) score
Parzelle, par-tsel-e, f., plot of ground, lot
Paß, pahss, m., passport;(mountain)pass; passage
Passagier, pahss-ah-sheer, m., passenger, fare
Passant, pahss-ahnnt, m., passer-by
passen, pahss-en, v., to fit; to pass; to suit
passieren, pahss-eer-en, v., to pass, to cross; to happen, to occur
Passiva, pahss-ee-vah, n. pl., liabilities, debts
Pastete, pahss-tait-e, f., pie, tart

Pastinake, pahss-te-**nahck**-*e*, f., parsnip
Pastor, pahss-**tohr**, m., (Protestant) clergyman
Pate, paht-*e*, m., godfather; godson, godchild
Patient, pah-tse-**ent**, m., patient, invalid
Patrone, pah-**trohn**-*e*, f., cartridge; model, pattern
Patrouille, pah-**trooll**-ye, f., patrol
Patsche, pahtt-she*e*, f., puddle; mess; paw
patzig, pahtt-si*k*, a., insolent, saucy
Pauke, powk-*e*, f., drum; tympanum
pauken, powk-*en*, v., to beat the drum, to thump;
    to fight a duel; to cram
Pausbacke, pows-**bahck**-*e*, f., chubby face
Pause, pow-ze, f., interval; pause, rest
Pech, pe*k*, n., pitch; (pop.) hard luck!
Pechvogel, pe*k*-fohg-*el*, m., unlucky fellow
Pein, pine, f., pain, torment, torture
peinigen, py-ne-ghen, v., to torment
peinlich, pine-li*k*, a., very careful; painful; awk-
                     [ward
Peitsche, pite-she*e*, f., whip, lash
Pelle, pel-*e*, f., skin, peel
pellen, pel-*en*, v. to peel, to skin   [their jackets
Pelikartoffeln, pel-kart-of-*eln*, f., pl., potatoes in
Pelz, pelts, m., fur, pelt; skin
Pendant, pahng-**dahng**, n., companion piece; pair
Pendel, pen-d*el*, m. & n., pendulum
penibel, pain-eeb-*el*, a., fastidious; painful; diffi-
    cult to please
Pension, pahng-se-**ohn**, f., pension; boarding-
    house; girls' boarding-school;—är, m., pen-
    sioner; boarder; —at, n., girls' boarding-
    school
Pergament, pair-gah-**ment**, n., parchment; grease-
Perle, pairl-*e*, pearl; bead   [proof paper
perlen, pairl-*en*, v., to sparkle; to effervesce
Perlmutter, pairl-**moott**-*er*, f., mother-of-pearl
Personal, pair-zohn-**ahl**, n., personnel, staff; cast
Personalien, pair-zohn-**ahl**-yen, pl., (full) personal
persönlich, pair-**zern**-li*k*, a., personal   [particulars
Perücke, pair-**ECK**-*e*, f., wig
Pest, pest, f., plague, pestilence; epidemic
Petersilie, pait-er-**zeel**-ye, f., parsley
Petschaft, pet-**shahft**, f., seal, signet

petzen, pet-*sen,* v., to tell tales, to inform

Pfad, pfaht, m., path

Pfadfinder, pfaht-fin-d*er,* m., path-finder; (Boy-) Scout [Scout

Pfaffe, pfahff-*e,* m., (pop.) parson, priest [Scout

Pfahl, pfahl, m., post, pole, stake, prop

Pfalzgraf, pfahlts-grahf, m., Count Palatine

Pfand, pfahnnt, n., pledge; security; forfeit

pfänden, pfend-*en,* v., to seize a thing as a pledge

Pfänderspiel, pfen-d*er-*shpeel,n.,game of forfeits

Pfandleiher, pfahnnt-ly-*er,* m., pawnbroker

Pfanne, pfahnn-*e,* f., frying pan, pan

Pfannkuchen, pfahnn-kooh*k-en,* m., pancake, fritter; dough-nut

Pfarrer, pfahrr-*er,* m., vicar, minister

Pfau, pfow, m., peacock, peafowl

Pfeffer, pfef-*er,* m., pepper

Pfefferdose, pfef-*er-*doh-ze, f., pepper-pot

Pfefferkuchen, pfef-*er-*kooh*k-en,* m.,gingerbread

pfeffern, pfef-*ern,* v., to pepper: to fire away

Pfeife, pfy-fe, f., pipe; whistle; organ-pipe

pfeifen, pfy-*fen,* v., to whistle; to pipe; to squeak

Pfeil, pfile, m., arrow; dart, bolt

Pfeiler, pfy-ler, m., pillar, column, post

Pfennig, pfenn-i*k,* m., pfennig (coin)

pferchen, pfair*k-en,* v., to pen (cram) together

Pferd, pfairt, n., horse; **—ekraft, —estärke,** f., (abbrev. PS) horse-power, H.P.

Pfiff, pfif, m., whistle; trick, ruse

pfiffig, pfif-i*k,* a., cunning, sly

Pfingsten, pfing-s*ten,* n.pl., Whitsun(tide)

Pfirsich, pfeer-si*k,* m., peach(-tree)

Pflanze, pflahnt-se, f., plant; (pop.) person

pflanzen, pflahnt-*sen,* v., to plant

Pflaster, pflahst-*er,* n., plaster; flagging, pavement

pflastern, pflahst-*ern,* v., to plaster; to pave

Pflasterstein, pflahst-*er-*shtine, m., paving-stone

Pflaume, pflowm-*e,* f., plum

Pflaumenkucken, pflowm-*en-*kooh*k-en,* m., plum-tart (flan)

Pflaumenmus, pflowm-*en-*moos, n., plum-jam

Pflege, pflaig-*e,* f., care, nursing; culture

Pflegekind, pflaig-*e-*kinnt, n., foster-child

pflegen, pflaig-en, v., to nurse; to tend; to care for; to apply oneself to; to be wont to

Pflegling, pflaig-ling, m., foster-child; person in

Pflicht, pflikt, f., duty; obligation [care of someone

Pflichteifer, pflikt-i-fer, m., zeal

Pflichtgefühl, pflikt-ge-feel, n., sense of duty

Pflock, pflock, m., peg, wooden pin

pflücken, pfleeck-en, v., to pick; to pluck

Pflug, pflook, m., plough

pflügen, pfleeg-en, v., to plough

Pforte, pfort-e, f., gate, doorway, port(al) [key

Pförtner, pfert-ner, m., porter; doorkeeper; turn-

Pfote, pfoht-e, f., paw, foot; scrawl [graft(ing)

Pfropf(en), pfrop'f(-en), m., bung; stopper, cork;

pfropfen, pfrop-fen, v., to graft; to splice; to cork

Pfropfenzieher, pfrop-fen-tsee-er, m., corkscrew

Pfuhl, pfool, m., pool, puddle, pit

Pfühl, pfeel, m. & n., bolster, large pillow, cushion

pfui, pfoo-ee, interj., fie! for shame!

Pfund, pfoont, n., pound (money and weight)

pfuschen, pfoosh-en, v., to botch; to bungle

Pfütze, pfeet-se, f., puddle, mud-hole

phantasieren, fahnnt-ah-zeer-en, to talk at random; to improvise (music)

Philister, fe-list-er, m., Philistine; uncultured person

Photograph, foh-toh-**grahf**, m., photographer

Photographie, foh-toh-grahf-**ee**, f., photo(graph)

photographieren, foh-toh-grahf-**eer**-en, v., to [take photographs

Piche, pick-e, f., pickaxe

Pickel, pick-el, n., pimple

Pickelhaube, pick-el-howb-e, f., spiked helmet

piepen, peep-en, v., to chirp, to squeak

Piepmatz, peep-mahtts, m., dicky-bird

piesacken, pe-sahck-en, v., to torment; to torture

Pik, peek, n., (cards) spades, m., grudge, rancour

Pike, peek-e, f., pike; the ranks

pikfein, peek-fine, a., very smart, elegant

Pilger, pil-gher, m., pilgrim

pilgern, pil-ghern, v., to go on a pilgrimage

Pille, pil-e, f., pill

Pilz, pilts, m., mushroom, toadstool; fungus

pimpelig, pim-pel-ik, a., coddled; delicate
Pinsel, pin-zel, m., paint-brush; simpleton, duffer
pinseln, pin-zeln, v., to paint; to handle a brush
Pionier, pe-ohn-eer, m., engineer, sapper; pioneer
pirschen, peersh-en, v., to stalk (deer, etc.)
Piston, pis-tong, n., cornet; piston-rod
placken, plahck-en, v., to harass, to oppress
plädieren, play-deer-en, v., to plead, to act as
         advocate   [advocate
Plafond, plah-fong, n., ceiling
Plage, plahg-e, f., worry, care; torment; nuisance
plagen, plahg-en, v., to annoy; to torment; to tease
Plakat, plah-kaht, n., placard, poster   [country
Plan, plahn, m., plan, scheme, project; plain, level
planen, plahn-en, v., to plan, to scheme, to plot
Planke, plahng-ke, f., plank, thick board
Plänkelei, pleng-ke-ly, f., outpost engagement,
         skirmish   [systematic
planmäßig, plahn-mace-ik, a., according to plan
planschen, plahn-shen, v., to splash, to paddle
Plappermaul, plahpp-er-mowl, n., chatterbox,
         prattler
plappern, plahpp-ern, v., to chatter, to babble
Pläsier, play-zeer, n., pleasure
Platane, plah-tahn-e, f., plane(tree)
plätschern, plet-shern, v., to splash; to ripple
platt, plahtt, a., flat, even, level
Plattdeutsch, plahtt-doytsh, n., Low German
Platte, plahtt-e, f., plate; dish; bare spot
plätten, plet-en, v., to flatten; to iron (press)
Platz, plahtts, m., place, spot; square
Plätzchen, plets-ken, n., lozenge; small place
platzen, plahtt-sen, v., to burst; to crack
Platzkarte, plahtts-kart-e, f., ticket for reserved
         seat   [seat
Plauderei, plowd-e-ry, f., chat, gossip(ing)
plaudern, plowd-ern, v., to chat, to gossip
Pleite, ply-te, f., (pop.) bankruptcy, failure
Plombe, plom-be, f., (lead) seal; filling (tooth)
plombieren, plom-beer-en, v., to seal; to stop (tooth)
         (tooth)
plötzlich, plerts-lik, a., sudden, unexpected
plump, ploomp, a., blunt, clumsy, coarse
plumps, ploomps, interj., thump! thud! splash!

Plunder, ploonn-de*r*, m., rubbish, lumber
plündern, plEENN-**dern,** v., to plunder, to loot
Plüsch, plEESH, m., plush
Pöbel, perb-el, m., common people, rabble
pochen, pok-en, v., to rap, to beat, to knock
Pocken, pock-en, f.pl., (small-)pox
Pointe, poh-eng-te, f., point (of a joke, etc.)
Pokal, poh-kahl, m., cup, goblet
Pökelfleisch, perk-el-**fly'sh,** n., salt meat
pökeln, perk-eln, v., to pickle, to salt
polieren, poh-leer-en, v., to polish
Politur, poh-le-toor, f., polish, gloss
Polizei, poh-le-tsy, f., police
Polizeiwache, poh-le-tsy-vahk-e, f., police-station
Polizist, poh-le-tsist, m., policeman
Polster, polst-er, n., bolster; stuffing
polstern, pol-stern, v., to upholster, to stuff
Polterabend, polt-er-ahb-ent, m., night before wedding
poltern, polt-ern, v., to make a (rumbling) noise
Pompadour, pom-pah-doohr, m., needlework bag
Pope, poh-pe, m., priest of Greek Church
Porree, por-ay, m., leek
Portemonnaie, port-mon-ay, n., purse
Portier, port-yeh, m., doorkeeper, porter
Portiere, port-yeh-re, f., door-curtain
Porto, port-oh, n., postage
Porzellan, por-tsel-lahn, n., porcelain, china
Posaune, poh-zown-e, f., trombone, trumpet
Positur, poh-ze-toor, f., posture, attitude
Posse, pos-e, f., farce; drollery
possenhaft, pos-en-hahft, a., farcical, ludicrous
possierlich, pos-eer-lik, a., droll; odd
Post, posst, f., mail, post(-office); stage-coach; news
Postamt, posst-ahmt, n., post-office (building)
Postanweisung, posst-ahnn-vy-zoong, f., money-order
Postbote, posst-boht-e, m., postman [order
Postdampfer, posst-dahmm-fer, m., mail-steamer
Posten, posst-en, m., item; lot; sentry; post
Postkarte, posst-kart-e, f., postcard
postlagernd, posst-lahg-ernt, a., poste restante
Poststempel, posst-shtem-pel, m., postmark

postwendend, posst-ven-d*e*nt,a.,by return of post
poussieren, pooss-eer-*e*n, v., to flirt, to court
Pracht, prah*k*t, f., splendour, pomp
prächtig, pre*k*-ti*k*, a., splendid, gorgeous, fine
Prachtkerl, prah*k*t-kairl, m., splendid fellow, trump
prachtvoll, prah*k*t-fol,a.,(very) fine, magnificent
prägen, pray-g*e*n, v., to mint, to coin; to emboss,
prahlen, prahl-*e*n, v., to boast, to brag [to stamp
Prahlerei, prahl-*e*-ry, f., boasting
prahlerisch, prahl-*e*r-ish, a., boastful
Prahlhans, prahl-hahns, m., boaster
praktisch, prah*k*-tish, a., practical; useful
praktizieren, prah*k*-te-tseer-*e*n, v., to practise (medicine, etc.)
prall, prahll, a., a stretched tight; plump
Prall, prahll, m., collision, shock
prallen, prahll-*e*n, v., to (re)bound, to dash
Prämie, praim-ye, f., premium; bonus; prize
prämiieren, praim-yeer-*e*n,v., to award a bounty or prize
prangen, prahng-*e*n, v., to shine; to be resplen-
Pranger, prahng-*e*r, m., pillory [dent
Präparat, pray-pah-raht, n., preparation
präparieren, pray-pah-reer-*e*n, v., to prepare
Prärie, pray-ree, f., prairie
präsentieren, pray-zent-eer-*e*n, v., to present
Präsidium, pray-zeed-yoom, n., presidency; headquarters
prasseln, prahss-*e*ln, v., to patter; to crackle
prassen, prahss-*e*n, v., to lead a fast life [thrift
Prasser, prahss-*e*r, m., debauched rake, spend-
prätentiös, pray-ten-se-erss, a., pretentious
Praxis, prah*k*-siss, f., practice; experience; connexion
predigen, pray-de-g*e*n, v., to preach; to sermonize
Prediger, pray-de-g*e*r, m., preacher, clergyman
Predigt, pray-di*k*t, f., sermon
Preis, price, m., price; prize
Preiselbeere, pry-s*e*l-bair-*e*, f., cranberry
preisen, pry-zen, v., to praise, to extol [pose
preisgeben, price-gay-ben, v., to abandon, to ex-

preisgekrönt, price-ge-krernt, a., awarded prizes
Preisliste, price-list-e, f., price-list [for merit
Preißelbeere, price-el-bair-e, see Preiselbeere
preiswert, price-vairt, a., a value for money
prellen, prel-en, v., to overcharge; to dupe; to
Presse, press-e, f., press; journalism [rebound
pressen, press-en, v., to press, to squeeze
pressieren, press-eer-en, v., to be urgent
Preßkohle, press-kohl-e, f., coal-block(s)
prickeln, prick-eln, v., to prickle, to sting; to bub-
Priem, preem, m., quid of chewing tobacco [ble
Priester, preest-er, m., priest
Prima, preem-ah, f., highest class in school. a.,
    finest; **—ner, m., boy in highest form**
Primel, preem-el, f., cowslip, primrose
Prinz, prints, m., price
Prinzessin, prin-tsess-in, f., princess
Prinzip, prin-tseep, n., principle [chief
Prinzipal, prin-tsee-pahl, m., principal, head,
prinzipiell, prin-tseep-yell, a.,on principle [snuff
Prise, preez-e, f., captured ship, prize; pinch of
Pritsche, prit-she, f., plank-bed; wooden sword
Privatdozent, pree-vaht-doh-tsent, m., private
    lecturer
privatisieren, pree-vaht-e-zeer-en, v., to live on
pro, proh., prep., for, per [one's private means
Probe, proh-be, f., trial, test; rehearsal; sample
proben, proh-ben, v., to try; to rehearse
probeweise, proh-be-vy-ze, a., experimental
probieren, proh-beer-en, v., to try; to rehearse
Produzent, proh-doo-tsent, m.,producer,grower,
    maker [to make
produzieren, proh-doo-tseer-en, v., to produce,
profitieren, proh-feet-eer-en, v., to make a profit
Prokura, proh-koor-ah, f., procuration, proxy
Prokurist, proh-koor-ist, m., head-clerk (autho-
    rized to sign) [to renew
prolongieren, proh-long-eer-en, v., to prolong;
prophezeien, proh-fe-tsy-en, v., to prophesy
prosit, proh-zeet, interj., your health
prost, prohst, interj., see prosit [patronize
protegieren, proh-te-sheer-en, v., to favour, to

protestieren, proh-test-_eer-en,_ v., to protest

Protokoll, proh-toh-_kol,_ n., minutes, record; pro-

Protz, prots, m., purse-proud man, boaster [tocol

protzen, prot-_sen,_ v., to boast, to be purse-proud

protzig, prot-_sik,_ a., purse-proud, boastful

Proviant, proh-ve-_ahnt,_ m., victuals, provisions

Provinz, proh-_vints,_ f., province, county, country

Provision, proh-ve-_zee-ohn,_ f., commission

Provisor, proh-ve-_zohr,_ m., chemist('s assistant)

provisorisch, proh-ve-_zohr-_ish a., temporary, pro-

Prozedur, proh-tsay-_doohr,_ f., procedure [visional

Prozent, proh-_tsent,_ n., per cent

Prozess, proh-_tsess,_ m., lawsuit; process

prozessieren, proh-tsess-_eer-en,_ v., to litigate

prüde, pr_EEd-e,_ a., prudish

prüfen, pr_EEf-en,_ v., to test, to examine

Prüfung, pr_EEf-_oong, f., examination; affliction

Prügel, pr_EEg-_el, m., cudgel; pl., thrashing; **—ei,**
f., (free) fight, scuffle; **—junge,** m., scapegoat,
whipping-boy

prügeln, pr_EEg-_eln, v., to thrash; **sich —,** to have

Prunk, proonk, m., pomp, splendour [a fight

**prunken, proonk-_en,_ v., to display pomp [ing

**prusten, proost-_en,_ v., to sneeze; to burst out laugh-

Publikum, poob-le-_koomm,_ n., public; audience

Pudel, pood-_el,_ m., poodle

Puder, pood-_er,_ m., powder

pudern, pood-_ern,_ v., to powder

Puderquaste, pood-_er-_kvahsst-_e,_ f., powder-puff

Puff, pooff, m., bang; thump, cuff; puff

Puffärmel, pooff-_airm-_el, m., leg-of-mutton sleeve

puffen, pooff-_en,_ v., to bang; to puff; to cuff

Puffer, pooff-_er,_ m., buffer; (potato-)pancake

Pulle, pooll-_e,_ f., (pop.) bottle

Puls, poolls, m., pulse

Pulsader, poolls-ahd-_er,_ f., artery

pulsieren, poollz-_eer-en,_ v., to pulsate; to throb

Pulsschlag, poolls-_shlahk,_ m., pulsation, beating

Pulswärmer, poolls-_vairm-_er, m., mitten [of pulse

Pult, poolt, n., (writing-)desk

Pulver, poolf-_er,_ n., powder

Pumpe, poomp-_e,_ f., pump

pumpen, poomp-en, v., to pump; (pop.) to borrow or lend
Pumpernickel, poomp-er-nick-el, m., black (Westphalian) rye-bread
Pumphose, poomp-hoh-ze, f., knickerbockers
Punkt, poonkt, m., point; full stop, period
pünktlich, pEEnkt-lik, a., punctual; exact
Pünktlichkeit, pEEnkt-lik-kite, f., punctuality
Pupille, pooh-pil-e, f., pupil (eye)
Puppe, poopp-e, f., doll, puppet; pupa, cocoon
pur, poor, a., sheer, pure
Püree, pEEr-ay, f. & n., mash, mashed
Purpur, poor-poor, m., purple
Purzelbaum, poort-sel-bowm, m., somersault
purzeln, poort-seln, v., to tumble
pusten, poost-en, v., to blow, to puff
Pute, poot-e, f., turkey(-hen)
Putenbraten, poot-en-braht-en, see **Puterbrat-**
Puter, poot-er, m., turkey(-cock) [en
Puterbraten, poot-er-braht-en, m., roast-turkey
Putsch, pootsh, m., (unsuccessful) rising (riot)
Putz, poots, m., decoration; millinery; finery; plaster
putzen, poots-en, v., to polish; to clean(se); to
putzig, poots-ik, a., droll, funny [adorn
Putzmacherei, pootts-mahk-e-ry, f., millinery
Putzmacher, pootts-mahk-er, m., square stone,
Putzmacherin, pootts-mahk-er-in, f., milliner
Putzzeug, pootts-tsoyk, n., polishing material(s)

quabbelig, kvahbb-lik, a., flabby, wobbly
quabbeln, kvahbb-eln, v., to shake; to quiver
Quacksalber, kvahck-zahlb-er, m., quack, mountebank; **—ei,** f., quackery, quack medicine
Quaderstein, kvahd-er-shtine, m., square stone,
Quadrat, kvah-draht, n., square [freestone
quaken, kvah-en, v., to croak; to quack
Qual, kvahl, f., torment, intense suffering
quälen, kvay-len, v., to torture, to torment; to
Quälerei, kvay-le-ry, f., torture; worry [bore
quälerisch, kvay-ler-ish, a., tormenting, annoying
Quälgeist, kvail-guy'st, m., tormenter
Qualität, kvahl-e-tayt, f., quality, kind, variety

Qualle, kvahll-*e*, f., jelly-fish

Qualm, kvahllm, m., (thick) smoke; fumes [smoke

qualmen, kvahll-men, v., to give off fumes or thick

qualmig, kvahll-mik, a., smoky, full of fumes

qualvoll, kvahll-fol, a., agonizing

Quantität, kvahnn-te-tait, f., quantity

Quantum, kvahnn-toomm, n., see **Quantität**

Quappe, kvahpp-*e*, f., tadpole

Quark, kvahrk, m., curds, cream-cheese; trash

Quart, kvahrt, f., (mus.) fourth

Quarta, kvahrt-ah, f., fourth form of German secondary school; —**ner,** m., fourth-form boy

Quartal, kvahrt-ahl, n., quarter (of a year)

Quarz, kvahrts, n., quartz, rock-flint

quasi, kvah-zee, adv., so to speak, as it were

quasseln, kvah-zeln, v., to chatter, to talk nonsense

Quaste, kvahst-*e*, f., tassel, pom-pom [sense

Quatsch, kvahttsh, m., nonsense; squash; slap

quatschen, kvahtt-shen, v., to talk rubbish; to squash

Quecksilber, kveck-zil-ber, n., mercury, quick-silver

Quell, kvel, m., (poet.) spring, source [silver

Quelle, kvel-*e*, f., spring, source, fountain

quellen, kvel-en, v., to spring, to gush forth; to swell [finding

Quengelei, kveng-e-ly, f., bother, nagging, fault-

quengelig, kveng-e-lik, a., nagging, grumbling

quengeln, kveng-eln, v., to grumble, to find fault

quer, kvair, a., slanting. adv., across, diagonally

querdurch, kvair-doohrk, adv., right across or [through

Quere, kvair-*e*, f., diagonal direction

Querkopf, kvair-kop'f, m., obstinate person

Querschnitt, kvair-shnitt, m., transverse section

Querstraße, kvair-shtrahs-*e*, f., side-street, turn-

quetschen, kvet-shen, v., to crush, to pinch [ing

Quetschung, kvet-shoong, f., bruise, contusion

quieken, kveek-en, v., to squeak, to squeal

quietschen, kveet-shen, v., to squeak, to creak

Quinta, kvint-ah, f., fifth form of German secondary school; —**ner,** m., fifth-form boy

quirlen, kveerl-en, v., to whisk (eggs); to twirl

Quitte, kvit-*e*, f., quince

quittieren, kvit-**eer**-en, v., to give a receipt
Quittung, kvit-oong, f., receipt, discharge

Rabatt, rah-**bahtt,** m., rebate, discount
Rabbiner, rah-**been**-er, m., rabbi
Rabe, rah-be, m., raven
rabenschwarz, rah-ben-shvahrts, a., jet-black
rabiat, rah-be-**aht,** a., rabid; rough; furious
Rache, rahk-e, f., revenge, vengeance
Rachen, rahk-en, m., throat, pharynx; jaw(s)
rächen, rek-en, v., to revenge, to avenge
Racker, rahck-er, m., lively child, (pop.) young
Rad, raht, n., wheel; abbrev. for cycle, bike [Turk
Radau, rah-**dow,** m., loud noise, row
Raddampfer, rahd-dahmp-fer, m., paddle-steamer
radebrechen, rahd-e-brek-en, v., to speak a lan-
radeln, rahd-eln, v., to cycle [guage imperfectly
rädern, ray-dern, v., to break on the wheel; to put
radfahren, raht-fahr-en, v., to cycle [on wheels
Radfahrer, raht-fahr-er, m., cyclist
radieren, rah-**deer**-en, v., to erase; to etch
Radiergummi, rah-**deer**-goomm-ee, m. & n.,
    india-rubber
Radiermesser, rah-**deer**-mess-er, n., pen-knife
Radierung, rah-**deer**-oong, f., etching; erasure
Radieschen, rah-**dees**-ken, n., radish
Radler, rahd-ler, m., cyclist [sault
radschlagen, raht-shlahg-en, v., to turn a somer-
raffen, rahff-en, v., to gather (hold) up; to take in
Raffinerie, rahff-een-er-**ee,** f., refinery [(seams)
raffinieren, rahff-een-**eer**-en, v., to refine
raffiniert, rahff-een-**eert,** a., cunning; refined
Rahm, rahm, m., cream
rahmen, rahm-en, v., to frame; to form cream;
Rahmen, rahm-en, m., frame [to skim
Rakete, rah-**kayt**-e, f., rocket [firm
ramme(l)n, rahmm-e(l)n, v., to ram; to stamp
Rampe, rahmp-e, f., footlights; ramp, platform
Ramsch, rahmsh, m., job-lot
ramschen, rahmm-shen, v., to buy job-(large)lots
Ramschware, rahmsh-vahr-e, f., cheap goods,
'ran, rahn, abbrev. for **heran** [job-line(s)

Rand, rahnnt, m., edge; rim; brink

rändern, ren-dern, v., to edge; to mill (coins)

Rang, rahng, m., rank, station; circle (theatre)

Range, rahng-e, m. & f., young scamp, tomboy

rangieren, rahng-sheer-en, v., to shunt; to take

Ranke, rahng-ke, f., tendril, shoot   [rank

Ränke, reng-ke, m. pl., intrigues, plot(ting)

ranken, rahng-ken, v., to creep; to climb (plants)

ränkesüchtig, reng-ke-SEEk-tik, a., plotting, intriguing

rankig, rahng-kik, a., having tendrils or shoots

Ranzen, rahnt-sen, m., wallet; travelling-bag

ranzig, rahnt-sik, a., rancid, rank   [knapsack

Rappe, rahpp-e, m., black horse

Rappel, rahpp-el, m., whim, foolish fancy

rappelig, rahpp-el-ik, a., whimsical, crazy

rappeln, rahpp-eln, v., to rattle; to be crazy

Raps, rahpps, m., rape(-seed), colza

rar, rahr, a., rare, scarce; exquisite

Rarität, rahr-e-tait, f., rarity; curio(sity)

rasch, rahsh, a., quick, brisk, speedy

rascheln, rahsh-eln, v., to rustle; to crackle

Rasen, rahz-en, m., lawn, sward, turf

rasen, rahz-en, v., to rage; to rush; to be frenzied

Raserei, rahz-e-ry, f., frenzy, madness

rasieren, rahz-eer-en, v., to shave

Rasiermesser, rahz-eer-mess-er, n., razor

Rasierpinsel, rahz-eer-pin-zel, m., shaving-brush

rasig, rahz-ik, a., turfy, grassy

Raspel, rahsp-el, f., rasp

raspeln, rahsp-eln, v., to rasp; to scrape

Rasse, rahss-e, f., race, breed, stock

rasseln, rahss-eln, v., to rattle; to clank

rassig, rahss-ik, a., racy, of good breed

Rast, rahst, f., rest; recreation; halt

rasten, rahst-en, v., to rest; to halt

Rat, raht, m., advice; council(lor)

Rate, raht-e, f., instalment; rate   [ten]

raten, raht-en, v., to advise; to guess (see erra-

ratenweise, raht-en-vy-ze, adv., by instalments

Ratgeber, raht-gayb-er, m., adviser, counsellor

Rathaus, raht-hows, n., town-hall

ratsam, raht-zahm, a., advisable; commendable

Ratsamkeit, raht-zahm-kite, f., advisability

Ratschlag, raht-shlahk, m., advice, counsel

Rätsel, rayt-sel, n., riddle, puzzle; mystery

rätselhaft, rayt-sel-hahft, a., mysterious; puzz-

Ratsherr, rahts-hairr, m., councillor   [ling

Ratskeller, rahts-kel-er, m., town-hall cellar

Ratte, rahtt-e, f., rat   [(tavern)

Rattenfänger, rahtt-en-feng-er, m., rat-catcher;

rattern, rahtt-ern, v., to rattle   [Pied Piper

Raub, rowp, m., robbery, robbing; rape; prey

rauben, row-ben, v., to rob, to steal

Räuber, roy-ber, m., robber, brigand

Raubgier, rowp-geer, f., rapacity

Raubtier, rowp-teer, n., beast of prey

Raubvogel, rowp-fohg-el, m., bird of prey

Rauch, rowk, m., smoke; **—en**, v., to smoke;
    —erabteil,   m.,   smoking-compartment;
    —fang, m., chimney; **—ig,** a., smoky

räuchern, royk-ern, v., to cure with smoke; to

'rauf, rowf, abbrev. for **herauf**   [fumigate

Raufbold, rowf-bollt, m., rowdy, bully

raufen, rowf-en, v., to pull out hair; to brawl

rauh, row, a., rough, rugged; severe, harsh

Raum, rowm, m., room, space; locality

räumen, roym-en, v., to clear; to remove

räumlich, roym-lik, a., in regard to space

Räumlichkeit, roym-lik-kite, f., space; room,

raunen, rown-en, to whisper   [premises

Raupe, rowp-e, f., caterpillar

'raus, rowss, abbrev. for **heraus**

Rausch, rowsh, m., ecstasy; intoxication   [roar

rauschen, rowsh-en, v., to rush; to rustle; to

räuspern (sich), roysp-ern (sik), v., to clear one's

Razzia, rahtt-se-ah, f., raid   [throat

reagieren, ray-ah-gheer-en, v., to react; to re-
    spond

Realgymnasium,   ray-ahl-ghim-nahz-yoomm,
    n., German secondary school

Realschule, ray-ahl-shool-e, f., school for modern

Rebe, ray-be, f., vine; tendril   [subjects

Rebhuhn, rep-hoon, n., partridge

Rechen, rek-en, m., rake; rack

Rechenschaft, rek-en-shahft, f., account [lesson

Rechenstunde, rek-en-shtoonn-de, f., arithmetic

Recherche, ray-**shair**-she, f., investigation, inquiry

rechnen, rek-nen, v., to reckon, to calculate

Rechnung, rek-noong, f., bill, invoice; account

Rechnungsauszug, rek-noongs-ows-tsook, m., statement of account

recht, rekt, a., right; right-hand; correct

Recht, rekt, n., right, privilege; justice; law [fend

rechtfertigen, rekt-fairt-ig-en, v., to justify; to de-

rechthaberisch, rekt-hahb-er-ish, a., dogmatical

rechtlich, rekt-lik, a., lawful, legal; fair

rechtmäßig, rekt-mace-ik, a., rightful, lawful

rechts, rekts, adv., on the right-hand side. a., right

Rechtsanwalt, rekts-ahnn-vahlt, m., solicitor, advocate

rechtschaffen, rekt-shahff-en, a., upright, just

Rechtschreibung, rekt-shry-boong, f., ortho-

Rechtsfall, rekts-fahll, m., case (court) [graphy

rechtsgültig, rekts-gEElt-ik, a., valid in law

rechtskräftig, rekts-kreft-ik, a., valid, legal

rechtsum, rekts-oomm, adv., right about

rechtswegen, rekts-vaig-en, adv., by rights

rechtzeitig, rekt-tsy-tik, adv., in good time, punc-

Recke, reck-e, m., mighty warrior [tually

recken, reck-en, v., to stretch

Redakteur, ray-dahck-ter, m., editor

Redaktion, ray-dahck-tse-ohn, f., editor's office;

Rede, ray-de, f., speech; talk; address [editing

Redefertigkeit, ray-de-fairt-ik-kite, f., glibness

redegewandt, ray-de-ge-vahnt, a., gifted in speech

reden, ray-den, v., to talk, to speak

Redensart, ray-dens-art, f., (idiomatic, empty)

redigieren, ray-de-gheer-en, v., to edit [phrase

redlich, rait-lik, a., upright; open; straightfor-

Redner, raid-ner, m., orator; speaker [ward

redselig, raid-zail-ik, a., talkative

Reeder, raid-er, m., shipowner; shipper

Reederei, raid-e-ry, f., shipping(-business)

reell, ray-el, a., fair, honest; respectable; real

Referendar, ref-*e*-ren-**dar**, m., young barrister training for judgeship

Reflektant, ref-lek-**tahnt**, m., intending buyer

reflektieren, ref-lek-**teer**-en, v., to reflect; to think of buying

Refrain, ray-**freng**, m., chorus of a song

Regal, ray-**gahl**, n., shelves, pigeon-holes

rege, ray-gh*e*, a., lively, brisk, active

Regel, ray-gh*e*l, f., rule; regulation

regelmäßig, ray-gh*e*l-mace-i*k*, a., regular; orderly

regeln, ray-gh*e*ln, v., to regulate; to arrange

regelrecht, ray-gh*e*l-re*k*t, a., according to rule

regen (sich), ray-gh*e*n (si*k*), v., to stir, to move

Regen, ray-gh*e*n, m., rain

Regenbogen, ray-gh*e*n-boh-gh*e*n, m., rainbow

Regenmantel, ray-gh*e*n-mahnt-*e*l, m., raincoat

Regenschirm, ray-gh*e*n-sheerm, m., umbrella

Regenwurm, ray-gh*e*n-voorm, m., earth-worm

Regie, ray-shee, f., state-monopoly; stage-management [reign

regieren, ray-gheer-en, v., to rule, to govern, to

Regierung, ray-gheer-oong, f., government

Regisseur, ray-shis-er, m., stage-producer (-man-regnen, raig-nen, v., to rain [ager)

regnerisch, raig-ner-ish, a., rainy

Reh, ray, n., deer, roe(-buck)

Rehbraten, ray-braht-en, m., roast venison

reiben, ry-ben, v., to rub; to grate

Reiberei, ry-be-ry, f., friction

reich, ry'*k*, a., rich

Reich, ry'*k*, n., empire, realm

reichen, ry'ken, v., to reach, to stretch; to pass

reichhaltig, ry'*k*-hahlt-i*k*, a., plentiful, abundant

reichlich, ry'*k*-li*k*, a., copious, plentiful

Reichtum, ry'*k*-toom, m., riches, wealth

reif, rife, a., ripe, mature

Reif, rife, m., ring; hoop; hoar-frost

Reife, ry-fe, f., maturity, ripeness

reifen, ry-fen, v., to ripen, to mature

Reifen, ry-fen, m., hoop; tyre

reiflich, rife-li*k*, a., mature

Reigen, ry-gh*e*n, m., round dance; song

Reihe, ry-*e*, f., row; range; succession; turn

reihen, ry-*en*, v., to arrange in lines; to string

Reihenfolge, ry-en-folg-*e*, f., succession, se-

Reiher, ry-*er*, m., heron; aigrette [quence

Reim, rime, m., rhyme

reimen, ry-m*en*, v., to rhyme, to make verses

rein, rine, a., pure; clean; chaste; net

reinigen, ry-nig-*en*, v., to clean(se); to purify

Reinigung, ry-ne-goong, f., clean(s)ing; purifi-

reinlich, rine-*lik*, a., clean; tidy [cation

Reis, rice, m., rice. n., twig

Reise, ry-ze, f., voyage, journey, trip; —**büro**, n.,
tourist agency; —**fertig**, a., ready for a
journey; —**führer**, n., travelling-guide,
tourist's handbook; —**koffer**, n., travelling-
trunk; —**en**, v., to travel; —**nde(r)**, m.,
traveller; passenger; —**paß**, n., passport for
travelling; —**tasche**, f., travelling-bag

Reisig, ry-zik, n., brushwood, faggots

reißen, ry-s*en*, v., to tear; to pull; to break (snap)

Reitbahn, rite-bahn, f., riding-track

reiten, ry-t*en*, v., to ride (horseback)

Reiter, ry-t*er*, m., horseman

Reithose, rite-hoh-ze, f., riding-breeches

Reitkleid, rite-klite, n., riding-habit

Reiz, rites, m., irritation; allurement, charm

reizbar, rites-bar, a., irritable, touchy

reizen, rites-*en*, v., to irritate; to stimulate; to
incite; to charm

reizend, rites-ent, a., charming, delightful

Reklamation, ray-klah-maht-se-ohn, f., complaint; protest [ment

Reklame, ray-klah-m*e*, f., advertising, advertise-

reklamieren, ray-klah-meer-*en*, v., to complain;
to claim [to claim

rempeln, rem-p*eln*, v., to jostle

Rennbahn, ren-bahn, f., race-course

rennen, ren-*en*, v., to run, to rush

Rennpferd, ren-pfairt, n., race-horse

Renommee, ren-om-ay, n., renown; reputation

renommieren, ren-om-eer-*en*, v., to brag, to
boast

rentabel, ren-tahb-*el*, a., remunerative; lucrative

Rente, rent-*e*, f., income; annuity
Rentier, ren-te-ay, m., see **Rentner**
rentieren, rent-eer-*en*, v., to pay (of business)
Rentner, rent-ner, m., person of private means
Reparatur, rep-ah-raht-oor, f., repair(ing)
reparieren, rep-ah-reer-*en*, v., to repair [city
Residenzstadt, ray-ze-**dents**-shtaht, f., capital
resp. = respektive, res-pec-teev-*e*, adv., respec- [tively
Rest, rest, m., rest, remainder; remnant
restlos, rest-lohs, a., unsparing; without remain-
Resultat, ray-zooll-taht, n., result; outcome [der
retour, ray-toor, adv., back
retten, ret-*en*, v., to save, to rescue
Rettich, ret-i*k*, m., (black) radish
Rettung, ret-oong, f., rescue; salvation; escape
Reue, roy-*e*, f., penitence; repentance
reuen, roy-*en*, v., to rue; to repent; to regret
revanchieren (sich), ray-vahng-sheer-*en* (si*k*),
   v., to return compliment or service
revidieren, ray-ve-deer-*en*, v., to examine
Revision, ray-ve-ze-ohn, f., auditing; examina-
Revisor, ray-ve-zohr, m., auditor [tion; appeal
Rezension, ray-tsen-zohn, f., review (books,
Rezept, ray-tsept, n., recipe; prescription [etc.)
Rhabarber, rah-barb-*er*, m., rhubarb
Rheinwein, rine-vine, m., Rhine-wine, hock
richten, ri*k*-ten, v., to set (straight); to depend;
Richter, ri*k*-ter, m., judge [to judge
richtig, ri*k*-tik, a., right, correct; just; fair
Richtigkeit, ri*k*-tik-kite, f., correctness; fairness
Richtung, ri*k*t-oong, f., direction, course
riechen, reek-*en*, v., to smell
Riege, reeg-*e*, f., team, squad
Riegel, reeg-*el*, m., bolt
riegeln, reeg-*eln*, v., to bolt
Riemen, reem-*en*, m., strap, thong
Riese, reez-*e*, m., giant; ogre
Rieselfeld, reez-*el*-felt, n., sewage farm
rieseln, reez-*eln*, v., to gurgle; to drizzle
riesenartig, reez-*en*-art-i*k*, a., like a giant
riesengroß, reez-*en*-grohs, a., gigantic
riesig, reez-i*k*, a., colossal, enormous

Riff, rif, n., reef; sandbank
Rille, ril-*e*, f., groove; furrow
Rimesse, re-mess-*e*, f., remittance
Rind, rinnt, n., head of cattle, ox, cow
Rinde, rinn-d*e*, f., bark, rind; crust
Rinderbraten, rinn-d*er*-braht-*en*, m., roast-beef
Rindfleisch, rinnt-fly'sh, n., beef
Rindvieh, rinnt-fee, n., cattle, blockhead
Ring, ring, m., ring; circle; round
Ringbahn, ring-bahn, f., circle-railway
ringeln, ring-*eln*, v., to curl; to coil
ringen, ring-*en*, v., to make rings; to wrestle; to
    wring (hands)
rings-herum, -umher, rings-hair-**oomm**,
    -oomm-**hair**, adv., round about
Rinne, rin-*e*, f., groove; gully; sewer
rinnen, rin-*en*, to trickle; to flow; to leak
Rinnstein, rin-shtine, m., gutter
Rippe, rip-*e*, f., rib; frame(work)
Rippe(n)speer, rip-*e*(n)-shpair, m., roast loin of
Risiko, re-ze-koh, n., risk, peril   [pork
riskant, risk-ahnt, a., risky, perilous
riskieren, risk-eer-*en*, v., to risk
Riß, riss, m., tear, fissure; gap, crack
rissig, riss-i*k*, a., cracked; full of holes
Rist, rist, m., back of hand; instep
Ritt, rit, m., ride
Ritter, rit-*er*, m., knight; cavalier
Rittergut, rit-*er*-goot, n., gentleman's estate
ritterlich, rit-*er*-li*k*, a., chivalrous; knightly
rittlings, rit-lings, a., astride
Ritze, rits-*e*, f., slit; fissure; scratch
ritzen, rit-s*en*, v., to slit; to scratch; to graze
Rizinusöl, re-tse-nooss-*er*l, n., castor-oil
röcheln, rer*k*-*eln*, v., to rattle in one's throat
Rock, rock, m., coat; skirt
Rogen, rohg-*en*, m., hard roe
Roggen, rogg-*en*, n., rye
roh, roh, a., raw; rough; brutal   [tality
Roheit, roh-hite, f., rawness; roughness; bru-
Rohr, rohr, n., cane; tube; pipe; barrel (gun)
Röhre, rer-*e*, f., tube; channel

Rohrpost, rohr-posst, f., pneumatic post
Rohrstock, rohr-shtock, m., cane, stick
Rolle, rol-*e*, f., roller; reel, spool; roll; rôle
rollen, rol-*en*, v., to roll; to rumble
Rollmops, rol-mops, m., pickled (rolled) herring
Rollschuh, rol-shoo, m., roller-skate
Roman, roh-**mahn**, m., novel, work of fiction
Röntgenstrahlen, rernt-ghen-shtrahl-*en*, m.pl.,
rosa, roh-zah, a., pink   [X-rays
Rose, roh-z*e*, f., rose
Rosenkohl, roh-zen-kohl, m., brussels sprouts
rosig, roh-zik, a., rosy, roseate; like a rose
Rosine, roh-zeen-*e*, f., raisin; sultana
**Roß, ross, n., horse, steed
**Rost, rost, m., rust; grate; gridiron
Rostbraten, rosst-braht-*en*, m., roast joint (of
rosten, rosst-*en*, v., to rust   [beef]
rösten, rerst-*en*, v., to grill, to roast, to fry
rostig, rost-*ik*, a., rusty
**rot, roht, a., red
rotbäckig, roht-beck-*ik*, a., red-cheeked
Röte, rert-*e*, f., redness
röten, rert-*en*, v., to redden; to paint (dye) red
Rothaut, roht-howt, f., redskin, Red Indian
Rotkehlchen, roht-kayl-*k*en, n., robin redbreast
Rotkraut, roht-krowt, n., red cabbage
Rotte, rot-*e*, f., gang, band; swarm
rotten, rot-*en*, v., to band (flock) together; to plot
Rotwild, roht-vilt, n., red deer
Rouleau, rool-oh, n., roller-blind
routiniert, root-een-eert, a., experienced, versed
Rübe, rEEb-*e*, f., turnip
'rüber, rEEb-*er*, abbrev. for **herüber**
Rubin, roob-een, m., ruby
ruchlos, rook-lohs, a., wicked, malicious
**Ruck, roock, m., jerk, push
Rückblick, rEEck-blick, m., retrospect
Rücken, rEEck-*en*, m., back; rear; ridge
rücken, rEEck-*en*, v., to move, to shift
Rückenmark, rEEck-en-mark, n., spinal cord
Rückfahrkarte, rEEck-fahr-kart-*e*, f., return tic-
Rückfahrt, rEEck-fahrt, f., return journey   [ket

Rückfall, rEEck-fahll, m., relapse   [tion
Rückgabe, rEEck-gahb-*e*, f., giving back, restitu-
Rückgang, rEEck-gahng, m., going back (down);
   decline
Rückgrat, rEEck-graht, n., backbone; spine
Rückhalt, rEEck-hahlt, m., reserve; support
Rück-kehr, -kunft, rEEck-kair, -koonft, f., re-
   rücklings, rEEck-lings, a., backwards   [turn
Rückreise, rEEck-ry-z*e*, f., return journey [etc.]
Rückseite, rEEck-zy-t*e*, f., back, reverse (coins,
Rücksicht, rEEck-si*k*t, f., consideration, regard
Rücksichtnahme, rEEck-si*k*t-nahm-*e*, f., (taking
   into) consideration
Rücksprache, rEEck-shprah*k*-*e*, f., consultation
rückständig, rEEck-shtend-i*k*, a., behindhand; in
Rücktritt, rEEck-trit, m., retirement   [arrears
rückwärts, rEEck-vairts, adv., back(wards)
Rückweg, rEEck-vaik, m., way back or home
ruckweise, roock-vy-s*e*, adv., by jerks
Rückzug, rEEck-tsook, m., retreat; train back
Rudel, rood-*el*, m., crowd; pack; herd
Ruder, rood-*er*, n., oar; rudder; helm
rudern, rood-*ern*, v., to row
Ruf, roof, m., call, shout, sound; reputation
rufen, roof-*en*, v., to call, to shout
Rüffel, rEEff-*el*, m., reprimand
Rüge, rEEg-*e*, f., reproach, blame
rügen, rEEg-*en*, v., to reproach, to blame
Ruhe, roo-*e*, f., silence, quiet; recreation; rest
ruhen, roo-*en*, v., to rest
Ruhestand, roo-*e*-shtahnt, m., retirement
Ruhetag, roo-*e*-tahg, m., day of rest, holiday
ruhig, roo-i*k*, a., quiet; tranquil; calm; be quiet!
Ruhm, room, m., glory; fame; praise
rühmen, rEEm-*en*, v., to praise; to extol
rühmlich, rEEm-li*k*, a., praiseworthy; glorious
Ruhr, roor, f., diarrhoea, dysentery
Rührei, rEEr-i, n., scrambled egg(s)
rühren, rEEr-*en*, v., to stir; to move; to strike
rührend, rEEr-ent, a., touching, affecting
rührig, rEEr-i*k*, a., alert; active
Rührung, rEEr-oong, f., emotion

Rummel, roomm-el, m., (loud) noise; trick(s)

Rumpelkammer, roomm-pel-kahmm-er, f., lumber-room

Rumpf, roomp'f, m., trunk; torso; hull

rümpfen, REEmp-fen, v., to wrinkle; to curl

rund, roont, a., round, circular; globular

Runde, roon-de, f., round; circle

runden, roon-den, v., to round [sion

Rundfahrt, roont-fahrt, f., round trip; excur-

Rundfunksendung, roont-foonnk-send-oong, f., broadcast; **rundfunkaussenden,** v., to broadcast

rundherum, roont-hair-oomm, adv., round

Rundreise, roont-ry-ze, f., circular tour [about

Rundschau, roont-show, f., review

Rundschreiben, roont-shry-ben, n., circular

rundum, roont-oomm, adv., round about [letter

Runkelrübe, roonk-el-REEB-e, f., beetroot

Runzel, roonn-tsel, f., wrinkle; pucker

runzelig, roonn-tsel-ik, a., wrinkled, puckered

runzeln, roonn-tseln, v., to wrinkle; to pucker

Rüpel, REEp-el, m., rude (coarse) fellow

rupfen, roopp-fen, v., to pluck; to pick

ruppig, roopp-ik, a., rude; tattered

Ruß, roos, m., soot; lamp-black

Rüssel, REEss-el, m., trunk; snout

rußig, roos-ik, a., sooty; smutty

rüsten, REEst-en, v., to arm; to equip; to prepare

rüstig, REEst-ik, a., active, hale; nimble [equipment

Rüstung, REEst-oong, f., armour; preparation;

Rute, root-e, f., rod, birch, switch; brush

rutschen, roott-shen, v., to slide, to glide

rütteln, REEtt-eln, v., to shake (up); to jog

Saal, sahl, m., hall, large room; ward

Saat, saht, f., seed(s); young crop(s)

Saatkrähe, saht-kray-e, f., rook

sabbern, sahbb-ern, v., to slobber, to slaver

Säbel, say-bel, m., (broad)sword

sachdienlich, sahk-deen-lik, a., suitable; service-

Sache, sahk-e, f., thing; matter; affair [able

Sachkenner, sah*k*-ken-*er*, m., expert; connoisseur

sachkundig, sah*k*-koon-di*k*, a., versed in a thing

Sachlage, sah*k*-lahg-*e*, f., circumstances

sachlich, sah*k*-li*k*, a., objective

sächlich, se*k*-li*k*, a., neuter

sacht(e), sah*k*t-(*e*), a., gentle, soft; gradual [case

Sachverhalt, sah*k*-fair-hahlt, m., facts of the

Sachverständige(r), sah*k*-fair-shten-dig-*e*(r), m., [expert

Sack, sah*ck*, m., sack; bag; pocket

sacken, sah*ck*-*en*, v., to put into sacks; to sag

Sackgasse, sah*ck*-gahss-*e*, f., cul-de-sac

Sacktuch, sah*ck*-took, n., sacking; handkerchief

säen, say-*en*, v., to sow

Safran, sah*ff*-rahn, m., saffron

Saft, sah*ff*t, m., sap, juice; fluid

saftig, sah*ff*t-i*k*, a., juicy; obscene

Sage, sahg-*e*, f., saga, legend; rumour

Säge, saig-*e*, f., saw

Sägemehl, saig-*e*-mail, n., sawdust

sagen, sahg-*en*, v., to say, to tell

sägen, saig-*en*, v., to saw

sagenhaft, sahg-*en*-hah*ft*, a., legendary; mythical

Sägespäne, saig-*e*-shpain-*e*, m.pl., wood-shavings; sawdust

Sahne, sahn-*e*, f., cream [ings; sawdust

Saison, say-zong, f., season

Saite, sy-t*e*, f., string (of an instrument)

Salat, sahl-aht, m., salad; lettuce

Salbe, sahlb-*e*, f., ointment; balm

salben, sahlb-*en*, v., to anoint; to rub with salve

Salbung, sahlb-oong, f., anointment; unction

Saldo, sahld-oh, m., balance, remainder [pathos

Saline, sahl-een-*e*, f., salt-mine (-works)

Salm, sahlm, m., salmon

Salmiak, sahlm-e-ah*k*, m., sal ammoniac

Salon, sahl-ong, m., drawing-room; saloon

salonfähig, sahl-ong-fay-i*k*, a., fit for the drawing-room

salopp, sahl-op, a., slovenly [ing-room

Salz, sahlts, n., salt; seasoning

salzen, sahlt-*sen*, v., to salt; to season

Salzfaß, sahlts-fahss, n., salt-cellar

Salzig, sahlts-i*k*, a., salt(y), briny

Same(n), sahm-*e*(n), m., seed
Sammelbecken, sahmm-*el*-beck-*en*, n., reservoir
sammeln, sahmm-*el*n, v., to collect, to gather
Sam(me)t, sahmmt, m., velvet
Sammler, sahmm-ler, m., collector, gatherer
Sammlung, sahmm-loong, f., collection
samt, sahmmt, adv., together
sämtlich, semt-li*k*, a., all, complete
Sand, sahnnt, m., sand; grit
sandig, sahnn-di*k*, s., sandy; gritty
Sandtorte, sahnnt-tort-*e*, f., Madeira cake
Sanduhr, sahnnt-oor, f., hour-glass
sanft, sahnnft, a., gentle, sweet; soft, smooth
Sänfte, senf-te, f., sedan-chair, litter
sänftigen, senf-tig-*en*, v., to calm; to smooth
Sanftmut, sahnnft-moot, f., gentleness
Sang, sahng, m., singing; chant
Sänger, seng-er, m., singer; poet; warbler
Sanitätswagen, sahn-e-taits-vahg-*en*, m., ambu-
Sardelle, sard-el-*e*, f., anchovy   [lance
Sarg, sark, m., coffin
satt, sahtt, a., satisfied; satiated
Sattel, sahtt-*el*, m., saddle
sattelfest, sahtt-*el*-fest, a., firm in the saddle;
satteln, sahtt-*el*n, v., to saddle   [well versed
sättigen, sahtt-ig-*en*, v., to satisfy; to appease
Sattler, sahtt-ler, m., saddler
Satz, sahtts, m., sentence; set; leap; fixed sum;
    phrase (music); **—ung,** f., rule; statute;
Sau, sow, f., sow   [dogma
sauber, sow-ber, a., clean; neat, tidy; fine
säuberlich, soy-ber-li*k*, a., clean; decent
säubern, soyb-ern, v., to clean(se)
Saubohne, sow-bohn-*e*, f., broad-bean
Sauce, soh-*se*, f., gravy, sauce
sauer, sow-er, a., sour, acid, tart; troublesome
Sauerampfer, sow-er-ahmp-fer, m., sorrel
Sauerbraten, sow-er-braht-*en*, m., joint soaked in
Sauerei, sow-*e*-ry, f., mess, dirty business [vinegar
Sauerkraut, sow-er-krowt, m., pickled shredded
säuerlich, soy-er-li*k*, a., somewhat acid [cabbage
säuern, soy-ern, v., to make sour; to leaven

Sauerstoff, sow-er-shtof, m., oxygen
Saufbold, sowf-bollt, m., drunkard
saufen, sowf-en, v., to swill, to drink (animals)
Säufer, soy-fer, m., drunkard
Sauferei, sowf-e-ry, f., carousal; hard drinking
saugen, sowg-en, v., to suck
säugen, soyg-en, v., to suckle, to nurse
Säugetier, soyg-e-teer, n., mammal
Säugling, soyk-ling, m., suckling; babe at the [breast
Säule, soyl-e, f., column, pillar
Saum, sowm, m., seam, hem; edge
saumäßig, sow-mace-ik, a., swinish; tremendous
säumen, soym-en, v., to delay; to hem
saumselig, sowm-zail-ik, a., dilatory, lagging be- [hind
Säure, soyr-e, f., acid; sourness
Saus, sows, m., revelling, whirl of gaiety
säuseln, soy-zeln, v., to rustle; to sough
sausen, sow-zen, v., to rush, to dash, to whiz
schaben, shahb-en, v., to scrape, to grate; to rasp
schäbig, shay-bik, a., shabby; mean
Schablone, shahb-lohn-e, f., stencil; routine work
Schach, shahk, n., chess
Schacher, shahk-er, m., bartering, haggling
schachern, shahk-ern, v., to barter; to haggle
schachmatt, shahk-mahtt, a., checkmate
Schacht, shahkt, m., shaft, pit: hollow
Schachtel, shahk-tel, f., (generally cardboard) box
schade, shahd-e, a., a pity!
Schädel, shay-del, m., skull
schaden, shahd-en, v., to do harm; to injure
Schaden, shahd-en, m., damage; hurt; loss
Schadenersatz, shahd-en-air-zahtts, m., compensation
schadenfroh, shahd-en-froh, a., malicious
schadhaft, shaht-hahft, a., defective; damaged
schädigen, shayd-ig-en, v., to harm; to wrong
schädlich, shayt-lik, a., harmful, hurtful; injurious
schadlos, shaht-lohs, a., unhurt; indemnified
Schaf, shahf, n., sheep; stupid fellow
Schäfer, shayf-er, m., shepherd
Schäferin, shayf-er-in, f., shepherdess

Schäferhund, shayf-*er*-hoont, m., sheepdog
schaffen, shahff-*en*, v., to create; to be busy; to do
Schaffner, shahff-ner, m., guard, conductor
Schafott, shahff-ot, n., scaffold
Schafskopf, shahfs-kopp'f, m., blockhead
Schaft, shahfft, m., shaft, stock; leg (boot); shank
Schakal, shah-kahl, m., jackal
schal, shahl, a., stale, flat, insipid
Schal (or **Shawl**), shahl, m., shawl, muffler
Schale, shahl-*e*, f., shell; peel; bowl, basin
schälen, shayl-*en*, v., to peel, to bark, to shell
schalig, shahl-ik, a., having shell or skin
Schalk, shahlk, m., knave, rogue, scamp
schalkhaft, shahlk-hahfft, a., a roguish; arch
Schall, shahll, m., sound, noise; peal
schallen, shahll-*en*, v., to sound; to ring
Schaltbrett, shahlt-bret, n., switchboard; dash-board
schalten, shahlt-*en*, v., to command; to switch
Schalter, shahlt-*er*, m., booking-office; switch
Schaltjahr, shahlt-yahr, n., leap-year
Scham, shahm, f., shame; modesty; bashfulness;
 —**gefühl**, n., feeling of shame; —**haft**, a.,
 bashful; modest, coy; —**rot**, a., blushing
schämen (**sich**), shaym-*en* (sik), v., to be
 ashamed (bashful) [shampoo
schampunieren, shahm-poo-neer-*en*, v., to
Schande, shahnd-*e*, f., shame, disgrace
schänden, shend-*en*, v., to dishonour; to outrage
schändlich, shend-lik, a., a shameful, disgraceful
Schank, shahnk, m., retail beer trade; bar
Schanze, shahnt-s*e*, f., earthwork, trench; chance
Schar, shahr, f., troop; host; (plough-)share
scharen, shahr-*en*, v., to collect together
scharf, shahrf, a., sharp, harsh; keen, smart
Scharfblick, shahrf-blick, m., keen observation
Schärf, shairf-*e*, f., sharpness; keenness; severity
schärfen, shairf-*en*, v., to sharpen; to strengthen
Scharfrichter, shahrf-rik-ter, m., executioner
Scharfsicht, shahrf-si*k*t, f., keen (quick) vision
Scharfsinn, shahrf-zin, m., acumen [etc.]
Scharlach, shahr-lah*k*, m., scarlet (colour, cloth,

Scharmützel, shahr-mEETt-sel, n., skirmish
Scharnier, shahrn-eer, n., hinge
Schärpe, shairp-e, f., sash; sling
scharren, shahr-en, v., to scrape; to scratch
Scharte, shahrt-e, f., notch; loophole; gap
schartig, shahrt-ik, a., notchy; dented
Schatten, shahtt-en, m., shadow; shade
Schattierung, shahtt-eer-oong, f., shading; tint
schattig, shahtt-ik, a., shaded
Schatz, shahtts, m., treasure; riches; beloved
Schatzamt, shahtts-ahmmt, n., exchequer
schätzen, shets-en, v., to estimate; to esteem
Schätzung, shets-oong, f., estimate; estimation
Schau, show, f., show, view; performance
Schauder, show-der, m., shudder(ing); horror
schauderhaft, show-der-hahft, a., dreadful
schaudern, show-dern, v., to shudder
schauen, show-en, v., to see; to gaze
Schauer, show-er, m., spectator; awe, dread;
schauerlich, show-er-lik, a., gruesome [shower
Schaufel, show-fel, f., shovel; paddle (boat)
schaufeln, show-feln, v., to shovel
Schaufenster, show-fenst-er, n., shop-window
Schaukel, show-kel, f., swing, see-saw
schaukeln, show-keln, v., to rock, to swing
Schaum, showm, m., foam, froth; surf; lather
schäumen, shoym-en, v., to foam, to froth [war]
Schauplatz, show-plahtts, m., scene; theatre (of
Schauspiel, show-shpeel, n., scene; drama; **—er,**
   m., actor, player; **—haus,** n., playhouse,
Scheck, sheck, m., cheque   [theatre
scheckig, sheck-ik, a., piebald; speckled
Scheibe, shy-be, f., disc; slice; pane; target
Scheide, shy-de, f., sheath; case; division
scheiden, shy-den, v., to part, to separate; to di-
Scheideweg, shy-de-vayk, m., cross-road [vorce
Scheidung, shy-doong, f., separation; divorce
Schein, shine, m., shine; semblance; note, bill
scheinbar, shine-bar, a., apparent
scheinen, shine-en, v., to shine; to seem
scheinheilig, shine-hile-ik, a., hypocritical
Scheinwerfer, shine-vair-fer, m., searchlight

Scheit, shy't, n., log; splinter

Scheitel, shy-tel, m., crown of head; hair-parting

scheiteln, shy-teln, v., to part hair [neral-)pyre

Scheiterhaufen, shy-ter-howf-en, m., stake, (fu-

scheitern, shy-tern, v., to be wrecked

Schelle, shel-e, f., (hand-)bell. pl., handcuffs

schellen, shel-en, v., to ring a bell

Schellfisch, shel-fish, m., haddock

Schelm, shelm, m., rogue, knave

schelmisch, shelm-ish, a., arch; roguish

Schelte, shelt-e, f., scolding

schelten, shelt-en, v., to scold, to reprimand

Schema, shaim-ah, n., model; pattern

Schemel, shaim-el, m., stool

Schenke, sheng-ke, f., inn, tavern

Schenkel, sheng-kel, m., thigh; shank; angle

schenken, sheng-ken, v., to give (as present); to

   pour out; to grant

Schenktisch, shenk-tish, m., bar

Scherbe, shairb-e, f., fragment; shard

Schere, shair-e, f., shears, scissors; shafts

scheren, shair-en, v., to shear, to clip. **sich . .,**

   sik . . ., to run away; to trouble about

Schererei, shair-e-ry, f., annoyance, trouble

Scherz, shairts, m., jest(ing), merriment

scherzen, shairt-sen, v., to jest; to joke; to frolic

scherzhaft, shairts-hahft, a., jovial; jocular

Scheu, shoy, f., shyness; timidity

scheu, shoy, a., shy; timid; shying

scheuchen, shoyk-en, v., to scare away

Scheuer, shoy-er, f., barn; shelter

Scheuerfrau, shoy-er-frow, f., charwoman

scheuern, shoy-ern, v., to scrub, to scour

Scheune, shoyn-e, f., barn

Scheusal, shoy-zahl, n., monster; horrifying ob-

scheußlich, shoys-lik, a., horrible, awful [ject

Schicht, shikt, f., layer, stratum; shift; class

schichten, shik-ten, v., to put in layers, to stack

Schick, shick, m., smartness, chic

schick, shick, a., smart, chic

schicken, shick-en, v., to send, to dispatch

schicklich, shick-lik, a., seemly; decent

Schicksal, shick-zahl, n., fate, destiny [tricky

schieben, sheeb-en, v., to push, to slide; to be

Schieber, sheeb-er, m., slider; pusher; wangler

Schiebung, sheeb-oong, f., pushing; wangling

Schiedsgericht, sheets-ge-riKt, n., court of arbitration [referee, umpire

Schiedsrichter, sheets-rik-ter, m., arbitrator,

schief, sheef, a., crooked; slanting; sloping

Schiefer, sheef-er, m., slate

schielen, sheel-en, v., to squint, to be cross-eyed

Schienbein, sheen-bine, n., shin-bone

Schiene, sheen-e, f., splint; rail; bar; hoop

Schienennetz, sheen-en-nets, n., railway-system

schier, sheer, a., pure; sheer. adv., nearly

schießen, shees-en, v., to shoot, to fire

Schießscheibe, shees-shy-be, f., target

Schiff, shif, n., ship, vessel, craft; nave; shuttle

Schiffahrt, shif-fahrt, f., shipping, navigation

schiffbar, shif-bar, a., navigable

Schiffbruch, shif-brook, m., shipwreck

schiffen, shif-en, v., to ship; to navigate

Schild, shilt, n., shield; sign-board

Schilderhaus, shild-er-hows, n., sentry-box

schildern, shild-ern, v., to describe; to colour

Schilderung, shild-er-oong, f., description; sketch

Schildkröte, shilt-krert-e, f., tortoise, turtle

Schildpatt, shilt-pahtt, n., tortoise-shell

Schildwache, shilt-vahk-e, f., sentry

Schilf(rohr), shilf(-rohr), n., reed

schillern, shil-ern, v., to iridesce, to opalesce

Schimmel, shim-el, m., mildew; white horse

schimmelig, shim-el-iK, a., mildewed

schimmeln, shim-eln, v., to go mouldy

Schimmer, shim-er, m., glimmer; gleam; pomp

schimmern, shim-ern, v., to gleam; to glitter

Schimpf, shimp'f, m., insult; indignity; disgrace

schimpfen, shimp-fen, v., to scold; to grumble;
to abuse

schimpflich, shimp'f-liK, a., disgraceful

Schimpfwort, shimp'f-vohrt, n., abusive word

schinden, shin-den, v., to sweat workpeople; to
flay

Schinder, shin-der, m., knacker; slave-driver;
Schinken, shing-ken, m., ham [hangman
Schinn, shin, m., dandruff
Schippe, ship-e, f., spade(s); shovel
schippen, ship-en, v., to shovel [tion; peak (cap)
Schirm, sheerm, m., umbrella; shelter; protec-
schirmen, sheerm-en, v., to protect, to shield
schlabbern, shlahbb-ern, v., to slobber
Schlacht, shlahkt, f., battle, action
Schlachtbank, shlahkt-bahnk, f., shambles
schlachten, shlahkt-en, v., to slaughter; to kill
Schlächter, shlekt-er, m., butcher [shop
Schlächterei, shlekt-e-ry, f., butchery; butcher's
Schlachtfeld, shlahkt-felt, n., battle-field
Schlachthaus, shlahkt-hows, n., slaughter-house
Schlacke, shlahck-e, f., slag [man sausage
Schlackwurst, shlahck-voorst, f., kind of Ger-
Schlaf, shlahf, m., sleep; —**abteil,** m., sleeping
compartment
Schläfe, shlay-fe, f., temple (side of forehead)
schlafen, shlah-fen, v., to sleep
Schläfer, shlay-fer, m., sleeper
schläf(e)rig, shlayf-rik, a., sleepy, drowsy
schlaff, shlahff, a., slack, limp, flabby
Schlafgemach, shlahf-ge-mah**k**, n., bedroom
Schlafkammer, shlahf-kahmm-er, f., small bed-
room [ness
Schlaflosigkeit, shlahf-lohz-ik-kite, f., sleepless-
Schlafmittel, shlahf-mit-el, n., sleeping-draught
Schlafrock, shlahf-rock, n., dressing-gown
Schlafstube, shlahf-shtoob-e, f., bedroom [sleep
schlaftrunken, shlahf-troong-ken, a., heavy with
Schlafwagen, shlahf-vahg-en, m., sleeping-car
schlafwandeln, shlahf-vahnn-deln, v., to walk
in one's sleep
Schlafzimmer, shlahf-tsim-er, n., bedroom
Schlag, shlah**k**, m., blow, stroke; slap; shock;
beat; knock; kind [hit, to knock
schlagen, shlahg-en, v., to beat; to strike, to
Schläger, shlahg-er, m., hit, draw
Schläger, shlayg-er, m., brawler; bat, racket;
Schlägerei, shlayg-e-ry, f., brawl [club; rapier

schlagfertig, shlahk-fairt-i*k*, a., ready to strike; quick at repartee

Schlagsahne, shlahk-zahn-*e*, f., whipped cream

Schlagwort, shlahk-vort, n., catchword

Schlamm, shlahmm, m., mud, slime

schlammig, shlahmm-i*k***,** a., muddy, slimy

Schlange, shlahng-*e***,** f., snake, serpent

schlank, shlahnk, a., slim, slight, slender

schlapp, shlahpp, a., slack, limp. interj.; slipslop!

Schlappe, shlahpp-*e***,** f., defeat; loss

Schlapphut, shlahpp-hoot, m., slouch-hat

schlau, shlow, a., sly, clever

Schlauch, shlow*k***,** m., skin; tube, hose

Schlauheit, shlow-hite, f., cleverness; cunning

schlecht, shle*k***t,** a., bad, evil; wicked

schlechterdings, shle*k***t-**er-dings, adv., positively

schlechthin, shle*k***t-**hin, adv., plainly

Schlechtigkeit, shle*k***t-**i*k*-kite, f., wickedness; [evil

Schlegel, shlayg-*el***,** m., drumstick; mallet

Schlehdorn, shlay-dorn, m., blackthorn

Schlehe, shlay-*e***,** f., sloe

Schleie, shly, f., tench

schleichen, shly-*ken***,** v., to creep, to prowl

Schleichhandel, shly'*k***-**hahnd-*el*, m., illicit trade

Schleier, shly-*er***,** m., veil

schleierhaft, shly-er-hahft, a., hazy; veiled

schleiern, shly-*ern***,** v., to veil

Schleife, shly-f*e*, f., loop; knot, bow

schleifen, shly-f*en*, v., to grind, to sharpen; to polish; to drag; to demolish

Schleifstein, shlife-shtine, m., grindstone

Schleim, shlime, m., slime; phlegm, mucus

schleimig, shly-mi*k*, a., slimy

schleißen, shly-s*en*, v., to slit; to wear out

schlemmen, shlem-*en***,** v., to carouse, to feast

Schlemmer, shlem-*er***,** m., glutton

schlendern, shlend-*ern***,** v., to saunter

schlenkern, shlenk-*ern***,** v., to dangle; to jerk

Schleppdampfer, shlep-dahmp-f*er*, m., tug-boat

Schleppe, shlep-*e***,** f., train (of dress)

schleppen, shlep-*en***,** v., to drag; to trail

Schlepper, shlep-*er***,** m., one who drags; tug-boat

Schleuder, shloy-der, f., sling; centrifuge

Schleudern, shloy-dern, v., to sling, to fling; to schleunig(st), shloy-nig(st), a., prompt(est) [skid

Schleuse, shloy-ze, f., lock, sluice

Schlich, shli*k*, m., trick, dodge

schlicht, shli*k*t, a., simple, homely, honest [putes]

schlichten, shli*k*ten, v., to arrange; to settle (dis-

schließen, shlees-en, v., to lock; to close, to shut; to conclude

schließlich, shlees-li*k*, a., final; conclusive

Schliff, shlif, m., polish

schlimm, shlim, a., evil, bad; severe; serious; ill

Schlinge, shling-e, f., sling; noose; snare

Schlingel, shling-él, m., bad (mischievous) boy

schlingen, shling-en, v., to wind, to sling; to

schlingern, shling-ern, v., to roll (ships) [gulp

Schlingpflanze, shling-pflahnt-se, f., climbing [plant, creeper

Schlips, shlips, m., neck-tie

Schlitten, shlit-en, m., sledge, sleigh

schlittern, shlit-ern, v., to slide

Schlittschuh, shlit-shoo, m., skate

Schlittschuhbahn, shlit-shoo-bahn, f., ice-rink

schlittschuhlaufen, shlit-shoo-lowf-en, v., to [skate

Schlitz, shlits, m., slit; slot; crack

schlitzen, shlit-sen, v., to slit; to slash

Schloß, shloss, n., castle, palace; lock; clasp

Schlosser, shloss-er, m., locksmith

Schlot, shloht, m., chimney; funnel

schlottern, shlott-ern, v., to shake; to hang loosely

Schlucht, shlookt, f., gorge, gully, ravine

schluchzen, shlook-tsen, v., to sob

Schluck, shloock, m., mouthful, gulp; draught

schlucken, shloock-en, v., to swallow; to gulp

Schlummer, shloomm-er, m., slumber, light sleep

schlummern, shloomm-ern, v., to slumber

Schlund, shloonnt, m., gorge, gullet

schlüpfen, shlEEpp-fen, v., to slip [rious

schlüpferig, shlEEpp-fer-i*k*, a., slippery; preca-

Schlupfloch, shloopp'f-lok, n., hiding-place; loop-hole [secret nook

Schlupfwinkel, shloopp'f-vink-él, m., haunt;

schlürfen, shlEE**rf-***en*, v., to drink (noisily); to

Schluß, shlooss, m., closing; conclusion [shuffle

Schlüssel, shlEES**-***el*, m., key; clef

Schlüsselbein, shlEES**-***el*-bine, n., collar-bone

Schlüsselblume, shlEES**-***el*-bloom-*e*, f., primrose

Schlüsselbund, shlEES**-***el*-boont, n., bunch of

Schlüsselloch, shlEES**-***el*-lok, n., keyhole [keys

schlüssig, shlEES**-***ik*, a., resolved, determined

Schmach, shmah*k*, f., dishonour; disgrace; insult

schmachten, shmah*kt*-*en*, v., to languish; to be
parched

schmächtig, shme*kt*-*ik*, a., delicate; slight; slim

schmackhaft, shmahck-haft, a., tasty, palatable

schmähen, shmay-*en*, v., to vilify; to slander

schmählich, shmay-lik, a., abusive; disgraceful

schmal, shmahl, a., narrow; slender; meagre

schmälern, shmayl-*ern*, v., to narrow; to lessen

Schmälerung, shmayl-*er*-oong, f., curtailment

Schmalz, shmahlts, n., lard, dripping [diminution

schmarotzen, shmah-rot-*sen*, v., to sponge

Schmarotzer, shmah-rot-*ser*, m., sponger; cadger; parasite

Schmarre, shmahrr-*e*, f., scar; cut

Schmarren, shmahrr-*en*, m., nonsense; trifle

schmatzen, shmahtt-*sen*, v., to smack one's lips

schmauchen, shmowk-*en*, v., to puff (smoke)

Schmaus, shmows, m., feast; good repast

schmausen, shmow-*zen*, v., to feast

schmecken, shmeck-*en*, v., to taste

Schmeichelei, shmy-*ke*-ly, f., flattery

schmeicheln, shmy-*keln*, v., to coax; to flatter

Schmeichler, shmy'*k*-ler, m., flatterer; wheedler

schmeichlerisch, shmy'*k*-ler-ish, a., wheedling;
flattering

schmeißen, shmy-*sen*, v., to throw; to chuck

Schmelz, shmelts, m., enamel; melodious tone

schmelzen, shmelt-*sen*, v., to melt [freshness

Schmerz, shmairts, m., pain, ache; grief; suffering

schmerzen, shmairt-*sen*, v., to ache, to hurt

Schmerzensgeld, shmairt-*sens*-gelt, n., compensation for hurt

schmerzhaft, shmairts-haft, a., painful

schmerzlich, shmairts-li*k*, a., painful; grievous

Schmetterling, shmet-er-ling, m., butterfly

schmettern, shmet-ern, v., to shatter; to re- [sound; to warble

Schmied, shmeet, m., smith

Schmiede, shmeed-*e*, f., smithy [iron

Schmiedeeisen, shmeed-*e*-i-zen, n., wrought

schmieden, shmeed-en, v., to forge; to devise

schmiegen, shmeeg-en, v., to adhere; to bend

schmiegsam, shmeek-zahm, a., flexible

Schmiere, shmeer-*e*, f., grease; low-grade theatre; look-out [to bribe

schmieren, shmeer-en, v., to smear; to grease;

Schmierfink, shmeer-fink, m., dirty fellow

schmierig, shmeer-i*k*, a., smeary; greasy; dirty

Schminke, shming-ke, f., theatre make-up

schminken, shming-ken, v., to make up (paint)

Schmiß, shmiss, m., scar; blow

schmollen, shmol-en, v., to sulk; to pout

Schmorbraten, shmohr-braht-en, m., beef à la [mode

schmoren, shmohr-en, v., to stew

Schmuck, shmoock, m., finery; jewellery; decoration. a., trim; spruce; smart; **—sachen**, f.pl., jewels

schmücken, shmEEck-en, v., to adorn; to decorate

Schmuggel, shmoogg-el, m., smuggling

schmuggeln, shmoogg-eln, v., to smuggle

Schmuggler, shmoogg-ler, m., smuggler

schmunzeln, shmoont-seln, v., to smile broadly; [to smirk

Schmutz, shmootts, m., dirt, filth

schmutzen, shmoott-sen, v., to soil (easily)

schmutzig, shmoott-si*k*, a., dirty, filthy; squalid

Schnabel, shnahb-el, m., beak, bill

schnäbeln, shnayb-eln, v., to bill

Schnalle, shnahll-*e*, f., buckle, clasp; loose wench

schnallen, shnahll-en, v., to buckle, to fasten

schnalzen, shnahlt-sen, v., to click; to snap

schnappen, shnahpp-en, v., to snap; to catch;

Schnaps, shnahpps, m., liquor; spirits [to tip

schnarchen, shnar*k*-en, v., to snore; to snort

schnarren, shnarr-en, v., to whiz; to rattle

schnattern, shnahtt-ern, v., to rattle; to cackle

schnauben, shnowb-en, v., to snort; to pant

schnaufen, shnowf-*en*, v., to breathe hard; to snort

Schnauzbart, shnowts-bart, m., moustache

Schnauze, shnowt-se, f., snout, mouth (animals); [jaw

schnauzen, shnowt-sen, v., to scold roughly

Schnecke, shneck-e, f., snail, slug; worm (screw)

Schnee, shnay, m., snow

Schneeball, shnay-bahll, m., snowball

Schneeflocke, shnay-flock-e, f., snowflake

Schneegestöber, shnay-ge-shter-ber, n., snow-storm

Schneeglöckchen, shnay-glerck-ken, n., snow-drop [drop

schneeig, shnay-ik, a., snowy

Schneeschuh, shnay-shoo, m., ski

Schneewehe, shnay-vay-e, f., snow-drift [white

Schneewittchen, shnay-vit-ken, n., Little Snow-

Schneid, shnite, m., smartness

Schneide, shny-de, f., cutter, cutting-edge; [bohnen, f.pl., French beans

schneiden, shny-den, v., to cut; to clip; to prune

Schneider, shny-der, m., tailor; cutter [ing

Schneiderei, shny-de-ry, f., tailoring; dressmak-

schneidern, shny-dern, v., to do tailoring (dress-[making)

schneidig, shny-dik, a., sharp, smart

schneien, shny-en, v., to snow

schnell, shnell, a., quick; rapid; brisk

schnellen, shnell-en, v., to toss; to jerk

Schnelligkeit, shnell-ik-kite, f., rapidity; velocity

Schnellzug, shnell-tsook, m., express train

Schnepfe, shnep-fe, f., snipe [one's nose

schneuzen (sich), shnoyt-sen (sik), v., to blow

schniegeln, shneeg-eln, v., to smarten oneself

schnippisch, shnip-ish, a., snappish, uppish

Schnitt, shnit, m., cut(ting); slash, wound; pattern

Schnittbohnen, shnit-bohn-en, f.pl., French [beans

Schnitte, shnit-e, f., slice, cut

Schnitter, shnit-er, m., reaper, harvester

Schnittlauch, shnit-lowk, n., chive

Schnittmuster, shnit-moost-er, n., dress(pattern)

Schnitzel, shnit-sel, n., chip, cut, scrap; cutlet

schnitzen, shnit-sen, v., to carve

Schnitzer, shnit-ser, m., carver; howler, blunder

schnöde, shnerd-*e*, a., vile, base, despicable
Schnörkel, shnerk-*el*, m., flourish; scroll; spiral
schnorren, shnorr-*en*, v., to cadge; to beg
Schnorrer, shnorr-*er*, m., cadger; beggar
schnüffeln, shnEEff-*eln*, v., to spy out
Schnupfen, shnoopp-*fen*, m., cold in the head
schnupfen, shnoopp-*fen*, v., to take snuff
Schnupftabak, shnoopp'f-tah-bahck, m., snuff
Schnupftuch, shnoopp'f-took, n., handkerchief
schnuppe, shnoopp-*e*, a., indifferent; all the same
schnuppern, shnoopp-*ern*, v., to sniff; to scent
Schnur, shnoor, f., string, cord; braid
Schnürband, shnEEr-bahnnt, n., (shoe, stay) lace
schnüren, shnEEr-*en*, v., to cord; to tie; to lace
schnurgerade, shnoor-grahd-*e*, a., straight as die
Schnurrbart, shnoorr-bart, m., moustache
schnurren, shnoorr-*en*, v., to purr; to buzz
Schnürriemen, shnEEr-reem-*en*, m., (shoe-)lace
schnurrig, shnoorr-*ik*, a., droll; odd
Schnürschuhe, shnEEr-shoo-*e*, m.pl., laced shoes
Schnürsenkel, shnEEr-zen-kel, m., shoe-lace
schnurstracks, shnoor-shtrahcks, adv., straight
Schober, shoh-b*er*, m., shed; stack   [away
Schöffe, sherff-*e*, m., unpaid (lay) magistrate
Scholle, shol-*e*, f., clod, lump; plaice
schon, shohn, adv., already; as yet, so far
schön, shern, a., beautiful; fine; nice   [preserve
schonen, shohn-*en*, v., to spare; to take care; to
Schoner, shohn-*er*, m., schooner; antimacassar
Schönheit, shern-hite, f., beauty; good looks
Schopf, shop'f, m., tuft (head) of hair; crown
   (head)   [breath, etc.; to create
schöpfen, sherpp-*fen*, v., to draw (bale) water,
Schöpfer, sherpp-*fer*, m., Creator, maker, pro-
schöpferisch, sherpp-*fer*-ish, a., creative   [ducer
Schöpfung, sherpp-foong, f., creation: produc-
Schoppen, shop-*en*, m., measure (wine, etc.) [tion
Schorf, shorf, m., scurf; dandruff
Schornstein, shorn-shtine, m., chimney; funnel;
   —feger, m., chimney-sweep
Schoß, shoss, m., shoot, spring
Schoß, shohs, m., lap; womb

Schoßhund, shohs-hoont, m., lap-dog

Schote, shoht-e, f., pod, husk. pl., green pea(s)

schräg(e), shrayg(-e), a., slanting, oblique; sloping

schrägen, shrayg-en, v., to slope; to cut on the slant

schräguber, shraik-EEb-er, adv., slantways

Schramme, shrahmm-e, f., scratch; scar

Schrank, shrahnk, m., cupboard; cabinet

Schranke, shrahng-ke, f., (railway)barrier; fencing

Schraube, shrowb-e, f., screw

schrauben, shrowb-en, v., to screw

Schraubenschlüssel, shrowb-en-shlEEss-el, m., spanner; driver

Schraubenzieher, shrowb-en-tsee-er, m., screwdriver

Schreck(en), shreck(-en), m., shock; terror

schrecken, shreck-en, v., to be(come) alarmed

schrecklich, shreck-lik, a., terrible; fearful

Schrei, shry, m., cry, shout, shriek, scream

schreiben, shry-ben, v., to write

Schreiber, shry-ber, m., writer; clerk

Schreibfeder, shripe-fay-der, f., pen

Schreibheft, shripe-heft, n., copy-book

Schreibmaschine, shripe-mah-sheen-e, f., typewriter

Schreibtisch, shripe-tish, m., writing-desk

schreien, shry-en, v., to cry, to scream, to yell

Schrein, shrine, m., cupboard; shrine

Schreiner, shrine-er, m., joiner, cabinet-maker

schreiten, shry-ten, v., to step, to stride

Schrift, shrift, f., writing; character; manuscript

Schriftführer, shrift-fEEr-er, m., secretary

Schriftleiter, shrift-ly-ter, m., editor

Schriftleitung, shrift-ly-toong, f., editorial office

schriftlich, shrift-lik, a., in writing

Schriftsetzer, shrift-zet-ser, m., compositor

Schriftsteller, shrift-shtel-er, m., writer; author

Schriftstück, shrift-shtEEck, n., document

schrill, shrill, a., shrill, grating

Schrippe, shrip-e, f., roll

Schritt, shrit, m., step; pace; footstep

schrittweise, shrit-vy-ze, adv., step by step

schroff, shrof, a., gruff, rough; rugged

schröpfen, shrerpp-fen, v., to fleece; to bleed

Schrot, shrot, n., shot; groats

schrubben, shroobb-*en*, v., to scrub

Schrubber, shroobb-*er*, m., scrubbing-brush

schrumpfen, shroomp-*fen*, v., to shrink

Schub, shoop, m., batch; push, shove

Schubkarren, shoop-karr-*en*, m., wheelbarrow

Schublade, shoop-lahd-*e*, f., drawer

schüchtern, shEEk-tern, a., shy, timid, bashful

Schuft, shooft, m., scoundrel, rogue

schuften, shooft-*en*, v., to work very hard

Schuh, shoo, m., shoe, boot   [horn

Schuhanzieher, shoo-ahnn-tsee-*er*, m., shoe-

Schuhmacher, shoo-mahk-*er*, m., shoemaker

Schuhputzer, shoo-poott-*ser*, m., boot-black

Schuhriemen, shoo-reem-*en*, m., shoe-lace

Schuhwichse, shoo-vick-s*e*, f., blacking

Schularbeiten, shool-ar-bite-*en*, f.pl., home-
work

Schuld, shoolt, n., guilt; debt; fault; **—bewußt**,
a., conscious of guilt; **—en**, v., to owe; to be
indebted; **—ig**, a., guilty; indebted;
—igkeit, f., obligation, duty; debt; **—ner**,
m., debtor; **—schein**, m., I.O.U., promissory
note

Schule, shool-*e*, f., school(ing); college

schulen, shool-*en*, v., to train, to school

Schüler, shEEl-*er*, m., scholar, pupil, student

schulpflichtig, shool-p'flikt-ik, a., obliged to at-

Schulter, shoolt-*er*, f., shoulder   [tend school

Schulterblatt, shoolt-er-blahtt, n., shoulder-blade

schultern, shoolt-*ern*, v., to shoulder

Schulzwang, shool-tsvahng, m., compulsory
    [education

Schund, shoont, m., trash; rubbish

Schuppe, shoopp-*e*, f., scale

Schuppen, shoopp-*en*, m., shed, shelter

schuppen, shoopp-*en*, v., to remove scales

schüren, shEEr-*en*, v., to rake (trim) fire; to fan

Schurke, shoork-*e*, m., rascal, villain   [fire

Schurz, shoorts, m., apron; kilt

Schürze, shEErt-s*e*, f., apron; wench [one's loins

schürzen, shEErt-sen, v., to tuck up; to gird up

Schuß, shooss, m., shot; shoot(ing), report

Schüssel, shEESS-el, f., dish, basin

Schußwaffen, shooss-vahff-en, f.pl., firearms

Schuster, shoo-ster, m., cobbler, shoemaker

schustern, shoo-stern, v., to cobble; to botch

Schutt, shoott, m., refuse; rubbish

schütteln, shEETT-eln, v., to shake   [throw

schütten, shEETT-en, v., to pour; to shoot; to

schüttern, shEETT-ern, v., to shake, to tremble

Schutz, shootts, m., protection; screen; shelter

Schütz(e), shEETTS(-e), m., shot, marksman

schützen, shEETTS-en, v., to protect, to guard

Schützengraben, shEETTS-en-grahb-en, m., trench

Schutzleute, shootts-loyt-e, pl., police(men)

Schutzmann, shootts-mahnn, m., policeman

Schutzmarke, shootts-mark-e, f., trade-mark

Schutztruppe, shootts-troopp-e, f., colonial   [troops

schwach, shvahk, a., weak, feeble; delicate

Schwäche, shvek-e, f., weakness

schwächen, shvek-en, v., to weaken; to lessen

Schwachheit, shvahk-hite, f., weakness

schwächlich, shvek-lik, a., delicate, weakly

Schwächling, shvek-ling, m., weakling

schwachsichtig, shvahk-sik-tik, a., weak-sighted

schwachsinnig, shvahk-zin-ik, a., weak-minded

Schwager, shvahg-er, m., brother-in-law

Schwägerin, shvayg-er-in, f., sister-in-law

Schwalbe, shvahlb-e, f., swallow   [swallow-tail

Schwalbenschwanz, shvahlb-en-shvahnts, m.,

Schwall, shvahll, m., surge; heaving mass or crowd

Schwamm, shvahmm, m., sponge; fungus

schwammig, shvahmm-ik, a., spongy; fungoid

Schwan, shvahn, m., swan

schwanger, shvahng-er, a., pregnant   [nancy

Schwangerschaft, shvahng-er-shahft, f., preg-

Schwank, shvahnk, m., farce, burlesque; joke

Schwankung, shvahnk-oong, f., fluctuation;   [uncertainty

Schwanz, shvahnts, m., tail

schwänzeln, shvent-seln, v., to wag (tail); to behave affectedly   [truant

schwänzen, shvent-sen, v., to saunter; to play

Schwarm, shvarm, m., swarm; flock; crowd

schwärmen, shvairm-*en,* v., to swarm; to skirmish; to enthuse

Schwarte, shvart-*e,* f., rind; skin

schwarz, shvarts, a., black; swarthy

Schwarzbrot, shvarts-broht, n., (black) rye-bread

Schwarzdrossel, shvarts-dross-*el,* f., see **Amsel**

Schwärze, shvairts-*e,* f., blackness; blacking

schwärzen, shvairts-*en,* v., to blacken; to darken

Schwarzkünstler, shvarts-KEEnst-ler, m., sorcerer

Schwarzseher, shvarts-zay-er, m., pessimist [rer

schwatzen, (schwätzen), shvahtts-*en,* (shvets-en), v., to chatter

Schwätzer, shvets-er, m., prattler, chatterbox

schwatzhaft, shvahtts-hahft, a., talkative

schweben, shvayb-*en,* v., to hover, to float; to

Schwefel, shvay-fel, m., sulphur [be suspended

Schwefelholz, shvay-fel-holts, n., (lucifer) match

schwefelig, shvayf-el-ik, a., sulphurous

Schweif, shvife, m., tail

schweifen, shvy-fen, v., to roam, to ramble; to

schweigen, shvy-gen, v., to be silent [curve

schweigsam, shvike-zahm, a., silent; taciturn

Schwein, shvine, n., pig, swine; (pop.) good luck

Schweinebraten, shvine-*e*-braht-en, m., roast

Schweinefleisch, shvine-*e*-fly'sh, n., pork [pork

Schweinehund, shvine-*e*-hoont, m., dirty dog

Schweinerei, shvine-*e*-ry, f., dirtiness; mess

Schweineschmalz, shvine-*e*-shmahlts, n., lard

Schweinskotelett, shvines-kot-let, n., pork-chop

Schweiß, shvice, m., sweat; **—triefend,** a., dripping with sweat

Schweizerkäse, shvy-tser-kay-ze, m., Gruyere

schwelgen, shvelg-*en,* v., to enjoy a thing [cheese

Schwelle, shvel-*e,* f., threshold; beam; sleeper

schwellen, shvel-*en,* v., to swell; to swirl

Schwemme, shvem-*e,* f., horse-pond

schwemmen, shvem-*en,* v., to water; to flush (wash) away

Schwengel, shveng-*el,* m., clapper; handle; lout

schwenken, shveng-ken, v., to shake; to wheel

schwer, shvair, a., heavy; difficult, hard; serious

Schwere, shvair-*e,* f., heaviness; weight; severity

schwerfallen, shvair-fahll-*en*, v., to be(come) difficult [clumsy

schwerfällig, shvair-fel-*ik*, a., ponderous; slow;

schwerhörig, shvair-her-*ik*, a., hard of hearing

Schwerkraft, shvair-krahfft, f., gravitation

schwerlich, shvair-*lik*, adv., scarcely; with difficulty

Schwermut, shvair-moot, f., melancholy [culty

Schwerpunkt, shvair-poonkt, m., centre of

Schwert, shvairt, n., sword [gravity

Schwester, shvest-*er*, f., sister

schwesterlich, shvest-*er*-lik, a., sisterly

Schwieger/eltern, pl., /**mutter**, f., /**sohn**, m., shveeg-*er*-/elt-*ern*, etc., parents-, mother-, son-in-law

Schwiele, shveel-*e*, f., wale; horny skin [licate

schwierig, shveer-*kk*, a., difficult; precarious; de-

Schwierigkeit, shveer-*ik*-kite, f., difficulty

Schwimmbad, shvim-baht, n., swimming-bath

schwimmen, shvim-*en*, v., to swim; to float

Schwindel, shvin-*del*, m., giddiness; swindle

Schwindelei, shvin-de-ly, f., swindling

schwindelig, shvin-del-*ik*, a., giddy, dizzy

schwindeln, shvin-de*ln*, v., to swindle, to cheat; to be dizzy [less; to vanish

schwinden, shvin-d*en*, v., to dwindle, to grow

Schwindler, shvinnd-ler, m., swindler, cheat

Schwindsucht, shvint-sook*t*, f., consumption

schwindsüchtig, shvint-SEEk*t*-ik, a., consump-

Schwinge, shving-*e*, f., wing, pinion [tive

schwingen, shving-*en*, v., to swing; to wield

Schwip(p)s, shvips, m., (slight) intoxication

schwirren, shveerr-*en*, v., to whir, to whiz; to hum

Schwitzbad, shvits-baht, n., Turkish bath [hum

schwitzen, shvit-s*en*, v., to sweat, to perspire

schwören, shver-*en*, v., to swear

schwül, shvEEl, a., sultry, close

Schwung, shvoong, m., swing(ing); rise; ardour

schwunghaft, shvoong-hahft, a., lively, brisk

schwungvoll, shvoong-fol, a., full of energy

Schwur, shvoor, m., oath

Schwurgericht, shvoor-ge-ri*kt*, n., sessional court

sechs, sex, a., six [court

Sechseck, sex-eck, n., hexagon
sechste, sex-te, a., sixth
Sechstel, sex-tel, n., sixth (part)
sechzehn, sek-tsain, a., sixteen
sechzig, sek-sik, a., sixty
See, say, m., lake. f., sea, ocean [resort
Seebad, say-baht, n., bathe in the sea; seaside
seefest, say-fest, a., seaworthy; not subject to
Seehund, say-hoont, m., seal [sea-sickness
seekrank, say-krahnk, a., sea-sick
Seele, sayl-e, f., soul
Seelenheil, sayl-en-hile, n., salvation
Seelenruhe, sayl-en-roo-e, f., tranquillity of mind
Seelöwe, say-lerv-e, m., sea-lion
Seelsorger, sayl-zorg-er, m., minister (religion)
Seemacht, say-mahkt, f., naval power
Seemöwe, say-merv-e, f., sea-gull
Seeräuber, say-rovb-er, m., pirate
seetüchtig, say-TEEkt-ik, a., seaworthy
Seezunge, say-tsoong-e, f., sole (fish)
Segel, say-gel, n., sail
segeln, say-geln, v., to sail
Segeltuch, say-gel-took, n., canvas, sail-cloth
Segen, say-gen, m., blessing
Segler, saig-ler, m., sailor, navigator
segnen, saig-nen, v., to bless
sehen, say-en, v., to see; to look
Sehenswürdigkeit, say-ens-veerd-ik-kite, f.,
Sehkraft, say-krahft, f., visual power [sight
Sehne, sayn-e, f., sinew, tendon; string (bow)
sehnen (sich), sayn-en (sik), v., to long for, to
sehnig, sayn-ik, a., sinewy; muscular [yearn
sehnlich, sayn-lik, a., longing
Sehnsucht, sayn-zookt, f., longing, yearning
sehnsüchtig, sayn-zeek-tik, a., longing; yearning
sehr, sair, adv., very; greatly, highly; badly
seicht, sy'kt, a., shallow; superficial
Seide, sy-de, f., silk
Seidel, sy-del, n., (beer-)tankard, pot
seiden, sy-den, a., of silk silken
Seidenpapier, sy-den-pah-peer, n., tissue-paper
Seidenraupe, sy-den-rowp-e, f., silkworm

Seife, sy-*fe,* f., soap

seifen, sy-*fen,* v., to (rub with) soap

Seifenschaum, sy-*fen-showm,* m., lather

Seil, sile, n., rope, cable, line

sein, sine, v., to be; to exist

sein, sine, poss. adj., his, its; of him, of it

seiner, sine-*er,* (gen. of **sein**), of him

seinerseits, sine-*er-zites,* adv., on his (its) part

seinesgleichen, sine-*es-gly-ken,* pron., people like him

seinet-halben, -wegen, -willen, sine-*net-hahllb-en,* -vaig-*en,* vil-*en,* a., for his sake

seit, site, prep., since. conj., since, seeing that

seitdem, site-*daim,* adv., since then

Seite, sy-*te,* f., side; page; party

Seitengasse, sy-*ten-gahss-e,* f., side-street

Seitengewehr, sy-*ten-ge-vair,* n., bayonet

seitens, sy-*tens,* prep., on the part of

seither, site-*hair,* adv., thus far; since then

seitlich, site-*lik,* a., beside, at the side

seitwärts, site-*vairts,* adv., sideways

Sekretär, seck-*re-tair,* m., writing-desk; secretary

Sekt, seckt, m., champagne

Sektion, seck-*tse-ohn,* f., dissection; post-mortem

Sekunda, seck-*oonn-dah,* f., fifth form in German secondary school

sekundär, seck-oonn-**dair,** a., secondary, sub- [ordinate

Sekunde, seck-*oonn-de,* f., second

selber, selb-*er,* adv., self (all persons)

selbst, selpst, adv., self, in person (all persons)

selbständig, selp-shtend-*ik,* a., independent

selbstbewußt, selpst-*be-voost,* a., self-confident

Selbstgefühl, selpst-*ge-*feel, n., self-reliance

Selbstgespräch, selpst-*ge-*shprayk, n., soliloquy

Selbstmord, selpst-*mort,* m., suicide

Selbstmörder, selpst-*merd-er,* m., (person committing) suicide

selbstredend, selpst-*rayd-ent,* a., self evident

selbstsüchtig, selpst-see*kt-ik,* a., selfish

selbstverständlich, selpst-*fair-shtent-lik,* adv., of course

selig, sail-*ik,* a., blessed; happy [of course

Sellerie, sel-*er-ee,* m., celery

selten, selt-*en*, a., rare, seldom, scarce
seltsam, selt-*zahm*, a., curious, strange
Semester, say-mest-*er*, n., half-year, term (uni-
Semmel, sem-*el*, f., roll   [versity]
senden, send-*en*, v., to send
Sendung, send-*oong*, f., consignment; dispatch
Senf, senf, m., mustard
sengen, seng-*en*, v., to single, to scorch
Senkel, seng-*kel*, m., shoe-lace
senken, seng-*ken*, v., to sink, to lower; to dip
senkrecht, senk-*rekt*, a., vertical
Senn(er), sen(*er*), m., Alpine dairy farm
Sense, sen-*ze*, f., scythe
Sensenmann, sen-*zen*-mahn, m., Father Time;
servieren, sairv-eer-*en*, v., to serve   [Death
Sessel, sess-*el*, m., easy-chair
Setzeier, sets-*i*-*er*, n.pl., fried (poached) eggs
setzen, sets-*en*, v., to set, to place. **sich ...,**
      sik ..., to sit down
Seuche, soyk-*e*, f., epidemic; plague, pestilence
seufzen, soyf-*tsen*, v., to sigh
sezieren, say-tseer-*en*, v., to dissect
sich, sik, refl. pron., oneself
Sichel, sik-*el*, f., sickle; reaping-hook
sicher, sik-*er*, a., certain, sure; safe, secure
Sicherheit, sik-*er*-hite, f., security; safety;
      certainty
sicherlich, sik-*er*-lik, adv., surely, certainly
sichern, sik-*ern*, v., to secure; to safeguard; to en-
sicherstellen, sik-*er*-shtel-*en*, v., to secure [sure
Sicht, sikt, f., sight, vision; view
sichtbar, sikt-*bar*, a., visible; perceptible
sichten, sikt-*en*, v., to sight
sichtlich, sikt-*lik*, a., visible
sickern, sick-*ern*, v., to ooze; to trickle
Sie, see, pers. pron., you
sie, see, pers. pron., she; her; it; they; them
Sieb, seep, n., sieve; strainer
sieben, see-*ben*, v., to sift, to sieve.   a., seven
sieb(en)te, seeb-(*en*)*te*, a., seventh
siebzehn, seep-*tsain*, a., seventeen
siebzig, seep-tsi*k*, a., seventy

siechen, see*k-en*, v., to pine away; to be in ill-health [health
siedeln, seed-*eln*, v., to settle
sieden, seed-*en*, v., to boil; to seethe
Siedler, seed-*ler*, m., settler, colonist
Sieg, seek, m., victory
Siegel, seeg-*el*, n., seal; signet
Siegellack, seeg-*el*-lahck, m., sealing-wax
siegeln, seeg-*eln*, v., to seal
siegen, seeg-*en*, v., to be victorious
Sieger, seeg-*er*, m., victor
siegreich, seek-ry'k, a., victorious
Silbe, silb-*e*, f., syllable
Silber, silb-*er*, n., silver
silbern, silb-*ern*, a., of silver [Year's Eve
Silvesterabend, sil-vest-*er*-ahb-ent, m., New
sind, sinnt, (pres. indic. of **sein**, sine, v., to be), are
singen, sing-*en*, v., to sing
sinken, sing-*ken*, v., to sink
Sinn, sin, m., sense; mind; nature; disposition;
  —**en**, v., to ponder; to reflect, to meditate;
  —**ig**, a., thoughtful; sensible
sinnlich, sin-*lik*, a., sensual; sensuous; concerning
  senses; —**keit**, f., sensuality; sensuousness
sinnreich, sin-ry'k, a., ingenious; witty
Sintflut, sint-floot, f., deluge, flood
Sippe, sip-*e*, f., relations, kindred, family
Sippschaft, sip-shahft, f., see **Sippe**
Sitte, sit-*e*, f., habit, custom, usage
sittlich, sit-*lik*, a., moral; usual, customary
Sittlichkeit, sit-*lik*-kite, f., morality; moral code
sittsam, sit-zahm, a., modest; respectable; decent
Sitz, sits, m., seat; residence
sitzen, sit-sen, v., to sit, to be seated
Sitzung, sit-soong, f., meeting; session
Skala, skah-lah, f., scale
Skandal, skahn-dahl, m., noise; scandal
Skat, skaht, m., German card game
Skizze, skit-se, f., sketch; draft
skizzieren, skit-seer-en, v., to sketch
Sklave, sklahf-e, m., slave
Sklaverei, sklahf-e-ry, f., slavery
Skonto, skont-oh, m., discount, rebate

Smaragd, smah-rahkt, m., emerald
so, soh, adv., so, like this; such. conj., if
sobald, soh-bahlt, conj., as soon as
Socke, sohck-e, f., sock
Sockel, sock-el, m., base, foot
sodann, soh-dahnn, adv., after that; then
soeben, soh-ayb-en, adv., just now
sofern, soh-fairn, conj., in so far as
sofort, soh-fort, adv., at once, immediately
sog. = **sogenannt**, soh-ge-nahnnt, a., so-called
sogar, soh-gar, adv., even
sogleich, soh-gly'k, see **sofort**
Sohle, sohl-e, f., sole; bottom, level
Sohn, sohn, m., son
solange, soh-lahng-e, conj., so long as
solch, solk, pron. & a., such
Sold, solt, m., pay, salary, wages
Soldat, sol-daht, m., soldier
Söldner, serlt-ner, m., hireling, mercenary
solid(e), sol-eed(-e), a., steady, respectable; solid
sollen, sol-en, v., to be obliged to; to have to; ought to; shall
somit, soh-mit, adv., hence, therefore, thus
Sommer, som-er, m., summer; —**frische**, f., holiday(s); health-resort; —**sprossen**, f.pl., freckles
sonder, son-der, prep., without. a., special
sonderbar, son-der-bar, a., strange; unusual
sondergleichen, son-der-gly-ken, a., unequalled
sonderlich, son-der-lik, a., notable. adv., particularly
Sonderling, son-der-ling, m., eccentric person
sondern, son-dern, conj., but (after negation)
Sonne, son-e, f., sun   [to bask
sonnen (sich), son-en (sik), v., to sun oneself;
Sonnenaufgang, son-en-owf-gahng, m., sunrise
Sonnenblume, son-en-bloom-e, f., sunflower
sonnenklar, son-en-klahr, a., clear as daylight
Sonnenschein, son-en-shine, m., sunshine
Sonnenschirm, son-en-sheerm, m., sunshade;   [parasol
Sonnenstich, son-en-shtik, m., sunstroke
Sonnenstrahl, son-en-shtrahl, m., sunbeam

Sonnenuntergang, son-*en*-oont-*er*-gahng, m., sunset

sonnenverbrannt, son-*en*-fair-brahnnt, a., sunburnt

sonnig, son-ik, a., sunny

sonst, sonst, adv., otherwise; besides

sonstig, sonst-ik, a., former; other

sonstwie, sonst-vee, adv., in some other way

sonstwo, sonst-voh, adv., elsewhere

sonstwoher, sonst-voh-hair, adv., from elsewhere

Sorge, sorg-*e*, f., sorrow; anxiety; worry

sorgen, sorg-*en*, v., to attend to; to procure.
  sich..., sik..., to worry

Sorgenstuhl, sorg-*en*-shtool, m., easy-chair

Sorgfalt, sorg-fahlt, f., attention; care [exact

sorgfältig, sorg-felt-ik, a., careful; attentive;

sorgsam, sorg-zahm, a., particular; careful

Sorte, sort-*e*, f., kind, sort; variety

sortieren, sort-eer-*en*, v., to (as)sort; to arrange

Souffleur, soof-ler, m., prompter

soviel, soh-feel, conj., as far as

soweit, soh-vite, conj., in so far as

sowie, soh-vee, conj., as soon as

sowieso, soh-vee-soh, adv., in any (either) case

sowohl, soh-vohl, conj., as well

spähen, shpay-*en*, v., to look out for; to spy

Spalier, shpah-leer, n., trellis; double row

Spalt, shpahlt, m., cleft; slit; crevasse

Spalte, shpahlt-*e*, f., column; also see **Spalt**

spalten, shpahlt-*en*, v., to split; to crack

spaltig, shpahlt-ik, a., cracked; fissured

Span, shpahn, n., chip, splinter

Spanferkel, shpahn-fairk-*el*, m., sucking-pig

Spange, shpahng-*e*, f., buckle, clasp

Spann, shpahnn, m., instep

Spanne, shpahnn-*e*, f., span; stretch [to tie

spannen, shpahnn-*en*, v., to stretch; to tighten;

Spannung, shpahnn-oong, f., tension; tightness;

Sparbüchse, shpahr-bEEx-*e*, f., money box [strain

sparen, shpahr-*en*, v., to save; to spare

Spargel, shpahrg-*el*, m., asparagus

Sparkasse, shpahr-kahss-*e*, f., savings bank

spärlich, shpair-lik, a., scanty, sparse; meagre

sparsam, shpahr-**zahm,** a., saving; thrifty

Spaß, shpahs, m., fun; joking; amusement

spaßen, shpahs-**en,** v., to jest, to joke

spaßhaft, shpahs-**hahft,** a., funny; for fun

spaßig, shpahs-**ik,** a., droll, funny

spät, shpayt, a., late; tardy; belated

Spaten, shpaht-**en,** m., spade

späterhin, shpayt-**er-hin,** adv., later on

spätestens, shpayt-**est-ens,** adv., at the latest

Spatz, shpahts, m., sparrow

spazieren, shpaht-**seer-en,** v., to walk about.
—fahren, v., to take a drive. **—gehen,** to
go for a walk   [on land or water

Spazierfahrt, shpaht-**seer-fahrt,** f., drive (ride)

Spaziergang, shpaht-**seer-gahng,** m., walk,
ramble

Spazierstock, shpaht-**seer-shtock,** m., walking-

Specht, shpe*k*t, m., woodpecker   [stick

Speck, shpeck, m., bacon

Spediteur, shpay-de-**ter,** m., forwarding-agent

Speer, shpair, m., spear; lance

Speiche, shpy-**ke,** f., spoke (wheel)

Speichel, shpy-**kel,** m., spittle, saliva

Speicher, shpy-**ker,** m., granary; warehouse

speichern, shpy-**kern,** v., to store; to warehouse

Speise, shpy-**ze,** f., food; nourishment   [taurant

Speisehaus, shpy-**ze-hows,** n., eating-house, res-

Speisekammer, shpy-**ze-kahmm-er,** f., pantry

Speisekarte, shpy-**ze-kart-e,** f., bill of fare, menu

speisen, shpy-**zen,** v., to eat; to take (give) a meal

Speisesaal, shpy-**ze-zahl,** m., dining-room

Speiseschrank, shpy-**ze-shrahnk,** m., meat-safe

Speisewagen, shpy-**ze-vahg-en,** m., restaurant-
car

Speisewirt, shpy-**ze-veert,** m., restaurant-keeper

Speisezimmer, shpy-**ze-tsim-er,** n., dining-room

Spektakel, shpeck-**tahk-el,** m., (pop.) noise, row

Spelunke, shpay-**loong-ke,** f., (low) pot-house

Spende, shpend-**e,** f., donation; gift; distribution

spenden, shpend-**en,** v., to spend; to give

spendieren, shpend-**eer-en,** v., to give lavishly;
to stand treat

Sperber, shpairb-*er*, m., sparrow-hawk
Sperling, shpairr-ling, m., sparrow
Sperre, shpairr-*e*, f., closure; blockade; stoppage
sperren, shpairr-*en*, v., to open wide; to bar; to interrupt
Sperrsitz, shpairr-zits, m., stall (theatre)
Spesen, shpayz-*en*, pl., expenses; charges
spicken, shpick-*en*, v., to lard; to cram
Spiegel, shpeeg-*el*, m., mirror
Spiegelei, shpeeg-el-*i*, n., fried egg
spiegelglatt, shpeeg-el-glahtt, a., smooth as a mirror
spiegeln, shpeeg-*eln*, v., to reflect; to shine [ror
Spiel, shpeel, n., play; game; pastime
spielen, shpeel-*en*, v., to play; to perform
Spieler, shpeel-*er*, m., player; gambler
Spielerei, shpeel-*e*-ry, f., play(ing); toy(s)
Spielhölle, shpeel-herll-*e*, f., gaming den
Spielmann, shpeel-mahnn, m., minstrel; street-musician
Spielsachen, shpeel-sah*k*-*en*, f.pl., toys
Spielverderber, shpeel-fair-dairb-*er*, m., spoil-
Spielwaren, shpeel-vahr-*en*, f.pl., toys   [sport
Spielzeug, shpeel-tsoyk, n., plaything(s), toy(s)
Spieß, shpees, m., spear; pike; (roasting-)spit
Spießbürger, shpees-bEErg-*er*, m., hum-drum fellow, Philistine
spießen, shpees-*en*, v., to spear; to (put on the)
Spinat, shpeen-aht, m., spinach   [spit
Spind, shpint, n., wardrobe, press
Spindel, shpin-del, f., spindle; axle
Spinne, shpinn-*e*, f., spider   [imagine things
spinnen, shpinn-*en*, v., to spin; to purr; (pop.) to
Spinngewebe, shpinn-ge-vaib-*e*, n., spider's web
Spion, shpee-ohn, m., spy; scout
Spionage, shpee-ohn-ahsh-*e*, f., espionage, spying
spionieren, shpee-ohn-eer-*en*, v., to spy; to pry
Spiritismus, shpeer-e-tis-mooss, m., spiritualism
Spirituosen, shpeer-it-oo-ohz-*en*, pl., spirits
Spital, shpee-tahl, n., hospital, infirmary
spitz, shpits, a., pointed; sharp
Spitz, shpits, m., Pomeranian dog
Spitzbube, shpits-boob-*e*, m., rogue; thief; rascal

Spitze, shpit-s*e*, f., point; peak; tip; spire; lace

Spitzel, shpit-s*el*, m., detective

spitzen, shpit-s*en*, v., to point; to sharpen

spitzfindig, shpits-fin-di*k*, a., captious; cunning

spitzig, shpit-si*k*, a., pointed

Spitzname, shpits-nahm-*e*, m., nickname

Splitter, shplitt-*er*, m., splinter

splittern, shplitt-*er*n, v., to splinter; to shatter

splitternackt, shplitt-*er*-nahkt, a., stark naked

Sporn, shporn, (pl. **Sporen,** shpor-*en*), m., spur

spornen, shporn-*en*, v., to spur

spornstreichs, shporn-shtry'*k*s, adv., post-haste

sportlich, shport-li*k*, a., relating to sport

Spott, shpott, m., mockery; jest; derision; —**preis,** m., ridiculous(ly low) price; —**vogel,** m., mocker; wag

spottbillig, shpot-bil-i*k*, a., dirt-cheap

Spöttelei, shpertt-*e*-ly, f., banter, chaff

spötteln, shpertt-*el*n, v., to indulge in chaff

spotten, shpot-*en*, v., to mock; to jeer

Spötter, shpertt-*er*, m., mocker; blasphemer

spöttisch, shpertt-ish, a., mocking, sneering, derisive

Sprache, shprah*k*-*e*, f., tongue, language; speech

Sprachfehler, shprah*k*-fail-*er*, m., defect of speech

sprachkundig, shprah*k*-koond-i*k*, a., versed in (foreign) tongues

Sprachlehre, shprah*k*-lair-*e*, f., grammar (book)

sprachlos, shprah*k*-lohs, a., speechless

Sprachrohr, shprah*k*-rohr, n., speaking-tube

sprechen, shpre*k*-*en*, v., to speak, to talk; to converse [(consulting-)hour

Sprechstunde, shpre*k*-shtoonn-d*e*, f., office-

Sprechzimmer, shpre*k*-tsim-*er*, n., consulting-room

spreizen, shpry-ts*en*, v., to spread out [room

Sprengel, shpreng-*el*, m., parish, diocese; sprinkler

sprengen, shpreng-*en*, v., to force asunder; to blow up; to sprinkle

Sprengpulver, shpreng-poolf-*er*, n., blasting-powder

Sprengstoff, shpreng-shtof, m., explosive [cart

Sprengwagen, shpreng-vahg-en, m., watering-

sprenkeln, shprenk-keln, v., to speckle, to spot

Spreu, shproy, f., chaff

Sprichwort, shprik-vort, n., proverb

sprichwörtlich, shprik-vert-lik, a., proverbial

sprießen, shprees-en, v., to sprout, to germinate

Springbrunnen, shpring-broonn-en, m., fountain

springen, shpring-en, v., to jump; to spring; to burst; to crack

Springer, shpring-er, m., jumper; knight (chess)

Spritze, shprit-se, f., syringe, squirt

spritzen, shprit-sen, v., to squirt; to splash

spröde, shprerd-e, a., fragile; brittle; rough; coy, prudish [dishness

Sprödigkeit, shprerd-ik-kite, f., brittleness; pru-

Sproß, shpross, m., shoot, sprout; offspring [shoot

Sprosse, shpross-e, f., rung, step. m., offspring,

sprossen, shpross-en, v., to sprout, to shoot

Sprößling, shprerss-ling, see **Sproß**

Sprott(e), shprot(-e), m., (f.), sprat

Spruch, shprook, m., sentence; verdict; maxim, [saying

Sprudel, shprood-el, m., bubbling spring; flow

sprudeln, shprood-eln, v., to gush forth, to bubble

sprühen, shprEE-en, v., to sparkle; to send out [sparks

Sprung, shproong, m., jump, leap

Sprungbrett, shproong-bret, n., diving-(spring)-board

Sprungfeder, shproong-fayd-er, f., (spiral) spring

sprungfertig, shproong-fairt-ik, a., ready to [jump

Spucke, shpoock-e, f., spittle

spucken, shpoock-en v., to spit

Spucknapf, shpoock-nahp'f, m., spittoon

Spuk, shpook, m., spook, spectre, ghost

spuken, shpook-en, v., to haunt, to walk (ghosts)

Spule, shpool-e, f., bobbin, spool; coil

spulen, shpool-en, v., to reel; to spin

spülen, shpEEl-en, v., to rinse; to wash against

Spur, shpoor, f., spoor; track; trail

spüren, shpEER-en, v., to track; to perceive, to feel

spurlos, shpoor-lohs, a., without leaving any trace

Spurweite, shpoor-vite-*e*, f., gauge (vehicle)

sputen (sich), shpoot-en (si*k*), v., to make haste

Staat, shtaht, m., state; show, pomp

staatlich, shtaht-li*k*, a., of the state

Staatsangehörige(r), shtahts-ahnn-g*e*-her-ig-*e*(r), m., subject of a state [prosecutor

Staatsanwalt, shtahts-ahnn-vahlt, m., public

Staatsbahn, shtahts-bahn, f., state railway

Staatsbeamter, shtahts-b*e*-ahmmt-*e*(r), m., civil servant

Staatsdienst, shtahts-deenst, m., civil service

Staatspapiere, shtahts-pah-peer-*e*, n.pl., public funds

Staatswesen, shtahts-vayz-en, n., common-

Stab, shtahp, m., staff, stick; bar [wealth

Stachel, shtah*k*-el, m., spike; sting; thorn; prickle; barb; **—beere,** f., gooseberry; **—draht,** m., barbed wire; **—schwein,** n., porcupine

stachelig, shtah*k*-el-i*k*, a., thorny, prickly

stacheln, shtah*k*-eln, v., to sting; to prick; to

Stadt, shtahtt, f., town [stimulate

Städter, shtayt-*er*, m., townsman

städtisch, shtayt-ish, a., municipal

Stadtrat, shtahtt-raht, m., town-council(lor)

Stadtteil, shtahtt-tile, m., district, quarter

Stadtverordnete(r), shtahtt-fair-ord-net-*e*(r), m., town-councillor

Staffel, shtahff-el, f., degree, step

Staffelei, shtahff-*e*-ly, f., easel

Stahl, shtahl, m., steel

stählen, shtayl-en, v., to steel; to harden

stählern, shtayl-ern, a., of (like) steel

Stahlfeder, shtahl-fayd-er, f., pen-nib; spring

Stahlwaren, shtahl-vahr-en, f.pl., cutlery, hard-

Staket, shtah-ayt, n., stockade, fence [ware

Stall, shtahll, m., stable, stall

stallen, shtahll-en, v., to stable [groom

Stallknecht, shtahll-k'ne*k*t, m., stableman,

Stallung, shtahll-oong, f., stabling; mews

Stamm, shtahmm, m., stem, stalk; trunk; tribe; stock; —**baum**, m., genealogical tree; pedigree; —**gast**, m., regular customer (inn); —**kneipe**, f., —**lokal**, n., favourite inn; —**tisch**, m., regular table (inn)

stammeln, shtahmm-*eln*, v., to stammer

stammen, shtahmm-*en*, v., to descend (from); to spring (from)

stämmig, shtem-*ik*, a., robust, well-set; referring to stem

stampfen, shtahmp-*fen*, v., to stamp; to trample; to paw

Stand, shtahnnt, m., standing; position; state

Standbild, shtahnnt-bilt, n., statue

Ständchen, shtent-*ken*, n., serenade

Ständer, shtend-*er*, m., stand; post; pedestal

Standesamt, shtahnd-*es*-ahmmt, n., register office

Standesbeamte(r), shtahnd-*es*-be-ahmmt-*e*(r), m., registrar   [ing to one's station

standesgemäß, shtahnd-*es*-ge-mace, a., according to one's station

Standgericht, shtahnnt-ge-ri*kt*, n., court-martial

standhaft, shtahnnt-hahft, a., firm, steadfast, resolute   [firm

standhalten, shtahnnt-hahllt-*en*, v., to stand firm

ständig, shtend-*ik*, a., constant; permanent

Standpunkt, shtahnnt-poonkt, m., point of view; position   [martial law

Standrecht, shtahnnt-re*kt*, n., summary justice;

Standuhr, shtahnnt-oor, f., timepiece, clock

Stange, shtahng-*e*, f., rod, perch, stake

Stänker, shtenk-*er*, m., (pop.) mischief-maker; brawler

stänkern, shtenk-*ern*, v., (pop.) to make mischief

Stanniol, shtahnn-yohl, n., tinfoil, silver paper

Stanze, shtahnnt-se, f., stamp, die; stanza

stanzen, shtahnnt-sen, v., to stamp, to punch

Stapel, shtahp-*el*, m., scaffolding; stocks, slips;

Stapellauf, shtahp-*el*-lowf, m., launch(ing) [heap

stapeln, shtahp-*eln*, v., to heap up; to stalk

Star, shtar, m., starling; cataract (eye)

stark, shtark, a., strong; sturdy; severe, bad

Stärke, shtairk-*e*, f., strength, power; starch

stärken, shtairk-*en*, v., to strengthen; to starch

Stärkung, shtairk-oong, f., strengthening; refreshment

starr, shtarr, a., rigid, stiff; fixed, staring

starren, shtarr-*en*, v., to stare; to be(come) numb

Starrheit, shtarr-hite, f., rigidity; numbness; fixedness

starrköpfig, shtarr-kerpp-fi*k*, a., stubborn; headstrong

Starrsinn, shtarr-zin, m., stubbornness

Station, shtaht-se-ohn, f., station; board and lodging; **—svorsteher**, m., station-master

Statist, shtaht-ist, m., supernumerary, extra

statt, shtahtt, prep., instead of   [(stage)

Stätte, shtet-*e*, f., place; abode

stattfinden, shtahtt-fin-d*en*, v., to take place

statthaft, shtahtt-hahft, a., permitted; legal

Statthalter, shtahtt-hahlt-*er*, m., governor, viceroy

stattlich, shtahtt-li*k*, a., splendid, stately; com- [manding

Staub, shtowp, m., dust; (fine) powder

stauben, shtowb-*en*, v., to give off (cause) dust

stäuben, shtoyb-*en*, v., to dust; to powder

Staubgefäß, shtowp-ge-face, n., stamen

staubig, shtowb-i*k*, a., dusty; powdery

Staude, shtowd-*e*, f., bush, shrub

stauen, shtow-*en*, v., to stow; to dam (water)

staunen, shtown-*en*, v., to be surprised (astonished)

stechen, shte*k*-*en*, v., to stab; to pierce; to prick

Stechginster, shte*k*-ghinst-*er*, m., gorse, furze

Stechpalme, shte*k*-pahlm-*e*, f., holly

Steckbrief, shte*k*-breef, m., warrant

Stecken, shte*k*-*en*, m., staff, stick

stecken, shte*k*-*en*, v., to stick; to be stuck; to put; to set; **—bleiben**, v., to be (get) stuck

Steckenpferd, shte*k*-*en*-p'fairt, n., hobby-horse; fad

Steckling, shte*k*-ling, m., shoot, cutting, slip

Stecknadel, shte*k*-nahd-*el*, f., pin

Steckrübe, shteck-REEb-*e*, f., swede (veg.)

Steg, shtaik, m., path; foot-bridge; bridge (violin)

Stegreif, shtaik-rife, m., extempore, unprepared

stehen, shtay-*en*, v., to stand, to be standing (erect)

stehenbleiben, shtay-*en*-bly-b*en*, v., to stop; to remain standing

Stehkragen, shtay-krahg-*en*, m., stand-up collar

stehlen, shtayl-*en*, v., to steal

Stehplatz, shtay-plahtts, m., standing-room

steif, shtife, a., stiff, rigid; thick

steifen, shty-f*en*, v., to stiffen; to starch

Steig, stike, m., foot(-path)

Steigbügel, shtike-BEEg-*e*l, m., stirrup

steigen, shty-g*en*, v., to climb, to mount; to rise

steigern, shty-gern, v., to raise; to increase; to intensify

Steigerung, shty-ger-oong, f., increase; raising;

steil, shtile, a., steep, sheer; shelving [comparing

Stein, shtine, m., stone

steinalt, shtine-ahlt, a., very old

Steinbock, shtine-bock, m., ibex; capricorn

Steinbruch, shtine-brook, m., quarry

Steinbutt(e), shtine-boott(-*e*), m., (f.), turbot

Steindruck, shtine-droock, m., lithography

steinern, shtine-ern, a., of stone; of earthenware

Steingut, shtine-goot, n., earthenware

steinhart, shtine-hart, a., as hard as stone

steinig, shtine-i*k*, a., stony; rocky

steinigen, shtine-ig-*en*, v., to stone (to death)

Steinkohle, shtine-kohl-*e*, f., pit-coal

Steinkrug, shtine-krook, m., stone jug

Steinmetz, shtine-mets, m., stone-mason

Steinpflaster, shtine-p'flahst-*er*, m., stone pavement (paving)

steinreich, shtine-ry'*k*, a., very rich

Steiß, shtice, m., rump, buttock; posterior

Stelldichein, shtel-di*k*-ine, n., appointment; rendezvous

Stelle, shtel-*e*, f., place, spot; plot; situation

stellen, shtel-*en*, v., to place, to put (up)right; to stand

stellenweise, shtel-*en*-vy-z*e*, adv., in places

Stellung, shtel-oong, f., position; putting, placing; regulation

Stellvertreter, shtel-fair-**trait**-er, m., representative [sentative

Stelze, shtelt-se, f., stilt

Stemmeisen, shtem-i-zen, n., chisel [stem

stemmen, shtem-en, v., to support; to dam

Stempel, shtemp-el, m., stamp; mark; pistil

stempeln, shtemp-eln, v., to stamp; to mark

Stengel, shteng-el, m., stem, stalk; handle

Steppdecke, shtep-deck-e, f., quilt

steppen, shtep-en, v., to quilt

Sterbebett, shtairb-e-bet, n., death-bed

sterben, shtairb-en, v., to die

sterbenskrank, shtairb-ens-krahnk, a., dangerously ill [ously ill

sterblich, shtairp-lik, a., mortal

Sterblichkeit, shtairp-lik-kite, f., mortality

Stern, shtairn, m., star; asterisk

Sterndeuter, shtairn-doyt-er, m., astrologer

sternhell, shtairn-hel, a., starry

Sternkunde, shtairn-koonn-de, f., astronomy

Sternschnuppe, shtairn-shnoopp-e, f., shooting [star

Sternwarte, shtairn-vart-e, f., observatory

stet, shtait, a., fixed, steady; constant

stetig, shtait-ik, a., steady; continual; constant

stets, shtaits, adv., always, ever

Steuer, shtoy-er, n., rudder, tiller. f., tax, duty;
    —mann, m., helmsman; mate [pay taxes

steuern, shtoy-ern, v., to steer; to navigate; to

Steuerung, shtoy-er-oong, f., steering(-wheel)

Stich, shtik, m., stitch; sting, bite; stab

sticheln, shtik-eln, v., to sneer; to tease

stichhaltig, shtik-hahlt-ik, a., plausible, sound

Stichwaffe, shtik-vahff-e, f., foil, sword or dagger

Stichwort, shtik-vort, n., cue; catch-word

sticken, shtik-en, v., to embroider; to choke

Stickerei, shtick-e-ry, f., embroidery

stickig, shtick-ik, a., stuffy, choking

Stickstoff, shtick-shtof, n., nitrogen

Stiefel, shteef-el, m., boot

stiefeln, shteef-eln, v., to boot; to stride along

Stiefelputzer, shteef-el-poott-ser, m., shoeblack

Stiefelwichse, shteef-el-vix-e, f., blacking

Stiefmütterchen, shteef-MEETT**-er-**ken**, n., pansy
Stiege, shteeg-e**, f., stair(s)
Stieglitz, shteeg-lits**, m., goldfinch
**Stiel, shteel, m., handle; stalk; stem
**stier, shteer, a., staring; vacant
**Stier, shteer, m., bull; steer
stieren, shteer-en**, v., to stare; to look vacant
Stierkampf, shteer-kahmp'f**, m., bull-fight
**Stift, shtift, m., peg; tag; bolt; pencil; apprentice
**Stift, shtift, n., convent; charitable foundation
stiften, shtift-en**, v., to found; to create; to endow
Stiftung, shtift-oong**, f., foundation; endowment
Stiftungsfest, shtift-oongs-fest**, n., commemor-
   ation day
**Stil, shteel, m., style   [ation day
**still, shtill, a., still, quiet; silent; peaceful
Stille, shtill-e**, f., quiet, stillness; calm
Stilleben, shtill-layb-en**, n., still-life
stillen, shtill-en**, v., to still; to stanch; to ap-
   pease; to quench
stillschweigen, shtill-shvy-ghen**, v., to keep silent
Stillstand, shtill-shtahnnt**, m., stoppage
Stimmband, shtimm-bahnt**, n., vocal chord
Stimme, shtimm-e**, f., voice; vote   [harmonize
stimmen, shtimm-en**, v., to tally; to tune; to
Stimmgabel, shtimm-gahb-el**, f., tuning-fork
Stimmung, shtimm-oong**, f., mood, humour;
   atmosphere; tuning
Stimmwechsel, shtimm-vex-el**, m., breaking of
stinken, shtink-en**, v., to stink   [the voice
Stinktier, shtink-teer**, n., skunk
**Stirn, shteern, f., forehead; brow
Stirnrunzeln, shteern-roont-seln**, n., frown(ing)
stöbern, shterb-ern**, v., to rummage; to snow in
stochern, shtok-ern**, v., to poke, to stir up [drifts
**Stock, shtock, m., stick, cane; storey, flat
stocken, shtock-en**, v., to stop (short); to slacken
stockfinster, shtock-finst-er**, a., pitch-dark
Stockfisch, shtock-fish**, m., dried cod
stockig, shtock-ik**, a., mouldy; stubborn
Stockschnupfen, shtock-shnoopp-fen**, m., bad
   cold in the head   [congestion
Stockung, shtock-oong**, f., stoppage; block;

Stockwerk, shtock-vairk, n., storey, flat

Stoff, shtof, m., stuff; substance; material; subject

Stoffel, shtof-el, m., duffer, blockhead

stöhnen, shtern-en, v., to groan, to moan

Stollen, shtol-en, m., (mine-)gallery

stolpern, shtolp-ern, v., to stumble

stolz, shtolts, a., proud; haughty

Stolz, shtolts, m., pride; haughtiness; vanity

stolzieren, shtolt-seer-en, v., to stalk, to strut

stopfen, shtop-fen, v., to stuff, to cram; to darn

Stoppel, shtop-el, f., stubble

Stöpsel, shterpp-sel, m., stopper

stöpseln, shterpp-seln, v., to stop up; to cork

Stör, shter, m., sturgeon

Storch, shtork, m., stork

stören, shter-en, v., to disturb; to interrupt

Störenfried, shter-en-freet, m., mischief-maker

störrig, shterr-ik, a., stubborn; wayward

störrisch, shterr-ish, see **störrig**

Störung, shter-oong, f., disturbance; interruption

Stoß, shtohs, m., thrust, push; stroke; blow; blast; heap; —**zahn**, m., tusk

stoßen, shtohs-en, v., to push, to thrust; to pound; to knock

stottern, shtot-ern, v., to stutter, to stammer

stracks, shtrahcks, adv., straightway; direct

strafbar, shtrahf-bar, a., punishable; criminal

Strafe, shtrahf-e, f., punishment; penalty; chastisement

strafen, shtrahf-en, v., to punish; to correct

straff, shtrahff, a., taut, tight; stretched; severe

straffen, shtrahff-en, v., to tighten, to stretch

Strafgesetz, shtrahf-ge-zets, n., criminal code

sträflich, shtrayf-lik, a., criminal; punishable

Sträfling, shtrayf-ling, m., convict

Strafrecht, shtrahf-rekt, n., criminal law

Strafsache, shtrahf-sahk-e, f., criminal case

Strahl, shtrahl, m., beam, ray; jet

strahlen, shtrahl-en, v., to beam; to radiate; to shine

strahlig, shtrahl-ik, a., radiating [ing

Strähne, shtrayn-e, f., strand; plait

stramm, shtrahmm, a., sturdy; stiff; (pop.) bounc-

strampeln, shtrahmp-eln, v., to struggle; to fid-
Strand, shtrahnnt, m., beach, shore, strand [get
stranden, shtrahnd-*en*, v., to be stranded; to
   founder
Strang, shtrahng, m., rope; track; trace
Strapaze, shtrah-*paht*-se, f., hardship; toil; exer-
Straße, shtrahs-e, f., street, road; straits [tion
Straßenbahn, shtrahs-en-bahn, f., tramway
Straßenfeger, shtrahs-en-fayg-*er*, m., scavenger
Straßenjunge, shtrahs-en-yoong-e, m., street-
   urchin   [wayman
Straßenräuber, shtrahs-en-royb-*er*, m., high-
sträuben (sich), shtroyb-*en* (sik), v., to bristle
   up; to resist (struggle) against
Strauch, shtrowk, m., bush
Strauchdieb, shtrowk-deep, m., footpad
straucheln, shtrowk-eln, v., to stumble
Strauß, shtrows, m., ostrich; bouquet; tussle, fight
streben, shtrayb-*en*, v., to aspire; to strive
Streber, shtrayb-*er*, m., ambitious person
strebsam, shtrayp-zahm, a., zealous; ambitious
Strecke, shtreck-*e*, f., stretch; tract; track
strecken, shtreck-*en*, v., to stretch, to extend
Streich, shtry'k, m., stroke; trick; action
streicheln, shtry-keln, v., to stroke, to pat
streichen, shtry-ken, v., to roam; to stroke
   (through); to pass; to spread (paint)
Streichholz, shtry'k-holts, n., match
Streifband, shtrife-bahnt, n., (newspaper-)wrap-
Streifen, shtrife-*en*, m., strip, slip, stripe [per
streifen, shtrife-*en*, v., to brush against; to
   touch; to roam
Streifschuß, shtrife-shooss, m., grazing shot
Streifzug, shtrife-tsook, m., expedition; incursion
Streik, shtrike, m., strike
streiken, shtrike-*en*, v., to strike, to down tools
Streit, shtrite, m., dispute, quarrel; fight
streiten, shtrite-*en*, v., to quarrel, to dispute
Streitfrage, shtrite-frahg-*e*, f., question at issue
streitig, shtrite-*ik*, a., contested, in dispute
Streitigkeit, shtrite-*ik*-kite, f., dispute; quarrel
Streitkräfte, shtrite-kreft-*e*, f.pl., military forces

streitsüchtig, shtrite-SEEK*t*-ik, a., quarrelsome
streng, shtreng, a., strict; severe; harsh
Strenge, shtreng-*e*, f., severity; strictness
Streu, shtroy, f., bed of straw, litter
streuen, shtroy-*en*, v., to strew, to scatter
Streuselkuchen, shtroy-*sel*-kook-*en*, m., kind of [cake
Strich, shtrik, m., stroke, line; district
Strick, shtrick, m., cord, rope, line
stricken, shtrick-*en*, v., to knit
Striegel, shtreeg-*el*, m., curry-comb
striegeln, shtreeg-*el*n, v., to brush
Striemen, shtreem-*en*, m., stripe; weal, whip-[mark
Strippe, shtrip-*e*, f., string; strap
Stroh, shtroh, n., straw
Strohdach, shtroh-dahk, n., thatched roof
Strohhalm, shtroh-hahllm, m., straw [dummy
Strohmann, shtroh-mahnn, m., scarecrow;
Strohwitwe, shtroh-vit-*ve*, f., grass-widow
Strolch, shtrolk, m., tramp; rascal
Strom, shtrohm, m., stream; current; large river
Strombett, shtrohm-bet, n., river-bed [run
strömen, shtrerm-*en*, v., to stream; to flow, to
Stromschnelle, shtrohm-shnel-*e*, f., rapid(s)
Strömung, shtrerm-oong, f., current; streaming,
Strophe, shtrohf-*e*, f., verse; stanza [flowing
strotzen, shtrot-*sen*, v., to abound in; to be
crammed full
Strudel, shtrood-*el*, m., whirlpool, eddy; pie
strudeln, shtrood-*el*n, v., to swirl, to eddy
Strumpf, shtroomp'f, m., stocking; sock
Strumpfband, shtroomp'f-bahnnt, n., garter
Strumpfwaren, shtroomp'f-vahr-*en*, f.pl., ho-
Strunk, shtroonk, m., stump, stalk [siery
struppig, shtroopp-ik, a., dishevelled; scrubby
Stube, shtoob-*e*, f., room; **—nmädchen,** n.,
housemaid; **—nrein,** a., house-trained
Stück, shtEECK, n., piece; portion; play
stückeln, shtEECK-*el*n, v., to cut into (small) pieces
Stückenzucker, shtEECK-*en*-tsoock-*er*, m., lump-
sugar [gether
stückig, shtEECK-ik, a., in pieces; patched to-
stückweise, shtEECK-vy-*ze*, adv., piecemeal

Stückwerk, shtEECK-vairk, n., patchwork; piece-work

Student, shtoo-dent, m., (university) student

Studienplan, shtoo-de-en-plahn, m., syllabus

studieren, shtoo-deer-en, v., to study

Studium, shtood-e-oomm, n., study, studies

Stufe, shtoof-e, f., step; grade; rung; standard

stufenweise, shtoof-en-vy-ze, adv., by steps (de-

Stuhl, shtool, m., chair [grees]

Stuhlgang, shtool-gahng, m., opening of bowels

Stulle, shtooll-e, f., piece of bread and butter; sandwich

stülpen, shtEELp-en, v., to turn up, out, or in

stumm, shtoomm, a., dumb, mute

Stummel, shtoomm-el, m., stump; fag-end

Stümper, shtEEmp-er, m., botcher, bungler, clumsy fellow

stümpern, shtEEmp-ern, v., to botch, to bungle

stumpf, shtoomp'f, a., blunt; used up

Stumpf, shtoomp'f, m., see **Stummel**

Stumpfsinn, shtoomp'f-zin, m., stupidity; dul-

Stunde, shtoonn-de, f., hour; lesson [ness

stunden, shtoonn-den, v., to give time for pay-

ment; **—lang,** adv., for hours; **—plan,** m., time-table

stündig, shtEEnn-dik, a., of an hour's duration

Sturm, shtoorm, m., storm, gale, tempest [hourly

stürmen, shtEErm-en, v., to storm; to charge; to dash

Stürmer, shtEErm-er, m., impetuous person: for-

ward (football); student's cap

stürmisch, shtEErm-ish, a., stormy; impetuous

Sturz, shtoorts, m., (down)fall; crash; collapse

Sturzbach, shtoorts-bah*k***,** m., mountain-torrent

stürzen, shtEErt-sen, v., to fall; to collapse; to

Stute, shtoott-e, f., mare [crash; to dash

Stütze, shtEETT-se, f., support; stay; help

stutzen, shtootts-en, v., to trim, to cut short; to be startled

stützen, shtEETT-sen, v., to support; to rely

Stutzer, shtoott-ser, m., fop, dandy

stutzig, shtootts-ik, a., startled; perplexed

subtrahieren, soopp-trah-**heer**-*en*, v., to subtract

Subvention, soopp-vent-se-**ohn**, f., subsidy

Suche, sook-*e*, f., search

suchen, sook-*en*, v., to seek, to look for

Sucht, sookt, f., mania, passion; disease; debility

süchtig, sEEk-tik, a., suffering from disease

Süd, sEET, m., south; see also **Süden**

Sudelei, sood-*e*-**ly**, f., scrawl; scamped work; daub

sudelig, sood-el-ik, a., slovenly, messy

sudeln, sood-eln, v., to bungle; to work carelessly

Süden, sEED-en, m., south

südlich, sEET-lik, a., southern, southerly

Suff, sooff, m., (pop.) drunkenness, drink(ing)

süffig, sEEff-ik, a., good to drink; light (beverage)

Sühne, sEEn-*e*, f., atonement; reconciliation

sühnen, sEEn-en, v., to expiate; to atone

Sülze, sEElt-se, f., jelly; brawn

Summe, soomm-*e*, f., sum, amount; total

summen, soomm-*en*, v., to buzz, to hum

Sumpf, soommp'f, m., bog, swamp, marsh

sumpfig, soommp-fik, a., boggy, marshy

Sums, soomms, m., humming noise; fuss

Sünde, sEEn-*de*, f., sin, trespass

Sündenbock, sEEn-den-bock, m., scapegoat

Sünder, sEEn-der, m., sinner

Sündflut, sEEnt-floot, f., flood

sündhaft, sEEnt-hahft, a., sinful

sündigen, sEEn-dig-en, v., to sin

Suppe, soopp-*e*, f., soup, broth

Suppenfleisch, soopp-en-fly'sh, n., boiled beef

Suppenlöffel, soopp-en-lerff-el, m., table-spoon

surren, soorr-en, v., to buzz, to whiz

süß, sEEs, a., sweet

süßen, sEEs-en, v., to sweeten

Süßholz, sEEs-holts, n., liquorice; sweet phrases

Süßigkeit, sEEs-ik-kite, f., sweets, sweetness

süßlich, sEEs-lik, a., (sickly) sweet(ish)

Süßwasser, sEEs-vahss-err, n., fresh water

Szene, sayn-*e*, f., scene

Tabak, tah-bahk, m., tobacco; —**sbeutel**, m., tobacco-pouch

TAB　　251　　**TAN**

Tabelle, tah-**bel**-e, f., table, schedule, index
Tablett, tah-**blet**, n., tray
Tadel, **tahd**-el, m., blame; reproach; bad mark
tadelhaft, **tahd**-el-hahft, a., faulty, blameworthy
tadellos, **tahd**-el-lohs, a., faultless; (pop.) splen-
tadeln, **tahd**-eln, v., to blame　　　　　　[did
Tafel, **tahf**-el, f., table; tablet; slate; plate
täfeln, **tay**-feln, v., to panel; to wainscot
Taft, tahft, m., taffeta
Tag, tahg, m., day
Tageblatt, **tahg**-e-blahtt, n., daily (paper)
Tagebuch, **tahg**-e-book, n., diary, journal
Tagedieb, **tahg**-e-deep, m., idler
tagelang, **tahg**-e-lahng, adv., for days (on end)
Tagelöhner, **tahg**-e-lern-er, m., (day-) labourer
tagen, **tahg**-en, v., to dawn; to hold a meeting
Tagesanbruch, **tahg**-es-ahnn-brook, m., day-
tageshell, **tahg**-es-hel, a., as light as day　　[break
Tageslicht, **tahg**-es-likt, n., daylight
Tagewerk, **tahg**-e-vairk, n., day's work
täglich, **tayg**-lik, a., daily, adv., per (every) day
tags, tahgs, adv., on the day
tagsüber, tahgs-EEb-er, adv., by (during) the day
tagtäglich, tahg-**tayg**-lik, a., (happening) daily
Tagung, tahg-oong, f., session
Taille, tahll-ye, f., waist
Takel, tahk-el, n., tackle
Takt, tahckt, m., rhythm, time; tact
Tal, tahl, n., valley, dale
Talg, tahlk, m., tallow, suet
Talglicht, tahlk-likt, n., tallow-candle
Talk, tahlk, m., talc(um)
Talkessel, tahl-kess-el, m., circular valley
Talsperre, tahl-shpairr-e, f., dam or barrage
　　across valley
talwärts, tahl-vairts, adv., towards the valley
Tand, tahnt, m., knicknacks, trifles, baubles
Tändelei, tend-e-**ly**, f., dallying, trifling; dawdling
tändeln, tend-eln, v., to dally, to trifle; to dawdle
Tang, tahng, m., sea-weed
Tannapfel, tahnn-ahpp-fel, f., fir-cone
Tanne, tahnn-e, f., fir-tree

tannen, tahnn-*en*, a., made of fir [mas-)tree
Tannenbaum, tahnn-*en*-bowm, m., fir-(Christ-
Tannennadel, tahnn-*en*-nahd-*el*, f., needle of fir-[trees
Tannenwald, tahnn-*en*-vahlt, m., forest of fir-
Tann(en)zapfen, tahnn(-*en*)-tsahpp-fen, m., fir-[cone
Tante, tahnt-*e*, f., aunt
Tanz, tahnts, m., dance
tänzeln, tent-*seln*, v., to frisk; to amble; to prance
tanzen, tahnt-*sen*, v., to dance
Tänzer, tent-ser, m., dancer
Tanzlokal, tahnts-loh-kahl, n., dance-hall
Tanzsaal, tahnts-zahl, m., dance-hall
Tanzstunde, tahnts-shtoonn-d*e*, f., dancing-lesson
Tapete, tahpp-ayt-*e*, f., wall-paper [hanger
Tapezier, tahpp-*e*-tseer, m., upholsterer, paper-
tapezieren, tahpp-*e*-tseer-*en*, v., to paper walls
tapfer, tahpp-fer, a., brave, valiant, plucky
Tapferkeit, tahpp-fer-kite, f., valour, bravery
tappen, tahpp-*en*, v., to grope; to walk clumsily
täppisch, tep-ish, a., clumsy, awkward
Tasche, tahsh-*e*, f., pocket; bag, pouch
Taschendieb, tahsh-en-deep, m., pickpocket
Taschenkrebs, tahsh-en-krayps, m., common crab [knife
Taschenmesser, tahsh-en-mess-*er*, n., pocket-
Taschentuch, tahsh-en-took, n., pocket-hand-
Taschenuhr, tahsh-en-oor, f., watch [kerchief
Tasse, tahss-*e*, f., cup
Taste, tahst-*e*, f., (piano-)key, note
tasten, tahst-*en*, v., to grope; to feel one's way
Tat, taht, f., deed, action; achievement [affairs
Tatbestand, taht-be-shtahnt, m., (real) state of
Täter, tayt-*er*, m., doer; culprit; perpetrator
tätig, tayt-*ik*, a., active, busy, engaged (in)
Tätigkeit, tayt-*ik*-kite, f., activity, action; occu-[pation
Tatkraft, taht-krahft, f., energy; pluck
tätlich, tayt-li*k*, a., violent; personal
Tatsache, taht-sah*k*-*e*, f., fact, reality
Tatze, tahtt-s*e*, f., paw, claw; (clumsy) fist
Tau, tow, n., cable, rope. m., dew

taub, towp, a., deaf, hard of hearing
Taube, towb-*e*, f., pigeon, dove
Taubenpost, towb-en-posst, f., pigeon-post
Taubenschlag, towb-en-shlahk, m., dovecote
Taubheit, towp-hite, f., deafness
taubstumm, towp-shtoom, a., deaf and dumb
tauchen, towk-*en*, v., to dip; to plunge; to dive
Taucher, towk-*e*r, m., diver [tow
tauen, tow-*en*, v., to thaw; to cover with dew; to
Taufbecken, towf-beck-en, n., baptismal font
Taufe, towf-*e*, f., baptism, christening
taufen, towf-*en*, v., to baptize, to christen
Taufname, towf-nahm-*e*, m., Christian name
Taufpate, towf-paht-*e*, m., godfather
Taufschein, towf-shine, m., certificate of baptism
taugen, towg-*en*, v., to be of value; to serve a
   purpose [fellow
Taugenichts, towg-*e*-ni*k*ts, m., good-for-nothing
tauglich, towg-li*k*, a., serviceable; fit; useful
Taumel, towm-*e*l, m., giddiness; delirium; frenzy
taumeln, towm-*e*ln, v., to totter, to stagger; to
Tausch, towsh, m., exchange; barter [tumble
tauschen, towsh-*en*, v., to exchange; to barter
täuschen, toysh-*en*, v., to deceive, to trick, to de-
   lude
Täuschung, toysh-oong, f., delusion; deception
tausend, towz-ent, a., thousand
Tauwerk, tow-vairk, n., cordage, ropes
Tauwetter, tow-vet-*e*r, n., thaw
Taxe, tahx-*e*, f., rate, charge; tax; taxicab
taxieren, tahx-eer-*en*, v., to estimate, to assess
Technik, te*k*-nick, f., technics; technique, skill
Techniker, te*k*-nick-*e*r, m., engineer
Tee, tay, m., tea; (herb) infusion
Teegebäck, tay-ge-beck, n., cake, biscuits for tea
Teekanne, tay-kahnn-*e*, f., teapot
Teelöffel, tay-lerff-*e*l, m., teaspoon
Teer, tayr, m., tar
teeren, tayr-*en*, v., to tar
teerig, tayr-i*k*, a., tarry
Teerjacke, tayr-yah*k*-*e*, f., Jack Tar
Teich, ty'*k*, m., pond

Teig, tike, m., dough, paste

Teil, tile, m., part, share, division

teilen, tile-*en*, v., to share; to divide; to distribute

Teilhaber, tile-hahb-*er*, m., partner

Teilnahme, tile-nahm-*e*, f., sympathy; complicity

teilnähmen, tile-naym-*en*, v., to take part; to join

teils, tiles, adv., partly, in part   [(in)

Teilung, tile-oong, f., division; partition

teilweise, tile-vy-ze, adv., partially, partly

Teilzahlung, tile-tsahl-oong, f., part-payment

Teint, teng, m., complexion

Teller, tel-*er*, m., plate

Tempel, temp-*el*, m., temple   [(from alcohol)

Temperänzler, temp-*er*-ents-*ler*, m., abstainer

Tempo, temp-oh, n., time, measure; rhythm

Teppich, tep-*ik*, m., carpet   [(court); term

Termin, tairm-*een*, m., (due-)date; hearing

Terpentin, tairp-*en*-teen, m., turpentine

Terrain, tair-reng, m., country; ground, plot

Terrine, tair-reen-*e*, f., tureen

Tertia, tairt-se-ah, f., third highest class in German secondary school

Terzett, tairt-set, n., trio

teuer, toy-*er*, a., expensive

Teufel, toyf-*el*, m., devil

Teufelei, toyf-e-ly, f., devilry

teuflisch, toyf-lish, a., devilish   [prices

Teur(er)ung, toyr-oong, f., dearth; general rise in

Text, text, m., text; words; book (opera): wording

Theater, tay-aht-*er*, n., theatre; playhouse; stage

Theaterkasse, tay-aht-*er*-kahss-*e*, f., box-office

Theaterstück, tay-aht-*er*-shtEEck, n., play

Thema, taym-ah, n., theme, subject; topic

Thron, trohn, m., throne; **—besteigung,** f., accession on throne; **—en,** v., to be enthroned; **—folger,** m., successor to throne

Thymian, teem-e-yahn, m., thyme

tief, teef, a., deep; profound; low

Tiefe, teef-*e*, f., depth; profundity

Tiefsinn, teef-zin, m., thoughtfulness; melancholy

Tiegel, teeg-*el*, m., saucepan; crucible

Tier, teer, n., animal, beast

Tierarzt, teer-artst, m., veterinary surgeon
Tierbändiger, teer-ben-dig-er, m., animal trainer
Tiergarten, teer-gart-en, m., park; zoological garden
tierisch, teer-ish, a., bestial, brutish; of animals
Tierkunde, teer-koonn-de, f., zoology
Tierquälerei, teer-kvayl-e-ry, f., cruelty to animals
Tierreich, teer-ry'k, n., animal kingdom [mals
Tiger, teeg-er, m., tiger
tilgen, tilg-en, v., to destroy; to wipe out
Tilgung, tilg-oong, f., destruction; discharge (debts)
Tingeltangel, ting-el-tahng-el, m. & n., (low-class) music-hall
Tinte, tin-te, f., ink
Tintenfaß, tin-ten-fahss, n., inkstand
Tintenfisch, tin-ten-fish, m., cuttlefish
Tintenklecks, tin-ten-klecks, m., ink-stain
Tintenstift, tin-ten-shtift, m., indelible pencil
tippen, tip-en, v., to touch lightly
Tisch, tish, m., table
Tischgebet, tish-ge-bayt, n., grace before (or after) meal
Tischler, tish-ler, m., joiner
Tischtuch, tish-took, n., table-cloth
Tischzeit, tish-tsite, f., dinner-time
Titel, teet-el, m., title
Titelbild, teet-el-bilt, n., frontispiece
titulieren, tit-oo-leer-en, v., to title, to style
toben, toh-ben, v., to rage, to rave
Tobsucht, tohp-sookt, f., frenzy
Tochter, tohk-ter, f., daughter
töchterlich, terk-ter-lik, a., like a daughter
Töchterschule, terk-ter-shool-e, f., young ladies' college
Tod, toht, m., death
Todesstrafe, tohd-es-shtrahf-e, f., capital punishment
Todfeind, toht-fine't, m., mortal enemy
tödlich, tert-lik, a., mortal, fatal, deadly
toll, tol, a., foolish, mad
Tolle, tol-e, f., head-dress; crest, tuft
tollen, tol-en, v., to frolic
Tollheit, tol-hite, f., madness; folly
tollkühn, tol-KEEN, a., rash, foolhardy
Tollwut, tol-vooht, f., hydrophobia, rabies

Tolpatsch, tol-pahttsh, m., clumsy fellow

Tölpel, terl-pel, m., lout, booby, bumpkin

tölpelhaft, terl-pel-hahft, a., clumsy, awkward

Ton, tohn, m., clay; tone, sound, note

tonangebend, tohn-ahnn-gayb-ent, a., leading the fashion

Tonart, tohn-art, f., pitch; (music) key

tönen, tern-en, v., to sound, to ring

tönern, tern-ern, a., made of clay; clayey

Tonfall, tohn-fahll, m., modulation

Tonkunst, tohn-koonst, f., music

Tonleiter, tohn-ly-ter, f., (music) scale

Tonne, tonn-e, f., ton; tun, butt, barrel

Tonpfeife, tohn-p'fy-fe, f., clay pipe

Topf, top'f, m., pot; vessel, saucepan; jug, jar

Töpfer, terpp-fer, m., potter

Töpferei, terpp-fer-i, f., potter's trade

töpfern, terpp-fern, a., made of clay

Tor, tohr, n., gate(way). m., fool, simpleton

Torf, torf, m., peat, turf

Torheit, tohr-hite, f., folly, foolishness

Torhüter, tohr-HEET-er, m., gate-keeper; goal-keeper [keeper

töricht, ter-ikt, a., foolish; silly

torkeln, tork-eln, v., to reel

Tornister, tor-nist-er, m., satchel, knapsack, pack

Torte, tort-e, f., tart, fancy cake

Torwächter, tor-vek-ter, m., goalkeeper

Torwart, tohr-vart, m., goalkeeper

Torweg, tohr-vaik, m., gateway, archway

tosen, tohz-en, v., to roar, to howl; to crash

tot, toht, a., dead, deceased

Tote(r), toht-e(r), m., dead person, corpse

töten, ter-ten, v., to kill, to slay

Totenacker, toht-en-ahck-er, m., churchyard

totenähnlich, toht-en-ayn-lik, a., deathlike

totenblaß, toht-en-blahss, a., pale as death

Totenfeier, toht-en-fy-er, f., obsequies [sexton

Totengräber, toht-en-grayb-er, m., grave-digger;

Totengruft, toht-en-grooft, f., sepulchre, tomb

Totenhemd, toht-en-hemt, m., shroud

Totenkopf, toht-en-kopp'f, m., death's head, skull

totenstill, toht-en-shtil, a., still as death

totlachen (sich), toht-lahk-en (sik), v., to split one's sides with laughing

totmachen, toht-mahk-en, v., to kill

totschießen, toht-shees-en, v., to shoot dead

Totschlag, toht-shlahk, m., homicide, manslaughter

totschlagen, toht-shlahg-en, v., to kill, to slay

totschweigen, toht-shvy-gen, v., to suppress (news, facts, etc.)

totstechen, toht-shtek-en, v., to stab to death

Tötung, tert-oong, f., homicide, manslaughter, [killing

Trab, trahb, m., trot

traben, trahb-en, v., to trot

Tracht, trahkt, f., dress, fashion; load

trachten, trahk-ten, v., to strive for

Tragbahre, trahk-bahr-e, f., litter, stretcher

träge, trayg-e, a., indolent, lazy; sleepy [to wear

tragen, trahg-en, v., to carry, to bear, to support;

Träger, trayg-er, m., carrier; porter; girder; bearer

Trägheit, trayk-hite, f., laziness, indolence

Tragödie, trah-gerd-ye, f., tragedy

traktieren, trahck-teer-en, v., to (stand) treat

trällern, trel-ern, v., to hum, to sing

trampeln, trahmm-peln, v., to trample, to stamp

Trampeltier, trahmm-pel-teer, n., two-humped camel; clumsy person

Tran, trahn, m., blubber, fish-oil

tranchieren, trahng-sheer-en, v., to carve (meat)

Träne, train-e, f., tear

tränen, train-en, v., to run (with tears)

tranig, trahn-ik, a., like oil

Trank, trahnk, m., drink, beverage [to drench

tränken, treng-ken, v., to give to drink; to soak,

Transpiration, trahnn-spe-raht-se-ohn, v., perspiration

transpirieren, trahnn-spe-reer-en, v., to perspire

trappeln, trahpp-eln, v., to trot, to patter

Traube, trowb-e, f., bunch of grapes

trauen, trow-en, v., to trust; to rely; to marry

Trauer, trow-er, f., mourning; sorrow, grief

trauern, trow-ern, v., to mourn, to grieve

Trauerspiel, trow-er**-shpeel, n., tragedy

Trauerweide, trow-er**-vy-de, f., weeping-willow

Traufe, trowf-e**, f., gutter; dripping of water

träufeln, troyf-eln**, v., to drip, to drop, to trickle

traulich, trow-lik**, a., homely, snug; intimate

**Traum, trowm, m., dream

träumen, troym-en**, v., to dream

traurig, trow-rik**, a., sad; doleful, melancholy

Trauring, trow-ring**, m., wedding-ring

Trauschein, trow-shine**, m., marriage certificate

**traut, trowt, a., beloved; intimate

Trauung, trow-oong**, f., wedding(-ceremony)

**Treff, tref, n., clubs (cards). m., good hit

treffen, tref-en**, v., to hit (the mark), to strike; to

trefflich, tref-lik**, a., excellent   [meet

treiben, try-ben**, v., to drive, to set in motion

Treibhaus, tripe-hows**, n., conservatory, hot-

Treibholz, tripe-holts**, n., drift-wood   [house

trennbar, tren-bar**, a., separable

trennen, tren-en**, v., to separate, to detach

trepp-ab, -auf, trep-ahpp**, -owf, adv., down-

Treppe, trep-e**, f., stairs, staircase   [stairs, upstairs

Treppengeländer, trep-en**-ge-lend-**er**, m., ban-

Tresse, tres-e**, f., lace, braid, galloon   [ister(-rail)

treten, trait-en**, v., to tread, to step; to kick

**treu, troy, a., faithful, true; sincere

Treue, troy-e**, f., faithfulness; loyalty

treuherzig, troy-hairt-**sik**, a., frank; true-hearted

Tribüne, tre-been**-e, f., platform; grand-stand

Trichter, trik-ter**, m., funnel

**Trieb, treep, m., driving, momentum; force; im-

Triebfeder, treep-fayd-**er**, f., main spring   [pulse

triefen, treef-en**, v., to drip; to be dripping

triftig, trift-ik**, a., well-founded, cogent

Trikot, trick-oh**, n., stockinette; tights

trillern, tril-ern**, v., to trill, to warble

Trimester, tre-mest-**er**, n., (three months') term

trinken, trink-en**, v., to drink

Trinkgeld, trink-gelt**, n., gratuity, tip

trippeln, trip-eln**, v., to trip along

**Tritt, trit, m., tread; step; pace; kick

Trittbrett, trit-bret**, n., foot-board

trocken, trock-*en,* a., dry; parched, arid
trocknen, trock-*nen,* v., to dry
Trödel, trerd-*el,* m., lumber, rubbish
trödeln, trerd-*eln,* v., to dawdle, to loiter
Trog, trohk, m., trough
Trommel, trom-*el,* f., drum
Trommelfell, trom-*el-fel,* n., drum of ear; drum- [skin
trommeln, trom-*eln,* v., to drum
Trompete, trom-**payt**-*e,* f., trumpet
trompeten, trom-**payt**-*en,* v., to (sound the) [trumpet
Tropf, trop'f, m., simpleton; wretch [trumpet
tröpfeln, trerp-*feln,* v., to fall in drops, to trickle
Tropfen, trop-*fen,* m., drop. v., to drip, to [trickle
Trost, trohst, m., consolation, solaice [trickle
trösten, trerst-*en,* v., to console, to comfort
Trottoir, trotoh-**ahr,** n., pavement, side-walk
Trotz, trots, m., stubbornness; defiance
trotz, trots, prep., in spite of; **—dem,** adv., never-
trotzen, trots-*en,* v., to defy; to sulk [theless
trotzig, trots-*ik,* a., defiant, obstinate; haughty
trüb(e), trEEb-(-*e*), a., gloomy, muddy, murky; sad
trüben, trEEb-*en,* v., to dim; to trouble; to make
muddy
Trübsal, trEEp-*zahl,* f. & n., trouble; affliction
trübselig, trEEp-*zayl-ik,* a., doleful, sad
Trübsinn, trEEp-*zin,* m., melancholy, sadness
Trug, troohk, m., delusion; deception
trügen, trEEg-*en,* v., to deceive, to delude
trügerisch, trEEg-*er-ish,* a., deceptive, deceitful
Truhe, troo-*e,* f., chest, trunk
Trümmer, trEEmm-*er,* n.pl., debris, rubbish
Trumpf, troompf, m., trump(s)
Trunk, troonk, m., drink; draught; drunkenness
trunken, troonk-*en,* a., drunk, intoxicated
Trunkenbold, troonk-*en-bollt,* m., drunkard
Trunkenheit, troonk-*en-hite,* f., drunkenness
Trunksucht, troonk-*zookt,* f., dipsomania
Truthahn, trooht-*hahn-m.,* turkey-cock
Tuch, took, n., cloth, stuff, material
tüchtig, tEEk-*tik,* a., (cap)able, efficient; thorough
Tücke, tEEck-*e,* f., spite, malice; cunning
tückisch, tEEck-*ish,* a., a spiteful; crafty

Tugend, toog-ent, f., virtue; **—haft,** a., virtuous

Tulpe, toolp-e, f., tulip

tummeln, toomm-eln, v., to stir, to exercise; to

Tümpel, tEEmp-el, m., pool, puddle [wheel

tun, toon, v., to do, to make, to perform, to act

tünchen, tEEn-ken, v., to distemper; to lime-wash

Tunichtgut, too-ni*k*t-goot, m., ne'er-do-well

Tunke, toong-ke, f., gravy

tunken, toong-ken, v., to dip, to soak

tunlich, toon-li*k*, a., feasible; expedient; practical

Tüpfel, tEEpp-fel, m., dot, point, tittle

tupfen, toopp-fen, v., to touch lightly; to dab; to

Tür(e), tEEr(-e), f., door [spot

Türkis, tEEr-kees, m., turquoise

Türklinke, tEEr-kling-ke, f., door-handle (latch)

Turm, toorm, m., tower; castle

türmen, tEErm-en, v., to tower; to raise (up); to

turnen, toorn-en, v., to do gymnastics [run away

Turner, toorn-er, m., gymnast

Turnverein, toorn-fair-ine, m., gymnastic club

Türschwelle, tEEr-shvel-e, f., threshold

Tusch, toosh, m., flourish (trumpets)

Tusche, toosh-e, f., Indian ink [to hush

tuschen, toosh-en, v., to draw with Indian ink;

Tuschkasten, toosh-kahst-en, n., paint-box

Tüte, tEEt-e, f., paper-bag

übel, EEb-el, a., evil, bad; sick

Übel, EEb-el, n., evil, ill; malady; **—keit,** f., nausea, (feeling of) sickness

übelnehmen, EEb-el-naym-en, v., to take a thing

üben, EEb-en, v., to practise; to exercise [amiss

über, EEb-er, prep., over, above

überall, EEb-er-ahll, adv., everywhere

überarbeiten, EEb-er-arb-i-ten, v., to overwork

überaus, EEb-er-ows, adv., extremely [pass

überbieten, EEb-er-beet-en, v., to outbid; to sur-

Überbleibsel, EEb-er-blipe-sel, n., remnant, remains

Überblick, EEb-er-blick, m., survey; short sum-

überblicken, EEb-er-blick-en, v., to survey [mary

überbringen, EEb-er-**bring**-en, v., to convey, to deliver

überdies, EEb-er-dees, adv., moreover

Überdruß, EEb-er-drooss, m., weariness; repletion

überdrüssig, EEb-er-drEESS-ik, a., weary of; disgusted with

übereilen, EEb-er-ile-en, v., to hurry too much; to precipitate

überein, EEb-er-ine, adv., in agreement; **—ander,** one above the other

Übereinkommen, EEb-er-ine-kom-en, n., agreement, understanding

übereinstimmen, EEb-er-ine-shtim-en, v., to agree

überfahren, EEb-er-fahr-en, v., to run over; to pass over

Überfahrt, EEb-er-fahrt, f., crossing over

Überfall, EEb-er-fahll, m., (sudden) attack, raid

überfallen, EEb-er-fahll-en, v., to attack suddenly

Überfluß, EEb-er-floos, m., abundance, plenty

überflüssig, EEb-er-flEESS-ik, a., superfluous; abundant

überfordern, EEb-er-ford-ern, v., to overcharge

überführen, EEb-er-fEEr-en, v., to lead over; to convict

überfüllen, EEb-er-fEEll-en, v., to overcrowd

Übergabe, EEb-er-gahb-e, f., handing over; surrender

Übergang, EEb-er-gahng, m., crossing; transition

übergeben, EEb-er-gayb-en, v., to hand over; to surrender. **sich ...,** sik ..., to vomit

übergehen, EEb-er-gay-en, v., to pass over; to omit

übergreifen, EEb-er-gry-fen, v., to overlap

überhandnehmen, EEb-er-**hahnnt**-naym-en, v., to gain ground

überhängen, EEb-er-heng-en, v., to hang over

überhäufen, EEb-er-hoyf-en, v., to overburden; to overwhelm

überholen, EEb-er-hohl-en, v., to overhaul

überhören, EEb-er-her-ren, v., to overtake; to miss (words); to hear (lessons)

überkochen, EEb-er-kohk-en, v., to boil over

überlassen, EEb-er-lahss-en, v., to leave over; to relinquish; to desert

überlaufen, EEb-er-lowf-en, v., to run over; to

überleben, EEb-er-layb-*en*, v., to survive; to outlive

überlegen, EEb-er-layg-*en*, v., to lay across; to think over. a., superior

Überlegenheit, EEb-er-layg-*en*-hite, f., superiority

Überlegung, EEb-er-layg-oong, f., consideration; deliberation [hand down

überliefern, EEb-er-leef-*ern*, v., to deliver; to

Überlieferung, EEb-er-leef-*er*-oong, f., tradition

überlisten, EEb-er-list-*en*, v., to outwit; to dupe

überm, EEb-erm. = **über dem,** EEb-er daim, over the

Übermacht, EEb-er-mah*k*t, f., superior strength

übermannen, EEb-er-mah*n*-*en*. v., to overpower

übermäßig, EEb-er-mace-i*k*, a., immoderate; pro-

Übermensch, EEb-er-mensh, m., superman [fuse

übermitteln, EEb-er-mit-*eln*, v., to transmit

übermorgen, EEb-er-morg-*en*, adv., day after tomorrow [nence

Übermut, EEb-er-moot, m., high spirits; imperti-

übermütig, EEb-er-mEEt-i*k*, a., high spirited; impertinent [night

übernachten, EEb-er-nah*k*-ten, v., to pass the

Übernahme, EEb-er-nahm-*e*, f., taking over

übernehmen, EEb-er-naym-*en*, v., to take over or charge

überqueren, EEb-er-kvayr-*en*, v., to cross

überragen, EEb-er-rahg-*en*, v., to tower above; to project

überraschen, EEb-er-rahsh-*en*, v., to surprise

überreden, EEb-er-rayd-*en*, v., to persuade

überreichen, EEb-er-ry-ken, v., to hand over

Überrest, EEb-er-rest, m., remnant, remains; ruin

überrumpeln, EEb-er-roomp-*eln*, v., to take by surprise

übers, EEb-ers. = **über das,** EEb-erduss, over the

überschätzen, EEb-er-shet-s*en*. v., to overestimate [to step over

überschreiten, EEb-er-shry-ten, v., to overstep

Überschrift, EEb-er-shrift, f., heading, title

Überschuß, EEb-*er*-shooss, m., surplus; balance

überschüssig, EEb-*er*-shEEss-i*k*, a., surplus; left over   [to overflow

überschwemmen, EEb-*er*-shvem-*en*, v., to flood;

Überschwemmung, EEb-*er*-shvem-oong, f., flood

überschwenglich, EEb-*er*-shveng-li*k*, a., gushing; excessive   [over

übersehen, EEb-*er*-say-*en*, v., to overlook; to look

übersenden, EEb-*er*-send-*en*, v., to send over; to transmit   [cross over

übersetzen, EEb-*er*-set-s*en*, v., to translate; to

Übersicht, EEb-*er*-zi*k*t, f., survey; summary, sketch

übersiedeln, EEb-*er*-zeed-*el*n, v., to remove, to emigrate   [over; to skip

überspringen, EEb-*er*-shpring-*en*, v., to jump

überstehen, EEb-*er*-shtay-*en*, v., to overcome; to endure

überstürzen, EEb-*er*-shtEErt-s*en*, v., to precipitate; to topple over   [transfer

übertragen, EEb-*er*-trahg-*en*, v., to carry over; to

übertreffen, EEb-*er*-tref-*en*, v., to excel, to eclipse

übertreiben, EEb-*er*-try-b*en*, v., to exaggerate; to drive over   [overstep

übertreten, EEb-*er*-trayt-*en*, v., to transgress; to

übertrieben, EEb-*er*-treeb-*en*, a., exaggerated

übervorteilen, EEb-*er*-fort-i-l*en*, v., to take advantage   [to superintend

überwachen, EEb-*er*-vah*k*-*en*, v., to watch over;

überwältigen, EEb-*er*-velt-ig-*en*, v., to overwhelm

überweisen, EEb-*er*-vy-z*en*, v., to make over a thing

überwiegen, EEb-*er*-veeg-*en*, v., to outweigh; to prevail   [conquer

überwinden, EEb-*er*-vin-d*en*, v., to overcome; to

überwintern, EEb-*er*-vint-*er*n, v., to hibernate

überwuchern, EEb-*er*-voo*k*-*er*n, v., to overgrow

überzeugen, EEb-*er*-tsoyg-*en*, v., to convince

Überzeugung, EEb-*er*-tsoyg-oong, f., conviction; persuasion   [over

überziehen, EEb-*er*-tsee-*en*, v., to cover; to pull

Überzug, EEb-er-tsook, m., cover, case, pillow-case
üblich, EEb-lik, a., usual, customary
übrig, EEb-rik, a., over, left over, remaining
übrigens, EEb-rig-ens, adv., by the way; moreover
Übung, EEb-oong, f., exercise, practice
Ufer, oof-er, n., bank, beach, shore
Uhr, oor, f., clock, watch; o'clock
Uhrmacher, oor-mahk-er, m., watchmaker
Ulk, oolk, m., fun, joking, jesting
ulkig, oolk-ik, a., funny, droll
Ulme, oolm-e, f., elm-(tree)
um, oomm, prep., (a)round; about; at; for; by.
    conj., in order to
umändern, oomm-end-ern, v., to alter; to change
umarmen, oomm-arm-en, v., to embrace
Umbau, oomm-bow, m., reconstruction; rebuild-
umbauen, oomm-bow-en, v., to rebuild   [ing
umbinden, oomm-bin-den, v., to tie round; to
    put on
umblicken (sich), oomm-blick-en (sik), v., to
    look round
umbringen, oomm-bring-en, v., to kill
umdrehen, oomm-dray-en, v., to turn round
umfallen, oomm-fahll-en, v., to fall over   [(over)
Umfang, oomm-fahng, m., size, circumference
umfassen, oomm-fahss-en, v., to embrace, to
Umgang, oomm-gahng, m., intercourse   [clasp
Umgangssprache, oomm-gahngs-shprahk-e, f.,
    colloquial language
umgeben, oomm-gayb-en, v., to surround
Umgebung, oomm-gayb-oong, f., neighbour-
    hood, surroundings
Umgegend, oomm-gayg-ent, f., environs, vicinity
umgehen, oomm-gay-en, v., to evade; to haunt;
    to have dealings (with); circumvent
umgekehrt, oomm-ge-kairt, a., contrary, reverse
umgraben, oomm-grahb-en, v., to dig over (up)
umhalsen, oomm-hahlz-en, v., to hug, to embrace
umher, oomm-hair, adv., around; on every side
umhüllen, oomm-hEEll-en, v., to wrap; to veil
umkehren, oomm-kair-en, v., to turn back
    (round)

umkippen, oomm-kip-*en*, v., to tip (tilt) over

umklammern, oomm-**klahmm**-*ern*, v., to clasp

umkleiden (sich), oomm-kly-*d*e*n* (*sik*), v., to change (clothes)

umkommen, oomm-komm-*en*, v., to perish

Umkreis, oomm-krice, m., circumference; vicin-

Umlauf, oomm-lowf, n., circulation; rotation [ity

Umlaut, oomm-lowt, m., modification of vowels

umrahmen, oomm-**rahm**-*en*, v., to frame

umringen, oomm-**ring**-*en*, v., to surround

Umriß, oomm-riss, m., outline; sketch

umrühren, oomm-rEEr-*en*, v., to stir round

ums, oomms, round the; for the

Umsatz, oomm-zahtts, m., turnover

Umschau, oomm-show, f., look(ing) out

umschauen (sich), oomm-show-*en* (*sik*), v., to look round

Umschlag, oomm-shlahk, m., envelope, wrapper; poultice; change; (commerce) turnover

umschließen, oomm-shlees-*en*, v., to enclose

umschnallen, oomm-shnahll-*en*, v., to buckle on

umschütten, oomm-shEEtt-*en*, v., to spill, to overturn; to pour out

Umschwung, oomm-shvoong, m., reaction; swing round; sudden change

umsehen (sich), oomm-say-*en* (*sik*), v., to look round, to look about

umsetzen, oomm-set-*sen*, v., to sell, to dispose of

umsichtig, oomm-sik-tik, a., circumspect, prudent

umsomehr, oomm-zoh-**mair**, adv., all the more

umsonst, oomm-zonst, adv., in vain; free, gratis

Umstand, oomm-shtahnnt, m., circumstance

umständlich, oomm-shtent-lik, a., fussy; circumstantial; troublesome [(carriages)

umsteigen, oomm-shty-ghen, v., to change

umstoßen, oomm-shtohs-*en*, v., to knock over; to overthrow; to cancel

Umsturz, oomm-shtoorts, m., overthrow, crash

umtauschen, oomm-towsh-*en*, v., to (ex)change

umwälzen, oomm-velt-*sen*, v., to roll over; to overthrow; to revolutionize

umwechseln, oomm-veck-se**l**n, v., to (ex)change

Umweg, oomm-vaik, m., roundabout way

umwenden, oomm-vend-e**n**, v., to turn over (round)

umwerfen, oomm-vairf-e**n**, v., to throw over [(in) **umzäunen, oomm-**tsoyn-e**n**, v., to fence round

umziehen, oomm-tsee-e**n**, v., to move (house); **sich...,** sik**...,** to change one's clothes

umzingeln, oomm-tsing-e**l**n, v., to surround

Umzug, oomm-tsook, m., removal; procession

unabhängig, oonn-ahp-heng-i**k**, a., independent

unangenehm, oonn-ahnn-ge-naym, a., unpleasant [f., unpleasantness

Unannehmlichkeit, oonn-ahnn-naym-li**k**-kite, f., unpleasantness

unanständig, oonn-ahnn-shtend-i**k**, a., indecent

unartig, oonn-art-i**k**, a., naughty; ill-bred

unausstehlich, oonn-ows-shtay-li**k**, a., intolerable [absolute

unbedingt, oonn-be-dingt, a., unconditional;

unbeholfen, oonn-be-hol-fe**n**, a., awkward,

unbeliebt, oonn-be-leept, a., unpopular [clumsy

unbemittelt, oonn-be-mit-elt, a., without means

unberufen, oonn-be-roof-e**n**, a., unauthorized. exclam., may Heaven protect us [creet

unbesonnen, oonn-be-zon-en, a., careless; indiscreet

unbeweglich, oonn-be-vaik-li**k**, a., immobile; fixed [scious

unbewußt, oonn-be-voosst, a., unaware; unconscious

unbrauchbar, oonn-browk-bar, a., unfit (for use)

und, oont, conj., and

Undank, oonn-dahnk, m., ingratitude

undankbar, oonn-dahnk-bar, a., ungrateful

undenkbar, oonn-denk-bar, a., unthinkable; inconceivable

undeutlich, oonn-doyt-li**k**, a., indistinct

unduldsam, oonn-doolt-zahm, a., intolerant

undurchdringlich, oonn-door**k**-dring-li**k**, a., impenetrable

uneben, oonn-ayb-e**n**, a., uneven; rough (ground)

unecht, oonn-e**k**t, a., spurious, counterfeit, sham

unehelich, oonn-ay-e-li**k**, a., illegitimate

unehrlich, oonn-ayr-li**k**, a., dishonest

unendlich, oonn-ent-li*k*, a., infinite, endless [able
unentbehrlich, oonn-ent-bair-li*k*, a., indispens-
unentgeltlich, oonn-ent-gelt-li*k*, a., gratis, free
unerfahren, oonn-air-fahr-en, a., inexperienced
unerhört, oonn-air-hert, a., unheard of [able
unermeßlich, oonn-air-mess-li*k*, a., immeasur-
unermüdlich, oonn-air-mEET-li*k*, a., untiring
unerreicht, oonn-air-ry*k*t, a., unequalled, unri-
valled [less
unerschrocken, oonn-air-shrock-en, a., daunt-
unerwünscht, oonn-air-vEEnsht, a., undesired,
unwished for
Unfall, oonn-fahll, m., accident, mishap
unfaßbar, oonn-fahss-bar, a., inconceivable
unfehlbar, oonn-fail-bar, a., infallible
unförmig, oonn-ferm-i*k*, a., shapeless; monstrous
unfrankiert, oonn-frahng-keert, a., unstamped,
not prepaid [obliging
unfreundlich, oonn-froynt-li*k*, a., unkind; dis-
Unfrieden, oonn-freed-en, m., discord, strife
Unfug, oonn-fook, m., offence; mischief; wrong
ungeachtet, oonn-ge-ah*k*-tet, a., not respected.
prep., irrespective of
ungebildet, oonn-ge-bild-et, a., uneducated
ungebührlich, oonn-ge-bEEr-li*k*, a., improper;
Ungeduld, oonn-ge-doolt, f., impatience [undue
ungeduldig, oonn-ge-dool-di*k*, a., impatient
ungefähr, oonn-ge-fair, adv., about, approximately
Ungeheuer, oonn-ge-hoy-er, n., monster; a.,
huge, immense; monstrous
ungelegen, oonn-ge-layg-en, a., inopportune
ungemein, oonn-ge-mine, a., uncommon; extra-
ordinary [able; unsociable
ungemütlich, oonn-ge-mEET-li*k*, a., uncomfort-
ungeniert, oonn-shay-neert, a., unceremonious
ungenießbar, oonn-ge-nees-bar, a., uneatable;
undrinkable [bers]; not straight
ungerade, oonn-grahd-e, a., uneven; odd (num-
ungeraten, oonn-ge-raht-en, a., spoilt; unsuccess-
ungerecht, oonn-ge-re*k*t, a., unjust, unfair [ful
ungern, oonn-gairn, adv., unwillingly, reluctantly

ungeschickt, oonn-ge-shickt, a., clumsy, awkward, unskilled [couth

ungeschliffen, oonn-ge-shlif-en, a., uncut; un-

ungestüm, oonn-ge-shtEEm, a., impetuous; hot-

Ungetüm, oonn-ge-tEEm, n., monster [headed

Ungewitter, oonn-ge-vit-er, n., (thunder)storm

ungewohnt, oonn-ge-vohnt, a., unaccustomed

Ungeziefer, oonn-ge-tseef-er, n., vermin

ungezogen, oonn-ge-tsohg-en, a., naughty; ill-
mannered [strained

ungezwungen, oonn-ge-tsvoong-en, a., uncon-

Unglaube, oonn-glowb-e, n., incredulity; impiety

ungläubig, oonn-gloyb-ik, a., disbelieving

unglaublich, oonn-glowp-lik, a., incredible, past
belief [changeable

ungleich, oonn-gly'k, a., uneven, odd; varying,

Unglück, oonn-glEEck, n., misfortune; bad luck;
accident, disaster; **—sfall,** m., misfortune,
disaster, accident

unglücklich, oonn-glEEck-lik, a., unhappy; unfortunate; **—erweise,** adv., unfortunately

unglückselig, oonn-glEEck-zayl-ik, a., disastrous

Ungnade, oonn-g'nahd-e, f., disfavour; disgrace

ungnädig, oonn-g'nayd-ik, a., ungracious; ill-
humoured

ungünstig, oonn-gEEnns-tik, a., unfavourable

Unheil, oonn-hile, n., evil; trouble [sinister

unheimlich, oonn-hime-lik, a., uncanny; weird;

Universität, oonn-e-vair-ze-tayt, f., university

unkenntlich, oonn-kent-lik, a., unrecognizable

Unkenntnis, oonn-kent-niss, f., ignorance

unklug, oonn-klook, a., unwise; imprudent

Unkosten, oonn-kosst-en, pl., expense(s)

Unkraut, oonn-krowt, n., weed(s) [since

unlängst, oonn-lengst, adv., recently not long

unlauter, oonn-lowt-er. a., impure, unfair

unleserlich, oonn-lay-zer-lik, a., illegible

Unmasse, oonn-mahss-e, f., immense number or
quantity

unmäßig, oonn-mace-ik, a., excessive, immoder-

Unmenge, oonn-meng-e, f., see **Unmasse** [ate

Unmensch, oonn-mensh, m., inhuman creature

unmenschlich, oonn-mensh-li*k*, a., inhuman, barbarous

unmittelbar, oonn-mit-*el*-bar, a., immediate;

unnötig, oonn-nert-i*k*, a., unnecessary [direct

unnütz, oonn-nEEtts, a., good for nothing, useless

Unordnung, oonn-ord-noong, f., disorder

unparteiisch, oonn-part-i-ish, a., impartial, un-biassed [proper

unpassend, oonn-pahss-*ent*, a., unsuitable; im-

unpäßlich, oonn-pess-li*k*, a., indisposed, unwell

Unrat, oonn-raht, m., ordure; refuse

unrecht, oonn-re*k*t, a., wrong; incorrect; unfair

Unrecht, oonn-re*k*t, n., wrong; injury

unrechtmäßig, oonn-re*k*t-mace-i*k*, a., illegal; illegitimate

unregelmäßig, oonn-rayg-*el*-mace-i*k*, a., irregu-

unrein, oonn-rine, a., impure; unclean [lar

unreinlich, oonn-rine-li*k*, a., unclean; dirty

unrichtig, oonn-ri*k*-ti*k*, a., wrong, incorrect

Unruhe, oonn-roo-*e*, f., unrest, anxiety; commo-tion

unruhig, oonn-roo-i*k*, a., uneasy; alarmed; restless

uns, oonns, pers. pron., us, to us

unsagbar, oonn-zahk-bar, a., unspeakable; un-utterable

unsauber, oonn-zowb-*er*, a., unclean, impure

unschädlich, oonn-shayt-li*k*, a., harmless [plain

unscheinbar, oonn-shine-bar, a., insignificant;

Unschuld, oonn-shoolt, f., innocence; purity (of heart)

unschuldig, oonn-shoold-i*k*, a., innocent, not

unser, oonn-ser, poss. pron., our [guilty

unsereiner, oonn-ser-ine-*er*, pron., one of our kind

unsichtbar, oonn-si*k*t-bar, a., invisible

Unsinn, oonn-zin, m., nonsense

unsinnig, oonn-zin-i*k*, a., nonsensical, absurd

unsterblich, oonn-shtairp-li*k*, a., immortal; —**keit,** f., immortality

unstet, oonn-shtait, a., unstable, inconstant

Unsumme, oonn-zoomm-*e*, f., immense sum

untauglich, oonn-towk-li*k*, a., unfit(ted); disabled

unten, oonn-*ten,* adv., below, down(stairs)

unter, oonn-*ter,* prep., under, beneath, below

Unterarm, oonn-ter-arm, m., forearm

unterbleiben, oonn-ter-bly-*ben,* v., to remain undone; to cease

unterbrechen, oonn-ter-brek-*en,* v., to interrupt

unterbringen, oonn-ter-bring-*en,* v., to give (find) shelter for; to lodge [while

unterdessen, oonn-ter-dess-*en,* adv.&conj., mean-

unterdrücken, oonn-ter-drEEck-*en,* v., to suppress, to oppress

untereinander, oonn-ter-ine-ahnn-*der,* adv., each other; with (between) each other

unterfassen, oonn-ter-fahss-*en,* v., to take someone's arm

Unterführung, oonn-ter-fEER-oong, f., subway

Untergang, oonn-ter-gahng, m., sinking; going down; wreck [ordinate

Untergebene(r), oonn-ter-gayb-en-*e*(r), m., sub-

untergehen, oonn-ter-gay-*en,* v., to sink; to go down [subordinate

untergeordnet, oonn-ter-ge-ord-net, a., inferior,

untergraben, oonn-ter-grahb-*en,* v., to undermine

Untergrund(bahn), oonn-ter-groonnt(-bahn), m. (f.), underground(-railway)

unterhalb, oonn-ter-hahlp, adv., below

Unterhalt, oonn-ter-hahlt, m., maintenance; sustenance; —en, v., to hold under(neath); to entertain; to keep. **sich —,** to converse, to enjoy oneself; **—ung,** f., conversation; entertainment; support [tiate

unterhandeln, oonn-ter-hahnnd-*e*'n, v., to nego-

Unterhandlung, oonn-ter-hahnnd-loong, f., negotiation

Unterhemd, oonn-ter-hemt, n., vest, undershirt

Unterhose(n), oonn-ter-hohz-*e*(n), f. (pl.) pants, drawers [subterranean

unterirdisch, oonn-ter-eerd-ish, a., underground,

Unterjacke, oonn-ter-yahck-*e,* f., see **Unterhemd** [shelter

unterkommen, oonn-ter-kom-*en,* v., to find

Unterkunft, oonn-ter-koonft, f., accommodation

Unterlage, oonn-ter-lahg-*e*, f., pad; layer; proof

unterlassen, oonn-ter-lahss-*en*, v., to refrain from

unterlegen, oonn-ter-layg-*en*, v., to lay a thing under. a., inferior

Unterleib, oonn-ter-lipe, m., abdomen

unterliegen, oonn-ter-leeg-*en*, v., to succumb; to be subject to

Unterlippe, oonn-ter-lip-*e*, f., lower lip

unterm, oonn-term, = **unter dem**, oonn-ter daim, under the

Unternehmen, oonn-ter-naym-*en*, n., enterprise, undertaking. v., to undertake

Unternehmer, oonn-ter-naym-*er*, m., contractor

Unteroffizier, oonn-ter-off-e-tseer, m., non-commissioned officer   [tion, conference

Unterredung, oonn-ter-rayd-oong, f., conversa-

Unterricht, oonn-ter-rikt, m., teaching, lesson

unterrichten, oonn-ter-**rik**t-*en*, v., to instruct; to

Unterrock, oonn-ter-rock, m., petticoat   [inform

unters, oonn-ters, = **unter das**, oonn-ter-duss, under the

untersagen, oonn-ter-zahg-*en*, v., to prohibit; to forbid   [estal

Untersatz, oonn-ter-zahtts, m., base, stand, ped-

unterscheiden, oonn-ter-shy-den, v., to discern, to distinguish

Unterschied, oonn-ter-sheet, m., difference

unterschlagen, oonn-ter-shlahg-*en*, v., to embezzle; to cross (arms)

unterschreiben, oonn-ter-shry-ben, v., to sign

Unterschrift, oonn-ter-shrift, f., signature

Unterseeboot, oonn-ter-zay-boht, n., submarine

untersetzt, oonn-ter-zetst, a., thick-set ,squat

unterst, oonn-terst, a., lowest   [out

Unterstand, oonn-ter-shtahnnt, m., shelter; dug-

unterstehen (**sich**), oonn-ter-shtay-*en* (sik), v., to be bold enough (to)   [derline

unterstreichen, oonn-ter-shtry-ken, v., to un-

unterstützen, oonn-ter-shtEEtt-sen, v., to support

Unterstützung, oonn-ter-shtEEtt-soong, f., support; relief

untersuchen, oonn-ter-**zook**-en, v., to examine

Untersuchung, oonn-ter-**zook**-oong, f., inquiry; examination

Untertan, oonn-ter-tahn, m., subject (of state, etc.)

untertänig, oonn-ter-tayn-i*k*, a., humble; sub-

Untertasse, oonn-ter-tahss-e, f., saucer [missive

untertauchen, oonn-ter-**towk**-en, v., to submerge, to dip

unterwegs, oonn-ter-**vaix**, adv., on the road (way)

unterweisen, oonn-ter-vy-zen, v., to instruct

unterwerfen, oonn-ter-**vairf**-en, v., to subject

unterwürfig, oonn-ter-**VEERf**-i*k*, a., obsequious, humble   [ratify

unterzeichnen, oonn-ter-tsy'*k*-nen, v., to sign; to

Unterzeug, oonn-ter-tsoyk, n., underwear

unterziehen, oonn-ter-tsee-en, v., to subject to

Untier, oonn-teer, n., monster

untreu, oonn-troy, a., unfaithful; disloyal

untröstlich, oonn-trerst-li*k*, a., inconsolable

Untugend, oonn-toog-ent, f., vice, bad habit

ununterbrochen, oonn-oonn-ter-**brok**-en, a., continuous   [rigible

unverbesserlich, oonn-fair-bess-er-li*k*, a., incor-

unverbindlich, oonn-fair-binnt-li*k*, a., not binding   [deserved

unverdient, oonn-fair-dint, a., unmerited, un-

unverdorben, oonn-fair-dorb-en, a., unspoilt

unverdrossen, oonn-fair-dross-en, a., indefatigable

unvereinbar, oonn-fair-ine-bar, a., incompatible

unvergeßlich, oonn-fair-ghess-li*k*, a., unforgetable

unvergleichlich, oonn-fair-gly'*k*-li*k*, a., incomparable   [foreseen

unverhofft, oonn-fair-hofft, a., unexpected, un-

unvermeidlich, oonn-fair-mite-li*k*, a., inevitable

unvermutet, oonn-fair-moot-et, a., unsuspected, unlooked for   [able, absurd

unvernünftig, oonn-fair-NEEnft-i*k*, a., unreason-

unverschämt, oonn-fair-shaymt, a., impudent, brazen; —**heit,** f., (piece of) impertinence

unverschuldet, oonn-fair-shoold-et, a., undeserved; not in debt

unversehens, oonn-fair-zay-*ens*, adv., unexpect-
  edly [damaged
unversehrt, oonn-fair-zairt, a., unhurt, un-
Unverstand, oonn-fair-shtahnnt, m., want of
  reason or sense [prehensible
unverständlich, oonn-fair-shtent-li*k*, a., incom-
unverträglich, oonn-fair-trayk-li*k*, a., incompatible [nerable
unverwundbar, oonn-fair-voonnt-bar, a., invul-
unverzagt, oonn-fair-tsahkt, a., undismayed
unverzeihlich, oonn-fair-tsy-li*k*, a., unpardonable
unverzüglich, oonn-fair-tsEEk-li*k*, a., without
  [delay
Unwahrheit, oonn-vahr-hite, f., untruth
unweit, oonn-vite, adv., not far, close to
Unwetter, oonn-vet-er, n., stormy or foul weather
unwiderruflich, oonn-veed-er-roof-li*k*, a., irre-
  vocable
unwiderstehlich, oonn-veed-er-shtay-li*k*, a., irresistible [willing
unwillig, oonn-vil-i*k*, a., angry; reluctant, un-
unwillkürlich, oonn-vil-kEEr-li*k*, a., involuntary
unwirsch, oonn-veersh, a., surly, testy; uncouth
unwissend, oonn-viss-ent, a., ignorant; unlettered
Unwissenheit, oonn-viss-en-hite, f., ignorance
unwissentlich, oonn-viss-ent-li*k*, a., unwitting
unwürdig, oonn-vEErd-i*k*, a., unworthy
Unzahl, oonn-tsahl, f., immense number
unzählbar, oonn-tsayl-bar, a., innumerable,
Unze, oont-se, f., ounce [countless
unzeitgemäß, oon-tsite-ge-mace, a., ill timed;
  premature [able
unzertrennlich, oonn-tser-trenn-li*k*, a., insepar-
Unzier, oonn-tseer, f., ungracefulness; disfigure-
  ment [tity
Unzucht, oonn-tsookt, f., prostitution; unchas-
unzugänglich, oonn-tsoo-geng-li*k*, a., inaccessible
unzulänglich, oonn-tsoo-leng-li*k*, a., inadequate,
  insufficient. —**keit,** f., inadequacy
unzurechnungsfähig, oonn-tsoo-rek-noongs-
  fay-i*k*, a., irresponsible for one's actions
unzureichend, oonn-tsoo-ry-*k*ent, a., insufficient

unzuverlässig, oonn-tsoo-fair-less-i*k*, a., unreliable; uncertain [propriate

unzweckmäßig, oon-tsveck-mace-i*k*, a., inappropriate

unzweideutig, oonn-tsvy-doyt-i*k*, a., simple; unambiguous

unzweifelhaft, oonn-tsvy-fel-hahfft, a., undoubted

üppig, EEpp-i*k*, a., luxuriant; rich; sensual, voluptuous [luptuousness

Üppigkeit, EEpp-i*k*-kite, f., luxury; plenty; voluptuousness

Urahn, oor-ahn, m., ancestor, great-grandfather

uralt, oor-ahllt, a., very ancient or old

Uranfang, oor-ahnn-fahng, m., first beginning

uranfänglich, oor-ahnn-feng-li*k*, a., primeval, original

urbar, oor-bar, a., tilled; arable [original

Urbedeutung, oor-be-doyt-oong, f., original meaning

Urbegriff, oor-be-grif, m., rudiments [meaning

Urbestandteil, oor-be-shtahnnt-tile, m., original component

Urbewohner, oor-be-vohn-er, m., aborigine

Urbild, oor-bilt, n., original [native

ureigen, oor-i-ghen, a., original, innate; very peculiar

Ureltern, oor-elt-ern, pl., ancestors, first parents

Urenkel, oor-eng-kel, m., great-grandchild

Urform, oor-form, f., original form [fortable

urgemütlich, oor-ge-mEEt-li*k*,¹a., extremely comfortable

Urgeschichte, oor-ge-shi*k*-te, f., dawn of history

Urgroß/eltern, pl., /mutter, f., /vater, m., oor-grohs/-elt-ern, etc., great-grandparents, great-grandmother, great-grandfather

Urheber, oor-hayb-er, m., originator, author; cause

Urheberrecht, oor-hayb-er-re*k*t, n., copyright

urkomisch, oor-kohm-ish, a., very comical

Urkunde, oor-koonn-de, f., document, deed

urkundlich, oor-koonnt-li*k*, a., documentary

Urlaub, oor-lowp, m., leave (of absence); holidays

Urmensch, oor-mensh, m., primeval man

Urne, oorn-e, f., urn

urnenförmig, oorn-en-ferm-i*k*, a., urn-shaped

urplötzlich, oor-plertts-li*k*, a., very sudden

Urquell, oor-kvel, m., origin(al source)

Ursache, oor-sah*k*-e, f., cause, motive

ursächlich, oor-sek-li*k*, a., causative
Ursage, oor-zahg-*e*, f., ancient saga (tradition)
Urschrift, oor-shrift, f., original copy (text)
Ursprache, oor-shprahk-*e*, f., primitive language
Ursprung, oor-shproong, m., origin; source [mal
ursprünglich, oor-shprEENg-li*k*, a., original, pri-
Urstamm, oor-shtahmm, m., (ab)original tribe or
Urstand, oor-shtahnnt, m., primitive state [race
Urstoff, oor-shtof, m., primary matter, raw
    material
Urteil, oor-tile, n., judgement; verdict; opinion;
    —en, v., to pass judgement; to judge; **—sfal-**
    lung, f., passing of judgement; **—skraft,**
    f., judgement; discernment; **—sspruch,** m.,
    sentence, judgement
Urtext, oor-text, m., original text
Urtier, oor-teer, n., protozoon
urtümlich, oor-tEEm-li*k*, a., original
Urvater, oor-faht-*er*, m., first parent
urväterlich, oor-fayt-*er*-li*k*, a., ancestral
Urvolk, oor-follk, n., primitive people [jungle
Urwald, oor-vahllt, m., primeval (virgin) forest;
Urwelt, oor-velt, f., primeval world
Urwort, oor-vort, n., primitive word
urwüchsig, oor-vEEx-i*k*, a., natural; original
Urzeit, oor-tsite, f., primeval period; antiquity
Urzustand, oor-tsoo-shtahnnt, m., primitive condi-
    dition
Urzweck, oor-tsveck, m., first (chief) purpose
Usus, ooz-ooss, m., custom [forth, etc.
usw., = und so weiter, oont so **vy-**ter, and so
uzen, oot-sen, v., (pop.) to mock, to chaff

Valuta, vah-**loot-**ah, f., rate of exchange; mone-
Vanille, vahn-**ill-**ye, f., vanilla [tary standard
Vater, faht-er, m., father
Vaterland, faht-er-lahnnt, n., fatherland, mother-
väterlich, fayt-er-li*k*, a., fatherly [land
Vaterstadt, faht-er-shtahtt, f., native town
Vaterunser, faht-er-oonn-zér, n., Lord's Prayer
v. Chr., = vor Christo, for kriss-toh, B.C. [ist
vegetieren, vay-ghe-**teer-**en, v., to vegetate; to ex-

Veilchen, file-*ken*, v., violet

Vene, vain-*e*, f., vein

Ventil, ven-teel, n., valve; stop; piston

Ventilator, ven-te-laht-ohr, m., (electric) fan

verabfolgen, fair-**ahp**-folg-en, v., to let someone have a thing   [appoint (time)

verabreden, fair-**ahp**-rayd-en, v., to agree; to

Verabredung, fair-**ahp**-rayd-oong, f., appointment; arrangement   [dispense

verabreichen, fair-**ahp**-ry-ken, v., to tender; to

verabscheuen, fair-**ahp**-shoy-en, v., to loathe; to detest

verabschieden, fair-**ahp**-sheed-en, v., to dismiss. **sich . . .,** sik . . ., to take leave

verachten, fair-**ahk**-ten, v., to despise; to disdain

verächtlich, fair-ekt-lik, a., contemptuous; contemptible

Verachtung, fair-**ahk**-toong, f., contempt; scorn

verallgemeinern, fair-**ahll**-ge-**mine**-ern, v., to generalize

veralten, fair-**ahllt**-en, v., to grow obsolete

veränderlich, fair-end-er-lik, a., changeable

verändern, fair-end-ern, v., to change; to vary

Veränderung, fair-end-er-oong, f., change; alteration

veranlagt, fair-**ahnn**-lahkt, a., suited to; gifted for

Veranlagung, fair-**ahnn**-lahg-oong, f., talent

veranlassen, fair-**ahnn**-lahss-en, v., to cause

Veranlassung, fair-**ahnn**-lahss-oong, f., cause, occasion, impulse [make clear; to demonstrate

veranschaulichen, fair-**ahnn**-show-lik-en, v., to

Veranschaulichung, fair-**ahnn**-show-lik-oong, f., demonstration; illustration   [ize; to arrange

veranstalten, fair-**ahnn**-shtahl-ten, v., to organ-

verantworten, fair-**ahnnt**-vort-en, v., to be responsible. **sich . . .,** sik . . ., to justify oneself

Verantwortlichkeit, fair-**ahnnt**-vort-lik-kite, f., responsibility   [peril

Verantwortung, fair-**ahnnt**-vort-oong, f., risk;

verarbeiten, fair-ar-by-ten, v., to consume; to manufacture

verargen, fair-arg-en, v., to take amiss

verärgert, fair-**airg**-ert, a., vexed

verarmen, fair-**arm**-en, v., to (be) impoverish(ed)

verausgaben, fair-ows-**gahb**-en, v., to spend

veraußern, fair-**oys**-ern, v., to dispose of

Verband, fair-**bahnnt,** m., bandage, dressing; union, association

verbannen, fair-**bahnn**-en, v., to banish, to exile

Verbannung, fair-**bahnn**-oong, f., exile; expulsion

verbergen, fair-**bairg**-en, v., to hide, to conceal

verbessern, fair-**bess**-ern, v., to improve, to (a)mend

verbeugen (sich), fair-**boyg**-en (sik), v., to bow

Verbeugung, fair-**boyg**-oong, f., bow

verbiegen, fair-**beeg**-en, v., to bend out of shape

verbieten, fair-**beet**-en, v., to forbid, to prohibit

verbilligen, fair-**bil**-ig-en, v., to cheapen

verbinden, fair-**bin**-den, v., to unite, to connect; to bandage

verbindlich, fair-**binnt**-lik, a., binding; courteous

Verbindlichkeit, fair-**binnt**-lik-kite, f., courtesy; liability, prejudice [connection; society

Verbindung, fair-**bin**-doong, f., communication,

verbitten, fair-**bit**-en, v., to deprecate. **sich . . .,** sik . . ., to insist on a thing being stopped

verbittern, fair-**bit**-ern, v., to embitter

verblassen, fair-**blahss**-en, v., to fade; to dye

verbleiben, fair-**bly**-ben, v., to remain; to continue   [to dye

verbleichen, fair-**bly**-ken, v., to become pale;

verblenden, fair-**blend**-en, v., to dazzle; to blind

Verblendung, fair-**blend**-oong, f., infatuation; dazzling

verblüffen, fair-**blEEff**-en, v., to dumbfound

verblühen, fair-**blEE**-en, v., to fade, to wither

verblümen, fair-**blEEm**-en, v., to disguise

verbluten, fair-**bloot**-en, v., to bleed to death

verbohrt, fair-**bohrt,** a., wrong in the head, cranky

Verborgenheit, fair-**borg**-en-hite, f., obscurity

Verbot, fair-**boht,** n., prohibition

verboten, fair-**boht**-en, a., prohibited, forbidden

Verbrauch, fair-**browk,** m., consumption (goods); **—en,** v., to use up, to consume

verbrechen, fair-*brek*-en, v., to commit (crimes)

Verbrechen, fair-*brek*-en, n., crime

Verbrecher, fair-*brek*-er, m., criminal

verbrecherisch, fair-*brek*-er-ish, a., criminal

verbreiten, fair-*bry*-ten, v., to spread abroad

Verbreitung, fair-*bry*-toong, f., propagation

verbrennen, fair-*bren*-en, v., to burn up; to be consumed by fire   [cremation

Verbrennung, fair-*bren*-oong, f., burning (up);

verbringen, fair-*bring*-en, v., to spend time; to squander   [fraternize

verbrüdern (sich), fair-*brEED*-ern (sik), v., to

verbrühen (sich), fair-*brEE*-en (sik), v., to scald (oneself)   [time; to squander

verbummeln, fair-*boomm*-eln, v., to idle away

verbunden, fairboonn-*den*, a., obliged; bandaged

verbünden, fair-*bEEnn*-den, v., to confederate

verbürgen, fair-*bEErg*-en, v., to warrant, to guar-

Verdacht, fair-*dakt*, m., suspicion; distrust [antee

verdächtig, fair-*dekt*-ik, a., suspected, suspicious

verdächtigen, fair-*dek*-tig-en, v., to suspect

verdammen, fair-*dahmm*-en, v., to condemn

verdammt, fair-*dahmmt*, a., damned, cursed

Verdammung, fair-*dahmm*-oong, f., damnation, condemnation   [to vaporise

verdampfen, fair-*dahmp*-fen, v., to evaporate,

verdanken, fair-*dahng*-ken, v., to be indebted for

verdauen, fair-*dow*-en, v., to digest

verdaulich, fair-*dow-lik*, a., digestible

Verdauung, fair-*dow*-oong, f., digestion

Verdeck, fair-*deck*, n., deck; roof, hood

verdecken, fair-*deck*-en, v., to cover up; to veil

Verderb, fair-*dairp*, m., ruin; decay   [to rot

verderben, fair-*dairb*-en, v., to spoil; to ruin

verderblich, fair-*dairp-lik*, a., fatal, pernicious; corruptible

Verderbnis, fair-*dairp*-niss, f., moral depravity

verderbt, fair-*dairpt*, a., demoralized; corrupt

verdeutschen, fair-*doyt*-shen, v., to render into German

verdicken, fair-*dick*-en, v., to thicken   [deserve

verdienen, fair-*deen*-en, v., to earn; to merit; to

Verdienst, fair-**deenst,** m., earnings; merit; deserts

verdoppeln, fair-**dop-**eln, v., to double [s(t)]

verdorben, fair-**dorb-**en, a., spoilt, tainted (meat)

verdorren, fair-**dorr-**en, v.. to wither, to dry up

verdrängen, fair-**dreng-**en, v., to displace; to push

verdrehen, fair-**dray-**en, v., to distort [aside

verdreht, fair-**drayt,** a., crazy

verdrießen, fair-**drees-**en, v., to vex; to grieve

verdrießlich, fair-**drees-**lik, a., vexed, annoyed; grieved [mour

Verdrießlichkeit, fair-**drees-**lik-kite, f., ill-hu-

verdrossen, fair-**dross-**en, a., with bad grace

verdrucken, fair-**drook-**en, v., to misprint

Verdruß, fair-**drooss,** m., annoyance; indignation

verdunkeln, fair-**doong-**keln, v., to darken; to grow dim [thin

verdünnen, fair-**dEEnn-**en, v., to dilute; to make

verdursten, fair-**doorst-**en, v., to die with thirst

verdüstern, fair-**dEEst-**ern, v., see **verdunkeln**

verdutzt, fair-**doottst,** a., taken aback

veredeln, fair-**ayd-**eln, v., to ennoble; to graft

verehelichen, fair-**ay-**e-lik-en, v., to marry

verehren, fair-**ayr-**en, v., to venerate; to admire

Verehrer, fair-**ayr-**er, m., admirer [ation

Verehrung, fair-**ayr-**oong, f., veneration; admir-

vereid(ig)en, fair-**i'd-**(ig-)en, v., to administer oath

Verein, fair-**ine,** m., society, association, club, union

vereinbaren, fair-**ine-**bar-en, v., to agree to

vereinen, fair-**ine-**en, v., see **vereinigen**

vereinfachen, fair-**ine-**fahk-en, v., to simplify

vereinigen, fair-**ine-**ig-en, v., to unite, to combine

vereiteln, fair-**ite-**eln, v., to frustrate [etc.)

verenden, fair-**end-**eln, v., to perish, to die (cattle,

verengen, fair-**eng-**en, v., to grow (make) narrow

vererben, fair-**airb-**en, v., to bequeath

verewigen, fair-**ay-**vig-en, v., to immortalize

verfahren, fair-**fahr-**en, v., to proceed (with); to muddle [procedure

Verfahren, fair-**fahr-**en, n., process, proceeding,

Verfall, fair-**fahll,** m., downfall; forfeiture

verfallen, fair-**fahll-**en, v., to decay; to fall due

verfälschen, fair-**felsh-**en, v., to adulterate

verfärben, fair-**fairb**-en, v., to discolour [up
verfassen, fair-**fahss**-en, v., to compose, to draw
Verfasser, fair-**fahss**-er, m., author [disposition
Verfassung, fair-**fahss**-oong, f., constitution;
verfaulen, fair-**fowl**-en, v., to rot, to decay
verfechten, fair-**fek**-ten, v., to contend for
verfehlen, fair-**fayl**-en, v., to miss: to fall
verfeinden, fair-**fine**-den, v., to make enemies
verfeinern, fair-**fine**-ern, v., to refine; to improve
verfertigen, fair-**fairt**-ig-en, v., to manufacture,
verfetten, fair-**fet**-en, v., to turn fat [to prepare
verfinstern, fair-**finst**-ern, v., to darken
verfliegen, fair-**fleeg**-en, v., to fly off; to evaporate
verfließen, fair-**flees**-en, v., to flow off; to elapse
verfluchen, fair-**flook**-en, v., to curse, to damn
Verfolg, fair-**follk**, m., progress; pursuance
verfolgen, fair-**foll**-ghen, v., to pursue; to follow
Verfolgung, fair-**folg**-oong, f., persecution; pursuit
verfügen, fair-**fEEg**-en, v., to dispose; to decree
Verfügung, fair-**fEEg**-oong, f., decree; disposition
verführen, fair-**fEEr**-en, v., to tempt; to seduce
verführerisch, fair-**fEEr**-er-ish, a., tempting; se-
Verführung, fair-**fEEr**-oong, f., seduction [ductive
vergällen, fair-**ghel**-en, v., to spoil one's joy in;
to embitter
vergangen, fair-**gahng**-en, a., past; bygone;
—**heit**, f., past (tense or time)
vergänglich, fair-**geng**-lik, a., transient, fleeting,
perishable
vergeben, fair-**gayb**-en, v., to forgive; to give
away
vergebens, fair-**gayb**-ens, adv., in vain; of no avail
vergeblich, fair-**gayp**-lik, a., futile, vain, fruitless
Vergebung, fair-**gayb**-oong, f., forgiveness
vergehen, fair-**gay**-en, v., to pass (time), to elapse.
sich . . ., sik . . ., to commit an offence [(time)
Vergehen, fair-**gay**-en, n., trespass; lapse (of
Vergehung, fair-**gay**-oong, f., transgression
vergelten, fair-**ghelt**-en, v., to repay, to requite
vergessen, fair-**ghess**-en, v., to forget
Vergessenheit, fair-**ghess**-en-hite, f., oblivion

vergeßlich, fair-ghess-lik, a., forgetful

vergeuden, fair-goyd-en, v., to squander; to lavish

vergewaltigen, fair-ge-vahllt-ig-en, v., to assault

vergewissern, fair-ge-viss-ern, v., to make sure

vergießen, fair-gees-en, v., to shed, to spill

vergiften, fair-gift-en, v., to poison; to taint

Vergiftung, fair-gift-oong, f., poisoning

Vergißmeinnicht, fair-giss-mine-nikt, n., forget-me-not

vergittern, fair-git-ern, v., to fence in

Vergleich, fair-gly'k, m., comparison; composition

vergleichen, fair-gly-ken, v., to compare

verglimmen, fair-glim-en, v., to die away (fire, etc.)

verglühen, fair-glEE-en, v., to perish by fire; [cease glowing

Vergnügen, fair-g'nEEg-en, n., amusement, pleasure; v., to amuse. **sich . . .,** sik . . ., to enjoy oneself

vergnüglich, fair-g'nEEg-lik, a., delightful; pleased

vergnügt, fair-g'nEEgt, a., delighted; cheerful

Vergnügung, fair-g'nEEg-oong, f., amusement

vergolden, fair-goll-den, v., to gild

vergöttern, fair-gertt-ern, v., to idolize

vergraben, fair-grahb-en, v., to bury; to burrow

vergreifen, fair-gry-fen, v., to seize by mistake; to buy up quickly. **sich . . .,** sik . . ., to seize by mistake; to lay hands on

vergriffen, fair-grif-en, pp. & a., out of print

vergrößern, fair-grers-ern, v., to enlarge

Vergrößerung, fair-grers-er-oong, f., enlargement; **—glas,** n., magnifying glass

vergünstigen, fair-gEEnnst-ig-en, v., to grant (privileges, etc.)

vergüten, fair-gEEt-en, v., to make good; to refund

verhaften, fair-hahft-en, v., to arrest

Verhaftung, fair-hahft-oong, f., arrest

verhallen, fair-hall-en, v., to die away (sounds)

Verhalt, fair-hahllt, m., state of affairs

verhalten, fair-hahllt-en, v., to suppress. **sich . . .,** sik . . ., to behave; to be (in a state)

Verhalten, fair-hahllt-en, n., conduct, behaviour

Verhältnis, fair-**helt**-niss, n., relation; proportion; love affair. pl., conditions, state of affairs

verhältnismäßig, fair-**helt**-niss-mace-ik, a., proportionate. adv., comparatively

verhandeln, fair-**hahnn**-deln, v., to negotiate

Verhandlung, fair-**hahnd**-loong, f., negotiation; trial

verhängen, fair-**heng**-en, v., to hang a thing over; to decree

Verhängnis, fair-**heng**-niss, n., fate; doom

verhängnisvoll, fair-**heng**-niss-fol, a., fateful

verhaßt, fair-**hahsst**, a., hated, odious

verhätscheln, fair-**hayt**-sheln, v., to pamper

Verhau, fair-**how**, m., barricade; entanglement(s)

verhauen, fair-**how**-en, v., to thrash

verheben (sich), fair-**hayb**-en (sik), v., to injure oneself by lifting

verheeren, fair-**hayr**-en, v., to lay waste   [ceal

verhehlen, fair-**hayl**-en, v., to dissemble, to con-

verheimlichen, fair-**hime**-lik-en, v., to conceal

verheiraten, fair-**hy**-raht-en, v., to marry. **sich . . ,** sik . . ,** v., to get married

Verheiratung, fair-**hy**-raht-oong, f., marriage

verheißen, fair-**hy**-sen, v., to hold out promise

Verheißung, fair-**hy**-soong, f., promise

verhelfen, fair-**helf**-en, v., to assist in obtaining

verherrlichen, fair-**hairr**-lik-en, v., to glorify

verhexen, fair-**hex**-en, v., to bewitch

verhindern, fair-**hin**-dern, v., to prevent

verhöhnen, fair-**hern**-en, v., to mock; to jeer

Verhöhnung, fair-**hern**-oong, f., derision; mock-

Verhör, fair-**her**, n., evidence, interrogation   [ery

verhören, fair-**her**-en, v., to interrogate

verhüllen, fair-**heEll**-en, v., to wrap up, to muffle

verhungern, fair-**hoong**-ern, v., to starve (to

verhüten, fair-**heEt**-en, v., to prevent, to avert (death)

Verhütung, fair-**heEt**-oong, f., prevention

verirren (sich), fair-**eerr**-en (sik), v., to lose one's

verjähren, fair-**yayr**-en, v., to grow obsolete   [way

verjubeln, fair-**yoob**-eln, v., to lavish [reduce(size)

verjüngen, fair-**yEEng**-en, v., to rejuvenate; to

Verkauf, fair-**kowf**, m., sale; **—en**, v., to sell

Verkäufer, fair-**koyf**-er, m., salesman; seller
verkäuflich, fair-**koyf**-lik, a., saleable
Verkehr, fair-**kair**, m., traffic; intercourse; business; **—en,** v., to do business; to frequent; to have intercourse; **—smittel,** n., means of communication
verkehrt, fair-**kairt**, a., wrong; inverted   [judge
verkennen, fair-**kenn**-en, v., to mistake, to mis-
verkitten, fair-**kit**-en, v., to fix with cement or
verklagen, fair-**klahg**-en, v., to sue   [putty
Verklärung, fair-**klair**-oong, f., transfiguration
verklatschen, fair-**klahtt**-shen, v., to defame
verklecksen, fair-**kleck**-sen, v., to smudge; to daub   [guise oneself
verkleiden (sich), fair-**kly**-den (sik), v., to dis-
Verkleidung, fair-**kly**-doong, f., disguise
verkleinern, fair-**kly**-nern, v., to make small(er)
Verkleinerung, fair-**kly**-ner-oong, f., reduction
verklingen, fair-**kling**-en, v., to die away (sounds)
verknüpfen, fair-**k'nEEpp**-fen, v., to connect
verkohlen, fair-**kohl**-en, v., to char; to turn to coal
verkommen, fair-**kom**-en, v., to decay: to go to
verkorken, fair-**kork**-en, v., to cork up   [the bad
verkörpern, fair-**kerp**-ern, v., to embody
verkriechen (sich), fair-**kreek**-en (sik), v., to creep into hiding
verkrüppeln, fair-**krEDpp**-eln, v., to cripple
verkümmern, fair-**kEEmm**-ern, v., to pine
verkünd(ig)en, fair-**kEEnnd**-(ig)-en, v., to make known   [lication, announcement
Verkünd(ig)ung, fair-**kEEnnd**-(ig)-oong, f., pub-
verkupfern, fair-**koop**-fern, v., to copper
verkuppeln, fair-**koopp**-eln, v., to couple to-
verkürzen, fair-**kEErt**-sen, v., to shorten   [gether
Verkürzung, fair-**kEErt**-soong, f., shortening
verladen, fair-**lahd**-en, v., to load; to ship   [cation
Verlag, fair-**lahk**, m., publishing house; publi-
verlangen, fair-**lahng**-en, v., to demand; to long for. n., desire; longing
verlängern, fair-**leng**-ern, v., to lengthen; to extend   [tion; lengthening
Verlängerung, fair-**leng**-er-oong, f. prolonga-

verlangsamen, fair-lahng-zahm-*en,* v., to retard;
[to slow down
Verlaß, fair-lahss, m., reliance
verlassen, fair-lahss-*en,* v., to leave, to quit.
sich . . ., sik . . ., v., to rely, to trust
verläßlich, fair-less-lik, a., reliable [expiration
Verlauf, fair-lowf, m., passage of time; progress;
verlaufen, fair-lowf-*en,* v., to pass (time). **sich
. . .,** sik . . ., v., to lose one's way
verleben, fair-layb-*en,* v., to spend (time); to live
verlegen, fair-layg-*en,* v., to publish; to transfer.
sich . . ., sik . . ., v., to specialize. a., embarrassed
Verlegenheit, fair-layg-*en*-hite, f., embarrass-
Verleger, fair-layg-er, m., publisher [ment
verleiden, fair-ly-den, v., to disgust; to spoil
verleihen, fair-ly-*en,* v., to loan, to lend (out)
verleiten, fair-ly-ten, v., to lead (be led) astray
verlernen, fair-lairn-*en,* v., to forget a thing
learned
verlesen, fair-layz-*en,* v., to read out; to misread
verletzen, fair-lets-*en,* v., to injure, to hurt; to
damage [infringement
Verletzung, fair-lets-oong, n., injury; damage;
verleugnen, fair-loyg-nen, v., to deny
Verleugnung, fair-loyg-noong, f., denial [slander
verleumden, fair-loym-den, v., to defame, to
Verleumdung, fair-loym-doong, f., defamation
verlieben (sich), fair-leeb-en (sik), v., to fall in
verliebt, fair-leept, a., in love, enamoured [love
verlieren, fair-leer-*en,* v., to lose
Verließ, fair-leess, n., dungeon, keep [engaged
verloben (sich), fair-lohb-en (sik), v., to become
verlobt, fair-lohpt, a., betrothed, engaged [ment
Verlobung, fair-lohb-oong, f., betrothal, engage-
verlocken, fair-lock-en, v., to allure, to entice
verlogen, fair-lohg-en, a., habitually untruthful
verlöschen, fair-lersh-en, v., to extinguish
verlosen, fair-lohz-en, v., to raffle
verlöten, fair-lert-en, v., to solder
verlottern, fair-lott-ern, v., to go to the bad; to
Verlust, fair-loosst, m., loss; damage [squander
verlustig, fair-loosst-ik, a., suffering loss of a
vermachen, fair-mahk-en, v., to bequeath [thing

Vermächtnis, fair-*mek*t-niss, n., legacy
vermählen, fair-*mayl*-en, v., to marry. **sich . . .,**
  si*k* . . ., to get married   [ding
Vermählung, fair-*mayl*-oong, f., marriage; wed-
vermauern, fair-*mow*-ern, v., to wall in or up
vermehren, fair-*mayr*-en, v., to increase
vermeiden, fair-*my*-den, v., to avoid; to evade
vermengen, fair-*meng*-en, v., to confuse; to mix
  up
Vermerk, fair-*mairk*, m., remark, note; entry
vermerken, fair-*mairk*-en, v., to note; to (re)mark
Vermessung, fair-*mess*-oong, f., survey(ing)
vermieten, fair-*meet*-en, v., to let (rooms, etc.)
vermindern, fair-*min*-dern, v., to lessen; to im-
    [pair
vermischen, fair-*mish*-en, v., to mix   [pair
vermissen, fair-*miss*-en, v., to miss   [vene
vermitteln, fair-*mit*-eln, v., to mediate; to inter-
vermittels(t), fair-*mit*-els(t), prep., by means of
Vermittelung, fair-*mit*-loong, f., mediation; intercession; agency
Vermittler, fair-*mit*-ler, m., intermediary; agent
vermodern, fair-*mohd*-ern, v., to fall to dust
vermöge, fair-*merg*-e, prep., by virtue of; according to
vermögen, fair-*merg*-en, v., to be able (to); n.,
  capability; property; fortune; —d, a., well-
  to-do; capable
vermuten, fair-*moot*-en, v., to conjecture; to
  presume; to suppose
vermutlich, fair-*moot*-li*k*, a., probable; supposed
Vermutung, fair-*moot*-oong, f., conjecture; supposition
vernachlässigen, fair-*nahk*-less-ig-en, v., to ne-
vernageln, fair-*nahg*-eln, v., to nail up   [glect
vernarben, fair-*nahrb*-en, v., to (leave a) scar
vernehmen, fair-*naym*-en, v., to perceive, to understand, to learn   [of evidence
Vernehmen, fair-*naym*-en, n., perception; taking
verneigen (sich), fair-*ny*-ghen (si*k*), v., to bow
verneinen, fair-*nine*-en, v., to deny
Verneinung, fair-*nine*-oong, f., denial; negation
vernichten, fair-*nik*-ten, v., to destroy

Vernichtung, fair-nik-toong, f., destruction
vernickeln, fair-nick-eln, v., to nickel(-plate)
vernieten, fair-neet-en, v., to rivet   [mon)sense
Vernunft, fair-noonft, f., reason, intellect; (com-
vernünftig, fair-NEEnft-ik, a., sensible; reasonable
veröden, fair-erd-en, v., to lay waste, to become
   deserted   [lish; to make known
veröffentlichen, fair-erff-ent-lik-en, v., to pub-
verordnen, fair-ord-nen, v., to prescribe; to order
Verordnung, fair-ord-noong, f., order; edict
verpachten, fair-pahk-ten, v., to (let on) lease
verpacken, fair-pahck-en, v., to pack; to wrap
Verpackung, fair-pahck-oong, f., packing   [up
verpassen, fair-pahss-en, v., to let slip; to miss
verpfänden, fair-p'fend-en, v., to pledge; to pawn
verpflanzen, fair-p'flahnt-sen, v., to transplant
verpflegen, fair-p'flayg-en, v., to look after, to
   nurse; to board
Verpflegung, fair-p'flayg-oong, f., provisioning;
   board(ing); tending   [oblige
verpflichten, fair-p'flick-ten, v., to bind, to
verpfuschen, fair-p'foosh-en, v., to spoil; to botch
verpönt, fair-pernt, a., prohibited; in bad repute
verprügeln, fair-prEEg-eln, v., to thrash
Verrat, fair-raht, m., treason; treachery
verraten, fair-raht-en, v., to betray; to divulge
Verräter, fair-rayt-er, m., traitor   [treasonable
verräterisch, fair-rayt-er-ish, a., treacherous;
verrauchen, fair-rowk-en, v., to go up in smoke;
   to cool down
verrechnen, fair-rek-nen, v., to adjust accounts.
   sich —, to miscalculate   [tion; adjustment
Verrechnung, fair-rek-noong, f., wrong calcula-
verrecken, fair-reck-en, v., to perish (like a beast)
verregnen, fair-rayg-nen, v., to spoil by rain
verreisen, fair-ry-zen, v., to go out of town
verrenken, fair-reng-ken, v., to dislocate, to sprain
verrichten, fair-rik-ten, v., to perform; to carry
verriegeln, fair-reeg-eln, v., to bolt (door)   [out
verringern, fair-ring-ern, v., to reduce, to diminish
verrinnen, fair-rin-nen, v., to elapse; to run off
verrosten, fair-rosst-en, v., to get rusty

verrucht, fair-**roo**kt, a., villainous, infamous
verrücken, fair-**rEEck**-en, v., to shift, to displace
verrückt, fair-**rEEck**t, a., mad, insane
Verrücktheit, fair-**rEEck**t-hite, f., madness, insa-
Verruf, fair-**roof**, m., ill repute [nity, lunacy
verrufen, fair-**roof**-en, v., to give a bad name to.
   a., in bad odour
Vers, fairs, m., verse; poetry; stanza [to refuse
versagen, fair-**zahg**-en, v., to fail, to break down;
versalzen, fair-**zahlt**-sen, v., to oversalt; to spoil
versammeln, fair-**zahmm**-eln, v., to assemble
Versammlung, fair-**zahmm**-loong, f., assembly
Versand, fair-**zahnt**, m., export(ation), dispatch
Versatzamt, fair-**zahtts**-ahmmt, n., pawnshop
versaufen, fair-**zowf**-en, v., to spend on drink
versäumen, fair-**zoym**-en, v., to neglect; to miss
verschachern, fair-**shah**k-ern, v., to barter away,
   to hawk about [nish with
verschaffen, fair-**shahff**-en, v., to procure, to fur-
verschallen, fair-**shahll**-en, v., to die away
verschämt, fair-**shaymt**, a., bashful; ashamed
verschärfen, fair-**shairf**-en, v., to make more
   severe
verscheiden, fair-**shy**-den, v., to pass away
verschenken, fair-**sheng**-ken, v., to give away
verscherzen, fair-**shairts**-en, v., to forfeit
verscheuchen, fair-**shoyk**-en, v., to scare away
verschicken, fair-**shick**-en, v., to forward [pone
verschieben, fair-**sheeb**-en, v., to shift; to post-
verschieden, fair-**sheed**-en, a., different; diverse;
   —**artig,** a., varied; —**heit,** f., difference;
   variety; —**lich,** a., on several occasions
verschießen, fair-**shees**-en, v., to fade; to use up
verschiffen, fair-**shif**-en, v., to ship, to dispatch
verschimmeln, fair-**shim**-eln, v., to mildew, to
   get mouldy [drowsy, sleepy
verschlafen, fair-**shlahf**-en, v., to oversleep. a.,
Verschlag, fair-**shlahk**, m., locker, shed; partition
verschlagen, fair-**shlahg**-en, v., to board. a.,
   cunning [grow) worse
verschlechtern, fair-**shle**k-tern, v., to make (or
verschleiern, fair-**shly**-ern, v., to veil

verschleißen, fair-**shly**-*sen*, v., to wear out; to sell retail   [to sell off

verschleudern, fair-**shloy**-*dern*, v., to squander;

verschließen, fair-**shlees**-*en*, v., to lock; to shut

verschlimmern, fair-**shlim**-*ern*, v., to aggravate; to demoralize   [ble; to entangle

verschlingen, fair-**shling**-*en*, v., to gulp; to gob-

verschlucken, fair-**shloock**-*en*, v., to swallow. **sich . . .,** *sik* . . ., to let food go down the wrong way

Verschluß, fair-**shlooss**, m., lock; shutter

verschmachten, fair-**shmah**k-ten, v., to pine

verschmähen, fair-**shmay**-*en*, v., to scorn [away

verschmerzen, fair-**shmairt**-*sen*, v., to forget (get over) a loss

verschmieren, fair-**shmeer**-*en*, v., to spoil by scrawling; to stop up

verschmitzt, fair-**shmitst**, a., crafty, cunning

verschneien, fair-**shny**-*en*, v., to (be) block(ed) with snow   [in the head

verschnupft, fair-**shnoopp**'ft, a., having a cold

verschollen, fair-**shol**-*en*, a., lost, forgotten

verschonen, fair-**shohn**-*en*, v., to spare

verschöne(r)n, fair-**shern**-*e*(r)n, v., to beautify

verschreiben, fair-**shry**-*ben*, v., to prescribe. **sich . . .,** *sik* . . ., to make a mistake in writing

verschüchtern, fair-**sheek**-*tern*, v., to intimidate

verschulden, fair-**shooll**-*den*, v., to be guilty of

verschuldet, fair-**shooll**-*det*, a., loaded with debt

verschwägert, fair-**shvay**-*gert*, a., related by mar-

verschwenden, fair-**shvend**-*en*, v., to waste [riage

Verschwender, fair-**shvend**-*er*, m., spendthrift

verschwenderisch, fair-**shvend**-*er*-ish, a., waste-

verschwiegen, fair-**shveeg**-*en*, a., reserved [ful

Verschwiegenheit, fair-**shveeg**-en-hite, f., reticence; discretion   [to grow hazy

verschwimmen, fair-**shvim**-*en*, v., to dissolve;

verschwinden, fair-**shvin**-*den*, v., to disappear

verschwommen, fair-**shvom**-*en*, a., indistinct

verschwören, fair-**shver**-*en*, v., to conspire; to

Verschwörer, fair-**shver**-*er*, m., plotter   [curse

Verschwörung, fair-**shver**-oong, f., conspiracy

versehen (sich), fair-say-en (sik), v., to provide oneself with; to make a mistake

Versehen, fair-say-en, n., oversight; mistake

versenden, fair-send-en, v., to send off; to export

versengen, fair-seng-en, v., to singe

versenken, fair-seng-ken, v., to sink; to lower

versessen, fair-sess-en, a., intent (on); in love (with)

versetzen, fair-set-sen, v., to mis(dis)place; to transfer; to pawn; to reply; to put

Versetzung, fair-set-soong, f., displacement; transfer

versichern, fair-sik-ern, v., to insure; to assure; to ensure; to ascertain

Versicherung, fair-sik-er-oong, f., insurance; as-

versiegeln, fair-seeg-eln, v., to seal up [surance

versilbern, fair-sil-bern, v., to silver

versinken, fair-sing-ken, v., to sink

versoffen, fair-sof-en, a., drunken

versöhnen, fair-sern-en, v., to reconcile

Versöhnung, fair-sern-oong, f., conciliation

versorgen, fair-sorg-en, v., to provide (with)

Versorgung, fair-sorg-oong, f., provision [late

verspäten (sich), fair-shpayt-en (sik), v., to be

Verspätung, fair-shpayt-oong, f., delay; lateness

verspeisen, fair-shpy-zen, v., to eat

versperren, fair-shpairr-en, v., to obstruct

verspielen, fair-shpeel-en, v., to gamble away

verspotten, fair-shpot-en, v., to mock; to tease

versprechen, fair-shprek-en, v., to promise. **sich —**, to make a slip of the tongue; n., promise

verspüren, fair-shpEEr-en, v., to feel; to perceive

Verstand, fair-shtahnt, m., reason; understanding; mind; wit; intellect [able; prudent

verständig, fair-shten-dik, a., sensible, reason-

verständigen, fair-shten-dig-en, v., to advise

verständlich, fair-shtent-lik, a., intelligible

Verständnis, fair-shtent-niss, n., comprehension

verstärken, fair-shtairk-en, v., to strengthen

verstauben, fair-shtowb-en, v., to get dusty

verstauchen, fair-shtowk-en, v., to sprain [ment

Versteck, fair-shteck, n., hiding-place; conceal-

verstecken, fair-**shteck**-en, v., to hide
verstehen, fair-**shtay**-en, v., to understand
versteigern, fair-**shty**-gern, v., to sell by auction
Versteigerung, fair-**shty**-ge-roong, f., auction (sale)   [(way); to dissemble, to disguise
verstellen, fair-**shtel**-en, v., to shift; to block
versteuern, fair-**shtoy**-ern, v., to put a tax on
verstimmen, fair-**shtim**-en, v., to put out of tune
verstohlen, fair-**shtohl**-en, a., stealthy, furtive
verstopfen, fair-**shtop**-fen, v., to stop up
Verstopfung, fair-**shtop**-foong, f., constipation; obstruction
verstorben, fair-**shtorb**-en, a., deceased; late
Verstörtheit, fair-**shtert**-hite, f., agitated look
Verstoß, fair-**shtohs**, m., offence, breach
verstoßen, fair-**shtohs**-en, v., to offend, to violate
verstreichen, fair-**shtry**-ken, v., to elapse
verstümmeln, fair-**shtEEmm**-eln, v., to mutilate
verstummen, fair-**shtoomm**-en, v., to become silent or dumb   [periment
Versuch, fair-**sook**, m., attempt; try, trial; ex-
versuchen, fair-**sook**-en, v., to try; to attempt; to
Versuchung, fair-**sook**-oong, f., temptation [tempt
versumpfen, fair-**soomp**-fen, v., to become boggy; to become debauched
versündigen (sich), fair-**sEEnn**-dig-en (sik), v., to sin; to trespass
versüßen, fair-**sEES**-en, v., to sweeten
vertagen, fair-**tahg**-en, v., to postpone; to adjourn
vertauschen, fair-**towsh**-en, v., to exchange
verteidigen, fair-ty-**de**-gen, v., to defend
Verteidiger, fair-ty-**de**-ger, m., defender
Verteidigung, fair-ty-**de**-goong, f., defence
verteilen, fair-**ty**-len, v., to distribute; to appor-
verteuern, fair-**toy**-ern, v., to make dear   [tion
verteufelt, fair-**toyf**-elt, a., devilish, confounded, deduced   [sik . . ., to become engrossed
vertiefen, fair-**teef**-en, v., to deepen. **sich . . .,**
vertilgen, fair-**tilg**-en, v., to eradicate; to destroy
Vertilgung, fair-**tilg**-oong, f., extermination
Vertrag, fair-**trahk**, m., agreement; treaty
vertragen, fair-**trahg**-en, v., to bear, to endure

vertraglich, fair-**trahk**-li*k*, a., by contract

verträglich, fair-**traik**-li*k*, a., sociable; compati-
ble

vertrauen, fair-**trow**-*en*, v., to trust

Vertrauen, fair-**trow**-*en*, n., trust; confidence

vertraulich, fair-**trow**-li*k*, a., in confidence

vertraut, fair-**trowt**, a., familiar

vertreiben, fair-**try**-b*en*, v., to dispel

Vertreibung, fair-**try**-boong, f., exile, expulsion

vertreten, fair-**trayt**-*en*, v., to represent; to bar
(way)

Vertreter, fair-**trayt**-*er*, m., representative

Vertretung, fair-**trayt**-oong, f., agency

vertrinken, fair-**tring**-k*en*, v., to spend in drinking

vertrocknen, fair-**trock**-n*en*, v., to dry up; to
wither

vertrösten, fair-**trerst**-*en*, v., to put off with
[promises; to comfort

vertun, fair-**toon**, v., to lavish, to waste

vertusche(l)n, fair-**toosh**-*e*(l)n., v., to hush up;
to gloss over [someone for

verübeln, fair-**EEB**-*e*ln, v., to take amiss; to blame

verüben, fair-**EEb**-*en*, v., to commit (crimes, etc.)

verunglücken, fair-oonn-**glEEck**-*en*, v., to come to
grief; to meet with an accident

verunreinigen, fair-oonn-**rine**-ig-*en*, v., to
pollute; to soil

verunstalten, fair-oonn-**shtahlt**-*en*, v., to deface

verursachen, fair-**oor**-zah*k*-*en*, v., to cause

verurteilen, fair-**oor**-tile-*en*, v., to condemn; to
sentence [sentence

Verurteilung, fair-**oor**-tile-oong, f., (passing of)

vervielfältigen, fair-**feel**-felt-ig-*en*, v., to multiply

vervollkommnen, fair-**fol**-kom-n*en*, v., to perfect

vervollständigen, fair-**fol**-shten-dig-*en*, v., to
complete [grow; to interlace, to

verwachsen, fair-**vahx**-*en*, v., to heal up; to out-

verwahren, fair-**vahr**-*en*, v., to guard (safely);
to keep [cared for

verwahrlosen, fair-**vahr**-lohz-*en*, v., to be un-

Verwahrung, fair-**vahr**-oong, f., safe keeping

verwaisen, fair-**vy**-z*en*, v., to become orphaned

verwalten, fair-**vahlt**-*en*, v., to administer, to
manage; to govern

Verwalter, fair-**vahlt**-er, m., administrator

Verwaltung, fair-**vahlt**-oong, f., management

verwandeln, fair-**vahnn**-deln, v., to transform

Verwandlung, fair-**vahnd**-loong, f., transformation

verwandt, fair-**vahnt**, a., related, kin; kindred

Verwandte(r), fair-**vahnt**-e(r), m., relative, relation [ship, relations (pl.)]

Verwandtschaft, fair-**vahnt**-shahft, f., relation-

verwechseln, fair-**vex**-eln, v., to mistake a thing for something else [confusion

Verwechselung, fair-**vex**-el-oong, f., mistake;

verwegen, fair-**vaig**-en, a., bold, rash; daring

Verwegenheit, fair-**vaig**-en-hite, f., audacity

verweigern, fair-**vy**-gern, v., to refuse a thing

Verweigerung, fair-**vy**-ger-oong, f., refusal, denial

verweilen, fair-**vy**-len, v., to stay, to remain

Verweis, fair-**vice**, m., reproof, reprimand

verweisen, fair-**vy**-zen, v., to reprimand; to refer

verwelken, fair-**velk**-en, v., to wither, to fade

verwenden, fair-**vend**-en, v., to use; to utilize

Verwendung, fair-**vend**-oong, f., use

verwerflich, fair-**vairf**-lik, a., blamable; wicked

verwerten, fair-**vairt**-en, v., to utilize

verwesen, fair-**vayz**-en, v., to decay, to rot

Verwesung, fair-**vayz**-oong, f., putrefaction

verwickeln, fair-**vick**-eln, v., to entangle

verwickelt, fair-**vick**-elt, a., complicated, complex

verwildern, fair-**vil**-dern, v., to grow wild; to run

verwirken, fair-**veerk**-en, v., to forfeit [to seed

verwirklichen, fair-**veerk**-lik-en, v., to realize

verwirren, fair-**veerr**-en, v., to confuse; to (en)

Verwirrung, fair-**veerr**-oong, f., confusion [tangle

verwischen, fair-**vish**-en, v., to become blurred

verwittern, fair-**vit**-ern, v., to fall into dust

verwöhnen, fair-**vern**-en, v., to pamper; to spoil

verworfen, fair-**vorf**-en, a., vile, infamous

verworren, fair-**vorr**-en, a., confused [injure

verwunden, fair-**voonn**-den, v., to wound, to

verwundern, fair-**voonn**-dern, v., to surprise

Verwunderung, fair-**voonn**-der-oong, f., amazement, surprise, astonishment

verwünschen, fair-VEEnn-shen, v., to curse; to

verwüsten, fair-VEEst-en, v., to devastate [enchant

Verwüstung, fair-VEEst-oong, f., devastation

verzagen, fair-tsahg-en, v., to despair; to lose courage

verzaubern, fair-tsowb-ern, v., to bewitch

verzehren, fair-tsayr-en, v., to devour; to absorb, to consume [draw badly

verzeichnen, fair-tsy'k-nen, v., to record; to

Verzeichnis, fair-tsy'k-niss, n., schedule, list, re-

verzeihen, fair-tsy-en, v., to pardon [cord

verzeihlich, fair-tsy-li*k*, a., pardonable

Verzeihung, fair-tsy-oong, f., pardon, forgiveness

verzerrt, fair-tsairrt, a., distorted

Verzicht, fair-tsi*k*t, m., resignation; renunciation

verzichten, fair-tsi*k*-ten, v., to renounce

verzieren, fair-tsee-en, v., to distort; to spoil

verzieren, fair-tsee-ren, v., to decorate [children

Verzierung, fair-tsee-roong, f., decoration, embel-

verzinken, fair-tsing-ken, v., to zinc [lishment

verzinsen, fair-tsinn-zen, v., to pay interest on

verzögern, fair-tserg-ern, v., to retard; to delay

verzollen, fair-tsol-en, v., to pay toll or duty on

verzuckern, fair-tsoock-ern, v., to coat with

Verzug, fair-tsook, m., delay [sugar

verzweifeln, fair-tsvy-feln, v., to despair

Verzweif(e)lung, fair-tsvy-f'loong, f., despair

Vetter, fet-er, m., cousin (male)

Vieh, fee, n., cattle; live stock

Viehzucht, fee-tsoo*k*t, f., cattle-breeding

viel, feel, a., much. **viele,** feel-e, a., many

vielerlei, feel-er-ly, a., manifold, of many sorts

vielfach, feel-fah*k*, a., of many kinds. adv., often

Vielfraß, feel-frahs, m., glutton

vielleicht, feel-ly'*k*t, adv., perhaps [many times

vielmal(s), feel-mahl(s), adv., often; frequently,

vielmehr, feel-mair, adv. rat! er; on the contrary

vielseitig, feel-zy-ti*k*, a., many-sided; versatile

vier, feer, a., four

Viereck, feer-eck, n., square, quadrangle

viereckig, feer-eck-i*k*, a., square, four-cornered

Vierfüßler, feer-fEEs-ler, m., quadruped

viermal, feer-mahl, adv., four times
Vierspänner, feer-shpen-er, m., carriage and four
vierte, feert-e, a., fourth
Viertel, feert-el, n., quarter; fourth (part)
Vierteljahr, feert-el-yahr, n., quarter (of a year)
vierteljährlich, feert-el-yair-lik, a., quarterly
Viertelstunde, feert-el-shtoonn-de, f., quarter of
an hour
vierzehn, feer-tsain, a., fourteen
vierzig, feer-tsik, a., forty
Violine, vee-oh-leen-e, f., violin
Visitenkarte, vee-zeet-en-kart-e, f., visiting-card
visitieren, vee-zeet-eer-en, v., to search; to in-
spect
Vogel, fohg-el, m., bird; fowl
Vogelbauer, fohg-el-bow-er, n., bird-cage
Vogelscheuche, fohg-el-shoy-ke, f., scarecrow
Vogt, fohkt, m., bailiff; magistrate
Vokabel, voh-kahb-el, f., word (specially of a for-
eign language
Vokal, voh-kahl, m., vowel
Volk, follk, n., people; nation, race
Volksküche, follks-keek-e, f., soup-kitchen
Volkslied, follks-leet, n., folk-song
Volksmenge, follks-meng-e, f., crowd, multitude
volkstümlich, follks-tEEm-lik, a., popular
Volkswirtschaft, follks-veert-shahft, f., political
economy, economics
voll, fol, a., full; filled; complete
vollauf, foll-owf, adv., abundantly, in plenty
Vollbart, foll-bart, m., (full) beard, whiskers
Vollblut, foll-bloot, n., thoroughbred
vollbringen, foll-bring-en, v., to achieve; to carry
out
vollenden, foll-end-en, v., to complete; to finish
vollendet, foll-end-et, a., complete; perfect
vollends, foll-ends, adv., entirely, wholly
Vollendung, foll-end-oong, f., completion; per-
fection
völlig, ferll-ik, a., complete. adv., wholly, entirely
volljährig, foll-yayr-ik, a., of age
vollkommen, foll-kom-en, a., perfect; thorough;
absolute
Vollkommenheit, foll-kom-en-hite, f., perfec-
tion
vollmachen, foll-mahk-en, v., to fill
Vollmacht, foll-mahkt, f., power of attorney
Vollmond, foll-mohnt, m., full moon
vollständig, foll-shten-dik, a., complete. adv.,
altogether

vollstrecken, foll-**shtreck**-en, v., to execute
vollzählig, foll-**tsayl**-ik, a., complete (numerically)
vollziehen, foll-**tsee**-en, v., to complete; to execute
Volontär, voll-ong-**tair**, m., volunteer
vom, fom, = **von dem,** fon daim, of the, from the
von, fon, prep., of; from; by
vor, for, prep., before; in front of; previous; ago
Vorabend, for-**ahb**-ent, m., evening before
vorahnen, for-**ahn**-en, v., to have premonition
voran, for-**ahnn**, adv., at the head, in front
vorankommen, for-**ahnn**-kom-en, v., to make progress
voraus, for-**ows,** adv., before, in advance
voraussagen, for-**ows**-zahg-en, v., to predict
voraussetzen, for-**ows**-zet-sen, v., to presume
Voraussetzung, for-**ows**-zet-soong, f., assumption
voraussichtlich, for-**ows**-zikt-lik, a., prospective
Vorbedacht, for-be-**dahkt,** m., forethought
Vorbedingung, for-be-**ding**-oong, f., previous stipulation
Vorbehalt, for-be-**hahlt,** m., reserved rights, reservation
vorbei, for-**by,** adv., by, past; over
vorbereiten, for-be-**ry**-ten, v., to prepare
vorbeugen, for-**boyg**-en, v., to bend forward; to take precaution
Vorbild, for-**bilt,** n., model, pattern; prototype
vorbildlich, for-**bilt**-lik, a., pattern, model; representative
vordem, for-**daym,** adv., formerly
vordere, for-**der**-e, a., front(al), in front
Vorderfuß, ford-er-**foos,** m., forefoot
Vordergrund, ford-er-**groont,** m., foreground
Vorderrad, ford-er-**raht,** n., front-wheel
vordrängen, for-**dreng**-en, v., to press forward
vordringen, for-**dring**-en, v., to push forward
voreilig, for-**ile**-ik, a., rash, overhasty
voreingenommen, for-ine-ge-**nom**-en, a., prepossessed
vorenthalten, for-ent-**hahlt**-en, v., to withhold
vorerst, for-**airst,** adv., for the present; first of all
Vorfahr(e), for-**fahr**-(e), m., ancestor
Vorfall, for-**fahll,** m., incident, occurrence
vorfallen, for-**fahll**-en, v., to happen, to occur
vorfinden, for-**fin**-den, v., to find; to meet with

vorführen, for-fEEr-*en*, v., to demonstrate
vorgehen, for-gay-*en*, v., to be fast (clock); to proceed; to advance   [terday
vorgestern, for-ghest-*ern*, adv., day before yesterday
vorhaben, for-hahb-*en*, v., to be busy with; to intend; to have on
vorhanden, for-hahnn-d*en*, a., at hand, present
Vorhang, for-hahng, m., curtain
vorher, for-hair, adv., previously
vorhin, for-hin, adv., just now; quite recently
vorig, for-ik, a., last, previous; past
Vorkehrung, for-kayr-oong, f., provision; measure of precaution   [ledge
Vorkenntnis, for-kennt-niss, f., previous knowledge
vorkommen, for-kom-*en*, v., to occur, to happen
vorläufig, for-loyf-ik, a., provisional; preliminary
vorlaut, for-lowt, a., pert, saucy, thoughtless
vorlegen, for-layg-*en*, v., to lay before; to submit
vorlesen, for-layz-*en*, v., to read aloud
Vorlesung, for-layz-oong, f., lecture, reading
vorletzt, for-letst, a., last but one
vormals, for-mahls, adv., formerly   [mark
vormerken, for-mairk-*en*, v., to make a note; to
Vormittag, for-mit-ahg, m., forenoon   [a.m.
vormittags, for-mit-ahgs, adv., in the forenoon
Vormund, for-moont, m., guardian
vorn(e), forn(-*e*), adv., in front
Vorname, for-nahm-*e*, m., first (Christian) name
vornehm, for-naym, a., elegant; aristocratic
vornehmen, for-naym-*en*, v., to take in hand.
    sich —, sik —, to resolve; to take in hand
Vorort, for-ort, m., suburb(s)
Vorposten, for-posst-*en*, m., outpost
Vorrat, for-raht, m., store; stock
Vorrichtung, for-rik-toong, f., device, arrangement
vorrücken, for-rEEck-*en*, v., to advance   [ment
Vorsatz, for-zahtts, m., resolution; design; purpose
Vorschein, for-shine, m., appearance   [pose
Vorschlag, for-shlahk, m., proposal   [suggest
vorschlagen, for-shlahg-*en*, v., to propose; to
vorschreiben, for-shry-ben, v., to prescribe
Vorschrift, for-shrift, f., order; prescription

Vorschule, for-shool-*e*, f., preparatory school

Vorschuß, for-shoos, m., advance of money

vorschützen, for-sh**ÜTT**-sen, v., to shelter behind

vorsehen, for-say-en, v., to see beforehand; to provide for. **sich . . . ,** sik . . . , to be careful

Vorsehung, for-say-oong, f., (Divine) Providence

vorsetzen, for-set-sen, v., to place before (forward)

Vorsicht, for-sik*t*, f., foresight; care(fulness)

vorsichtig, for-sik-tik, a., careful

Vorsichtsmaßregel, for-sik*t*s-mahs-rayg-*el*, f., measure of precaution

Vorsitzende(r), for-sits-end-*e*(r), m., president, [chairman

Vorsorge, for-sorg-*e*, f., foresight

vorsorgen, for-sorg-en, v., to provide (beforehand)

Vorspeise, for-shpy-*e*, f., hors d'œuvre [ceive

vorspiegeln, for-shpeeg-*el*n, v., to delude; to deceive

Vorspiel, for-shpeel, n., prelude; overture [one

vorsprechen, for-shpr*e*k-en, v., to call on someone

Vorsprung, for-shproong, m., projection; start; [advantage

Vorstadt, for-shtaht*t*, f., suburb

Vorstand, for-shtahnnt, m., committee, board

vorstehen, for-shtay-en, v., to superintend

Vorsteher, for-shtay-er, m., superintendent, chief

vorstellen, for-shtel-en, v., to introduce; to represent. **sich . . . ,** sik . . . , to imagine

Vorstellung, for-shtel-oong, f., introduction; imagination; performance, show [attack

Vorstoß, for-shtohs, m., push forward; advance

vorstoßen, for-shtohs-en, v., to project; to push forward [ward; to advance (money)

vorstrecken, for-shtreck-en, v., to stretch for-

Vorteil, for-tile, m., advantage, gain

vorteilhaft, for-tile-hahft, a., advantageous

Vortrag, for-trahk, m., lecture; rendering; recital

vortragen, for-trahg-en, v., to recite; to execute

vortrefflich, for-tref-lik, a., excellent; superior

vortreten, for-trayt-en, v., to step forward

vorüber, for-**EE**b-er, adv., past, over, gone

vorübergehen, for-**EE**b-er-gay-en, v., to go past;

Vorurteil, for-oort-ile, n., prejudice [to pass

Vorwand, for-vahnt, m., pretext, subterfuge

vorwärts, for-vairts, adv., forward; onward

vorwerfen, for-vairf-*en*, v., to throw before; to
Vorwort, for-vort, n., preface   [reproach
Vorwurf, for-voorf, m., reproach
vorzeigen, for-tsy-gh*en*, v., to produce, to show;
vorzeitig, for-tsy-ti*k*, a., premature   [to present
vorziehen, for-tsee-*en*, v., to draw forth; to prefer
Vorzimmer, for-tsim-*er*, n., anteroom   [cedence
Vorzug, for-tsook, m., preference; privilege; pre-
vorzüglich, for-tsEEK-li*k*, a., excellent; choice

Wabe, vahb-*e*, f., honey-comb
wach, vah*k*, a., awake; alive; brisk   [station
Wache, vah*k*-*e*, f., guard(-house); watch; police-
wachen, vah*k*-*en*, v., to watch; to be awake
Wachs, vah*x*, m., wax
wachsam, vah*k*-zahm, a., watchful, vigilant
wachsen, vah*x*-*en*, v., to grow; to wax
Wachstuch, vah*x*-too*k*, n., American (wax) cloth
Wachstum, vah*x*-toom, n., growth
Wacht, vah*k*t, f., watch, guard
Wachtel, vah*k*-t*el*, f., quail (bird)
Wächter, ve*k*-t*er*, m., watchman; guard(ian)
Wachtmeister, vah*k*t-my-st*er*, m., sergeant-
major (artillery, cavalry); sergeant of police
wackelig, vahck-*el*-i*k*, a., rickety; shaky
wackeln, vahck-*eln*, v., to shake; to rock; to stag-
wacker, vahck-*er*, a., good, decent, honest   [ger
Wade, vahd-*e*, f., calf of leg
Waffe, vahff-*e*, f., weapon, arm
Waffel, vahff-*el*, f., wafer, waffle
Waffenstillstand, vahff-*en*-shtil-shtahnt, m.,
waffnen, vahff-n*en*, v., to arm   [armistice
Wage, vahg-*e*, f., (pair of) scales, balance
wagen, vahg-*en*, v., to dare; to venture; to stake
Wagen, vahg-*en*, m., carriage; car; vehicle
wägen, vayg-*en*, v., to weigh (up)
wagerecht, vahg-*e*-re*k*t, a., horizontal   [ing feat
Wagestück, vahg-*e*-shtEEck, n., hazardous or dar-
Waggon, vahg-ong, m., railway-truck; carriage
Wagnis, vahg-niss, n., risk, hazard; venture
Wagschale, vahg-shahl-*e*, f., scale of balance
Wahl, vahl, f., choice, selection; election

wählen, vayl-*en*, v., to choose, to select; to elect
Wähler, vayl-*er*, m., elector; person choosing
wählerisch, vayl-*er*-ish, a., fastidious
Wahlrecht, vahl-re*kt*, v., franchise; suffrage
Wahlstimme, vahl-shtim-*e*, f., vote   [mania
Wahn, vahn, n., delusion, illusion; erroneous idea;
wähnen, vayn-*en*, v., to fancy; to think wrongly
Wahnsinn, vahn-zin, m., madness; insanity
wahnsinnig, vahn-zin-*ik*, a., mad; insane
wahr, vahr, a., true; genuine; proper
wahren, vahr-*en*, v., to preserve (from)
währen, vayr-*en*, v., to last; to hold out
während, vayr-*ent*, prep., during. conj., while
wahrhaftig, vahr-**hahft**-*ik*, a., true. interj., in
Wahrheit, vahr-hite, f., truth; reality   [truth
wahrlich, vahr-li*k*, interj., verily; indeed
wahrnehmen, vahr-naym-*en*, v., to perceive
wahrsagen, vahr-zahg-*en*, v., to predict, to tell
   fortunes
Wahrsager, vahr-zahg-*er*, m., fortune-teller
wahrscheinlich, vahr-shine-li*k*, a., probable
Währung, vayr-oong, f., currency; sterling; im-
Waise, vy-ze, f., orphan   [portance
Wal, vahl, m., whale
Wald, vahllt, m., wood, forest
Waldhorn, vahllt-horn, n., bugle; French horn
Waldung, vahll-doong, f., woodland
Walfisch, vahll-fish, m., see **Wal**
Wall, vahll, m., rampart(s); dam
Wallach, vahll-ah*k*, m., gelding
wallen, vahll-*en*, v., to bubble up; to make pil-
Wallfahrt, vahll-fahrt, f., pilgrimage   [grimage
Walnuß, vahll-nooss, f., walnut
Walroß, vahll-ross, n., walrus
walten, vahlt-*en*, v., to rule; to act
Walze, vahlt-se, f., roller; cylinder; barrel
walzen, vahlt-sen, v., to roll (flat)
wälzen, velt-sen, v., to turn about; to roll over
Walzer, vahlt-ser, m., waltz
Wand, vahnnt, f., wall; partition; side; panel
Wandel, vahnn-del, m., conduct; change [change
wandeln, vahnn-de*ln*, v., to wander, to walk; to

Wanderer, vahnn-*de-rer*, m., traveller (on foot)
Wanderlust, vahnn-*der-loost*, f., desire to travel
wandern, vahnn-*dern*, v., to wander; to go on foot
Wanderschaft, vahnn-*der-shahft*, f., journey, travelling   [passage; hikers
Wandervögel, vahnn-*der-ferg-el*, m.pl., birds of
Wanduhr, vahnnt-*oor*, f., clock hanging on the
Wange, vahng-*e*, f., cheek   [wall
wanken, vahng-*ken*, v., to flinch; to budge
wann, vahnn, adv., when
Wanne, vahnn-*e*, f., bath(-tub)
Wanze, vahnt-*se*, f., bug
Wappen, vahpp-*en*, n., coat-of-arms, crest
Ware, vahr-*e*, f., good(s), ware, commodity
Warenhaus, vahr-*en-hows*, n., warehouse, depart-
warm, varm, a., warm   [ment-stores
Wärme, vairm-*e*, f., warmth; heat
wärmen, vairm-*en*, v., to warm; to heat
Wärmflasche, vairm-*flahsh-e*, f., hot water bottle
warnen, varn-*en*, v., to warn; to caution
Warnung, varn-*oong*, f., warning; caution
warten, vart-*en*, v., to wait; to stay
Wärter, vairt-*er*, m., attendant
Wartesaal, vart-*e-zahl*, m., waiting-room
warum, vah-*roomm*, adv. & conj., why, wherefore
Warze, vart-*se*, f., wart; nipple; dug
was, vahss, interrog. pron., what; how much.
    relative pron., what, that which
Waschbecken, vahsh-*beck-en*, n., wash-basin
Wäsche, vesh-*e*, f., wash(ing); linen, clothes
waschecht, vahsh-*ekt*, a., fast (colour); that
waschen, vahsh-*en*, v., to wash   [washes well
Wäscherei, vesh-*e-ry*, f., laundry, washhouse
Waschfrau, vahsh-*frow*, f., washerwoman; gossip
Waschküche, vahsh-*keek-e*, f., scullery
Waschlappen, vahsh-*lahpp-en*, m., dish-cloth;
    face-flannel
Waschtisch, vahsh-*tish*, m., wash-stand
Waschweib, vahsh-*vipe*, n., see **Waschfrau**
Wasser, vahss-*er*, n., water
wasserdicht, vahss-*er-dikt*, a., water-tight, water-
Wasserfall, vahss-*er-fahll*, m., waterfall   [proof

Wasserhahn, vahss-er-hahn, m., water-tap

wässerig, vess-er-i*k*, a., watery; aqueous

Wasserkessel, vahss-er-kess-el, m., kettle, boiler

Wasserleitung, vahss-er-ly-toong, f., water-supply

wässern, vess-ern, v., to discharge water; to dilute

Wasserscheu, vahss-er-shoy, f., fear of water; hydrophobia

Wasserstoff, vahss-er-shtof, m., hydrogen

Wassersucht, vahss-er-zoo*k*t, f., dropsy

Wässerung, vess-er-oong, f., watering; irrigation

waten, vaht-en, v., to wade

watscheln, vaht-sheln, v., to waddle

Watte, vahtt-e, f., cotton-wool

weben, vayb-en, v., to weave

Weber, vayb-er, m., weaver; **—ei, f.,** weaving (-mill); woven material

Webstuhl, vayp-shtool, m., loom

Wechsel, vex-el, m., change; fluctuation; bill of exchange; **—geld, n.,** (small) change

wechseln, vex-eln, v., to change; to interchange

wecken, veck-en, v., to awaken, to rouse

Weck(er)uhr, veck-(-er)-oor, f., alarm-clock

Wedel, vayd-el, m., whisk; tail, brush

wedeln, vayd-eln, v., to wag (tail); to fan

weder, vayd-er, conj., neither

Weg, vayg, m., way, path, track, road, street

weg, veck, adv., away; gone; (far) off [go away

wegbegeben (sich), veck-b*e*-gayb-en (si*k*), v., to

wegbleiben, veck-bly-ben, v., to remain (stay) away

wegblicken, veck-blick-en, v., to look away

wegbringen, veck-bring-en, v., to take away

wegen, vayg-en, prep., on account of, because of

wegfahren, veck-fahr-en, v., to drive away; to

weggehen, veck-gay-en, v., to go away [depart

wegjagen, veck-yahg-en, v., to chase (drive) away

weglassen, veck-lahss-en, v., to leave out; to allow someone to go

weglaufen, veck-lowf-en, v., to run away [leave

wegmüssen, veck-mEEss-en, v., to be obliged to

wegnehmen, veck-naym-en, v., to take away

wegräumen, veck-roym-*en*, v., to clear away
wegreisen, veck-ry-zen, v., to start on a journey
wegreißen, veck-ry-sen, v., to tear away or off
wegrennen, veck-ren-*en*, v., to run away
wegschaffen, veck-shahff-*en*, v., to clear away
wegschicken, veck-shick-*en*, v., to send away
wegschleppen, veck-shlep-*en*, v., to drag away
wegschließen, veck-shlees-*en*, v., to lock away
wegschmeißen, veck-shmy-sen, v., to throw away
wegsehen, veck-zay-*en*, v., to look away
wegsenden, veck-zend-*en*, v., to send off or away
wegsetzen, veck-zet-sen, v., to put aside or away
wegstecken, veck-shteck-*en*, v., to hide away
wegstellen, veck-shtel-*en*, v., to put away
wegstürzen, veck-shtEErt-sen, v., to dash or rush
   away   [away
wegtragen, veck-trahg-*en*, v., to carry off or
wegtreten, veck-trayt-*en*, v., to step aside; to
   break the ranks
wegtun, veck-toon, v., to put away; to hide
Wegweiser, veck-vy-zer, m., sign-post
wegwerfen, veck-vairf-*en*, v., to throw away
wegwollen, veck-vol-*en*, v., to want to get away
wegziehen, veck-tsee-*en*, v., to drag away
weh(e), vay(-*e***), interj., alas! a. & adv., painful
Weh, vay, n., pain, woe, pang. pl., labour pains
wehen, vay-*en*, v., to waft; to blow; to flutter
Wehgeschrei, vay-ge-shry, n., lamentations
wehklagen, vay-klahg-*en*, v., to wail, to lament
Wehmut, vay-moot, f., melancholy; sadness
wehmütig, vay-mEEt-*ik*, a., doleful   [n., weir
Wehr, vayr, f., resistance, defence; guard; troop(s).
wehren (sich), vay-ren, (*sik*), v., to resist, to de-
wehrlos, vayr-lohs, a., defenceless   [fend oneself
Wehrpflicht, vayr-p'fli*k*t, f., obligation to serve
Weib, vipe, n., woman, female; wife   [in army
Weibchen, vipe-*ken*, n., little woman or wife;
   female animal or bird
weibisch, vy-bish, a., womanish; effeminate
weiblich, vipe-li*k*, a., feminine
weich, vy'*k***, a., soft; mild; delicate
Weiche, vy-*ke*, f., softness; shunt(ing); switch

weichen, vy-*ken*, v., to soften; to yield; to with-
weichherzig, vy'*k*-hair-tsik, a., soft-hearted [draw
weichlich, vy'*k*-lik, a., flabby; effeminate
Weide, vy-*de*, f., pasture(-land); willow(-tree)
weiden, vy-*den*, v., to pasture, to graze
Weidmann, vite-mahnn, m., huntsman
weigern, vy-gern, v., to refuse; to decline
Weigerung, vy-ge-roong, f., refusal
Weihe, vy-*e*, f., dedication, ordination; inaugur-
weihen, vy-*en*, v., to consecrate, to ordain [ation
Weiher, vy-*er*, m., fish-pond
Weihnacht(en), vy-naht*kt*(-*en*), f. (pl.), Christmas;
—**sabend**, m., Christmas Eve; —**sbaum**, m.,
Christmas-tree; —**sfest**, n., Christmas cele-
bration(s); —**skind**, n., child Jesus;
—**smann**, m., Santa Claus
Weihrauch, vy-row*k*, m., incense
weil, vile, conj., because; since, as
Weile, vile-*e*, f., while; (short) space of time
weilen, vile-*en*, v., to abide; to stay; to linger
Wein, vine, m., wine; vine; creeper
Weinbau, vine-bow, m., cultivation of grapes
Weinberg, vine-bair*k*, m., vineyard
weinen, vine-*en*, v., to weep, to cry
weinerlich, vine-*er*-lik, a., whining, whimpering
Weinfaß, vine-fahss, n., wine-cask
Weinkarte, vine-kart-*e*, f., wine-list
Weinkelter, vine-kelt-*er*, f., wine-press [weeping
Weinkrampf, vine-krahmpf, m., fit of hysterical
Weinlese, vine-lay-ze, f., vintage
Weinrebe, vine-rayb-*e*, f., grape-vine
Weintraube, vine-trow-be, f., (bunch of) grape(s)
weise, vy-ze, a., wise, prudent; shrewd
Weise, vy-ze, f., manner, way, habit; mood; wise
weisen, vy-zen, v., to point, to show [man, sage
Weiser, vy-zer, m., indicator
Weisheit, vice-hite, f., wisdom, prudence
weismachen, vice-mahk-*en*, v., to make someone
weiß, vice, a., white [believe a thing
weissagen, vice-zahg-*en*, v., to prophesy, to pre-
Weißbier, vice-beer, n., pale beer [dict
Weißbrot, vice-broht, n., white (wheaten) bread

Weiße(r), vice-*e*(r), m., white man
Weißkohl, vice-kohl, m., (white) cabbage
Weißwaren, vice-vahr-*en*, f.pl., linen goods
Weisung, vy-zoong, f., (instruction(s); direction
weit, vite, a., far; wide; extensive; broad
Weite, vite-*e*, f., width, breadth; spaciousness
weiten, vite-*en*, v., to widen; to stretch   [distance
weiter, vite-*er*, compar. of **weit,** wider, more
    distant; farther, further; **—gehen,** v., to walk
    (go) on or further; **—hin,** adv., further or
    farther on
weitgreifend, vite-gry-fent, a., far-reaching
weither, vite-hair, adv., from afar   [great length
weitläufig, vite-loyf-*ik*, a., scattered, adv., at
weitsichtig, vite-zik-tik, a., far-sighted; far-seeing
Weizen, vite-sen, m., wheat
Weizenmehl, vite-sen-mail, n., wheaten flour
welcher, welche, welches, velk-*er*, -*e*, -*es*,
    pron., who, which, what; some, any
welk, velk, a., faded, withered; wrinkled
Wellblech, vell-blek, n., corrugated iron
Welle, vell-*e*, f., wave; billow; shaft
wellen, vell-*en*, v., to wave, to undulate
Wellenlänge, vell-*en*-leng-*e*, f., wave-length
wellig, vell-*ik*, a., wavy
Welt, velt, f., world
Weltall, velt-ahll, n., universe
weltberühmt, velt-*be*-reemt, a., world-famous
welterfahren, velt-air-fahr-*en*, a., worldly wise
Weltgeschichte, velt-*ge*-shik-*te*, f., history of
    the world
weltlich, velt-lik, a., worldly; temporal
Weltmacht, velt-mahkt, f., world-power
Weltstadt, velt-shtahtt, f., metropolis
Weltteil, velt-tile, m., continent
wem, vaim, pron., to whom, whom
wen, vain, pron., whom   [case
Wendeltreppe, ven-del-trep-*e*, f., winding stair-
wenden (sich), vend-*en* (sik), v., to turn. **sich
    wenden an,** sik vend-*en* ahnn, to apply to
Wendepunkt, vend-*e*-poonkt, m., turning point
Wendung, vend-oong, f., turn(ing); crisis

wenig, vain-i*k*, a., little. **wenige, vain**-ig-*e*, few

wenigstens, vain-ig-s*tens*, adv., at least

wenn, ven, conj., if, when

wer, vair, pron., who; whoever

werben, vairb-*en*, v., to woo; to recruit

Werber, vairb-*er*, m., wooer, suitor   [(future)

werden, vaird-*en*, v., to become; shall, will

werfen, vairf-*en*, v., to throw; to fling; to hurl

Werft, vairft, f., wharf; ship-(dock-)yard

Werk, vairk, n., work; labour; enterprise

Werkstatt, vairk-shtahtt, f., workshop

Werktag, vairk-tahg, m., week-day

Werkzeug, vairk-tsoyk, n., tool, instrument

wert, vairt, a., worth, of the value of

Wert, vairt, m., value; worth

Wertsachen, vairt-sahk-*en*, f.pl., valuables

wertvoll, vairt-fol, a., valuable; precious

Wesen, vayz-*en*, n., being; existence; condition; organization

wesentlich, vayz-ent-li*k*, a., essential

weshalb, ves-halb, adv., wherefore, why

Wespe, vesp-*e*, f., wasp

wessen, vess-*en*, pron., whose

Weste, vest-*e*, f., waistcoat

Westen, vest-*en*, m., west, occident

westlich, vest-li*k*, a., west(ern), westerly

weswegen, vess-vayg-*en*, adv., see **weshalb**

Wettbewerb, vet-be-vairp, m., competition

Wette, vet-*e*, f., wager, bet

Wetteifer, vet-ife-*er*, m., emulation

wetten, vet-*en*, v., to bet, to wager

Wetter, vet-*er*, n., weather   [ning

Wetterleuchten, vet-*er*-loy*k*-ten, n., sheet-light-

Wettfahrt, vet-fahrt, f., race (boat, cycling, etc.)

Wettkampf, vet-kahmp'f, m., contest

Wettlauf, vet-lowf, m., running race

Wettrennen, vet-ren-*en*, n., (horse)race

Wettspiel, vet-shpeel, n., match   [tion; match

Wettstreit, vet-shtrite, m., competition; emula-

wetzen, vet-s*en*, v., to whet, to sharpen

Wichse, vix-*e*, f., polish, blacking; thrashing

wichsen, vix-*en*, v., to polish; to thrash

Wicht, vik*t*, m., creature, wight

wichtig, vi*k*-ti*k*, a., important, weighty

Wichtigkeit, vi*k*-ti*k*-kite, f., importance

wickeln, vick-eln, v., to wind; to coil; to reel

Widder, vidd-er, m., wether, ram

wider, veed-er, prep., against, contrary to

widerfahren, veed-er-fahr-en, v., to occur, to happen

Widerhall, veed-er-hahll, m., echo, reverberation

widerlegen, veed-er-layg-en, v., to refute, to disprove

widerlich, veed-er-lich, a., repulsive; sickly [prove

widern, veed-ern, v., to be repulsive [jection

Widerrede, veed-er-rayd-e, f., contradiction, objection

widerrufen, veed-er-roof-en, v., to contradict; to retract

Widerschein, veed-er-shine, m., reflexion [retract

widersetzen (sich), veed-er-zets-en (si*k*), v., to resist [paradoxical

widersinnig, veed-er-zin-i*k*, a., contradictory; paradoxical

widerspenstig, veed-er-shpenst-i*k*, a., obstinate

widerspiegeln, veed-er-shpeeg-eln, v., to reflect

widersprechen, veed-er-shpre*k*-en, v., to contradict [tion; opposition

Widerspruch, veed-er-shprook, m., contradiction; opposition

Widerstand, veed-er-shtahnt, m., resistance

widerstehen, veed-er-shtay-en, v., to resist [verse

widerwärtig, veed-er-vairt-i*k*, a., disgusting; adverse

Widerwille(n), veed-er-vil-e(n), m., repugnance; aversion

widmen, vit-men, v., to dedicate [aversion

widrig, veed-ri*k*, a., contrary, adverse; obnoxious

wie, vee, adv., how, in what way or manner

wieder, veed-er, adv., again, once more, afresh

wiederbekommen, veed-er-be-kom-en, v., to get back [back

wiederbringen, veed-er-bring-en, v., to bring back

wiedererkennen, veed-er-air-ken-en, v., to recognize [to recover

wiederfinden, veed-er-fin-den, v., to find again; to recover

wiedergeben, veed-er-gayb-en, v., to give back

wiederherstellen, veed-er-hair-shtel-en, v., to reestablish

wiederholen, veed-er-hohl-en, v., to repeat [store

Wiederkäuer, veed-er-koy-er, m., ruminant

wiederkehren, veed-er-kayr-en, v., to return

wiederkommen, veed-er-kom-en, v., to come back or again

wiedersehen, veed-er-zay-en, v., to see again

wiederum, veed-er-oomm, adv., again; on the other hand

wiefern, vee-fairn, adv., how far, to what extent

Wiege, veeg-e, f., cradle [of . . .

wiegen, veeg-en, v., to weigh; to have a weight

Wiegenlied, veeg-en-leet, n., cradle song; lullaby

wiehern, vee-ern, v., to neigh

Wiese, veez-e, f., meadow

Wiesel, veez-el, n., weasel

wieso, vee-zoh, adv. & conj., why, wherefore;

wieviel, vee-feel, adv., how much [how so

wild, vilt, a., wild; savage

Wild, vilt, n., game, venison

Wildbret, vilt-bret, n., see **Wild**

Wilddieb, vilt-deep, m., poacher

Wildleder, vilt-layd-er, n., buckskin, deerskin

Wildnis, vilt-niss, f., wilderness

Wildschwein, vilt-shvine, n., wild boar

will, vill, 1st & 3rd pers. sing., pres. of **wollen**, will

Wille(n), vill-e(n), m., will, desire, willingness

willfahren, vill-fahr-en, v., to grant, to gratify

willig, vill-ik, a., willing; ready; docile

willkommen, vill-kom-en, a., welcome

Willkür, vill-KEER, f., free will; arbitrary power

willkürlich, vill-KEEEF-lik, a., despotic, arbitrary

wimmeln, vim-eln, v., to swarm, to abound in

wimmern, vim-ern, v., to whine, to whimper

Wimper, vimp-er, f., eyelash

Wind, vinnt, m., wind, breeze

Windbeutel, vinnt-boyt-el, m., swaggerer; [cream bun

Winde, vinn-de, f., winch, windlass

Windel, vinn-del, f., babies' napkin

windelweich, vinn-del-vy'k, a., quite soft

winden, vinn-den, v., to twist, to wind

Windhund, vinnt-hoont, m., greyhound

windig, vinn-dik, a., windy, breezy

Windmühle, vinnt-meel-e, f., windmill

windstill, vinnt-shtil, a., calm, without breeze

Windzug, vinnt-tsook, m., draught, current of air

Wink, vink, m., hint, beckoning; suggestion
Winkel, ving-*kel*, m., angle; nook, quiet corner
winken, ving-*ken*, v., to beckon, to wave one's
winseln, vinn-*zeln*, v., to whimper, to wail [hand
Winter, vinn-*ter*, m., winter(-time)
Winterschlaf, vinn-ter-shlahf, m., hibernation
Winzer, vinnt-ser, m., wine-grower or -dresser
winzig, vinnt-sik, a., a minute, diminutive; petty
Wipfel, vip-*fel*, m., tree-top
wippen, vip-*en*, v., to rock, to balance; to tip
wir, veer, pers. pron., we
Wirbel, veerb-*el*, m., whirl; vertebra; top of head
wirbeln, veerb-*eln*, v., to whirl; to warble
Wirbelsäule, veerb-*el*-zoyl-*e*, f., spine
wird, veert, 3rd pers. sing., pres. of **werden,** will
wirken, veerk-*en*, v., to work; to be effective
wirklich, veerk-*lik*, a., real, actual, substantial
Wirklichkeit, veerk-*lik*-kite, f., reality
wirksam, veerk-zahm, a., efficacious; powerful
Wirksamkeit, veerk-zahm-kite, f., efficacy
Wirkung, veerk-oong, f., effect; result
Wirkwaren, veerk-vahr-*en*, f.pl., woven goods
wirr, veerr, a., confused, tangled
Wirre, veerr-*e*, f., disorder, chaos; muddle
Wirrwarr, veerr-vahrr, m., confusion, chaos
Wirsingkohl, veer-zing-kohl, m., savoy cabbage
Wirt, veert, m., landlord; host; master of house
Wirtschaft, veert-shahft, f., inn; household
wirtschaften, veert-shahft-*en*, v., to manage
wirtschaftlich, veert-shahft-*lik*, a., economical
Wirtshaus, veerts-hows, n., inn, public-house
Wisch, vish, m., rag, duster
wischen, vish-*en*, v., to wipe [knowledge
wißbegierig, viss-*be*-gheer-*ik*, a., thirsting for
wissen, viss-*en*, v., to know, to be aware
Wissenschaft, viss-*en*-shahft, f., science
wissenschaftlich, viss-*en*-shahft-*lik*, a., scientific
wissenswert, viss-*ens*-vairt, a., worth knowing
wissentlich, viss-*ent*-*lik*, a., conscious; wilful
wittern, vit-*ern*, v., to scent, to smell; to suspect
Witterung, vit-*er*-oong, f., weather(-conditions)
Witwe, vit-*vay*, f., widow

Witwer, vit-ver, m., widower
Witz, vits, m., joke, jest; wit(tiness)
Witzblatt, vits-blahtt, n., comic paper
Witzbold, vits-bollt, m., witty fellow, joker
witzig, vits-i*k*, a., jocular, witty; droll; funny
wo, voh, adv., where; somewhere
Woche, vo*k*-e, f., week
wochenlang, vo*k*-en-lahng, a., for weeks (on end)
Wochentag, vo*k*-en-tahg, m., week-day
wöchentlich, verk-ent-li*k*, a., weekly
wodurch, voh-doohr*k*, adv., whereby
Woge, vohg-e, f., billow, wave
wogen, vohg-en, v., to surge, to swell
woher, voh-hair, adv., whence, from where
wohin, voh-hin, adv., whither, where to
wohingegen, voh-hin-gayg-en, conj., whereas
wohl, vohl, a., well. adv., well, in good health;
    indeed
Wohlbefinden, vohl-be-fin-den, n., well-being.
    sich —, si*k* —, v., to feel well
Wohlbehagen, vohl-be-hahg-en, n., comfort
wohlbehalten, vohl-be-hahllt-en, adv., safely
Wohlfahrt, vohl-fahrt, f., welfare   [pleasure
Wohlgefallen, vohl-ge-fahll-en, n., liking;
Wohlgeruch, vohl-ge-roo*k*, m., scent, perfume
wohlhabend, vohl-hahb-ent, a., well-to-do
Wohlklang, vohl-klahng, m., harmony, melody
Wohlsein, vohl-sine, n., good health
Wohlstand, vohl-shtahnt, m., well-being; wealth
Wohltäter, vohl-tayt-er, m., benefactor
wohltätig, vohl-tayt-i*k*, a., charitable
Wohltätigkeit, vohl-tayt-i*k*-kite, f., charity
wohltun, vohl-toon, v., to do good
Wohlwollen, vohl-vol-en, n., goodwill
wohnen, voh-nen, v., to live, to dwell, to reside
Wohnort, voh-nort, m., dwelling-place
Wohnstube, vohn-shtoob-e, f., living-room
Wohnung, voh-noong, f., dwelling; domicile; flat
wölben, verlb-en, v., to vault, to arch
Wolf, vollf, m., wolf
Wolke, vollk-e, f., cloud
Wolkenbruch, vollk-en-broo*k*, m., cloud-burst

Wolkenkratzer, vollk-*en***-krahtt-***ser***,** m., sky-scraper

wolkig, vollk-*ik***,** a., cloudy, clouded

Wolle, voll-*e***,** f., wool

wollen, voll-*en***,** v., will; to want to. a., woollen

wollig, voll-*ik***,** a., woolly, like wool

Wollust, voll-*loost***,** f., lust; sensuality

womit, voh-mit, adv., wherewith, by which

Wonne, von-*e***,** f., bliss, joy, ecstasy

Wonnemonat, von-*e***-mohn-aht,** m., May

woran, voh-rahnn, adv., whereon; at (by) which

worauf, voh-rowf, adv., whereon; on which

woraus, voh-rows, adv., out of which, out of what; whence

worin, voh-rin, adv., wherein; in what, in which

Wort, vort, n., word

Wörterbuch, vert-*er***-book,** n., dictionary

wörtlich, vert-*lik***,** a., literal; verbal; verbatim

Wortschatz, vort-shahtts, m., vocabulary

worüber, voh-*reeb***-***er***,** adv., about which, about what; over which

worunter, voh-*roont***-***er***,** adv., under which; among which

wovon, voh-fon, adv., from which; whereof

wovor, voh-for, adv., before which, before what

wozu, voh-tsoo, adv., for which; whereto; why

Wrack, vrahck, n., wreck(age); debris

wringen, vring-*en***,** v., to wring, to wring out

Wucherer, vook-*e***-***rer***,** m., usurer

wuchern, vook-*e***rn,** v., to grow rankly; to prac-tise usury

Wuchs, voox, m., growth

Wucht, vookt, f., impetus, force; weight

wuchtig, vook-*tik***,** a., weighty, heavy

wühlen, veel-*en***,** v., to delve; to burrow; to agitate

wund, voont, a., sore, chafed

Wunde, voonn-*de***,** f., wound; hurt; injury

Wunder, voonn-*der***,** n., miracle; marvel; wonder; **—bar,** a., wonderful; odd; **—hübsch,** a., very pretty; **—lich,** a., strange, curious, odd; **—n,** v., to astonish; **sich —n,** to marvel, to be astonished **—schön,** a., very beautiful, ex-quisite; **—voll,** a., wonderful

Wunsch, voonsh, m., wish, desire; request

wünschen, VEEnn-shen, v., to wish; to request
wünschenswert, VEEnn-shens-vairt, a., desirable
Würde, VEErd-e, f., dignity; honour; office; virtue
würdig, VEErd-ik, a., worthy; estimable; **—en,** v., to deem worthy; to deign; to value
Wurf, voorf, m., throw; cast
Würfel, VEErf-el, m., die. pl., dice; cube [together
würfeln, VEErf-eln, v., to throw dice; to jumble
würgen, VEErg-en, v., to choke; to swallow with difficulty
Wurm, voorm, m., worm; canker; serpent [ficulty
wurmig, voorm-ik, a., wormy, worm-eaten
Wurst, voorst, f., sausage
Würstchen, VEErst-ken, n., saveloy; small sausage
Würze, VEErt-se, f., seasoning; flavouring
Wurzel, voort-sel, f., root
wurzeln, voort-seln, v., to take or strike root
würzen, VEErt-sen, v., to season, to spice
würzig, VEErt-sik, a., aromatic; piquant, spicy
Wust, voost, m., confused heap; chaos
wüst, VEEst, a., desolate, deserted; waste; repulsive
Wüste, VEEst-e, f., desert; wilderness
wüsten, VEEst-en, v., to squander; to (lay) waste
Wüstling, VEEst-ling, m., debauchee; dissolute
Wut, voot, f., rage, anger, wrath; mania [fellow
wüten, VEEt-en, v., to rage
wütend, VEEt-ent, a., raging, wrathful; furious
Wüterich, VEEt-er-ik, m., tyrant; frantic person

Xanthippe, xahnn-tip-e, f., Xanthippe; shrew; termagant
X-beine, icks-by-ne, n.pl., knock-knees [times
x-mal, icks-mahl, adv., (pop.) many (umpteen)

Yacht, yahkt, f., yacht

Zacke, tsahck-e, f., tooth of comb; prong; peak
zacken, tsahck-en, v., to scallop; to indent
zackig, tsahck-ik, a., jagged; toothed
zagen, tsahg-en, v., to be timid; to lack courage
zaghaft, tsahk-hahft, a., timid; nervous
zäh, tsay, a., tough; gluey, glutinous; leathery
Zahl, tsahl, f., number, figure

zahlen, tsahl-*en,* v., to pay

zählen, tsayl-*en,* v., to count; to reckon [amount to

zahlreich, tsahl-ryk, a., numerous [amount to

Zahlung, tsahl-oong, f., payment

Zählung, tsayl-oong, f., counting; (e)numeration

zahm, tsahm, a., tame(d); domesticated

zähmen, tsaym-*en,* v., to tame; to break in; to

Zähmung, tsaym-oong, f., taming [domesticate

Zahn, tsahn, m., tooth; tusk; cog

Zahnarzt, tsahn-artst, m., dentist

Zahnbürste, tsahn-BEErst-*e,* f., tooth-brush

Zahnfleisch, tsahn-fly'sh, m., gums

Zahnpasta, tsahn-pahsst-ah, n., tooth-paste

Zahnrad, tsahn-raht, n., toothed-(cog-)wheel

Zahnschmerz, tsahn-shmairts, m., toothache

Zahnstocher, tsahn-shtok-*er,* m., toothpick

Zahnweh, tsahn-vay, f., see **Zahnschmerz**

Zange, tsahng-*e,* f., tongs; pliers; tweezers

Zank, tsahnk, m., quarrel, altercation; dispute

zanken, tsahng-*ken,* v., to quarrel; to scold

zänkisch, tseng-kish, a., quarrelsome; nagging

Zapfen, tsahpp-*fen,* m., tap; bung, spigot; plug.
   v., to tap (barrels, etc.); —**streich,** m., lights-

zappelig, tsahpp-*el-ik,* a., fidgety   [out; tattoo

zappeln, tsahpp-*eln,* v., to fidget; to jerk; to

Zar, tsar, m., Tsar   [kick about

zart, tsart, a., tender; delicate; frail, weak

zartfühlend, tsart-FEEL-ent, a., tender-hearted

zärtlich, tsairt-lik, a., affectionate; tender [derness

Zärtlichkeit, tsairt-lik-kite, f., endearments; ten-

Zauber, tsowb-*er,* m., magic, charm, enchantment

Zauberei, tsowb-*e-ry,* f., magic; witchcraft

Zauberer, tsowb-*e-rer,* m., magician; sorcerer

Zauberkünstler, tsowb-*er-*KEENst-ler, m., con-

zaubern, tsowb-*ern,* v., to practise magic   [jurer

zaudern, tsowd-*ern,* v., to hesitate; to waver;

Zaum, tsowm, m., bridle, rein   [to hang back

zäumen, tsoym-*en,* v., to bridle

Zaumzeug, tsowm-tsoyk, n., head-harness(horses)

Zaun, tsown, m., fence; rail(ing)

zäunen, tsoyn-*en,* v., to fence in

Zaunkönig, tsown-kern-*ik,* m., wren

zausen, tsowz-*en*, v., to tug, to pull [quiet: mine

Zeche, tse*k*-*e*, f., reckoning; score; carouse; ban-

zechen, tse*k*-*en*, v., to carouse; to drink hard

Zechprellerei, tse*k*-prel-*e*-ry, f., not paying one's

Zeder, tsay-d*er*, f., cedar   [bill; bilking

Zeh(e), tsay(-*e*), m. (f.), toe

Zehenspitze, tsay-*en*-shpit-s*e*, f., tip of toe

zehn, tsain, a., ten. —**fach**, -fah*k*, a., tenfold

zehnte, tsain-t*e*, a., tenth

Zehntel, tsain-t*el*, n., tenth (part) [to waste (body)

zehren, tsayr-*en*, v., to take nutriment; to shrink

Zeichen, tsy-*ken*, n., sign, mark, brand; indication

zeichnen, tsy-*k*-n*en*, v., to draw, to design; to sign

Zeichner, tsy-*k*-n*er*, m., draughtsman

Zeichnung, tsy-*k*-noong, f., drawing, sketch(ing)

Zeigefinger, tsy-g*e*-fing-*er*, m., index, forefinger

zeigen, tsy-g*en*, v., to show; to point; to manifest

Zeiger, tsy-g*er*, m., hand (clock, etc.); indicator

Zeile, tsy-l*e*, f., (written) line

Zeit, tsite, f., time; era, epoch; period   [the age

Zeitgeist, tsite-guy'st, m., Father Time; spirit of

Zeitgenosse, tsite-g*e*-noss-*e*, m., contemporary

zeitig, tsite-i*k*, a., timely; opportune; in good time

zeitigen, tsite-ig-*en*, v., to mature; to come to a

Zeitlang, tsite-lahng, f., (for) some time   [head

zeitlebens, tsite-layb-*ens*, adv., for life

zeitlich, tsite-li*k*, a., temporal, earthly

Zeitpunkt, tsite-poonkt, m., moment; epoch

Zeitraum, tsite-rowm, m., period, space of time

Zeitschrift, tsite-shrift, f., periodical (journal)

Zeitung, tsy-toong, f., newspaper, daily paper

Zeitverschwendung, tsite-fair-shvend-oong, f.,
waste of time

Zeitvertreib, tsite-fair-tripe, m., pastime

zeitweilig, tsite-vile-i*k*, a., temporary

zeitweise, tsite-vy-z*e*, adv., for a time

Zeitwort, tsite-vort, n., verb

Zelle, tsel-*e*, f., cell

Zelt, tselt, n., tent; awning

zensieren, tsen-zee-r*en*, v., to censure; to give
marks (school)   [tificate

Zensur, tsen-zoor, f., censorship; (school) cer-

Zentrale, tsent-**rahl**-*e*, f., central; ('phone) ex- [**change**
Zepter, tsep-ter, n., sceptre; mace
zerbrechen, tsair-**brek**-en, v., to break to pieces
zerbrechlich, tsair-**brek**-lik, a., brittle; breakable
zerdrücken, tsair-**drEEck**-en, v., to crush
Zerfall, tsair-**fahll,** m., decay, ruin
zerfallen, tsair-**fahll**-en, v., to fall to pieces
zerfetzen, tsair-**fets**-en, v., to tear to shreds; to slit
zerfleischen, tsair-**fly**-shen, v., to tear to pieces
zerfressen, tsair-**fress**-en, v., to eat away; to cor- [**rode**
zergehen, tsair-**gay**-en, v., to dissolve
zergliedern, tsair-**gleed**-ern, v., to dismember
zerhacken, tsair-**hahck**-en, v., to hack to pieces
zerhauen, tsair-**how**-en, v., to cut up (carcase)
zerkauen, tsair-**kow**-en, v., to chew well [**crunch**
zerknacken, tsair-**k'nahck**-en, v., to crack, to
zerknirscht, tsair-**k'neersht,** a., contrite, penitent
zerknittern, tsair-**k'nitt**-ern, v., to crush
zerkratzen, tsair-**krahtt**-sen, v., to spoil by
zerlegen, tsair-**layg**-en, v., to dissect [scratching
zerlumpt, tsair-**loompt,** a., in rags, ragged
zermahlen, tsair-**mahl**-en, v., to grind up
zermalmen, tsair-**mahlm**-en, v., to grind to
    powder; to smash up [**burst**
zerplatzen, tsair-**plahtt**-sen, v., to explode
zerquetschen, tsair-**kvet**-shen, v., to crush, to
    squash
zerreiben, tsair-**ry**-ben, v., to rub to powder
zerreißen, tsair-**ry**-sen, v., to tear (to pieces); to
zerren, tsair-**ren,** v., to tug, to drag [**rend**
zerrinnen, tsair-**rin**-en, v., to dissolve; to melt
    (away) [to shiver
zerschellen, tsair-**shel**-en, v., to dash to pieces
zerschießen, tsair-**shees**-en, v., to shoot to pieces
zerschlagen, tsair-**shlahg**-en, v., to smash up
zerschmettern, tsair-**shmett**-ern, v., to shatter
zerschneiden, tsair-**shny**-den, v., to cut up
zersetzen, tsair-**zet**-sen, v., to disintegrate
zersplittern, tsair-**shplit**-ern, v., to splinter
zersprengen, tsair-**shpreng**-en, v., to explode
zerspringen, tsair-**shpring**-en, v., to burst; to
    split

zerstampfen, tsair-shtahmp-fen, v., to pound

zerstechen, tsair-shtek-en, v., to prick; to pierce

zerstören, tsair-shter-en, v., to destroy

Zerstörung, tsair-shter-oong, f., destruction

zerstreuen, tsair-shtroy-en, v., to scatter; to amuse   [minded

zerstreut, tsair-shtroyt, a., scattered; absent-

Zerstreuung, tsair-shtroy-oong, f., diversion; distraction   [ber; to chop up

zerstücke(l)n, tsair-shtEECK-e(l)n., v., to dismem-

zerteilen, tsair-ty-len, v., to split up; to divide

zertreten, tsair-trayt-en, v., to tread under foot

zertrümmern, tsair-trEEmm-ern, v., to wreck; to demolish

zerzausen, tsair-tsowz-en, v., to crumple; to

zetern, tsayt-ern, v., to cry out in protest [crease

Zettel, tset-el, n., a label, slip of paper; note

Zeug, tsoyk, n., stuff, material; thing(s); utensils

Zeuge, tsoyg-e, m., witness   [ness; to beget

zeugen, tsoyg-en, v., to give evidence; to wit-

Zeugnis, tsoyk-niss, n., testimony; certificate

Zichorie, tsee-kohr-ye, f., chicory

Zicke, tsick-e, f., (pop.) goat

Zicklein, tsick-line, n., kid

zickzack, tsick-tsahck, adv., in zigzag

Ziege, tseeg-e, f., nanny-goat; —nbock, m., billy-goat

Ziegel, tseeg-el, n., tile; brick; —stein, m., brick

Ziegenpeter, tseeg-en-payt-er, m., mumps

zichen, tsee-en, v., to draw; to pull; to be draughty; to move; to rear; to train

Ziehharmonika, tsee-har-mohn-ick-ah, f., accor-

Ziel, tseel, n., goal; aim; limit, boundary   [dion

zielen, tseel-en, v., to (take) aim

Zielscheibe, tseel-shy-be, f., target, butt

ziemen (sich), tseem-en (sik), v., to be seemly

ziemlich, tseem-lik, a., fair; moderate; passable

Zierat, tseer-aht, m., decoration; ornament

Zier(de), tseer-(de), f., ornament

zieren, tseer-en, v., to grace; to decorate

zierlich, tseer-lik, a., dainty; graceful; neat

Ziffer, tsif-er, f., figure, number; cypher

Zifferblatt, tsif-*er*-blahtt, n., dial
Zigarette, tsee-gah-ret-*e*, f., cigarette
Zigarre, tsee-gahrr-*e*, f., cigar
Zigeuner, tsee-goyn-*er*, m., gipsy
Zimmer, tsim-*er*, n., room, chamber, apartment
Zimmermann, tsim-*er*-mahn, m., carpenter
zimmern, tsim-*ern*, v., to do carpentry; to hew
Zim(me)t, tsimt, m., cinnamon [with an axe
zimperlich, tsimp-*er*-lik, a., affected; finical;
Zink, tsink, n., zinc [prudish
Zinke, tsing-ke, f., prong; (comb) tooth
Zinn, tsin, n., tin
Zinne, tsin-*e*, f., battlement; pinnacle
zinnern, tsin-*ern*, a., of tin or pewter
Zins, tsins, m., rent; tribute; interest
Zinsen, tsin-zen, pl., interest; usury
Zinsfuß, tsins-foos, m., rate of interest
Zipfel, tsip-fel, m., tip, point; corner
zirka, tseer-kah, (abbrev. ca.), adv., about, nearly
Zirkel, tseer-kel, m., compasses; circle; society
zirkulieren, tseer-koo-leer-*en*, v., to circulate
zirpen, tseer-pen, v., to chirp; to squeak
zischeln, tsish-eln, v., to whisper
zischen, tsish-en, v., to hiss; to sizzle; to fizzle
Zitat, tsee-taht, n., quotation, quoted passage
Zither, tsit-*er*, f., zither; lute
zitieren, tsee-teer-*en*, v., to quote; to cite
Zitrone, tsee-trohn-*e*, f., lemon
zittern, tsit-*ern*, v., to tremble; to shiver; to
Zitze, tsit-se, f., nipple; teat; dug [quake
Zobel, tsoh-bel, m., sable
Zofe, tsohf-e, f., lady's maid
zögern, tserg-*ern*, v., to hesitate; to linger; to
Zögling, tserk-ling, m., pupil; charge [draw back
Zoll, tsol, m., toll; (import-) duty; customs; inch;
—**amt,** n., customs-house; —**beamte(r),**
m., customs officer; —**en,** v., to pay duty;
to show homage; —**revision,** f., customs examination; —**stock,** m., foot-rule
Zopf, tsop'f, m., plait, tress, pigtail
Zorn, tsorn, m., wrath, anger, indignation
zornig, tsorn-*ik*, a., angry, wrathful, indignant

Zote, tsoht-*e*, f., obscene word or joke

zotig, tsoht-*ik*, a., obscene, smutty

zottig, tsot-*ik*, a., shaggy; tousled

zu, tsoo, prep., to, at, by, for, in. adv., too

Zubehör, tsoo-be-her, f. & n., accessories; appurtenances

zubekommen, tsoo-be-kom-*en*, v., to receive in addition; to succeed in closing

zubereiten, tsoo-be-ry-ten, v., to prepare

zubinden, tsoo-bin-*den*, v., to tie or bind up

zubleiben, tsoo-bly-ben, v., to remain shut

zubringen, tsoo-bring-*en*, v., to spend (time)

Zucht, tsookt, f., breeding; training; discipline; de-

züchten, tsEEk-ten, v., to breed; to grow [cency

Züchter, tsEEk-ter, m., breeder; keeper; cultivator

Zuchthaus, tsookt-hows, n., penitentiary

züchtig, tsEEk-tik, a., chaste; demure, modest

züchtigen, tsEEk-tig-en, v., to chastise; to punish

Züchtigung, tsEEk-tig-oong, f., chastisement

Züchtung, tsEEk-toong, f., breeding; cultivation

zucken, tsoock-en, v., to twitch, to quiver; to jerk

zücken, tsEEck-en, v., to draw (sword, dagger, etc.)

Zucker, tsoock-er, m., sugar

zuckerig, tsoock-er-ik, a., sugary [diabetes

Zuckerkrankheit, tsoock-er-krahnk-hite, f.,

zuckern, tsoock-ern, v., to (sweeten with) sugar

Zuckerrohr, tsoock-er-rohr, n., sugar-cane

Zuckerrübe, tsoock-er-rEEb-*e*, f., sugar-beet

zudecken, tsoo-deck-en, v., to cover up or over

zudem, tsoo-daym, adv., moreover, besides

Zudrang, tsoo-drahng, m., crowd outside or besieging place [a place

zudrängen, tsoo-dreng-en, v., to throng or besiege

zudrehen, tsoo-dray-en, v., to turn off (taps)

zudringlich, tsoo-dring-lik, a., obtrusive; forward

Zudringlichkeit, tsoo-dring-lik-kite, f., forwardness [pressing

zudrücken, tsoo-drEEck-en, v., to close (by)

zueilen, tsoo-i-len, v., to hurry towards [other

zueinander, tsoo-ine-ahnn-der, adv., to one an-

zuerst, tsoo-airst, adv., (in the) first (place)

Zufall, tsoo-fahll, m., chance, accident

zufallen, tsoo-fahll-*en*, v., to close by falling, to swing to; to accrue to a person

zufällig, tsoo-fel-*ik*, a., by chance, casual

zufassen, tsoo-fahss-*en*, v., to grasp hold of

zuflicken, tsoo-flick-*en*, v., to patch, to darn

zufliegen, tsoo-fleeg-*en*, v., to fly towards

zufließen, tsoo-flees-*en*, v., to flow towards

Zuflucht, tsoo-flookt, f., shelter, refuge

zufolge, tsoo-folg-*e*, prep., owing to

zufrieden, tsoo-freed-*en*, a., satisfied, content(ed); **—heit,** f., contentment; **—stellen,** v., to satisfy

zufrieren, tsoo-freer-*en*, v., to freeze up

zufügen, tsoo-fEEg-*en*, v., to add (to); to inflict

Zug, tsook, m., train; drawing; draught (air); march, procession; trait; move   [encore

Zugabe, tsoo-gahb-*e*, f., supplement, make-weight;

Zugang, tsoo-gahng, m., access, admittance

zugänglich, tsoo-geng-lik, a., accessible   [grant

zugeben, tsoo-gayb-*en*, v., to add; to admit;

zugegen, tsoo-gayg-*en*, a., in attendance   [happen

zugehen, tsoo-gay-*en*, v., to close (up); to reach;

zugehören, tsoo-ge-her-*en*, v., to appertain to

zugehörig, tsoo-ge-her-ik, a., proper; requisite

Zügel, tsEEg-*el*, m., bridle

zügellos, tsEEg-el-lohs, a., unbridled

zügeln, tsEEg-*el*n, v., to bridle

Zugeständnis, tsoo-ge-shtent-niss, n., concession

zugetan, tsoo-ge-tahn, a., devoted   [file-leader

Zugführer, tsook-fEEr-*er*, m., guard of train;

zugießen, tsoo-ghees-*en*, v., to add by pouring

zugig, tsoog-ik, a., draughty   [(in)

zugleich, tsoo-gly'k, adv., at the same time

Zugluft, tsook-looft, f., draught (air)

zugraben, tsoo-grahb-*en*, v., to cover with earth

zugreifen, tsoo-gry-f*en*, v., to seize a thing; to help oneself   [to the bottom

zugrunde, tsoo-groonn-d*e*, adv., to destruction,

Zugtier, tsook-teer, n., draught-animal

zugunsten, tsoo-goonn-st*en*, prep., in favour of

zugute, tsoo-goot-*e*, adv., to the benefit of

Zugvogel, tsook-fohg-*el*, m., bird of passage

zuhaken, tsoo-hahk-*en*, v., to fasten with a hook

zuhalten, tsoo-hahllt-*en*, v., to keep a thing closed

zuhauen, tsoo-how-*en*, v., to strike blows (at); to cut up [cut up

zuheilen, tsoo-hile-*en*, v., to heal up

zuhorchen, tsoo-hork-*en*, v., to listen attentively

zuhören, tsoo-her-*en*, v., to listen [towards

zukehren (**sich**), tsoo-kayr-*en* (sik), v., to turn

zuklappen, tsoo-klahpp-*en*, v., to close with a bang

zuknöpfen, tsoo-k'nerpp-*en*, v., to button up

zukommen, tsoo-kom-*en*, v., to reach a person; to be due to [to be due to

Zukunft, tsoo-koonft, f., future

zukünftig, tsoo-KEENft-i*k*, a., future

zulächeln, tsoo-le*k*-*e*ln, v., to smile at

Zulage, tsoo-lahg-*e*, f., bonus, rise in salary

zulangen, tsoo-lahng-*en*, v., to help oneself

zulänglich, tsoo-leng-li*k*, a., adequate, sufficient

zulassen, tsoo-lahss-*en*, v., to admit; to leave shut [to permit

zulässig, tsoo-less-i*k*, a., admissible

Zulauf, tsoo-lowf, m., concourse, pressure of people; —**en**, v., to rush along or towards; to flock to [to provide oneself with

zulegen, tsoo-layg-*en*, v., to add. **sich...,** sik...,

zuleide tun, tsoo-ly-d*e*-toon, v., to do hurt

zuleiten, tsoo-ly-t*en*, v., to convey towards

zuletzt, tsoo-letst, av., at last; ultimately

zuliebe, tsoo-leeb-*e*, adv., for love of; as a favour

zum, tsoomm. = **zu dem**, tsoo daym, for (to) the

zumachen, tsoo-mah*k*-*en*, v., to shut, to close

zumal, tsoo-**mahl**, adv., especially; chiefly

zumauern, tsoo-mow-*e*rn, v., to brick up

zumeist, tsoo-**my'st**, adv., for the most part

zumute, tsoo-moot-*e*, adv., in a mood

zumuten, tsoo-moot-*en*, v., to expect someone to do something [mand or expectation

Zumutung, tsoo-moot-oong, f., unreasonable demand or expectation

zunächst, tsoo-nay*k*st, adv., first of all

zunageln, tsoo-nahg-*e*ln, v., to nail up

Zunahme, tsoo-nahm-*e*, f., increase; growth

Zuname(n), tsoo-nahm-*e*(n), m., family (sur-)name [name

zünden, ts*EE*nn-d*e*n, v., to light, to ignite; to set on fire [on fire

Zunder, tsoonn-d*e*r, m., tinder

Zünder, tsEEnn-der, m., fuse, slow match
Zündholz, tsEEnt-holts, n., match
Zündkerze, tsEEnt-kairt-se, f., sparking-plug
zunehmen, tsoo-naym-en, v., to increase; to grow
Zuneigung, tsoo-ny-goong, f., inclination; sym-
Zunft, tsoonnft, f., guild, corporation [pathy
Zunge, tsoong-e, f., tongue
züngeln, tsEEng-eln, v., to leap up (fire)
zungenfertig, tsoong-en-fairt-ik, a., fluent
zunicht(e), tsoo-nikt(-e), adv., to nought, to death
zunicken, tsoo-nick-en, v., to nod towards
zupfen, tsoopp-fen, v., to pluck, to unravel [someone
zuraten, tsoo-raht-en, v., to advise something to
zurechnen, tsoo-rek-nen, v., to reckon on to
zurechnungsfähig, tsoo-rek-noongs-fay-ik, a.,
accountable for one's actions
zurecht, tsoo-rekt, adv., in (good) order; aright
zurecht(legen), or (**machen**), tsoo-rekt-(layg-
en) (mahk-en), v., to prepare (lay out) a thing
zurechtsetzen, tsoo-rekt-zet-sen, v., to set right
zurechtstellen, tsoo-rekt-shtel-en, v., to set right
zurechtweisen, tsoo-rekt-vy-sen, v., to reprimand; to advise
zureden, tsoo-rayd-en, v., to advise; to urge; to
zureichen, tsoo-ry-ken, v., to suffice [comfort
zureiten, tsoo-ry-ten, v., to break in (horses)
zurichten, tsoo-rik-ten, v., to make ready; to dress
zuriegeln, tsoo-reeg-eln, v., to bolt (up)
zürnen, tsEErn-en, v., to be angry (with)
zurück, tsoo-rEECk, adv., back, backward(s);
—bekommen, —be-kom-en, v., to get back;
to recover; **—bezahlen**, —be-tsahl-en, to pay
back; **—bleiben**, —bly-ben, to remain or lag
behind; **—drängen**, —dreng-en, to push back;
—eilen, —ile-en, to hurry back; **—erhalten**,
—air-hahlt-en, to receive back; **—erinnerung**,
—air-in-er-oong, f., reminiscence; **—erstatt-
en**, —air-shtaht-en, to return; to refund;
—fahren, —fahr-en, to drive back; to recoil;
—finden (**sich**), —fin-den, (sik), to find one's
way back; **—führen**, —fEEr-en, to lead, or trace
back; **—gezogen**, —getsohg-en, a., secluded;

—**halten**, —hahllt-en, v., to keep back, to hold back; —**haltung**, —hahllt-oong, f., reserve, retention; —**kehren**, —kayr-en, v., to return; —**kommen**, —kom-en, to come back; —**lassen**, —lahss-en, to leave behind; —**legen**, —layg-en, to cover (distance); to put back or by; —**leiten**, —ly-ten, to conduct back; to trace back; —**nahme**, —nahm-e, f., retraction; taking back; —**nehmen**, —naym-en, v., to take back; to retract; —**rufen**, —roof-en, to call back; to recall; —**schaffen**, —shahff-en, to convey back; —**schicken**, —shick-en, to send back; —**schlagen**, —shlahg-en, to hit back; to throw back; to drive back; —**schrecken**, —shreck-en, to shrink back; to frighten off; —**setzen**, —zet-sen, to set back; to slight; —**stehen**, —shtay-en, to stand back; to be inferior; —**stellen**, —shtel-en, to put back; —**treten**, —trayt-en, to step back; to retire; —**weichen**, —vy-ken, to recede, to yield; —**weisen**, —vy-zen, to reject; to refer back; —**ziehen**, —tsee-en, to withdraw

zurufen, tsoo-roof-en, v., to call to, to call after

Zusage, tsoo-zahg-e, f., promise; assent

zusagen, tsoo-zahg-en, v., to promise; to assent

zusammen, tsoo-zahmm-en, adv., together; —**brechen**, v., to collapse; —**bringen**, —bring-en, v., to bring together; to amass; —**fahren**, —fahr-en, v., to be startled; to travel together; —**fall**, —fahll, m., collapse, crash; —**fallen**, —fahll-en, v., to collapse; to lose flesh; —**fassen**, —fahss-en, v., to summarize; —**finden**, —fin-den, v., to find together; **sich** —, sik —, to meet; —**fügen**, —fEEg-en, v., to join, to unite; —**gesetzt**, —ge-setzt, a., composed, composite; —**halt**, —hahlt, m., holding together; coherence; unity; —**halten**, —hahlt-en, v., to cling together, to hold together; —**hang**, —hahng, m., context, cohesion, connection; —**klappen**, —klahpp-en, v., to fold together; —**kunft**,

—**koonft,** f., meeting; conference; —**legen,** —layg-*en,* v., to place together; to club together; —**nehmen,** —naym-*en,* v., to take together; **sich —,** sik —, to collect oneself; —**schließen,** —shlees-*en,* v., to join up; to combine; to chain together; —**schrecken,** —shreck-*en,* v., to startle; —**schrumpfen,** —shroomp-*fen,* v., to shrink; —**setzen,** —zet-*sen,* v., to put together; to combine; to compose; —**stellen,** —shtel-*en,* v., to assemble, to put together; —**steuern,** —stoy-*ern,* v., to club together; —**stimmen,** —shtim-*en,* v., to agree; —**stoß,** —shtohs, m., collision; —**sturz,** —shtoorts, m., collapse, crash; —**tun,** —toon, v., to put together; **sich —,** sik —, to unite; —**ziehen,** —tsee-*en,* v., to contract; to draw together

Zusatz, tsoo-zahtts, m., addition; postscript
zuschauen, tsoo-show-*en,* v., to watch; to look on
Zuschauer, tsoo-show-*er,* m., spectator [torium
Zuschauerraum, tsoo-show-er-rowm, m., audi-
zuschicken, tsoo-shick-*en,* v., to send (to)
zuschieben, tsoo-sheeb-*en,* v., to push to; to blame
zuschießen, tsoo-shees-*en,* v., to contribute
Zuschlag, tsoo-shlahk, m., addition; flux
zuschlagen, tsoo-shlahg-*en,* v., to slam; to close; to knock down; to add
zuschließen, tsoo-shlees-*en,* v., to lock up
zuschneiden, tsoo-shny-den, v., to cut (out)
Zuschneider, tsoo-shny-der, m., cutter (tailoring)
zuschreiben, tsoo-shry-ben, v., to attribute; to ascribe
Zuschrift, tsoo-shrift, f., communication
Zuschuß, tsoo-shoos, m., bonus; allowance
zusehen, tsoo-zay-*en,* v., to look on; to see to
zusehends, tsoo-zay-ends, adv., visibly
zusetzen, tsoo-zet-*en,* v., to add to; to alloy with
zuspitzen, tsoo-shpits-*en,* v., to point; to taper
zusprechen, tsoo-shprek-*en,* v., to cheer one up
Zustand, tsoo-shtahnnt, m., condition, state, lot
zustandekommen, tsoo-**shtahnn-**de-kom-*en,* v., to come about

zuständig, tsoo-shten-dik, a., competent
zustehen, tsoo-shtay-en, v., to be proper or right
zustellen, tsoo-shtel-en, v., to deliver
zustimmen, tsoo-shtim-en, v., to agree; to assent
zustoßen, tsoo-shtohs-en, v., to slam to; to befall
zustutzen, tsoo-shtoott-sen, v., to trim up
zutage, tsoo-**tahg**-e, a., to the light of day
Zutat, tsoo-taht, f., ingredient; trimming
zuteilen, tsoo-tile-en, v., to apportion; to allot
zutragen, tsoo-trahg-en, v., to carry; to bring to
zuträglich, tsoo-trayk-lik, a., wholesome; useful
zutrauen, tsoo-trow-en, v., to think one capable of
Zutrauen, tsoo-trow-en, n., confidence
zutraulich, tsoo-trow-lik, a., trusting; friendly
zutreffend, tsoo-tref-ent, a., correct
Zutritt, tsoo-trit, m., admittance; admission
zutun, tsoo-toon, v., to close; to add; to inflict
zuverlässig, tsoo-fair-less-ik, a., reliable
Zuversicht, tsoo-fair-sikt, f., confident hope
zuvorkommen, tsoo-**fohr**-kom-en, v., to forestall
zuvorkommend, tsoo-**fohr**-kom-ent, a., obliging
Zuwachs, tsoo-vahx, m., increase; growth
zuwege, tsoo-**vayg**-e, adv., on foot, on the way
zuweisen, tsoo-vy-zen, v., to allot; to assign
zuwenden, tsoo-vend-en, v., to turn to; to bestow
zuwerfen, tsoo-vairf-en, v., to cast to; to slam
zuwider, tsoo-veed-er, a., contrary; distasteful
zuziehen, tsoo-tsee-en, v., to draw together; to
    incur; to consult; **sich —,** sik —, to catch
Zwang, tsvahng, m., compulsion; coercion
zwängen, tsveng-en, v., to force; to constrain
zwanzig, tsvahnt-sik, a., twenty
zwar, tsvahr, adv., indeed; although
Zweck, tsveck, m., purpose; object, aim
Zwecke, tsveck-e, f., peg, tack
zweckmäßig, tsveck-mace-ik, a., suitable
zwecks, tsvecks, prep., for the purpose of
zwei, tsvy, a., two; **—deutig,** a., ambiguous;
    —erlei, of two kinds; **—mal,** adv., twice
Zweifel, tsvy-fel, m., doubt, uncertainty
zweifelhaft, tsvy-fel-hahft, a., doubtful
zweifeln, tsvy-feln, v., to doubt

Zweig, tsvike, m., branch, twig, bough

Zweikampf, tsvy-kahmp'f, m., single combat

Zweirad, tsvy-raht, n., bicycle

zweite, tsvy-te, a., second

Zwerg, tsvairk, m., dwarf

Zwetsch(g)e, tsvetsh-(g)e, f., plum, prune

zwicken, tsvick-en, v., to pinch, to nip

Zwicker, tsvick-er, m., eye-glasses, pince-nez

Zwieback, tsvee-bahck, m., rusk, biscuit

Zwiebel, tsveeb-el, f., onion; (flower-)bulb [chat

Zwiegespräch, tsvee-ge-shprayk, n., dialogue,

Zwiespalt, tsvee-shpahlt, m., disagreement

Zwietracht, tsvee-trahkt, f., discord

Zwilling, tsvil-ing, m., twin

Zwinge, tsving-e, f., ferrule; tip; clamp; vice

zwingen, tsving-en, v., to compel, to force

Zwinger, tsving-er, m., cage (mostly wild beasts)

zwinkern, tsving-kern, v., to wink; to twinkle

Zwirn, tsveern, m., thread; twine, yarn

zwischen, tsvish-en, prep., between; among(st)

Zwischenakt, tsvish-en-ahckt, m., interval

Zwischendeck, tsvish-en-deck, n., steerage

zwischendurch, tsvish-en-doohrk, adv., between
     (whiles)   [link

Zwischenglied, tsvish-en-gleet, n., connecting

Zwischenhändler, tsvish-en-hend-ler, m., mid-
     dleman   [time

zwischenher, tsvish-en-hair, adv., in the mean-

Zwischenraum, tsvish-en-rowm, m., gap, space

Zwischenwand, tsvish-en-vahnt, f., partition

Zwist(igkeit), tsvist(ik-kite), f., discord; quarrel

zwitschern, tsvit-shern, v., to chirp, to twitter

zwo, tsvoh, = zwei, tsvy, a., two (used on 'phone)

zwölf, tsverlf, a., twelve

zwölfte, tsverlf-te, a., twelfth

Zylinder, tsee-lin-der, m., cylinder; silk hat

ENGLISH-DEUTSCHES
WÖRTERBUCH

(Man lese sorgfältig die Erklärung der nachgeahmten Aussprache auf Seiten vii. und x.)

a, eh, art., ein, eine, ein

abandon, *a*-bänn-d'n, v., verlassen; (give up) aufgeben; — **ed**, a., verlassen; (morally) verworfen

abase, *a*-behs, v., erniedrigen

abash, *a*-bäsch, v., beschämen

abate, *a*-beht, v., vermindern; (price) nachlassen

abbot, äb-*b*at, s., Abt m.

abbreviate, *a*-briew-i-äht, v., abkürzen

abdicate, äbb-di-käht, v., abdanken; entsagen

abdomen, äbb-doh-men, s., Unterleib m.

abduction, äbb-*d*ack-sch'n, s., Entführung f.

abet, *a*-bett, v., mithelfen

abeyance, *a*-beh-ens, s., Unentschiedenheit f.

abhor, *ab*-hor, v., verabscheuen

abhorrent, *ab*-hor-'nt, a., zuwider, verhaßt

abide, *a*-beid, v., verweilen, bleiben; — **by**, beharren

ability, *a*-bil-i-ti, s., Fähigkeit f., Tüchtigkeit f.

abject, äbb-djekt, a., verworfen; kriechend

ablaze, *a*-blehs, a. & adv., brennend, lodernd

able, ä-b'l, a., fähig, tüchtig; **to be —**, können

ably, ä-bli, adv., geschickterweise

abnormal, äbb-nor-m'l, a., abnorm, regelwidrig;
(misshapen) mißgestaltet

aboard, *a*-bord, adv., an Bord

abode, *a*-bohd, s., Wohnsitz m.

abolish, *a*-boll-isch, v., abschaffen

abominable, *a*-bomm-in-a-b'l, a., abscheulich

aboriginal, *abb*-o-ridsch-i-n'l, a., eingeboren

abortion, *a*-bor-sch'n, s., Frühgeburt f.

abound, *a*-baund, v., reichlich vorhanden sein

about, *a*-baut, adv., ungefähr; um, ringsherum

above, *a*-baw, adv., oben, prep., über

abrasion, *a*bb-reh-sch'n, s., Hautabschürfung f.

abreast, *a*-brest, adv., nebeneinander

abridge, *a*-bridsch, v., abkürzen, verkürzen

abroad, *a*-bro'ad, adv., auswärts; im Ausland

abrupt, *a*-brapt, .a, schroff; (step) jäh

abscess, äbb-sess, s., Geschwür n.

abscond, abb-skond, v., durchgehen, flüchten

absence, äbb-sens, s., Abwesenheit f.

absent, äbb-sent, a., abwesend. v., (— oneself) fernbleiben; **—ee,** s., Abwesende m. & f.;
—minded, a., zerstreut

absolute, äbb-soh-ljuht, a., absolut; unbedingt

absolve, abb-solw, v., lossprechen; **— from,**
freisprechen, entheben

absorb, abb-sorb, v., aufsaugen; (fig.) ganz in
Anspruch nehmen

abstain, abb-stehn, v., sich enthalten

abstainer, äbb-steh-ner, s., Abstinenzler m.

abstemious, abb-sti-mjass, a., enthaltsam

abstinence, äbb-sti-nens, s., Enthaltsamkeit f.

abstract, äbb-sträckt, v., entwenden, [her-]aus-
ziehen

abstract, äbb-sträckt, s., Auszug m. a., abstrakt

absurd, abb-sörd, a., albern; unvernünftig

abundant, *a*-bann-d'nt, a., reichlich, überschüssig

abuse, *a*-bjuhs, v., mißbrauchen; beschimpfen

abuse, *a*-bjuhss, s., Mißbrauch m.; (affront) Be-
schimpfung f.

abusive, abb-juhs-iw, a., schmähend; mißbräuch-

abyss, *a*-biss, s., Abgrund m.; Schlund m. [lich

academy, *a*-kädd-e-mi, s., Akademie f.

accede, äck-sied, v., einwilligen;(throne) besteigen

accelerate, äck-sell-e-räht, v., beschleunigen

accent, äck-sent, s., Akzent m.; Betonung f.

accentuate, äck-sent-juh-eht, v., betonen

accept, äck-sept, v., annehmen; akzeptieren;
—ance, s., Annahme f.; Akzept n.; **—or,**
Annehmer m.; (commercial) Akzeptant m.

access, äck-sess, s., Zutritt m., Zugang m.

accession, äck-sess-sch'n, s., Thronbesteigung f.

accessory, äck-sess-er-i, s., (appurtenance) Zubehör, n.; (person) Teilnehmer m.

accident, äck-si-d'nt, s., Unfall m.; Zufall m.

accidental, äck-si-dent-'l, a., zufällig

acclaim, a-klehm, v., Beifall zurufen

acclimatize, a-klei-me-tais, v., akklimatisieren; sich gewöhnen

accommodate, a-komm-oh-deht, v., anpassen; (lodge) unterbringen; (lend) aushelfen

accommodation, a-komm-oh-deh-sch'n, s., Anpassung f.; (lodging, shelter) Unterkunft f.

accompaniment, a-kamm-pänn-i-m'nt, s., Begleitung f.

accompanist, a-kamm-pänn-ist, s., Begleiter[in f.] m.

accompany, a-kamm-pänn-i, v., begleiten

accomplice, a-kamm-pliss, s., Mitschuldige[r] m.

accomplish, a-kamm-plisch, v., vollführen; (purpose) erreichen; **—ment**, s., Vollendung f.; (performance) Leistung f.; **—ments**, Talente

accord, a-kord, s., Übereinstimmung f. v., übereinstimmen; **in —ance with**, gemäß; **of one's own —**, freiwillig; **—ing to**, prep., gemäß; nach; **—ingly**, adv., demgemäß

accordion, a-kor-di-on, s., Handharmonika f.

accost, a-kosst, v., anreden; sich nähern

account, a-kaunt, s., (bill) Rechnung f.; **on —**, (payment) auf Abschlag; **on no —**, auf keinen Fall; **— for**, v., verantwortlich sein; **—able**, a., verantwortlich; **—ant**, s., Bücherrevisor m.

accrue, a-kruh, v., erwachsen; entstehen aus

accumulate, a-kjuh-mjuh-leht, v., (gather) ansammeln; (hoard) anhäufen

accuracy, äck-juh-ra-ssi, s., Genauigkeit f.

accurate, äck-juh-reht, a., genau; richtig

accursed, a-körst, a., verflucht, verwünscht

accuse, a-kjuhs, v., anklagen, beschuldigen

accustom, a-kast-'m, v., gewöhnen

ace, ehss, s., As n.; erfolgreicher Kampfflieger

acetate, äss-i-teht, s., Essigsalz n.

ache, ehk, s., Schmerz m., Weh n. v., schmerzen

achieve, a-tschiew, v., vollbringen; erringen; **—ment**, s., Vollführung f.; (attainment) Errungenschaft f.; (performance) Leistung f.

acid, ass-id, s., Säure f. a., sauer; **—ity,** s., Säure f.

acknowledge, ak-**noll**-edsch, v., anerkennen; (receipt) bestätigen

acknowledgment, ak-**noll**-edsch-m'nt, s., Anerkennung f.; (receipt) Bestätigung f.

acme, äck-mi, s., Gipfel[punkt] m.

acorn, eh-korn, s., Eichel f.

acoustics, a-**kuhs**-tix, s., Akustik f.

acquaint, a-**kuehnt,** v., bekannt machen; (familiarize) vertraut machen; **—ance,** s., Bekanntschaft f.; (person) Bekannte m. & f.

acquiesce, äck-ku'i-**ess,** v., einwilligen

acquiescence, äck-ku'i-**ess**-ens, s., Einwilligung f.

acquire, a-**ku'air,** v., erwerben, erlangen

acquisition, äck-ku'i-**sisch'**-n, s., Erwerbung f.; (advantage; boon) Acquisition f.

acquit, a-**ku'itt,** v., freisprechen, entlasten

acquittal, a-**ku'itt**-'l, s., Freisprechung f.

acre, eh-kr, s., Acker m.

acrid, äck-ridd, a., beißend, scharf [(quer) über

across, a-**kross,** adv., hinüber, prep., durch;

act, äckt, s., Tat f.; (of a play) Akt m., Aufzug m.; (law) Gesetz n. v., handeln; (in theatre) spielen

action, äck-sch'n, s., Handlung f.; (law) Prozeß m.; (wear) Gefecht n.

active, äck-tiw, a., wirksam; belebt; tätig

activity, äck-tiw-i-ti, s., Tätigkeit f.

actor, äck-ter, s., Schauspieler m.

actress, äck-tress, s., Schauspielerin f.

actual, äck-tjuh-al, a., tatsächlich; wirklich

actuate, äck-tjuh-eht, v., in Gang bringen

acumen, a-**kjuh**-men, s., Scharfsinn[igkeit f.] m.

acute, a-**kjuht,** a., spitz; (pain) scharf; (senses) scharfsinnig; (med.) akut

acuteness, a-**kjuht**-ness, s., (mind) Scharfsinn m.; (point) Spitze f.; (sharpness) Schärfe f.

adage, äd-didsch, s., Sprichwort n.

adamant, ädd-a-mant, a., von grosser Härte

adapt, a-**däpt,** v., anpassen, anwenden; **—ation,** s., Anpassung f.; (plays, etc.) Bearbeitung f.

add, ädd, v., addieren; hinzufügen; beitragen

adder, ädd-er, s., (snake) Natter f.

addicted, *a*d-dickt-id, a., ergeben, zugetan
addition, *a*-di-sch'n, s., Addition f.; Zusatz m.
additional, *a*-di-sch'n-el, a., hinzugefügt
addled, *ä*dd-l'd, a., angefault; (brain) zerfahren
address, *a*-dress, v., adressieren; (orally) anreden. s., Anschrift f.; Adresse f.; Anrede f.
adduce, *a*-djuhss, v., anführen, beibringen
adept, *ä*dd-ept, a., geschickt
adequacy, *ä*dd-i-kuess-i, s., Angemessenheit f.
adequate, *ä*dd-i-kuett, a., genügend; hinreichend
adhere, *ä*dd-hier, v., haften; anhangen
adherence, *ä*dd-hier-ens, s., Festkleben n.; Festhalten n.; (loyalty) Anhänglichkeit f.
adherent, *ä*dd-hier-ent, a., Anhänger m.
adhesive, *a*d-hie-siv, a., anhaftend, gummiert
adjacent, *a*d-dscheh-sent, a., angrenzend
adjoin, *a*-dscheun, v., angrenzen
adjoining, *a*-dscheun-ing, a., angrenzend
adjourn, *a*-dschörn, v., vertagen, aufschieben
adjournment, *a*-dschörn-m'nt, s., Vertagung f.
adjudge, *a*-dschödsch, v., zuerkennen
adjunct, *ä*-dschankt, a., beigesellt. s., Zusatz m.
adjust, *a*-dschast, v., ordnen; (mech.) einstellen
adjustment, *a*-dschast-m'nt, s., Ordnung f.; (mech.) Einstellung f.; (legal) Schlichtung f.
administer, *a*dd-min-iss-ter, v., verwalten
administration, *a*dd-min-iss-treh-sch'n, s., Verwaltung f.
admirable, *ä*dd-mir-a-b'l, a., bewundernswert
admiration, *ä*dd-mir-eh-sch'n, s., Bewunderung
admire, *a*dd-meir, v., bewundern; (adore) anbeten
admission, *a*dd-mi-sch'n, s., Zutritt m.; (confession) Geständnis n.; (mech.) Einlaß m.
admit, *a*dd-mit, v., einlassen; (concede) zugeben
admittance, *a*dd-mitt-ens, s., Zulassung f.
admonish, *a*dd-mon-isch, v., ermahnen; verweisen
admonition, *a*dd-mon-i-sch'n, s., Ermahnung f.; (reproof) Verweis m.
ado, *a*-duh, s., Tun n.; Treiben n. [f.
adolescence, *ä*ddo-less-enss, s., Jugend-Reifezeit

adopt, *a*-dopt, v., adoptieren, annehmen

adore, *a*-dohr, v., anbeten

adorn, *a*-dorn, v., schmücken; verzieren

adornment, *a*-dorn-'m'nt, s., Schmuck m.

adrift, *a*-drift, adv., (sea) treibend; (lost) verloren

adroit, *a*-dreut, a., gewandt, behende

adulation, *a*-djuh-läh-sch'n, s., Schmeichelei f.

adult, *a*-dalt, a., erwachsen. s., Erwachsene(r)f. &

adulterate, *a*-dal-ter-äht, v., verfälschen [n.(m.)

adultery, *a*-dal-ter-i, s., Ehebruch m.

advance, add-wahns, v., (to lead) vorangehen; (press forward) vorrücken; (price) steigen; (lend) vorschießen. s., (progress) Fortschritt m.; (money) Vorschuß m.; (price) Steigen v.; **in** —, im Voraus; —**ment**, s., Fortschritt m.

advantage, add-wahn-tedsch, s., Vorteil m.

advantageous, add-wahn-teh-dschoss, a., vorteilhaft

advent, ädd-went, s., Advent m.; Ankunft f.

adventitious, ädd-wen-**tisch**-oss, a., nebensächlich

adventure, add-wen-**tscher**, s., Abenteuer n.

adventurer, add-wen-**tscher**-er, s., Abenteurer m., Glücksritter m.

adventurous, add-wen-**tscher**-oss, a., abenteuerlich; (bold) kühn

adversary, ädd-wer-sa-ri, s., Gegner m.

adverse, ädd-wörs, a., nachteilig; widrig

advertise, ädd-wör-teis, v., anzeigen; Reklame machen; —**r**, s., Inserent m.

advertisement, add-**wör**-tiss-m'nt, s., Anzeige f.

advice, add-weiss, s., Rat m.; Nachricht f.

advisability, add-weis-a-bil-i-ti, s., Ratsamkeit f.

advisable, add-weis-ä-b'l, a., ratsam

advise, add-weis, v., raten; (inform) benachrichtigen; **ill** —**d**, a., unüberlegt; **well** —**d**, wohlüberlegt; —**r**, s., Ratgeber m.

advocacy, ädd-voh-kess-i, s., Befürwortung f.

advocate, ädd-voh-keht, s., Anwalt m., Advokat

aerated, ä-er-ä-ted, a., kohlensäurehaltig [m.

aerial, ähr-i-'l, s., (radio) Antenne f. a., Luft . . .

aerodrome, ä-er-oh-drohm, s., Flugplatz m.

aeroplane, ä-er-oh-plehn, s., Flugzeug n.
afar, a-fahr, adv., [von] weiter
affable, äff-ä-b'l, a., leutselig, freundlich
affably, äff-ä-bli, adv., in freundlicher Weise [f.
affair, a-fähr, s., v., Affäre f.; Angelegenheit f., Sache
affect, a-feckt, v., angehen, betreffen; (move) rühren; —ed, a., affektiert; (moved) gerührt;
—ing, rührend; —ion, s., Zuneigung f., Liebe
f.; (ailment) Krankheit f., Leiden n.
affectionate, a-feck-sch'n-äht, a., liebevoll, zärt-
affianced, a-fei-enst, a., verlobt [lich
affidavit, äff-i-deh-wit, s., eidliche Erklärung f.
affiliate, a-fil-i-eht, v., zugesellen; einverleiben
affinity, a-fin-i-ti, s., Verwandtschaft f.
affirm, a-förm, v., bekräftigen, bestätigen; —ation,
s., Bekräftigung f., Bestätigung f.; —ative, a.,
bejahend, zustimmend. s., Bejahung f.
affix, a-fix, v., anheften, anbringen
afflict, a-flickt, v., heimsuchen; betrüben
affliction, a-flick-sch'n, s., Betrübnis f.; Elend n.
affluence, äff-luh-ens, s., (wealth) Reichtum m.
affluent, äff-luh-ent, a., (rich) wohlhabend
afford, a-ford, v., (means) sich leisten; (grant) gewähren; (derive) bereiten
affray, a-freh, s., Schlägerei f.
affright, a-freit, v., erschrecken
affront, a-frant, s., Beleidigung f. v., beleidigen
aflame, a-flähm, a., in Flammen
afloat, a-floht, a. & adv., flott, schwimmend
aforesaid, a-fohr-sed, a., vorher erwähnt
afraid, a-frehd, a., bange; **to be —** (of), sich
afresh, a-fresch, adv., von neuem [fürchten vor]
aft, ahft, a. & adv., (naut.) hinten
after, ahf-ter, prep., nach. adv., nachher; —noon,
s., Nachmittag m.; —thought, nachträgliche
Idee f.; —wards, adv., nachher, später
again, a-gehn, adv., wieder, nochmals; außerdem
against, a-genst, prep., gegen
age, ehdsch, s., Alter n.; (period) Zeitalter n.; **to
be of** —, mündig sein; —d, a., alt, bejahrt
agency, eh-dschen-si, s., Agentur f., Vertretung f.;
(fig.) Vermittlung f.

agent, eh-dschent, s., Vertreter m., Agent m.

aggravate, ägg-ra-weht, v., ärgern; verschlimmern

aggregate, ägg-ri-geht, v., zusammenhäufen.
a., gesamt. s., Anhäufung f.   [m.

aggression, a-gre-sch'n, s., Angriff m.; Überfall

aggressive, a-gress-iw, a., streitlustig; aggressiv

aggrieve, a-griew, v., betrüben, kränken

aghast, a-gahst, a., bestürzt

agile, ädsch-eil, a., behende, flink

agitate, ä-dschi-teht, v., (shake) schütteln;
(mental) erregen; (stir up strife) agitieren

agitation, ä-dschi-teh-sch'n, s., (mental) Erregung f., Aufregung f.; (strife) Agitation f.

ago, a-goh, a., vor, her; **long —,** adv., lange her

agonize, ägg-o-neis, v., peinigen, martern

agonizing, ägg-o-neis-ing, a., peinigend

agony, ägg-o-ni, s., Qual f., Pein f.; (mental) Seelenangst f.

agree, a-grie, v., einig sein, übereinstimmen;
— to, einwilligen in; **—able,** a., angenehm;
—ment, s., Übereinstimmung f.; (contract)
Vertrag m.

agricultural, äg-ri-kalt-scher-'l, a., landwirtschaftlich

agriculture, äg-ri-kalt-scher, s., Landwirtschaft f.

aground, a-graund, adv., gestrandet

ague, eh-gjuh, s., Schüttelfrost m.

ahead, a-hedd, adv., voran, voraus

aid, ehd, s., Hilfe f.; Unterstützung f. v., helfen

ail, ehl, v., kränkeln; **—ing,** a., kränklich

ailment, ehl-m'nt, s., Leiden n., Krankheit f.

aim, ehm, s., Ziel n., Zweck m. v., zielen

aimless, ehm-less, a., ziellos

air, ähr, s., Luft f.; (mien) Miene f.; (tune) Melodie
f. v., (clothes, etc.) lüften; **—conditioning,**
s., Klimaanlage f.; **—craft,** s., Flugzeug n.;
—gun, Luftgewehr n.; **—(il)y,** a., (adv.)
luftig; (fig.) leichtfertig; **—ing,** s., Lüftung
f.; **—port,** Flughafen m.; **—ship,** Luftschiff n.;
—tight, a., luftdicht

aisle, eil, s., Seitenschiff n.

ajar, *a*-dschar, a., angelehnt, halboffen

akimbo, *a*-kimm-boh, adv., in die Seite gestemmt

akin, *a*-kin, a., verwandt; gleicher Art

alabaster, al-*a*-bahss-t'r, s., Alabaster m.

alacrity, a-läck-ri-ti, s., Bereitwilligkeit f.

alarm, *a*-larm, v., beunruhigen; s., Alarm m.; — **clock**, Wecker m.; —**ing**, a., beunruhigend

album, äl-b'm, s., Album n.

alcohol, äl-ko-holl, s., Alkohol m.

alert, *a*-lört, a., wachsam; **on the —**, auf der Hut; —**ness**, s., Wachsamkeit f.; (nimbleness) Flinkheit f.

alias, eh-li-äss, adv., alias; sonst genannt

alien, eh-ljen, s., Fremde[r] m., Ausländer m. a., fremd, ausländisch

alienate, eh-ljen-eht, v., entfremden; abspenstig machen

alight, *a*-leit, a., brennend; erleuchtet. v., absteigen, aussteigen

alike, *a*-leik, a., gleich, ähnlich

alimony, äll-i-moni, s., Unterhalt m.

alive, *a*-leiw, a. & adv.; lebendig, rege, munter

all, o'al, a., aller, alle, alles; ganz. adv., gänzlich; — **along**, der ganzen Länge nach; — **right**, in Ordnung, schon gut; — **the more**, umso mehr; **not at —**; garnicht

allay, *a*-leh, v., beruhigen; beschwichtigen

allege, *a*-ledsch, v., aussagen; behaupten

alleged, *a*-ledsch'd, a., angeblich

allegiance, *a*-lie-dschi-ens, s., Treue f.

alleviate, *a*-lie-wi-eht, v., lindern

alley, äll-i, s., Gasse f.; **blind —**, Sackgasse f.

alliance, *a*-lei-ens, s., Bündnis n., Allianz f.

allied, äll-eid, a., verbündet; ähnlich

allocate, äll-o-keht, v., zuteilen

allot, *a*-lott, v., zuteilen, zuerkennen

allotment, *a*-lott-m'nt, s., Verteilung f.; (ground) Parzelle f.

allow, *a*-lau, v., (permit) erlauben; (agree) zugeben; (rebate) vergüten; —**ance**, s., Erlaubnis f.; (monetary) Taschengeld n.; (rebate) Vergütung f.; **to make —ance**, Nachsicht üben

alloy, *a*-leu, s., Legierung f.
allude, *a*-ljuhd, v., anspielen [auf]
allure, *a*-ljuhr, v., anlocken; (tempt) verführen
alluring, *a*-ljuhr-ing, a., verlockend; verführerisch
allusion, *a*-ljuh-sch'n, s., Anspielung f.
ally, äll-ei, s., Verbündete m. v., vereinigen
Almighty, o'al-mei-ti, s., Allmächtige[r] m. a.,
almond, ah-mond, s., Mandel f. [allmächtig
almost, o'al-mohst, adv., fast, beinahe
alms, ahms, s., Almosen n.; —house, Armenhaus
aloft, *a*-loft, adv., hoch oben; nach oben [n.
alone, *a*-lohn, adv., allein
along, *a*-long, adv., entlang, vorwärts. prep.
alongside, *a*-long-seid, adv., längsseits [längs
aloof, *a*-luhf, adv., fern; keep —, sich fern halten
aloud, *a*-laud, adv., laut; hörbar
already, o'al-red-i, adv., schon, bereits
also, o'al-soh, conj., auch, ebenfalls; außerdem
altar, o'al-ter, s., Altar m.
alter, o'al-ter, v., ändern
alteration, o'al-ter-äh-sch'n, s., Änderung f.
alternate, o'al-ter-näht, a., abwechselnd; on—
    days, jeden zweiten Tag
alternative, o'al-ter-na-tiw, s., Wahl f.; Alterna-
    tive f. a., alternativ
although, o'al-dhoh, conj., obgleich, obwohl
altitude, äl-ti-tjuhd, s., Höhe, f.; Gipfel m.
altogether, o'al-tu-gedh-'r, adv., zusammen,
alum, äll-*a*m, s., Alaun m. [gänzlich
aluminium, äll-juh-minn-jom, s., Aluminium n.
always, o'al-u'ehs, adv., immer, jederzeit
amass, *a*-mäss, v., anhäufen, ansammeln
amateur, ämm-*a*-tjuhr, s., Dilettant m.
amaze, *a*-mehs, v., in Staunen versetzen
amazement, *a*-mehs-m'nt, s., Erstaunen n.
ambassador, ämm-bäss-*a*-der, s., Gesandte[r] m.
amber, äm-ber, s., Bernstein m.
ambiguity, ämm-bi-gju-i-ti, s., Zweideutigkeit f.
ambiguous, ämm-bi-gju-oss, a., zweideutig
ambition, ämm-bi-sch'n, s., Ehrgeiz m.
ambitious, ämm-bi-schoss, a., ehrgeizig
ambulance, ämm-bju-lens, s., Krankenwagen m.

ambush, ämm-busch, s., Versteck n., Hinterhalt

ameliorate, a-mi-ljor-eht, v., verbessern   [m.

amenable, a-mi-na-b'l, a., zugänglich

amend, a-mend, v., verbessern; (correct) berichtigen; —ment, s., Verbesserung f.

amends, a-mends, **make —,** v., wieder gutma-

amethyst, ämm-i-thist, s., Amethyst m.   [chen

amiable, eh-mi-a-b'l, a., liebenswürdig; freund-

amicable, ämm-i-ka-b'l, a., freundschaftlich[lich

amid(st), a-mid(st), prep., inmitten

amidships, a-mid-schips. adv., mittschiffs

amiss, a-miss, adv. & a., verkehrt; ungelegen

amity, ämm-i-ti, s., Freundschaft f.

ammonia, a-moh-ni-a, s., Ammoniak n.

ammunition, ämm-ju-ni-sch'n, s., Munition f.

amnesty, ämm-ness-ti, s., Amnestie f., Straferlaß

among(st), a-mong(st), prep., unter, zwischen

amorous, ämm-er-oss, a., liebebedürftig; verliebt

amount, a-maunt, v., betragen, sich belaufen. s., Betrag m.; Summe f.

ample, ämm-p'l, a., reichlich; geräumig

amplifier, ämm-pli-feir, s., Verstärker m.

amplify, ämm-pli-fei, v., verstärken; vergrößern

amputate, ämm-pju-teht, v., (med.) amputieren

amuck, a-mack, **run —,** v., sinnlos angreifen

amuse, a-mjuhs, v., amüsieren, ergötzen

amusement, a-mjuhs-m'nt, s., Belustigung f.

amusing, a-mjuhs-ing,a., unterhaltend, amüsant

an, änn, art., ein, eine, ein

anaemia, an-iem-ja, s., Blutarmut f.

anaesthetic, an-ess-thet-ik, s., Betäubungsmittel

analogous, a-näl-og-oss, a., analog, ähnlich   [n.

analysis, a-näl-i-sis, s., Analyse f., Zergliederung

analyze, änn-a-leis, v., analysieren; zerlegen   [f.

anarchy, änn-ar-ki, s., Anarchie f.

ancestor, änn-ses-ter, s., Vorfahr m.   [fahren m.pl.

ancestry, änn-ses-tri, s., Abstammung f.; Vor-

anchor, äng-ker, s., Anker m. v., ankern

anchorage, äng-ker-edsch, s., Ankergrund m. [f.

anchovy, änn-schoh-vi, s., Sardelle f.; Anchovis

ancient, ehn-sch'nt, a., alt; aus alten Zeiten

and, ännd, conj., und   [stammend

anew, *a*-njuh, adv., aufs neue, von neuem
angel, ehn-dsch'l, s., Engel m.
anger, änn-ger, s., Zorn m., Ärger m. v., ärgern
angle, äng'l, s., Winkel m. v., (fish) angeln
angler, äng-ler, s., Angler m., Fischer m.
angling, äng-ling, s., Angeln n., Fischen n.
angry, äng-ri, a., ärgerlich; (enraged) zornig
anguish, äng-uisch, s., [Herzens-]Qual f., Pein f.
animal, änn-i-m'l, s., Tier n. a., tierisch
animate, änn-i-mäht, v., beleben; beseelen
animated, änn-i-mäh-ted, a., lebhaft, belebt
animation, änn-i-meh-sch'n, s., Lebhaftigkeit f.
animosity, änn-i-moss-i-ti, s., Feindseligkeit f.
aniseed, änn-i-sied, s., Anissame m.
ankle, äng-k'l, s., Fußknöchel m.
annals, änn-als, s., Annalen pl., Jahrbücher n.pl.
annex, *a*-necks, s., Anhang m. v., annektieren
annihilate, *a*-nei-hi-läht, v., vernichten, zerstören
anniversary, änn-i-vör-se-ri, s., Jahresfeier f.
annotate, änn-oh-täht, v., anmerken
announce, *a*-nauns, v., ankündigen; **—ment,**
        Ankündigung f.; (advertisement) Anzeige f.
announcer, *a*-nauns-er, s., Ansager m.
annoy, *a*-neu, v., ärgern; (molest) plagen;
        —ance, s., Verdruß, m.; **—ing,** a., ärgerlich
annual, änn-juh-', a., jährlich
annuity, *a*-njuh-i-ti, s., Jahresrente f.
annul, *a*-nall, v., tilgen, ungültig erklären
annulment, *a*-nall-m'nt, s., Aufhebung f.
anoint, *a*-neunt, v., salben, einölen
anomalous, *a*-nom-*a*-loss, a., anomal, abweichend
anonymous, *a*-non-i-moss, a., anonym
another, an-adh-'r, a. & pron., ein ander ... noch
answer, ahn-sser, s., Antwort f. v., antworten [ein
answerable, ahn-sser-*a*-b'l, a., verantwortlich
ant, ännt, s., Ameise f.
antagonist, änn-täg-o-nist, s., Gegner m.
antecedent, änn-ti-sie-dent, a., vorhergehend
antecedents, änn-ti-sie-dents, s.pl., Vorleben n.
antedate, änn-ti-deht, v., zurückdatieren
antediluvian, änn-ti-di-lu-wjen, a., vorsündflut-
antelope, änn-ti-lohp, s., Antilope f.   [lich

anterior, änn-**tieh**-ri-*or*, a., vorder; (time) früher

anteroom, änn-ti-*rum*, s., Vorzimmer n.

anthem, änn-them, s., Hymne f.

anthracite, änn-thra-seit, s., Anthrazit m.

anthrax, änn-thräx, s., Milzbrand m.

anticipate, änn-**tiss**-i-peht, v., vorhersehen; zuvorkommen; erwarten

anticipation, änn-tiss-i-peh-sch'n, s., Voraussicht f.; Erwartung f.; **in —,** im Voraus

antics, änn-ticks, s.pl., Possen f. [mittel n.

antidote, änn-ti-doht, s., Gegengift n.; Gegen-

antifreeze, änn-ti-frihs, s., Frostschutzmittel n.

antipathy, änn-**tip**-*a*-thi, s., Antipathie f.

antiquarian, änn-ti-**ku'ähr**-jen, a., antiquarisch. s., Antiquar m.

antiquated, änn-ti-**kuäh**-ted, a., veraltet

antique, änn-**tiek**, a., antik, altertümlich

antiseptic, *a*n-ti-**ssep**-tik, s., Antiseptikum n.

antler, änt-ler, s., Geweih n.

anvil, änn-will, s., Amboß m.

anxiety, äng-**sei**-i-ti, s., Besorgnis f., Unruhe f.

anxious, äng-schoss, a., besorgt, unruhig, angstvoll

any, enn-i, a., (any one) irgend einer [eine] [eines]; (some) etwas, welche pl.; (every) jeder, jede, jedes; **not —,** kein

anybody, enn-i-**bodd**-i, pron., irgendjemand

anyhow, enn-i-hau, conj., auf jeden Fall, immerhin

anything, enn-i-thing, pron., etwas; irgend etwas

anyway, enn-i-**u'eh**, adv., irgendwie; immerhin

anywhere, enn-i-u'ehr, adv., irgendwo[-hin]

apart, *a*-part, adv., abseits, beiseite; getrennt

apartment, *a*-**part**-m'nt, s.pl., Wohnung f.

apathy, äp-*a*-thi, s., Apathie f.; Gefühllosigkeit f.

ape, ähp, s., Affe m. v., nachäffen

aperient, *a*-**pie**-ri-ent, s. Abführmittel n.

aperture, äp-er-tschurr, s., Öffnung f.; Schlitz m.

apex, äh-pex, s., Gipfel m.; Spitze f.

apiece, *a*-**piess**, adv., das Stück; (persons) für jeden

apologize, *a*-**poll**-o-dscheis, v., sich entschuldigen

apology, *a*-**poll**-o-dschi, s., Entschuldigung f.

apoplexy, äp-o-pleck-ssi, s., Schlag[-anfall] m.

apostle, a-pos-'l, s., Apostel m.

apostrophe, a-pos-tro-fe, s., (gram.) Apostroph [m.

apothecary, a-poth-e-ka-ri, s., Apotheker m.

appal, a-po'-al, v., entsetzen

appalling, a-po'al-ing, a., entsetzlich, schauderhaft

apparatus, äp-a-reht-ass, s., Apparat m., Gerät n.

apparel, a-pär-'l, s., Kleidung f.; Tracht f.

apparent, a-pär-ent, a., scheinbar, anscheinend

apparition, a-pa-ri-sch'n, s., Erscheinung f.

appeal, a-piel, s., Aufforderung f.; (law) Berufung f. v., anrufen; (law) Berufung einlegen; (entreat) flehentlich bitten; — to, (like) zusagen

appear, a-pier, v., erscheinen; (seem) scheinen; —ance, s., Erscheinen n.; (in public) Auftreten n.; (looks, figure) Aussehen n.

appease, a-pies, v., besänftigen, beschwichtigen

appellant, a-pel-ant, s., (law) Appellant[in f.] m.

append, a-pend, v., anhängen; hinzufügen

appendage, a-pend-ädsch, s., Anhang m.; Zubehör m.

appendicitis, a-pend-i-ssai-tiss, s., Blinddarmentzündung f.

appendix, a-pend-ikss, s., (books) Anhang m.; (med.) Blinddarm m.

appertain, äp-er-tähn, v., betreffen, [zu] gehören

appetite, äp-e-teit, s., Appetit m.; Eßlust f.

appetizer, äp-e-teis-er, s., Vorspeise f.; Getränk [n.

appetizing, äp-e-eteis-ing, a., appetitlich

applaud, a-plo'ad, v., applaudieren

applause, a-plo'as, s., Applaus m., Beifall m.

apple, äp-'l, s., Apfel m.; —tree, Apfelbaum m.

appliance, a-plei-ens, s., (instrument, utensil) Gerät n.

applicant, äpp-li-kent, s., (candidate) Bewerber, m.; (petitioner) Bittsteller m.

application, äpp-li-käh-sch'n, s., Anwendung f., Gebrauch m.; (request) Bewerbung f.

apply, a-plei, v., (employ) anwenden; (as candidate) sich bewerben; (lay on) auflegen; — to, (turn to) sich wenden an

appoint, *a*-peunt, v., ernennen; festsetzen

appointment, *a*-peunt-m'nt, s., Ernennung f.; (meeting) Verabredung f.; (post) Stelle f.

apportion, *a*-por-sch'n, v., zuteilen; zumessen; **—ment,** s., richtige Zuteilung f.

apposite, äpp-oh-sitt, a., geeignet, angemessen

appraise, *a*-prehs, v., abschätzen, taxieren

appreciable, *a*-prie-schi-*a*-bl, a., merklich

appreciate, *a*-prie-schi-äht, v., anerkennen, würdigen; (hoch)schätzen; (price) steigen

appreciation, *a*-prie-schi-eh-sch'n, s., Aaerkennung f., Würdigung f.; Zunahme f.

apprehend, äpp-ri-hend, v., (fear) befürchten; (seize) festnehmen; (understand) verstehen

apprehension, äpp-ri-hen-sch'n, s., (fear) Furcht f.; (arrest) Verhaftung f.; (ideas) Begriff m.

apprehensive, äpp-ri-hen-siw, a., besorgt

apprentice, *a*-pren-tis, s., Lehrling m.; **—ship,** Lehre f., Lehrjahre f.

apprise, *a*-preis, v., benachrichtigen

approach, *a*-prohtsch, v., sich nähern

approbation, äpp-roh-beh-sch'n, s., Billigung f., Beifall m.

appropriate, *a*-proh-pri-äht, v., sich aneignen. a., angemessen, passend; **—ness,** s., Angemessenheit f.

approval, *a*-pruh-w'l, s., Billigung f., Beifall m.

approve, *a*-pruhw, v., billigen

approximate, *a*-prox-i-mäht, a., ungefähr, annähernd. v., näher bringen

appurtenance, *a*-pör-ten-ens, s., Zubehör f. & n.

apricot, eh-pri-kot, s., Aprikose f.

apron, eh-pr'n, s., Schürze f.

apse, äpps, s., Apsis f.

apt, äpt, a., (fit) passend; (inclined) geneigt; (capable) fähig; **—itude,** s., Tauglichkeit f.; (inclination) Hang m.

aqueduct, äck-ue-d*a*ckt, s., Wasserleitung f.

aqueous, äck-uih-oss, a., wässerig

aquiline, äck-ui-lein, a., adlerähnlich, gebogen

arable, är-*a*-b'l, a., urbar, pflügbar

arbitrary, ar-bi-trä-ri, a., willkürlich, eigenwillig

arbitrate, ar-bi-träht, v., entscheiden; als Schiedsrichter handeln

arbitration, ar-bi-träh-sch'n, s., Entscheidung f.

arbitrator, ar-bi-trä-ter, s., Schiedsrichter m.

arbour, ar-ber, s., Laube f.

arc, ark, s., Bogen m.; — **lamp**, Bogenlampe f.

arcade, ark-ehdd, s., Arkade f.

arch, artsch, s., Bogen m.　v., wölben

archbishop, artsch-bisch-op, s., Erzbischof m.

archdeacon, artsch-die-k'n, s., Archidiakonus m.

archer, artsch-er, s., Bogenschütze m.

archetype, ar-ke-teip, s., Urbild n., Original n.

architect, ar-ki-teckt, s., Architekt m.; Baumeister m.

architecture ... [ter m.

archive, ar-keiw, s., Archiv n.

archway, artsch-u'eh, s., Bogengang m.

arctic, ark-tick, a., arktisch, Polar ...

ardent, ar-d'nt, a., feurig, glühend

ardour, ar-der, s., Glut f.; (zest) Eifer m.

arduous, ar-djuh-oss, a., mühsam, schwierig

area, äh-ri-a, s., Fläche f.; (measure) Flächenraum m.; (basement yard) Vorhofraum m.

arena, a-rie-na, s., Arena f. [handeln

argue, ar-gjuh, v., disputieren; (discuss) ver-

argument, ar-gjuh-m'nt, s., Auseinandersetzung f.

aright, a-reit, adv., richtig, recht [f.

arise, a-reis, v., (occur) entstehen, sich ergeben aus; (revolt) sich erheben; (originate) entspringen

aristocracy, är-is-tok-ra-si, s., Aristokratie f., Adel m.

aristocratic, är-is-tok-rät-ick, a., aristokratisch

arithmetic, a-rith-me-tick, s., Rechnen n.

ark, ark, s., Bundeslade f.

arm, arm, s., Arm m.; (weapon) Waffe f.　v., sich waffnen, sich bewaffnen; (equip) ausrüsten

armament, ar-ma-m'nt, s., Kriegsrüstung f.

armchair, arm-tschähr, s., Lehnstuhl, Sessel m.

armistice, ar-miss-tiss, s., Waffenstillstand m.

armlet, arm-let, s., Armbinde f.

armour, ar-mer, s., Rüstung f.　v., panzern

armoured, ar-merd, a., gepanzert, Panzer ...

armoury, ar-mer-i, s., Waffenkammer f.

armpit, arm-pit, s., Achselhöhle f.

arms, arms, s., (mil.) Waffen f.pl.; **coat of —,**

army, ar-mi, s., Heer n., Armee f.   [Wappen n.

aromatic, är-*o*-mät-ick, a., würzig, aromatisch

around, *a*-raund, adv., [rund]herum. prep., um
    ... herum

arouse, *a*-raus, v., [auf]wecken; (excite) erregen

arrange, *a*-rehndsch, v.,[an]ordnen, [ein]richten

arrant, är-r'nt, a., durchtrieben, schändlich

array, a-reh, v., schmücken. s.,[Schlacht-] Ord-
    nung f.; (dress) Kleidung f.

arrears, *a*-riers, s., Rückstand m.

arrest, a-rest, v., verhaften, festnehmen; (stop)
    anhalten. ↑ s., Verhaftung f., Festnahme f.

arrival, *a*-rai-w'l, s., Ankunft f.; (person) An-
    kömmling m.

arrive, ä-raiw, v., ankommen, eintreffen, anlan-
    gen; (aim) erreichen, erlangen

arrogance, ä-roh-gens, s., Arroganz f., Dünkel m.

arrogant, ä-roh-gent, a., arrogant, anmaßend

arrow, ä-roh, s., Pfeil m.

arsenal, arss'n-*all*, s., Zeughaus n.

arsenic, arss'n-ick, s., Arsen[ik] n.

arson, ar-s'n, s., Brandstiftung f.

art, art, s., Kunst f.; (cunning) List f.

arterial, ar-tier-jel, a., (med.) Verkehrsader f.

artery, ar-ter-i, s., Schlagader f., Arterie f.

artful, art-full, a., (sly) schlau, gerieben

artichoke, ar-ti-tschohk, s., Artischocke f.

article, ar-ti-k'l, s., Artikel m.

articulate, ar-tick-juh-leht, v., artikulieren

artificial, ar-ti-fisch-'l, a., künstlich

artillery, ar-till-er-i, s., Artillerie f.   [m.

artisan, ar-ti-sänn, s., [geschickter] Handwerker

artist, ar-tist, s., Künstler m.;**—ic,** a., künstlerisch

as, äs, conj., so wie, so wie, als; (time) da, als;
    — for, ...was...betrifft; **— if,** — **though,** als
    ob; **— soon —,** sobald wie; **— to,** in Bezug
    auf; **— well,** auch, sowohl; **— yet,** bis jetzt

asbestos, äs-bess-toss, s., Asbest m.

ascend, äs-send, v., besteigen; hinaufgehen

ascent, äs-sent, s., Aufstieg m.; Besteigung f.

ascertain, äs-ser-tehn, v., feststellen; ermitteln
ascribe, äs-kreib, v., zuschreiben; beimessen
ash, äsch, s., Asche f.; (tree) Esche f.; **—pan**, Aschenkasten m.; **—tray**, Aschbecher m.
ashamed, a-schehmd, a., beschämt, verschämt
ashore, a-schohr, adv., gestrandet; ans Land
aside, a-seid, adv., beiseite, abseits
ask, ahsk, v., (question) fragen; (demand) verlangen; (beg) bitten; (invite) einladen
askew, a-skjuh, adv., schief, schräg[e]
asleep, a-sliep, a., schlafend; **to be —**, v., schlafen; **to fall —**, einschlafen
asparagus, as-pär-a-gos, s., Spargel m.
aspect, as-peckt, s., Ansicht f.; Aussehen n.
aspen, äsp-'n, s., Espe f. a., espen; bebend
aspersion, äs-pör-sch'n, s., Verleumdung f.
asphyxia, äs-fix-ja, s., Erstickung f.
aspirate, äs-pi-reht, v., aspirieren
aspire, äs-peir, v., streben, verlangen
ass, äss, s., Esel m.
assail, as-sehl, v., angreifen, überfallen
assailant, as-seh-l'nt, s., Angreifer m.
assassinate, as-säs-si-neht, v., ermorden
assault, as-so'alt, s., Angriff m., Anfall m. v., angreifen, anfallen
assay, as-seh, v., probieren, versuchen. s., Versuch m., [Erz-] Probe f.
assemble, as-sem-b'l, v., versammeln
assembly, as-sem-bli, s., Versammlung f.
assent, as-sent, s., Zustimmung f. v., zustimmen
assert, as-sört, v., behaupten; **—ion**, s., Behauptung f.
assess, as-sess, v., [ab]schätzen, taxieren; **—ment**, s., Einschätzung f.; Steuer f.
assets, as-sets, s., Aktiva pl., Masse f.
assiduous, as-sid-juh-oss, a., emsig, unverdrossen
assign, as-sein, v., zuteilen; übertragen. s., Rechtsnachfolger m.; **—ment**, Zuweisung f., Zession f.
assignee, as-si-nie, s., Bevollmächtigte[r] m.
assist, as-sist, v., helfen; **—ance**, s., Hilfe f.; **—ant**, Gehilfe, m.; (shop) Verkäufer m,

assize, *as*-**sais,** s., Schwurgericht n.

associate, *as*-**soh**-schi-eht, v., gesellen; vereinigen. a., gesellt. s., Genosse m.

association, *as*-soh-si-eh-sch'n, s., Vereinigung f.

assort, *as*-**sort,** v., sortieren; verkehren;—**ment,** s., Auswahl f., Sortiment n.

assuage, *as*-**suehdsch,** v., stillen; besänftigen

assume, *as*-**sjuhm,** v., annehmen; übernehmen

assuming, *as*-**sjuhm**-ing, a., anmaßend

assumption, *as*-**somp**-sch'n, s., Annahme f.

assurance, *as*-**schuhr**-'ns, s., Versicherung f.

assure, *as*-**schuhr,** v., versichern

asterisk, **äss**-te-risk, s., Sternchen n.

astern, *a*-**s'törn,** adv., (naut.) achteraus

astir, *a*-**s'tör,** adv., rege, in Bewegung

astonish, *a*-**s'tonn**-isch, v., in Erstaunen setzen

astound, *a*-**s'taund,** v., verblüffen

astray (to go), *a*-**s'treh,** v., fehlgehen

astride, *a*-**s'treid,** adv., rittlings

astronomer, **äss**-tron-oh-mer, s., Astronom m.

astute, *a*-**s'tjuht,** a., verschmitzt, schlau

astuteness, *a*-**s'tjuht**-ness, s., Schlauheit f., List f.

asunder, *a*-**sonn**-der, adv., auseinander; entzwei

asylum, *a*-**sei**-lam, s., Asyl n.; (mental) Irrenhaus

at, ätt, prep., an, zu, bei, in; —**home,** (fig.) Empfangstag m.;—**once,** sofort;—**times,** zuweilen

athlete, **ädh**-liet, s., Athlet m., Wettkämpfer m.

athwart, ädh-**uort,** adv. & prep., quer

atom, ätt-**om,** s., Atom m.; —**ic,** a., atomar, atomisch; —**ic energy,** s., Atomenergie f.

atone, *a*-**tohn,** v., sühnen; —**ment,** s., Sühne f.

atrocious, *a*-**trohsch**-oss, a., scheußlich, gräßlich

atrophy, **ätt**-roh-fi, s., Abzehrung f.

attach, *a*-**tätsch,** v., befestigen, anheften; —**able,** a., verknüpfbar; —**ment,** s., Anhänglichkeit f.

attack, *a*-**täck,** v., angreifen. s., Angriff m.; (illness) Anfall m.

attain, *a*-**tehn,** v., erreichen, erlangen; —**ment,** s., Erlangung f.; —**ments,** pl., (talents) Kenntnisse pl.

attempt, *a*-**tempt,** v., versuchen; (risk) wagen. s., Versuch m.; (attack) Attentat n.

attend, *a*-tend, v., (serve) bedienen; (nurse) pflegen; **— to,** besorgen; **—ance,** s., Bedienung f.

attendant, *a*-**tenn**-d'nt, s., (servant, waiter, etc.) Diener[in] m.[f.]; (keeper) Wärter m.; (escort, companion) Begleiter[in] m.[f.]

attention, *a*-ten-sch'n, s., Aufmerksamkeit f.

attest, *a*-test, v., bescheinigen

attic, ätt-ick, s., Dachkammer f.

attire, *a*-tair, v., ankleiden. s., Kleidung f.

attitude, ät-ti-tjuhd, s., Haltung f., Stellung f.

attorney, *a*-tör-ni, s., Anwalt m.; **power of —,** Vollmacht f.

attract, *a*-träckt, v., anziehen; **—ion,** s., Anziehung f.; (personal) Reiz m.; **—ive,** a., reizend; anziehend

attribute, *a*-trib-juht, v., beimessen. s., Attribut n.

auburn, o'a-börn, a., rotbraun

auction, o'ack-sch'n, v., versteigern. s., Versteigerung f., Auktion f.; **-eer,** Auktionator m.

audacious, o'a-deh-schoss, a., verwegen; dreist

audacity, o'a-däss-i-ti, s., Kühnheit f.

audible, o'a-di-b'l, a., hörbar, vernehmlich

audience, o'a-di-enss, s., (assembly) Zuhörer pl.

audit, o'a-dit, v., prüfen. s., Rechnungsprüfung f.; **-or,** Bücherrevisor m.; (hearer) Zuhörer

augment, o'ag-m'nt, v., vermehren, vergrössern

augur, o'a-ger, s., Augur m. v., weissagen

august, o'a-gast, a., erlaucht, erhaben

aunt, aunt, s., Tante f.

auspicious, o'a-s'pisch-oss, a., günstig, glücklich

austere, o'a-s'tier, a., streng, ernst

authentic, o'a-thent-ik, a., authentisch; echt

author, o'a-ther, s., Verfasser m., Urheber m.

authoritative, o'a-thor-i-ta-tiw, a., autoritativ

authority, o'a-thor-i-ti, s., Autorität f.

authorise, o'a-thor-eis, v., ermächtigen, billigen

automatic, o'a-toh-mät-ik, a., automatisch;

autumn, o'a-t'm, s., Herbst m. [selbsttätig

auxiliary, o'ag-sil-i-a-ri, a., helfend. Hilfs...

avail, *a*-wähl, v., nützen, helfen; **— oneself of,** v., benutzen. s., Nutzen m., Vorteil m.

available, *a*-wähl-*a*-b'l, a., verfügbar, greifbar
avalanche, äw-*a*-lahntsch, s., Lawine f.
avaricious, äw-*a*-risch-*o*ss, a., habsüchtig, geizig
avenge, *a*-vendsch, v., rächen
avenue, äw-*a*-nju, s., Allee f. [Durchschnitt m.
average, äw-*a*-redsch, a., durchschnittlich. s.,
averse, *a*-wörs, a., abgeneigt, abhold
aversion, *a*-wör-sch'n, s., Widerwille m.
avert, *a*-wört, v., abwenden, verhüten
aviary, eh-wi-*a*-ri, s., Vogelhaus n.
aviation, eh-wi-äh-sch'n, s., Flugwesen n.
avidity, *a*-wid-i-ti, s., Begierde f., Habsucht f.
avocation, äw-o-keh-sch'n, s., Beruf m.
avoid, *a*-weud, v., vermeiden; ausweichen
avoidance, *a*-weud-'ns, s., Vermeidung f.
avow, *a*-wauh, v., bekennen, behaupten
avowal, *a*-wau-'l, s., Bekenntnis n., Erklärung f.
await, *a*-u'eht, v., erwarten
awake, *a*-u'ehk, a., wach. v., aufwachen;
   (arouse) aufwecken; **—ning,** s., Erwachen n.
award, *a*-uo'ard, s., Urteil n. v., zuerkennen
aware, *a*-u'ähr, a., gewahr
away, *a*-u'eh, adv., weg fort; **far —,** weit weg
awe, o'ah, s., Scheu f., Ehrfurcht f.
awful, o'ah-ful, a., furchtbar, entsetzlich
awhile, *a*-u'eil, a., eine Weile, eine Zeitlang
awkward, o'ak-u'erd, a., unangenehm; (clumsy)
   ungeschickt; **—ness,** s., Ungeschicklichkeit f.
awl, o'a-l, s., Ahle f., Pfriemen m.
awning, o'an-ing, s., Zeltdecke f.
awry, *a*-rei, a. & adv., schief, krumm
axe, äcks, s., Axt f., Hacke f.
axle, äks-'l, s., Achse f.
azure, ä-zjuhr, s., Himmelblau n. a., himmelblau

babble, bäbb-'l, v., plappern, schwatzen
baby, beh-bi, s., Kleinkind n., Säugling m.
bachelor, batsch-el-er, s., Junggeselle m.
back, bäck, s., Rücken m. v., (support) unterstützen; (bet) wetten auf... adv.,[nach]hinten;
   (return) zurück

backbone, bäck-bohn, s., (anatomy) Rückgrat n.; (fig.) Charakterstärke f.

background, bäck-graund, s., Hintergrund m.

back seat, bäck sieht, s., Rücksitz m.; (fig.) untergeordnete Stellung f.

backslide, bäck-sleid, v., abtrünnig werden

backward, bäck-u'erd, a., zurückgeblieben

backwards, bäck-u'erds, adv., rückwärts

backwater, bäck-uo'a-ter, s., totes Wasser n.

bacon, beh-k'n, s., Speck m.

bad, bähd, a., schlecht, böse; **—ness,** s., Schlechtigkeit f.

badge, bähdsch, s., Abzeichen n., Marke f.

badger, bähdsch-er, s., Dachs m. v., quälen, belästigen

baffle, bäff-'l, v., verwirren, vereiteln

bag, bähg, s., Beutel m., Tasche f.

baggage, bäg-edsch, s., Gepäck n.

bagpipe, bäg-peip, s., Dudelsack m.

bail, behl, s., Kaution f.; **— out,** v., Kaution stellen; **on —,** frei gegen Bürgschaft

bailiff, behl-iff, s., Gerichtsvollzieher m.

bait, beht, s., Köder m., Lockspeise f. v., ködern,

baize, behs, s., Fries m. [locken

bake, behk, v., backen; **—r,** s., Bäcker m.; **—ry,** s.,

bakelite, beh-ke-leit, s., Bakeliten [Bäckerei f.

balance, bäl-'ns, s., Gleichgewicht n.; (scales) Wage f.; (commercial) Saldo m. v., balancieren; ausgleichen; **—sheet,** s., Bilanz f.

balcony, bäl-ko-ni, s., Balkon m.

bald, bo'ald, a., kahl(köpfig); (fig.) schmucklos

baldness, bo'ald-ness, s., Kahlheit f.

bale, behl, s., Ballen m. v., (naut.) ausschöpfen

balk, baulk, bo'ak, v., vereiteln

ball, bo'al, s., Ball m.; (bullet) Kugel f.

ballast, bäll-ast, s., Ballast m. v., (weight) ballasten

ballet, bäll-eh, s., Ballett n. [lasten

balloon, ba-luhn, s., Ballon m.

ballot, bäll-ot, s., Abstimmung f., Wahl f. v., abstimmen

balm, bahm, s., Balsam m.; Trost m. [stimmen

balsam, bo'al-s'm, s., Balsam m.

bamboo, bäm-**buh,** s., (cane) Bambusrohr n.

ban, bän, s., Bann m.; Acht f. v., verbannen;

banana, ba-**nah**-nah, s., Banane f. [ächten

band, bänd, s., Band n.; (music) Musikkapelle f.; (gang) Bande f.; —**age,** s., Verband m. v., verbinden; —**master,** s., Kapellmeister m.

bandy (legged), bän-di, a., krummbeinig

bane, behn, s., Verderben n.; —**ful,** a., verderb-

bang, bäng, s., Knall m. v., knallen [blich

banish, bän-isch, v., verbannen, ausweisen

banister, bän-is-ter, s., Treppengeländer n.

bank, bänk, s., Bank f.; (river) Ufer n., v., dämmen; (money) deponieren; —**er,** s., Bankier m.; —**holiday,** s., Bankfeiertag m.; —**note,** s., Banknote f., Geldschein m.

bankrupt, bänk-rapt, a., bankrott. s., Bankrottierer m.; —**cy,** s., Bankrott m., Konkurs m.

banner, bän-er, s., Banner n.

banquet, bänk-u'ett, s., Bankett n., Festessen n.

banter, bän-ter, s., Neckerei f. v., necken;

baptism, bäp-tis'm, s., Taufe f. [scherzen

bar, bahr, v., versperren. s., (drinks) Bar f.; (horizontal) Reck n.; (metal) Stange f. (mus.) Taktstrich m.; (law) Advokatur f.

barb, bahrb, s., Widerhaken m. [barisch

barbarian, bar-**bäh**-ri-an, s., Barbar m. a., bar-

barbarity, bar-bär-i-ti, s., Barbarismus m., Ro-

barbed, bahrb'd, a., mit Stacheln versehen [heit f.

barber, bahr-ber, s., Herrenfrisör m.

bard, bahrd, s., Barde m., Sänger m.

bare, behr, a., nackt, bloss. v., entblössen; —**faced,** a., schamlos, unverhüllt; —**footed,** barfuss, barfüßig; —**headed,** ohne Hut, unbedeckt; —**ly,** adv., kaum; —**ness,** s., Nacktheit f., Blösse f.

bargain, bahr-gen, s., Handel m.; Gelegenheitskauf m. v., handeln

barge, bahrdsch, s., Barke f., Flußkahn m.

bark, bahrk, v., bellen. s., Bellen n.; (tree) Rinde f.

barley, bahr-li, s., Gerste f.

barmaid, bahr-mähd, s., Schenkmädchen n.

barn, bahrn, s., Scheune f.

barometer, ba-rom-et-er, s., Wetterglas n.

barracks, bär-*acks*, s.pl., Kaserne f., Baracke f.

barrel, bär-'l, s., Fass n., Tonne f.; (gun) Lauf m.

barren, bär-'n, a., unfruchtbar; (land) öde

barrier, bär-i-er, s., Schranke f.

barrister, bär-is-ter, s., Advokat m.

barrow, bär-oh, s., Schubkarren m.

barter, bahr-ter, v., Tauschhandel treiben

base, behsz, v., gründen. s., Basis f., Grundlage f.; (pedestal) Sockel m. a., niedrig; **—less,** grundlos; **—ment,** s., Tiefparterre n.; **—ness,** s., Niedrigkeit f.

bashful, bäsch-ful, a., schüchtern, verschämt

bashfulness, bäsch-ful-ness, s., Schüchternheit f.

basin, behsz'n, s., Schüssel f.; (wash) Becken n.

basis, behsz-is, s., Basis f., Grundlage f.

bask, bahsk, v., sich sonnen, sich wärmen

basket, bahsk-et, s., Korb m.

bass, behsz, s., (voice music) Baß m.

bassoon, bäsz-uhn, s., Fagott m.

bastard, bahst-erd, s., Bastard m. a., unehelich

baste, behst, v., mit Fett begiessen; [an]heften

bat, bätt, s., Fledermaus f.; (sport) Schläger m.

batch, bätsch, s., Schub m.; **—of letters,** Stoß m.

bath, bahdh, s., Bad n.; **—chair,** Rollstuhl m.; **—room,** Badezimmer n.; **shower —,** Brause-bad n.

bathe, behdh, v., baden; **—r,** s., Badender m.

batten, bätt-'n, s., Latte f. v., mästen, schwelgen

batter, bätt-er, s., Teig m. v., einschlagen

battery, bätt-er-i, s., (car) Batterie f.

battle, bätt-'l, s., Schlacht f. v., kämpfen

battleship, bätt'l-schip, s., Schlachtschiff n.

bawl, bo'al, v., laut schreien

bay, beh, s., (geographical) Bucht f.; (horse) braunes Pferd n. v., bellen; **— tree,** Lorbeerbaum m.; **—onet,** s., Bajonett n.

be, bih, v., sein; existieren

beach, bihtsch, s., Strand m., Gestade n. v.,

beacon, bih-k'n, s., Leuchtfeuer n. [stranden

bead, bihd, s., (glass) Glasperle f.; (drop) Tropfen

beadle, bih-d'l, s., Büttel m., Pedell m. [m.

beagle, bih-g'l, s., (hound) Stöber m.

beak, bihk, s., Schnabel m.

beam, bihm, s., Balken m.; (light) Strahl m.

beaming, bihm-ing, a., strahlend

bean, bihn, s., Bohne f.

bear, bähr, s., Bär m.; (speculator) Baissier m.
v., tragen; (endure) aushalten, leiden; (produce) tragen; **—able,** a., erträglich; **—er,** s., Überbringer m.; (mech.) Träger m.; **—ing,** (behaviour) Verhalten n.; (mech.) Lager n.; (take one's **—s**), v., sich orientieren

beard, biehrd, s., Bart m.; **—ed,** a., bärtig

beardless, biehrd-less, a., bartlos

beast, bihst, s., Tier n.; (cattle) Vieh n.; (fig.) Bestie f.; **—ly,** adv. & a., roh, gemein, bestialisch

beat, biht, s., Schlag m.; (pulse) Klopfen n.; (music) Takt m. v., schlagen; (thrash) prügeln, (conquer) besiegen

beautiful, bjuh-ti-ful, a., schön

beautify, bjuh-ti-fai, v., verschöne[r]n, schmücken

beauty, bjuh-ti, s., Schönheit f.; **— spot,** (mole) Schönheitsfleck m.; (place) schöne Gegend f.

beaver, bih-wer, s., Biber m.

becalm, be-kahm, v., beruhigen; (naut.) bekalmen

because, be-kohs, conj., weil; **— of,** wegen

beckon, beck-on, v., winken

become, bi-kamm, v., werden; geziemen

becoming, bi-kamm-ing, a., (conduct) schicklich; (dress) kleidsam

bed, bed, s., Bett n.; (flower **—,** Beet n.; **—ding,** Bettzeug n.; **—pan,** Bettschüssel f.; **—ridden,** a., bettlägerig; **— room,** s., Schlafzimmer n.; **—stead,** Bettstelle f.

bedeck, bi-deck, v., schmücken

bedew, bi-djuh, v., betauen

bee, bih, s., Biene f.; **— hive,** Bienenstock m.

beech, bihtsch, s., Buche f.

beef, bief, s., Rindfleisch n.; **—steak,** Beefsteak n.

beer, bihr, s., Bier n.

beet, biht, s., Runkelrübe f.; **—root,** rote Rübe f.

beetle, biht-'l, s., Käfer m.; **black—,** Schabe f.

befall, bi-fo'al, v., sich ereignen

befitting, bi-fitt-ing, a., passend
before, bi-fohr, prep., vor. adv., vorher, früher
beforehand, bi-fohr-händ, adv., vorher, früher
befoul, bi-faul, v., besudeln
befriend, bi-frend, v., befreunden
beg, beg, v., (request, etc.) bitten; (alms) betteln;
    —gar, s., Bettler m.; **—ging,** (alms) Betteln n.
beget, bi-get, v., [er]zeugen
begin, bi-gin, v., beginnen, anfangen; **—ner,** s.,
    Anfänger m.; **—ning,** Anfang m.
begone! bi-gonn, interj., fort! weg!
begrime, bi-greim, v., beschmutzen
begrudge, bi-gradsch, v., mißgönnen, beneiden
beguile, bi-geil, v., täuschen; bezaubern; verkürzen
behalf, bi-hahf, Behuf m.; **on — of,** seitens
behave, bi-hehw, v., sich benehmen, sich betragen
behaviour, bi-hehw-jer, s., Benehmen n., Ver-
    halten n.
behead, bi-hed, v., enthaupten, köpfen
behind, bi-heind, prep., hinter. adv., hinten
behindhand, bi-heind-händ, a., im Rückstand
behold, bi-hohld, v., erblicken. interj., siehe da!
behove, bi-hohw, v., sich ziemen, sich schicken
being, bi-ing, s., Dasein n.; (human) Wesen n.
belabour, bi-lehb-er, v., (thrash) durchprügeln
belated, bi-leh-ted, a., verspätet
belch, beltsch, v., [aus]speien; (vulg.) aufstossen
belfry, bel-fri, s., Glockenturm m.
belie, bi-lei, v., widersprechen; Lügen strafen
belief, bi-lihf, s., Glaube m., Meinung f.
believable, bi-lihw-*a*-b'l, a., glaubhaft, glaublich
believe, bi-lihw, v., glauben
believer, bi-lihw-er, s., Glaubende[r] m.; Gläu-
belittle, bi-litt-'l, v., herabsetzen   [bige m.
bell, bell, s., Glocke f., Klingel f., Schelle f.
belligerent, bel-idsch-e-rent, a., kriegführend
bellow, bel-oh, s., Brüllen n. v., blöken, brüllen
bellows, bel-ohs, s.pl., Blasebalg m., Bälge m.pl.
belly, bel-i, s., Bauch m., Leib m.
belong, bi-long, v., gehören; betreffen
belongings, bi-long-ings, s.pl., Sachen f.pl.
beloved, bi-law'd, a., geliebt

below, bi-loh, prep., unter, unterhalb. adv., unten

belt, belt, s., Gürtel m.; (mech.) Treibriemen m. v., gürten

bemoan, bi-**mohn**, v., bejammern, beweinen

bench, bentsch, s., Bank f.; (law) Richterstand m.

bend, bennd, v., biegen. s., Biegung f.; (road, etc.) Kurve f. [unten

beneath, bi-**nihdh**, prep., unter[halb]. adv., unten

benediction, ben-e-dick-sch'n, s., Segensspruch

benefactor, ben-e-fäkt-er, s., Wohltäter m. [m.

beneficence, ben-ef-i-senss, s., Wohltätigkeit f.

beneficial, ben-e-fi-sch'l, a., vorteilhaft; heilsam

beneficiary, ben-e-fi-scha-ri, s., Nutznießer m.

benefit, ben-e-fit, s., Wohltat f.; Vorteil m.

benevolence, bi-new-o-lens, s., Wohlwollen n.

benevolent, bi-new-o-lent, a., wohlwollend, gütig

benign, bi-nein, a., liebevoll, gutartig

bent, bent, s., (fig.) Hang m., Neigung f.

benumb, bi-namm, v., erstarren, betäuben

benzine, ben-sihn, s., Benzin n.

bequeath, bi-ku'ihdh, v., vermachen, hinter-

bequest, bi-ku'est, s., Vermächtnis n. [lassen

bereave, bi-rihw, v., berauben

bereavement, bi-rihw-ment, s., Verlust m.

berry, be-ri, s., Beere f.

berth, bördh, s., (cabin) Koje f.; (on a train) Bett n.; (anchorage) Ankerplatz m.; (position) Stellung f. v., verankern, festmachen

beseech, bi-ssietsch, v., anflehen

beset, bi-sset, v., bedrängen

beside, bi-sseid, prep., neben, dicht bei

besides, bi-sseids, adv., ausserdem. prep., ausser

besiege, bi-ssihdsch, v., belagern; bedrängen

besmear, bi-ssmihr, v., beschmieren, besch- mutzen

besotted, bi-ssot-ted, a., betört; berauscht

bespangle, bi-s'pang-g'l, v., beflittern

bespatter, bi-s'pät-er, v., bespritzen, besudeln

besprinkle, bi-s'pring-k'l, v., benetzen; (strew) bestreuen

best, best, a., best. adv., am besten. v., über-

bestial, bes-ti-al, a., tierisch, viehisch [vorteilen

bestir (oneself), bi-s'tör, v., sich regen

bestow, bi-s'toh, v., verleihen, schenken

bestowal, bi-s'toh-'l, s., Verleihung f., Schenkung f.

bestrew, bi-s'truh, v., bestreuen [f.

bet, bett, s., Wette f. v., wetten; —ter, s., Wettender m.; —ting, s., Wetten n.

betoken, bi-toh-k'n, v., bezeichnen, andeuten

betray, bi-treh, v., verraten; (seduce) verführen; —al, s., Verrat m.; Verführung f.

betroth, bi-trohdh, v., verloben; —al, s., Verlobung f.

better, bet-ter, a. & adv., besser, wohler, gesünder. v., (ver)bessern, vervollkommnen; —ment, s., Besserung f., Verbesserung f.

between, bi-tu'ihn, prep., zwischen; — ourselves, unter uns gesagt. adv., dazwischen

bevel, bev-'l, s., Schräge f. v., schräg schneiden, kanten. a., schräg, schief(winklig)

beverage, bew-er-edsch, s., Getränk n., Trank m.

bevy, bew-i, s., Schwarm m., Schar f.

bewail, bi-u'ehl, v., beklagen, beweinen

beware, bi-u'ehr, v., sich hüten; interj., Achtung!

bewilder, bi-u'il-der, v., verwirren, bestürzt machen; —ment, s., Verwirrung f.

bewitch, bi-u'itsch, v., behexen, bestricken

beyond, bi-jond, adv., jenseits

bias, bei-ess, s., Vorurteil n. v., beeinflussen

bible, bei-b'l, s., Bibel f.

bibulous, bib-ju-loss, a., aufsaugend

bicker, bik-ker, v., hadern, zanken

bickering, bik-ker-ing, s., Hader m., Zwist m.

bicycle, bei-ssick-'l, s., Fahrrad n. v., radfahren

bid, bidd, s., (at a sale) Gebot n. v., bieten; (order)

bidder, bid-der, s., Bieter m. [befehlen

bidding, bid-ding, s., Bieten n., Geheiß n.

bide, beidd, v., abwarten; (abide) verharren

bier, bihr, s., Bahre f.

big, bigg, a., gross, stark; (important) wichtig

bigness, big-ness, s., Grösse f., Dicke f.

bigot, big-ot, s., Fanatiker m.; (pious) Frömmler

bigoted, big-ot-ed, a., bigott, fanatisch [m.

bilberry, bil-ber-ri, s., Heidelbeere f., Blaubeere f.

bile, beil, s., Galle f.

bilious, bil-*joss*, a., gallsüchtig

bilk, bilk, v., durchbrennen

bill, bill, s., Rechnung f.; (of exchange) Wechsel m.; (poster) Plakat n.; (parliament) Gesetzesvorlage f.; (bird) Schnabel m.; **—of fare,** s., [Speisekarte f.

billet, bil-let, s., Quartier n.

billiards, bil-*jerds*, s.pl., Billard(spiel) n.

bin, bin, s., (wine) Behälter m.; (refuse) Müllkasten m.

bind, beind, v., binden; (books) einbinden; (vow) verpflichten; (fetter) fesseln; **—up,** verbinden; **—ing,** (books) Einband m. a., bindend

binocular(s), bi-*nock*-ju-lar(s), s., Feldstecher m.

biography, bei-*og*-ra-fi, s., Lebensbeschreibung f.

biplane, bei-plehn, s., Zweidecker m.

birch, börtsch, s., (tree) Birke f.; (rod) Rute f. v., mit der Rute züchtigen

bird, bord, s., Vogel m.; **—'s-eye view,** Blick aus der Vogelschau f.

birth, börth, s., Geburt f.; **—day,** s., Geburtstag m.; **—mark,** s., Muttermal n.; **—place,** s., Geburtsort m.; **—rate,** s., Geburtenziffer f.

biscuit, biss-kit, s., Biskuit n., Zwieback m.

bisect, bei-sekt, v., halbieren, teilen

bishop, bisch-*op*, s., Bischof m.; (chess) Läufer m.

bit, bit, s., Stück n.; (horse) Gebiss m.

bitch, bitsch, s., Hündin f.; (vulg.) loses Weib n.

bite, beit, s., Biss m.; (mouthful) Bissen m. v., beissen

biting, beit-ing, a., beissend; (wind) scharf

bitter, bit-er, a., bitter; **—ness,** s., Bitterkeit f.

black, bläck, s., Schwärze f. a., schwarz; (gloomy) finster. v., schwärzen; (shoes) wich- [sen

blackbeetle, bläck-biht'l, s., Schabe f.

blackberry, bläck-ber-ri, s., Brombeere f. [nisbeere f.

blackbird, bläck-börd, s., Amsel f.

blackcurrant, bläck-kor-rent, s., schwarze Johan-

blacken, bläck-en, v., schwärzen; (fig.) verleum- [den

blackguard, bläg-gard, s., Schuft m.

blacking, bläck-ing, s., Wichse f.

blacklead, bläck-led, s., Graphit m.
blackleg, bläck-leg, s., Streikbrecher m.
blackmail, bläck-mehl, s., Erpressung f. v., erpressen; **—er,** s., Erpresser m.
blacksmith, bläck-smith, s., Schmied m.
blackthorn, bläck-dhorn, s., Schwarzdorn m.
bladder, bläd-der, s., Blase f., Harnblase f.
blade, blehd, s., Klinge f.; (grass) Halm m.; (oar) Blatt n.
blame, blehm, s., Tadel m. v., tadeln
blameless, blehm-less, a., schuldlos, tadellos
blanch, blahntsch, v., erbleichen
bland, bländ, a., freundlich, mild [f.
blandishment, blän-disch-m'nt, s., Schmeichelei
blank, blänk, s., (lottery) Niete f. a., (vacant) leer; (page) unbeschrieben; (shot) blind geladen
blanket, blän-ket, s., Bettdecke f.; (elec.) Heizdecke f. v., bedecken
blare, blähr, s., Geschmetter n. v., schmettern
blaspheme, bläs-fihm, v., lästern
blasphemy, bläs-fi-mi, s., Gotteslästerung f.
blast, blahst, v., (explode) sprengen; (fig.) vernichten. s., (gust) Windstoss m.; (trumpet) Stoß m.; (explosion) Sprengladung f.
blatant, bleh-tent, a., lärmend; plärrend
blaze, blehs, v., lodern, brennen, heißbrennen. s., (conflagration) Brand m.; **— of light,** Lichtmasse f.
bleach, blihtsch, v., bleichen. s., Bleiche f.
bleak, blihk, a., (raw) rauh; (bare) kahl
bleat, bliht, v., blöken, meckern
bleed, blihd, v., bluten; zur Ader lassen
bleeding, blih-ding, s., Blutung f., Aderlass m.
blemish, blem-isch, s., Makel m. v., beflecken
blend, blend, v., vermischen. s., Mischung f.
bless, bless, v., segnen; **—ed,** a., gesegnet
blessing, bless-ing, s., Segen m.
blight, bleit, s., (plant) Mehltau m. v., verderben
blind, bleind, a., blind. v., blenden. s., (window) Vorhang m.; (venetian) Jalousie f.; **—fold,** v., die Augen verbinden; **— man,** s.,

Blinde[r] m.; —**ness,** Blindheit f.
blink, blink, v., blinzeln; blinken   [klappe f.
blinker, blink-er, s., Blinzler m.; (horse) Scheu-
bliss, bliss, v., Wonne f., Seligkeit f.; —**ful,** a., selig
blister, blist-er, s., Blase f.   v., Blasen ziehen
blithe, bleidh, a., heiter, fröhlich
blizzard, blis-erd, s., Schneesturm m.
bloat, bloht, v., aufschwellen, schwellen
bloater, bloht-er, s., Bückling m.
block, block, v., sperren, versperren.   s., (wood)
     Block m.; (traffic) Stockung f.; —**ade,** (naut.)
     Blockade f.; —**head,** Dummkopf m.
blood, blodd, s., Blut n.; —**hound,** Bluthund m.;
     —**shed,** Blutvergiessen n.; —**shot,** a., blut-
     unterlaufen; —**thirsty,** blutdürstig; —**y,** blu-
     tig; (vulg.) verdammt
bloom, bluhm, v., blühen.   s., Blüte f.
blooming, bluhm-ing, s., Blühen m.   a., blühend
blossom, bloss-om, s., Blüte f.   v., blühen
blot, blott, v., besudeln; (dry) löschen.   s.,
     (ink) Klecks m.; (blemish) Makel m.; —**ting-
     paper,** Löschpapier n.
blotch, blotsch, s., Fleck m.   v., beflecken
blouse, blaus, s., Bluse f.
blow, bloh, s., Schlag m.; (trumpet) Stoss m.
     v., blasen; (wind) wehen; (nose) putzen; —**up,**
     (tyres, etc.) aufblasen; (explode) sprengen
blowpipe, bloh-peip, s., Blasrohr n., Lötrohr n.
blubber, blab-ber, s., Walfischspeck m.   v., plär-
bludgeon, bladsch-'n, s., Knüttel m.   [ren
blue, bluh, s., Blaue n.   a., blau; —**bell,** s., wilde
     Hyazinthe f.; —**stocking,** Blaustrumpf m.
bluff, blaff, s., Bluff m.   v., bluffen
bluish, bluh-isch, a., bläulich   [schießen
blunder, blond-er, s., grober Fehler m.   v., böcke-
blunt, blont, a., stumpf; barsch.   v., abstumpfen;
     —**ness,** s., Stumpfheit f.; Grobheit f.
blur, blör, v., trüben.   s., Verschwommenheit f.
blurt, blört, v., [mit etwas] herausplatzen
blush, blosch, s., Erröten n.   v., erröten
bluster, bloss-ter, s., Ungestüm n.   v., grosstun;
     toben; —**er,** s., Polterer m.; —**ing,** a., polternd

boar, bohr, s., Eber m.; **wild —,** Wildschwein n.
board, bo'ard, s., Brett n.; (directors) Direktorium n.; (food) Beköstigung f.; (naut.) Bord m.
v., mit Brettern verschlagen; beköstigen;
notice- —, s., Anschlag-Tafel n.; **—er,** Pensionär m.; **—ing-house,** Pension f.; **—ing-school,** Internat n., Pensionat n.
boast, bohst, v., prahlen, rühmen. s., Prahlerei f.
boaster, bohst-er, s., Prahler m., Großsprecher m.
boat, boht, s., (rowing) Kahn m.; **motor-**
—, Motorboot n.; **steam- —,** Dampfschiff n.
boat-hook, boht-huck, s., Bootshaken m.
boating, boht-ing, s., Bootfahren n.
boatman, boht-m'n, s., Bootsmann m.
boatswain, boht-s'n, s., Bootsmann m.
bob, bob, v., (bow) knicksen; **— about,** tänzeln
bobbin, bob-in, s., Spule f., Klöppel m.
bode, bohd, v., vorbedeuten
bodice, bod-iss, s., Mieder n., Taille f.
bodily, bod-i-li, a. & adv., körperlich
bodkin, bod-kin, s., Ahle f., Pfriem m.
body, bod-i, s., Körper m.; (corpse) Leichnam m.
bog, bog, s., Sumpf m.; **—gy,** a., sumpfig
bogey, boh-gi, s., (children's) Schreckgespenst n.
bogie, boh-gi, s., (mech.) bewegliches Radgestell
boil, beul, v., kochen, sieden. s., [Blut-]Geschwür n.; **—er, beul-**er, s., [Dampf-] Kessel m. [würm-
boisterous, beust-er-oss, a., lärmend, tobend
bold, bohld, a., kühn, mutig, keck
boldness, bohld-ness, s., Kühnheit f., Keckheit f.
bolster, bohl-ster, s., Polster n.; **— up,** v., stützen
bolt, bolt, v., [ver-]riegeln; (horse) durchgehen.
s., Riegel m.; (lightning) Blitzstrahl m.
bomb, bomm, s., Bombe f. v., bomben
bombard, bom-bahrd, v., bombardieren [stig
bombastic, bom-bäst-ik, a., bombastisch, schwül-
bond, bond, s., (obligation) Verpflichtung f.;
(tie) Band n.; (stock) Schuldschein m.; **in —,**
(customs) unter Zollverschluß
bondage, bon-dedsch, s., Knechtschaft f.
bone, bohn, s., Knochen m.; (fish) Gräte f.
bonfire, bon-feir, s., Freudenfeuer n.

bonnet, bon-et, s., Kapotthut m.; (car) Haube f.
bonus, bohn-oss, s., Prämie f.; Gratifikation f.
bony, bohn-i, a., knochig; knöchern
book, buck, s., Buch n. v., eintragen; **—case,** s., Bücherschrank m.; **—ing-office,** s., Fahrkartenschalter m.; **—keeper,** s., Buchhalter m.; **—keeping,** s., Buchführung f.; **—mark,** s., Lesezeichen n.; **—seller,** s., Buchhändler m.; **—shop,** s., Buchhandlung f.; **—stall,** s., Bücherstand m.; **—worm,** s., Bücherwurm m.
boom, buhm, s., (commercial) Hausse f.; (spar) Baum m.; (noise) Dröhnen n. v., (prices) in die Höhe treiben, florieren; (noise) dröhnen
boon, buhn, s., Wohltat f., Segen m.
boor, buer, s., (fig.) Grobian m.
boorish, buer-isch, a., grob
boot, buht, s., Stiefel m.; **—maker,** Schuhmacher [m.
booth, buhdh, s., Bude f.; (telephone) Zelle f.
booty, buh-ti, s., Beute f., Raub m.
border, bor-der, s., (ornamental edge) Einfassung f.; (frontier) Grenze f. v., einfassen; **—ing,** a., angrenzend, benachbart
bore, bohr, v., bohren; (weary) langweilen. s., (gun) Kaliber n.; (person) langweiliger
born, born, a., geboren [Mensch m.
borough, ba-ra, s., [Stadt-] [Wahl-]bezirk m.
borrow, bor-oh, v., borgen
bosom, bu-som, s., Busen m., Brust f.
botanist, bot-an-ist, s., Botaniker m.
botany, bot-a-ni, s., Botanik f.
both, bohth, a., beide, beides
bother, bodh-er, v., plagen; bemühen. s., Mühe f.
bottle, bot-'l, v., auf Flaschen füllen. s., Flasche f.
bottom, bot-'m, s., Boden m., Grund m.; (behind) Gesäß n.; **—less,** a., bodenlos
bough, bau, s., Ast m., Zweig m.
bounce, baunss, v., [auf]springen. s., Prall m.
bound, baund, v., begrenzen; (jump) springen. s., Sprung m.; **—ary,** Grenze f.; **—for,** a., bestimmt nach; **—to,** (obliged) verpflichtet
bountiful, baun-ti-full, a., freigebig
bounty, baunt-i, s., Freigebigkeit f.; Prämie f.

bouquet, buh-keh, s., Strauss m.

bout, baut, s., Anfall m.; (fencing) Gang m.

bow, boh, s., (archery, violin) Bogen m.; (tie, knot) Schleife f.

bow, bau, v., beugen, sich verbeugen. s., Verbeugung f., Verneigung f.; (ship) Bug m.

bowels, bau-'ls, s.pl., Eingeweide n.pl.

bowl, bohl, s., Schale f., Schüssel f.; (ball) Kugel f. v., die Kugel schieben; (cricket) den Ball werfen; **—ing green,** s., Kegelrasen m.

box, bocks, v., boxen. s., Schachtel f.; (chest) Kiste f.; (theatre) Loge f.; (on the ears) Ohrfeige f.

boxing, bocks-ing, s., Boxen n.; Faustkampf m.

boy, beu, s., Junge m., Knabe m., Bursche m.; **—cott,** v., boykottieren. s., Boykott m.; **—hood,** Knabenalter n.

brace, brehss, v., schnallen; (health) stärken. s., (mech.) Klammer f.; (two) Paar n.; **—s,** pl., Hosenträger m. pl.

bracelet, brehss-let s., Armband n., Armspange

bracing, brehss-ing, a., stärkend, kräftigend [f.

bracken, bräk-k'n, s., Farnkraut n.

bracket, bräk-ket, v., einklammern. s., Wandbrett n.; (parenthesis) Klammer f.

brackish, bräk-kisch, a., brackig, salzig

brag, bräg, v., aufschneiden; **—gart,** s., Prahler m.

braid, brehd, s., Flechte f., Borte f. v., flechten

brain, brehn, s., (substance) Gehirn n.; (mind) [Verstand m.

braise, brähs, v., schmoren

brake, brehk, s., Bremse f. v., bremsen; hemmen

bramble, bräm-b'l, s., Brombeerstrauch m.

bran, brän, s., Kleie f.

branch, brahntsch, s., Ast m., Zweig, m.; (commercial) Zweigstelle f.; **— off,** v., abzweigen

brand, bränd, s., Marke f.; (fire) Feuerbrand m. v., einbrennen; (fig.) brandmarken

brandish, brän-dish, v., schwingen

brandy, brän-di, s., Kognac m., Branntwein m.

brass, brahss, s., Messing n.; (wire) Messingdraht

bravado, bra-**vah-**do, s., Prahlerei f. [m.

brave, brähw, a., tapfer, mutig

bravery, brähw-er-i, s., Tapferkeit f.

brawl, bro'al, v., laut zanken. s., Schlägerei f.

brawn, bro'an, s., Sülze f.; Muskelkraft f.

brawny, bro'a-ni, a., muskulös, sehnig, kräftig

bray, breh, v., (donkey) schreien, yanen

brazen, breh-s'n, a., unverschämt; ehern

brazier, breh-si-er, s., Kohlenpfanne f.; Gelb-
giesser m.

brazil-nut, bräsil-nött, s., Paranuß f.

breach, brihtsch, s., Bruch m.; Übertretung f.

bread, bred, s., Brot m.

breadth, bredth, s., Breite f., Weite f.

break, brehk, v., (zer)brechen; abgewöhnen; zureiten. s., Bruch m.; Riss m., Lücke f.;
Pause f.; **—age,** s., Bruch(schaden) m.
—down, s., Betriebsstörung f.; Zusammenbruch m.; **—er,** s., Brecher m.; **—ers,** pl.,
Brandung f.; **—fast,** v., frühstücken. s.,
Frühstück n.; **—through,** s., Durchbruch
m.; **—water,** s., Wellenbrecher m.

bream, brihm, s., Brassen m.

breast, brest, s., Brust f., Busen f.

breastbone, brest-bohn, s., Brustbein n.

breath, breth, s., Atem(zug) m.; Hauch m.

breathe, brihdh, v., atmen

breathless, breth-less, a., atemlos, ausser Atem

bred, bred, a., erzogen; gezüchtet

breech, brihtsch, s., (gun) Gewehr Schloss n.

breeches, brihtsch-es, s.pl., Kniehosen f.pl.;
(riding) Reithosen f.pl.

breed, brihd, v., erzeugen, züchten. s., Rasse f.

breeder, brihd-er, s., Züchter m.

breeding, brihd-ing, s., Bildung f.; (stock)
Zucht f.

breeze, brihs, s., Brise f.; Wind m.   [Zucht f.

breezy, brih-si, a., frisch; flott, lustig

brethren, bredh-ren, s.pl., Brüder m.pl.

brevity, brew-i-ti, s., Kürze f.

brew, bruh, v., brauen. s., Bräu n.; **—er,** s.,
Brauer m.; Bierbrauer m.; **—ery,** s., Brauerei f.

briar, brei-er, s., Dornbusch m.   [f.

bribe, breib, v., bestechen. s., Bestechung f.

bribery, brei-ber-i, s., Bestechung f.

brick, brick, s., Backstein m., Ziegelstein m.

bricklayer, brick-leh-er, s., Maurer m.

bridal, brei-d'l, a., bräutlich

bride, breihd, s., Braut f.; **—groom**, Bräutigam m.; **—smaid**, Brautjungfer f.

bridge, bridsch, s., Brücke f.   v., überbrücken

bridle, brei-d'l, s., Zügel m.   v., aufzäumen

brief, brief, a., kurz, bündig.   v., instruieren

brigade, bri-gehd, s., Brigade f.   [m.

brigadier, brig-*a*-dier, s., Brigadekommandeur

bright, breit, a., hell, klar; (lively) aufgeweckt; **—en,** v., erheitern; (weather) sich aufklären; **—ness,** s., Glanz m.; (mind) Aufgewecktheit f.

brilliancy, bril-jenss-i, s., Glanz m., Pracht f.

brilliant, bril-jent, s., Brillant m.   a., glänzend

brim, brimm, s., Rand m.; (hat) Krempe f. **— over,** v., überschäumen, überlaufen

brimstone, brimm-s'tohn, s., Schwefel m.

brindled, brin-d'ld, a., gestreift, geströmt

brine, brein, s., Sole f.   v., einsalzen

bring, brinng, v., bringen; **— forward,** (accounts) übertragen; **— in,** (receipts) einbringen; **— up,** (educate) erziehen

brink, brink, s., Rand m.

briny, brei-ni, a., salzig, brackig

brisk, brisk, a., (lively) lebhaft; (agile) flink

brisket, brisk-et, s., Bruststück n.

briskness, brisk-ness, s., Lebhaftigkeit f.

bristle, briss-'l, s., Borste f.   v., sich sträuben

bristling, briss-ling, a., borstig; auffahrend

brittle, brit-'l, a., spröde, zerbrechlich

brittleness, brit-'l-ness, s., Sprödigkeit f.

broach, brohtsch, s., Bratspiess m.; **(— a subject)** v., Gespräch auf etwas bringen

broad, bro'ad, a., breit, weit; **—cast,** s., (radio) Rundfunksendung f.   v., rundfunken

brocade, bro-kähd, s., Brokat m.

brogue, brohg, s., Mundart f.; plumper Schuh m.

broil, breul, v., auf dem Rost braten.   s., Zank m.

broker, broh-ker, s., Makler m.; **stock-—,** Börsenmakler m.; **—age,** Courtage f.

bromide, broh-meid, s., Bromkali n., Bromid n.

bronchitis, bron-kei-tiss, s., Bronchialkatarrh m.
bronze, brons, s., Bronze f. v., bronzieren
brooch, brohtsch, s., Brosche f., Spange f.
brood, bruhd, s., Brut f. v., brüten
brook, bruck, s., Bach m. v., erdulden
broom, bruhm, s., Besen m.; (plant) Ginster m.
broth, broth, s., Fleischbrühe f.
brothel, bro-dhel, s., Bordell n.
brother, bro-dher, s., Bruder m.; **—hood,** Brüderschaft f.; **— -in-law,** Schwager m.; **—ly,** a., brüderlich
brow, brau, s., Braue f.; Stirn f.
browbeat, brau-biht, v., einschüchtern
brown, braun, a., braun. v., braunen
brownish, braun-isch, a., bräunlich
browse, braus, v., abäsen abfressen
bruise, bruhs, s., blaue(-r) Fleck m., Beule f. v., [quetschen
brunette, brü-nett, s., Brunette f.
brunt, brant, s., Anprall m.; Gewalt f.
brush, brasch, s., Bürste f.; (paint) Pinsel m.; (dynamo) Kohlenbürste f. v., bürsten; (sweep) fegen; **—wood,** s., Reisig n.
brusque, brask, a., brüsk, schroff
Brussels sprouts, brass-els sprauts, s., Rosen-
brutal, bruh-t'l, a., brutal, roh [kohl m.
brutality, bruh-täl-i-ti, s., Brutalität f., Roheit f.
brute, bruht, s., Bestie f.; (fig.) Unmensch m.
bubble, bab-b'l, s., Blase f. v., perlen, sprudeln
buck, back, s., (deer) Rehbock m. a., männlich
bucket, back-et, s., Eimer m.
buckle, back-'l, s., Schnalle f. v., schnallen; krümmen
buckskin, back-skinn, s., Wildleder n.
bud, bad, s., Knospe f. v., knospen, ausschlagen
budge, badsch, v., sich rühren; weichen
budget, badsch-et, s., Budget n.; Haushaltsplan
buff, baff, a., braungelb [m.
buffalo, baf-a-loh, s., Büffel m.
buffer, baf-er, s., (railway) Puffer m.
buffet, büff-eh, s., Büfett n.
buffet, baf-et, v., hin und herstossen
buffoon, ba-fuhn, s., Hanswurst m.

bug, bagg, s., Wanze f. ; **—bear,** Schreckbild n.

bugle, bjuh-g'l, s., (mil.) Signalhorn n.

build, bild, v., bauen. s., [Körper-]bau m. ; **—er,** Bauunternehmer m. ; **—ing,** Gebäude n., Bau m.

bulb, balb, s., Blumenzwiebel f. ; (lamp) Birne f.

bulge, baldsch, v., ausbauchen. s., Anschwellung f.

bulk, balk, s., (volume) Umfang m. ; **in—,** in grossen Mengen f.pl. ; **—y,** a., umfangreich, dick

bull, bull, s., Bulle m., Stier m. ; (stock-exchange) Haussier m. ; **—dog,** Bulldogge f. ; **—finch,** Dompfaff m. ; **—ock,** Ochse m. ; **—'s eye,** (target) Volltreffer m.

bullet, bull-et, s., Kugel f., Geschoss n.   [m.

bulletin, bull-i-tin, s., Bulletin n., Tagesbericht

bullion, bull-jon, s., Gold [Silber] in Barren m.pl.

bully, bull-i, s., Flegel m. v., tyrannisieren

bulrush, bull-rasch, s., große Binse f.

bulwark, bull-u'örk, s., (rampart) Bollwerk n. ; (naut.) Schanze f. ; (fig.) Bollwerk n.

bumble-bee, bam-b'l-bih, s., Hummel f.

bump, bamp, s., Stoss m. ; (swelling) Beule f. v., stossen ; **—er,** s., (cars) Stoßfänger m.

bumpkin, bamp-kin, s., Bauerntölpel m.

bumptious, bamp-schoss, a., aufgeblasen

bunch, bantsch, v., bündeln. s., (flowers) Strauß m. ; (keys, vegetables) Bund n. ; **— of grapes,** Weintraube f.

bundle, band-'l, s., Bündel m. v., zusammenbündeln   [Spundloch m.

bung, bang, s., Spund m., Zapfen m. ; **—hole,**

bungalow, bang-ga-loh, s., einstöckiges Haus n.

bungle, ban-g'l, v., stümpern. s., Stümperei f.

bungler, ban-gler, s., Stümper m., Pfuscher m.

bunion, ban-j'n, s., Entzündung am Ballen der [großen Zehe f.

bunker, ban-ker, s., Bunker m.

bunkum, ban-kam, s., leeres Geschwätz n.

bunting, ban-ting, s., Flaggentuch n.

buoy, beu, s., Boje f. ; **—ancy,** s., Schwimmkraft f. ; **—ant,** a., schwimmfähig ; heiter

burden, bör-d'n, s., Bürde f. ; Last f. v., belasten, beladen ; **—some,** a., beschwerlich

bureau, bjü-roh, s., Schreibtisch m.; Kontor n.
bureaucracy, bjü-ro-krass-i, s., Bürokratie f.
burgess, bör-dschess, s., Bürger m.
burgh, börg, see **borough**
burglar, bör-gler, s., Einbrecher m.
burglary, bör-gla-ri, s., Einbruch m.
burial, ber-ri-*al*, s., Beerdigung f., Begräbnis n.;
——**-ground,** s., Begräbnisplatz m., Friedhof
burlesque, bör-lesk, s., Burleske f., Posse f. [m.
burly, bör-li, a., stämmig, stark
burn, börn, v., brennen, verbrennen, ausbrennen,
anbrennen; s., Brandwunde f.; (brook) Bach
burner, börn-er, s., Brenner m. [m.
burnish, börn-isch, v., polieren, brünieren
burrow, bar-oh, v., sich eingraben; wühlen
bursar, börss-er, s., Schatzmeister m.
burst, börst, v., bersten, platzen, springen;
sprengen
bury, ber-i, v., begraben; (conceal) vergraben
bus, bass, s., Omnibus m., Autobus m.
bush, busch, s., Busch m., Gebüsch n., Strauch m.
bushel, busch-'l, s., Scheffel m.
bushy, busch-i, a., buschig, dicht
business, bis-ness, s., Geschäft n., Gewerbe n.,
Beruf m. ——**like,** a., geschäftsmäßig
bust, bast, s., Büste f.
bustle, bas-s'l, s., Rührigkeit f.; (dress) Bausch m.
v., geschäftig sein, hin- und herrennen
busy, bis-i, a., beschäftigt, fleißig. v., (oneself)
sich beschäftigen
busybody, bis-i-bod-i, s., einer, der sich in alles
mischt
but, batt, conj., aber, jedoch, dennoch, allein,
sondern; blos. prep., ausser
butcher, butsch-er, s., Fleischer m. v., schlachten
butler, batt-ler, s., erster Diener m.
butt, batt, s., Bütte f.; (gun) Kolben m. v.,
stossen. —s, pl., Schiessstand m.
butt-end, batt-end, s., das dicke Ende n., Kolben
butter, bat-ter, s., Butter f. v., mit Butter bestreichen; ——**cup,** s., Butterblume f.; ——**dish,** s.,
Butterdose f.; ——**fly,** s., Schmetterling m.

buttock, bʌt-ock, s., Hinterbacke f.
button, bʌt-'n, s., Knopf m. v., zuknöpfen
button-hole, bʌt-'n-hohl, s., Knopfloch n.
buttress, bʌt-ress, s., Strebepfeiler m., Stütze f.
buxom, bʌk-ss'm, a., drall, stramm [v., stützen
buy, bei, v., kaufen, einkaufen
buyer, bei-er, s., Käufer m., Einkäufer m.
buzz, bʌs, s., Summen n. v., surren
buzzard, bʌs-erd, s., Bussard m., Mäusefalk m.
by, bei, prep., bei; durch, vermittelst, vermöge;
neben, nahe bei, zu, an; von, um. adv., nahe,
dabei, vorbei
by-law, bei-lo'a, s., Ortsstatut n., Verordnung f.
by-pass, bei-pahss, s., Umgehungsstraße f. v.,
umgehen
bystander, bei-s'tänd-er, s., Umstehende(r) m.,
Zuschauer m.
byway, bei-u'äh, s., Seitenweg m., Nebenweg m.
byword, bei-u'örd, s., sprichwörtliche Bezeichnung f.

cab, käb, s., Taxi f.; (horse) Droschke f.
cabal, ka-bál, s., Kabale f. v., Ränke schmieden
cabbage, käb-bedsch, s., Kohl m.
cabin, käb-in, s., Kabine f.; Hütte f.
cabinet, käb-i-net, s., Schränkchen n., Kabinett
n.; — **-maker,** s., Kunsttischler m.
cable, keh-b'l, s., Kabel n.; Ankertau n.; v.,
kabeln
cablegram, keh-b'l-gräm, s., Kabeldepesche f
cackle, käk-'l, s., Schnattern n. v., gackern
cad, käd, s., gemeiner Kerl m.
caddy, käd-i, s., Teebüchse f.; (golf) Balljunge m.
cadge, kädsch, v., schnorren; —**r,** s., Schnorrer m.
cage, kehdsch, s., Käfig m.; Korb m.
cajole, ka-dschohl, v., beschwatzen
cake, kehk, s., Kuchen m.; (soap) Stück n.
calabash, käl-a-bäsch, s., Kalabasse f.
calamitous, ka-läm-i-toss, a., unglückselig [f.
calamity, ka-läm-i-ti, s., Kalamität f.; Unglück
calcine, käl-ßin, v., kalzinieren

calculate, käl-kju-leht, v., rechnen, kalkulieren
calendar, käl-en-dar, s., Kalender m.
calf, kahf, s., Kalb n.; (leg) Wade f.
calico, käl-i-koh, s., Kattun m., Kaliko m.
call, ko'al, s., Ruf m. v., rufen; (name) heissen; (visit) besuchen
callous, käl-oss, a., (unfeeling) gefühllos
calm, kahm, s., Ruhe f., Windstille f. a., ruhig, windstill. v., beruhigen, besänftigen, stillen
calmness, kahm-ness, s., Ruhe f., Stille f.
calory, käl-o-ri, s., Wärmeeinheit f., Kalorie f.
calumny, käl-om-ni, s., Verleumdung f.
cambric, kehm-brick, s., Batist m.
camel, käm-'l, s., Kamel n.
cameo, käm-i-oh, s., Kamee f.
camera, käm-er-a, s., Kamera f.; in —, unter Ausschluss der Öffentlichkeit
camouflage, käm-uh-flahrsch, s., Tarnung f. v., tarnen
camp, kämp, v., lagern. s., Lager n.; — bed, Feldbett n.; — stool, Klappstuhl m.
campaign, käm-pähn, s., Feldzug m.
camphor, käm-fer, s., Kampfer m.
can, kän, s., Kanne f. v., (preserve) einmachen
can, kän, v., können
canal, ka-näl, s., Kanal m.
canary, ka-neh-ri, s., Kanarienvogel m.
cancel, känss-'l, v., annullieren; ausstreichen
cancer, känss-er, s., Krebs m., Krebsgeschwür n.
candid, kän-did, a., aufrichtig, offen, ehrlich
candidate, kän-di-deht, s., Kandidat m., Bewerber m.
candied, kän-did, a., Kandiert, gezuckert
candle, kän-d'l, s., Kerze f.; — stick, Leuchter m.
candour, kän-dor, s., Offenheit f., Aufrichtigkeit f.
candy, kän-di, s., Kandis[zucker] m. v., kandieren
cane, kehn, s., Rohr n., Rohrstock m. v., prügeln
canine, ke-nein, a., hündisch. s., Eckzahn m.
canister, kän-is-ter, s., Blechbüchse f.
canker, känk-er, s., Fraß m.; Krebsschaden m.
cannibal, kän-i-b'l, s., Menschenfresser m.
cannon, kän-on, s., Kanone f., Geschütz n.

canoe, ka-**nuh,** s., Kanu n. v., kanufahren

canon, kän-on, s., (ecclesiastical law) Kirchengesetz n.; (title) Kanonikus m.

canopy, kän-o-pi, s., Baldachin m.

cant, känt, s., Heuchelei f.; —**ing,** a., heuchlerisch

cantankerous, kän-tän-ker-oss, a., streitsüchtig

canteen, kän-tihn, s., Kantine f.

canter, kän-ter, s., leichter Galopp m. v., kantern

canvas, kän-wass, s., Leinwand f.; Segeltuch n.

canvass, kän-wass, v., (votes, etc.) werben

cap, käpp, s., Kappe f., Mütze f.

capable, keh-pe-b'l, a., fähig. adv., imstande

capacity, ka-päss-i-ti, s., (contents) Inhalt m.; (ability) Fähigkeit f.; (position) Stellung f.

cape, kehp, s., Kap n.; (cover) Umhang m.

caper, keh-per, s., (pickle) Kapern f.pl.

capital, käp-i-t'l, s., Kapital n.; (city) Hauptstadt f.; (letter) grosser Buchstabe m.

capitulate, ka-pit-juh-leht, v., kapitulieren

capon, keh-p'n, s., Kapaun m. [sinnig

capricious, ka-prisch-oss, a., launisch, eigen-

capsize, käp-ßeis, v., kentern, umschlagen

capstan, käp-s'ten, s., (naut.) Ankerspill n.

capsule, käp-sjuhl, s., Kapsel f.

captain, käpt-'n, s., (ship) Kapitän m.; (military) Hauptmann m. v., führen

captive, käp-tiw, s., Gefangene[r] m. a., gefangen

captivity, käp-tiv-i-ti, s., Gefangenschaft f.

capture, käp-tscher, s., Fang m.; Gefangennahme f. v., gefangen nehmen, einnehmen

car, kahr, s., Wagen m.; Auto n.; (aero) Gondel f.

caramel, kär-a-mel, s., Karamelle f.

carat, kär-at, s., Karat n.

caravan, kär-a-wän, s., Wohnwagen m.

caraway, kär-a-u'äh, s., Kümmel m.

carbide, kahr-beid, s., Karbid n.

carbine, kahr-bein, s., Karabiner m.

carbolic, kahr-bol-ik, s., Karbol n.

carbon, kahr-bon, s., Kohlenstoff m.; —**-paper,** Durchschlagpapier n.; —**-copy,** Durchschlag

carbuncle, kahr-bon-k'l, s., (med.) Furunkel m.; (gem) Karfunkel m.

carburettor, kahr-ba**-rett-er,** s., Vergaser m.
carcass, carcase, kahr-kass**,** s., Kadaver m.
card, kahrd, s., Karte f.; Spielkarte f.; **—board,**
Pappdeckel m.; **—board-box,** Karton m.;
cardigan, kar-di**-gan,** s., Strickjacke f.
cardinal, kar-di-nal**,** s., Kardinal m.
care, kehr, s., (anxiety) Sorge f.; (attention) Sorgfalt f.; (caution) Vorsicht f.; (tending) Pflege f.;
take —! interj., Vorsicht! **take — of,** v.,
achten auf; **— for,** gern haben, mögen; **—ful,**
a., vorsichtig, sorgfältig; **—less,** nachlässig;
—lessness, s., Nachlässigkeit f.; **c/o,** per
Adresse; **—taker,** s., Hausmeister m.,
Portier m.
career, ka-rihr, s., Karriere f., Laufbahn f.
caress, ka-ress, s., Liebkosung f. v., liebkosen
cargo, kahr-goh, s., Ladung f.
caricature, kär-i-ka**-tjuhr,** s., Karikatur f.
carmine, kahr-mein, s., Karmin[-rot] n.
carnage, kahr-nedsch**,** s., Gemetzel n., Blutbad n.
carnal, kahr-n'l, a., sinnlich, fleischlich
carnation, kahr-neh-sch'n, s., Nelke f.
carnival, kahr-ni-w'l, s., Karneval m., Fasching
carol, kär-ol**,** s., Lobgesang m., Gesang m.   [m.
carp, kahrp, s., (fish) Karpfen m.   v., nörgeln
carpenter, kahr-pen-ter**,** s., Zimmermann m.
carpet, kahr-pet, s., Teppich m.
carriage, kär-edsch**,** s., Wagen m.; (freight)
Fracht f.; (deportment) Haltung f.
carrier, kär-i-er, s., Spediteur m.; (on car, cycle,
etc.) Gepäckhalter m.; **-pigeon,** Brieftaube
carrion, kär-i-on**,** s., Aas n.   [f.
carrot, kär-ot**,** s., Karotte f., Möhre f.
carry, kär-i, v., tragen; **— on,** (fig.) weitermachen
cart, kahrt, s., Wagen m. v., fahren; **—age, s.,**
Transport m.; (pay) Fuhrlohn m.; **—er, s.,**
Fuhrmann m.; **—load,** s., Fuhre f.
cartoon, kahr-tuhn, s., Karikatur f.
cartridge, kahr-tridsch**,** s., Patrone f.
carve, kahrw, v., schnitzen; (meat) tranchieren
carving, kahr-wing**,** s., Schnitzerei f.
cascade, käss-kehd, s., Wasserfall m., Kaskade f.

case, kehss, s., Fall m.; (box) Kiste f.; (cigarette, spectacle, etc.) Etui n.; (jewels) Schmuckkästchen n.; **in —,** im Falle

casement, kehss-m'nt, s., Fensterflügel m.

cash, käsch, s., Kasse f.; (ready money) Bargeld n.; **in —,** in bar; v., einkassieren; **—book,** s., Kassabuch n.; **—box,** s., Kassette f.; **—ier,** s., Kassierer m.; v., (mil.) entlassen

cashmere, käsch-mihr, s., Kaschmir m.

cask, kahsk, s., Faß n., Tonne f.

casket, kahss-ket, s., Schmuckkästchen n.

cassock, käss-ock, s., Soutane f.

cast, kahst, s., Wurf m.; (theatre) Rollenverteilung f.; (metal) Guß m. a., gegossen. v., (throw) werfen; (metal) gießen; **— iron,** s., Gußeisen n.

castanet, käss-_ta_-net, s., Kastagnette f. [n.

caste, kahst, s., Kaste f.

castigate, käss-ti-geht, v., züchtigen, geißeln

castle, kahs-'l, s., Schloß n., Burg f.; (chess) Turm m. v., rochieren

castor, kahst-er, s., (furniture bearings) Laufrolle

castor-oil, kahst-er eul, s., Rizinusöl n. [f.

casual, käsch-ju-_al_, a., zufällig; gelegentlich

casualties, käsch-ju-_a_-tehs, s., (mil.) Verluste pl.

casualty, käsch-ju-_a_l-ti, s., Verunglückte(r) m.

cat, kät, s., Katze f.; **tom —,** Kater m. [(f.)

catalogue, kät-_a_-log, s., Katalog m., v., verzeichnen

catarrh, _ka_-tahr, s., Katarrh m., Schnupfen m.

catastrophe, _ka_-täss-tro-fi, s., Katastrophe f.

catch, kätsch, v., fangen; (seize) fassen; **— up,** einholen, s., Fang m.; (door) Schnäpper m.

catching, kätsch-ing, a., ansteckend

catchword, kätsch-u'örd, s., Schlagwort n.

category, kät-e-gor-i, s., Kategorie f., Klasse f.

cater, keh-ter, v., Lebensmittel anschaffen

caterer, keh-ter-er, s., Speiselieferant m.

caterpillar, kät-er-pill-er, s., Raupe f.

cathedral, _ka_-thih-dr'l, s., Kathedrale f., Dom m.

catholic, käth-_o_-lick, s., Katholik m. a., katholisch; allgemein, universal

cattle, kät-'l, s., Vieh n.

cauldron, ko'al-dron, s., Kochkessel m.

cauliflower, ko'a-li-flau-er, s., Blumenkohl m.

caulk, ko'ak, v., kalfatern, dichten

cause, ko'as, s., Grund m., Ursache f. v., verur-

causeway, ko'as-u'eh, s., Damm m. [sachen

caustic, ko'ass-tick, s., Ätzmittel n., Lauge f. a., ätzend, beissend; kaustisch

cauterize, ko'a-ter-eis, v., kauterisieren, ätzen

caution, ko'a-sch'n, s., Vorsicht f. v., warnen

cautious, ko'a-schoss, a., vorsichtig

cavalier, käw-a-lihr, s., Kavalier m.

cavalry, käw-al-ri, s., Reiterei f., Kavallerie f.

cave, kehw, s., Höhle f.; — in, v., einstürzen

cavernous, käw-ern-oss, a., hohl; voller Höhlen

cavil, käw-il, v., bekritteln, nörgeln

cavity, käw-i-ti, s., Höhlung f., Hohlraum m.

caw, ko'a, v., krächzen

cease, sihss, v., aufhören

ceaseless, sihss-less, a., unaufhörlich

cedar, sih-der, s., Zeder f.

cede, sihd, v., abtreten, überlassen

ceiling, sihl-ing, s., Decke f., Plafond m.

celebrate, sel-e-breht, v., feiern; —d, a., berühmt

celerity, sel-e-ri-ti, s., Geschwindigkeit f.

celery, sel-e-ri, s., Sellerie m. & f.

celestial, sel-est-i-al, a., himmlisch

celibacy, sel-i-bass-i, s., Zölibat n.

cell, sell, s., Zelle f.

cellar, sel-er, s., Keller m.

celluloid, sel-lju-leud, s., Zelluloid n.

cement, se-ment, s., Zement m.; (for crockery, etc.) Kitt m. v., zementieren; kitten

cemetery, sem-e-tri, s., Friedhof m., Kirchhof m.

censor, senss-er, s., Zensor m.; —ship, Zensur f.

census, senss-oss, s., Volkszählung f.

centenary, sen-te-ner-i, s., Jahrhundertfeier f.

central, sen-tr'l, a., zentral, in der Mitte. — heat-ing, s., Zentralheizung f.

centralize, sen-tr'l-eis, v., zentralisieren

centre, sen-tr, s., Mittelpunkt m., Zentrum n.

century, sen-tschör-i, s., Jahrhundert n.

ceramics, ser-äm-icks, s., Töpferkunst f.

ceremonious, ser-e-moh-ni-oss, a., zeremoniell

ceremony, ser-e-moh-ni, s., Zeremonie f.; (rite) Feier f.

certain(ly), sör-t'n(-li), a. & adv., gewiss, sicher

certainty, sör-ten-ti, s., Gewissheit f.

certificate, sör-**tif**-i-keht, s., Zeugnis n., Attest n.

certify, sör-ti-fei, v., bescheinigen

certitude, sör-ti-tjuhd, s., Gewissheit f., Sicherheit f.

cessation, sess-seh-sch'n, s., Aufhören n. [heit f.

cesspool, sess-puhl, s., Kloake f.

chafe, tschehf, v., (rub) reiben; (fret) erzürnen

chafing-dish, tsche-fing-disch, s., Wärmpfanne f.

chaff, tschahf, s., Spreu f.; Neckerei f. v., necken

chaffinch, tschahf-intsch, s., Buchfink m.

chain, tschehn, s., Kette f.; — **up,** v., anketten

chair, tschähr, s., Stuhl m.

chairman, tschähr-m'n, s., Vorsitzende m.

chalice, tschäll-iss, s., Kelch m.

chalk, tscho'ak, s., Kreide f. v., ankreiden

challenge, tschäl-endsch, s., Herausforderung f.; (duel) Forderung f. v., herausfordern; fordern

chamber, tschehm-ber, s., (dwelling) Logis n.; (gun, council, etc.) Kammer f.; —**lain,** s., Kammerherr m.; —**maid,** s., Zimmermädchen n. —**pot,** Nachtgeschirr n.; —**s,** (office) Bureau n.

chamois, schäm-mo-a, s., Gemse f.; Waschleder

champagne, schäm-pähn, s., Sekt m. [n.

champion, tschäm-pi-*on*, s., Meister m.; Verfechter m.

chance, tschahnss, s., Zufall m.; Wagnis n.; Gelegenheit f. a., zufällig. v., wagen

chancel, tschahnss-'l, s., Altarplatz m.; Chor m.

chancellor, tschahnss-el-ler, s., Kanzler m.

chancery, tschahnss-e-ri, s., Kanzlei f.; Kanzleigericht n.

chandelier, schähn-di-lihr, s., Kronleuchter m.

change, tschehndsch, s., (small money) Kleingeld n.; Wechsel m.; (alteration) Veränderung f. v., ändern; wechseln; (gear) den Gang wechseln; (trains, etc.) umsteigen

changeable, tschehn-dsch*a*-b'l, a., veränderlich, unbeständig   [lich, beständig

changeless, tschehndsch-less, a., unveränder-

channel, tschän-'l, s., Kanal m.   v., aushöhlen, einen Kanal graben; (T.V.) s., Wellenlange f.; Band n.

chant, tschahnt, s., Gesang m.   v., singen

chaos, keh-oss, s., Chaos n., Verwirrung f.

chaotic, keh-ot-ick, a., chaotisch, verworren

chap, tschäpp, s., Riss m.; Kerl m.   v., aufspringen

chapel, tschäpp-'l, s., Kapelle f.

chaperon, schäp-p'ron, s., Anstandsdame f.   v.,

chaplain, tschäpp-l'n, s., Kaplan m. [bemuttern

chaplet, tschäpp-let, s., Kranz m.; Rosenkranz m.

chapter, tschäpp-ter, s., Kapitel n.

char, tschahr, v., scheuern; verkohlen

character, kär-ek-ter, s., Charakter m.; Buch-

charcoal, tschahr-kohl, s., Holzkohle f. [stabe m.

charge, tschardsch, s., Preis m.; Ladung f.; Last f.; Anklage f.   v., berechnen; beladen; angreifen

charily, tscheh-ri-li, adv., behutsam

chariot, tschär-i-ott, s., Streitwagen m.

charitable, tschär-it-*a*-b'l, a., wohltätig

charity, tschär-i-ti, s., Wohltätigkeit f.; Stiftung f.

charm, tschahrm, s., Liebreiz m.; Amulett n.   v., bezaubern; —ing, a., reizend, bezaubernd

chart, tschahrt, s., Seekarte f.; graphische Darstellung f.

charter, tschahr-ter, v., (ship) chartern. s., (grant) Patent n.

charwoman, tschahr-u'umm-en, s., Scheuer-

chary, tscheh-ri, a., sparsam, knapp   [frau f.

chase, tschehss, s., Jagd f.   v., jagen; (pursue)

chasm, käsm, s., Abgrund m.   [verfolgen

chaste, tschehst, a., keusch, rein

chasten, tschehss-en, v., demütigen

chastise, tschäss-teis, v., züchtigen; strafen

chastity, tschäss-ti-ti, s., Keuschheit f.

chat, tschätt, s., Geplauder m.   v., plaudern

chattel, tschät-'l, s., Habe f., Vermögen n.

chatter, tschät-er, s., Geschwätz n.   v., schwatzen; (teeth) klappern; —box, s., Plappermaul

chauffeur, schofk-er, s., Schofför m.

cheap, tschihp, a., billig; minderwertig; **—en,** v., verbilligen; **—ness,** s., Billigkeit f.

cheat, tschiht, s., Betrüger m. v., betrügen; **—ing,** s., Betrügerei f.; Falschspielerei f.

check, tschek, s., (restraint) Hemmung f.; (chess) Schach n.; (verification) Kontrolle f.; (pattern) Karo n. v., hemmen; (stop) einhalten; (verify) kontrollieren; **—mate,** s., Schachmatt n. v., schachmatt setzen

cheek, tschihk, s., Wange f., Backe f.; (impudence) Unverschämtheit f. v., frech sein

cheer, tschihr, s., Fröhlichkeit f.; (applause) Beifallsruf m. v., Beifall rufen; (brighten) aufheitern; **—ful,** a., heiter, freudig; **—less,** freudlos, traurig

cheese, tschihs, s., Käse m.

chemical, kem-i-k'l, s., chemisches Präparat n. a., chemisch

chemise, schi-mihs, s., Damenhemd n.

chemist, kem-ist, s., Chemiker m.; (shop) Apotheker m.; **—ry,** s., Chemie f.

cheque, tscheck, s., Scheck m.; **—book,** Scheckbuch n.

cherish, tscher-ish, v., schätzen

cheroot, schi-ruht, s., ostindische Zigarre f.

cherry, tscher-i, s., Kirsche f.

chess, tschess, s., Schach n., Schachspiel n.

chest, tschest, s., Brust f.; (trunk) Truhe f.; (box) Kiste f.; **— of drawers,** Kommode f.

chestnut, tschess-nat, s., Kastanie f.

chew, tschuh, v., kauen

chicken, tschik-'n, s., Hühn n., (chick) Küken n.; **—pox,** Windpocken f.pl.

chide, tscheid, v., auszanken

chief, tschihf, s., Prinzipal m. a., Haupt...

chiefly, tschihf-li, adv., hauptsächlich

chilblain, tschill-blähn, s., Frostbeule f.

child, tscheild, s., Kind n.; **—ish,** a., kindisch

childlike, tscheild-leik, a., kindlich

chill, tschill, s., Erkältung f.; Fieberfrost m. v., kühlen

chilly, tschil-i, a., kalt, frostig

chime, tscheim, s., Glockenspiel n. v., klingen

chimney, tschim-ni, s., Schornstein m.; (lamp) Zylinder m.; — **-sweep,** Schornsteinfeger m.

chin, tschinn, s., Kinn n.

china, tschei-n*a*, s., Porzellan n.

chink, tschink, s., Spalt m., Ritze f. v., klimpern

chintz, tschintss, s., Möbelkattun m.

chip, tschipp, s., Span m. v., behauen

chiropodist, kei-rop-od-ist, s., Hühneraugenoperateur m.

chirp, tschörp, s., Gezirp n. v., zirpen

chisel, tschis-'l, s., Meissel m.; v., meisseln

chivalrous, schiw-*a*l-r*o*ss, a., ritterlich

chive, tscheiw, s., Schnittlauch m.

chlorine, klo-rein, s., Chlor n.

chloroform, klo-ro-form, s., Chloroform n.

chocolate, tschock-*o*-leht, s., Schokolade f.

choice, tscheuss, s., Wahl f., Auswahl f. a., auserchoir, ku'eir, s., Chor m. [lesen

choke, tschohk, v., (suffocate, choke) ersticken; (strangle) erwürgen; — **up,** verstopfen

choler, kol-*a*, s., Zorn m. a., —**ic,** jähzornig

cholera, kol-e-r*a*, s., Cholera f.

choose, tschuhs, v., wählen, auswählen

chop, tschop, s., Kotelette n. v., spalten, (zer)chopper, tschop-er, s., Hackmesser n. [hacken

choral, ko-r*a*l, a., für einen Chor

chord, kord, s., Saite f.; Akkord m.

chorister, kor-iss-ter, s., Chorsänger m.

chorus, koh-r*o*ss, s., Chor m.; Refrain m.

Christ, kreist, s., Christus m.

christen, kriss-'n, v., taufen

christening, kriss-ning, s., Taufe f., Kindtaufe f.

Christianity, kriss-ti-än-i-ti, s., Christentum n.

Christmas, kriss-m*a*ss, s., Weihnachten n.

chronic, kron-ick, a., chronisch

chronicle, kron-ick-'l, s., Chronik f.; Jahrbuch n. v., verzeichnen, aufzeichnen

chubby, tschab-i, a., dick, pausbäckig

chuckle, tschak-'l, s., Kichern n. v., kichern

chum, tschamm, s., Busenfreund m. v., intim verchunk, tschank, s., Stück n., Klotz m. [kehren

church, tschörtsch, s., Kirche f.; —**yard,** Kirchhof

churl, tschörl, s., Grobian m., Flegel m.

churlish, tschör-lisch, a., mürrisch, grob

churn, tschörn, s., Buttermaschine f. v., buttern; aufwühlen

cider, sei-der, s., Apfelwein m., Apfelmost m.

cigar, si-gahr, s., Zigarre f.; —ette, Zigarette f.

cinder, sin-der, s., ausgebrannte Kohle f.

cinefilm, sin-e-film, s., Film m.

cinema, sin-e-ma, s., Kino n., Lichtspielhaus n.

cinnamon, sin-na-mon, s., Zimt m.

cipher, sei-fer, s., Ziffer f.; Geheimschrift f.

circle, sör-k'l, s., Zirkel m.; Kreis m. v., umkreisen

circlet, sör-klet, s., Reif m.; Diadem n.

circuit, sör-kit, s., Umkreis m.; Stromkreis m.

circuitous, sör-kju-it-oss, a., weitschweifig

circular, sör-kju-lar, s., Zirkular n. a., kreisförmig; rund

circulate, sör-kiu-leht, v., zirkulieren[lassen], umlaufen; (circulating) **library,** s., Leihbibliothek f.

circumcise, sör-kom-sseis, v., beschneiden

circumference, sör-kom-fer-enss, s., Umfang m.

circumflex, sör-kom-fleckss, s., Zirkumflex m.

circumscribe, sör-kom-skreibb, v., umschreiben; einschränken

circumspect, sör-kom-speckt, a., umsichtig

circumstance, sör-kom-s'tanss, s., Umstand m.; —s, pl., Verhältnisse n.pl.

circumstantial, sör-kom-s'tan-sch'l, a., umständlich; — **evidence,** s., Indizienbeweis m.

circumvent, sörkom-went, v., überlisten

circus, sör-koss, s., Zirkus m.; (place) Platz m.

cistern, siss-törn, s., Wasserbehälter m.

citadel, sit-a-dell, s., Zitadelle f., Burg f.

cite, seit, v., zitieren; (summon) vorladen

citizen, sit-i-sen, s., Bürger m. a., bürger...; —ship, s., Bürgerstand m.

city, sit-i, s., Stadt f., Großstadt f.

civil, siw-il, a., zivil; (urban) städtisch; (polite) höflich; —ian, s., Zivilist m.; —ization, s., Kultur f., Zivilisation f.; —ity, s., Höflichkeit f.

claim, klehm, s., Anspruch m.; (commercial) Forderung f.; (mine) Mutung f. v., beanspruchen; (demand) fordern; **—ant,** s., Beanspruchende m.

clamber, kläm-ber, v., klettern, klimmen

clamorous, kläm-er-oss, a., lärmend; schreiend

clamour, kläm-er, s., Geschrei n., Lärm m.

clamp, klämp, s., Klammer f., Zwinge f. v., befestigen

clan, klän, s., Stamm m., Sippschaft f.

clandestine, klän-dess-tin, a., insgeheim

clang, kläng, s., Klang m., Schall m. v., schallen

clank, klänk, s., Gerassel n., Geklirr n. v., klirren

clap, kläp, v., klatschen. s., Klatschen n.; (thunder) Schlag m.; **—ping,** s., Beifallklatschen n.

clap-trap, kläp-träp, s., Effekthascherei f.

claret, klä-ret, s., Rotwein m.

clarify, klär-i-fei, v., [ab]klären

clarinet, klär-i-nett, s., Klarinette f.

clash, kläsch, s., Zusammenstoß m., Getöse n. v., zusammenstoßen; in Widerspruch stehen

clasp, klahsp, v., umarmen. s., (catch) Klammer f.

class, klahss, v., klassifizieren [f.

classify, kläss-i-fei, v., klassifizieren

clatter, klät-er, s., Geklapper n. v., klappern

clause, klo'as, s., Klausel f.

claw, klo'a, s., Klaue f.; (sharp) Kralle f.; (crab. etc.) Schere f. v., krallen, kratzen

clay, kleh, s., Lehm m., Ton m.; **—ey,** a., tonig, lehmig

clean, klihn, v., reinigen; (shoes) bürsten. a., rein, sauber; **—ing,** s., Rein[e]machen n.

cleanliness, klenn-li-ness, s., Reinlichkeit f.

cleanse, klenns, v., reinigen, putzen, fegen

clear, klihr, a., klar; deutlich. v., aufräumen; (table) abdecken; (sky) erhellen; **—ance,** s., Aufräumen n.; (customs) Verzollung f.

clearness, klihr-ness, s., Klarheit f.; Deutlich-

cleave, klihw, v., spalten; (cling) haften [keit f.

cleft, kleft, s., Spalt m., Spalte f.

clematis, klem-a-tiss, s., Waldrebe f.

clemency, klem-en-ci, s., Gnade f., Milde f.

clench, klentsch, v., (teeth) aufeinanderbeißen; (fist) ballen

clergy, klör-dschi, s., Geistlichkeit f.

clergyman, klör-dschi-m'n, s., Geistlicher m.

clerical, kler-ik-'l, a., schriftlich; (eccl.) geistlich; **— error,** s., Schreibfehler m.

clerk, klark, s., Kommis m., Angestellter m.

clever, klew-er, a., klug; gescheit; geschickt; **—ness,** s., Klugheit f., Geschicklichkeit f.

click, klick, s., [Ein-]schnappen n. v., klappen

client, klei-ent, s., Kunde m., Klient m.

clientele, kli-en-tel, s., Kundschaft f.

cliff, kliff, s., Klippe f., Felsen m.

climate, klei-met, s., Klima n., Witterung f.

climax, klei-mäcks, s., Höhepunkt m., Gipfel m.

climb, kleim, v., Aufstieg m. v., klettern; (mountain) besteigen; **—er,** s., Kletterer m.; Bergsteiger m.

clinch, klintsch, s., Umklammerung f. v., festhalten

cling, kling, v., sich festhalten, sich klammern

clink, klink, s., Geklirr n. v., klirren [neiden

clip, klip, s., Klammer f.; Stutzen n. v., beschn

cloak, klohk, s., Umhang m. v., bemänteln, bedecken, beschönigen; **—room,** s., Garderobe f., Toilette f.

clock, klock, s., Uhr f.; **alarm —,** Weckuhr f.

clockwork, klock-u'örk, s., Uhrwerk n.

clod, klodd, s., Scholle f., Klumpen m. [verstopfen

clog, klogg, s., Holzschuh m.; Klotz m. v., **—up,**

cloister, kleuss-ter, s., Kloster n.; Kreuzgang m.

close, klohs, s., Schluß m. v., schließen, zumachen. a., (weather) drückend

closet, klo'as-et, s., Kabinett n.; Abtritt m.

closure, kloh-scher, s., Verschluß m., Schluß m.

clot, klott, s., Klumpen m. v., gerinnen

cloth, kloth, s., Tuch n., Stoff m.

clothe, klohdh, v., kleiden

clothes, klohdhs, s.pl., Kleider n.pl.; (bed) Bettzeug n.; **— brush,** Kleiderbürste f.

clothier, klohdh-i-er, s., Kleiderhändler m.

clothing, klohdh-ing, s., Kleidung f.

cloud, klaud, s., Wolke f. v., bewölken, trüben;
 —less, a., wolkenlos; **—y,** bewölkt, trübe
clout, klaut, s., Lappen m.; Schlag m. v., schlagen
clove, klohw, s., Gewürznelke f.
cloven, klohw-en, a., gespalten [üppig leben
clover, klohw-er, s., Klee m. v., **to be in —,**
clown, klaun, s., Hanswurst m.; (lout) Tölpel m.
club, klubb, s., Klub m.; (stick) Keule f.; (card)
cluck, klack, s., Glucken n. v., glucken [Treff m.
clue, kluh, s., Leitfaden m.
clump, klamp, s., Klotz m.   [keit f.
clumsiness, klamm-si-ness, s., Ungeschicklich-
clumsy, klamm-si, a., ungeschickt, plump
cluster, klast-er, s., Büschel m.; (group) Gruppe,
 f. v., sich zusammen drängen
clutch, klatsch, s., Griff m.; (motor) Kupplung f.
 v., packen
coach, kohtsch, s., Autobus m.; Kutsche f.; (tutor)
 Einpauker m. v., einpauken; **—builder,** s.,
 Wagenbauer m.
coagulate, koh-äg-ju-leht, v., gerinnen
coal, kohl, s., Kohle f. v., kohlen; **—cellar,** s.,
 Kohlenkeller m.; **— mine,** Kohlenbergwerk
 n.; **—** scuttle, Kohleneimer m.
coalition, ko-a-lisch-'n, s., Koalition f., Verbindung f.
coarse, kohrss, a., derb, grob, roh; **—ness,** s., Un-
 geschliffenheit f., Derbheit f.
coast, kohst, s., Küste f. v., im Leerlauf fahren
coast-guard, kohst-gahrd, s., Küstenwache f.
coat, koht, s., Mantel m.; (animal) Pelz m.; (paint)
 Anstrich m. v., (paint) überstreichen;
 —ing, s., Bedeckung f.; **— of arms,** Wappen
coax, kohkss, v., beschwatzen, schmeicheln
cob, kobb, s., kleines Pferd n.; (corn) Maiskolben
cobbler, kobb-ler, s., Flickschuster m.; Stümper
cobweb, kobb-u'ebb, s., Spinngewebe n. [m.
cocaine, koh-kehn, s., Kokain n.
cock, kock, s., (bird, tap, valve) Hahn m. v.,
 (gun) spannen; (ears) spitzen; **—ade,** s., Kok-
 arde f.; **—erel,** junger Hahn m.; **—ney,**
 eingeborener Londoner m.; **—roach,** Schabe

cockle, kock-'l, s., Herzmuschel f.

cocoa, koh-koh, s., Kakao m.; **—nut,** Kokosnuß f.

cocoon, ko-kuhn, s., Kokon m.; Puppe f.

cod, kodd, s., Kabeljau m.; **—liver oil,** Lebertran

coddle, kodd-'l, v., verzärteln, verhätscheln [m.

code, kohd, s., (law) Gesetzbuch n.; (telegraph, etc.) Code m., Schlüsselschrift n.

codicil, koh-di-ssill, s., Kodizill n.

coerce, ko-örss, v., zwingen

coffee, koff-i, s., Kaffee m.; **—pot,** Kaffeekanne f.

coffer, koff-er, s., Truhe f.; Schatzkammer f.

coffin, koff-in, s., Sarg m.

cog, kogg, s., Zahn m.; **— wheel,** Zahnrad n.

cogitate, kodsch-i-teht, v., sinnen, nachdenken

cognac, kohn-j'ak, s., Kognak m.

cognate, kogg-neht, a., verwandt

cognizance, kogg-ni-sanss, s., Erkenntnis f.

cognizant, kogg-ni-sant, a., Kenntnis habend

coherence, koh-hih-renss, s., Zusammenhang m.

coherent, koh-hih-rent, a., zusammenhängend

cohesion, koh-hih-sch'n, s., Kohäsion f.

cohesive, koh-hih-ssiw, a., zusammenhängend

coil, keul, s., Spule f.; Rolle f.   v., aufspulen

coin, keun, s., Münze f., Geldstück n.   v., munzen

coincide, koh-in-ssaid, v., zusammentreffen

coke, kohk, s., Koks m.   v., verkoken

colander, koll-än-der, s., Sieb n.   [kalt

cold, kohld, s., Kälte f.; (head) Erkältung f.   a.,

collaborate, kol-läb-o-reht, v., zusammenarbeiten

collapse, kol-läpps, s., Zusammenbruch m. v., zusammenbrechen, einstürzen

collar, koll-er, s., Kragen m.; (dog) Halsband n.

collar-bone, koll-a-bohn, s., Schlüsselbein n.

collate, kol-leht, v., kollationieren, vergleichen

collateral, kol-lät-er-'l, a., nebenseitig; seitenver-

collation, kol-leh-sch'n, s., Imbiss m.   [wandt

colleague, kol-ihg, s., Kollege m.

collect, kol-leckt, v., (ein)sammeln; **—ed,** a., gesammelt; **—ion,** s., Sammlung f.; (money) Kollekte f.; (postal) Abholung f.; **—ive,** a., gesamt, gemeinsam; **—or,** s., Sammler m.; (revenue) Steuer-Einnehmer m.

college, kol-ledsch, s., (schools) Gymnasium n., Hochschule f.; (university) Kolleg(ium) n.
collide, kol-laid, v., zusammenstoßen
collier, kol-jer, s., Kohlenarbeiter m.; Kohlen-
colliery, kol-jer-i, s., Kohlengrube f. [schiff n.
collision, kol-li-sch'n, s., Zusammenstoß m.
collop, kol-jop, s., Schnitte f., Scheibe f.
colloquial, kol-loh-kui-'l, a., umgangssprachlich
collusion, kol-lju-sch'n, s., Durchstecherei f.
colon, koh-lon, s., Kolon n., Doppelpunkt m.
colonel, köh-nel, s., Oberst m.
colonist, kol-o-nist, s., Ansiedler m., Kolonist m.
colonnade, kol-on-ehd, s., Säulenhalle f.
colony, kol-o-ni, s., Kolonie f.; (labour) Siedlung
colossal, ko-loss-'l, a., kolossal, riesig [f.
colour, kal-er, s., Farbe f.; — färben; **—ing**, s., Färbung f.; Anschein m.; **— bar**, s., Rassen-
colt, kohlt, s., Füllen n. [schranke f.
column, kol-om, s., Säule f.; (print) Spalte f.; (mil.) Kolonne f.
coma, koh-ma, s., (med.) Koma n., Schlafsucht f.
comb, kohm, s., (for hair) Kamm m.; (bird) Kamm m.; (honey) Honigwabe f. v., kämmen
combat, komm-bat, s., Kampf m. v., [be]kämpf-en; **—ant**, s., Kämpfer m.; **—ive**, a., kampf-lustig
combination, komm-bi-neh-sch'n, s., Verbin-dung f.; **—s**, pl., Hemdbeinkleid n. [m.
combine, kom-bein, v., verbinden. s., Konzern
combustion, kom-bast-sch'n, s., Verbrennung f.
come, kamm, v., kommen, **— down**, herunter-kommen; **— in**, hereinkommen; **— off**, (de-tach) abgehen; **— out**, herauskommen; **— up**, heraufkommen
comedian, ko-mih-di-an, s., Komiker m.
comedy, komm-i-di, s., Komödie f., Lustspiel n.
comet, komm-et, s., Komet m., Schweifstern m.
comfort, komm-fort, s., Bequemlichkeit f.; (con-solation) Trost m.; (relief) Erleichterung f. v., trösten; **—able**, a., bequem
comic, komm-ick, a., komisch, drollig
coming, kamm-ing, a., künftig. s., Kommen n.

comma, komm-*a*, s., Komma n.

command, ko-mahnd, s., Befehl m.; Kommando n.; (knowledge) Beherrschung f. v., befehlen; beherrschen; —**er,** s., Befehlshaber m., Kommandant m.; (navy) Kapitänleutnant m.; —**ment(s),** s., Gebot[e] n. [pl.]

commemorate, kom-em-o-reht, v., feiern

commence, ko-menss, v., anfangen, beginnen

commencement, ko-menss-m'nt, s., Anfang m.

commend, ko-mend, v., empfehlen; (praise) loben

commendation, ko-men-deh-sch'n, s., Lob n.

comment, kom-ent, s., Anmerkung f.; Kritik f.

comment, ko-ment, v., kommentieren, bemerken

commerce, kom-erss, s., Handel m.

commercial, kom-er-sch'l, a., kaufmännisch

commiserate, kom-mis-er-eht, v., bemitleiden

commission, ko-misch-'n, v., beauftragen s., (percentage) Provision f.; (order) Auftrag m.; (mil.) Offizierspatent n.; (brokerage) Kommission f.; —**aire,** s., Portier m.

commit, ko-mitt, v., (bind) verpflichten; (crime, fault) begehen; (prison) festnehmen [m.

committee, ko-mitt-i, s., Komitee n., Ausschuß

commodious, ko-mohd-i-oss, a., geräumig bequem

commodity, ko-mod-i-ti, s., Ware f., Artikel m.

commodore, kom-o-dor, s., Geschwaderführer

common, kom-on, a., (usual) gewöhnlich; (universal) allgemein; (vulgar) gemein. s., (public ground) Gemeindeanger m.; —**er,** Bürger m.; —**place,** a., gemeinplätzig; —**wealth,** s., (state) Staatenbund m.

commotion, ko-moh-sch'n, s., Aufruhr m.

commune, komm-juhn, v., sich besprechen

communicate, ko-mjuh-ni-keht, v., in Verbindung stehen; (inform) mitteilen

communication, ko-mjuh-ni-keh-sch'n, s., Mitteilung f.

Communion, ko-mjuhn-jon, s., (eccl.) Abendmahl n.

community, ko-mjuh-ni-ti, s., Gemeinde f.

commuter, ko-mjuh-ter, s., Pendler m.
compact, kom-päckt, a., kompakt, fest, bündig
companion, kom-pänn-jon, s., Gefährte m.;
 —**ship,** Gesellschaft f. [panie f.
company, komm-pa-ni, s., Gesellschaft f., Kom-
comparative, kom-pär-ra-tiw, a., verhältnis-
compare, kom-pähr, v., vergleichen [mäßig
comparison, kom-pär-iss-'n, s., Vergleich m.
compartment, kom-pahrt-m'nt, s., Abteil m.
compass, komm-pass, s., (magnetic) Kompaß m.;
 (range) Umkreis m.; (a pair of) —**es,** pl.,
 Zirkel m.
compassionate, kom-pä-schon-eht, a., mitleidig
compel, kom-pell, v., zwingen
compensate, kom-penss-eht, v., entschädigen
compensation, kom-pen-sseh-sch'n, s., Entschädigung f.
compete, kom-piht, v., konkurrieren, wetteifern
competence, kom-pi-tenss, s., Befähigung f.
competition, kom-pi-ti-sch'n, s., Konkurrenz f.;
 (games, etc.) Wettbewerb m.
competitor, kom-pet-i-ter, s., Wettbewerber m.;
 (commercial) Konkurrent m.
compile, kom-peil, v., zusammenstellen
complacent, kom-plehss-ent, a., selbstgefällig
complain, kom-plehn, v., klagen; sich beschweren
complaint, kom-plehnt, s., Klage f.; Krankheit f.
complement, kom-ple-m'nt, s., Ergänzung f.
complete, kom-pliht, v., vollenden; abschließen.
 a., vollständig; —**ness,** s., Vollständigkeit f.
completion, kom-plih-sch'n, s., Vollendung f.;
 Abschluß m.
complex, kom-plecks, s., Komplex m. a.,
 verwickelt
complexion, kom-pleck-sch'n, s., Gesichts-
 farbe f.
compliance, kom-plei-enss, s., Einwilligung f.
compliant, kom-plei-ent, a., nachgiebig, will-
complicate, kom-pli-keht, v., verwickeln [fährig
compliment, kom-pli-m'nt, v., komplimentieren.
 s., Kompliment n.; —**s,** pl., Empfehlung f.

comply (with), kom-plei, v., sich fügen

component, kom-poh-nent, s., Bestandteil m.

compose, kom-pohs, v., zusammensetzen; (music) komponieren; (type) setzen

composer, kom-poh-ser, s., Komponist m.

composite, kom-po-sit, a., zusammengesetzt

composition, kom-pos-isch-n, s., (essay) Aufsatz m.; (mus.) Komposition f.; (compound) Gemisch n.

compositor, kom-pos-it'r, s., Schriftsetzer m.

composure, kom-poh-scher, s., Ruhe f.; (self-control) Fassung f.

compound, kom-paund, s., Gemisch n.; (enclosure) Umzäunung f. v., vermischen. a., zusammengesetzt; — **fracture,** s., Doppelbruch m.; — **interest,** Zinseszins m.

comprehend, kom-pre-hend, v., begreifen

comprehension, kom-pre-henn-sch'n, s., Verständnis n.

compress, kom-press, s., Kompresse f.

compress, kom-press, v., zusammendrücken

comprise, kom-preis, v., einbegreifen

compromise, kom-pro-meis, s., Kompromiß m. Vergleich m. v., kompromittieren

compulsion, kom-pall-sch'n, s., Zwang m.

compulsory, kom-pall-sso-ri, a., obligatorisch

compunction, kom-pank-sch'n, s., Gewissensbisse m.pl.

compute, kom-pjuht, v., [be]rechnen

computer, kom-pjuht-er, s., Elektronen-Rechenautomat m.

comrade, komm-rehd, s., Kamerad m., Genosse

concave, kon-kehw, a., konkav [m.

conceal, kon-ssihl, v., verbergen, verhehlen; —**ment,** s., Verheimlichung f.; (place) Versteck n.

concede, kon-ssihd, v., zugeben, gewähren

conceit, kon-ssiht, s., Einbildung f.

conceited, kon-ssih-ted, a., eitel, eingebildet

conceive, kon-ssihw, v., (comprehend) ersinnen; (med.) schwanger werden

concentrate, kon-ssen-treht, v., konzentrieren

conception, kon-ssep-sch'n, s., (idea) Begriff m.; (med.) Empfängnis f.

concern, kon-ssörn, s., (affair) Sache f.; (firm) Geschäft n.; (disquiet) Unruhe f. v., betreffen; **to be —ed,** (anxious) besorgt sein

concert, kon-ssert, s., Konzert n.

concession, kon-ssesch-'n, s., Konzession f.

conciliate, kon-ssil-i-eht, v., aussöhnen

concise, kon-sseis, a., kurz, bündig, gedrängt

conclude, kon-kluhd, v., beenden; schließen

conclusion, kon-kluh-sch'n, s., Schluß m.

conclusive, kon-kluh-ssiw, a., entscheidend

concoct, kon-kokt, v., aushecken

concord, kon-kord, s., Eintracht f.; Konsonanz f.

concrete, kon-kriht, s., Beton m. a., konkret

concur, kon-kör, v., übereinstimmen; **—rence,** s., Übereinstimmung f.

concussion, kon-kasch-'n, s., Erschütterung f.

condemn, kon-demm, v., verurteilen; verdammen

condense, kon-denss, v., kondensieren; abkürzen

condescend, kon-di-ssend, v., sich herablassen

condescension, kon-di-ssen-sch'n, s., Herablassung f.

condiment, kon-di-m'nt, s., Würze f., Zutat f.

condition, kon-di-sch'n, s., Bedingung f.; (state) Zustand m.; **—al,** a., bedingt

condole, kon-dohl, v., kondolieren

condolence, kon-do-lenss, s., Beileid n.

condone, kon-dohn, v., verzeihen, vergeben

conducive, kon-djuhss-iw, a., förderlich, beitragend

conduct, kon-dackt, s., (behaviour) Benehmen n.

conduct, kon-dackt, v., leiten, führen; sich benehmen; **—or,** s., Leiter m.; (guide) Führer m.; (bus) Schaffner m.; (music) Kapellmeister

conduit, kon-ditt, s., Leitung f., Röhre f.

cone, kohn, s., Kegel m.; (fir-tree, etc.) Zapfen m.

confectioner, kon-feck-sch'n-er, s., Konditor m.; (shop) Konditorei f.; **—y,** (sweet) Konfekt n.

confederate, kon-fed-er-eht, v., Verbündete[r] m.

confederation, kon-fed-er-eh-sch'n, s., Bund m.

confer, kon-för, v., konferieren; (bestow) erteilen

confess, kon-**fess,** v., gestehen; (eccl.) beichten

confession, kon-**fesch-**'n, s., Geständnis n.; Beichte f.

confide, kon-**feid,** v., vertrauen; anvertrauen

confidence, kon-fi-**denss,** s., (faith) Vertrauen n.

confident, kon-fi-**dent,** a., überzeugt; vertrauend; **—ial,** a., vertraulich; privat

confine, kon-**fein,** v., begrenzen; (lock up) einsperren; **—ment,** s., Wochenbett n.; (prison) Haft

confirm, kon-**förm,** v., bestätigen; konfirmieren; **—ation,** s., Bestätigung f.; (eccl.) Konfirmation f.

confiscate, kon-**fiss-keht,** v., beschlagnahmen

conflagration, kon-fla-**greh-sch'n,** s., Brand m.

conflict, kon-**flickt,** s., Konflikt m.; (combat) Kampf m. v., streiten

conflicting, kon-**flickt-ing,** a., widersprechend

conform, kon-**form,** v., anpassen; **—to,** sich fügen; **—able,** a., gemäß

confound, kon-**faund,** v., verwechseln

confront, kon-**frant,** v., (oppose) gegenüberstellen; (face) entgegentreten

confuse, kon-**fjuhs,** v., verwirren, bestürzen

confusion, kon-**fju-sch'n,** s., Verwirrung f.

confute, kon-**fjuht,** v., widerlegen

congeal, kon-**dschihl,** v., gerinnen

congenial, kon-**dschih-ni-al,** a., sympathisch

congenital, kon-**dschen-i-t'l,** a., angeboren

congest, kon-**dschest,** v., stauen; (crowd) überfüllen; **—ion,** s., Stauung f.; (med.) Kongestion f.

congratulate, kon-**grät-ju-leht,** v., gratulieren

congratulation, kon-**grät-ju-leh-sch'n,** s., Gratulation f., Beglückwünschung f.

congregate, kon-gri-**geht,** v., sich versammeln

congregation, kon-gri-**geh-sch'n,** s., Gemeinde f.

congress, kon-**gress,** s., Kongreß m.

conjecture, kon-**dscheck-tsch'r,** s., Vermutung f. v., vermuten

conjugal, kon-**dschuh-g'l,** a., ehelich

conjunction, kon-**dschang-sch'n,** s., Verbindung f.; (gram.) Bindewort n.

conjure, kann-dscher, v., zaubern; beschwören

conjurer, kann-dscher-er, s., Zauberkünstler m.

connect, kon-neckt, v., verbinden; **—ion,** s., Verbindung f.; Verkehr m.

connive (at), kon-neiw, v., stillschweigend zustim-

connoisseur, kon-iss-ör, s., Kenner m. [men

conquer, kon-ker, v., erobern; besiegen

conqueror, kon-ke-rer, s., Eroberer m.

conquest, kon-ku'est, s., Eroberung f.; Sieg m.

conscience, kon-schenss, s., Gewissen n.

conscientious, kon-schi-en-schoss, a., gewissen-

conscious, kon-schoss, a., bewußt [haft

consciousness, kon-schoss-ness, s., Bewußtsein n.

conscript, kon-skript, s., Wehrpflichtige[r] m. v., ausheben

consecrate, kon-ssi-kreht, v., weihen, heiligen

consecutive, kon-sseck-juh-tiw, a., aufeinander-folgend

consent, kon-ssent, v., Einwilligung f.; einwilligen

consequence, kon-ssi-ku'enss, s., Folge f. [ligen

consequential, kon-ssi-ku'en-sch'l, a., erfolgend, sich ergebend aus; (affectation) wichtigtuend

consequently, kon-ssi-ku'ent-li, adv., folglich

conservative, kon-ssör-va-tiw, a., konservativ

conservatory, kon-ssör-wa-to-ri, s., Gewächs-haus n.

conserve, kon-ssörw, v., erhalten; (preserve fruit, etc.) einmachen; Eingemachte n.

consider, kon-ssid-er, v., (reflect) überlegen; (view) betrachten; **—able,** a., beträchtlich; **—ate,** rücksichtsvoll; **—ation,** s., (deliberation) Betrachtung f.; (heed) Rücksicht f.; **—ing,** prep., in Anbetracht

consign, kon-ssein, v., übersenden; **—ee,** s., Adressat m.; Spediteur m.; **—ment,** s., [Waren-]Sendung f.; Konsignation f.; **—or,** s., Absender m.

consist (of), kon-ssist, v., bestehen [aus]

consistency, kon-ssist-enss-i, s., Konsistenz f.

consistent, kon-ssist-ent, a., konsequent

consolation, kon-ssol-eh-sch'n, s., Trost m.

console, kon-ssohl, v., trösten; **—r,** s., Tröster m.

consolidate, kon-ssoll-i-deht, v., konsolidieren

consols, kon-ssols, s.pl., Konsols n.pl.

consonant, kon-ssonn-ent, s., Konsonant m.

consort, kon-ssort, s., Gemahl m.

consort, kon-ssort, v., verkehren

conspicuous, kon-s'pick-ju-oss, a., (striking) auffallend; (distinguished) hervorragend

conspiracy, kon-s'pir-ass-i, s., Komplott n.

conspirator, kon-s'pir-e-ter, s., Verschwörer m.

conspire, kon-s'peir, v., sich verschwören

constable, kon-s't*a*-b'l, s., Schutzmann m.

constabulary, kon-s'täb-ju-ler-i, s., Polizeimannschaft f.

constancy, kon-s'tenss-i, s., Beständigkeit f.

constant, kon-s'tent, a., (continuous) beständig; (faithful) treu   [f.

constipation, kon-s'ti-peh-sch'n, s., Verstopfung

constituency, kon-s'tit-ju-enss-i, s., Wahlbezirk m.

constituent, kon-s'tit-ju-ent s., Bestandteil m.; (electoral) Wähler m.

constitute, kon-s'tit-juht, v., ausmachen, bilden

constitution, kon-s'tit-ju-sch'n, s., (administration) Verfassung f.; (health) Natur f.

constrain, kon-s'trehn, v., zwingen; einengen

constraint, kon-s'trehnt, s., Zwang m.

constriction, kon-s'trick-sch'n, s., Einschnürung f.

construct, kon-s'tr*a*ckt, v., [auf]bauen; bilden; —ion, s., Bau m.; (words, etc.) Auslegung f.

construe, kon-s'truh, v., konstruieren; (interpret) auslegen

consul, kon-ssel, s., Konsul m.; —ate, Konsulat n.

consult, kon-ss*a*lt, v., befragen, konsultieren

consultation, kon-ssal-teh-sch'n, s., Beratung f.

consume, kon-ssjuhm, v., verzehren; verbrauchen; —r, s., Konsument m.

consummate, kon-ssom-meht, v., vollenden

consummation, kon-ssom-meh-sch'n, s., Vollendung f.; Vollziehung f.

consumption, kon-ssom-sch'n, s., (use) Verbrauch m.; (med.) Schwindsucht f.

consumptive, kon-ssom-tiw, a., schwindsüchtig

contact, kon-täckt, s., Kontakt m.; Berührung f.

contagious, kon-teh-dschoss, a., ansteckend

contain, kon-tehn, v., enthalten

contaminate, kon-täm-in-eht, v., anstecken; (corrupt) verderben

contemplate, kon-tem-pleht v., überlegen

contemporary, kon-tem-po-ra-ri, a., zeitgenössisch. s., Zeitgenosse m.

contempt, kon-temmt, s., Verachtung f.

contemptible, kon-temm-ti-b'l, a., verächtlich

contend, kon-tend, v., streben [nach]; (maintain) behaupten

content, kon-tent, a., zufrieden. v., befriedigen; —ment, s., Zufriedenheit f.

contention, kon-ten-sch'n, s., Behauptung f.

contentious, kon-ten-schoss, a., streitsüchtig

contents, kon-tents, s.pl., Inhalt m., Gehalt m.

contest, kon-test, v., bestreiten. s., Streit m.; (sport) Wettkampf m.

contiguous, kon-tig-ju-oss, a., angrenzend [m.

continent, kon-ti-nent, s., Festland n., Kontinent

contingency, kon-tin-dschenss-i, s., Eventualität f. [zufällig

contingent, kon-tin-dschent, a., abhängig;

continual, kon-tin-ju-el, a., fortwährend

continuation, kon-tin-ju-eh-sch'n, s., Fortsetzung f.; Fortdauer f.

continue, kon-tin-juh, v., fortsetzen; fortdauern

continuous, kon-tin-ju-oss, a., ununterbrochen

contortion, kon-tor-sch'n, s., Verrenkung f., Verdrehung f.

contraband, kon-tra-bänd, s., Schmuggelei f.; Konterbande f.

contract, kon-träckt, s., Vertrag m., Kontrakt m.

contract, kon-träckt, v., (shrink, etc.) zusammenziehen; (illness) sich zuziehen; (marriage) schließen; — for, Vertrag schließen; —ion, s., Zusammenziehung f.; —or, Lieferant m.; (builder) Unternehmer m.

contradict, kon-tra-dickt, v., widersprechen; —ion, s., Widerspruch m.

contrary, kon-tra-ri, s., Gegenteil n. a., entgegengesetzt

contrast, kon-trahst, s., Kontrast m., Gegensatz

contrast, kon-trahst, v., Gegensatz bilden [m.

contravene, kon-tra-wihn, v., zuwiderhandeln

contravention, kon-tra-wen-sch'n, s., Übertretung f., Kontravention f.

contribute, kon-trib-juht, v., beitragen

contribution, kon-trib-juh-sch'n, s., Beitrag m.

contrite, kon-treit, a., zerknirscht; reuig

contrivance, kon-trei-wenss, s., Vorrichtung f.

contrive, kon-treiw, v., ersinnen; fertig bringen

control, kon-trohl, v., kontrollieren; (feelings) beherrschen. s., Kontrolle f.; (authority) Leitung f.; (feelings) Beherrschung f.; **—ler,** Kontrolleur m.; (director) Leiter m.

controversial, kon-tro-wör-sch'l, a., umstritten

controversy, kon-tro-wörss-i, s., Kontroverse f., Streitfrage f.; Diskussion f.

conundrum, ko-nonn-drom, s., Rätsel n.

convalescence, kon-wa-less-enss, s., Genesung f.

convalescent, kon-wa-less-n't, a., genesend

convenience, kon-wih-ni-enss, s., Bequemlichkeit f.; (lavatory) Klosett n.

convenient, kon-wih-ni-ent, a., passend; bequem

convent, kon-went, s., Nonnenkloster n.

convention, kon-wen-sch'n, s., Versammlung f.; (custom) Gebräuche m.pl., Brauch m.

converge, kon-wördsch, v., zusammenlaufen

conversant, kon-wörss-ent, a., vertraut

conversation, kon-wer-sseh-sch'n, s., Gespräch n., Konversation f., Unterhaltung f.

converse, kon-wörss, v., sich unterhalten, sprechen

conversion, kon-wör-sch'n, s., (banking) Konvertierung f.; (eccl.) Bekehrung f.

convert, kon-wört, s., Bekehrte[r] m.

convert, kon-wört, v., verwandeln; bekehren

convex, kon-wex, a., konvex

convey, kon-weh, v., transportieren; (impart) mitteilen; **—ance,** s., Transport m.; Fuhrwerk n.; (law) Übertragungsurkunde f.

convict, kon-wickt, s., Sträfling m. v., verurteilen; **—ion,** s., Verurteilung f.; (belief) Überzeugung f.

convince, kon-winss, v., überzeugen

convivial, kon-wiw-i-al, a., lustig; festlich

convoy, kon-weu, s., Geleit n.; (mil.) Bedeckung f.

convulse, kon-walss, v., (fit) in Zuckungen versetzen; (fig.) erschüttern

convulsion, kon-wal-sch'n, s., Krampf m.

cony, koh-ne, s., Kaninchen[-fell] n.

coo, kuh, v., girren; **—ing,** s., Girren n.

cook, kuck, s., Koch m., Köchin f. v., kochen

cookery, kuck-e-ri, s., Kochkunst f.

cool, kuhl, a., kühl; kaltblütig. v., kühlen; **—ness,** s., Kühle f.; (nerve) Kaltblütigkeit f.

coop, kuhp, s., Hühnerkorb m.; **— up,** v., einsperren

cooper, kuh-per, s., Faßbinder m.

co-operate, koh-op-per-eht, v., mitarbeiten [ren

cope, kohp, v.; **— with,** fertig werden mit

copious, kohp-i-oss, a., reichlich; umfassend

copper, kop-er, s., Kupfer n.; (coin) Kupfermünze f.; (boiler) Waschkessel m. a., kupfern

coppice, copse, kop-iss, kops, s., Dickicht n.

copy, kop-i, s., Abschrift f.; Exemplar n. v., abschreiben; (imitate) kopieren; **—book,** s., Schreibheft n.; **—right,** Verlagsrecht n.

coquetry, ko-ket-ri, s., Koketterie f.

coral, kor-al, s., Koralle f.

cord, kord, s., Schnur f.; Kordel f. v., zuschnüren

cordial, kor-di-al, a., herzlich. s., Likör m.

corduroy, kor-dju-reu, s., Manchesterstoff m.

core, ko'ar, s., Kern m.; Innerste n., entkernen

co-respondent, koh-re-s'pon-d'nt, s., mitangeklagter Ehebrecher m.

cork, kork, s., Kork m.; (bottle) Pfropfen m. v., [zu-]korken; **—screw,** s., Korkzieher m.

cormorant, kor-mo-rant, s., Kormoran m.

corn, korn, s., Korn n.; (foot) Hühnerauge n.

corner, kor-ner, s., Ecke f.

cornflower, korn-flau-er, s., Kornblume f.

cornice, kor-niss, s., Sims m.; Gesims n.

coronation, ko-roh-neh-sch'n, s., Krönung f.

coroner, kor-o-ner, s., amtlicher Leichenschauer
coronet, kor-o-net, s., kleine Krone f. [m.
corporal, ko'ar-po-ral, s., Korporal m. a.,
körperlich
corporation, ko'ar-poh-reh-sch'n, s., Körper-
schaft f.; (city) Magistrat m.
corps, ko'ar, s., Korps n.
corpse, korps, s., Leichnam m., Leiche f.
corpulency, kor-pju-lenss-i, s., Beleibtheit f.
corpulent, kor-pju-l'nt, a., wohlbeleibt
corpuscle, kor-poss-'l, s., Blutkörperchen n.
correct, ko-reckt, a., richtig. v., berichtigen;
korrigieren; (admonish) zurechtweisen; —ive,
s., Milderungsmittel n. a., verbessernd';
—ness, s., Richtigkeit f.
correspond, kor-e-s'pond, v., korrespondieren;
—ence, s., Korrespondenz f.; —ent, Korres-
pondent m.
corridor, kor-i-do'ar, s., Korridor m., Gang m.;
— -train, Durchgangszug m., "D"- Zug m.
corroborate, ko-rob-o-reht, v., bestätigen
corroboration, ko-rob-o-reh-sch'n, s., Bestäti-
corrode, ko-rohd, v., zerfressen [gung f.
corrosive, kor-o-ssiw, s., Ätzmittel n. a., ätzend
corrugated, kor-a-geht-ed, a., gewellt; — iron,
s., Wellblech n.; — paper, Wellpappe f.
corrupt, ko-rapt, v., verderben; (bribe) bestechen.
a., bestechlich; verderbt; —ion, s., Verdor-
benheit f.; (bribe) Bestechung f.
corset, kor-a-sset, s., Korsett n.
cortege, ko'ar-tedsch, s., Gefolge n.
cost, kost, s., Preis m.; (expense) Kosten pl.
v., kosten; —ly, (a., kostbar) kostspielig; —s,
n.pl., (law) Prozeßkosten pl.
costermonger, koss-ter-mon-ger, s., Höker m.
costume, kost-juhm, s., Kostüm n.
cosy, koh-si, a., gemütlich. s., Kaffeewärmer m.
cot, kott, s., (child's) Kinderbett n.
cottage, kott-edsch, s., Landhäuschen n.
cotton, kot-'n, s., Baumwolle f.; (sewing) Nähgarn n.; —wool, Watte f.
couch, kautsch, s., Sofa n., Ruhelager n.

cough, koff, s., Husten m. v., husten

council, kaunss-il, s., Rat m.; **—lor,** Ratsherr m.

counsel, kaunss-'l, v., beraten. s., (law) Anwalt

count, kaunt, v., zählen. s., Zählung f.; **—less,** s., zahllos

countenance, kaun-te-nenss, s., Antlitz n. v., (tolerate) dulden; (favour) begünstigen

counter, kaun-ter, s., Ladentisch m.; (games) Spielmarke f. adv., entgegen; **—act,** v., entgegenwirken; (frustrate) verhindern; **—balance,** aufwiegen; **—feit,** s., Fälschung f. a., unecht. v., nachmachen; (money) fälschen; **—foil,** s., Abschnitt m.; **—mand,** v., widerrufen; abbestellen; **—pane,** s., Steppdecke f.; **—part,** Gegenstück n.; **—sign,** v., gegenzeichnen. s., Gegenzeichen n.; (mil.) Parole f.

country, kon-tri, s., Land n.; **—man,** Landbewohner m.; (compatriot) Landsmann m.

county, kaun-ti, s., Grafschaft f.

couple, kapp-'l, s., Paar n. v., paaren; kuppeln

courage, ko-redsch, s., Mut m.

courageous, ko-räh-dschoss, a., mutig; beherzt

course, ko'arss, s., (throughout) Lauf m.; (tuition) Kursus m.; (race) Rennbahn f.; (ship, etc.) Kurs m.; (meals) Gang m.; (river) Lauf m.; of **—,** adv., natürlich

court, ko'art, s., (royal) Hof m.; (law) Gericht n. v., die Cour machen; **—ier,** s., Höfling m.; **— martial,** v., Kriegsgericht n.; **—ship,** (wooing) Werbung f.; **—yard,** Hof m.

courteous, kör-ti-oss, a., höflich

courtesy, kör-ti-ssi, s., Höflichkeit f.

cousin, kass-en, s., Vetter m., Base f.

cove, kohw, s., (geology) Bucht f.

covenant, kow-e-nent, s., Vertrag m.; Bund m.

cover, kaw-er, s., Decke f.; (lid) Deckel m.; (shelter) Deckung f. v., bedecken

covet, kaw-et, v., begehren

cow, kau, s., Kuh f. v., einschüchtern; **—slip,** s., Schlüsselblume f.

coward, kau-erd, s., Feigling m.; **—ice,** Feigheit f.

cower, kau-er, v., kauern

cowl, kaul, s., Kappe f.; (chimney) Schornstein-
coxcomb, kocks-kohm, s., Stutzer m.   [kappe f.
coxswain, kock-ss'n, s., Bootsführer m.
coy, keu, a., (shy) schüchtern; (prudish) spröde
crab, kräb, s., Taschenkrebs m.
crab-apple, kräb-äp-'l, s., Holzapfel m.
crack, kräck, s., Riß m.; Sprung m.; (noise) Knall
    m. v., knallen; (fissure) [zer]springen;
    (nuts) knacken; **—er,** s., (firework) Schwärmer
    m.; (Xmas) Knallbonbon m.; (nut) Nuß-
    knacker m. ; **—le,** v., knattern
cradle, krehd-'l, s., (crib) Wiege f.; (carrier)
    Korb m.
craft, krahft, s., (trade) Gewerbe n.; (naut.)
    Schiffe n.pl.; (cunning) List f.; **—sman,**
crafty, krahf-ti, a., listig   [Handwerker m.
crag, kräg, s., Felsspitze f.
cram, kräm, v., vollstopfen; (coach) einpauken
cramp, krämp, s., Krampf m.   v., einengen
cranberry, krän-be-ri, s., Preiselbeere f.
crane, krehn, s., (hoist) Krahn m.; (bird) Kranich
crank, kränk, s., (mech.) Kurbel f.   v., kurbeln
crape, krehp, s., Krepp m.
crash, kräsch, v., (collide) zusammenstoßen;
    (break) zerbrechen; (aero) abstürzen. s.,
    Zusammenstoß m.; (noise, financial) Krach m.
crater, kreht-er, s., Krater m.; (shell) Trichter m.
crave, krehw, v., flehen; **— for,** sich sehnen nach
craving, kreh-wing, s., Begierde f.
crawl, kro'al, s., Kriechen n.   v., kriechen
crayfish, kreh-fisch, s., Krebs m.; (sea) Languste
crayon, kreh-on, s., Buntstift m.   [f.
craze, krehs, s., (fashion) Manie f.
crazy, kreh-si, a., toll; (structure) baufällig
creak, krihk, v., knarren   [sahnig
cream, krihm, s., Rahm m., Sahne f.; **—y,** a.,
crease, krihss, v., zerknittern; falten. s., Falte f.
create, kri-eht, v., [er]schaffen; verursachen
creature, krih-tscher, s., Geschöpf n., Wesen n.
credentials, kri-den-sch'ls, s.pl., Beglaubigungs-
    schreiben n.; (diplomatic) Kreditive n.
credible, kred-i-b'l, a., glaublich; glaubhaft

credit, kred-it, s., Kredit m. v., gutschreiben;
    —able, a., achtbar; **—or,** s., Gläubiger m.
credulous, kred-ju-*lo*ss, a., leichtgläubig
creed, krihd, s., Glaubensbekenntnis n.
creek, krihk, s., Bucht f.
creep, krihp, v., kriechen; (glide) schleichen
creeper, krih-per, s., (plant) Schlingpflanze f.
cremate, kri-**meht,** v., einäschern
cremation, kri-**meh**-sch'n, s., Einäscherung f.
crescent, kress-ent, s., Halbmond m.
cress, kress, s., Kresse f.
crest, krest, s., (hill, bird) Kamm m.; (heraldry)
    Wappen n.; **—fallen,** a., niedergeschlagen
crevice, krew-iss, s., Spalte f., Ritze f.
crew, kruh, s., (naut.) Mannschaft f.
crick, krick, s., Reißen n.; (neck) steifes Ge-
cricket, krick-et, s., (insect) Grille f.   [nick n.
crime, kreim, s., Verbrechen n., Frevel m.
criminal, krim-i-*na*l, s., Verbrecher m. **a.,** ver-
    brecherisch; Straf...
crimson, krim-s'n, a., karmesinrot
cringe, krindsch, v., **— to,** kriechen vor
crinkle, krin-k'l, s., Falte f. v., kräuseln
cripple, krip-'l, s., Krüppel m. v., verkrüppeln
crisis, krei-ssiss, s., Krise f.
crisp, krisp, a., bröckelig, knusprig
criterion, krei-**ti**-ri-*o*n, s., Prüfstein m.
critical, krit-i-k'l, a., kritisch
criticism, krit-i-ssism, s., Kritik f.
criticize, krit-i-sseis, v., kritisieren
croak, krohk, v., (frog) quaken; (crow) krächzen
crochet, kro-schi, v., häkeln.   s., Häkelei f.
crockery, krok-er-i, s., Geschirr n.
crocodile, krok-o-deil, s., Krokodil n.
crocus, kroh-*ko*ss, s., Krokus m.
crook, kruck, s., Haken m.; (rogue) Gauner m.
crooked, kruck-id, a., krumm; falsch
crop, kropp, s., Ernte f. v., stutzen
cross, kross, s., Kreuz n. a., (vexed) ärgerlich.
    v., kreuzen; (step) überschreiten; **— out,**
    ausstreichen; **—examine,** ins Kreuzverhör
    nehmen; **—ing,** s., Kreuzung f., Übergang m.

cross-road, kross-rohd, s., Querstraße f.

crotchet, krot-schit, s., (music) Viertelnote f.

crouch, krautsch, v., sich ducken

crow, kroh, s., Krähe f. v., krähen

crowbar, kroh-bahr, s., Brecheisen n.

crowd, kraud, s., (quantity) Menge f.; (throng) Gedränge n. v., (overfill) überfüllen, pressen

crown, kraun, s., Krone f.; (head) Scheitel m. v., krönen

crucible, kruss-i-b'l, s., Mörser m.; (melt) Schmelztiegel m.

crucifix, kruss-i-ficks, s., Kruzifix n.

crucify, kruss-i-fei, v., kreuzigen

crude, kruhd, a., roh, unfertig

cruel, kru-el, a., grausam; —ty, s., Grausamkeit f.

cruet, kru-et, s., Plattmenage f.

cruise, kruhs, s., Seefahrt f. v., Seefahrt machen

cruiser, kruhs-er, s., Kreuzer m.

crumb, kromm, s., Krümel m., Krume f.

crumble, kromm-b'l, v., zerbröckeln

crumple, kromp-p'l, v., zerknüllen, zerknittern

crunch, krontsch, v., mit den Zähnen zermalmen

crush, krosch, s., Gedränge n. v., zerquetschen, zerdrücken; (pound) zermalmen; (fig.) drängen

crust, krost, s., Kruste f. v., sich bekrusten; —y, a., krustig

crutch, krotsch, s., Krücke f.

cry, krei, s., Schrei m.; Ruf m. v., schreien; (call) rufen; (weep) weinen

cryptic, kript-ick, a., geheim, verborgen

crystal, krist-'l, s., Kristall m. a., kristallen

cub, kob, s., Junge[s] n. v., Junge werfen

cube, kjubb, s., Würfel m.; Kubikzahl f.

cuckoo, kuck-uh, s., Kuckuck m.

cucumber, kju-kom-ber, s., Gurke f.

cuddle, kod-d'l, v., liebkosen; sich anschmiegen

cudgel, kod-sch'l, s., Knüppel m. v., prügeln

cue, kjuh, s., Stichwort n.; (billiard) Queue n.

cuff, koff, s., Manschette f. v., knuffen

culinary, kju-li-na-ri, a., Küchen...; Koch...

culminate, kol-mi-neht, v., gipfeln

culpable, kol-pa-b'l, a., tadelnswert, strafbar

culprit, kŏl-prit, s., Missetäter m.
cultivate, kŏl-ti-weht, v., kultivieren; (land) be-
culture, kŏl-tscher, s., Kultur f.   [bauen
cumbersome, kŏm-ber-ssŏm, a., beschwerlich
cunning, kŏn-ing, a., listig, schlau
cup, kăpp, s., Tasse f.; Becher m.; (trophy) Pokal
cupboard, kăb-erd, s., Schrank m.   [m.
cupola, kju-po-lă, s., Kuppel f.
cur, kör, s., Köter m.; (fig.) Schurke m.
curate, kju-reht, s., Hilfsgeistliche[r] m.
curb, körb, s., Bordschwelle f.; (horse) Zaum m.
curd, körd, s., geronnene Milch f.   [v., zügeln
curdle, kör-d'l, v., gerinnen
cure, kjuhr, s., Kur f.; (remedy) Heilmittel n.
   v., heilen; (meat, etc.) räuchern
curfew, kör-fju, s., Ausgangsverbot n.
curiosity, kju-ri-oss-i-ti, s., Neugier f.; Kuriosi-
   tät f.
curious, kju-ri-oss, a., (inquisitive) neugierig;
   (peculiar) merkwürdig
curl, körl, s., Locke f.   v., kräuseln; sich ringeln
currant, kăr-rent, s., (dried) Korinthe f.;
   black —, schwarze Johannisbeere f.; **red —,**
   Johannisbeere f.
currency, kŏr-enss-i, s., Währung f.
current, kŏr-ent, s., Strom m.; (alternating)
   Wechselstrom m.; (direct) Gleichstrom m.
   a., umlaufend; heutig
curse, körss, s., Fluch m.   v., verwünschen
cursory, kör-sso-ri, a., flüchtig
curt, kört, a., kurz, knapp; barsch
curtail, kör-tehl, v., [ab]kürzen
curtailment, kör-tehl-m'nt, s., Abkürzung f.
curtain, kör-ten, s., Vorhang m., Gardine f.
curtsy, kört-si, s., Knicks m.   v., knicksen
curve, körw, s., Kurve f.   v., biegen
cushion, kusch-on, s., Kissen n., Polster m.
custard, kŏst-erd, s., Vanillensauce f.
custody, kŏss-to-di, s., Haft f.; (care) Hut f.
custom, kŏss-tom, s., Sitte f.; (trade) Kundschaft
   f.; **—ary,** a., gebräuchlich; **—er,** s., Kunde m.;
   — -house, Zollamt n.; **—s-duty,** Zoll m.

cut, kott, s., Schnitt m. v., schneiden; (grass) mähen; (cards) abheben; (gems) schleifen; (snub) schneiden; **—lass,** s, Stutzsäbel m.; **—ler,** Messerschmied m.; **—lery,** Messerschmiedewaren f.pl.; **—let,** Kotelett n.; **— off,** v., abschneiden; **—ter,** s., (ship) Kutter m.

cuticle, kiu-ti-k'l, s., Nagelhaut f.

cuttle-fish, kott-'l-fisch, s., Tintenfisch m.

cyclamen, sik-la-men, s., Alpenveilchen n.

cycle, sei-k'l, s., Fahrrad n.; (time) Zyklus m.

cylinder, sil-in-der, s., Zylinder m., Walze f.

cynical, sin-ik-'l, a., zynisch

cypress, sei-press, s., Zypresse f.

dabble, däbb-'l, v., pfuschen; **—r,** s., Pfuscher m.

daffodil, daf-o-dil, s., gelbe Narzisse f.

dagger, däg-er, s., Dolch m.

dahlia, deh-li-a, s., Georgine f., Dahlie f.

daily, deh-li, a., täglich

dainty, dehn-ti, a., zierlich; delikat

dairy, deh-ri, s., Molkerei f.

daisy, deh-si, s., Gänseblume f.

dale, dehl, s., Tal n.

dally, däl-i, v., zögern; tändeln

dam, däm, s., Damm m. v., dämmen [schädigen

damage, däm-edsch, s., Schaden m. v., be-

damn, dämm, v., verfluchen. interj., verflucht!

damnation, däm-neh-sch'n, s., Verdammnis f.

damp, dämp, s., Feuchtigkeit f. a., feucht. v.,

dance, dahnss, s., Tanz m. v., tanzen [feuchten

dancer, dahnss-er, s., Tänzer m., Tänzerin f.

dandelion, dän-de-lei-en, s., Löwenzahn m.

dandruff, dähn-droff, s., Schorf m., Schuppen

danger, dehn-dscher, s., Gefahr f. [f.pl.

dangerous, dehn-dscher-oss, a., gefährlich

dangle, dän-g'l, v., baumeln

dapper, däpp-er, a., schmuck, nett, fein

dare, dehr, v., wagen

daring, deh-ring, a., waghalsig, verwegen

dark, dahrk, a., dunkel, düster

darkness, dahrk-ness, s., Dunkelheit f.

darling, dahr-ling, s., Liebling m.   a., sehr lieb
darn, dahrn, v., stopfen, ausbessern
darning-wool, dahrn-ing-u'**ull,** s., Stopfwolle f.
dart, dahrt, s., Pfeil m.   v., herumsausen
dash, däsch, s., Gedankenstrich m.   v., (throw)
schmeißen; (rush) stürzen
dashing, däsch-ing, a., schneidig, feurig
dastard, däss-terd, s., Memme f., Feigling m.
data, deh-ta, s., Tatsachen f.pl.; Angaben f.
date, deht, [s., Datum n.;] (fruit) Dattel f.   v.,
daughter, do'a-ter s., Tochter f.   [datieren
daughter-in-law, do'a-ter in lo'a, s., Schwieger-
tochter f.
dauntless, do'ant-less,' a., furchtlos, unersch-
dawdle, do'a-d'l, v., bummeln, trödeln   [rocken
dawn, do'an, s., Morgendämmerung f.   v.,
day, deh, s., Tag m.   [dämmern
daybreak, deh-brehk, s., Tagesanbruch m.
daylight, deh-leit, s., Tageslicht n.
dazzle, das-'l, v., blenden
deacon, dih-k'n, s., Diakonus m.
dead, dedd, a., tot; —**en,** v., betäuben; (sound)
dämpfen; —**lock,** s., Stillstand m.; toter
Punkt m.; —**ly,** a., tödlich
deaf, deff, a., taub; schwerhörig; —**en,** v., taub
machen; —**ness,** s., Taubheit f.
deal, dihl, s., (business) Geschäft n.; (quantity)
Menge f.; (wood) Tannenholz n.   v., (trade)
handeln; (treat or act) behandeln
dealer, dihl-er, s., Händler m.; (cards) Geber m.
dean, dihn, s., Dechant m.; Dekan m.
dear, dihr, s., Liebling m.   a., lieb; (costly) teuer
dearth, dördh, s., Mangel m.
death, dedh, s., Tod m., Todesfall m.
debar, di-**bahr** v., abhalten, ausschließen
debase, di-**behss,** v., herabwürdigen
debate, di-**beht,** s., Debatte f.   v., debattieren
debater, di-**beh**-ter, s., Redner m.
debauch, di-bo'**atsch,** s., Ausschweifung f.
debauchery, di-bo'**a**-tscher-i, s., Schwelgerei f.
debenture, di-**benn**-tscher, s., Schuldschein m.
debit, deb-it, s., Debet n.   v., belasten, debitieren

debt, dett, s., Schuld f.; **—or,** s., Schuldner m.

decadence, di-keh-denss, s., Verfall m., Dekadenz

decamp, di-kämp, v., ausrücken; (flee) fortlaufen

decant, di-känt, v., dekantieren

decanter, di-kän-ter, s., Karaffe f.

decapitate, di-käp-i-teht, v., köpfen, enthaupten

decarbonize, di-kahr-bon-ais, v., entkohlen

decay, di-keh, s., (decline, ruin) Verfall m.; (rot) Verfaulen n. v., verfallen; verfaulen

decease, di-sihss, s., Ableben n., Tod m.

deceased, di-ssihsst, a., verstorben

deceit, di-ssiht, s., (cunning) Hinterlist f.; (falseness) Falschheit f.; **—ful,** a., hinterlistig

deceive, di-ssihw, v., anführen; (illusion) täuschen

decency, di-ssen-ssi, s., Anstand m., Schicklichkeit f.

decent, di-ssent, a., anständig

deception, di-ssep-sch'n, s., Betrug m.; (illusion) Täuschung f.

deceptive, di-ssep-tiw, a., täuschend

decide, di-sseid, v., entscheiden; sich entschließen

decided, di-ssei-did, a., entschieden, bestimmt

decimal, dess-i-mol, a., dezimal. s., Zehntel n.

decipher, di-ssei-fer, v., entziffern; enträtseln

decision, di-ssi-sch'n, s., Entscheidung f.

decisive, di-ssei-ssiw, a., entscheidend schluß m.

deck, deck, s., Deck n. v., **— out,** schmücken

declaim, di-klehm, v., vortragen, deklamieren

declaration, deck-la-reh-sch'n, s., Erklärung f.

declare, di-klehr, v., erklären, deklarieren [f.

declension, di-klen-sch'n, s., (gram.) Deklination

decline, di-klein, s., Abnahme f.; (values) Fall m.; (ground) Senkung f.; (deterioration) Verfall m. v., verfallen; (reject) abweisen; (grammar) deklinieren

declutch, di-klatsch, v., auskuppeln

decompose, di-kom-pohs, v., verwesen

decorate, dek-o-reht, v., schmücken, dekorieren

decoration, dek-o-reh-sch'n, s., Dekoration f.

decorous, di-ko-ross, a., schicklich, anständig

decoy, di-keu, s., Lockung f.; (bird) Lockvogel m. v., locken

decrease, di-kríhss, s., Abnahme f., Verminderung f.; v., vermindern, abnehmen
decree, di-kríh, s., Verordnung f. v., anordnen
decry, di-krei, v., in Verruf bringen
dedicate, dédd-i-keht, v., widmen; weihen
deduce, di-djuhss, v., ableiten; folgern
deduct, di-dóckt, v., abziehen   [m.
deduction, di-dóck-sch'n, s., Abzug m.; Schluß
deed, dihd, s., Tat f.; Dokument n., Urkunde f.
deem, dihm, v., halten für
deep, dihp, s., Tiefe f. a., tief
deepen, díh-pen, v., vertiefen
deer, dier, s., Reh n.; (red) Hochwild n.
deface, di-féhss, v., verunstalten, entstellen
defamation, def-*a*-meh-sch'n, s., Verleumdung f.
defame, di-féhm, v., verleumden, schmähen
default, di-fó'alt, s., (business) Zahlung einstellung f. v., nicht zahlen; (law) nicht erschein-
en; **—er,** s., Vertragsbrüchige(r) m. & f.
defeat, di-fíht, s., Niederlage f.; Vereitelung f.
v., schlagen, vereiteln
defect, di-féckt, s., Fehler m.; Defekt m.
defective, di-féck-tiw, a., defekt; mangelhaft
defence, di-fénss, s., Verteidigung f.; Schutz m.
defenceless, di-fénss-less, a., schutzlos, wehrlos
defend, di-fénd, v., verteidigen, schützen
defendant, di-fén-dent, s., Beklagte(r) m. & f.
defender, di-fén-der, s., Verteidiger m.
defensible, di-fénss-i-b'l, a., verteidigungsfähig
defensive, di-fénss-iw, s., Defensive f.
defer, di-fö'r, v., aufschieben
deferential, di-för-en-sch'l, a., ehrerbietig
defiance, di-fei-enss, s., Trotz m.; (challenge)
Herausforderung f.
deficiency, di-físch-enss-i, s., Mangel m.   [lich
deficient, di-físch-ent, a., mangelhaft, unzuläng-
deficit, déf-i-ssit, s., Defizit n., Fehlbetrag m.
defile, di-feil, s., Hohlweg m. v., besudeln
define, di-fein, v., definieren
definite, déf-i-nitt, a., bestimmt; begrenzt
definition, def-i-ni-sch'n, s., Erklärung f.
deflect, di-fléckt, v., ablenken; abbiegen

deflection, di-fleck-sch'n, s., Ablenkung f., Abweichung f.

deform, di-form, v., verunstalten, entstellen

defraud, di-fro'ad, v., betrügen, hinte ziehen

defray, di-freh, v., bestreiten, bezahlen

deft, deft, gewandt, flink

defunct, di-fonkt, a., verstorben

defy, di-fei, v., trotzen; (challenge) herausfordern

degenerate, di-dschen-er-et, a., entartet. v., entarten [f.

degradation, degg-ra-deh-sch'n, s., Degradation

degrade, di-grehd, v., degradieren; erniedrigen

degree, di-grih, s., Grad m.

deign, dehn, v., geruhen

deject, di-dscheckt, v., entmutigen; —ion, s., Niedergeschlagenheit f.

delay, di-leh, s., Aufschub m.; (late) Verzögerung f. v., verschieben; (detain) aufhalten

delectable, di-leckt-a-b'l, a., ergötzlich

delegate, del-i-geht, s., Delegierter m. v., delegieren

delete, di-liht, v., streichen, (aus)löschen [gieren

deleterious, di-li-tih-ri-oss, a., schädlich

deletion, di-lih-sch'n, s., Streichung f., Löschung f.

deliberate, di-lib-er-eht, a., mit Vorbedacht. v., erwägen; beratschlagen [fühl n.

delicacy, del-i-ka-ssi, s., Delikatesse f.; Felngefühl

delicate, del-i-ket, a., zart; (weak) schwächlich

delicious, di-lisch-oss, a., köstlich

delight, de-leit, s., Wonne f. v., entzücken, erfreuen; —ful, s., entzückend, reizend

delineate, di-lin-i-eht, v., skizzieren

delinquent, di-lin-ku'ent, s., Missetäter m.

delirious, di-lir-i-oss, to be —, v., phantasieren

delirium, di-lir-i-om, s., Delirium n.

deliver, di-liw-er, v., (goods) liefern; (letters) austragen; (set free) befreien; (speech) vortragen; (note) übergeben; —y, s., (goods) Ablieferung f.; (letters) Ausgabe f.; (deliverance) Befreiung f.

delude, di-ljuhd, v., täuschen, verführen

delusion, di-lju-sch'n, s., Täuschung f., Blendwerk n.

delve, delw, v., graben [werk n.

demand, di-**mahnd,** s., Forderung f.; (sought for commercially) Nachfrage f.   v., verlangen, fordern

demean, di-**mihn,** — **oneself,** v., sich erniedrigen

demeanour, di-**mih**-ner, s., Betragen n., Beneh- [men n.

demented, di-**men**-ted, a., von Sinnen   [men n.

demise, di-**meis,** s., Ableben n., Tod m.

democratic, dem-o-**krat**-ick, a., demokratisch

demolish, di-**mol**-isch, v., abreißen, niederreißen

demon, dih-mon, s., Dämon m., böser Geist m.

demonstrate, de-mon-**s'treht,** v., demonstrieren

demoralize, di-**mor**-a-leis, v., demoralisieren

demur, di-**mör,** v., Einwendungen machen

demure, di-**mjuhr,** a., spröde; sittsam

den, denn, s., Höhle f.

denial, di-**nei**-'l, s., Verleugnung f.

denizen, den-i-sen, s., Bürger m., Bewohner m.

denomination, di-nom-i-**neh**-sch'n, s., Sekte f.; Benennung f.

denote, di-**noht,** v., bezeichnen

denounce, de-**naunss,** v., denunzieren

dense, denss, a., dicht

density, denss-i-ti, s., Dichtheit f.

dent, dent, s., Delle f.   v., eindrücken

dentist, den-tist, s., Zahnarzt m.

dentistry, den-tist-ri, s., Zahnheilkunde f.

denude, di-**njuhd,** v., entblößen

deny, di-**nei,** v., ableugnen; (refuse) verweigern

deodorizer, di-**oh**-der-ai-ser, s., Desinfektions-

depart, di-**pahrt,** v., abfahren   [mittel n.

department, di-**pahrt**-m'nt, s., Abteilung f.

departure, di-**pahr**-tscher, s., Abfahrt f.; — **platform,** Bahnsteig m.

depend, di-**pend,** v., abhängen; — **upon,** sich verlassen auf; —**ant,** a., abhängig

depict, di-**pickt,** v., schildern, darstellen

deplete, di-**pliht,** v., erschöpfen, entleeren

depletion, di-plih-sch'n, s., Erschöpfung f., Ent-

deplore, diplo'ar, v., beweinen   [leerung f.

deport, di-**port,** v., deportieren

deportment, di-**port**-m'nt, s., Haltung f.

depose, di-**pohs,** v., absetzen; entthronen

deposit, di-**pos**-it, s., (transaction) Anzahlung f.; (bank) Depositum n.; (sediment) Satz m. v., anzahlen; (money, bonds) deponieren

depositor, di-**pos**-i-ter, s., Deponent m.

depository, di-**pos**-i-*to*-ri, s., Verwahrungsort m.

depot, de-**poh**, s., Depot n., Lagerhaus n.

deprave, di-**prehw**, v., (morals) verderben

deprecate, dep-ri-**keht**, v., mißbilligen [gern

depreciate, di-**prih**-schi-eht, v., (price) verrin-

depredation, dep-re-**deh**-sch'n, s., Plünderung f.

depress, di-**press**, v., niederdrücken

depression, di-**presch**-*on*, s., Depression f.

deprivation, dep-ri-**weh**-sch'n, s., Beraubung f.; (want of) Entbehrung f.

deprive, di-**preiw**, v., berauben

depth, deppdh, s., Tiefe f.

deputy, dep-yu-ti, s., Stellvertreter m.

derailment, di-**rehl**-m'nt, s., Entgleisung f.

derange, di-**rehndsch**, v., verwirren;—**ment**, s., Unordnung f.; Störung f.

derelict, der-i-**lickt**, s., Wrack n. a., verlassen

deride, di-**reid**, v., verhöhnen, verlachen

derisive, di-**reiss**-iw, a., spöttisch, höhnisch

derive, di-**reiw**, v., ableiten; abstammen

derogatory, di-**rogg**-a-*to*-ri, a., abfällig

descend, di-**ssend**, v., absteigen; (sink) sich senken; (lineage) abstammen; —**ant**, s., Nachkomme m.

descent, di-**ssent**, s., Abstieg m.; Abstammung f.

describe, di-**sskreib**, v., beschreiben

description, di-**sskrip**-sch'n, s., Beschreibung f.

desecrate, dess-i-**kreht**, v., entweihen

desert, des-**ört**, s., Wüste f.

desert, di-**sört**, v., verlassen; (mil.) desertieren; —**er**, s., (mil.) Fahnenflüchtige(r) m.; —**ion**, s., Verlassen n.; (mil.) Fahnenflucht f.

deserve, di-**sörw**, v., verdienen

deserving, di-**sörw**-ing, a., würdig

design, di-**sein**, v., vorhaben; (sketch) entwerfen. s., Absicht f.; (sketch) Entwurf m.; (pattern) Muster[ung f.] n.; —**ing**, a., ränkevoll. s., Entwerfen n.

designate, de-sigg-neht, v., bezeichnen

designer, di-sein-er, s., [Muster-]Zeichner m.

desirable, di-seir-*a*-b'l, a., wünschenswert

desire, di-seir, s., Wunsch m.; (craving) Verlangen n. v., wünschen; verlangen

desirous, di-seir-*oss*, a., begierig, erwünscht

desist, di-sist, v., abstehen, ablassen

desk, desk, s., Pult n.; (school) Schultisch m.

desolate, dess-*o*-leht, a., verlassen; (fig.) trostlos

despair, di-s'pähr, s., Verzweiflung f. v., verzweifeln

despatch, di-s'pätsch, s., (sending) Absendung f.; (message) Meldung f. v., befördern

desperate, dess-per-eht, a., verzweifelt; (reckless) verwegen

despicable, dess-pick-*a*-b'l, a., verächtlich

despise, di-s'peis, v., verachten, verabscheuen

despite, di-s'peit, prep., trotz, ungeachtet

despoil, di-s'peul, v., berauben, plündern

despondent, di-s'pon-dent, a., niedergeschlagen

despot, dess-pot, s., Despot m., Tyrann m.

dessert, di-sört, s., Nachtisch m., Dessert n.

destination, dess-ti-neh-sch'n, s., Bestimmungsort m.

destine, dess-tin, v., bestimmen

destiny, dess-ti-ni, s., Schicksal n.

destitute, dess-ti-tjuht, a., entblößt; verlassen

destitution, dess-ti-tjuh-sch'n, s., bittere Not f.

destroy, di-s'treu, v., zerstören, vernichten

destruction, di-s'trock-sch'n, s., Zerstörung f.

destructive, di-s'trock-tiw, a., zerstörend

desultory, dess-*ol*-to-ri, a., planlos [nehmbar

detach, di-tätsch, v., [ab]trennen; **—able,** a., abdetail, **dih-tehl,** s., Einzelheit f.

detail, di-tehl, v., (mil.) abkommandieren

detain, di-tehn, v., aufhalten; (prison) in Haft haldetect, **di-teckt,** v., entdecken [ten

detective, di-teck-tiw, s., Geheimpolizist m.

detention, di-ten-sch'n, s., Zurückhaltung f.

deter, di-tör, v., abschrecken [Haft f.

detergent, di-tör-dschent, s., Waschmittel n.

deteriorate, di-ti-ri-o-reht, v., verschlechtern

determine, di-tör-min, v., entscheiden

detest, di-**test,** v., verabscheuen

dethrone, di-**throhn,** v., entthronen

detonation, det-on-**eh**-sch'n, s., Explosion f.

detour, deh-**tuhr,** s., Umweg m.

detract, di-**träckt,** v., abziehen; (value) vermindern

detrimental, det-ri-**men**-tal, a., nachteilig [dern

deuce, djuhss, s., (cards) Zwei f.; (tennis) Ausgleich

devastate, dew-**ass**-teht, v., verwüsten [m.

develop, di-**wel**-op, v., entwickeln

development, di-**wel**-op-m'nt, s., Entwicklung f.

deviate, dih-**wi**-eht, v., abweichen

device, di-**weiss,** s., Vorrichtung f.

devil, dew-'l, s., Teufel m.; —**ry,** Teufelei f.

devise, di-**weis,** v., ersinnen; (law) vermachen

devoid, di-**weud,** a., ohne, bar

devote, di-**wot,** v., widmen; aufopfern

devour, di-**wauer,** v., verschlingen

devout, di-**waut,** a., fromm; inbrünstig

dew, djuh, s., Tau m.

dexterous, deckss-ter-oss, a., behende

diabetes, dei-a-**bieh**-ties, s., Zuckerkrankheit f.

diabolical, dei-a-bol-i-kal, a., teuflisch

diagnose, dei-a-gnohs, v., diagnostizieren

diagonal, dei-**ägg**-o-n'l, a., schräg, diagonal

diagram, dei-a-grämm, s., Diagramm n. [wählen

dial, dei-al, s., Zifferblatt n. v., (telephone)

dialect, dei-a-lekt, s., Mundart f., Dialekt m.

dialogue, dei-a-logg, s., Dialog m.

diameter, dei-**am**-i-ter, s., Durchmesser m.

diamond, dei-a-mond, s., Diamant m.; (cards)

diarrhoea, dei-a-ri-a, s., Durchfall m. [Karo n.

diary, dei-a-ri, s., (pocket) Taschenkalender m.

dice, deiss, s.pl., Würfel m.pl.

dictate, dick-teht, v., diktieren

dictionary, dick-schon-a-ri, s., Wörterbuch n.

die, dei, v., sterben. s., (stamp) Münzstempel m.

diet, dei-et, s., Diät f. v., auf Diät setzen

differ, dif-fer, v., (dissimilar) verschieden sein, (disagree) nicht übereinstimmen; —**ence,** s.; Unterschied m.; Differenz f.; —**ent,** a., verschieden

difficult, dif-ik-olt, a., schwer; schwierig

difficulty, dif-ik-*olt*-i, s., Schwierigkeit f.
diffident, dif-i-dent, a., zaghaft, schüchtern
diffuse, dif-*juhs*, v., verbreiten. a., weitschweifig
dig, dig, v., graben; — **up,** ausgraben
digest, di-*dschest*, v., verdauen; — **ion,** s., Verdauung f.
dignified, dig-ni-feid, a., würdevoll
dignitary, dig-ni-*ta*-ri, s., Würdenträger m.
dignity, dig-ni-ti, s., Würde f.
digression, di-*gresch*-'n, s., Abschweifung f.
dike, deik, s., Deich m., Damm m.
dilapidated, di-*läp*-i-deh-ted, a., verfallen
dilapidation, di-läp-i-*deh*-sch'n, s., Verfall m.
dilate, di-*leht*, v., ausdehnen, erweitern
dilatory, dil-*a*-to-ri, a., hinhaltend, zögernd
dilemma, di-*lem*-ma, s., Verlegenheit f., Klemme f.
diligence, dil-i-dschens, s., Fleiß m.
diligent, dil-i-dsch'nt, a., fleißig, emsig
dilute, di-*ljuht*, v., verdünnen
dim, dimm, a., (vision) trübe; (light) schwach.
v., trüben; (darken) verdunkeln
dimension, di-*men*-sch'n, s., Umfang m.; Maß n.
diminish, di-*min*-isch, v., vermindern; abnehmen
dimple, dim-p'l, s., Grübchen n.
din, dinn, s., Geklirr n. v., wiederholt vorpredigen
dine, dein, v., essen, speisen
dingy, din-dschi, a., dunkel; schmutzig; (faded) fahl
dining-car, dein-ing-kar, s., Speisewagen m.
dining-room, dein-ing-ruhm, s., Speisezimmer n.
dinner, din-er, s., Essen n., Diner n., Hauptmahlzeit f.
dip, dipp, s., Senkung f. v., senken; (flag) dippen;
— **into,** eintauchen
diphtheria, diff-*thih*-ri-*a*, s., Diphtherie f.
diplomacy, di-*ploh*-mass-i, s., Diplomatie f.
dire, deir, a., äußerst schrecklich
direct, di-*reckt*, a., direkt. v., (point out) weisen;
(manage) leiten; — **ion,** s., Richtung f.;
— **ly,** adv., sofort. conj., sobald als; — **or,** s.,
Direktor m.; Leiter m.; — **ory,** Adreßbuch n.
dirt, dört, s., Schmutz m.; — **y,** a., schmutzig
disability, diss-*a*-bil-i-ti, s., Unfähigkeit f.
disable, diss-eh-b'l, v., [dauernd] beschädigen

disadvantage, diss-ed-wahn-tedsch, s., Nachteil

disagree, diss-*a*-grih, v., uneinig sein [m.

disagreeable, diss-*a*-grih-*a*-b'l, a., unangenehm

disallow, diss-*a*-lau, v., nicht gestatten

disappear, diss-*a*-pihr, v., verschwinden;—**ance,** s., Verschwinden n.

disappoint, diss-*a*-peunt, v., enttäuschen; —**ment,** s., Enttäuschung f.

disapprove, diss-*a*-pruhw, v., mißbilligen

disarm, diss-ahrm, v., entwaffnen

disaster, dis-ahss-ter, s., Unglück n., Katastrophe

disastrous, dis-ahss-tross, a., unheilvoll [f.

disc, disk, s., Scheibe f.; (gramophone) Platte f.

discard, diss-kahrd, v., beiseite legen

discern, di-sörn, v., unterscheiden; wahrnehmen

discharge, diss-tschardsch, s., (dismissal) Entlassung f.; (gun) Abfeuern n.; (med., outflow) Ausfluß m. v., entlassen; (cargo) ausladen; (fulfil) erfüllen; (release) freilassen

disciple, diss-ei-p'l, s., Anhänger m.; (eccl.) Jünger m.

discipline, diss-i-plinn, s., Disziplin f., Zucht f.

disclaim, diss-klehm, v., [ver]leugnen

disclose, diss-klohs, v., offenbaren, enthüllen

disclosure, diss-kloh-scher, s., Enthüllung f.

discolour, diss-kal-er, v., verfärben [keit f.

discomfort, diss-komm-fort, s., Unbehaglich-

disconnect, diss-kon-neckt, v., trennen; abstellen

discontent, diss-kon-tent, s., Unzufriedenheit f.

discontented, diss-kon-ten-ted, a., unzufrieden

discontinue, diss-kon-tin-juh, v., (cease) aufhören; (defer) aufschieben; (interrupt) unterbrechen [f.

discord, diss-ko'ard, s., Zwietracht f.; Dissonanz

discount, diss-kaunt, s., Skonto m.; (trade) Rabatt m. v., diskontieren; **at a —,** unter Pari

discourage, diss-*kar*-edsch, v., entmutigen

discourse, diss-ko'arss, s., Vortrag m. v., vortragen

discourteous, diss-kör-ti-*oss*, a., unhöflich

discover, diss-kaw-er, v., entdecken;—**y,** s., Entdeckung f.

discreet, diss-kriet, a., diskret [deckung f.

discrepancy, diss-**krep**-enss-i, s., Widerspruch m.
discriminate, diss-**krim**-i-neht, v., unterscheiden
discuss, diss-**koss**, v., erörtern, besprechen
discussion, diss-**kosch**-'n, s., Diskussion f.
disdain, diss-**dehn**, s., Verachtung ʃf. v., verschmähen
disdainful, diss-**dehn**-ful, a., verächtlich
disease, di-**sihs**, s., Leiden n.; — d, a, krank
disengaged, diss-en-**gädsch**'d, a., frei; zu spre-
disentangle, diss-en-**täng**-'l, v., entwirren [chen
disfavour, diss-**feh**-wer, s., Ungnade f.
disfigure, diss-**fig**-ger, v., entstellen
disgrace, diss-**grehss**, s., Schande f. v., schänden
disguise, diss-**geis**, s., (make up, costumes) Verkleidung f. v., verkleiden; (camouflage) tarnen
disgust, diss-**gost**, s., Ekel m. v., [an]ekeln
dish, disch, s., Schüssel f.; (meal) Speise f.; — cloth, Spüllappen m.; — up, v., auftischen
dishearten, diss-**hahrt**-en, v., entmutigen
dishevelled, di-**schew**-eld, a., zersaust
dishonest, diss-on-est, a., unehrlich
dishonour, diss-**on**-er, s., Unehre f. v., entehren
disillusion, diss-il-**ljuh**-sch'n, v., entnüchtern
disinclination, diss-inn-kli-neh-sch'n, s., Abnei-
disinfect, diss-inn-**feckt**, v., desinfizieren [gung f.
disinherit, diss-inn-**herr**-it, v., enterben
disjointed, diss-**dscheun**-ted, a., (fig.) abgerissenen
dislike, diss-**leik**, s., Widerwille m. v., nicht mögen
dislocate, diss-**loh**-keht, v., verrenken; verwirren
disloyal, diss-**leu**-al, a., treulos; falsch
dismal, diss-**mal**, a., düster; traurig [en
dismay, diss-**meh**, s., Bestürzung f. v., erschrek-
dismiss, diss-**miss**, v., entlassen; fortschicken
dismount, diss-**maunt**, v., absteigen
disobedient, diss-oh-**bie**-di-ent, a., ungehorsam
disobey, diss-o-**beh**, v., nicht gehorchen
disorder, diss-**or**-der, s., Unordnung f. v., verwirren
disown, diss-**ohn**, v., nicht anerkennen; verstoßen

disparage, diss-pär-edsch, v., herabsetzen

dispatch, (see despatch)

dispel, diss-pell, v., vertreiben, zerstreuen

dispensary, diss-pen-se-ri, s., [Armen-]Apotheke f.

dispensation, diss-pen-sseh-sch'n, s., Fügung f.; (eccl.) Dispens m.

disperse, diss-pörss, v., [sich] zerstreuen; verbreiten

display, diss-pleh, s., Auslage f.; Pomp m.; (stage, etc.) Schau m. v., auslegen; (exhibit) zeigen

displease, diss-plihs, v., mißfallen

displeasure, diss-plä-scher, s., Mißvergnügen n.

disposal, diss-poh-sal, s., Verfügung f.

dispose (of), diss-pohs, v., verfügen, disponieren

disposed, diss-pohs'd, a., (minded) geneigt

disprove, diss-pruhw, v., widerlegen

disputable, diss-pjut-a-b'l, a., bestreitbar

dispute, diss-pjuht, s., Streit m. v., bestreiten

disqualify, diss-ku'o-li-fai, v., unfähig erklären

disquiet, diss-ku'ai-et, s., Unruhe f. v., beunruhigen

disregard, diss-re-gahrdd, s., Nichtachtung f. v., ignorieren, nicht achten

disrepute, diss-ri-pjuht, s., Verruf m.

disrespect, diss-ri-s'pekt, s., Mißachtung f.; —ful, a., geringschätzig

dissatisfy, diss-sä-tiss-fai, v., nicht befriedigen

dissect, diss-ekt, v., zergliedern; (med.) sezieren

dissent, di-ssent, v., andrer Meinung sein

dissimilar, di-ssim-i-ler, a., ungleich, unähnlich

dissipate, diss-i-peht, v., verschwenden

dissociate, di-ssoh-schi-eht, v., sich lossagen

dissolute, diss-o-ljuht, a., liederlich

dissolve, di-ssolw, v., auflösen; sich auflösen

dissuade, di-ssu'ehd, v., abraten

distance, diss-tenss, s., Entfernung f.; (space) Abstant m.

distant, diss-tent, a., entfernt, weit [stand m.

distaste, diss-tehst, s., Widerwille m.; —ful, a., mißfällig; (food, etc.) zuwider

distemper, diss-tem-per, s., (paint) Tünche f.; (dog) Staupe f. v., tünchen

distend, diss-**tend,** v., ausdehnen, anschwellen

distil, diss-**till,** v., destillieren

distinct, diss-**tinkt,** a., deutlich; **—ion,** s., Unterschied m.; (eminence) Auszeichnung f.

distinguish, diss-tin-gu'ish, v., unterscheiden; **—oneself,** sich auszeichnen

distort, diss-**tort,** v., verdrehen, verrenken

distract, diss-**träckt,** v., ablenken; verwirren; **—ion,** s., Zerstreuung f.; Verwirrung f.

distrain, diss-**trehn,** v., pfänden

distress, diss-**tress,** s., Not f. v., betrüben

distressing, diss-**tress-ing,** a., schmerzlich

distribute, diss-**trib-**juht, v., verteilen

distributor, diss-**trib-**juht-or, s., [Waren-]Verteiler m.

district, diss-**trikt,** s., Bezirk m. [teiler m.

distrust, diss-**trost,** s., Mißtrauen n. v., mißtrauen

disturb, diss-**törb,** v., stören; unterbrechen; **—ance,** s., Störung f.; (mob) Aufruhr f.

disuse, diss-**juhss,** s., Nichtgebrauch m.

ditch, ditsch, s., Graben m.

ditto, dit-to, adv., desgleichen, ditto [Taucher m.

dive, deiw, v., Kopfsprung m. v., tauchen; **—r,** s.,

diverge, dei-**wördsch,** v., abweichen

diverse, dei-**wörss,** a., verschieden; mannigfaltig

diversion, dei-wör-sch'n, s., Ablenkung f.; Zerstreuung f.

divert, dei-**wört,** v., ablenken; zerstreuen

divest, di-**west,** v., entkleiden; (deprive) berauben

divide, di-**weid,** v., dividieren; (separate) trennen; (distribute) verteilen

divine, di-**wein,** a., göttlich

division, di-vi-sch'n, s., Teilung f.; (part) Teil m.; (arithmetic, mil.) Division f.

divorce, di-**worss,** s., Scheidung f. v., sich scheiden

divulge, di-**woldsch,** v., enthüllen [den lassen

dizzy, dis-i, a., schwindlig

do, duh, v., tun, machen

docile, doh-sseil, a., lenksam; gelehrig

dock, dock, s., Dock n.; (court) Anklagebank f. v., docken; **—yard,** s., Schiffswerft f.

doctor, dock-tor, s., Arzt m.; Doktor m.

doctrine, dock-trinn, s., Lehre f.

document, dock-ju-m'nt, s., Urkunde f., Dokument n.; —**ary,** (film) s., Kulturfilm m. a., urkundlich

dodge, dodsch, s., Kniff m. v., ausweichen

dog, dogg, s., Hund m.; —**ged,** a., hartnäckig

dole, dohl, s., Arbeitslosenunterstützung f. v., austeilen [austeilen]

doleful, dohl-ful, a., kummervoll

doll, doll, s., Puppe f.

dome, dohm, s., Kuppel f.

domestic, do-mess-tick, s., Dienstbote m. a., Haus...; —**ated,** a., häuslich

domicile, dom-i-sseil, s., Wohnsitz m.

dominate, dom-in-eht, v., [be]herrschen [m.

domineer, dom-in-ihr, v.. tyrannisieren

donation, don-eh-sch'n, s., Schenkung f.

donkey, dong-ki, s., Esel m.

donor, doh-nor, s., Geber m., Geberin f.

doom, duhm, s., Verhängnis n. v., verdammen

doomsday, duhms-deh, s., jüngster Tag m.

door, do'ar, s., Tür f.; — -**keeper,** Pförtner m.

dormant, dor-m'nt, a., ruhend

dormitory, dor-mi-to-ri, s., Schlafsaal m.

dose, dohss, s., Dosis f.

dot, dott, s., Punkt m. v., punktieren [tüpfeln]

double, dab-'l, a. & adv., doppelt. s., Doppelte m.; (likeness) Doppelgänger m. v., verdoppeln

doubt, daut, s., Zweifel m. v., zweifeln; (mistrust) mißtrauen; —**ful,** a., zweifelhaft

douche, duhsch, s., Brause[-bad n.] f., Dusche f.

dough, doh, s., Teig m.

dove, dow, s., Taube f.; — -**cot,** Taubenschlag m.

dowager, dau-e-dscher, s., Witwe (von Stande) f.

down, daun, adv. & prep., herunter, hinunter, nieder. s., (feathers) Flaum m.; —**cast,** a., niedergeschlagen; —**fall,** s., Sturz m.; (fig.) Untergang m.; —**hill,** a. & adv., bergab; —**pour,** s., Regenguß m.; —**stairs,** adv., hinunter; (below) unten; —**wards,** abwärts

dowry, dau-ri, s., Mitgift f.

doze, dohs, s., Schläfchen n. v., schlummern

dozen, das-en, s., Dutzend m.

drab, dräbb, a., mausgrau. s., Schlampe f.
draft, drahft, s., (money) Tratte f.; (sketch) Skizze f.; (writing) Entwurf m. v., entwerfen
drag, dräg, v., schleppen. s., Dregganker m.
dragon, dräg-*on,* s., Drache m.; **—fly,** Libelle f.
drain, drehn, s., Abflußrohr n.; (land) Abzugsgraben m. v., entwässern; **—age,** s., Kanalisation f.
drake, drehk, s., Enterich m.
drama, drah-ma, s., Drama n.; **—tic,** a., dramatisch [f.
draper, dreh-per, s., (store) Kurzwarenhandlung
drastic, dräss-tick, a., drastisch
draught, drahft, s., (air) Zug m.; (drink) Schluck m.; (sketch) Zeichnung f.; (ship) Tiefgang m.; **—board,** Dambrett n.; **—s,** pl., Damespiel n.
draughtsman, drahfts-m'n, s., Zeichner m.
draw, dro'a, s., Lotterie f.; (game) unentschiedenes Spiel m. v., (pull) ziehen; (drag) schleppen; (sketch) zeichnen; (liquids) abziehen; (money) abheben; (bill) ausstellen; **—back,** s., Nachteil m.; **—ee,** Bezogene[r] m.; **—er,** (furniture) Schublade f.; (bill) Trassant m.; **—ers,** pl., (apparel) Unterhosen f.pl.; **—ing,** s., Ziehen n.; (sketch) Zeichnung f.; **—ing-room,** Salon m.
drawl, dro'al, s., affektiertes Sprechen n. v., affektiert sprechen
dread, dredd, s., Furcht f. v., fürchten
dreadful, dredd-full, a., fürchterlich
dream, drihm, s., Traum m. v., träumen
dreary, drih-ri, a., (place) öde; (dark) düster
dredge, dredsch, v., ausbaggern
dredger, dredsch-er, s., Baggermaschine f.
dregs, dregs, s., Bodensatz m.; (fig.) Hefe f.
drench, drentsch, v., durchnässen
dress, dress, s., Kleid n. v., ankleiden; (wounds) verbinden; **—ing,** s., (med.) Verband m.; (culinary) Zutat f.; **—ing-case,** Reisenecessaire n.; **—ing-gown,** Schlafrockm.; **—ing-room,** Ankleidezimmer n.; **—maker,** Schneiderin f. [fern
dribble, drib-'l, v., (drop) tröpfeln; (saliva) gei-

drift, drift, s., Trieb m.; (snow, etc.) Wehe f.; (tendency) Richtung f. v., treiben

drill, drill, v., (mil.) exerzieren; (bore) bohren. s., (mil.) Exerzieren n.; (tool) Bohrer m.

drink, drink, s., Getränk n. v., trinken

drip, dripp, s., Tröpfeln n. v., tropfen

dripping, dripp-ing, s., (fat) Bratenfett n.

drive, dreiw, s., (outing) Ausfahrt f.; (approach) Anfahrt f. v., fahren (set in motion) treiben; —r, s., Fahrer m.

drizzle, dris-'l, s., feiner Regen m.

droll, drohl, a., drollig

drone, drohn, s., Drohne f. v., summen   [ken

droop, druhp, v., niederhangen; (plants) verwel-

drop, dropp, s., Fall m.; (liquid) Tropfen m. v., fallen; (let fall) fallen lassen

dropsy, dropp-ssi, s., Wassersucht f.

drought, draut, s., Dürre f.

drove, drohw, s., (cattle) Herde f.

drown, draun, v., ertrinken; (to cause) ertränken

drowsy, draus-i, a., schläfrig

drudge, dradsch, v., sich schinden; —ry, s., Schinderei f.

drug, drag, s., Droge f. v., betäuben

druggist, dra-gist, s., Drogist m.

drum, dramm, s., Trommel f. v., trommeln

drummer, dramm-er, s., Trommler m.

drunk, drank, a., betrunken; —ard, s., Trunkenbold m.; —enness, Trunkenheit f.

dry, drei, a., trocken. v., trocknen; —ness, s., Trockenheit f.

dubious, dju-bi-oss, a., zweifelhaft

duchess, datsch-ess, s., Herzogin f.

duck, dack, s., Ente f. v., (bend) sich ducken

due, djuh, s., (share) Anteil m.; (rights) Recht n. a. & adv., (owing) schuldig; (mature) fällig

duel, dju-'l, s., Zweikampf m. v., duellieren

dues, djuhs, s.pl., (toll, etc.) Gebühren f.pl.

duet, dju-et, s., Duett n.

duke, djuhk, s., Herzog m.

dull, dall, a., (mind) stumpfsinnig; (markets) flau; (weather) trübe; (metals, colours) matt

duly (received), djuh-li, adv., richtig [erhalten]

dumb, damm, a., stumm; **—found,** v., verblüffen

dummy, damm-i, s., (lay figure) Puppe f.; (sham) Scheinpackung f.; (cards) Blinde m.

dump, damp, s., Abladeplatz m.; **—ing,** Dumping

dumpling, damp-ling, s., Kloß m. [n.

dung, dang, s., Dung m., Mist m.

dungeon, dän-dsch'n, s., Verließ n.

dupe, djuhp, s., Angeführte m. v., düpieren

duplicate, dju-pli-keht, s., Duplikat n. a., doppelt. v., verdoppeln; (imitated typing) verdurable, dju-ra-b'l, a., dauerhaft [vielfältigen

duration, dju-reh-sch'n, s., Dauer f.

during, dju-ring, prep., während [schwarz

dusk, dask, s., Dämmerung f.; **—y,** a., dämmerig;

dust, dast, s., Staub m. v., abstäuben; **—bin,** s., Müllkasten m.; **—er,** Staubtuch n.; **—man,** Müllträger m.

dutiful, djuh-ti-ful, a., pflichtgetreu

duty, djuh-ti, s., Pflicht f.; (custom) Zoll m.; (officials') Dienst m.

dwarf, duo'arf, s., Zwerg m. v., überragen

dwell, duell, v., wohnen; **— upon,** verweilen bei; **—er,** s., Bewohner m.; **—ing,** Wohnung f.

dwindle, duin-d'l, v., schwinden, abnehmen

dye, dei, s., Farbe f. v., färben; **—works,** s., Färberei f.

dynamite, dei-na-meit, s., Dynamit n.

dynamo, dei-na-moh, s., Dynamomaschine f.

dysentery, diss-en-tri, s., Ruhr f.

each, ihtsch, a. & pron., jeder, jede, jedes; **— other,** einander

eager, ih-ger, a., (keen) eifrig; (desire) begierig

eagerness, ih-ger-ness, s., Eifer m.; Begierde f.

eagle, ih-g'l, s., Adler m.

ear, ier, s., Ohr n.; (corn) Ähre f.; **—mark,** v., kennzeichnen; **—phone,** s., Kopfhörer m.; **—ring,** s., Ohr-ring m.; **—wig,** s., Ohrwurm

earl, örl, s., Graf m. [m.

early, örl-i, a. & adv., früh; baldig

earn, örn, v., verdienen; **—ings,** s.pl., Verdienst

earnest, örn-est, s., Ernst m. a., ernst [m.

earth, örth, s., Erde f. v., (electricity) erden; **—enware,** s., Steingut n.; **—ly,** a., irdisch

earthquake, örth-ku'ehk, s., Erdbeben n.

ease, ihs, s., (comfort) Bequemlichkeit f.; (relief) Linderung f.; (facility) Leichtigkeit f. v., lindern; erleichtern; **at one's —,** behaglich

easel, ihs-el, s., Staffelei f.

easily, ihs-i-li, adv., leicht [orientalisch

east, ihst, s., Osten m.; **—erly,** a., östlich; **—ern,**

Easter, ihst-er, s., Ostern pl. [m.

easy, ihs-i, a. & adv., leicht; **— chair,** s., Lehnstuhl

eat, iht, v., essen; (animals) fressen; (corrode) zerfressen; **—able,** a., eßbar; **—ables,** s.pl., Lebensmittel n.pl.

eavesdropper, ihws-drop-er, s., Horcher m.

ebb, ebb, s., Ebbe f. v., ebben

ebony, ebb-o-ni, s., Ebenholz n.

eccentric, ek-ssent-rick, a., exzentrisch

echo, ek-oh, s., Echo n. v., widerhallen

eclipse, i-klipss, s., Vernsterung f. v., verfinstern

economise, i-kon-o-meis, v., sparen [finstern

economy, i-kon-o-mi, s., Wirtschaft f., Sparsamkeit f.

ecstasy, ek-sta-si, s., Ekstase f., Verzückung f.

eddy, edd-i, s., Wirbel m. v., wirbeln

edge, edsch, s., (knife) Schneide f.; (brink) Rand m. v., (sharpen) schärfen; (border) einfassen

edible, ed-i-b'l, a., eßbar, genießbar

edify, ed-i-fei, v., erbauen

edit, ed-it, v., herausgeben; **—ion,** s., Ausgabe f.; (book) Auflage f.; **—or,** Schriftleiter m.; **—orial,** Redaktions ...

educate, ed-ju-keht, v., bilden; (rear) erziehen

education, ed-ju-keh-sch'n, s., Erziehung f.; Ausbildung f.

eel, ihl, s., Aal m. [tilgen

efface, ef-ehs, v., auswischen; ausstreichen; (fig.)

effect, ef-eckt, s., Wirkung f.; Effekt m. v., bewirken; **—ive,** a., wirkungsvoll; **—ual** (wirk-

effeminate, ef-em-i-net, a., weibisch [sam

effervescent, ef-ör-wess-ent, a., [auf]brausend
efficacious, ef-i-keh-schoss, a., wirksam
efficiency, ef-isch-enss-i, s., Leistungsfähigkeit f.
efficient, ef-isch-n't, a., (person) tüchtig
effort, ef-ort, s., Anstrengung f.; Mühe f.
effrontery, ef-rant-e-ri, s., Unverschämtheit f.
effusive, ef-juh-ssiw, a., überschwenglich
egg, egg, s., Ei n.; — -**cup**, Eierbecher m.
egotism, egg-o-tism, s., Egoismus m., Selbstsucht f.
eiderdown, ei-der-daun, s., (quilt) Steppdecke f.
eight, eht, a., acht; —**een**, achtzehn; —**eenth**,
achtzehnte; —**h**, achte; —**y**, achtzig
either, ei-dher, a. & pron., einer m., (eine f.,
eines n.) von beiden; jeder m., (jede f., jedes n.)
von beiden.   conj., entweder; auch
eject, i-dscheckt, v., ausstoßen; [hin]auswerfen
elaborate, i-läb-o-reht, v., ausarbeiten.   a., ausgesucht; (detailed) sorgfältig ausgearbeitet
elapse, i-läpps, v., vergehen, verfließen
elastic, i-läss-tick, s., Gummiband n.   a., elas-
elate, i-leht, v., freudig erregen   [tisch
elbow, el-boh, s., Ellbogen m.   v., sich durch-
drängen
elder, el-der, a., älter.   s., der Ältere m.; (tree)
Holunder m.; —**ly**, a., ältlich
eldest, el-dest, s., Älteste m., f, n.   a., ältest
elect, i-leckt, a., erwählt.   v., erwählen
election, i-leck-sch'n, s., Wahl f.
electric(al), i-leck-trik[-'l], a., elektrisch [er m.
electrician, i-leck-tri-sch'n, s., Elektrotechnik-
electricity, i-leck-triss-i-ti, s., Elektrizität f.
electrify, i-leck-tri-fei, v., (railway) elektrifizieren
electronic, i-leck-tron-ik, a., elektronisch
electro-plate, i-leck-tro-pleht, v., galvanisch
versilbern.   s., elektro-plattierte Ware f.
elegance, el-i-ganss, s., Eleganz f.
elegant, el-i-gant, a., elegant
element, el-i-m'nt, s., Element n.; —**ary**, a., ele-
elephant, el-i-fant, s., Elefant m.   [mentar
elevate, el-i-weht, v., erhöhen; (fig.) erheben
eleven, i-lew'n, a., elf; —**th**, elfte

elf, elf, s., Elfe f.; Kobold m.
elicit, il-**iss**-it, v., hervorrufen
eligible, el-i-**dschi**-b'l, a., wählbar; passend
eliminate, e-**lim**-i-neht, v., ausscheiden
elite, eh-**liet**, s., Elite f.
elk, elk, s., Elch m.
elm, elm, s., Ulme f.
elongate, i-**long**-eht, v., verlängern
elope, i-**lohp**, v., durchgehen; **—ment,** s., Entführung f.
eloquent, el-o-**ku**'ent, a., beredt [führung f.
else, elss, a., ander. adv., anders, sonst
elsewhere, elss-**hu**'är, adv., anderswo, sonstwo
elucidate, i-**ljuh**-ssi-deht, v., aufklären, erläutern
elude, i-**ljuhd**, v., ausweichen, umgehen
elusive, i-**ljuhss**-iw, a., ausweichend; trügerisch
emaciate, i-**meh**-schi-eht, v., abzehren
emanate, em-a-neht, v., (originate) herrühren
emancipate, i-**män**-ssi-peht, v., emanzipierei
embalm, em-**bahm**, v., einbalsamieren
embankment, em-**bänk**-m'nt, s., Uferwerk n.; Damm m.
embargo, em-**bahr**-goh, s., Sperre f.; Beschlagnahme f.
embark, em-**bahrk**, v., einschiffen, sich einlassen
embarrass, em-**bär**-rass, v., in Verlegenheit setzen; **—ment,** s., Verlegenheit f.
embassy, em-**bäss**-i, s., Botschaft f.
embellish, em-**bel**-isch, v., verschönern
embers, em-bers, s.pl., glühende Kohlen f.
embezzle, em-**bes**-l, v., unterschlagen, veruntreuen
embitter, em-**bit**-er, v., (fig.) verbittern [treuen
embody, em-**bod**-di, v., (personify) verkörpern
embolden, em-**bohld**-en, v., ermutigen
embrace, em-**brehss**, v., umarmen; (comprise) umfassen
embrocation, em-bro-**keh**-sch'n, s., Einreibemittel n.
embroider, em-**breu**-der, v., sticken [mittel n.
embroidery, em-**breu**-der-i, s., Stickerei f.
embroil, em-**breul**, v., verwickeln; verwirren
emerald, em-er-ald, s., Smaragd m.
emerge, i-**merdsch**, v., auftauchen; **—ncy,** s.,
emetic, i-**met**-ick, s., Brechmittel n. [Not f.

emigrant, em-i-grent, s., Auswanderer m.
emigrate, em-i-greht, v., auswandern
eminence, em-in-enss, s., Höhe f.; (title) Eminenz
eminent, em-in-ent, a., hervorragend   [f.
emissary, em-iss-er-i, s., Abgesandte[r] m.
emit, i-mitt, v., (rays) ausstrahlen; (eject) auswerfen
emotion, i-moh-sch'n, s., Rührung f.; **—al,** a.,
emperor, em-per-er, s., Kaiser m.   [rührend
emphasis, em-fa-ssiss, s., Nachdruck m.
emphasize, em-fa-sseis, v., betonen
emphatic, em-fät-ick, a., nachdrücklich
empire, em-peir, s., Reich n., Kaiserreich n.
employ, em-pleu, s., (situation) Stellung f.;
(official or domestic) Dienst m. v., beschäftigen; **—er,** s., Arbeitgeber[in] m. [f.]; **—ment,**
Beschäftigung f.
empower, em-pau-er, v., ermächtigen
empress, em-press, s., Kaiserin f.
empty, em-ti, a., leer
emulate, em-ju-leht, v., wetteifern; nachahmen
emulation, em-ju-leh-sch'n, s., Wetteifer m.
enable, en-ehb-l, v., befähigen
enact, en-ackt, v., verfügen; (represent) darstellen
enamel, en-äm-'l, s., Emaille f.   v., emaillieren
enamoured, en-äm-erd, a., verliebt
enchant, en-tschahnt, v., bezaubern, entzücken
enchantment, en-tschahnt-m'nt, s., Bezauberung f.
encircle, en-ssörk-'l, v., umgeben, umfassen
enclose, en-klohs, v., einschließen
enclosure, en-kloh-scher, s., (letter) Einlage f.;
(fence) Umzäunung f.
encompass, en-kom-pass, v., umringen, umfassen
encore, ang-ko'ar, interj., noch einmal, dakapo!
encounter, en-kaunt-er, s., Begegnung f.;
(enemy) Gefecht n.   v., treffen
encourage, en-kar-eddsch, v., ermutigen
encroachment, en-krohtsch-m'nt, s., Eingriff m.
encumber, en-kom-ber, v., hindern; (property)
belasten
encumbrance, en-kom-brenss, s., (burden) Last f.

encyclopaedia, en-ssei-kloh-**pih**-di-*a*, s., Konversationslexikon n.

end, endd, s., Ende n.; (conclusion) Schluß m. v., beendigen, endigen; —**less**, a., endlos

endanger, en-**dehn**-dscher, v., gefährden

endear, en-**dihr**, v., lieb machen

endearment, en-**dihr**-m'nt, s., Liebkosung f.

endeavour, en-**dew**-er, s., Bestreben n., Bemühung f.   v., sich bemühen

endive, en-diw, s., Endivie f.

endorse, en-do'arss, v., indossieren

endorsement, en-do'arss-m'nt, s., Indossament n.

endow, en-dau, v., ausstatten

endurance, en-dju-renss, s., Ausdauer f.

endure, en-djuhr, v., aushalten, ertragen

enema, en-ih-*ma*, s., Klistier n.

enemy, en-i-mi, s., Feind m., Gegner m.

energetic, en-er-dschet-ick, {a., energisch, tatkräftig

energy, en-er-dschi, s., Energie f.; Tatkraft f.

enervate, en-er-veht, v., entnerven

enfeeble, en-fih-b'l, v., schwächen, entkräften

enforce, en-forss, v., erzwingen, durchsetzen

engage, en-gehdsch, v., (employ) anstellen; (reserve) belegen; (enemy) angreifen; (bind) sich verpflichten

engaged, en-gehdsch'd, a., (affianced) verlobt; (occupied) beschäftigt; (reserved) besetzt

engagement, en-gehdsch-m'nt, s., (appointment) Verabredung f.; Verlobung f.; Beschäftigung f.; Verpflichtung f.; (combat) Gefecht

engaging, en-geh-dsching, a., gewinnend, reiz-

engender, en-dschen-der, v., erzeugen   [zend

engine, en-dschinn, s., (rail) Lokomotive f.; Maschine f.; Motor m.

engineer, en-dschi-nihr, s., Ingenieur m., v., durchführen; —**ing**, s., Ingenieurkunst f.

engrave, en-grehw, v., gravieren, stechen

engross, en-grohss, v., (absorbed) sich vertiefen; (document) in grosser Schrift (ab)schreiben

engulf, en-golf, v., verschlingen

enhance, en-hähnss, v., steigern, vergrößern

enjoin, en-dscheun, v., auferlegen, einschärfen

enjoy, en-dscheu, v., (like) genießen, mögen;
— **oneself**, sich unterhalten; —**ment**, s.,
Vergnügen n.; (delight) Genuß m.

enlarge, v., vergrößern; —**ment**, s., Vergrößerung

enlighten, en-lei-ten, v., aufklären [f.

enlist, en-list, v., anwerben; (in) sich anwerben

enliven, en-lei-wen, v., beleben [lassen

enmity, en-mi-ti, s., Feindschaft f.

ennoble, en-noh-b'l, v., adeln

enormous, i-norm-oss, a., enorm, ungeheuer

enough, i-noff, adv., genug

enquire, en-ku'eir, see inquire

enrage, en-rehdsch, v., wütend machen

enrapture, en-räp-tscher, v., entzücken

enrich, en-ritsch, v., bereichern

enrol, en-rohl, v., einschreiben, eintragen

ensign, en-ssein, s., (flag) Fahne f.; (naval flag)
Flagge f.; (rank) Fähnrich m.

enslave, en-sslehw, v., unterjochen

ensnare, en-snehr, v., fangen; (charms)

ensue, en-sjuh, v., erfolgen [bestricken

entail, en-tehl, v., (involve) mit sich bringen

entangle, en-täng-'l, v., verwickeln; (fig.) verstricken, en-ter, v., eintreten; — **up**, eintragen [ken

enterprise, en-ter-preis, s., Unternehmen n.

entertain, en-ter-tehn, v., unterhalten (consider) eingehen [auf]; —**ment**, s., Unterhaltung f.

enthusiasm, en-thjuh-si-äs'm, s., Begeisterung f.

entice, en-teiss, v., verführen

entire, en-teir, a., ganz; vollkommen

entitle, en-tei-t'l, v., betiteln; berechtigen

entomb, en-tuhm, v., begraben, verschütten

entrance, en-trenss, s., Eingang m.; (vehicles) Einentrance, en-trahnss, v., entzücken [fahrt f.

entreat, en-triht, v., ersuchen, anflehen

entrench, en-trentsch, v., eingraben; verschanentrust, en-trost, v., anvertrauen, betrauen [zen

entry, en-tri, s., Eintritt m.; (record) Eintragung f.

entwine, en-tuein, v., umschlingen

enumerate, i-njuh-mer-eht, v., aufzählen

envelop, en-wel-*op*, v., einhüllen, umhüllen
envelope, en-w'l-ohp, s., Umschlag m., Kuvert n.
envious, en-wi-*oss*, a., neidisch
environs, en-wei-*rons*, s.pl., Umgebung f.
envoy, en-weu, s., Gesandter m.
envy, en-wi, s., Neid m. v., beneiden
epicure, ep-i-kjur, s., Feinschmecker m.
epidemic, ep-i-**dem**-ick, s., Epidemie f. a.,
 epidemisch
episode, ep-i-ssohd, s., Episode f.; Begebenheit f.
epistle, i-piss-'l, s., Epistel f.
epoch, i-pock, s., Epoche f., Zeitabschnitt m.
equal, i-kuo-al, s., Gleiche m., f., n. a., gleich.
 v., gleichen; **—ity,** Gleichheit f.; **—ize,** v.,
 gleich machen
equator, i-kueh-ter, s., Äquator m.
equerry, ek-u'e-ri, s., Flügeladjutant m.
equilibrium, i-kui-lib-ri-*om*, s., Gleichgewicht n.
equip, i-kuipp, v., ausrüsten [billig
equitable, ek-ui-ta-b'l, a., (just) gerecht; (fair)
equity, ek-ui-ti, s., Gerechtigkeit f.; Billigkeit f.
equivalent, i-kuiw-a-lent, a., gleichwertig
era, i-ra, s., Ära f., Zeitalter m.
eradicate, i-räd-i-keht, v., ausrotten
erase, i-rehs, v., ausradieren; ausstreichen
eraser, i-rehs-er, s., Radiermesser n.; Radiergummi m.
erect, i-reckt, v., errichten. a., aufrecht [mi n.
ermine, ör-min, s., Hermelin n., [-pelz m]
err, örr, v., (sich) irren; (to sin) sündigen
errand, er-rand, s., Gang m.; **— -boy,** Lauf-
erratic, er-rä-tick, a., exzentrisch [bursche m.
erroneous, er-rohn-i-*as*, a., irrig, unrichtig
error, er-*ror*, s., Irrtum m.
eruption, i-*rap*-sch'n, s., Ausbruch m.; (med.)
 Ausschlag m.
escape, ess-kehp, v., entkommen, entrinnen
escort, ess-ko'art, v., eskortieren. s., Eskorte f.
especially, ess-pesch-*a*-li, adv., besonders
essay, ess-eh, s., Aufsatz m. v., versuchen
essential, ess-en-sch*al*, a., wesentlich; wichtig
establish, ess-täb-lish, v., gründen; etablieren;
 —ment, s., (institution) Anstalt f.

estate, ess-teht, s., (land) Gut n.; (status) Rang m.; (possession) Vermögen n.

esteem, ess-tihm, s., Achtung f. v., schätzen

estimate, ess-ti-meht, s., (costs) Kostenanschlag m.; (appraise) Schätzung f. v., veranschlagen

estrange, ess-trehndsch, v., entfremden

etching, etsch-ing, s., Radierung f.

eternal, i-tör-nal, a., ewig

eternity, i-tör-ni-ti, s., Ewigkeit f.

ether, i-dher, s., Äther m.

euphony, juh-fo-ni, s., Wohlklang m.

evacuate, i-wäck-ju-eht, v., räumen

evade, i-wehd, v., ausweichen; (pursuers) entge-

evaporate, i-wäp-or-eht, v., verdunsten [hen

evasive, i-weh-ssiw, a., ausweichend

eve, ihw, s., Abend m.; (festival) Vorabend m.

even, ihw-en, a., (level) eben; (mood) gleichmütig; (numbers) gerade. adv., (what is more) sogar

evening, ihw-ning, s., Abend m.; —-dress, Gesellschaftsanzug m.; (ladies') Abendkleid n.

evensong, ihw-en-ssong, s., Abendgottesdienst m.

event, i-went, s., Ereignis n.; —ful, a., ereignisvoll; —ually, adv., schließlich, am Ende

ever, ew-er, adv., immer; (at any time) je[mals]; —lasting, a., ewig; —more, adv., immerfort

every, ew-ri, adj. & pron., jeder, jede, jedes; —body, —one, a., jedermann; —thing, alles

everywhere, ew-ri-u'ähr, adv., überall

evict, i-wickt, v., vertreiben

eviction, i-wick-sch'n, s., gerichtliche Räumung f.

evidence, ew-i-denss, s., (proof) Beweis m.; (testimony) Zeugnis n.; ¡to furnish —, a.

evident, ew-i-dent, a., offenbar [beweisen

evil, ih-w'l, s., Übel n. a., schlecht

evince, i-winss, v., beweisen; dartun

evoke, i-wohk, v., hervorrufen; (spirits) beschwören

evolve, i-wolw, v., herausarbeiten; entwickeln

ewe, juh, s., Mutterschaf n.

exact, egs-äckt, a., genau. v., fordern; —ing, a. streng; —itude, s., Genauigkeit f.

exaggerate, egs-ädsch-er-eht, v., übertreiben

exaggeration, egs-ädsch-er-eh-sch'n, s., Übertreibung f.

exalt, egs-o'alt, v., erheben, erhöhen

examination, egs-äm-i-neh-sch'n, s., Prüfung f.; (search, etc.) Untersuchung f.; (legal) Verhör n.

examine, egs-äm-in, v., prüfen; untersuchen

example, egs-ahm-p'l, s., Beispiel n.; Vorbild n.

exasperate, egs-ahs-per-eht, v., reizen; erbittern

excavate, ekss-ka-veht, v., ausgraben, aushöhlen

exceed, ekss-ihd, v., überschreiten

exceedingly, ekss-ih-ding-li, adv., äußerst

excel, ekss-ell, v., übertreffen; **—lent,** a., vortrefflich

except, ekss-ept, prep., außer. v., ausnehmen; **—ion,** s., Ausnahme f.; **to take —ion,** v., Anstoß nehmen; **—ional,** a., außergewöhnlich

excerpt, ekss-örpt, s., Auszug m.

excess, ekss-ess, s., Übermaß n.; Zuschlag m.

excessive, ekss-ess-iw, a., übermäßig, übertrieben

exchange, ekss-tschändsch, s., Tausch m.; (telephone) Fernsprechamt n.; (rate) Kurs m. v., tauschen; (money) wechseln

exchequer, ekss-tscheck-er, s., Schatzamt n.

excise, ekss-eis, s., Abgabe f.; Steuerabteilung f.

excitable, ekss-eit-a-b'l, a., erregbar

excite, ekss-eit, v., aufregen; **—ment,** s., Aufregung f.

exciting, ekss-eit-ing, a., aufregend

exclaim, ekss-klehm, v., ausrufen

exclamation, ekss-kla-meh-sch'n, s., Ausruf m.

exclude, ekss-kluhd, v., ausschließen

exclusive, ekss-kluh-ssiw, a., ausschließlich; (select) exklusiv

excruciating, ekss-kruh-schi-eh-ting, a., qualvoll

excursion, ekss-kör-sch'n, s., Ausflug m.

excuse, ekss-kjuhss, s., Ausrede f. v., verzeihen

execute, ekss-i-kjuht, v., (perform) ausführen; (put to death) hinrichten

executioner, ekss-i-kjuh-sch'n-er, s., Scharfrichter m.

executor, egs-ek-ju-tor, s., Testamentsvollstrecker m.

exempt, egs-emmt, v., befreien

exemption, egs-emm-sch'n, s., Befreiung f.

exercise, ekss-er-sseis, s., (in general) Übung f.; (study) Aufgabe f. v., üben; (military) [exerzieren

exert, egs-ört, v., sich anstrengen

exertion, egs-ör-sch'n, s., Anstrengung f.

exhale, ekss-hehl, v., ausatmen; ausdünsten

exhaust, egs-o'ast, v., erschöpfen. s., (mech.) Auspuff m.; —**ive,** a., weitgehend

exhibit, egs-ib-it, s., Ausstellungsstück n. v., ausstellen; (shop) auslegen

exhibition, eks-i-bisch-'n, s., Ausstellung f.; Auslage f.

exhilarate, egs-il-er-eht, v., erheitern

exhilarating, egs-il-er-eht-ing, a., erheiternd

exhort, egs-ho'art, v., ermahnen; dringend raten

exile, eg-sil, s., Verbannung f.; (person) Verbannter m. v., verbannen

exist, egs-ist, v., existieren; —**ence,** s., Existenz f.

exit, ekss-itt, s., Ausgang m.; (departure) Abgang m.

exodus, ekss-o-das, s., Auszug m.

exonerate, egs-on-ner-eht, v., entlasten; (acquit) freisprechen [m.

exorbitant, ekss-or-bi-tant, a., übermäßig

expand, ekss-pänd, v., ausdehnen

expansion, ekss-pän-sch'n, s., Ausdehnung f.

expect, ekss-peckt, v., vermuten; (await) erwarten

expectation, ekss-peck-teh-sch'n, s., Erwartung f.

expedient, ekss-pih-di-ent, s., Ausweg m. a.,

expedite, ekss-pi-deit, v., beschleunigen [ratsam

expel, ekss-pell, v., ausstoßen; ausweisen

expend, ekss-pend, v., aufwenden; (use up) verbrauchen; —**iture,** s., Ausgabe f.

expense, ekss-penss, s., Kosten pl.; —**s,** Unkosten pl.

expensive, ekss-pen-siw, a., teuer, kostspielig

experience, ekss-pih-ri-enss, s., Erfahrung f. v., erfahren

experiment, ekss-per-i-m'nt, s., Versuch m. v., experimentieren

expert, ekss-pört, s., Fachmann m. a., erfahren

expire, ekss-peir, v., (to die) verscheiden; (time) ablaufen

explain, ekss-plehn, v., erklären [ablaufen

explanation, ekss-pla-neh-sch'n, s., Erklärung f.

explicit, ekss-pliss-it, a., deutlich, ausführlich

explode, ekss-plohd, v., explodieren

exploit, ekss-pleut, s., Heldentat f. v., ausnutzen

explore, ekss-plo'ar, v., erforschen

export, ekss-port, v., ausführen, exportieren

expose, ekss-pohs, v., aussetzen; (a plot, fraud, etc.) bloßstellen; (photography) belichten

expostulate, ekss-poss-tju-leht, v., rechten

exposure, ekss-poh-scher, s., Bloßstellung f.; (photography) Belichtung f.

expound, ekss-paund, v., auslegen, erläutern

express, ekss-press, s., Schnellzug m. a., Eil...; v., ausdrücken; —**ion,** s., Ausdruck m.

expulsion, ekss-pol-sch'n, s., Ausstoßung f.

expunge, ekss-pondsch, v., tilgen

exquisite, ekss-kuis-it, a., auserlesen

extempore, ekss-tem-po-ri, a., unvorbereitet

extend, ekss-tend, v., ausdehnen, verlängern

extensive, ekss-ten-siw, a., ausgedehnt

extent, ekss-tent, s., Umfang m.

extenuating, ekss-ten-ju-eht-ing, a., mildernd

exterior, ekss-tih-ri-or, s., Äußere n. a., äußerlich

exterminate, ekss-tör-mi-neht, v., ausrotten

external, ekss-tör-nal, a., äußerlich; auswärtig

extinct, ekss-tinkt, a., erloschen, ausgestorben

extinguish, ekss-ting-u'isch, v., auslöschen

extort, ekss-tort, v., erpressen

extortion, ekss-tor-sch'n, s., Erpressung f.

extra, ekss-tra, s. & a., Extra...; neben ...; —**ordinary,** a., außerordentlich [m.

extract, ekss-träckt, v., (her)ausziehen, s., Extrakt

extravagant, ekss-träv-a-gant, a., verschwenderisch; (exaggerated) übertrieben

extreme(ly) ekss-trihm[-li], a. & adv., äußerst

extricate, ekss-tri-keht, v., (to free) freimachen; (disembarrass) herauswinden

eye, ei, s., Auge n.; —**ball,** Augapfel m.; —**brow,** Augenbraue f.; —**glass,** Monokel n.; —**glasses,** Augengläser n.pl.; —**lash,** Augenwimper f.; —**let,** Schnürloch n.; —**lid,** Augenlid n.; —**sight,** Sehkraft f.; —**witness,** Augenzeuge

fable, feh-b'l, s., Fabel f.   v., fabeln   [tur f.
fabric, fäb-rick, s., Gewebe n.; (building) Struk-
fabrication, fäb-ri-keh-sch'n, s., Herstellung f.,
fabulous, fäb-ju-loss, a., fabelhaft   [Lüge f.
façade, fa-ssad, s., Fassade f.
face, fehss, s., Gesicht n.; (clock) Zifferblatt n.
   v., gegenüber sein; **—cream,** s., Gesichts-
   creme f.
facetious, fä-ssih-schoss, a., scherzhaft, drollig
facilitate, fä-ssil-i-teht, v., erleichtern
facsimile, fäck-sim-i-li, s., Faksimile n.
fact, fäckt, s., Tatsache f.; Wirklichkeit f.
factory, fäck-to-ri, s., Fabrik f.; Werk n.
faculty, fäck-ol-ti, s., Fähigkeit f.; (univ.) Fakul-
fade, fehd, v., welken; (colour) verschießen [tät f.
faggot, fäg-ot, s., [Reisig-]Bündel n.
fail, fehl, v., fehlschlagen; (voice, light, etc.) versagen; (neglect) unterlassen; (miscarry) mißlingen; (exam.) durchfallen; (bankrupt) Konkurs
   machen; **without —,** ganz gewiß; **—ure,**
   s., Mißerfolg m.; (insolvency) Konkurs m.
faint, fehnt, v., ohnmächtig werden.   a., schwach;
   s., Ohnmacht f.
fair, fähr, s., Messe f.   a., (just) fair; (hair) blond;
   (weather) heiter; **—ness,** s., Gerechtigkeit f.
fairy, fäh-ri, s., Fee f.
faith, fehth, s., Glaube m.; (confidence) Vertrauen
   n.; **—ful,** a., treu; **—less,** treulos
fake, fehk, s., Fälschung f.   v., fälschen
falcon, foal-k'n, s., Falke m.
fall, fo'al, s., Fall m., Sturz m.   v., fallen, stürzen
fallacy, fäl-a-si, s., Täuschung f.
false, fo'alss, a., falsch; **—hood,** s., Unwahrheit f.
falsification, fo'al-ssi-fick-eh-sch'n, s., Fälsch-
falsify, fo'al-ssi-fei, v., [ver]fälschen   [ung f.
falter, fo'al-ter, v., stocken; (speech) stammeln
fame, fehm, s., Ruhm m.; **—d,** a., berühmt
familiar, fa-mil-yer, a., intim; (conversant) ver-
family, fäm-i-li, s., Familie f.   [traut
famine, fäm-inn, s., Hungersnot f.

famish, fäm-isch, v., verhungern, verschmachten

famous, feh-moss, a., berühmt

fan, fän, s., Fächer m.; Ventilator m. v., fächeln; (admirer) s., Verehrer m.

fanatic, fa-nät-ick, s., Fanatiker m. a., fanatisch

fancy, fän-ssi, s., Idee f.; (desire) Neigung f., Lust f. v., sich einbilden; Neigung haben für

fancy-dress, fän-ssi-dress, s., Maskenkostüm n.

fang, fäng, s., Hauzahn m.; (snake) Giftzahn m.

fantastic, fän-täss-tick, a., fantastisch

fantasy, fän-tass-i, s., Phantasie f.

far, fahr, a. & adv., weit

farce, fahrss, s., Posse f.; Schwank m.

fare, fehr, s., Fahrgeld n.; (food) Kost f.   [wohl!

farewell, fehr-u'ell, s., Abschied m. interj., lebe

farm, fahrm, s., Landgut n. v., bewirtschaften

farmer, fahr-mer, s., Landwirt m.

farrier, fahr-i-er, s., Hufschmied m.

farther, fahr-dher, adv., weiter, ferner

fascinate, fäss-in-eht, v., bezaubern

fashion, fäsch-on, s., Mode f. v., bilden; —able, a., modern; in—, modern

fast, fahst, a., schnell; (firm, fixed, tight) fest; (colour) [wasch-]echt. s., Fasten n. v., fasten

fasten, fahss-'n, v., befestigen; fest zumachen

fastidious, fahss-tid-i-oss, a., wählerisch

fat, fätt, s., Fett n. a., fett, dick; —ten, v., mästen

fatal, feh-t'l, a., tödlich

fatality, fät-äl-i-ti, s., tödliche[s] Unglück n.

fate, feht, s., Schicksal n.; —d, a., vorbestimmt

father, fahdh-er, s., Vater m.; —in-law, Schwiegervater m.; —ly, a., väterlich

fathom, fädh-om, s., Klafter f.; (naut.) Faden m. v., ergründen; (to sound) sondieren

fatigue, fa-tihg, s., Ermüdung f.; (military) Arbeitsdienst m. v., ermüden

fault, fo'alt, s., (blame, cause) Schuld f.; (defect, mistake) Fehler m.; —less, a., fehlerlos; tadellos; —y, a., fehlerhaft, mangelhaft

favour, feh-wor, s., Gunst f.; (kindness) Gefälligkeit f.; (letter) Geehrtes n. v., begünstigen

favourable, feh-wor-a-b'l, a., günstig

favourite, feh-*wor*-it, s., Liebling m., Günstling m.; (sport) Favorit m.   a., Lieblings...

fawn, fo'an, s., Rehkalb n.   v., kriechen.   a., rehbraun

fear, fihr, s., Furcht f.   v., fürchten; befürchten; **—ful,** a., schrecklich; (timid) furchtsam; **—less,** furchtlos

feasible, fihs-i-b'l, a., möglich, ausführbar

feast, fihst, s., Fest n.   v., schmausen

feat, fiht, s., Tat f.; (performance) Leistung f.

feather, fehd-er, s., Feder f.; **—s,** pl., Gefieder n.

feature, fih-tscher, s., Merkmal n.; (face) Gesichtszug m.

federal, fed-e-r'l, a., Bundes...   [band m.

federation, fed-er-eh-sch'n, s., Bund m., Verfee, fih,** s., Honorar n., Gebühr f.   v., honorieren

feeble, fih-b'l, a., schwach

feed, fihd, v., füttern, nähren.   s., Futter n.

feel, fihl, v., [sich] fühlen.   s., Fühlen n., Gefühl n.

feeler, fihl-er, s., Fühler m.; (insects) Fühlhorn n.

feeling, fihl-ing, s., Gefühl n.   a., gefühlvoll

feign, fehn, v., heucheln, sich verstellen

feint, fehnt, s., Verstellung f.; (fencing) Finte f.

fell, fell, v., fällen; (persons) niederschlagen

fellow, fell-oh, s., Mitglied n.; (pop.) Kerl m.; **—ship,** Mitgliedschaft f.; (pop.) Kameradschaft f.

felony, fell-on-i, s., schweres Verbrechen n.

felt, felt, s., Filz m.; **— hat,** Filzhut m.

female, fih-mehl, a., weiblich.   s., Weibchen n.

feminine, femm-in-in, a., weiblich; (fig.) sanft

fen, fenn, s., Marschland n.

fence, fenss, s., Zaun m.   v., einzäunen; (combat) fechten

fender, fen-der, s., (hearth) Kaminvorsatz m.; (ship) Fender m.

ferment, för-ment, v., gären, gären lassen

fern, förn, s., Farnkraut n.

ferocious, fer-oh-schoss, a., wild; (grim) grimmig

ferret, fer-et, s., Frettchen n.   v., aufstöbern

ferrule, fer-uhl, s., [Stock-]Zwinge f.

ferry, fer-i, s., Fähre f.   v., setzen über

fertile, för-teil, a., fruchtbar

fertilize, för-ti-leis, v., b fruchten

fervent, för-went, a., inb ünstig

fester, fest-er, v., eitern

festival, fest-iw-'l, s., Fest n., Festtag m.

festive, fest-iw, a., festlich

festoon, fest-uhn, s., Girlande f. v., bekränzen

fetch, fetsch, v., holen; (call for) abholen

fetter, fet-er, v., fesseln; —s, s.pl., Fesseln f.pl.

feud, fjuhd, s., Fehde f.; —al, a., feudal

fever, fih-wer, s., Fieber n.; —ish, a., fieberisch

few, fjuh, a., wenige; a —, einige

fibre, fei-ber, s., Faser f.

fickle, fik-'l, a., unbeständig   [m.

fiction, fik-sch'n, s., Dichtung f.; (book) Roman

fictitious, fik-ti-schoss, a., erdichtet; (false) unecht

fidelity, fi-del-i-ti, s., [Pflicht-]Treue f.

fidget, fidsch-et, s., Zappelhans m. v., unruhig

fidgety, fidsch-et-i, a., unruhig, zappelig   [sein

field, fihld, s., Feld n.; —glass, Feldstecher m.

fiend, fihnd, s., Teufel m.; —ish, a., teuflisch

fierce, fihrss, a., wild; (stern) grimmig

fiery, fei-er-i, a., feurig; (temper) hitzig

fife, faiw, s., Querpfeife f.

fifteen, fiff-tien, a., fünfzehn; —th, fünfzehnte

fifth, fifth, a., fünfte. s., (one fifth) Fünftel n.

fiftieth, fiff-ti-ith, a., fünfzigste. s., Fünfzigstel n.

fifty, fiff-ti, a., fünfzig

fig, figg, s., Feige f.; — -tree, Feigenbaum m.

fight, feit, s., Kampf m.; Schlägerei f. v.,
    kämpfen; —er, s., Kämpfer m.; (plane)
    Jagdflugzeug n.

figure, fig-ger, s., Figur f., Gestalt f.; (number)
    Ziffer f. v., vorstellen; —head, s., Galions-

filch, filtsch, v., mausen, stibitzen   [figur f.

file, feil, s., (tool) Feile f.; (mil.) Reihe f.; (office)
    Ordner m. v., feilen; (letters, etc.) ablegen

filigree, fil-i-grih, s., Filigranarbeit f.

fill, fill, v., füllen; (teeth) plombieren. s., Genüge f.

filly, fil-li, s., Stutenfüllen n.

film, film, s., (photo) Rollfilm m.; (cinema) Film
    m.; (skin) Häutchen n. v., filmen, verfilmen

filter, fil-ter, s., Filter m. v., filtrieren

filth, filth, s., Unrat m.; —**y**, a., schmutzig

fin, finn, s., Flosse f., Finne f.

final, fein-al, a., definitiv; (last) letzt

finance, fi-nanss, s., Finanz f. v., finanzieren

financial, fi-nän-schal, a., finanziell

finch, fintsch, s., Fink m.   [m.

find, feindd, v., finden; (law) erklären. s., Fund

fine, fein, s., Geldstrafe f. a., fein; (weather) schön. v., zu einer Geldstrafe verurteilen

finery, fein-er-i, s., Glanz m.; (dress) Putz m.

finger, fing-ger, s., Finger m. v., befühlen, betasten

finish, fin-isch, v., beenden; (cease) aufhören. s., Ende n., Schluß m.; (goods) Ausführung f.

fir, för, s., Tanne f.; —**cone**, Tannenzapfen m.

fire, feir, v., feuern. Feuer n.; (conflagration) Brand m.; — **alarm**, Feuermelder m.; —**brigade**, Feuerwehr f.; —**engine**, Feuerspritze f.; — **escape**, Rettungsleiter f.; — **exit**, Notausgang m.; —**fly**, Leuchtkäfer m.; —**man**, Feuerwehrmann m.; (stoker) Heizer m.; —**place**, offner Kamin m.; —**proof**, a., feuerfest; —**works**, s.pl., Feuerwerk n.

firm, förm, s., Firma f. a., fest; (resolute) standhaft

first, first, a., erst. adv., zuerst   [haft

firth, förth, s., Meerenge f.

fish, fisch, s., Fisch m. v., fischen, angeln; —**bone**, s., Gräte f.; —**erman**, Fischer m.; —**hook**, Angelhaken m.; —**monger**, Fischhändler m.

fishing, fisch-ing, s., Fischen n.; —**rod**, Angelrute f.

fissure, fisch-er, s., Spalte f.   [rute f.

fist, fist, s., Faust f.

fit, fitt, s., (paroxysm) Anfall m. a., passend. v., passen; (to erect, set up, mount, etc.) montieren

fittings, fitt-ings, s., Ausrüstung f.   [en

five, feiw, a., fünf

fix, ficks, v., befestigen. s., (fig.) Klemme f.

fixture, ficks-tscher, s., befestigter Gegenstand m.; (sport's) Spieldatum n.

flabby, flabb-i, a., schlaff, matt

flag, fläg, s., Fahne f., Flagge f.; (flower) Schwertlilie f. v., [be]flaggen; (languish) erschlaffen; — -staff, Fahnenstange f.

flagon, fläg-gon, s., Bocksbeutel m.; Flasche f.

flagrant, fleh-grant, a., schamlos; offenkundig

flake, flehk, s., Blättchen n.; (snow, etc.) Flocke f.; (rust, paint) Schuppe f.

flaky, fleh-ki, a., (pastry) blätterig

flame, flehm, s., Flamme f. v., lodern

flaming, fleh-ming, a., feurig

flange, flänndsch, s., Flansche f.

flank, flänk, s., Flanke f. v., flankieren

flannel, flän-'l, s., Flanell m.

flap, fläpp, s., (table, etc.) Klappe f.; (wings) Flügelschlag m. v., (wings) flattern

flare, flehr, v., flackerndes Licht n.; (mil.) Lichtsignal n. v., lodern

flash, fläsch, s., Aufblitzen n. v., aufblitzen; — -bulb, s., Blitzlichtlampe f.; — -light, s., Blitzlicht n.; — -y, a., auffallend; **electronic** — , s., Elektronenblitz m.

flask, flahsk, s., flache Flasche f.; Flakon n.

flat, flätt, a., flach, platt; (market) flau. s., (dwelling) Mietwohnung f.; (music) Moll n.

flatten, flätt-'n, v., flach machen, eben machen

flatter, flätt-er, v., schmeicheln; — -ing, a., schmeichelhaft; — -y, s., Schmeichelei f.

flavour, fleh-wer, v., würzen. s., Geschmack m.; (wine) Blume f.

flaw, flo'a, s., Fehler m.; (crack) Riß m.

flax, fläcks, s., Flachs m.

flea, flih, s., Floh m.

fledged, fledsch'd, a., flügge

flee, flih, v., fliehen

fleece, flihss, s., Flies n.

fleet, fliht, s., Flotte f. a., flink

flesh, flesch, s., Fleisch n.

flexible, flecks-i-b'l, a., biegsam

flicker, flik-er, s., Flackern n. v., flackern

flight, fleit, s., Flug m. [(structure) schwach

flimsy, flims-i, a., (material, paper) dünn;

flinch, flintsch, v., zucken

fling, fling, v., werfen, schleudern

flint, flint, s., Kieselstein m.; (fire) Feuerstein m.

flippant, flip-pent, a., schnippisch

flirt, flört, s., Kokette f.   v., flirten

float, floht, s., (raft) Floß n.; (angler's) Schwimmer m.   v., treiben; (ship) flott machen; (a company, etc.) in Gang bringen

flock, flock, s., (cattle) Herde f.; (birds) Flug m.; v., zusammenströmen

flog, flogg, v., züchtigen; (whip) peitschen

flood, fladd, s., Flut f.; (inundation) Überschwemmung f.   v., überschwemmen

floor, flohr, s., Boden m., Fußboden m.; (storey) Etage f.

florid, flor-id, a., blühend

florist, flor-ist, s., Blumenhändler m.

flour, flaur, s., Mehl n.

flourish, flar-isch, s., Gepränge n.; Fanfare f.; (signature) Schnörkel m.; v., (brandish) schwenken

flout, flaut, v., (ver)höhnen

flow, floh, s., Strom m.   v., fließen, strömen

flower, flau-er, s., Blume f.   v., blühen

fluctuate, flack-tju-eht, v., schwanken

flue, fluh, s., Rauchfang m.

fluency, fluh-enss-i, s., Geläufigkeit f.

fluent, fluh-ent, a., fließend

fluffy, flaff-i, a., flockig, flaumig

fluid, flu-idd, s., Flüssigkeit f.   a., flüssig

fluke, fluhk, s., Zufall m.; (pop.) Dusel m.

flurry, flar-i, s., Aufregung f.   v., verwirren

flush, flasch, v., (redden) erröten; (rinse) ausspülen. a., (level) eben.   s., Erröten n.

fluster, flast-er, s., Verwirrung f.   v., verwirren

flute, fluht, s., (mus.) Flöte f.; **—d,** a., (grooved) gerillt

flutter, flat-ter, s., Geflatter n.   v., flattern

fly, flei, s., Fliege f.   v., fliegen; (flag) wehen; **— leaf,** s., Vorsetzblatt n.; **—wheel,**

foal, fohl, s., Fohlen n.   v., fohlen [Schwungrad n.

foam, fohm, s., Schaum m.   v., schäumen

fob, fobb, s., Uhrtasche f.; **f. o. b. = free on board,** adv., frei an Bord

focal, foh-k'l, a., im Brennpunkt stehen; — **point,** s., Brennpunkt m.

focus, foh-koss, s., Brennpunkt m. v., (optics) einstellen; (camera) den Fokus einstellen

fodder, fodd-er, s., Futter n. v., füttern

foe, foh, s., Feind m.

fog, fogg, s., Nebel m.; —**gy,** a., neblig, nebelig; — **horn,** s., Nebelhorn n.

foil, feul, s., (fencing) Florett n.; [Stoß-]Rapier n.; (metal) Folie f. v., vereiteln

foist, feust, v., aufhalsen

fold, fohld, s., (clothes, etc.) Falte f.; (sheep) Pferch m. v., (falten; (arms) kreuzen

foliage, foh-li-edsch, s., Laub n.

folk, fohk, s., Leute pl.; Volk n.

follow, fol-oh, v., folgen; (fig.) befolgen

follower, fol-oh-er, s., Anhänger m.; (adorer) Verehrer m.; (disciple) Jünger m.

folly, fol-i, s., Narrheit f., Torheit f.

foment, foh-ment, v., anstiften [schlag m.

fomentation, foh-men-teh-sch'n, s., (med.) Um-

fond, fondd, a., zärtlich; **to be — of,** v., gern haben

fondle, fon-d'l, v., liebkosen, hätscheln

font, font, s., (christening) Taufbecken n.; (source) Quelle f.

food, fuhdd, s., Speise f., Nahrung f., (beasts) Futter n.

fool, fuhl, s., Narr m. v., zum Narren halten; —**hardy,** a., tollkühn; —**ish,** a., töricht, närrisch; —**proof,** a., absolut sicher

foot, futt, s., Fuß m.; —**ball,** Fußball m.; (game) Fußballspiel n.; —**board,** (trains) Trittbrett n.; —**man,** Lakai m.; —**path,** Fußweg m.; —**print,** Fußstapfe n.; —**step,** Schritt m.

fop, fopp, s., Geck m.

for, forr, prep., für; zu; aus. conj., denn

forage, forr-edsch, s., [Vieh-]Futter n.

forbear, forr-behr, v., dulden; (refrain) unter-lassen; —**ance,** s., Nachsicht f.; Langmut f.; —**ing,** a., langmütig

forbid, forr-bidd, v., verbieten; —**ding,** a., abstoßend

force, fohrss, s., Gewalt f.; (power) Kraft f.
v., (compel) zwingen; (horticulture) treiben
forceful, fohrss-ful, a., kräftig; wirkungsvoll
forceps, forr-sseps, s., Zange f.
forcible, fohrss-i-b'l, a., gewaltsam
ford, fohrd, s., Furt f. v., durchwaten
fore, fohr, s., Vordergrund m. a., vorder ...;
to the —, obenan
forearm, fohr-ahrm, s., Unterarm m.
forebode, fohr-bohd, v., ahnen; prophezeien
foreboding, fohr-bohd-ing, s., Ahnung f.
forecast, fohr-kahst, v., voraussagen. s.,
(weather, etc.) Bericht m.; Wetterbericht m.
forecastle, fohr-kahss-'l, s., Back f.; Vorderdeck n.
foreclose, fohr-klohs, v., Besitz ergreifen [n.
foredoomed, fohr-duhmdd, a., dem Untergang
geweiht [m.pl.
forefathers, fohr-fahdh-ers, s.pl., Vorfahren
forefinger, fohr-fing-ger, s., Zeigefinger m.
forego, fohr-goh, v., verzichten; —ing, a., vorhergehend; —ne, vorhergegangen
foreground, fohr-graundd, s., Vordergrund m.
forehead, fohr-hedd, s., Stirn f., Stirne f.
foreign, forr-in, a., ausländisch, fremd
foreigner, forr-in-er, s., Ausländer m.
foreman, fohr-m'n, s., Vorarbeiter m.; Werk-
meister m.; (jury) Obermann m.
foremost, fohr-mohst, a., vorderst; erst
forenoon, fohr-nuhn, s., Vormittag m.
forerunner, fohr-ran-ner, s., Vorläufer m.
foresee, fohr-ssih, v., vorhersehen
foresight, fohr-sseit, s., Vorsorge f., Voraussicht f.
forest, for-est, s., Wald m.; —er, Förster m.
forestall, fohr-sto'al, v., zuvorkommen
foretaste, fohr-tehst, s., Vorgeschmack m.
foretell, fohr-tell, v., vorhersagen, prophezeien
forethought, fohr-tho'at, s., Vorsorge f.
forewarn, fohr-u'ohrn, v., zuvor warnen
forfeit, fohr-fit, v., (life, goods, etc.) verlieren,
verwirken. a., verwirkt. s., (games) Pfand
n.; (fine) Strafe f.

forge, fohrdsch, s., Schmiede f. v., schmieden; (falsify) fälschen

forger, fohrdsch-er, s., Fälscher m.; Falschmünzer m.

forgery, fohrdsch-er-i, s., Fälschung f. [zer m.

forget, for-gett, v., vergessen; **—ful,** a., vergeßlich; **—fulness,** s., Vergeßlichkeit f.; **— -me-not,** (flower) Vergißmeinnicht n.

forgive, for-giw, v., vergeben

forgiveness, for-giw-ness, s., Vergebung f.

fork, fohrk, s., Gabel f.; (road) Gabelung f.

forlorn, for-lohrn, a., verlassen, einsam

form, fohrm, s., (shape) Form f.; (seat) Bank f.; (a form to fill up) Formular n.; (class) Klasse f. v., bilden; (a plan) entwerfen; (mil.) sich formieren

formal, fohr-mal, a., förmlich, formell; (stiff) steif; **—ity,** s., förmlichkeit f., Formalität f.

formation, fohr-meh-sch'n, s., Gestaltung f.; (mil. & geological) Bildung f.

former, fohr-mer, a., früher; **—ly,** adv., vormals

formula, fohr-mjuh-la, s., Formel f.

forsake, for-ssehk, v., verlassen

forswear, for-ssu'ehr, v., abschwören

fort, fohrt, s., Fort n., Festungswerk n.

forth, fohrth, adv., fort, weiter; hervor; vorwärts

forthcoming, fohrth-kam-ing, a., bevorstehend

forthwith, fohrth-uidh, adv., sofort, sogleich

fortieth, fohr-ti-ith, a., vierzigste

fortification, fohr-ti-fi-keh-sch'n, s., Befestigung f.

fortify, fohr-ti-fei, v., (military) befestigen; (strengthen) stärken

fortitude, for-ti-tjuhd, s., Seelenstärke f., Mut m.

fortnight, fort-neit, s., vierzehn Tage m.pl.

fortress, for-tress, s., Festung f.

fortuitous, for-tjuh-i-toss, a., zufällig

fortunate, for-tjun-et, a., glücklich

fortune, for-tjun, s., Vermögen n.; (luck) Glück n.

forty, fohr-ti, a., vierzig

forward, for-u'erd, adv., vorwärts. v., senden; **—ness,** s., Frühreife f.; (pertness) Keckheit f.

fossil, foss-'l, s., Fossil n.

foster, fost-er, v., pflegen; **— -parents,** s., Pflegeeltern pl.   [anstoßen

foul, faul, a., widerlich, schmutzig. v., (ship)

found, faund, v., gründen; (metal) gießen

foundation, faun-deh-sch'n, s., Fundament n.

founder, faun-der, s., Gründer m.

foundling, faund-ling, s., Findling m.

foundry, faun-dri, s., Gießerei f.

fountain, faun-tin, s., Springbrunnen m.; **— -pen,** Füllfeder f.

four, fohr, a., vier; **—th,** s., Viertel n. a., vierte

fourfold, fohr-fohld, a., vierfältig

fourteen, fohr-tien, a., vierzehn

fourthly, fohrth-li, adv., viertens

fowl, faul, s., Huhn n.; (poultry) Geflügel n. [m.

fox, focks, s., Fuchs m.; **— -terrier,** Fox-Terrier

foxglove, focks-glow, s., Fingerhut m.

fraction, fräck-sch'n, s., Bruchstück n.; (mathematical) Bruch m.

fracture, fräck-tscher, s., Bruch m. v., brechen

fragile, frä-dschil, a., zerbrechlich

fragment, fräg-m'nt, s., Bruchstück n.

fragrance, freh-granss, s., Duft m.

fragrant, freh-grant, a., duftig

frail, frehl, a., zart; (health) gebrechlich

frame, frehm, s., Rahmen m. v., einrahmen

framework, frehm-u'örk, s., Gerippe n.; (panelling) Fachwerk n.

franchise, frän-tscheis, s., Wahlrecht n.

frank, fränk, a., aufrichtig; **—ness,** s., Offenheit f.

frantic, frän-tick, a., toll, wahnsinnig

fraternal, fra-tör-n'l, a., brüderlich

fraud, fro'ad, s., Schwindel m.

fraudulent, fro'a-dju-l'nt, a., betrügerisch

fray, freh, v., abnützen. s., (scuffle) Tumult m.

freak, frick, s., Mißgeburt f.; **—ish,** a., grillenhaft

freckle, frek-k'l, s., Sommersprosse f. v., sprenkeln

free, frih, a., frei. v., befreien; **—dom,** s., Freiheit f.; **—mason,** Freimaurer m.; **— trade,** Freihandel m.

freeze, frihs, v., frieren, gefrieren

freezing, frihs-ing, s., Gefrieren n. a., eisig
freight, freht, s., Ladung f.; (cost) Fracht f.
v., befrachten
frenzy, fren-si, s., Raserei f., Wahnsinn m.
frequency, fri-kuen-ssi, s., Häufigkeit f.
frequent, fri-kuent, a., häufig. v., verkehren
fresh, fresch, a., frisch; —**ness,** s., Frische f.
fret, frett, v., (sich) beunruhigen; —**ful,** a., verdrießlich; —**saw,** s., Laubsäge f.; —**work,** s.,
Laubsägearbeit f.
friar, frai-er, s., Mönch m., Frater m.
friary, frai-er-i, s., [Mönchs-]Kloster n. [tion f.
friction, frick-sch'n, s., Reibung f.; (hair) Frik-
friend, frennd, s., Freund m., Freundin f.; —**liness,** Freundschaftlichkeit f.; —**ly,** a., freundschaftlich, befreundet; —**ship,** s., Freundschaft f.
fright, frait, s., Schreck m., Furcht f.; —**en,** v.,
(people) [er]schrecken; (animals) verscheuchen
frightful, frait-full, a., schrecklich, gräßlich [en
frigid, fridsch-id, a., eisig; (fig.) frostig
frill, frill, s., Krause f. v., kräuseln
fringe, frinndsch, s., Franse f.; (edge) Rand m.
v., befransen
frisky, frisk-i, a., ausgelassen; (horse) tänzelnd
fritter, frit-ter, s., (sweet) Schnitte f.; Spalte f.;
— **away,** v., vertändeln; (money) verplempern
frivolous, friw-ol-oss, a., frivol, leichtfertig
frizzle, fris-'l, v., kräuseln; (cook) rösten
fro, froh, adv., to and —, hin und her, auf und ab
frock, frock, s., Kleid n.; (monk's) Kutte f.
frog, frogg, s., Frosch m.
frolic, frol-ick, s., lustiger Streich m.
from, fromm, prep., von, aus; seit
front, frant s., Vorderteil n.; (war) Front f. a.,
vorder...; in —, adv., [nach] vorn
frontier, frann-tihr, s., Grenze f.
frost, frost, s., Frost m. v., mit Reif überziehen
—**bitten,** a., erfroren; —**y,** a., frostig, eisig
froth, froth, s., Schaum m. v., [auf-]schäumen
frown, fraun, s., Stirnrunzeln n. v., die Stirne
runzeln

frugal, fruh-g'l, a., frugal, mäßig, spärlich
fruit, fruht, s., Frucht f., Obst n.; — **tart,** Fruchttorte f.
fruiterer, fruh-ter-er, s., Obsthändler m.
fruitful, fruht-ful, a., fruchtbar
fruition, fruh-isch-'n, s., Reife f.; (fig.) Genuß m.
fruitless, fruht-less, a., unfruchtbar, fruchtlos
frustrate, frass-treht, v., vereiteln
fry, frei, v., braten; — **ing pan,** s., Bratpfanne f.
fuchsia, fjuh-schi-a, s., Fuchsie f.
fuel, fju-el, s., Brennstoff m.
fugitive, fju-dschi-tiw, s., Flüchtling m.
fugue, fjuhg, s., Fuge f.
fulcrum, fal-kr'm, s., Stützpunkt m.
fulfil, full-fill, v., erfüllen
fulfilment, full-fill-m'nt, s., Erfüllung f.
full, full, a., voll; — **length,** lebensgroß
fully, full-i, adv., völlig, gänzlich
fulness, full-ness, s., Fülle f.
fulsome, full-s'm, a., widerlich, ekelhaft
fume, fjuhm, s., Dunst m., Gas n. v., dampfen
fun, fann, s., Scherz m., Spaß m.
function, fank-sch'n, s., Zeremonie f.; Funktion f. v., funktionieren; — **ary,** s., Beamte[r] m.
fund, fand, s., Fonds m. v., fundieren
fundamental, fan-da-men-t'l, a., grundlegend; wesentlich
funeral, fju-ne-ral, a., Begräbnis n. [wesentlich
funnel, fan-nel, s., (to convey fluids) Trichter m.; (of an engine, steamer) Schlot m.
funny, fan-ni, a., komisch, spaßhaft, drollig
fur, förr, s., Pelz m., Fell n.
furbish, förr-bisch, v., aufpolieren, putzen
furious, fju-ri-oss, a., wütend, rasend
furlong, förr-long, s., Achtelmeile f.
furlough, förr-loh, s., Urlaub m.
furnace, förr-ness, s., Ofen m.
furnish, förr-nisch, v., möblieren
furniture, förr-ni-tscher, s., Möbel n.pl.
furrier, far-ri-er, s., Kürschner m.
furrow, far-roh, s., Furche f.
further, förr-dher, a., weiter. adv., überdies, ferner. v., fördern

furtherance, förr-dhe-renss, s., Förderung f.
furtive, förr-tiw, a., verstohlen
fury, fju-ri, s., Wut f.
fuse, fjuhs, s., Zünder m.; (electric) Sicherung f.
    v., verschmelzen; durchbrennen
fuselage, fjus-e-lahrsch, s., (Flugzeug) Rumpf
    m.; Flugzelle f.
fuss, fass, s., Wesen n.   v., viel Wesens machen
fustiness, fass-ti-ness, s., Modergeruch m.
fusty, fass-ti, a., moderig
futile, fjuh-teil, a., vergeblich, nutzlos
future, fjuh-tscher, s., Zukunft f.   a., zukünftig

gable, geh-b'l, s., Giebel m.
gadfly, gädd-flei, s., Viehbremse f.
gaff, gäff, s., Fischhaken m.
gag, gägg, s., Knebel m.; (stage) Improvisation f.
    v., knebeln; (stage) improvisieren
gaiety, geh-i-ti, s., Fröhlichkeit f.; Lustbarkeit f.
gaily, geh-li, adv., lustig
gain, gehn, s., Gewinn m.   v., (win) gewinnen;
    (obtain) erreichen; (watch) vorgehen
gait, geht, s., Gang m.
gaiter, geh-ter, s., Gamasche f.
galaxy, gäl-äck-si, s., (astronomical) Milch-
    straße f.; (assembly) glänzende Versammlung
    f.
gale, gehl, s., Sturm m.
gall, go'al, s., (bile) Galle f.; **—ing,** a., ärgerlich
gallant, gäl-ant, a., tapfer; ritterlich
gallantry, gäl-an-tri, s., (courage) Tapferkeit f.;
    (manners) Aufmerksamkeit f.
gallery, gäl-er-i, s., Galerie f.; (mine) Minengang
gallop, gäl-op, s., Galopp m.   v., galoppieren [m.
gallows, gäl-ohs, s.pl., Galgen m.
galore, ga-lo'ar, adv., in Menge, in Fülle
galoshes, ga-losh-oss, s.pl., Galoschen f.pl.
galvanism, gäl-van-ism, s., Galvanismus m.
gamble, gäm-b'l, s., Glücksspiel n.   v., spielen
gambler, gäm-bler, s., Spieler m., Spielerin f.
gambol, gäm-bol, s., Luftsprung m.   v., hüpfen

game, gehm, s., Spiel n.; Partie f.; (animals) Wild n.; (food) Wildbret n.; **—keeper,** Wildhüter

gaming-house, geh-ming-hauss, s., Spielsaal m.

gammon, gäm-on, s., geräucherter Schinken

gamut, gäm-ut, s., Tonleiter f.; Umfang m.

gander, gän-der, s., Gänserich m.

gang, gäng, s., Trupp m.; (robbers, etc.) Bande f.

gangway, gäng-u'eh, s., (passage) Durchgang m.; (ship's) Laufbrücke f.

gaol, dschehl, s., Gefängnis n.

gap, gäpp, s., Spalte f.; Kluft f.; Lücke f.

gape, gehp, v., gaffen, glotzen; (open) sich öffnen

garage, gah-rahsh, s., Garage f.

garb, gahrb, s., Tracht f.

garbage, gahr-bedsch, s., Abfall m.

garden, gahr-d'n, s., Garten m. v., im Garten

gardener, gahrd-ner, s., Gärtner m. [arbeiten

gargle, gahr-g'l, s., Gurgelwasser n. v., gurgeln

garish, geh-risch, a., auffallend, grell

garland, gahr-l'nd, s., Girlande f. v., bekränzen

garlic, gahr-lick, s., Knoblauch m.

garment, gahr-m'nt, s., Gewand n., Kleid n.

garnish, gahr-nisch, s., Garnierung f. v., garnieren

garret, gär-et, s., Dachstube f.

garrison, gär-i-s'n, s., Garnison f. v., besetzen

garrulity, gär-rju-li-ti, s., Geschwätzigkeit f.

garrulous, gär-ju-loss, a., schwatzhaft

garter, gahr-ter, s., Strumpfband n.

gas, gäss, s., Gas n.; **—burner,** Gasbrenner m.

gaseous, geh-ssi-oss, a., gasig, gasartig

gash, gäsch, s., klaffende Wunde f. v., tief ins Fleisch schneiden

gasket, gäss-ket, s., Dichtung f.

gasp, gahsp, s., Keuchen n. v., nach Luft schnap-

gastric, gäss-trick, a., gastrisch. Magen... [pen

gasworks, gäss-u'örks, s.pl., Gasanstalt f.

gate, geht, s., Pforte f.; (vehicles) Tor n.

gather, gädh-er, v., [ver]sammeln; **—ing,** s., Versammlung f.; (pus) Geschwür n.

gaudy, go'a-di, a., (colour) grell; (feathers) bunt-scheckig; (appearance) prunkhaft

gauge, gehdsch, s., (size) Normalmaß n.; (tool) Maßstab m.; (rails) Spurweite f.; (petrol) Treibstoffmesser m. v., ausmessen; (fig.) [abschätzen

gaunt, go'ant, a., hager, dürr [abschätzen

gauntlet, go'ant-let, s., Stulphandschuh m.

gauze, go'as, s., Gaze f.; (wire) Drahtgeflecht n.

gawky, go'a-ki, a., linkisch, tölpelhaft

gay, geh, a., heiter; (colours) lebhaft

gaze, gehs, v., anstarren, anstaunen. s., [starrer] Blick m.

gazette, ga-sett, s., Zeitung f.; (official) amtlicher Anzeiger m. v., im Amtsblatt anzeigen

gear, gier, s., Getriebe n.; **—box**, Getriebekasten m.; **top —**, höchster Gang m.; **bottom —**, niedrigste Gang m.; **reverse —**, rückwärts Gang m.

gelatine, dsche-la-tin, s., Gelatine f., Gallerte f.

gelding, gell-ding, s., Wallach m.

gem, dschemm, s., Edelstein m.

gender, dschen-der, s., Geschlecht n. [gemein

general, dschen-er-al, s., General m. a., all-

generalize, dschen-er-al-eis, v., verallgemeinern

generally, dschen-er-al-i, adv., im allgemeinen

generate, dschen-e-reht, v., erzeugen

generation, dschen-er-eh-sch'n, s., Geschlecht n.; (production) Erzeugung f.

generator, dschen-e-reht-or, s., Stromerzeuger m.; Generator m.

generosity, dschen-er-os-i-ti, s., Freigebigkeit f.; (magnanimity) Großmut f.

generous, dschen-er-oss, a., freigebig; großmütig

genial, dschih-ni-al, a., (kindly) liebenswürdig

genitive, dschen-i-tiw, s., Genitiv m.

genius, dschih-ni-oss, s., Genie n.

genteel, dschen-tiel, a., fein; vornehm

Gentile, dschen-teil, s., Nichtjude m., Heide m.

gentility, dschen-til-i-ti, s., Vornehmheit f.

gentle, dschent-'l, a., sanft, mild; vornehm; **—man**, s., Gentleman m., Herr m., feiner Mann m.; **—ness**, Sanftmut f.; Milde f.

gently, dschent-li, adv., sanft [heit f.

genuine, dschen-ju-inn, a., echt; **—ness**, s. Echt-

geography, dschi-ogg-ra-fi, s., Geographie f.

geology, dschi-ol-o-dschi, s., Geologie f.

geometry, dschi-om-i-tri, s., Geometrie f.

geranium, dschi-reh-ni-om, s., Geranium n.

germ, dschörm, s., Keim m.; Bazillus m.

germinate, dschör-mi-neht, v., keimen, sprossen

gesticulate, dschess-tik-ju-leht, v., gestikulieren

gesture, dschess-tscher, s., Gebärde f.

get, gett, v., (obtain) bekommen; (earn) verdienen; (fetch) bringen; (induce) veranlassen; (reach) ankommen; (become) werden; — **back,** (receive) zurückbekommen; — **down,** (fetch) herunterholen; (descend) herunterkommen; — **in,** hineinbringen; (step in) einsteigen; — **off,** (alight) aussteigen; (free) loskommen; — **on,** (progress) weiterkommen; — **out,** herauskommen; herausbringen; — **up,** aufstehen

geyser, gih-ser, s., Geiser m.; Badeofen m.

ghastly, gahst-li, a., gräßlich; (pale) totenblaß

gherkin, görr-kin, s., Pfeffergurke f.

ghost, gohst, s., Gespenst n.; Geist m.; —**ly,** a., geisterhaft

giant, dschei-ent, s., Riese m.; —**ess,** Riesin f.

gibberish, dschibb-er-isch, s., Kauderwelsch n.

gibbet, dschibb-et, s., Galgen m.

gibe, dscheib, s., Spott m. v., verspotten

giblets, dschibb-lets, s.pl., Geflügelklein n.

giddiness, gid-di-ness, s., Schwindelanfall m.

giddy, gid-di, a., schwindlig

gift, gift, s., Gabe f.; Geschenk n.; Talent n.

gifted, gif-tid, a., begabt

gigantic, dschai-gän-tick, a., riesenhaft; riesig

giggle, gig-g'l, s., Gekicher n. v., kichern

gild, gild, v., vergolden; —**ing,** s., Vergoldung f.

gills, gills, s.pl., Kiemen f.pl.

gilt, gilt, a., vergoldet. s., Vergoldung f.

gimlet, gimm-let, s., Bohrer m.

gin, dschinn, s., [Wacholder-]Schnaps m.; (snare) Schlinge f.

ginger, dschinn-dscher, s., Ingwer m.; —**bread,** Pfefferkuchen m.

gipsy, dschipp-ssi, s., Zigeuner m., Zigeunerin f.

giraffe, dschi-rahf, s., Giraffe f.

gird, görd, v., gürten, umgürten; (mock) schmähen

girder, gör-der, s., Tragbalken m.

girdle, gör-d'l, s., Gürtel m. [n.

girl, görrl, s., Mädchen n.; **—hood,** Mädchenalter n.

girth, görth, s., (belly-band) Sattelgurt m.; (circumference) Umfang m.

gist, dschist, s., Hauptpunkt m., Kern m.

give, giw, v., geben; (present) schenken; (confer) erteilen; **— in,** nachgeben; **— up,** aufgeben

giver, giw-er, s., Geber m.; (donor) Spender m.

gizzard, gis-erd, s., Magen m.

glacier, gläss-jer, s., Gletscher m.

glad, glädd, a., froh, erfreut; **—**ness, Freude f.

gladden, gläd-d'n, v., erfreuen, erheitern

glade, glehd, s., Lichtung f.

glamour, gläm-er, s., Zauber m.; Glanz m.

glance, glanss, s., Blick m. v., blicken

glance off, glanss of, v., abprallen

gland, glännd, s., Drüse f.

glare, glähr, s., Glanz m., (stare) wilder Blick m. v., blenden; (stare) anstarren [fallend

glaring, gläh-ring, a., blendend; (striking) auf-

glass, glahss, s., Glas n.; **—es,** (spectacles) Brille f.; (pince-nez) Kneifer m.; **— -ware,** Glaswaren f.pl.; **— -works,** Glashütte f.; **—y,** a., gläsern; (smooth) spiegelglatt

glaze, glehs, s., Glasur f. v., glasieren

glazier, glehs-jer, s., Glaser m.

gleam, gliem, s., Schimmer m.; (ray) Strahl m. v., schimmern, strahlen

glean, glihn, v., nachlesen; **—er,** s., Ährenleser m.

glee, glie, s., Heiterkeit f., Freude f.

glen, glenn, s., enges Tal n., Bergschlucht f.

glib, glibb, a., zungenfertig

glide, gleidd, s., Gleiten n. v., gleiten

glider, glei-der, s., (aircraft) Segelflugzeug n.

glimmer, glim-er, s., Schimmer m. v., schim-

glimpse, glimp-s, s., flüchtiger Blick m. [mern

glint, glint, s., Lichtschein m. v., scheinen

glisten, glis-s'n, v., glitzern, glänzen

glitter, glit-ter, s., Glitzern n. v., glitzern

gloat, gloht, v., [an]glotzen; schadenfroh sein

globe, glohb, s., Kugel f.; (sphere) Erdball m.

globular, glohb-ju-lar, a., kugelförmig

gloom, gluhm, s., Düsterheit f.

gloomy, gluh-mi, a., düster; (person) schwermütig

glorify, glo'a-ri-fei, v., verherrlichen

glorious, glo'a-ri-oss, a., glorreich; (excellent) herrlich

glory, glo'a-ri, s., Ruhm m.; (honour) Ehre f.

glory in, glo'a-ri inn, v., frohlocken über

gloss, gloss, s., (lustre) Glanz m.; — **over,** v., beschönigen; —**y,** a., glänzend

glove, glaw, s., Handschuh m.

glow, gloh, s., Glut f., Glühen n.; (sky) Röte f.

glue, gluh, s., Leim m. v., leimen [v., glühen

glum, glamm, a., finster

glut, glatt, s., (market) Überfülle f. v., überfüllen

glutton, glat-t'n, s., Vielfraß m.

gnarled, nahrl'd, a., knorrig

gnash, näsch, v., knirschen; —**ing,** s., (teeth) Zähneknirschen n.

gnat, nätt, s., Mücke f.

gnaw, gno'a, v., nagen, zernagen

go, goh, v., gehen; (drive) fahren; (travel) reisen; (function) funktionieren; (future) werden; — **away,** weggehen; (journey) verreisen; — **back,** zurückgehen; — **down,** hinuntergehen; (sink) untergehen; — **for,** holen gehen; (attack) angreifen; — **off,** (depart) abgehen; (abscond) weglaufen; (guns, etc.) losgehen; — **out,** ausgehen; — **up,** hinaufsteigen; — **without,** entbehren

goad, gohd, s., Stachelstock m.; (spur) Sporn m. v., antreiben, anspornen

goal, gohl, s., (football) Tor n.; (object) Ziel n.

goat, goht, s., Ziege f.; **he-—,** Ziegenbock m.

gobble, gob-b'l, v., (greed) herunterschlingen

goblet, gobb-let, s., Humpen m.; (trophy) Pokal

goblin, gobb-lin, s., Kobold m. [m.

God, godd, s., Gott m.; (idol) Götze m.; —**child,** Patenkind n.; —**dess,** Göttin f.; —**father,** Pate m.; —**fearing,** a., gottesfürchtig;

——**less**, gottlos; ——**liness**, s., Frömmigkeit f.;
——**ly**, a., fromm; ——**mother**, s., Patin f.;
——**send**, Gottesgabe f.

goggle-eyed, gog-g'l-eid, a., glotzäugig

goggles, gog-g'ls, s.pl., Schutzbrille f.

goitre, geu-ter, s., Kropf m.

gold, gohld, s., Gold n.; ——**en,** a., golden; ——**finch,** s., Stieglitz m.; ——**fish,** Goldfisch m.; ——**leaf,** Blattgold n.; ——**smith,** Goldschmied m.

golf, golf, s., Golfspiel n.; ——**er,** s., Golfspieler m.

golf-links, golf-links, s.pl., Golfplatz m.

gong, gong, s., Gong m.

gonorrhoea, gon-o-rih-a, s., Tripper m.

good, gudd, a., gut. ——s, Gute n.; (use) Nutzen m.; (benefit) Wohl n.; ——**bye!** interj., Leben Sie wohl! Adieu! ——**morning,** guten Morgen; ——**day,** guten Tag; ——**night,** gute Nacht

Good Friday, gudd **frai**-deh, s., Karfreitag m.

good-natured, gudd-**neh**-tscherd, a., gutmütig

goodness, gudd-ness, s., Güte f.; (virtue) Tugend

goods, gudds, s.pl., Waren f.pl., Güter n.pl. [f.

goods train, gudds trehn, s., Güterzug m.

good-will, gudd-u'ill, s., Wohlwollen n.; (business) Kundschaft f.

goose, guhss, s., Gans f. [ness]

gooseberry, guhs-be-ri, s., Stachelbeere f.

gore, go'ar, s., (blood) Blut n.; v., durchbohren

gorge, go'ardsch, s., Schlund m.; (ravine) Bergschlucht f. v., verschlingen; [sich] vollstop-

gorgeous, go'ar-dschoss, a., prächtig [fen

gorilla, goh-**rill**-a, s., Gorilla m.

gorse, go'arss, s., Stechginster m.

gosling, goss-ling, s., junge Gans f., Gänschen n.

gospel, goss-p'l, s., Evangelium n.

gossamer, goss-a-mer, s., Sommerfäden m.pl.

gossip, go-sipp, v., klatschen. s., Gerede n.; (person) Klatschbase f.

gouge, gaudsch, v., ausstossen

gout, gaut, s., Gicht f.; ——**y,** a., gichtisch

govern, gaw-ern, v., regieren; ——**ess,** s., Gouvernante f.; ——**ment,** Regierung f.; ——**or,** Prinzipal m.; (province) Statthalter m.; (mech.) Regulator m.

gown, gaun, s., Kleid n.; (official) Talar m.

grab, gräbb, v., greifen. s., (mech.) Greifer m.

grace, grehss, s., Gnade f.; (charm) Anmut f.;
—**ful,** a., graziös, anmutig; —**fulness,** s.,
Grazie f.; Anmut f.; —**less,** a., lasterhaft;

gracious, greh-schoss, a., gnädig [unverschämt

gradation, gra-deh-sch'n, s., Abstufung f.

grade, grehd, s., Grad m., Rang m. v., gradieren

gradient, greh-di-ent, s., (up) Steigung f.; (down) Neigung f. [nach

gradual, grädd-ju-al, a., allmählich, nach und

graduate, grädd-ju-eht, v., (intervals, spacing)
graduieren; (university) absolvieren. s., Akademiker m.

graft, grahft, s., Korruption f. v., (trees) pfropfen; (med.) übertragen

grain, grehn, s., Korn n.; (cereals) Getreide n.;
(measure) Gran n.; (stone) Körnung f.;
(wood) Längsfaser f.; (paint) Strich m. v.,
körnen, adern

grammar, gräm-mer, s., Grammatik f.

gramophone, gräm-moh-fohn, s., Plattenspieler m.; Grammophone n.

granary, grän-ne-ri, s., Kornspeicher m.

grand, gránnd, a., großartig; —**child,** s., Enkelkind n.; —**daughter,** Enkelin f.; —**father,**
Großvater m.; —**mother,** Großmutter f.;
—**son,** Enkel m.

grange, grehndsch, s., Gehöft n.

grant, grahnt, s., Bewilligung f.; (gift) Schenkung f. v., bewilligen, gewähren

grape, grehp, s., Traube f.; —**fruit,** Pampelmuse

graphic, gräf-fik, a., anschaulich [f.

grapple, gräp-p'l, s., (hook) Enterhaken m. v.,
anhaken; —**with,** (fig.) ernstlich anpacken

grasp, grahsp, s., Griff m. v., greifen; (mentally) begreifen; —**ing,** a., habgierig

grass, grahss, s., Gras n.; (lawn) Rasen m.; —**hopper,** Heuschrecke f.; —**y,** a., grasig

grate, greht, v., rasseln; (brakes, wheels, etc.) knirschen. s., Rost m.; Gitter n.; —**upon,** v.,

grateful, greht-ful, a., dankbar [verletzen]

gratefulness, greht-ful-ness, s., Dankbarkeit f.
gratification, grätt-i-fi-keh-sch'n, s., Befriedi-
gratify, grätt-i-fei, v., befriedigen　　[gung f.
gratifying, grätt-i-fei-ing, a., erfreulich
grating, greh-ting, s., Gitter n. a., (noise)
　　knirschend
gratis, greh-tiss, adv., gratis, umsonst
gratitude, grätt-i-tjuhd, s., Dankbarkeit f.
gratuitous, grätt-juh-i-toss, a., freiwillig; (un-
　　warranted) grundlos　　　　　[Trinkgeld n.
gratuity, grätt-juh-i-ti, s., Geschenk n.; (tip)
grave, grehw, s., Grab n. a., ernst; —**digger,** s.,
　　Totengräber m.; —**stone,** Grabstein m.;
　　—**yard,** Friedhof m.
gravel, gräw-'l, s., Kies m.
gravitate, gräw-i-teht, v., hinstreben
gravity, gräw-i-ti, s., (physics) Schwere f.;
　　(seriousness) Ernst m.
gravy, greh-wi, s., Tunke f., Sauce f.
graze, grehs, v., streifen; (feed) grasen, weiden
grease, griess, s., Fett n., Schmiere f.; —v.
greasy, grie-si, a., schmierig; (oily) fettig;
　　(road) schlüpfrig
great, greht, a., groß; (renowned) berühmt
greatness, greht-ness, s., Größe f.
greed, gried, s., Gier f.; (avarice) Geiz m. —**ily,**
　　adv., gierig, gefräßig; —**iness,** s., Gierigkeit f.;
　　—**y,** a., gierig, gefräßig
green, grien, s., Grün n. a., grün. v., grünen;
　　—**gage,** s., Reineclaude f.; —**grocer,** Ge-
　　müsehändler m.; —**house,** Gewächshaus n.;
　　—**ish,** a., grünlich; —**s,** s.pl., Grünzeug n.
greet, griet, v., begrüßen; —**ing,** s., Gruß m.
grenade, gre-nehd, s., Granate f.
grey, greh, a., grau; —**hound,** s., Windhund m.
grief, grief, s., Kummer m., Gram m.
grievance, grie-wenss, s., Beschwerde f.
grieve, griehw, v., sich grämen; (vex) ärgern
grievous, griehw-oss, a., schwer; (grave) ernsthaft
grill, grill, s., Rost m.　　v., auf dem Rost braten
grim, grimm, a., finster; (fierce) grimmig
grimace, grie-mehss, s., Grimasse f.

grime, greimm, s., (dirt) Schmutz m.; (soot) Ruß
grin, grinn, s., Grinsen n.   v., grinsen   [m.
grind, greindd, v., mahlen; (sharpen) schleifen
grinder, grein-der, s., Schleifer m.; (mill) Mühle
grip, gripp, s., Griff m.   v., greifen, packen   [f.
gripe, greipp, v., kneipen; **—s,** s.pl., Kolik f.
grisly, gris-li, a., gräßlich, schrecklich, grausig
grist, gristt, s., Mahlgut n., Mahlkorn n.
grit, gritt, s., (gravel) Kies m.; **—ty,** a., sandig
groan, grohn, s., Stöhnen n., Ächzen n.   v., stöh-
groats, grohtss, s.pl., Grütze f.   [nen
grocer, grohss-er, s., Kolonialwarenhändler m.
grocery, grohss-er-i, s., Kolonialwaren f.pl.; **—
store,** Kolonialwarenhandlung f.
grog, grogg, s., Grog m.; **—gy,** a., benommen
groin, greun, s., Leisten f.pl.; (arch) Grat m.
groom, gruhm, s., Stallknecht m., Reitknecht m.
groove, gruhw, s., Rinne f., Furche f.   v., auskehlen
grope, grohp, v., tasten, tappen
gross, grohss, a., (thick) dick; (coarse) grob.
s., (12 dozen) Gros n.; **— weight,** Bruttoge-
wicht n.
ground, graundd, v., begründen; (naut.) stranden.
s., Grund m., Boden m.; **—floor,** Erdge-
schoß n., Parterre n.; **—less,** a., grundlos; **—**
s.pl., (park) anlagen f.pl.; **—work,** Grundlage
group, gruhp, s., Gruppe f.
grouse, grauss, s., Waldhuhn n.   v., (vulg.) mur-
grovel, grow-l, v., kriechen   [ren
grow, groh, v., wachsen; **—er,** s., Produzent m.;
—n up, a., erwachsen; **—th,** s., Gewächs m.,
(increase) Wachstum n.; (figure) Wuchs m.
growl, graul, s., Brummen n.   v., brummen
grub, grabb, s., Larve f.
grudge, gradsch, s., Groll m.   v., mißgönnen
gruel, gru-el, s., Haferschleim m.
gruesome, gruh-s'm, a., grausig, grauenhaft
gruff, graff, a., mürrisch; (voice) rauh
grumble, gram-b'l, v., murren; **—r,** s., Brumm-
grunt, grant, v., grunzen. s., Grunzen n. [bär m.
guarantee, ga-ran-tie, s., Gewähr f., Garantie
f.; (bail) Bürgschaft f.   v., gewährleisten

guard, gahrd, s., Wache f.; (railway) Schaffner m.; (machine) Schutzvorrichtung f.; (corps) Garde f. v., schützen; **—ed**, a., behutsam; reserviert; **—ian**, s., Hüter m.; (trustee) Vormund

guess, gess, v., raten. s., Vermutung f.

guesswork, gess-u'ork, s., Mutmaßen n.

guest, gest, s., Gast m.

guidance, gei-denss, s., Leitung f., Führung f.

guide, geidd, v., führen. s., Führer m.; (book) Reiseführer m.

guild, gildd, s., Gilde f.; (trade) Zunft f.

guile, geil, s., Arglist f.; **—less**, a., arglos

guilt, gilt, s., Schuld f.; **—y**, a., schuldig

guinea, gin-i, s., Guinee f.; **—fowl**, Perlhuhn n.; **—pig**, Meerschweinchen n.

guise, geis, s., Verkleidung f.

guitar, gi-tahr, s., Gitarre f.

gulf, galf, s., Golf m.; (abyss) Abgrund m.

gull, gall, s., Möwe f. v., täuschen

gullet, gall-et, s., Gurgel f.

gulp, galp, v., gierig schlucken. s., Schluck m.

gum, gamm, s., gummieren. s., Gummi m.

gums, gamms, s., (teeth) Zahnfleisch n.

gun, gann, s., Gewehr n.; (cannon) Geschütz n.; **—ner**, Kanonier m.; **—powder**, Schießpulver n.; **—smith**, s., Turnhalle f.

gurgle, görr-g'l, v., glucksen

gush, gasch, s., Erguß m. v., hervorströmen

gust, gast, s., Windstoß m.; **—y**, a., böig, stürmisch

gut, gatt, s., Darm m. [isch

gutter, gat-ter, s., Gosse f.; (roof) Dachrinne f.

guy, gei, s., (effigy) Bursche m.; Strohpuppe f.

gymnasium, dschim-neh-si-om, s., Turnhalle f.

gymnastics, dschim-nass-tiks, s., Turnübungen

N.B.—Der Buchstabe "H" wird immer deutlich ausgesprochen, mit Ausnahme weniger Wörter, die durch ein § bezeichnet sind.

haberdasher, hä-bär-däsch-er, s., Kurzwarenhändler m.

habit, häbb-it, s., Gewohnheit f.

habitable, häbb-it-a-b'l, a., [be-]wohnbar

habitual, häbb-it-ju-*al*, a., gewohnt, gewohnheits-
hack, häck, v., hacken. s., Mietpferd n. [mäßig
hackneyed, häck-nied, a., abgedroschen
haddock, hädd-*ock*, s., Schellfisch m.
haemorrhage, he-*mor*-edsch, s., innerliche Blutung f.
hag, hägg, s., Hexe f.; **—gard,** a., hager; abgehärmt
haggle, häg-g'l, v., handeln, feilschen
hail, hehl, s., Hagel m. v., hageln; (call) anrufen.
hair, hehr, s., Haar n.; **— -brush,** Haarbürste f.;
  — -dresser, Frisör m.; **— -drier,** s., Haar-
  trockner m.; **— -pin,** Haarnadel f.; **—y,** a.,
  haarig
hake, hehk, s., Hechtdorsch m.
hale, hehl, a., gesund; (robust) rüstig
half, hahf, s., Hälfte f. a. & adv., halb
halfpenny, heh-p'ni, s., halber Penny m.
halibut, häll-i-batt, s., Heilbutte f.
hall, ho'al, s., Halle f.; Saal m.; (entry) Flur m.;
  — -mark, Echtheitsstempel m.; **— -porter,**
  Portier m.
hallow, häl-loh, v., weihen, heiligen
hallucination, häl-lju-ssi-*neh*-sch'n, s., Sinnens-
  täuschung f.
halo, heh-loh, s., Heiligenschein m.; (moon) Hof
halt, ho'alt, s., Halt m.; (a stop) Haltestelle f.
  v., anhalten
halter, ho'al-ter, s., Halfter n.; (rope) Strick m.
halve, hahw, v., halbieren
ham, häm, s., Schinken m.
hamlet, häm-let, s., Dörfchen n.
hammer, häm-mer, s., Hammer m. v., häm-
hammock, häm-mock, s., Hängematte f. [mern
hamper, häm-per, s., Packkorb m. v., hemmen
hand, hännd, s., Hand f.; (clock) Zeiger m.;
  v., reichen; **— -bag,** s., Handtasche f.; **—
  -bill,** Zettel m.; **— -book,** Handbuch n.; **—
  -cuff,** Handschelle f.; **—ful,** Handvoll f.;
  —kerchief, Taschentuch n.; **—le,** Griff m.;
  (knob) Türknopf m. v., handhaben, anfassen; **— -made,** a., mit der Hand gemacht; **—
  -rail,** s., Geländer n.

handsome, hän-ss'm, a., schön; ansehnlich
handy, hänn-di, a., nützlich; geschickt
hang, häng, v., hängen; hangen; **— up,** aufhängen
hangar, häng-ar, s., Flugzeughalle f.
hangman, häng-m'n, s., Henker m.
hanker, hän-ker, v., verlangen [nach]
happen, häp-p'n, v., geschehen
happily, häp-i-li, adv., glücklicherweise
happiness, häp-i-ness, s., Glück n.; (bliss) Glückseligkeit f.
happy, häp-i, a., glücklich; (joyful) vergnügt
harangue, hä-räng, s., Ansprache f. v., feierlich
harass, här-ess, v., plagen   [anreden
harbinger, hahr-bin-dscher, s., Vorbote m.
harbour, hahr-ber, s., Hafen m.   v., beherbergen
hard, hahrd, a., hart; (difficult) schwer; (character) unbeugsam; **—en,** v., härten; (oneself) sich abhärten; **—ihood,** s., Kühnheit f.; **—ness,** s., Härte f.; (lack of sympathy, etc.) Hartherzigkeit f.; **—ship,** s., (affliction) Mühsal f. & n.; (injury) Bedrückung f.; (exertion) Strapaze f.; **—ware,** s., Eisenwaren f.pl.; **—y,** a., abgehärtet; (robust) kräftig
hardly, hahrd-li, adv., kaum
hare, hehr, s., Hase m.; **— -lip,** Hasenscharte f.
harlequin, hahr-le-kuinn, s., Harlekin m.
harlot, hahr-lot, s., Dirne f.
harm, hahrm, s., Schaden m. v., schädigen; **—ful,** a., schädlich; **—less,** harmlos
harmonious, har-moh-ni-oss, a., harmonisch
harmonize, har-mo-neis, v., harmonieren
harness, har-ness, s., Geschirr n.; (armour) Harnisch m.   v., anschirren; (forces) ausnützen
harp, hahrp, s., Harfe f.   [ieren
harpoon, har-puhn, s., Harpune f. v., harpun-
harrow, här-roh, s., Egge f.   v., eggen; (feelings) quälen
harsh, hahrsch, a., (sound) barsch; (severe) streng;
hart, hahrt, s., Hirsch m.   [(colour) grell
harvest, hahr-west, s., Ernte f.   v., ernten
hash, häsch, s., Haschee n.; (chaos) Wirrwarr m.
hassock, häss-ock, s., Fußbank f.; Kniekissen n.

haste, hehst, s., Eile f.

hasten, heh-ss'n, v., eilen, sich beeilen

hastily, hehss-ti-li, adv., eilig

hat, hätt, s., Hut m.; — **-box,** Hutschachtel f.

hatch, hätsch, v., ausbrüten. s., (naut.) Luke f.

hatchet, hätsch-et, s., Beil n.

hate, heht, s., Haß m. v., hassen

hateful, heht-full, a., verhaßt; gehässig

hatred, heht-red, s., Haß m.; Abscheu m.

haughty, ho'a-ti, a., stolz, hochmütig

haul, ho'al, v., ziehen; (tow, drag) schleppen. s., Zug m.; (catch) Fang m.; **—age,** s., Beförderung f.

haunch, ho'antsch, s., Schenkel m.; (meat) Keule f.

haunt, ho'ant, v., spuken; (frequent) verkehren. s., Aufenthaltsort m.; (animals') Lager n.

have, häw, v., haben; (cause) lassen

haven, heh-w'n, s., Hafen m.; (rest) Zufluchtsort

haversack, häw-er-säck, s., Futterbeutel m. [m.

havoc, häw-ock, s., Verheerung f.

hawk, ho'ak, s., Habicht m. v., hausieren

hawker, ho'a-ker, s., Hausierer m.

hawthorn, ho'a-thorn, s., Hagedorn m.

hay, heh, s., Heu n.; **—-fever,** Heuschnupfen m.; **—-loft,** Heuboden m.; **—-making,** Heumachen n.; **—-rick,** Heuschober m.

hazard, hä-serdd, s., Hasard n.; (chance) Zufall m.; (risk) Risiko n. v., wagen; **—ous,** a., [gewagt

haze, hehs, s., Dunst m.

hazel, heh-s'l, s., Haselnußstrauch m. a., hellbraun; **—-nut,** s., Hazelnuß f.

hazy, heh-si, a., dunstig; (mental) unklar

he, hie, pron., er

head, hedd, s., Kopf m.; (main) Haupt n.; (chief) Chef m.; (forefront) Spitze f.; **—-ache,** Kopfweh n.; **—-ing,** Überschrift f.; **—-lamp,** (motor's) Scheinwerfer m.; **—-land,** Vorgebirge n.; **—-long,** a., ungestüm; kopfüber; **—-master,** s., Schuldirektor m.; **—-quarters,** pl., Zentralstelle f.; (mil.) Hauptquartier n.; **—-strong,** a., halsstarrig; **—-waiter,** s., Oberkellner m.; **—-way,** Fortschritt m.

heady, hedd-i, a., berauschend   [n.

heal, hiel, v., heilen; **—ing,** a., heilsam. s., Heilen

health, helth, s., Gesundheit f.; **—y,** a., gesund

heap, hiep, s., Haufe[n] m. v., häufen

hear, hier, v., hören; **—er,** s., Hörer m.; **—ing,** Gehör n.; (court) Verhandlung f.; **—say,** Hörensagen n.

hearse, hörrss, s., Leichenwagen m.

heart, hahrt, s., Herz n.; (core) Kern m.; (cards) Cœur n.; **— broken,** a., tief bekümmert; **—burn,** s., Sodbrennen n.; **—ily,** adv., herzlich; **—less,** a., herzlos

hearth, hahrth, s., Herd m.

heat, hiet, s., Hitze f. v., heizen; **—er,** s., Heizvorrichtung f.; **—ing,** Heizung f.

heath, hieth, s., Heide f.

heathen, hie-dh'n, s., Heide m.

heather, hedh-er, s., Heidekraut n.   [stoßen

heave, hiew, v., heben; (naut.) hieven; (sigh) aus-

heaven, hew-'n, s., Himmel m.; **—ly,** a., himmlisch

heaviness, hew-i-ness, s., Schwere f., Gewicht n.

heavy, hew-i, a., schwer; (weather) stürmisch

hedge, hedsch, s., Hecke f.; **—hog,** Igel m.

heed, hiedd, v., beachten; (attention) achthaben. s., Acht f.; **—ful,** a., achtsam; **—less,** a., achtlos

heel, hiel, v., Ferse f.; (shoe) Absatz m.

hefty, heff-ti, a., kräftig; groß

heifer, heff-er, s., junge Kuh f.

height, hait, s., Höhe f.; (size, stature) Größe f.

heighten, hai-t'n, v., erhöhen

heinous, heh-noss, a., abscheulich

§ **heir,** ehr, s., Erbe m.; **—ess,** Erbin f.

§ **heirloom,** ehr-luhm, s., Erbstück n.

helicopter, hel-li-kop-ter, s., Hubschrauber m.

hell, hell, s., Hölle f.; **—ish,** a., höllisch

helm, helm, s., (wheel) Steuer n.; **—sman,** Steuermann m.   [mann m.

helmet, hell-met, s., Helm m.

help, help, s., Hilfe f. v., helfen; (stand by) beistehen; **—er,** s., Helfer m.; **—ful,** a., hilfreich

helpless, help-less, a., hilflos   [schließen

hem, hemm, s., Saum m. v., säumen; **— in,** ein-

hemisphere, hem-is-fier, s., Halbkugel f.
hemlock, hemm-lock, s., Schierling m.
hemp, hemp, s., Hanf m.
hen, henn, s., Henne f., (female bird) Weibchen n.
hence, henss, adv., hinfort; (thus) daher
henceforth, henss-fohrth, adv., von nun an
her, horr, pron., (acc.) sie; (dat.) ihr, ihre, ihr
heraldry, herr-eld-ri, s., Wappenkunde f.
herb, horrbb, s., Kraut n.
herd, horrdd, s., Herde f. v., zusammenpferchen
herdsman, hörrds-m'n, s., Hirt m.
here, hier, adv.; hier; **—abouts,** hierherum; **—after,** s., Jenseits n. adv., künftig; **—by,** hierdurch; **—in,** hierin; **—of,** hiervon; **—on,** hierauf; **—to,** hierzu; **—tofore,** vormals; **—upon,** hierauf; **—with,** hiermit, anbel
hereditary, he-red-di-ta-ri, a., erblich
heresy, her-i-si, s., Ketzerei f.
heretic, her-i-tick, s., Ketzer m.
hermetic(al), hörr-met-ik[-'l], a., luftdicht
hermit, hörr-mit, s., Einsiedler m.; **—age,** Einsiedelei f.
hernia, hörr-nja, s., Bruch m. [siedelei f.
hero, hie-roh, s., Held m.; **—ic,** a., heldenhaft
heroine, herr-o-in, s., Heldin f.
heroism, herr-o-is'm, s., Heldenmut m.
herring, herr-ing, s., Hering m.
hers, horrs, pron., ihrer m., ihre f., ihrs, ihres n.
herself, hörr-self, pron., selbst, sie selbst, ihr selbst, sich selbst
hesitate, he-si-teht, v., zögern
hesitation, he-si-teh-sch'n, s., Zögern n.
hew, hjuh, v., hauen, hacken; (trees) fällen
hiccough, hiccup, hik-ap, s., Schlucken m.
hide, heidd, s., Haut f., Fell n. v., verstecken, verbergen; (keep secret) verheimlichen
hideous, hid-di-oss, a., scheußlich, gräßlich
hiding, hei-ding, s., Verstecken n.; (beating) Prügel pl.; **— -place,** Versteck n.
high, hei, a., hoch; (food) angegangen; **—brow,** a., intellektuell; **—est,** höchst; **—light,** s., Höhepunkt m.; **—ness,** Höhe f.; (title) Hoheit f.; **—way,** Landstraße f.

hilarity, hi-lär-i-ti, s., Heiterkeit f.

hill, hill, s., Hügel m., Berg m.; (road) Steigung f.

hilly, hill-i, a., hügelig

hilt, hilt, s., Heft n., Griff m.

him, himm, pron., ihn; ihm; **—self,** selbst, er selbst, ihm selbst, sich selbst

hind, heindd, a., hinter.   s., (deer) Hirschkuh f.

hinder, hinn-der, v., hindern

hindermost, hein-der-mohst, a., hinterst

hindrance, hinn-dr'nss, s., Hindernis n.

hinge, hindsch, s., Scharnier n.; (door) Angel f.

hint, hint, s., Wink m.   v., andeuten

hip, hipp, s., Hüfte f.

hire, heir, v., mieten.   s., Miete f.; **— purchase,** s., Ratenkauf m.

his, hiss, pron., sein m. & n.; seine f. & pl.

hiss, hiss, v., zischen; (persons) auszischen

historian, hiss-to-ri-an, s., Geschichtschreiber m.

historic(al), hiss-tor-ik-['l], a., geschichtlich

history, hiss-to-ri, s., Geschichte f.

hit, hitt, s., Schlag m.   v., schlagen; (target, etc.) treffen

hitch, hitsch, s., (obstacle) Störung f.; (naut.) Knoten m.   v., (pull up) hochziehen; (hook on) anhängen; (make fast) festmachen

hither, hidh-er, adv., hierher; **—to,** bisher

hive, heiw, s., Bienenstock m.

hoar, ho'ar, a., weiß; **—y,** [alters-]grau; **—frost,** s., Reif m.

hoard, ho'ardd, v., hamstern.   s., Hort m.

hoarding, ho'ar-ding, s., (enclosure) Bauzaun m.

hoarse, ho'arss, a., heiser

hoax, hohcks, s., Streich m.   v., anführen

hobble, hob-b'l, v., humpeln; (animals) fesseln

hobby, hob-bi, s., Steckenpferd n.

hock, hock, s., Rheinwein m.; (leg) Hachse f.

hoe, hoh, s., Hacke f.   v., hacken

hog, hogg, s., Schwein n.

hogshead, hoggs-hedd, s., Oxhoft n.   [Kran m.

hoist, heust, v., [auf]heben; (flags) hissen.   s.,

hold, hohldd, s., Halt m.; (power) Macht f.; (ship) Schiffsraum m.   v., halten; (contain) enthalten;(possess) besitzen; — **back**, zurückhalten; — **er**, s., Halter m.; (receptacle) Behälter m.;(owner) Inhaber m.; — **good**, v., gelten; —**ing**, s., Pachtgut n.; (share) Anteil m.; — **on**, v., festhalten; — **over**, reservieren

hole, hohl, s., Loch n.

holiday, hol-i-deh, s., Feiertag m.; —**s**, pl., Ferien

holiness, hohl-i-ness, s., Heiligkeit f. [pl.

hollow, hol-loh, s., Vertiefung f. a., hohl; (sound) dumpf. v., aushöhlen

holly, hol-li, a., heilig; — **water**, s.,Weihwasser n.; — **week**, Karwoche f.

holy, hoh-li, a., heilig; — **water**, s.,Weihwasser n.; — **week**, Karwoche f.

homage, homm-edsch, s., Huldigung f.

home, hohm, s., Heim n.; (homeland) Heimat f. adv., nach Hause; **at** —, zu Hause; —**less**, a., obdachlos; —**ly**, häuslich; **(to be) —sick**, Heimweh [haben]; —**ward**, adv., heimwärts; —**ward bound**, a., auf der Rückreise befindlich

homoeopathic, hoh-mi-o-path-ick, a., homöopathisch

hone, hohn, s., Wetzstein m. v., abziehen

§ **honest**, on-est, a., ehrlich; —**y**, s., Ehrlichkeit f.

honey, hɑn-i, s., Honig m.; —**moon**, Hochzeitsreise f.; —**suckle**, Geißblatt n.

§ **honorary**, on-or-a-ri, a., Ehren...

§ **honour**, on-er, s., Ehre f. v., ehren; —**able**, a., ehrenhaft; (upright) redlich

hood, hudd, s., Kapuze f.; (motor) Verdeck n.

hoodwink, hudd-u'ink, v., verblenden, täuschen

hoof, huhf, s., Huf m.

hook, huck, s., Haken m. v., festhaken; (catch) fangen; —**s and eyes**, s.pl., Haken und Ösen

hoop, huhp, s., Reif[en] m., Band n. [pl.

hoot, huht, s., (motor) Hupen n.; (owl) Heulen n. v., heulen; hupen; — **at**, auspfeifen

hop, hopp, s., Sprung m.; (plant) Hopfen m. v., springen; Hopfen ernten; (frisk) hüpfen

hope, hohp, s., Hoffnung f. v., hoffen; —**ful**, a., hoffnungsvoll; —**less**, hoffnungslos

horizon, hor-ei-son, s., Horizont m.

horizontal, hor-i-son-t*a*l, a., wagerecht, horizon- [tal

horn, horn, s., Horn n.; (motor) Hupe f. [tal

hornet, hor-net, s., Hornisse f.

horrible, hor-i-b'l, a., schrecklich

horrid, hor-idd, a., schrecklich, greulich

horrify, hor-i-fei, v., entsetzen

horror, hor-er, s., Entsetzer n.; Greuel m.

horse, horss, s., Pferd n.; (clothes) Gestell n.; — -back (on), adv., zu Pferde; — -hair, s., Rosshaar n.; — -man, Reiter m.; — -power, Pferdestärke f. (abbrev. P. S.); — -radish, Meerrettich m.; — -shoe, s., Hufeisen n.

hose, hohs, s., (rubber tube) Schlauch m.

hosier, hoh-sjer, s., Wollwarenhändler m.

hosiery, hoh-sjer-i, s., (stockings) Strümpfe f.pl.

hospitable, hoss-pi-t*a*-b'l, a., gastfrei, gastlich

hospital, hoss-pi-t'l, s., Krankenhaus n., Spital n.

host, hohst, s., Wirt m.; (social) Gastgeber m.; (army) Heer n.; (eccl.) Hostie f.; — ess, Wirtin f.; (social) Gastgeberin f.

hostage, hoss-tedsch, s., Geisel f.

hostelry, hoss-tel-ri, s., Gasthof m.

hostile, hoss-teil, a., feindlich

hot, hott, a., heiß; (condiment) scharf

hotel, hoh-tell, s., Gasthof m., Hotel n.

hothouse, hott-hauss, s., Treibhaus n. [jagen

hound, haundd, s., [Jagd-]Hund m. v., [ver-]

§ **hour,** aur, s., Stunde f.; — -ly, a., stündlich

house, hauss, s., Haus n.; — -agent, Wohnungs-vermittler m.; — -hold, Haushalt m.; — -keep-er, Haushälterin f.; — -maid, Hausmädchen n.; — of Commons, Unterhaus n.

hovel, how-'l, s., elende Hütte f.

hover, how-er, v., schweben; — -craft, s., Luftkis-senfahrzeug n.

how, hau, adv., wie; — ever, conj., jedoch. adv., indessen; — far? wie weit? — much? wieviel? — many? wie viele?

howl, haul, v., heulen. s., Geheul n.

hub, habb, s., Nabe f.; (fig.) Mittelpunkt m.

huddle, h*a*d-d'l, v., zusammendrängen

hue, hju, s., Ton m.; (shade) Schattierung f.

hue and cry, hjuh ännd krei, s., Hetzgeschrei n.

hug, hagg, v., umarmen

huge, hjuhdsch, a., ungeheuer

hulk, halk, s., (naut.) Hulk m. & n.

hull, hall, s., (naut.) Rumpf m., Schiffsrumpf m.

hum, hamm, s., (insect) Summen n., (engine) Gebrumm n. v., brummen; (voice, etc.) summen

human, hju-m'n, a., menschlich [men

humane, hju-mehn, a., menschenfreundlich

humanity, hju-männ-i-ti, s., Menscht f.; (fig.) Menschlichkeit f.

humble, ham-b'l, a., demütig. v., demütigen

humidity, hju-mid-i-ti, s., Feuchtigkeit f.

humiliate, hju-mil-i-eht, v., erniedrigen [ung f.

humiliation, hju-mi-li-eh-sch'n, s., Erniedrigung f.

humorist, hju-mer-isst, s., Spassvogel m.; Humorist m.

humorous, hju-mer-oss, a., humoristisch

humour, hju-mer, s., (temper) Laune f.; (wit) Humor m. v., willfahren

hunch, hontsch, s., Buckel m.

hunchback, hontsch-bäck, s., Bucklige[r] m.

hundred, honn-dr'd, a., hundert; —**th,** hundertste, s., Hundertstel n.; —**weight,** Zentner

hunger, hong-ger, s., Hunger m. v., hungern

hungry, hong-gri, a., hungrig

hunt, hont, s., Jagd f. v., jagen; —**er,** s., Jäger m.

hurdle, hörr-d'l, s., Hürde f.

hurl, hörrl, v., schleudern

hurricane, har-ri-kehn, s., Orkan m.

hurry, har-i, s., Eile f. v., eilen, sich beeilen

hurt, hörrt, v., verletzen; (pain) weh tun, schmerzen. v., Verwundung f.; (feelings) Verletzung f.; —**ful,** a., schädlich; (offensive) beleidigend

husband, has-b'nd, s., Gatte m., Mann m.

hush, hasch. interj., Ruhe !; — **up,** v., vertuschen

husk, hask, s., Hülse f., Schale f. v., schälen

husky, hass-ki, a., (voice) heiser

hustle, hass-'l, v., drängen; (jostle) fortstoßen

hut, hatt, s., Hütte f.

hutch, hatsch, s., (rabbit) Kaninchenstall m.

hyacinth, hei-a-ssinth, s., Hyazinthe f.

hydrant, hei-*dr*ant, s., Feuerhahn m.

hydraulic, hei-*dro*'a-lick, a., hydraulisch

hydro, hei-*dro*, **—gen,** s., Wasserstoff m.; **—pathic,** Wasserheilanstalt f.; **—phobia,** Tollwut f.; **—plane,** Wasserflugzeug n.

hygienic, hei-*dschi*-en-ik, a., hygienisch

hymn, himm, s., Hymne f.

hyphen, hei-fen, s., Bindestrich m.

hypocrisy, hip-*pok*-ri-ssi, s., Heuchelei f.

hypocrite, hip-*o*-kritt, s., Scheinheilige[r] m.

hysterical, hiss-*ter*-i-kal, a., hysterisch

I, ai, pers. pron., ich

ice, aiss, s., Eis n.; **—berg,** Eisberg m.; **—bound,** a., eingefroren; **—-cream,** s., Gefrorenes n.

icicle, aiss-i-k'l, s., Eiszapfen m.

icy, aiss-i, a., eisig

idea, ai-*dih*-a, s., Idee f., Einfall m. [idealisieren

ideal, ai-dih-*al*, s., Ideal n. a., ideal; **—ize,** v.,

identical, ai-den-ti-k'l, a., gleichartig, identisch

identify, ai-den-ti-fai, v., identifizieren

identity, ai-den-ti-ti, s., Identität f.

idiom, id-i-*om*, s., Spracheigentümlichkeit f.

idiot, id-i-*ot*, s., Blödsinnige[r] m., Idiot m.

idiotic, id-i-ot-ik, a., blödsinnig

idle, ai-d'l, a., müßig; träge. v., faulenzen; **—ness,** s., Müßiggang m.; **—r,** Faulenzer m.

idol, ai-dol, s., Götze m.; **—ize,** v., vergöttern

idyll, ai-dil, s., Idyll n.; **—ic,** a., idyllisch

if, iff, conj., wenn; ob; **even —,** wenn auch

ignite, igg-nait, v., anzünden; sich entzünden

ignition, igg-ni-sch'n, s., Zündung f.

ignoble, igg-noh-b'l, a., unedel; (mean) gemein

ignominious, igg-no-min-i-*oss*, a., schändlich

ignominy, igg-no-min-i, s., Schmach f., Schande

ignorance, igg-nor-anss, s., Unwissenheit f. [f.

ignore, igg-nor, v., ignorieren; unbeachtet lassen

ill, ill, a., krank; (nausea) übel; **—ness,** s., Krank-

illegal, il-lie-g'l, a., gesetzwidrig [heit f.

illegible, il-ledsch-i-b'l, a., unleserlich

illegitimate, il-ledsch-i-ti-met, a., unehelich

illiterate, il-lit-e-ret, a., ungebildet

illogical, il-lodsch-i-k'l, a., unlogisch

illuminate, il-ljuh-mi-neht, v., beleuchten

illumination, il-lju-min-eh-sch'n, s., Beleuchtung f.

illusion, il-ljuh-sch'n, s., Täuschung f., Wahnbild

illusory, il-ljuh-so-ri, a., illusorisch   [n.

illustrate, il-loss-treht, v., illustrieren

illustration, il-loss-treh-sch'n, s., Illustration f.

illustrious, il-loss-tri-oss, a., erlaucht, erhaben

image, imm-idsch, s., [Eben-]Bild n.

imagination, i-mädsch-in-eh-sch'n, s., Einbildung[-skraft] f.

imagine, i-mädsch-in, v., sich einbilden

imbecile, imm-bi-sil, s., Blödsinnige[r] m. [gen

imbibe, imm-baibb, v., trinken; (absorb) einsan-

imbue, imm-bjuh, v., durchdringen; (fig.) erfüllen

imitate, i-mi-teht, v., nachahmen; imitieren

immaculate, im-mäk-ju-let, a., makellos, unbe-

immaterial, im-mä-tih-ri-al, a., einerlei [fleckt

immature, im-ma-tjuhr, a., unreif, vorzeitig

immeasurable, im-mäsch-er-a-b'l, a., unermesslich

immediate, im-mih-di-et, a., unmittelbar; sofortig; —ly, adv., sofort

immense, im-menss, a., ungeheuer, unermeßlich

immensity, im-menss-i-ti, s., Unermeßlichkeit f.

immerse, im-merss, v., eintauchen

immigrant, im-mi-grant, s., Einwanderer m.

immigrate, im-mi-greht, v., einwandern

imminent, im-mi-nent, a., bevorstehend

immobilize, im-moh-bi-lais, v., unbeweglich machen

immoderate, im-modd-er-et, a., unmäßig

immodest, im-modd-est, a., unbescheiden; (indecent) unsittlich

immoral, im-mor-al, a., unmoralisch

immortal, im-mor-tal, a., unsterblich

immortalize, im-mor-ta-leis, v., verewigen

immovable, im-muh-wa-b'l, a., unbeweglich, fest

immune, im-mjuhn, a., geschützt; (med.) immun

immunity, im-mjuh-ni-ti, s., (med.) Immunität f.

imp, impp, s., Kobold m.; (little rascal) Schelm m.

impact, imm-päkt, s., [Zusammen-]Stoß m.

impair, imm-pähr, v., beeinträchtigen; (lessen) [mindern

impale, imm-pehl, v., aufspießen [mindern

impart, imm-pahrt, v., erteilen

impartial, imm-pahr-schal, a. unparteilich

impassable, imm-pahss-*a*-b'l, a., ungangbar

impassive, imm-päss-iw, a., unempfindlich

impatience, imm-peh-schenss, s., Ungeduld f.

impatient, imm-peh-schent, a., ungeduldig

impeach, imm-pihtsch, v., beschuldigen;
—**ment,** s., Beschuldigung f.

impecunious, imm-pi-kjuh-ni-oss, a., mittellos

impede, imm-piedd, v., hemmen, hindern

impediment, imm-pedd-i-ment, s., Hemmung f.;
(in speech) Sprachfehler m.

impel, imm-pell, v., antreiben, drängen

impending, imm-penn-ding, a., bevorstehend;
(threatening) drohend

imperative, imm-per-*a*-tiw, s., (gram.) Imperativ m. a., gebieterisch; (urgent) dringlich

imperfect, imm-pörr-fekt, s., Imperfekt[-um] n.;
a., unvollkommen; (defective) mangelhaft;
—**ion,** s., Unvollkommenheit f.; Defekt m.

imperial, imm-pie-ri-*al*, a., kaiserlich, Reichs...

imperil, imm-per-ill, v., gefährden [bar

imperishable, imm-per-isch-*a*-b'l, a., unzerstör-

impersonal, im-pörr-sson-*al*, a., unpersönlich

impersonate, imm-pörr-son-eht, v., personifizieren

impertinence, imm-pörr-ti-nenss, s., Frechheit f.

impertinent, imm-pörr-ti-nent, a., unverschämt

impervious, imm-pörr-vi-oss, a., unzugänglich

impetuous, imm-pet-ju-oss, a., ungestüm, hitzig

impetus, imm-pi-toss, a., Antrieb m., Anstoß m.

impiety, imm-pai-i-ti, s., Gottlosigkeit f.

impious, imm-pi-oss, a., gottlos

implant, imm-plahnt, v., (fig.) einimpfen

implement, imm-pli-m'nt, s., Gerät n.

implicate, imm-plick-eht, v., verwickeln

implicit, imm-pliss-it, a., unbedingt

implore, imm-**plohr**, v., flehen, anflehen
imply, imm-**plai**, v., bedeuten; (suggest) andeuten
impolite, imm-po-**lait**, a., unhöflich
import, imm-**port**, s., Einfuhr f. v., einführen;
    — -**duty**, s., Einfuhrzoll m.; —**er**, Importeur
importance, imm-**port**-enss, s., Wichtigkeit f.
important, imm-**port**-'nt, a., wichtig
importune, imm-**port**-juhn, v., lästig fallen
impose, imm-**pohs**, v., auferlegen; — **upon**,
    täuschen
imposing, imm-**poh**-sing, a., imposant
imposition, imm-po-si-sch'n, s., Betrügerei f.;
    (school) Strafarbeit f.; (tax) Auferlegung f.
impossibility, imm-poss-i-**bil**-i-ti, s., Unmög-
    lichkeit f.
impossible, imm-**poss**-i-b'l, a., unmöglich
impostor, imm-**poss**-ter, s., Betrüger m.
impotent, **imm**-po-tent, a., unfähig; impotent
impound, imm-**paund**, v., einpferchen; (in court)
    in Beschlag nehmen
impoverish, imm-**pow**-er-isch, v., verarmen
impracticable, imm-**präk**-ti-ka-b'l, a., untunlich
imprecation, imm-pri-**keh**-sch'n, s., Fluch m.
impregnable, imm-**pregg**-na-b'l, a., uneinnehm-
    bar
impregnate, imm-**pregg**-neht, v., imprägnieren
impress, imm-**press**, v., (ein-)prägen; (mind) Ein-
    druck machen. s., [Ein-]Druck m.; —**ion**,
    Eindruck m.; [Ab-]Druck m.; —**ive**, a.,
    ergreifend
imprint, **imm**-print, s., Druckvermerk m.
    v., (mind) einprägen
imprison, imm-**pri**-s'n, v., einsperren
imprisonment, imm-**pris**-on-m'nt. s., Haft f.
improbable, imm-**prob**-a-b'l, a., unwahrschein-
improper, imm-**prop**-er, a., unschicklich   [lich
impropriety, imm-pro-**prai**-i-ti, s., Unschick-
    lichkeit f.
improve, imm-**pruhw**, v., verbessern; —**ment**,
    s., Verbesserung f.
improvident, imm-**pro**-wi-d'nt, a., leichtsinnig
imprudent, imm-**pruh**-d'nt, a., unklug

impudence, imm-pju-denss, s., Unverschämtheit f.

impudent, imm-pju-d'nt, a., unverschämt, frech

impulse, imm-pols, s., Impuls m.; [An-]Stoß m.

impure, imm-pjuhr, a., unrein; (morally) un-
keusch

impurity, imm-pjuh-ri-ti, s., Unreinheit f.

impute, imm-pjuht, v., beimessen, zuschreiben

in, inn, prep., in

inability, inn-a-bil-i-ti, s., Unfähigkeit f.

inaccessible, inn-äck-sess-i-b'l, a., unzugänglich

inaccuracy, inn-äck-ju-ra-si, s., Ungenauigkeit f.

inaccurate, inn-äck-ju-reht, a., unrichtig; ungenau

inadequate, inn-äd-i-kuet, a., unzulänglich

inadvertent, inn-äd-ver-t'nt, a., versehentlich

inane, inn-ehn, a., albern

inanimate, inn-än-i-meht, a., leblos

inapt, inn-äpt, a., unpassend; ungeschickt

inasmuch, inn-äs-motsch äs, conj., insofern

inaudible, inn-o'a-di-b'l, a., unhörbar   [als

inaugurate, inn-o'a-gju-reht, v., einweihen

inborn, inbred, inn-born, **inn**-bred, a., angeboren

incalculable, inn-käl-kju-la-b'l, a., unberechen-
bar

incapable, inn-keh-pa-b'l, a., unfähig   [chen

incapacitate, inn-ka-päss-i-teht, v., unfähig ma-

incapacity, inn-ka-päss-i-ti, s., Unfähigkeit f.

incarnation, inn-kar-neh-sch'n, s., Verkörpe-
rung f.; (eccl.) Fleischwerdung f.

incautious, inn-ko'a-schoss, a., unvorsichtig

incense, inn-ssenss, v., erzürnen; (incite) aufrei-

incense, inn-ssenss, s., Weihrauch m.   [zen

incentive, inn-ssenn-tiw, s., Ansporn m.

incessant, inn-ssess-'nt, a., unaufhörlich

inch, intsch, s., Zoll m.   [läufig

incident, inn-ssi-d'nt, s., Vorfall m.; **—al,** a., bei-

incision, inn-ssi-sch'n, s., [Ein-]Schnitt m.

incite, inn-sseit, v., aufstacheln

incivility, inn-ssi-will-i-ti, s., Unhöflichkeit f.

inclination, inn-kli-neh-sch'n, s., Neigung f.

incline, inn-klein, s., (slope) Neigung f., Abhang m. v., neigen; (disposed) geneigt sein

include, inn-kluhd, v., einschließen

inclusive, inn-kluh-ssiw, adv., einschließlich

incoherent, inn-ko-hi-r'nt, a., unzusammenhängend; (rambling) unverständlich

income, inn-komm, s., Einkommen n.; — -tax, Einkommensteuer f.

incoming, inn-komm-ing, a., einlaufend; ankommend; (new) neu eintretend

incommode, inn-komm-ohd, v., belästigen

incommodious, inn-komm-oh-di-oss, a., unbequem

incomparable, inn-komm-pa-ra-b'l, a., unvergleichlich

incompatible, inn-komm-pät-i-b'l, a., unvereinbar

incompetent, inn-komm-pi-t'nt, a., unfähig

incomplete, inn-komm-plieht, a., unvollständig

incomprehensible, inn-komm-pri-hen-ssib-'l, a., unbegreiflich, unverständlich

inconceivable, inn-konn-ssie-wa-b'l, a., unbegreiflich

inconclusive, inn-konn-kluh-ssiw, a., unentschieden

incongruous, inn-kong-gru-oss, a., widersinnig

inconsiderable, inn-konn-ssidd-er-a-b'l, a., unbedeutend

inconsiderate, inn-konn-ssidd-er-eht, a., rücksichtslos

inconsistent, inn-konn-ssis-t'nt, a., inkonsequent

inconsolable, inn-konn-ssohl-a-b'l, a., untröstlich

inconstant, inn-konn-s'tant, a., unbeständig

inconvenience, inn-konn-wih-ni-enss, v., belästigen. s., Lästigkeit f.; Unbequemlichkeit f.

inconvenient, inn-konn-wih-ni-ent, a., unbequem

incorporate, inn-kor-po-reht, v., einverleiben

incorrect, inn-ko-reckt, a., unrichtig

incorrigible, inn-kor-ri-dschi-b'l, a., unverbesserlich

increase, inn-kriess, v., (augment) sich vermehren; (money) erhöhen; (size) zunehmen.
  s., Wachsen n.; (money) Erhöhung f.
incredible, inn-kred-i-b'l, a., unglaublich
incredulous, inn-kred-ju-loss, a., skeptisch
incriminate, inn-krim-in-eht, v., beschuldigen
inculcate, inn-kal-keht, v., einprägen
incumbent (on), inn-kamm-bent, a., obliegend
incur, inn-kör, v., sich zuziehen
incurable, inn-kjuh-ra-b'l, a., unheilbar
indebted, inn-det-ed, a., verschuldet; (obliged)
  verpflichtet
indecent, inn-di-ssent, a., unanständig   [heit f.
indecision, inn-di-ssi-sch'n, s., Unentschlossen-
indecisive, inn-di-ssei-ssiw, a., unentschieden
indecorous, inn-di-ko-ross, a., unziemlich
indeed, inn-diedd, adv., tatsächlich, in der Tat
indefatigable, inn-di-fät-i-ga-b'l, a., unermüdlich
indefensible, inn-di-fenss-i-b'l, a., unhaltbar;
  (inexcusable) nicht zu entschuldigen
indefinite, inn-def-i-nitt, a., unbestimmt
indelible, inn-del-i-b'l, a., unauslöschlich
indelicate, inn-del-i-ket, a., unfein
indemnify, inn-dem-ni-fai, v., entschädigen
indemnity, inn-dem-ni-ti, s., Entschädigung f.
independence, inn-di-pen-d'ns, s., Unabhängig-
  keit f.
independent, inn-di-pen-dent, a., unabhängig
indescribable, inn-di-sskrei-ba-b'l, a., unbe-
  schreiblich
indestructible, inn-di-s'trock-ti-b'l, a., unzer-
index, inn-dex, s., Inhaltsverzeichnis n. [störbar
index-finger, inn-dex-fing-ger, s., Zeigefinger m.
India-rubber, inn-di'ah-rab-ber, s., Radiergum-
indicate, inn-di-keht, v., andeuten   [mi n.
indication, inn-di-keh-sch'n, s., Anzeichen n.
indicator, inn-di-keh-ter, s., Anzeiger m.
indict, inn-dait, v., anklagen
indifference, inn-diff-r'ns, s., Gleichgültigkeit f.
indifferent, inn-diff-r-nt, a., gleichgültig   [lich
indigestible, inn-di-dschest-i-b'l, a., unverdau-

indigestion, inn-di-**dschest**-jon, s., Verdauungs-
indignant, inn-**digg**-nant, a., entrüstet [störung f.
indignity, inn-**digg**-ni-ti, s., Beleidigung f.
indirect, inn-di-**reckt,** a., indirekt
indiscreet, inn-diss-**kriht,** a., indiskret
indiscriminate, inn-diss-**krim**-i-neht, a., unter-
  schiedslos; —**ly,** adv., ununterschieden
indispensable, inn-diss-**pen**-ss_a_-b'l, a., unentbehrlich
indisposed, inn-diss-**pohsd,** a., abgeneigt; unwohl
indisposition, inn-diss-poh-**sisch**-'n, s., Unpäß-
  lichkeit f.
indisputable, inn-diss-**pju**-t_a_-b'l, a., unbestreit-
indistinct, inn-diss-**tinkt,** a., undeutlich   [bar
indistinguishable, inn-diss-**tin**-gu'isch-_a_-b'l, a.,
  ununterscheidbar
indite, inn-**dait,** v., schriftlich abfassen
individual, inn-di-**widd**-ju-_a_l, a., einzeln. s.,
indolent, inn-_do_-lent, a., träge   [Individuum n.
indoors, inn-**dohrs,** adv., im Hause; ins Haus
induce, inn-**djuhss,** v., veranlassen
inducement, inn-**djuhss**-m'nt, s., Veranlassung f.
indulge, inn-**doldsch,** v., sich hingeben
indulgent, inn-**doll**-dsch'nt, a., nachsichtig
industrial, inn-_do_ss-tri-_a_l, a., industriell
industrious, inn-_do_ss-tri-_o_ss, a., fleißig
industry, inn-_do_ss-tri, s., Fleiß m.; Industrie f.
inebriated, inn-ih-bri-eht-ed, a., betrunken
ineffective, inn-ef-**fek**-tiw, a., wirkungslos
inefficient, inn-ef-**fisch**-n't, a., unwirksam; unfähig
inept, inn-**ept,** a., ungeeignet; (stupid) dumm
inequality, inn-i-**kuo'al**-i-ti, s., Ungleichheit f.
inert, inn-**ört,** a., träge, schwerfällig
inestimable, inn-es-ti-m_a_-b'l, a., unschätzbar
inevitable, inn-**ew**-i-t_a_-b'l, a., unvermeidlich
inexact, inn-egs-**äckt,** a., ungenau; unrichtig
inexcusable, inn-ekss-**kjuh**-s_a_-b'l, a., unverzeihlich
inexhaustible, inn-egs-o'_a_ss-ti-b'l, a., unerschöpflich

inexpedient, inn-ekss-**pie**-di-ent, a., unratsam

inexpensive, inn-ekss-**pen**-ssiw, a., billig

inexperience, inn-ekss-**pih**-ri-enss, s., Unerfahrenheit f.; **—d,** a., unerfahren

inexplicable, inn-ekss-pli-*ka*-b'l, a., unerklärlich

inexpressible, inn-ekss-**press**-i-b'l, a., unsagbar

infallible, inn-**fäll**-i-b'l, a., unfehlbar

infamous, inn-*fa*-moss, a., verrufen; infam

infamy, inn-*fam*-i, s. Unehre f.; Schande f.

infancy, inn-*fan*-ssi, s., Kindheit f. [mündige m.

infant, inn-*fant*, s., kleines Kind n.; (law) Un-

infantry, inn-*fan*-tri, s., Infanterie f. [f.

infatuation, inn-fät-ju-**eh**-sch'n, s., Vernarrtheit

infect, inn-**fekt**, v., anstecken; **—ion,** s., Ansteckung f.; **—ious,** a., ansteckend

infer, inn-**för**, v., ableiten, schließen [aus]

inference, inn-fe-renss, s., Folgerung f., Schluß m.

inferior, inn-**fih**-ri-er, a., minderwertig, gering

infernal, inn-för-*nal*, a., teuflisch, höllisch

infest, inn-**fest**, v., wimmeln; (molest) plagen

infidel, inn-fi-del, a., ungläubig. s., Ungläubige

infinite, inn-fi-nit, a., unendlich [m. & f.

infirm, inn-**förm**, a., gebrechlich; (feeble) schwächlich; **—ary,** s., [Gemeinde-]Krankenhaus n.

inflame, inn-**flehm**, v., entflammen; (med.) entzünden

inflammable, inn-**flamm**-*a*-b'l, a., entzündlich

inflammation, inn-fla-**meh**-sch'n, s., Entzündung f.

inflate, inn-**fleht**, v., aufblasen; (tyres) aufpumpen; (currency) inflationieren

inflexible, inn-**flex**-i-b'l, a., unbiegsam; (fig.) unbeugsam

inflict, inn-**flikt**, v., zufügen; aufbürden

inflow, inn-floh, s., Einströmen n.

influence, inn-**fluh**-enss, v., beeinflussen. s., Einfluß m.

influential, inn-fluh-**enn**-schal, a., einflußreich

influenza, inn-fluh-**enn**-*sa*, s., Grippe f.

influx, inn-*flax*, s., Zufluß m.

inform, inn-fo'arm, v., benachrichtigen; **—al,** a.,

zwanglos; —**ant**, s., Gewährsmann m.; Informant m.; —**ation**, s., Auskunft f.; (news) Nachricht f.

infrequent, inn-frih-ku'ent, a., nicht häufig

infringe, inn-**frindsch,** v. übertreten; (law) verletzen; —**ment**, s., Übertretung f.; Verletzung f.

infuriate, inn-**fjuh**-ri-eht, v., wütend machen

infuse, inn-**fjuhs,** v., einflößen; (tea) aufgießen

ingenious, inn-**dschie**-ni-oss, a., sinnreich

ingenuity, inn-dschinn-**juh**-i-ti, s., Erfindungsgabe f.; Scharfsinn f.

ingot, inn-gott, s., Barren m.

ingrained, inn-**grehndd,** a., eingewurzelt

ingratiate (oneself), inn-**greh**-schi-eht, v., sich einschmeicheln

ingratitude, inn-**grät**-i-tjuhdd, s., Undank m.

ingredient, inn-**grih**-di-ent, s., Zutat f.; Bestandteil m.

ingrowing, inn-**groh**-ing, a., einwärts wachsend

inhabit, inn-**hä**-bit, v., bewohnen; —**able,** a., bewohnbar; —**ant**, s., Einwohner m.

inhale, inn-**hehl,** v., einatmen

inherent, inn-**hih**-rant, a., innewohnend

inherit, inn-**herr**-it, v., erben; —**ance**, s., Erbe n.

inhibition, inn-hi-bi-sch'n, s., Hemmung f.

inhospitable, inn-hoss-pit-a-b'l, a., ungastlich

inhuman, inn-**hju**-m'n, a., unmenschlich

iniquitous, inn-**ick**-u'i-toss, a., widerrechtlich

initial, inn-**isch**-al, s., Anfangsbuchstabe m. a., anfänglich

initiate, inn-isch-i-eht, v., einweihen

inject, inn-**dschekt,** v., einspritzen

injection, inn-**dschek**-sch'n, s., Einspritzung f.

injudicious, inn-dschuh-**disch**-oss, a., unbesonnen

injunction, inn-**dschonk**-sch'n, s., (advice) Einschärfung f.; (law) Verbot n.

injure, inn-dschur, v., verletzen; schädigen

injurious, inn-**dschuhr**-i-oss, a., schädlich

injury, inn-dschör-i, s., Verletzung f.; (fig.) Unrecht n.

injustice, inn-**dschoss**-tiss, s., Ungerechtigkeit f.
ink, ink, s., Tinte f.; **—stand,** Tintenfaß n.
inlaid, inn-**lehd** a., eingelegt
inland, inn-**länd,** a., inländisch. s., Inland n.
inlet, inn-**lett,** s., Einlaß m.; (geog.) Bucht f.
inmate, inn-**meht,** s., Insasse m.
inmost, inn-**mohst,** a., innerst
inn, inn, s., Gasthof m.; **— -keeper,** Gastwirt m.
inner, inn-**er,** a., inner
innocent, inn-**oss**-'nt, a., unschuldig
innocuous, inn-o-**kju-oss,** a., unschädlich
innovation, inn-o-**weh**-sch'n, s., Neuerung f.
innumerable, inn-**nju**-mer-a-bl, a., unzählbar
inoculate, inn-**ock**-juh-leht, v., [ein-]impfen
inoffensive, inn-of-**ens**-siw, a., harmlos
inopportune, inn-op-er-**tjuhn,** a., ungelegen
inquest, inn-**ku'est,** s., (coroner's) Totenschau f.
inquire, inn-**ku'air,** v., sich erkundigen
inquiry, inn-**ku'air,** s., Erkundigung f.; (commercial) Nachfrage f.; (law) Untersuchung f.; **- -office,** Auskunftsbüro n.
inquisition, inn-ku'i-**sisch**-'n, s., Inquisition f.
inquisitive, inn-**ku'i**-si-tiw, a., neugierig
inroad, inn-**rohd,** s., Einfall m.
insane, inn-**ssehn,** a., wahnsinnig
insanity, inn-**ssänn**-i-ti, s., Wahnsinn m.
insatiable, inn-**sseh**-schi-a-b'l, a., unersättlich
inscribe, inn-**skraibb,** v., einschreiben
inscription, inn-**skrip**-sch'n, s., Inschrift f.
insect, inn-**sekt,** s., Insekt n.
insecure, inn-si-**kjuhr,** a., unsicher
insensible, inn-**ssenss**-i-b'l, a., unempfindlich; (unconscious) bewußtlos
inseparable, inn-**ssep**-a-ra-b'l, a., untrennbar
insert, inn-**ssört,** v., einsetzen; (advt.) einrücken; **—ion,** s., Einsatz m.; (advt.) Anzeige f., Inserat n.
inside, inn-**ssaidd,** adv., drinnen. s., Innenseite
insidious, inn-**ssidd**-i-oss, a., hinterlistig [f.
insight, inn-**ssaitt,** s., Einsicht f., Verständnis n.
insignificant, inn-ssig-**nif**-i-kant, a., unbedeut-
insincere, inn-ssin-**ssiehr,** a., unaufrichtig [end

insinuate, inn-ssin-juh-eht, v., andeuten
insipid, inn-ssipp-idd, a., fade, geschmacklos
insist (on), inn-ssist, v., bestehen [auf]
insolence, inn-sso-lenss, s., Unverschämtheit f.
insolent, inn-sso-lent, a., unverschämt, frech
insolvent, inn-ssol-went, a., zahlungsunfähig
inspect, inn-s'pekt, v., besichtigen; **—ion,** s., Besichtigung f.; **—or,** Inspektor m.
inspiration, inn-s'pi-reh-sch'n, s., Inspiration f.
inspire, inn-s'peir, v., einflößen; inspirieren
install, inn-s'to'al, v., einsetzen; installieren; **—ation,** s., Einsetzung f.; (tech.) Anlage f.
instalment, inn-s'to'al-m'nt, s., Rate f., Teilzahlung f.; **to pay by —s,** ratenweise zahlen
instance, inn-s'tenss, s., Beispiel n.; Fall m.
instant, inn-s'tent, s., Augenblick m.; (date) dieses Monats; **—aneous,** a., augenblicklich; **—ly,** adv., sogleich
instead (of), inn-s'tedd (ow), adv., anstatt
instep, inn-s'tepp, s., Spann m., Rist m.
instigate, inn-s'tigg-eht, v., aufhetzen; anstiften
instil, inn-s'till, v., einflößen
instinct, inn-s'tinkt, s., Instinkt m.
institute, inn-s'ti-tjut, s., Anstalt f., Institut n.
instruct, inn-s'trokt, v., (teach) unterrichten, belehren; (direct) anweisen; **—ion,** s., Unterricht m.; Anweisung f.; **—or,** s., Lehrer m.
instrument, inn-s'tru-m'nt, s., Instrument n.
insubordination, inn-ssab-or-di-neh-sch'n, s., Unbotmäßigkeit f.
insufferable, inn-ssaff-er-a-b'l, a., unerträglich
insufficient, inn-ssaf-fisch-ent, a., ungenügend
insulation, inn-ssjuh-leh-sch'n, s., Isolierung f.
insult, inn-ssolt, v., beleidigen. s., Beleidigung f.
insurance, inn-schuhr-enss, s., Versicherung f.
insure, inn-schuhr, v., versichern
insurrection, inn-ssar-rek-sch'n, s., Aufstand m.
integrate, inn-te-greht, v., eingliedern
intellect, inn-tell-ekt, s., Verstand m.
intelligence, inn-tell-i-dschenss, s., Intelligenz f.
intelligent, inn-tell-i-dschent, a., intelligent
intemperate, inn-temm-per-et, a., unmäßig

intend, inn-tendd, v., beabsichtigen

intense, inn-tennss, a., stark, intensiv

intent, inn-tennt, s., Absicht f. a., gespannt; **—ion,** s., Absicht f.; **—ional,** a., absichtlich

inter, inn-törr, v., beerdigen; **—ment,** s., Beerdigung f.

inter, inn-ter, **—cept,** v., auffangen; **—change,** auswechseln; **—course,** s., Umgang m., Verkehr m.; **—dict,** v., untersagen; **—est,** s., Interesse n.; (money) Zinsen m.pl.; v., interessieren; **—esting,** a., interessant; **—fere,** v., sich einmischen; (disturb) stören; **—ference,** s., Einmischung f.; (radio) Störung f.; **—lace,** v., durchflechten; **—loper,** s., Eindringling m.; **—lude,** Zwischenspiel n.; **—mediate,** a., dazwischen liegend; Mittel ..., Zwischen ...; **—mingle,** v., vermischen; **—mission,** s., Unterbrechung f.; **—mittent,** a., unterbrochen; **—mix,** v., untermischen; **—national,** a., international; **—rupt,** v., unterbrechen; **—val,** s., Zwischenzeit f.; (theatre) Pause f.; **—vene,** v., dazwischen treten; (space, time) dazwischen liegen; **—vention,** s., Dazwischentreten n.; **—view,** s., Unterredung f.; (for news) Interview n. v., befragen; interviewen

interior, inn-tih-ri-or, a., inner. s., Innere n.

intern, inn-törn, v., internieren

internal, inn-törn-al, a., inner[lich]

interpret, inn-tör-pret, v., verdolmetschen; übersetzen, deuten; **—er,** s., Dolmetscher m.

interrogate, inn-ter-o-geht, v., verhören, ausfragen

intestate, inn-tess-teht, a., ohne Testament

intestine, inn-tess-tin, s., Darm m., Gedärme pl.

intimacy, inn-ti-ma-ssi, s., Vertrautheit f.

intimate, inn-ti-met, a., vertraut, intim

intimate, inn-ti-meht, v., (point out) ankündigen

intimation, inn-ti-meh-sch'n, s., Ankündigung f.

intimidate, inn-ti-mi-deht, v., einschüchtern

into, inn-tuh, prep., in, hinein

intolerable, inn-toll-er-a-b'l, a., unerträglich

intoxicate, inn-**tox**-i-keht, v., berauschen
intrepid, inn-**trep**-idd, a., unerschrocken
intricate, inn-**tri**-ket, a., verwickelt
intrigue, inn-**trigg**, s., Intrigue f. v., intrigieren
intriguing, inn-**trigg**-ing, a., listig
intrinsic, inn-**trinn**-ssik, a., inner, wirklich
introduce, inn-tro-**djuhss**, v., einführen; (people) vorstellen
introductory, inn-tro-**døk**-to-ri, a., einleitend
intrude, inn-**truhdd**, v., stören, eindringen
intruder, inn-**truhd**-der, s., Eindringling m.
intuition, inn-tjuh-**isch**-'n, s., Eingebung f.
inundation, inn-*on*-deh-sch'n, s., Überschwemmung f.
inure, inn-**juhr**, v., abhärten
invade, inn-**wehdd**, v., einfallen; —**r**, s., Angreifer m.
invalid, inn-**wäl**-idd, s., Gebrechliche[r] m., Kranke[r] m.; —**chair**, Rollstuhl m.
invalid, inn-**wäl**-idd, a., rechtsungültig
invaluable, inn-**wäll**-juh-*a*-b'l, a., unschätzbar
invariable, inn-**weh**-ri-*a*-b'l, a., unveränderlich
invasion, inn-**weh**-sch'n, s., Einfall m.
inveigle, inn-**wih**-g'l, v., verlocken, verleiten
invent, inn-**wennt**, v., erfinden; —**ion**, s., Erfindung f.; —**or**, Erfinder[in f.] m.
inventory, inn-**wen**-to-ri, s., Inventar m.
invert, inn-**wört**, v., umkehren, umdrehen
invest, inn-**wesst**, v., (capital) investieren
investigate, inn-**wess**-ti-geht, v., untersuchen
investment, inn-**wesst**-ment, s., Kapitalanlage f.
investor, inn-**wesst**-er, s., Kapitalanleger m.
inveterate, inn-**wet**-er-et, a., eingefleischt
invigorate, inn-**wigg**-*or*-eht, v., kräftigen
invincible, inn-**winss**-i-b'l, a., unüberwindlich
invisible, inn-**wis**-i-b'l, a., unsichtbar
invitation, inn-wi-**teh**-sch'n, s., Einladung f.
invite, inn-**wait**, v., einladen
invoice, inn-**weuss**, s., Faktura f., Warenrechnung f.
invoke, inn-**wohk**, v., anflehen, anrufen
involuntary, inn-**woll**-*on*-ta-ri, a., unfreiwillig, unwillkürlich
involve, inn-**wollw**, v., verwickeln
inward, inn-u'**erdd**, a., nach innen, einwärts

iodine, ai-o-din, s., Jod n.

I.O.U., ai oh juh, s., Schuldschein m.

ire, air, s., Zorn m., Wut f.

iris, ai-riss, s., Schwertlilie f.; (eye) Regenbogen-

irksome, örrk-som, a., lästig   [haut f.

iron, ai-ern, s., Eisen n.; (flat) Bügeleisen n.; (steam) Dampf B... n., v., plätten; **—monger,** s., Eisenhändler m.; **—ware,** Eisenware f.

ironical, ai-ronn-i-k'l, a., ironisch

irony, ai-ron-i, s., Ironie f., Spötterei f.

irreconcilable, ir-rek-on-sseil-a-b'l, a., unversöhnlich

irregular, ir-re-gju-lar, a., unregelmäßig

irrelevant, ir-rell-e-want, a., unanwendbar

irreproachable, ir-re-prohtsch-a-b'l, a., tadellos

irresistible, ir-re-sist-i-b'l, a., unwiderstehlich

irrespective, ir-re-s'peck-tiw, a., abgesehen

irresponsible, ir-re-s'ponss-i-b'l, a., unverantwortlich

irretrievable, ir-re-triew-a-b'l, a., unersetzlich

irreverent, ir-rew-er-ent, a., unehrerbietig

irrigate, ir-ri-geht, v., bewässern

irritable, ir-ri-ta-b'l, a., reizbar

irritate, ir-ri-teht, v., reizen, irritieren

isinglass, ai-sing-glahss, s., Fischleim m.

island, ai-landd, s., Insel f.; **—er,** Inselbewohner m.

isle, ail, s., Eiland n.; **—t,** Inselchen n.   [m.

isolate, ai-ssol-eht, v., isolieren, absondern

isolation, ai-sso-leh-sch'n, s., Absonderung f.

issue, iss-juh, v., [her-]ausgeben; (come out) herauskommen; (shares) emittieren. s., [Her-]Ausgabe f.; (books) Auflage f.; (shares) Emission f.

isthmus, iss-mos, s., Landenge f., Isthmus m.

it, itt, pron., es

italic, i-tal-ick, s., (type) Kursivschrift f.

itch, itsch, v., jucken. s., Krätze f.

item, ai-t'm, s., (thing) Sache f.; (commercial) Posten m.; (news) Artikel m.

itinerant, i-tin-e-rant, a., wandernd

its, its, poss. pron., sein, seine, seiner, ihr, ihre,

itself, it-sself, pron., sich   [ihrer; dessen

ivory, ai-wo-ri, s., Elfenbein n.
ivy, ai-wi, s., Efeu m.

jabber, dschäbb-er, v., plappern
jack, dschäck, s., (mech.) Wagenwinde f.
jackal, dschäck-'l, s., Schakal m.
jacket, dschäck-it, s., Jacke f.
jade, dschehdd, s., (stone) Jade f., Nephrit m.
jaded, dscheh-didd, a., abgespannt, ermüdet
jag, dschägg, s., Zacke f. v., auszacken   [ter m.
jail, dschehl, s., Gefängnis n.; **—or,** Gefängniswär-
jam, dschäm, s., (conserve) Marmelade f.;
   (traffic) Gedränge n. v., einklemmen
jangle, dschänn-g'l, v., rasseln; mißtönen
jar, dschahr, s., Topf m., Krug m.   v., (annoy) unangenehm berühren; kratzen, knarren
jaundice, dscho'an-diss, s., Gelbsucht f.
jaw, dscho'ah, s., Kiefer m.   v., (vulg.) schwatzen
jay, dscheh, s., Häher m.
jealous, dschel-oss, a., eifersüchtig; **—y,** s., Eifer-
jeer, dschier, v., höhnen, verhöhnen   [sucht f.
jelly, dschel-i, s., Gelee n.; **—fish,** Qualle f.
jeopardize, dschep-er-dais, v., gefährden
jeopardy, dschep-er-di, s., Gefahr f.
jerk, dschörk, v., rucken.   s., Ruck m.
jersey, dschör-si, s., Wolljacke f.
jest, dschest, v., scherzen.   s., Scherz m.
jester, dschest-er, s., Spaßvogel m.; Hofnarr m.
jet, dschett, s., (mineral) Jett n.; (liquid) Strahl m.;
   (nozzle) Mundstück n.; (engine) Düsenmotor
   m.; ('plane) Düsenflugzeug n.   v., heraus-
   sprühen
jettison, dschett-i-son, v., über Bord werfen
jetty, dschett-i, s., Mole f., Hafendamm m.
Jew, dschuh, s., Jude m.; **—ess,** Jüdin f.
jewel, dschuh-el, s., Juwel n.; **—ler,** Juwelier m.;
   —lery, Schmuck m., Schmucksachen pl.
jig, dschigg, s., Volkstanz m.   v., tanzen
jilt, dschilt, v., sitzen lassen
jingle, dsching-g'l, v., klimpern
job, dschobb, s., Stellung f.; (task) Arbeit f.

jobber, dschobb-er, s., (stock) Börsenmakler m.
jockey, dscho-i, s., Jockei m.
jocular, dscho-kju-lar, a., scherzhaft
join, dscheun, v., verbinden; (fit) zusammenfügen;
   (a club, etc.) beitreten; **— in,** sich anschließen
joiner, dscheun-er, s., Schreiner m.
joint, dscheunt, s., (meat) Braten m.; (carpentry)
   Gefüge n.; (anatomy) Gelenk n.   a., gemeinsam; **-stock Co.,** s., Aktiengesellschaft f.
jointly, dscheunt-li, adv., gemeinschaftlich [A.G.
joke, dschohk, s., Spaß m., Witz m.   v., scherzen
joker, dschoh-ker, s., Witzbold m.
jolly, dscholl-i, a., lustig, munter
jolt, dschohlt, s., Stoß m., Ruck m.
jostle, dschoss-'l, v., anrempeln, anstoßen
journal, dschör-nal, s., Journal n.; (book) Tagebuch n.; **—ism,** Journalismus m.; **—ist,**
   Journalist m.
journey, dschör-ni, s., Reise f., Fahrt f.   v., reisen
jovial, dschoh-wi-al, a., heiter, jovial
joy, dscheu, s., Freude f.; **—ful,** a., freudig
jubilant, dschuh-bi-lant, a., jubelnd, frohlockend
jubilee, dschuh-bil-ie, s., Jubiläum n.
judge, dschadsch, s., Richter m.; (critic) Kenner
   m.   v., urteilen; **—ment,** s., Urteil n.
judicial, dschuh-disch-'l, a., gerichtlich
judicious, dschuh-disch-oss, a., verständig; weise
jug, dschagg, s., Krug m.
juggle, dschagg-'l, v., gaukeln; **—r,** s., Gaukler m.
juice, dschuhss, s., Saft m.
juicy, dschuhss-i, a., saftig
jumble, dschobb-'l, v., durcheinander werfen.
   s., Wirrwarr m.; **—d,** a., verwirrt
jump, dschomp, s., Sprung m.   v., springen;
   (hop) hüpfen; **—er,** s., Springer m.; (blouse)
   Schlupfbluse f., Jumper m.
junction, dschonk-sch'n, s., Verbindung f.;
   (railway) Knotenpunkt m.
juncture, dschonk-tsch'r, s., (period) Zeitpunkt m.
jungle, dschongg-'l, s., Dschungel n. & m.
junior, dschuh-ni-or, a., jünger.   s., Junior m.
juniper, dschuh-ni-per, s., Wachholder m.

junk, dschonk, s., (rubbish) Trödel m.; Ramsch m.
jurisdiction, dschuh-ris-dick-sch'n, s., Rechtsprechung f.
juror, dschuh-ror, s., Geschworene[r] m., Schöffe m.
jury, dschuh-ri, s., Geschworenen m.pl., Jury f.
just, dschosst, a., (fair) gerecht. adv., (now) soeben; **—ice,** s., Gerechtigkeit f.; (judge) Richter m.; **—ification,** Rechtfertigung f.; **—ify,** v., rechtfertigen; **—ly,** adv., mit Recht
jut (out), dschott, v., hervorragen
jute, dschuht, s., Jute f.
juvenile, dschuh-we-nail, a., jugendlich, jung

kangaroo, kän-ga-ruh, s., Känguruh n.
keel, kiel, s., Kiel m.
keen, kiehn, a., eifrig; (blade) scharf; **—ness,** s., Eifer m.; (mind) Scharfsinn m.
keep, kiehp, s., Kost f. v., (retain) behalten; (preserve) erhalten; (support) unterstützen; **—back,** zurückhalten; **—er,** s., Wärter m.; **—off,** v., abhalten; **—sake,** s., Andenken n.; **—to,** v., daranhalten
keg, kegg, s., Fäßchen n.
kennel, kenn-'l, s., Hundehütte f.
kerbstone, körb-s'tohn, s., Bordschwelle f.
kernel, körn-'l, s., Kern m.
kettle, kett-'l, s., Kessel m.; **-drum,** Pauke f.
key, kieh, s., Schlüssel m.; **-board,** Tastatur f.; **-hole,** Schlüsselloch n.
kick, kick, s., Fußtritt m.; (horse) Tritt m. v., treten; (horse) ausschlagen
kid, kidd, s., Zicklein n.; **— gloves,** Glacéhandschuhe m.pl.
kidnap, kidd-näp, v., Menschen stehlen
kidney, kidd-ni, s., Niere f.
kill, kill, v., töten; (slay) umbringen
kiln, kiln, s., Brennofen m.
kin, kinn, s., Blutsverwandtschaft f.; **—dred,** a., verwandt; **-sfolk,** s., Stamm m.; Sippe f.
kind, kaindd, s., Art f., Sorte f. a., gütig, liebvoll; **—ness,** s., Güte f.; (favour) Gefälligkeit f.

kindle, kinn-d'l, v., anzünden, sich entzünden
king, king, s., König m.; **—dom**, Königreich n.
kipper, kipp-er, s., Räucherhering m.
kiss, kiss, s., Kuß m. v., küssen
kit, kitt, s., Ausrüstung f.
kitchen, kitt-schin, s., Küche f.
kite, keitt, s., Papierdrache m.; (bird) Gabelweih
kitten, kit-t'n, s., Kätzchen n.   [m.
klaxon, kläcks-'n, s., Horn n.
knack, näck, s., Kniff m.   [m.
knapsack, näpp-ssäck, s., Rucksack m., Tornister
knave, nehw, s., Schurke m.; (cards) Bube m.
knead, niehdd, v., kneten
knee, nieh, s., Knie n.; **— cap**, Kniescheibe f.
kneel, niel, v., knieen
knell, nell, s., Grabgeläute n.
knickers, nick-örs, s., (ladies) Hosen f.pl.
knife, naiff, s., Messer n.
knight, naitt, s., Ritter m.; **—hood**, Ritterwürde f.
knit, nitt, v., stricken.; **—ting**, s., Strickzeug n.
knob, nobb, s., Knopf m.; (of a door) Griff m.
knock, nock, v., klopfen; (strike) schlagen;
  — against, stoßen gegen; **— down**, niederschlagen; **—er**, s., (door) Türklopfer m.
knoll, noll, s., Hügelchen n.
knot, nott, s., Knoten m. v., [ver]knüpfen
knotty, nott-i, a., verwickelt; (wood) knorrig
know, noh, v., wissen; (acquainted) kennen
knowledge, nol-edsch, s., Kenntnis f.
knuckle, nack-'l, s., Knöchel m.

label, leh-b'l, s., Etikett n. v., etikettieren
laboratory, läbb-o-ra-to-ri, s., Laboratorium n.
laborious, la-bo-ri-oss, a., mühsam, anstrengend
labour, leh-ber, s., Arbeit f.; (drudge) Mühe f.
  v., arbeiten; **—er**, s., Arbeiter m.
laburnum, la-bör-nom, s., Goldregen m.
lace, lehss, s., Spitze f.; (shoe) Schnürsenkel m.
  v., schnüren
lacerate, läss-er-eht, v., zerfleischen
lack, lack, s., (shortage) Mangel m. v., ermangeln

lacquer, läk-er, s., Lack m. v., lackieren
lad, lädd, s., Bursche m., Junge m.
ladder, läd-der, s., Leiter f.　　[nossement n.
lading, lehdd-ing, s., Ladung f.; **bill of —,** Kon-
ladle, leh-d'l, s., Schöpflöffel m. v., ausschöpfen
lady, leh-di, s., Dame f.; **— -bird,** Marienkäfer m.
lag, lägg, v., zaudern; **— behind,** zurückbleiben
lagoon, la-guhn, s., Lagune f.
lair, lehr, s., Lagerplatz m.
lake, lehk, s., See m.
lamb, lämm, s., Lamm n. v., lammen　[Lahmheit f.
lame, lehmm, a., lahm. v., lähmen; **—ness,** s.,
lament, la-ment, v., wehklagen.　s., Klagelied n.
lamp, lämp, s., Lampe f.; (street) Laterne f.
lance, lahnss, s., Lanze f. v., aufstechen
land, länd, s., Land n.; (property) Gut n.　v., lan-
　den; **—ing,** s., Landung f.; (stairs) Treppen-
　absatz m.; **—lady,** (lodgings) Hauswirtin f.;
　(inn) Wirtin f.; **—lord,** (land-owner) Gutsherr
　m.; (inn) Wirt m.; (house-owner) Hausbesitzer
　m., Hauswirt m.; **—mark,** Markstein m.;
　(naut.) Landmarke f.; **—scape,** Landschaft f.;
　—slide, Bergsturz m.
lane, lehn, s., schmaler Weg m.
language, läng-guidsch, s., Sprache f.
languid, läng-guidd, a., schlaff, energielos　[fen
languish, läng-guisch, v., schmachten; erschlaf-
lank, länk, a., schmächtig; **—y,** lang und dünn
lantern, län-törn, s., Laterne f.
lap, läpp, s., Schoß m.; (sport) Runde f. v.,
lapel, lä-pel, s., Rockaufschlag m.　　[auflecken
lapse, läpss, v., verfallen; s., (time) Verlauf m.
larceny, lahr-ssi-ni, s., Diebstahl m.
lard, lahrd, s., Schweineschmalz m.
larder, lahrd-er, s., Speisekammer f.
large, lahrdsch, a., groß; (spacious) umfangreich
lark, lahrk, s., Lerche f.; (pop.) Scherz m.
lash, läsch, s.,(stroke) Hieb m.; (eye) Augenwimper
　f. v., peitschen; (tie) festbinden
lassitude, läss-i-tjuhdd, s., Ermattung f.
last, lahst, v., dauern.　s., (shoe) Leisten m.　**a.,**
　letzt; **—ing,** (durable) dauerhaft

latch, lätsch, s., Klinke f. v., zuklinken

latchkey, lätsch-kie, s., Hausschlüssel m.

late, leht, a., spät; (belated) verspätet; (former) ehemalig; (deceased) verstorben

lately, leht-li, adv., in letzter Zeit

latent, leh-tent, a., verborgen, latent

lathe, lehdh, s., Drehbank f.

lather, lah-dher, s., Seifenschaum m. v., einseifen

latitude, lät-i-tjuhdd, s., Breitengrad m. [fen

latter, lät-ter, a., letztere

lattice, lät-tiss, s., Gitterwerk n.

laudable, lo'ahd-a-b'l, a., lobenswert

laugh, lahff, v., lachen. s., Lachen n.; —able, a., lächerlich; —ing-stock, s., Zielscheibe des Spottes f.; —ter, Gelächter n.

launch, lo'antsch, s., Pinasse f.; (ceremony) Stapellauf m. v., vom Stapel lassen; (enterprise) lancieren

laundry, lo'ahn-dri, s., (works) Wäsche f.

laureate, lo'ar-i-eht, s., (poet) Hofdichter m.

laurel, lo'ar-'l, s., Lorbeer m.

lavatory, läw-a-to-ri, s., Toilette f.; Abort m.; (washing) Waschraum m.

lavender, läw-en-der, s., Lavendel m.

lavish, läw-isch, a., freigebig. v., überhäufen mit

law, lo'ah, s., Gesetz n.; —ful, a., rechtmäßig; —less, gesetzlos; (person) zügellos; —suit, s., Prozeß m.; —yer, Advokat m., Rechtsanwalt

lawn, lo'ahn, s., Rasenplatz m.

lax, läx, a., lose, locker

laxative, läx-a-tiw, s., Abführmittel n.

lay, leh, v., legen. s., (position) Lage f.; —out, s. Anlage f.; —er, s., (stratum, coating) Schicht f.

layman, leh-m'n, s., Laie m.

laziness, leh-si-ness, s., Faulheit f.

lazy, leh-si, a., faul, träge

lead, ledd, s., Blei n.; (plummet) Senkblei n.; (sounding) Lotblei n. v., verbleien

lead, liehd, v., führen, leiten; —er, s., Leiter m., Führer m.; —ership, Leitung f., Führung f.; —ing, a., hervorragend; erst; —ing **article,** s., Leitartikel m.

leaf, lief, s., Blatt n.; **—let,** (handbill) Flugblatt n.
leafy, lief-i, a., belaubt, laubreich
league, liehgg, s., Bund m., Liga f.; (naut.) See-
leak, liehk, v., lecken. s., Leck n.   [meile f.
lean, liehnn, a., mager; (features) hager; (meat)
   nicht fett, mager; **— against,** v., sich lehnen
   gegen; **— on,** sich lehnen an; **— out,** hinaus-
   lehnen
leap, liehpp, v., springen. s., Sprung m.
leap-year, liehpp-jier, s., Schaltjahr n.
learn, lörnn, v., lernen; (news, experience) erfahren; **—ed,** a., gelehrt; **—er,** s., Lernende[r]
   m.; **—ing,** Lernen n.; (knowledge) Wissen n.
lease, liehss, s., Mietvertrag m. v., mieten;
   (land) pachten
leash, liehsch, v., koppeln. s., Koppel f.
least, liehst, a., geringst; **at —,** mindestens
leather, le-dher, s., Leder n.
leave, liehw, s., (permission) Erlaubnis f.; (furlough) Urlaub m. v., lassen; (depart) fortgehen; (desert) verlassen; (bequeath) hinterlassen; **— behind,** zurücklassen; **— off,** aufhören; **— out,** auslassen; **— to,** (hand over)
   überlassen
lecture, lek-tscher, s., Vortrag m.; Vorlesung f.;
   (admonition) Strafpredigt f. v., vortragen;
   —r, s., Vortragende[r] m., Lektor m.
ledge, ledsch, s., Sims m.; (rock) Vorsprung m.
ledger, ledsch-er, s., Hauptbuch n.
leech, liehtsch, s., Blutegel m.
leek, liehk, s., Porree m., Lauchzwiebel f.
leer, liehr, v., schielen; blinzeln
left, lefft, adv., links. a., link; **—-handed,** links-
leg, legg, s., Bein n.; (meat) Keule f.   [händig
legacy, legg-*a*-ssi, s., Vermächtnis n., Legat n.
legal, lie-g'l, a., gesetzmäßig; **—ize,** v., legalisieren
legation, lie-geh-sch'n, s., Gesandtschaft f.
legend, ledsch-end, s., Sage f., Legende f.
legging, legg-ing, s., Gamasche f.
legible, ledsch-i-b'l, a., leserlich
legion, lie-dschon, s., Legion f.
legislate, ledsch-iss-leht, v., Gesetze machen

legislation, ledsch-iss-leh-sch'n, s., Gesetzgebung f.

legitimacy, ledsch-i-ti-mass-i, s., Gesetzmäßigkeit f.; (parentage) eheliche Geburt f.

legitimate, ledsch-i-ti-met, a., legitim; (parentage) ehelich; **—ly,** adv., (justly) rechtmäßig

leisure, lesch-er, s., Muße f., freie Zeit f.

leisurely, lesch-er-li, adv., gemächlich

lemon, lemm-on, s., Zitrone f.; **—ade,** Limonade

lend, lennd, v., leihen

length, lengdh, s., Länge f.; (time) Dauer f.; **—en,** v., verlängern; **—ways,** adv., der Länge nach; **—y,** a., lang; weitschweifig

leniency, lie-ni-enss-i, s., Milde f., Sanftmut f.

lenient, lie-ni-ent, a., mild, gelind

lens, lens, s., (glass) Linsenglas n.; (eye) Linse f.; (contact lenses) Kontaktschalen pl.

Lent, lent, s., Fastenzeit f.

lentil, len-till, s., Linse f.

leopard, lepp-ard, s., Leopard m.

leper, lepp-er, s., Aussätzige[r] m.

leprosy, lepp-ro-ssi, s., Aussatz m.

leprous, lepp-ross, a., aussätzig

less, less, adv., weniger

lessee, less-ieh, s., Mieter m.; (land) Pächter m.

lessen, less-'n, v., vermindern; (pain) lindern

lesson, less-'n, s., Stunde f.; (not oral) Lektion f.

let, lett, v., lassen; (permit) gestatten; (house) vermieten; (land) verpachten

letter, lett-er, s., Brief m.; (alphabet) Buchstabe m.; **—box,** Briefkasten m.; **— of credit,** Kreditbrief m.

lettuce, lett-oss, s., Kopfsalat m.

level, lew-'l, a., eben. v., ebnen. s., Höhe f.; (sea) Meeresspiegel m.; (instrument) Wasserwage f.; **—-crossing,** Bahnübergang m.

lever, lieh-wer, s., Hebel m.; (of watch) Abgleichstange f.

levity, lew-i-ti, s., Leichtfertigkeit f.

levy, lew-i, v., (taxes) auferlegen. s., Erhebung f.

lewd, ljuhd, a., unzüchtig; **—ness,** s., Unzucht f.

liability, lai-a-bil-i-ti, s., Verbindlichkeit f.; (legal) Haftpflicht f.; (commercial) Passiva pl.

antwortlich; (law) haftbar;
...eneigt
...r m., Lügnerin f.
...leumdung f.   v., verleumden
...loss, a., verleumderisch
...l, a., freigebig; liberal
...r-eht, v., befreien
...r-ti, s., Freiheit f.   [m.(f.)
...ai-breh-ri-an, s., Bibliothekar(in)
...bre-ri, s., Bücherei f., Bibliothek f.
...ai-ssenss, s., Lizenz f.; (car) Führer-
...m m.; (dog) Hundesteuerschein m.; (club)
...nzession f.; (gun, fishing, etc.) Erlaubnis-
...hein f.
...se, lai-ssenss, v., konzessionieren
...ntious, lai-ssen-shoss, a., ausschweifend
...hen, lai-ken, s., Flechte f.
...ck, lick, v., lecken; — up, auflecken
...id, lidd, s., Deckel m.; eye—, Augenlid n.
...ie, lai, s., (untruth) Lüge f.   v., (tell lies) lügen
...ie, lai, s., Lage f.   v., liegen; — about, herumlie-
gen; — down, sich niederlegen
lieutenant, lef-tenn-ent, s., Leutnant m.
life, laiff, s., Leben n.; **—-belt,** Rettungsgürtel m.;
—-boat, Rettungsboot n.; **—-insurance,**
Lebensversicherung f.; **—less,** a., leblos
(dead) tot; **—-like,** lebensgetreu; **—-long,**
lebenslänglich; **—-size,** s., Lebensgröße f.;
—-time, Menschenalter n.; **in our —-time,**
zu unseren Lebzeiten
lift, lift, s., Fahrstuhl m.; (goods) Aufzug m.   v.,
[auf-]heben; (raise) hochheben; (eyes) aufschlagen
light, laitt, s., Licht n.   a., hell; (weight) leicht.
v., anzünden; (illuminate) beleuchten; **—en,**
erhellen; (weight) erleichtern; **—er,** s., (flint)
Feuerzeug n.; (boat) Lichter m.; **—-house,**
Leuchtturm m.; **—ing,** Beleuchtung f.;
—-ness, (weight) Leichtheit f.; **—s,** (traffic)
Verkehrsampel f.
lightning, lait-ning, s., Blitz m.; **— -conductor,**
Blitzableiter m.

like, laik, v., gern haben, mögen. a., (similar) ähnlich; **—lihood,** s., Wahrscheinlichkeit f.; **—ly,** adv., wahrscheinlich; **—ness,** s., Ähnlichkeit f.; Porträt n.; **—wise** adv. [gleich

liking, lai-king, s., Vorliebe f.

lilac, lai-lak, s., Flieder m. a., (colour) lila

lily, li-li, s., Lilie f.; **— of the valley,** M

limb, limm, s., (anatomy) Glied n. [glockchen

lime, laim, s., Kalk m.; (bird-lime) Vogelleim m (fruit) Limette f.; (tree) Linde f.; **— -juice,** süßer Zitronensaft m.; **—light,** (stage) Scheinwerfer m.; (fig.) Schein m.

limit, lim-it, s., Grenze f. v., begrenzen, beschränken; **—ed,** a., beschränkt. **Ltd. Co.,** s., Gesellschaft mit beschränkter Haftpflicht f.

limp, limmp, v., hinken. a., (soft) schlaff

limpet, lim-pet, s., Schüsselschnecke f.

line, lain, s., Linie f.; (rail) Schiene f.; Geleise n.; (business) Branche f.; (fishing) Angelschnur f.; (rope) Seil n.; (print) Zeile f. v., (garment) füttern

lineage, lin-i-edsch, s., Abstammung f.

linen, linn-en, s., Leinwand f.; (laundry) Wäsche f.

liner, lain-er, s., Linienschiff n.

linger, ling-g'r, v., zaudern; **—ing,** a., langwierig

linguist, ling-guist, s., Sprachkundige(r) m.

lining, lain-ing, s., (of clothes) Futter n.

link, link, v., verbinden. s., Glied n., (fig.) Bindeglied n.; **—s,** s.pl., (cuff) Manschettenknöpfe m.pl.; (golf) Golfspielplatz m.

linnet, linn-et, s., Hänfling m.

linoleum, linn-ohl-jam, s., Linoleum n.

linseed, linn-ssiedd, s., Leinsamen m.

lint, lint, s., Scharpie f., Verbandstoff m.

lion, lai-on, s., Löwe m.; **—ess,** Löwin f.

lip, lipp, s., Lippe f.; **—stick,** Lippenstift m.

liquefy, lik-ui-fai, v., verflüssigen

liqueur, li-kör, s., Likör m.

liquid, lik-uidd, s., Flüssigkeit f. a., flüssig

liquidate, lik-ui-deht, v., liquidieren; (debts) bezahlen

liquidation, lik-ui-**deh**-sch'n, s., Liquidation f.

liquor, lik-er, s., (alcoholic drink) geistiges Getränk n.; (cookery) Brühe f.; Saft m.

liquorice, lik-o-riss, s., Lakritze f.

lisp, lissp, v., lispeln

list, lisst, s., Liste f.; (naut.) Schlagseite f. v., registrieren; (naut.) trängen

listen, liss-'n, v., horchen; (radio) hören; **—er,** s., Horcher m.; (audience) Zuhörer m.

literal(ly) lit-er-al(-li), a., (adv.) wörtlich

literary, lit-er-a-ri, a., literarisch

literature, lit-er-a-tschör, s., Literatur f.

lithograph, lith-o-gräff, s., Lithographie f.

litigate, lit-i-geht, v., prozessieren

litigation, lit-i-geh-sch'n, s., Rechtsstreit m.

litter, lit-er, s., (stretcher) Tragbahre f.; (untidiness) Unordnung f.; (dirt) Kehricht m.; (straw) Streu f.; (animals) Wurf m. v., verstreuen

little, litt-'l, a., (size) klein; (quantity) wenig; (time) kurz. adv., wenig

live, liw, v., leben; (reside) wohnen

live, (see **alive**)

lively, laiw-li, a., lebhaft, lebendig

liver, liw-er, s., Leber f.

livery, liw-er-i, s., Livree f.; **— -stable,** Mietstall

livid, liw-idd, a., wütend, fahl

living, liw-ing, s., Leben[-sunterhalt m.] n.; [m. (eccl.) Pfründe f. a., lebend[ig]

lizard, lis-erd, s., Eidechse f.

load, lohd, v., laden. s., Ladung f.; (burden) Last f.

loaf, lohf, v., (about) herumlungern. s., (bread) Laib[-Brot n.] m.; **— -sugar,** Zuckerhut m.

loafer, lohf-er, s., Strolch m.; (idler) Bummler m.

loam, lohm, s., Lehm m.; **—y,** a., lehmig

loan, lohn, v., leihen. s., (public) Anleihe f.; (personal) Darlehen n.; **on —,** adv., leihweise

loathe, lodh, v., verabscheuen

loathing, lodh-ing, s., Abscheu m., Ekel m.

loathsome, lodh-ssom, a., abscheulich, ekelhaft

lobby, lob-bi, s., Vorhalle f.; (theatre) Foyer n.

lobe, lohbb, s., (ear) Ohrläppchen n.

lobster, lobb-s'ter, s., Hummer m.

local, loh-k'l, a., hiesig; **—ity,** s., Gegend f.
locate, loh-keht, v., auffinden
location, loh-keh-sch'n, s., Lage f.; Stelle f.
lock, lock, s., Schloß n.; (canal, etc.) Schleuse f.; (hair) Locke f. v., zuschließen; **—et,** s., Medaillon n.; **— in** (or **up),** v., einschließen; **—jaw,** Starrkrampf m.; **— out,** v., aussperren; **—smith,** s., Schlosser m.
locomotive, loh-ko-moh-tiw, a., Lokomotive f.
locust, loh-kost, s., Heuschrecke f.
lodge, lodsch, s., Pförtnerhaus n.; (masonic) Loge f. v., wohnen, logieren; **—r,** s., Untermieter
lodging, lodsch-ing, s., Wohnung f. [m.
loft, loft, s., Dachboden m.; **—y,** a., hoch
log, logg, s., (wood) Klotz m.; **—book,** Logbuch
logic, lodsch-ik, s., Logik f.; **—al,** a., logisch [n.
loin, leun, s., Lende f.; (meat) Nierenstück n.
loiter, leu-ter, v., bummeln; **—er,** s., Bummler m.
loll, loll, v., lehnen; (tongue) heraushängen
loneliness, lohn-li-ness, s., Einsamkeit f.
lone(ly) lohn[-li], a., einsam
long, longg, a., lang; (time) lange; **— for,** v., sich sehnen nach; **—ing,** s., Sehnsucht f., Sehnen
longitude, lonn-dschi-tjud, s., Länge f.; (degree of —) Längengrad m.
look, luck, s., Blick m. v., sehen; (appear) aussehen; **— after,** (take care of) sehen nach; **— at,** ansehen; **—er on,** s., Zuschauer m.; **— for,** v., suchen; **—ing-glass,** s., Spiegel m.; **— out,** v., hinaussehen. s., (naut.) Ausguck m. interj., Achtung!
loom, luhm, s., Webstuhl m. v., sichtbar werden
loop, luhp, s., Schleife f.; **—hole,** Schlupfloch n.; **—ing the loop,** Looping n.
loose, luhss, a., lose; (morals) liederlich; **—n,** v., lockern
loot, luht, v., plündern. s., Beute f. [lockern
lop, lop, v., zustutzen; **— off,** abhauen; **—sided,** a., schief
loquacious, lo-kueh-schoss, a., schwatzhaft
Lord (the), lordd, (God) der Herr; (Christ) der
lord, lordd, s., (peer) Lord m. [Herr
lorry, lor-ri, s., Lastauto n.

lose, luhs, v., verlieren; (watch) nachgehen; (train) versäumen; —**r**, s., Verlierer m.

loss, loss, s., Verlust m.; (damage) Schaden m.

Lost Property Office, s., Fundbüro n.

lot, lot, s., Los n.; — **of**, eine Menge

lotion, loh-sch'n, s., Waschmittel n.

lottery, lot-er-i, s., Lotterie f.

loud, laudd, a., laut; (colours) grell; — -**speaker**, s., (radio) Lautsprecher m.

lounge, laundsch, s., Diele f.   v., herumsitzen

louse, lauss, s., Laus f.

lout, lautt, s., Lümmel m., Tölpel m.

love, low, v., lieben; (like) mögen. s., Liebe f.; —**liness**, Schönheit f.; —**ly**, a., schön, reizend; —**r**, s., Liebhaber m.; (of animals, etc.) Freund m.

low, loh, a., niedrig; (voice) leise; (tone) tief. v., (cattle) muhen, brüllen; — **tide**, s., Ebbe f.

lower, loh-er, v., (price) ermäßigen; (flag) niederlassen

lowland, loh-länd, s., Tiefland n.   [holen

loyal, leu-al, a., treu, treugesinnt; —**ty**, s., Treue f.

lozenge, los-endsch, s., Pastille f.

lubricate, ljuh-bri-keht, v., schmieren, ölen

lucid, ljuh-ssidd, a., klar deutlich;

luck, lock, s., Glück n.; (fate) Schicksal n.

lucky, lock-i, a., glücklich; (charm) glückbringend

lucrative, ljuh-kra-tiw, a., einträglich

ludicrous, ljuh-di-kross, a., lächerlich

luggage, log-gedsch, s., Gepäck n.; — **office**, Gepäckabgabe f.; — -**rack**, Gepäcknetz n.

lukewarm, ljuhk-u'oarm, a., lau, lauwarm

lull, loll, v., einlullen; (child) beruhigen.   s., (pause) Ruhepause f.

lullaby, lol-la-bei, s., Wiegenlied n.

lumbago, lom-beh-go, s., Hexenschuß m.

lumber, lom-ber, s., Gerümpel n.; (timber) Bauluminous, ljuh-min-oss, a., leuchtend   [holz n.

lump, lomp, s., Klumpen m.; —**y**, a., klumpig

lunacy, luhn-a-ssi, s., Irrsinn m.

lunar, luhn-ar, a., Mond-

lunatic, luhn-a-tik, s., Geisteskranke[r] m.; — **asylum**, Irrenanstalt f.

lunch(eon), lontch[-ɒn], s., Mittagessen n.
lung, long, s., Lunge f.
lurch, lörtsch, v., (ship) rollen; (person) taumeln;
   to leave in the —, im Stich lassen
lure, ljuhr, v., [an]locken. s., Lockspeise f.
lurid, ljuhr-idd, a., düster; (colour) bräunlich
lurk, lörk, v., lauern
luscious, lo-schoss, a., üppig; saftig
lust, lost, s., Wollust f.; (greed) Gier f. v., gelüsten; **—ful,** a., wollüstig
lustre, lost-er, s., Glanz m.; (pendant) Kron-
lute, ljuht, s., Laute f.   [leuchter m.
luxurious, lok-ssjuh-ri-ɒss, a., üppig; luxuriös
luxury, lok-sjer-i, s., Luxus m.
lymph, limff, s., Lymphe f.
lynch, lintsch, v., lynchen

macaroni, mäk-a-roh-ni, s., Makkaroni pl.
macaroon, mäk-a-ruhn, s., Makrone f.
mace, mehss, s., Amtsstab m.
machine, mä-schien, s., Maschine f.; **—ry,**
   Maschinerie f.; **—-gun,** Maschinengewehr n.
machinist, mä-schien-ist, s., Maschinist m.
mackerel, mäk-er-'l, s., Makrele f.
mackintosh, mäk-inn-tosch, s., Regenmantel m.
mad, mähdd, a., verrückt, toll; **—man,** s., Tolle
   m.; **—ness,** Tollheit f., Wahnsinn m.
madam, mädd-'m, s., gnädige |Frau f.; (un-
   married) gnädiges Fräulein n.
magazine, mäg-a-sien, s., Magazin n.; (periodi-
maggot, mäg-gott, s., Made f.   [cal) Zeitschrift f.
magic, mädsch-ik, s., Zauberei f. a., magisch
magistrate, mädsch-iss-treht, s., Polizeirichter
magnanimity, magg-na-nim-i-ti, s., Großmut f.
magnanimous, mägg-nan-i-moss, a., großmütig
magnesia, mägg-nie-schia, s., Magnesia f.
magnesium, mägg-nie-siam, s., Magnesium n.
magnet, mägg-net, s., Magnet m.; **—ic,** a.,
   magnetisch; **—ism,** s., Magnetismus m.;
   —ize, v., magnetisieren
magneto, mägg-nie-to, s., Magnetapparat m.

magnificent, mägg-nie-fiss-'nt, a., prächtig
magnify, mägg-ni-fei, v., vergrößern; **—ing glass,** s., Vergrößerungsglas n.
magnitude, mägg-ni-tjuhdd, s., (size) Größe f.
magpie, mägg-pei, s., Elster f.
mahogany, mäh-hogg-*a*-ni, s., Mahagoni n.
maid, mehdd, s., Mädchen n.; (servant) Dienstmädchen n.; old —, alte Jungfer f.
maiden, mehdd-'n, s., Jungfrau f.
mail, mehl, s., Post f.; (armour) Panzer m. v., mit der Post senden; **—bag,** s., Postsack m.; **— -boat,** Postschiff n.
maim, mehm, v., verstümmeln; lähmen
main, mehn, a., hauptsächlich. s., (water, gas) Hauptleitung f.; **—land,** Festland n.
maintain, mehn-tehn, v., behaupten; (support) unterhalten
maintenance, mehn-ten-enss, s., Unterhalt m.
maize, mehs, s., Mais m.
majestic, m*a*-dschess-tick, a., majestätisch
majesty, m*a*-dschess-ti, s., Majestät f.
major, mehdsch-er, s., (mil.) Major m. a., größer; (age) majorenn; **—ity,** s., Mehrheit f.; (votes) Stimmenmehrheit f., (of age) Volljährigkeit f.
make, mehk, s., Fabrikat n. v., machen; (manufacture) herstellen; **—believe,** vorgeben; **—r,** s., Fabrikant m.; **— -shift,** Notbehelf m.; **— -up,** (face) Schminke f. v., schminken
making, mehk-ing, s., Herstellung f.
malady, mäl-*a*-di, s., Krankheit f.
malaria, ma-lah-ri-*a*, s., Sumpffieber n.
male, mehl, a., männlich. s., Männchen n.
malevolent, m*a*l-ew-o-lent, a., böswillig
malice, mäl-iss, s., Groll m.; Haß m.
malicious, m*a*-lisch-oss, a., boshaft; böswillig
malign, m*a*-lain, v., verleumden
malignant, m*a*-ligg-n*a*nt, a., bösartig
malinger, m*a*-ling-ger, v., sich krank stellen
mallet, mäl-ett, s., Holzhammer m.
malnutrition, mäll-njuh-trisch'n, s., Unterernährung f.

malt, mo'alt, s., Malz n.

maltreat, măll-triet, v., mißhandeln

mammal, măm-mel, s., Säugetier n.

man, mănn, s., Mann m.; (human race) Mensch m. v., bemannen; **—hood,** s., Mannhaftigkeit f.; (age) Mannesalter n.; **—kind,** s., Menschheit f.; **—ly,** a., mannhaft; **—power,** s., menschliche Arbeitskraft f.; **— servant,** s., Diener m.; **—slaughter,** (quarrel) Totschlag m.; (accident) fahrlässige Tötung f.

manacle, männ-a-k'l, v., fesseln. s., Handschelle f.

manage, män-edsch, v., leiten, führen; (accomplish) fertigbringen; **—ment,** s., Leitung f.; (board) Vorstand m.; **—r,** Leiter m.; Geschäftsführer m.

mandate, männ-deht, s., Befehl m.; (law) Manmane, mehn, s., Mähne f.   [dat n.

manger, mehn-dscher, s., Krippe f.

mangle, män-g'l, s., Rolle f. v., mangeln

mania, meh-ni-a, s., Manie f., Sucht f.

maniac, meh-ni-äk, s., Verrückte m. & f.

manicure, männ-i-kjuhr, s., Maniküre f.

manifest, männ-i-fest, a., offenbar. s., Manifest n. v., offenbaren

manifold, männ-i-fohld, a., mannigfach. s., Vielfältigkeit f.

manipulate, männ-ip-ju-leht, v., handhaben

manner, männ-er, s., Weise f.; (kind) Art f.

manners, männ-ers, s.pl., Manieren f.pl.

manoeuvre, männ-uw-wer, s., Manöver n. v., manövrieren

manor, männ-er, s., Rittergut n., Landgut n.

mansion, männ-sch'n, s., (country) Herrensitz m.

mantel-piece, männ-t'l-piess, s., Kaminsims m.

mantle, männ-t'l, s., Mantel m.; (gas) Glühstrumpf m.

manual, männ-juh-al, s., Handbuch n.; **—labour,** Handarbeit f.

manufacture, männ-juh-fäk-tscher, s., Fabrikation f.; v., fabrizieren; **—r,** s., Fabrikant m.

manure, ma-njuhr, s., Dünger m. v., düngen

manuscript, männ-juh-s'kript, s., Manuskript n.
many, menn-i, a.pl., viele; — **a,** manch ein
map, mäpp, s., Karte f.; (town) Plan m. v., planen
maple, meh-p'l, s., Ahorn m.
mar, maht, v., verderben; stören [m.
marble, mahr-b'l, s., Marmor m.; (toy) Murmel
march, mahrtsch, v., marschieren. s., Marsch m.
mare, mähr, s., Stute f.; **night—,** Alpdrücken n.
margarine, mahr-ga-rien, s., Margarine f.
margin, mahr-dschin, s., Rand m.; —**al,** a., Rand...; —**al note,** s., Randbemerkung f.
marigold, mär-i-gohld, s., Ringelblume f.
marine, ma-rien, s., Seesoldat m. a., See...
mariner, mä-rin-er, s., Seemann m.
maritime, mä-ri-tiem, a., See...; Marine...
mark, mahrk, s., [Kenn-]Zeichen n. v., zeichnen; —**ing-ink,** s., Wäschetinte f.; **trade—,** Schutzmarke f.; —**et,** s., Markt m.
marmalade, mahr-ma-lehd, s., Apfelsinenmus
marmot, mahr-mot, s., Murmeltier n. [n.
maroon, ma-ruhn, a., rotbraun. v., aussetzen
marquee, mahr-kie, s., großes Zelt n.
marriage, mär-edsch, s., Heirat f.; (ceremony) Trauung f.; (feast) Hochzeit f. [m.
marrow, mär-oh, s., Mark n.; (vegetable) Kürbis
marry, mär-i, v., heiraten, sich verheiraten; (perform the ceremony) trauen
marsh, mahrsch, s., Sumpf m., Morast m.
marshal, mahr-sch'l, s., Marschall m.
marten, mahr-t'n, s., Marder m.
martial, mahr-sch'l, a., kriegerisch; **court—,** s., Kriegsgericht n.; —**law,** Standrecht n.
martyr, mahr-ter, s., Märtyrer m. v., peinigen
martyrdom, mahr-ter-dom, s., Märtyrertum n.
marvel, mahr-w'l, v., sich wundern. s., Wunder
marvellous, mahr-wel-oss, a., wunderbar [n.
masculine, mäss-kjuhl-in, a., männlich
mash, mäsch, v., zerquetschen
mask, mahsk, v., maskieren. s., Maske f.
mason, meh-ss'n, s., Maurer m., Steinhauer m.; (freemason) Freimaurer m.; —**ic,** a., freimaurerisch; —**ry,** s., (stone) Mauerwerk n.

masquerade, mäss-ker-*ehd*, v., sich verkleiden. s., Maskerade f.

mass, mäss, s., Masse f., Menge f.; (eccl.) Messe f.

massacre, mäss-*a*-k'r, s., Gemetzel n.

massage, mäss-*ahsch*, s., Massage f. v., massie-

massive, mäss-iw, a., massiv [ren

mast, mahst, s., Mast m.

master, mahs-ter, v., beherrschen. s., Meister m., Herr m.; (teacher) Lehrer m.; —ful, a., herrisch; —ly, adv., meisterhaft; —piece, s., Meisterwerk n.

masticate, mäss-ti-keht, v., kauen, zerkauen

mastiff, mäss-tiff, s., Bullenbeißer m.

mat, mätt, s., Matte f.

match, mätsch, s., Streichholz n.; (contest) Wettspiel n., Match n. v., (colours, etc.) zusammenpassen

matchless, mätsch-less, a., unvergleichlich

mate, meht, v., paaren. s., Genosse m.; (work) Gehilfe m.; (naut.) Maat m.

material, mä-ti-ri-*al*, s., Material n.; (cloth) Stoff

materialize, mä-ti-ri-*al*-eihs, v., verkörpern [m.

maternal, mä-tor-n*al*, a., mütterlich

mathematics, mäth-i-mät-iks, s., Mathematik f.

matrimony, mä-tri-mo-ni, s., Ehestand m.

matrix, mä-triks, s., Matrize f.

matron, meh-tronn, s., (hospital) Vorsteherin f.

matter, mät-ter, s., Stoff m.; (substance) Material n.; (affair) Sache f.; (pus) Eiter m. v., ausmachen

matting, mät-ting, s., Mattenzeug n.

mattress, mät-tress, s., Matratze f.

mature, mä-tjuhr, a., reif; (bills) fällig. v., reifen

maturity, mä-tjuhr-i-ti, s., Reife f.; (bill) Fällig-

maul, mo'al, v., (by beasts) verletzen [keit f.

mauve, mohw, a., hell lila

maxim, max-imm, s., Grundsatz m.

maximum, max-i-mom, s., Maximum n.

may, meh, v., (permission) dürfen; (possibility) können; (probability) mögen

maybe, meh-bie, a., möglicherweise

mayor, meh-or, s., Bürgermeister m.

maze, mehs, s., Irrgarten m.

me, mie, pron., mich; to —, mir

meadow, medd-oh, s., Wiese f.

meagre, mie-g'r, a., mager; (scanty) karg

meal, miel, s., Mahl n., Mahlzeit f.; (flour) Mehl n.

mean, mienn, v., meinen; (signify) bedeuten. a., geizig; (action) gemein; (poor) elend

meaning, mien-ing, s., Bedeutung f.; (sense) Sinn m.; —**less**, a., bedeutungslos, sinnlos

means, mienns, s.pl., Mittel n.pl.

meanwhile, mien-u'heil, adv., inzwischen

measles, mie-s'ls, s.pl., Masern pl.

measure, mesch-er, v., messen; (clothes) anmessen; (survey) vermessen. s., Maß n.; —**ment**, s.pl.

meat, miet, s., Fleisch n.   [Maß n.

mechanic, mi-kän-ik, s., Mechaniker m.; —**al**, a., mechanisch; —**s**, s., Mechanik f.

mechanisation, meck-an-ais-eh-sch'n, s., Mechanisierung f.

mechanism, meck-an-ism, s., Mechanismus m.

medal, med-'l, s., Denkmünze f., Medaille f.

meddle, med-'l, v., sich einmischen

medieval, med-i-i-v'l, a., mittelalterlich

mediate, mie-di-eht, v., vermitteln

medical, med-i-k'l, a., ärztlich, medizinisch

medicine, med-i-sinn, s., Medizin f., Arznei f.

mediocre, mie-di-oh-k'r, a., mittelmäßig

meditate, med-i-teht, v., sinnen, grübeln

medium, mie-di-om, s., Mittel n.; (person) Medium n. a., mittel[-mäßig]

meek, miek, a., sanftmütig, mild

meet, miet, v., treffen; (chance) begegnen; (obligations) nachkommen. s., Jagdversammlung f.; —**ing**, Versammlung f.; (rendez-vous) Stelldichein n.

melancholy, mel-an-ko-li, s., Schwermut f. a., schwermütig

mellow, mell-oh, a., mild; (tone) weich

melodious, mi-loh-di-oss, a., melodisch

melody, mel-o-di, s., Melodie f.

melon, mel-on, s., Melone f.

melt, melt, v., schmelzen

member, memm-ber, s., Glied n.; (club) Mitglied n.; (parliament) Abgeordnete m. & f.; **—ship,** Mitgliedschaft f.

membrane, memm-brehn, s. Membrane f.; Häutchen n.

memento, mem-en-toh, s., Andenken n.

memoirs, mem-oh-ars, s.pl., Memoiren pl.

memorandum, mem-*o***-rän-**dom, s., Memorandum n.; **— -book,** Notizbuch n.

memorial, mi-moh-ri-*al*, s., Denkmal n.

memory, mem-*o***-ri, s., Gedächtnis n.

menace, men-*ass***, s., Drohung f., v., bedrohen

menagerie, me-nädsch-er-i, s., Menagerie f.

**mend, mennd, v., reparieren; (sew) flicken

mendacious, menn-deh-schoss, a., verlogen

menial, mie-ni-*al***, s., Knecht m., Magd f. a., [knechtisch

mental, menn-tal, a., geistig

mention, menn-sch'n, v., erwähnen

menu, men-juh, s., Speisekarte f.

mercantile, mör-kann-tail, a., kaufmännisch

merchandise, mör-tschann-dais, s., Ware f.

merchant, mör-tschannt, s., Kaufmann m.; **— -fleet,** Handelsflotte f.

merciful, mör-ssi-full, a., barmherzig

mercury, mör-kjuh-ri, s., Quecksilber n.

mercy, mör-ssi, s., Gnade f., Barmherzigkeit f.

**mere, mier, a., bloß

**merge, mördsch, v., einverleiben; verschmelzen

merger, mordsch-er, s., Zusammenschluss m.

meridian, mi-ri-di-*ann***, s., Längengrad m.

merit, mer-itt, v., verdienen; s., Verdienst n.; **—orious,** a., verdienstlich; **—s,** s.pl. Wesen n.

mermaid, mör-mehdd, s., Wassernixe f.

merriment, mer-i-mennt, s., Heiterkeit f.

merry, mer-i, a., lustig, heiter

**mesh, mesch, s., Masche f.

mesmerize, mes-mer-ais, v., mesmerisieren

**mess, mess, v., verunreinigen; s., (dirt) Schmutzerei f.; (bungle) Mancherei f.; (mil.) Offizierskasino n.; (naut.) Back f.

message, mess-edsch, s., Botschaft f.

messenger, mess-enn-dscher, s., Bote m.

metal, met-'l, s., Metall n.; **—ic,** a., metallisch
meteor, mie-ti-or, s., Sternschnuppe f.
meter, mie-ter, s., Meßapparat m.
method, me-thodd, s., Methode f. [spiritus m.
methylated (spirit), me-thi-leht-edd, s., Brenn-
metropolis, mi-tro-poll-iss, s., Metropole f.
mica, mai-ka, s., Glimmer m.
Michaelmas, mik-k'l-mass, s., Michaelistag m.
microphone, mai-kro-fohn, s., Mikrophon n.
microscope, mai-kross-kohp, s., Mikroskop n.
middle, midd-'l, s., Mitte f. a., Mittel...; — -
age, s., mittleren Jahre n.pl.; **—class,**
(people) Mittelstand m.; **—man,** Zwischen-
midge, midsch, s., Stechfliege f. [händler m.
midget, midsch-ett, s., (dwarf) Zwerg m.
midnight, midd-naitt, s., Mitternacht f.
midshipman, midd-schip-man, s., Seekadett m.
midst, mids't, prep., mitten in
midwife, midd-u'aiff, s., Hebamme f.
mien, mien, s., Miene f.
might, maitt, s., Macht f., Gewalt f.; **—y,** a.,
mächtig, gewaltig
mignonette, min-jon-ett, s., Reseda f.
migrate, mai-greht, v., wandern
mild, maildd, a., (soft) mild; (not strong) leicht
mildew, mill-djuh, s., Schimmel m.
mile, maill, s., Meile f.; **—stone,** Meilenstein m.
military, mil-it-a-ri, s., Militär n. a., militärisch
milk, milk, s., Milch f. [straße f.
milky, mill-ki, a., milchig; **—way,** s., Milch-
mill, mill, v., mahlen. s., Mühle f.; (textile) Fabrik
miller, mill-er, s., Müller m. [f.
milliner, mill-inn-er, s., Modistin f.
millinery, mill-inn-er-i, s., Modewaren f.pl.
million, mill-i-on, s., Million f.; **—aire,** Millionär
mimic, mimm-ik, v., nachahmen [m.
mince, minss, v., zerhacken
mind, maindd, s., Sinn m., Gemüt n.; (intellect) Geist m. v., beachten; **—ful,** a., einge-
denk
mine, mainn, poss. pron., meiner m., meine f.,
meines n.; der, die, das meinige

mine, mainn, s., (pit) Grube f.; (explosive) Mine f.

miner, mainn-er, s., Bergmann m.

mineral, min-er-all, s., Mineral n.

mingle, ming-g'l, v., mischen, [ver-]mengen

miniature, min-*ja*-tjur, s., Miniatur f.

minimize, min-i-mais, v., verringern

minister, min-iss-ter, s., (cabinet) Minister m.;
(parson) Geistliche[r] m.   v., bedienen

ministry, min-iss-tri, s., Ministerium n.

mink, mink, s., Nerz m.

minor, main-or, s., Minderjährige m. & f.;
(junior) Jüngere m. & f.   a., unbedeutend

minority, mai-*nor*-i-ti, s., (number) Minorität f.

minstrel, minn-s'trell, s., Minnesänger m.

mint, mint, s., Münze f.; (plant) Minzkraut n.

minuet, min-juh-ett, s., Menuett n.   [v., prägen

minus, main-oss, adv., weniger, minus

minute, minn-itt, s., Minute f.

minute, main-juht, a., winzig; (precise) genau

miracle, mi-*ra*-k'l, s., Wunder n.

miraculous, mi-räk-ju-loss, a., wunderbar

mirage, mir-edsch, s., Fata Morgana f.

mire, mair, s., Schlamm m.   [spiegeln

mirror, mirr-or, s., Spiegel m.   v., wieder-

mirth, mörth, s., Frohsinn m.; Heiterkeit f.

misadventure, miss-ad-wen-tscher, s., Unfall m.

misapprehension, miss-äpp-ri-henn-sch'n, s.,
Mißverständnis n.   [schlagen

misappropriate, miss-*ap*-pro-pri-eht, v., unter-

misbehave, miss-bi-hehw, v., sich schlecht
benehmen

miscarriage, miss-kärr-idsch, s., Fehler m.;
(birth) Fehlgeburt f.; (justice) Justizmord m.

miscarry, miss-kärr-i, v., mißlingen

miscellaneous, miss-el-leh-ni-oss, a., vermischt

mischief, miss-tschiff, s., Unfug m.; (harm)
Unheil n.

mischievous, miss-tschi-woss, a., mutwillig

misconduct, miss-kon-dokt, s., schlechtes Betragen n.; (law) Ehebruch m.

misconstruction, miss-kon-s'trak-sch'n. s., Miß-
deutung f., Mißverständnis n.

miscount, miss-kaunt, v., falsch rechnen
miscreant, miss-kri-ant**,** s., Schurke m.
misdeed, miss-diehd**,** s., Missetat f.
misdemeanour,miss-de-mie-nor**,** s.,Vergehen n.
misdirect, miss-di-rekt, v., irreleiten, irreführen; (letter) falsch adressieren
miser, mai-s'r, s., Geizhals m.; **—ly,** a., geizig
miserable, mis-er-a**-b'l,** a., elend
misery, mis-er-i, s., Elend n.
misfit, miss-fitt, s., schlecht passendes Stück n.
misfortune, miss-for-tsch'n, s., Unglück n.
misgiving, miss-gi-wing, s., Befürchtung f.
misgovern, miss-gow-ern, v., schlecht regieren
misguide, miss-gaidd, v., irreführen
mishap, miss-häpp, s., Unfall m.
misinform, miss-in-fo'arm, v., falsch berichten
misjudge, miss-dscho**dsch,** v., falsch urteilen
mislay, miss-leh, v., verlegen
mislead, miss-liedd, v., irreleiten, irreführen
mismanage, miss-män-idsch, v., schlecht leiten
misplace, miss-plehss, v., verlegen
misprint, miss-printt, s., Druckfehler m.
mispronounce, miss-proh-naunss, v., falsch aussprechen
misrepresent, miss-rep-re-sennt, v., falsch darstellen
miss, miss, v., (train, etc.) versäumen; (someone's absence) vermissen; (shots) nicht treffen; **—ing,** a., fehlend; verloren. s., (casualties) Verschollene pl.; **Miss, miss,** s., Fräulein n.
missile, miss-il**,** s., Wurfgeschoss n.
mission, misch-on**,** s., Mission f.; (embassy) Gesandtschaft f.; **—ary,** s., Missionär m.
misstatement, miss-s'teht-m'nt, s., falsche Anmist, mist, s., Nebel m.; **—y,** a., neblig   [gabe f.
mistake, miss-tehk, s., Fehler m. v., sich irren
mistaken, miss-tehk-'n, a., irrig
Mister (Mr.), miss-t'r, s., Herr m.
mistletoe, miss-'l-toh, s., Mistel f.
mistress, miss-tress, s., (house) Herrin f.; (school) Lehrerin f.; (kept) Maitresse f.; (Mrs.) Frau f.

mistrust, miss-**trosst,** v., mißtrauen. s., Mißtrauen n.

misunderstand, miss-an-der-**s'tändd,** v., mißverstehen; **—ing,** s., Mißverständnis n.

misuse, miss-**juhs,** v., mißbrauchen

mitigate, mit-i-**geht,** v., lindern, abschwächen

mitre, mei-**ter,** s., Bischofsmütze f.

mix, mix, v., mischen, vermischen; **—ed,** a., gemischt; **—er,** (elec.) s., Küchenmaschine f.; **—ture,** s., Mischung f.

moan, mohn, v., stöhnen. s., Stöhnen n.

moat, moht, s., Wallgraben m.

mob, mobb, v., umschwärmen. s., Pöbel m.

mobile, moh-**bil,** a., beweglich, mobil

mobilize, moh-bi-**lais,** v., mobilisieren

mock, mock, v., verspotten; **— at,** spotten über; **—ery,** s., Spott m.; **—ingly,** adv., spöttisch

mode, mohdd, s., Mode f.; (manner) Weise f.

model, modd-'l, s., Modell n. v., modellieren

moderate, modd-er-eht, v., mäßigen. a., mäßig

moderation, modd-er-eh-sch'n, s., Mäßigkeit f.

modern, modd-ern, a., modern, neuzeitig

modest, modd-est, a., bescheiden

modify, modd-i-fai, v., modifizieren

moist, meust, a., feucht; **—en,** v., anfeuchten

moisture, meuss-tjer, s., Feuchtigkeit f.

mole, mohl, s., Maulwurf m.; (mark) Muttermal n.; (naut.) Mole f.; **— -hill,** Maulwurfshügel m.

molecule, mol-i-kjuhl, s., winziges Teilchen n.; [Molekül n.

molest, mo-lesst, v., belästigen [m.

molten, mohl-t'n, a., geschmolzen [m.

moment, moh-ment, s., Moment m., Augenblick

momentous, mo-menn-toss, a., wichtig; ernst

momentum, mo-menn-tom, s., Triebkraft f.

monarch, mon-ark, s., Monarch m.

monarchy, mon-ar-ki, s., Monarchie f.

monastery, mon-as-tri, s., [Mönchs-]Kloster n.

monetary, mon-e-ta-ri, a., Geld...

money, mon-i, s., Geld n.; **—-box,** Sparbüchse f.; **—-changer,** Geldwechsler m.; **—-lender,** Geldverleiher m.; **—-order,** Postanweisung f.

mongrel, mong-grel, s., (dog) Mischrasse f.

monk, mɒnk, s., Mönch m.

monkey, mɒnk-i, s., Affe m.; **— -nut**, Erdnuß f.

monocle, mon-ock-'l, s., Monokel n.

monogram, mon-oh-grämm, s., Monogramm n.

monopolize, mɒ-nop-o-lais, v., monopolisieren

monopoly, mɒ-nop-o-li, s., Monopol n.

monotonous, mɒn-ot-o-noss, a., eintönig

monster, mon-s'ter, s., Ungeheuer n.

monstrous, mon-s'tross, a., monströs; kolossal

month, mɒnth, s., Monat m.; **—ly**, a., monatlich

monument, mon-ju-mennt, s., Denkmal n.

mood, muhdd, s., Stimmung f.; (temper) Laune f.; (gram.) Modus m.; **—y**, a., launisch

moon, muhn, s., Mond m.; **—light**, Mondlicht n.; **—shine**, Mondschein m.

Moor, muhr, s., Mohr m.; **—ish**, a., maurisch

moor, muhr, s., Heideland n., Ödland n.

moor, muhr, v., (ship) festlegen

mop, mopp, s., Wischlappen m. **v.**, aufwischen

mope, mohp, v., teilnahmslos sein

moral, mor-al, s., Moral f.

morass, mo-räss, s., Morast m.

moratorium, mo-ra-tor-jöm, s., Moratorium n.

morbid, mo'ar-bidd, a., krankhaft

more, mohr, adv., mehr; once —, noch einmal

moreover, mohr-o-wer, adv., überdies, ferner

morning, mohrn-ing s., Morgen m.

morocco, mo-rok-oh, s., (leather) Marokkoleder

morose, mo-rohs, a., vergrämt   [n.

morphia, mo'ar-fi-a, s., Morphium n.

morrow, mor-oh, s., Morgen m.

morsel, mo'ar-s'l, s., Stückchen n.

mortal, mor-t'l, s., Sterbliche m., f., n.   a., sterblich; (fatal) tötlich; **—ity**, s., Sterblichkeit f.

mortar, mor-ter, s., Mörtel m.; (gun) Mörser m.

mortgage, mor-gehtsch, s., Hypothek f.; **—e**, Hypothekar m.

mortification, mor-ti-fi-keh-sch'n, s., Ärger m.; (medical) kalter Brand m.

mortuary, mor-tju-a-ri, s., Leichenhaus n.

mosaic, moh-säh-ik, s., Mosaik f. & n.

mosque, mosk, s., Moschee f.

mosquito, moss-kie-to, s., Moskito m.

moss, moss, s., Moos n.

most, mohst, a., meist; **—ly,** adv., meistens

moth, moth, s., Motte f.

mother, madh-er, s., Mutter f.; **—hood,** Mutterschaft f.; **—in-law,** Schwiegermutter f.; **—of pearl,** Perlmutter f.; **—ly,** a., mütterlich

motion, moh-sch'n, s., Bewegung f.; (machine) Gang m.; **—less,** a., bewegungslos

motive, moh-tiw, s., Motiv n., Beweggrund m.

motor, moh-tor, s., Motor m.; (car) Auto n.; (cycle) Motorrad n.; (bus) Autobus m.; **—ing,** Autofahren n.; **—ist,** Autofahrer m.

mottled, mot-l'd, a., gesprenkelt

motto, mot-toh, s., Motto n., Wahlspruch m.

mould, mohld, s., (matrix) Form f.; (mildew) Schimmel m.; (earth) Gartenerde f. v., formen; **—er,** s., Former m.; **—y,** a., schimmelig

moult, mohlt, v., mausern

mound, maundd, s., Erdhügel m.

mount, maunt, s., (horse) Reitpferd n.; (picture) Montierung f. v., besteigen; (jewels) fassen; **—ed,** a., (horseback) beritten

mountain, maun-ten, s., Berg m.; **—eer,** Bergsteiger m.; **— range,** Bergkette f.; **—ous,** a., bergig

mourn, mo'arn, v., trauern; **—er,** s., Trauernde m. & f.; **—ful,** a., traurig; **—ing,** s., Trauer f.; (apparel) Trauerkleidung f.

mouse, mauss, s., Maus f.; **—trap,** Mausefalle f.

moustache, muss-tasch, s., Schnurrbart m.

mouth, mauth, s., Mund m.; (animal) Maul n.; (river) Mündung f.; **—ful,** Mundvoll m.

mouth-piece, mauth-piess, s., Mundstück n.

movable, muhw-a-b'l, a., beweglich

move, muhw, v., bewegen, rücken; (removal) umziehen; (games, action) Zug m.; **—ment,** Bewegung f.; (mechanical) Gehwerk n.

mow, moh, v., mähen; **—er,** s., Mäher m.

much, motsch, adv., viel

mud, modd, s., Dreck m.; **—dy,** a., dreckig

muddle, modd-'l, s., Wirrwarr m.

mudguard, modd-gahrdd, s., Kotflügel m.
muffle, moff-'l, v., einhüllen; (sound) dämpfen
muffler, moff-ler, s., Halstuch n.
mug, mogg, s., Becher m.; (pot) Krug m.
mulatto, mju-lät-oh, s., Mulatte m., Mulattin f.
mulberry, moll-ber-ri, s., Maulbeere f.
mule, mjuhl, s., Maultier n., Maulesel m.
multifarious, mol-ti-feh-ri-oss, a., mannigfaltig
multiplication, mol-ti-pli-keh-sch'n, s., (arithmetic) Multiplikation f.
multiply, mol-ti-plai, v., sich vermehren; (arithmetic) multiplizieren
multi-purpose, mol-ti-pörr-poss, a., für viele
Zwecke
multitude, mol-ti-tjuhdd, s., Menge f.; (throng)
Gewimmel n.
mumble, momm-b'l, v., murmeln
mummy, momm-i, s., Mumie f.
mumps, momps, s., Mumps m., Ziegenpeter m.
munch, montsch, v., kauen
municipal, mju-niss-i-p'l, a., städtisch, gemeind-
munificent, mju-nif-i-ssent, a., freigebig [lich
munition, mju-ni-sch'n, s., Kriegsvorrat m.
murder, mör-dör, s., Mord m. v., ermorden;
—**er,** s., Mörder m.; —**ess,** Mörderin f.;
—**ous,** a., mörderisch
murky, mör-ki, a., finster, trüb
murmur, mör-mör, s., Gemurmel n. v., murren
muscle, muss-'l, s., Muskel f.
muse, mjuhs, v., sinnen, grübeln. s., Muse f.
museum, mjuh-sie-om, s., Museum n. [m.
mushroom, mash-ruhm, s., Pilz m., Champignon
music, mjuh-sik, s., Musik f.; —**al,** a., musikalisch
musician, mjuh-sisch-an, s., Musiker m.
musk, mask, s., Moschus m., Bisam m.
musket, mass-kett, s., Flinte f.
muslin, mass-linn, s., Musselin m.
mussel, mass-'l, s., Muschel f.
must, masst, v., müssen. s., (wine) Most m.
mustard, mass-tard, s., Senf m.
muster, mass-ter, v., mustern. s., Musterung f.
musty, mass-ti, a., muffig, schimmelig

mute, mjuht, a., stumm. s., Stumme m. & f.
mutilate, mjuh-ti-leht, v., verstümmeln
mutineer, mjuh-ti-nier, s., Meuterer m.
mutinous, mjuh-ti-noss, a., aufrührerisch
mutiny, mjuh-ti-ni, s., Meuterei f.
mutter, mat-t'r, v., murmeln, murren
mutton, mat-t'n, s., Hammelfleisch n.
mutual, mjuh-tju-al, a., gegenseitig
muzzle, mass-'l, s., (for dogs, etc.) Maulkorb m.;
   (snout) Schnauze f.; (gun) Mündung f.
my, mai, a., mein m. & n., meine f. & pl.
myrrh, mörr, s., Myrrhe f.
myrtle, mör-t'l, s., Myrte f.   [(dat.) mir
myself, mai-selff, pron., ich selbst, (acc.) mich
mysterious, miss-ti-ri-oss, a., mysteriös
mystery, miss-ter-i, s., Mysterie f.; Rätsel n.
mystify, miss-ti-fai, v., mystifizieren
myth, mith, s., Mythe f., Sage f.
mythology, mi-tho-lo-dschi, s., Mythologie f.

nag, nägg, v., nörgeln. s., Klepper m.
nail, nehll, s., nageln. s., Nagel m.; **—brush,**
   Nagelbürste f.; **—file,** Nagelfeile f.
naive, nä-iw, a., naiv, ungezwungen
naked, neh-kid, a., nackt, bloß
name, nehmm, s., Name m. v., nennen;
   Christian —, Vorname m.; **sur—,** Zuname
   m. **—less,** a., namenlos
namely, nehm-li, adv., nämlich
namesake, nehm-sehk, s., Namensvetter m.
nap, näpp, s., Schläfchen n.; (cloth) Noppe f.
nape, nehp, s., Nacken m., Genick n.
naphtha, näpp-thah, s., Naphtha f.
napkin, näpp-kinn, s., Serviette f.
narcissus, nar-ssiss-oss, s., Narzisse f.
narcotic, nar-kott-ik, s., Betäubungsmittel n.
narrate, när-eht, v., erzählen
narrative, när-a-tiw, s., Erzählung f.
narrow, när-oh, a., schmal, eng; **—minded,**
   kleinlich; **—ness,** s., Enge f.
nasal, neh-sal, a., nasal,

nasturtium, nas-tör-schomm, s., Kapuziner-
nasty, nahss-ti, a., garstig [kresse f.
nation, neh-sch'n, s., Nation f.
national, näsch-on-al, a., national
nationality, näsch-on-äl-i-ti, s., Nationalität f.
native, neh-tiw, s., Eingeborene m. & f.
natural, nät-ju-ral, a., natürlich
naturalization, nät-ju-ra-li-seh-sch'n, s., Natu-
ralisierung f.
nature, neh-tscher, s., Natur f.
naught, no'at, s., Null f.
naughty, no'a-ti, a., unartig, ungezogen
nausea, no'a-ssi-a, s., Übelkeit f.
nautical, no'a-ti-k'l, a., nautisch
naval, neh-wal, — officer, s., Marineoffizier m.
navel, neh-w'l, s., Nabel m.
navigate, näw-i-geht, v., (ship) leiten, segeln
navigation, näw-i-geh-sch'n, s., Schiffahrt f.
navigator, näw-i-geh-tör, s., Seefahrer m.
navvy, näw-i, s., Erdarbeiter m.
navy, neh-wi, s., Marine f.
nay, neh, adv., nein
near, nier, a., nahe. v., sich nahen; —ly, adv.,
beinahe, fast; —ness, s., Nähe f.; —sighted,
a., kurzsichtig
neat, niet, a., (spruce) nett; (dainty) zierlich; (tidy)
ordentlich; —ness, s., Ordentlichkeit f.
necessarily, ness-ess-a-ri-li, adv., notwendiger-
weise
necessary, ness-ess-a-ri, a., nötig, notwendig
necessitate, ni-sess-i-teht, v., benötigen
necessity, ni-sess-i-ti, s., Notwendigkeit f.;
(need) Not f.
neck, neck, s., Hals m.; —lace, Collier n.; (beads)
Halskette f.; —tie, Halsbinde f.
need, nied, v., brauchen. s., Not f., Bedürfnis f.
needful, nied-full, a., nötig. s., das Nötige n.
needle, nie-d'l, s., Nadel f.; —woman, Näherin
needless, nied-less, a., unnötig [f.
needy, nie-di, a., dürftig, arm
negation, ni-geh-sch'n, s., Verneinung f.
negative, neg-a-tiw, s., Negativ n. a., verneinend

neglect, ni-gleckt. v., vernachlässigen. s., Ver-
nachlässigung f.; **—ful,** a., nachlässig

negligence, neg-li-dschenss, s., Nachlässigkeit f.

negotiate, ni-go-schi-eht, v., verhandeln; (bill)
begeben

negotiation, ni-go-schi-eh-sch'n, s., Unterhandlung f.; (bill) Begebung f.

negro, ni-groh, s., Neger m.

neigh, neh, v., wiehern

neighbour, neh-ber, s., Nachbar m.; **—hood**.
Nachbarschaft f.; **—ly,** a., nachbarlich

neither, nei-dher, conj., weder; ... **nor,** ... noch

nephew, nef-yuh, s., Neffe m.

nerve, nörw, s., Nerv m.; (pluck, etc.) Keckheit f.

nervous, nör-woss, a., nervös; (timid) befangen

nest, nest, s., Nest n. v., nisten

nestle, ness-'l, v., anschmiegen; (birds) nisten

net, nett, s., Netz n. v., fangen. a., netto; **net
weight.** s., Nettogewicht n.; **—work,** s.,
Netzwerk n.

nettle, nett-'l, s., Nessel f.   [m.

neuralgia, njuh-räl-dschi-a, s., Nervenschmerz

neuritis, njuh-räi-tiss, s., Nervenentzündung f.

neurotic, njuh-rot-tik, a., neurotisch

neuter, njuh-ter, a., (gram.) sächlich   [f., n.

neutral, njuh-tral, a., neutral. s., Neutrale m.,

never, näw-'r, adv., nie; **—more,** nimmermehr;
—theless, nichtsdestoweniger

new, njuh, a., neu; **— year**, Neujahr n.

news, njuhs, s., Neues n.; (reports) Nachrich-
ten f.pl.; **—agent,** Zeitungsverkäufer m.;
—paper, Zeitung f.

next, next, a., nächst; (beside) neben

nib, nibb, s., Stahlfeder f.

nibble, nibb-'l, v., nagen, benagen; (fish) anbeißen

nice, naiss, a., gut; (pretty) hübsch

nick, nick, s., Kerbe f., Einschnitt m.

nickel, nick-'l, s., Nickel m.   a., (plated) vernickelt

nickname, nick-nehmm, s., Spitzname m.

nicotine, ni-ko-tihn, s., Nikotin n.

niece, niess, s., Nichte f.

niggardly, nig-gard-li, adv., knauserig

night, naitt, s., Nacht f.; **—dress,** Nachtgewand n.; **—fall,** Einbruch der Nacht f.; **—ingale,** Nachtigall f.; **—ly,** adv., nächtlich; **—mare,** s., Alpdrücken m.

nimble, nimm-b'l, a., flink, gewandt

nine, nein, a., neun; **—teen,** neunzehn; **—teenth,** neunzehnte; **—tieth,** neunzigste; **—ty,** neunzig

ninth, nein-th, a., neunte   [neunzig

nip, nipp, v., zwicken; **— off,** abzwicken

nipple, nipp-p'l, s., Zitze f.; Brustwarze f.

nitrate, nai-treht, s., Nitrat n.

nitrogen, nai-tro-dschen, s., Stickstoff m.

no, noh, adv., nein

nobility, no-bil-i-ti, s., Adel m., Adelstand m.

noble, noh-b'l, a., (character) edel; (rank) adelig

nobleman, noh-b'l-männ, s., Edelmann m.

nobody, noh-bo-di, pron., niemand. s., Null f.

nod, nodd, v., nicken. s., Nicken n.

noise, neus, s., Lärm m., Geräusch n.; **—less,** a., geräuschlos

noisily, neu-si-li, adv., geräuschvoll

noisy, neu-si, a., laut, geräuschvoll, lärmend

nominal, nomm-i-nal, a., nominell

nominate, nomm-i-neht, v., ernennen

nominee, nomm-i-nie, s., Ernannte[r] m.

none, nonn, pron., keiner m., keine f., kein[e]s n.

nonplussed, nonn-plossd, a., verwirrt

nonsense, nonn-ssennss, s., Unsinn m.

non-skid, nonn-skidd, a., rutschsicher

non-stop, nonn-s'topp, a., fortlaufend; (train, etc.) durchfahrend, durchgehend

nook, nuck, s., Winkel m.

noon, nuhn, s., Mittag m.

noose, nuhs, s., Schlinge f.

nor, no'ar, conj., noch

normal, no'ar-m'l, a., normal

north, north, s., Norden m.; **—erly,** a., nördlich

nose, nohs, s., Nase f.

nostril, noss-trill, s., Nasenloch n.; (animal) Nüster f.

not, nott, adv., nicht   [Nüster f.

notable, noh-ta-b'l, a., bemerkenswert

notch, notsch, v., kerben, einschneiden

note, noht, v., notieren. s., Note f.; (letter) Briefchen n.; — **-book,** Notizbuch n.; — **-paper,** Briefpapier n.

noted, noh-tidd, a., berühmt, bekannt

noteworthy, noht-u'ör-dhy, a., bemerkenswert

nothing, nath-ing, adv., nichts; **for —,** umsonst

notice, noh-tiss, v., bemerken. s., Notiz f.; (to quit) Kündigung f.; (public) Bekanntmachung

noticeable, noh-tiss-a-b'l, a., bemerkbar

notify, noh-ti-fai, v., anzeigen, benachrichtigen

notion, noh-sch'n, s., Idee f.; Begriff m.

notoriety, noh-to-rai-i-ti, s., Notorietät f.

notorious, noh-toh-ri-oss, a., offenkundig; (of bad repute) berüchtigt

notwithstanding, not-uidh-s'tänn-ding, conj., dessen ungeachtet, trotzdem. prep., ungeachtet, trotz

nought, no'aht, adv., nichts. s., Null f.

noun, naun, s., (gram.) Hauptwort n.

nourish, narr-isch, v., nähren, ernähren; **—ing,** a., nahrhaft; **—ment,** s., Nahrung f.

novel, now-'l, s., Roman m. a., neuartig

novelist, now-'l-ist, s., Romanschreiber[in f.] m.

novelty, now-'l-ti, s., Neuheit f.   [m. & f.

novice, now-iss, s., Neuling m.; (eccl.) Novize

now, nau, adv., nun, jetzt; **— and then,** zuweilen

nowadays, nau-a-dehs, adv., heutzutage

nowhere, noh-u'är, adv., nirgends, nirgendwo

noxious, nok-schoss, a., schädlich, verderblich

nozzle, nos-'l, s., (of hose) Mundstück n.

nuclear, njuh-klihr, a., kernförmig

nucleus, njuh-kli-oss, s., Kern m.

nude, njuhdd, a., nackt, bloß

nudge, nadsch, v., heimlich anstoßen

nugget, nagg-it, s., [Gold-]Klumpen m.

nuisance, njuh-senss, s., Lästigkeit f.; Unfug m.

null, nall, a., null, nichtig; **—ify,** v., ungültig machmb, namm, a., starr; (sensation) gefühllos [en

number, namm-ber, v., numerieren; (count) zählen. s., (figure) Zahl f.; (No.) Nummer f.; (many) Anzahl f.; **—less,** a., zahllos

numbness, namm-ness, s., Erstarrung f.

numerous, njuh-*mer-oss*, a., zahlreich

nun, *nann*, s., Nonne f.; **—nery,** Nonnenkloster n.

nuptial, *nap-schal*, a., hochzeitlich

nurse, nörss, s., Krankenpflegerin f.; (male) Krankenwärter m.; (maid) Kindermädchen n.,
v., pflegen; (suckle) säugen

nursery, nörss-ri, s., Kinderstube f.; (horticulture) Gärtnerei f.; **— -rhyme,** Kinderlied n.

nut, natt, s., Nuß f.; (of screw) Schraubenmutter

nut-cracker, natt-kräck-er,'s., Nußknacker m. [f.

nutmeg, natt-megg, s., Muskatnuß f.

nutriment, njuh-tri-ment, s., Nahrung f.

nutritious, njuh-*trisch-oss*, a., nahrhaft

nutshell, natt-schell, s., Nußschale f.; **in a —,**
kurz zusammengefaßt

oak, ohk, s., Eiche f.

oakum, oh-kom, s., Werg n.

oar, ohr, s., Ruder n.; **—sman,** Ruderer m.

oasis, oh-eh-ssis, s., Oase f.

oat, oht, s., Hafer m.; **—meal,** Hafermehl n.

oath, ohth, s., Eid m.; (curse) Fluch m.

obdurate, obb-*djuh-reht*, a., unbeugsam

obedience, oh-bie-di-enns, s., Gehorsam m.

obedient, oh-bie-di-ennt, a., gehorsam

obese, o-biess, a., dick[-leibig], fett

obesity, o-bess-i-ti, s., Fettleibigkeit f.

obey, o-beh, v., gehorchen, folgen [f.

obituary, oh-bit-ju-är-i, s., (notice) Todesanzeige

object, obb-*dschekt*, v., (oppose) dagegen sein;
(resent) verübeln; (protest) Einspruch erheben

object, obb-dschekt, s., Gegenstand m.; (aim)
Ziel n.; (gram.) Objekt n.; **—ion,** Einwand m.;
—ionable, a., anrüchig; **—ive,** a., Objektiv n.

obligation, obb-li-gä-sch'n, s., Verpflichtung f.

obligatory, obb-li-*ga-to-ri*, a., verbindlich

oblige, obb-laidsch, v., Gefallen tun; (compel) nö-

obliging, obb-laidsch-inng, a., gefällig [tigen

obliterate, obb-lit-er-eht, v., verwischen

oblivion, obb-liw-i-on, s., Vergessenheit f.

oblivious, obb-liw-i-oss, a., vergessen

oblong, obb-long, a., länglich.   s., Rechteck n.
obnoxious, obb-**nok**-schoss, a., anstößig
obscene, obb-**siehn,** a., unanständig
obscure, obb-s'**kjuhr,** a., unklar.   v., verdunkeln
observance, obb-sör-wenss, s., (comply) Befol-
observant, obb-sör-went, a., achtsam   [gung f.
observation, obb-sör-**weh**-sch'n, s., Beobachtung f.
observatory, obb-sör-**wa**-to-ri, s., Sternwarte f.
observe, obb-**sörw,** v., beobachten; beachten
obsess, obb-**sess,** v., besessen
obsolete, obb-sso-liet, a., veraltet
obstacle, obb-s'**ta**-kl, s., Hindernis n.
obstinacy, obb-s'ti-na-ssi, s., Eigensinn m.
obstinate, obb-s'ti-net, a., eigensinnig   [stig
obstreperous, obb-s'**trep**-er-oss, a., widerspen-
obstruct, obb-s'**trokt,** v., hindern, (bar) sperren;
   —**ion,** s., Hindernis n., Sperre f.
obtain, obb-**tehn,** v., erreichen; (get) erhalten
obtrude, obb-**truhdd,** v., aufdringen, sich auf-
obtrusive, obb-**tru**-ssiw, a., aufdringlich [drängen
obtuse, obb-**tjuhss,** a., stumpf, dumm
obviate, obb-wi-eht, v., vermeiden
obvious, obb-wi-oss, a., klar, offenbar
occasion, ok-keh-sch'n, s., Gelegenheit f.;
   (cause) Anlaß m.   v., veranlassen; —**al,** a., gelegentlich; —**ally,** adv., zuweilen
occult, ok-kolt, a., verborgen, geheim   [ung f.
occupation, ok-kjuh-**peh**-sch'n, s., Beschäftig-
occupier, ok-kjuh-pai-er, s., Inhaber m.; (tenant)
   Bewohner m.
occupy, ok-kjuh-pai, v., (possess) besitzen; (space)
   einnehmen; (military) besetzen; (oneself) sich
   beschäftigen; (use) gebrauchen
occur, ok-**kör,** v., vorkommen; — **to one,** einem
   einfallen; —**rence,** s., Vorfall m.
ocean, oh-sch'n, s., Ozean m., Meer n., See f.
ochre, oh-ker, s., Ocker m.
o'clock, oh-klock, s., ...Uhr
octagonal, ok-**tag**-on-al, a., achtseitig, achteckig
octave, ok-tehw, s., Oktave f.
octopus, ok-toh-puss, s., Polyp m.

oculist, ok-juh-list, s., Augenarzt m.

odd, odd, a., (number) ungerade; (single) einzeln; —**ly,** adv., sonderbarerweise

odds, odds, s., (betting) Vorgabe f.; (racing) Odds pl. — **and ends,** allerlei Sachen

odious, oh-di-oss, a., gehässig, abscheulich

odour, oh-der, s., Geruch m.; (fragrant) Wohlof, ow, prep., von [geruch m.

off, of, prep., ab; — **and on,** ab und an

offal, off-'l, s., Abfall m.

offence, o-fennss, s., Beleidigung f.; (law) Verstoß m. [m.

offend, o-fennd, v., beleidigen; —**er,** s., Übeltäter

offensive, o-fenn-ssiw, a., beleidigend. s., (military) Angriff m.

offer, off-'r, v., anbieten. s., Angebot n.; (bid) Gebot n.; —**ing,** Gabe f.; (sacrifice) Opfer n.

office, off-iss, s., Amt n.; (business) Büro n.

officer, off-iss-er, s., Beamte m.; (military) Offizier m.

official, o-fisch-'l, s., Beamte m. a., amtlich.

officious, o-fisch-oss, a., zudringlich [offiziell

offside, off-seidd, s., (cars) Straßenseite, Mitte der Straße f. prep., (games) abseits

offspring, off-s'pring, s., Nachkömmling m.

oft, often, off, off-'n, adv., oft, öfters

ogle, oh-g'l, v., beäugeln

oil, eul, s., Öl n. v., ölen, schmieren; —**y,** a., ölig, ölhaltig; —**cloth,** s., Wachstuch n.

ointment, eunt-m'nt, s., Salbe f.

old, ohldd, a., alt; —**fashioned,** altmodisch

olive, ol-iw, s., Olive f. a., (colour) olivengrün

omelet, omm-lett, s., Omelett f., Eierkuchen m.

omen, oh-men, s., Omen n., Vorbedeutung f.

ominous, o-mi-noss, a., unheilvoll

omission, o-misch-'n, s., (leave out) Auslassung f.; (neglect) Unterlassung f.

omit, o-mitt, v., auslassen; (neglect) versäumen

omnibus, om-ni-boss, s., (motor) Autobus m.

omnipotent, om-ni-po-tent, a., allmächtig

on, onn, prep., (upon) auf; (date) am; (foot, horse) zu. adv., (onward) fort, weiter

once, u'onnss, adv., einmal; (formerly) einst; **all at —,** plötzlich; **at —,** sofort, sogleich; **— more,** noch einmal

one, u'onn, (numeral) eins; ein (m. & n.), eine (f.); **any—,** irgend jemand; **no —,** niemand; **some—,** jemand; **--way-street,** s., Einbahnstraße f.

onerous, onn-er-oss, a., lästig, beschwerlich

oneself, u'onn-sself, pron., sich

onion, onn-i-on, s., Zwiebel f.

only, ohn-li, adv., nur, bloss.   a., einzig

onslaught, onn-slo'aht, s., Angriff m., Anfall m.

onward, onn-u'erdd, adv., vorwärts, weiter

onyx, oh-nix, s., Onyx m.

ooze, uhs, v., sickern.   s. Schlamm m.

opal, oh-pal, s., Opal m.

opaque, o-pehk, a., undurchsichtig

open, oh-p'n, v., öffnen, aufmachen. a., offen; **—er,** s., Öffner m.; **—ing,** Öffnung f.; (hole) Loch n.

opera, op-er-a, s., Oper f. ; **— -glass,** Opernglas n.; **— -house,** Opernhaus n.

operate, op-er-eht, v., operieren

operation, op-er-eh-sch'n, s., Operation f.

operator, op-er-a-t'r, s., Maschinist m.; (surgical) Operateur m.; (telephone) Beamte f.

opinion, o-pin-jon, s., Meinung f.; (decision) Gutachten n.

opium, o-pi-omm, s., Opium n.

opossum, oh-poss-omm, s., Opossum n.

opponent, op-poh-nent, s., Gegner m., Opponent m.

opportune, op-or-tjuhn, a., gelegen, passend

opportunity, op-or-tjuh-ni-ti, s., Gelegenheit f.

oppose, op-pohs, v., entgegensetzen; bekämpfen

opposite, op-poh-sitt, s., Gegenteil n.   adv., gegenüber

opposition, op-poh-si-sch'n, s., Konkurrenz f.; (objection) Einrede f.; (parl.) Opposition f.

oppress, op-press, v., unterdrücken; **—ion,** s., Unterdrückung f.; **—ive,** a., drückend

optical, op-ti-k'l, a., optisch

optician, op-ti-sch'n, s., Optiker m.

option, op-sch'n, s., Wahl f.; **—al,** a., frei gestellt

opulence, op-juh-lenns, s., Wohlstand m., Reichtum m.

opulent, op-juh-lennt, a., wohlhabend

or, or, conj., oder; **— else,** oder sonst

oral, oh-ral, a., mündlich

orange, or-ändsch, s., Apfelsine f. a., (colour) orangegelb

orator, or-a-ter, s., Redner m.

oratory, or-a-to-ri, s., (speaking) Redekunst f.

orb, ohrbb, s., Kreis m.; (sphere) Himmelskörper m.

orbit, ohrb-bit, s., Umlaufbahn. v., die Erde umkreisen

orchard, ohr-tscherd, s., Obstgarten m.

orchestra, ohr-kess-tra, s., Orchester n.

orchid, ohr-kidd, s., Orchidee f.

ordain, ohr-dehn, v., bestimmen; (clergy) ordinieren

ordeal, ohr-diehl, s., schwere Prüfung f.

order, ohr-der, s., Ordnung f.; (goods) Bestellung f., Auftrag m.; (command) Befehl m.; (decoration) Orden m. v., ordnen; bestellen; befehlen; **—ly,** a., methodisch. s., Ordonanz m.

ordinary, or-di-na-ri, a., gewöhnlich

ordnance, ord-nänss, s., schwere Geschütze n.pl.

ore, or, s., Erz n.

organ, or-gan, s., Orgel f.; (voice) Organ n.

organic, or-gann-ik, a., organisch

organization, or-gann-i-seh-sch'n, s., Organisation f.

organize, or-gann-ais, v., organisieren

orgy, or-dschi, s., Schwelgerei f.

orient, oh-ri-ent, s., Orient m.

oriental, oh-ri-ent-'l, a., morgenländisch

origin, or-i-dschinn, s., Ursprung m.; (descent) Herkunft f.; **—al,** a., ursprünglich. s., Original n.

originate, or-idsch-i-neht, v., entspringen

ornament, or-na-ment, s., Schmuck m., Zierat m.

ornamental, or-na-men-tal, a., verzierend

orphan, or-fan, s., Waise f.; **—age,** Waisenhaus n.

orthodox, or-tho-dox, a., orthodox

orthography, or-tho-gra-fi, s., Rechtschreibung f.

oscillate, oss-i-leht, v., schwanken

ostentatious, oss-ten-teh-schoss, a., prahlerisch

ostrich, oss-tritsch, s., Strauß m.

other, adh-'r, a., ander; **the other one,** Andere m. & f.; **another time,** ein Andermal n.; **—wise,** adv., anders; (else) sonst

otter, ot-ter, s., Otter f.

ought, o'at, v., sollte, müßte

ounce, aunss, s., Unze f., (28 gr. 35)

our, aur, a., unser m. & n., unsere f.

ours, aurs, pron., unserer m., unsere f., unseres n.

ourselves, aur-sselws, pron., wir selbst, (acc.) uns selbst

out, autt, adv., aus; (with verbs of motion) hinaus, heraus; (not at home) nicht zu Hause; **—bid,** v., überbieten; **—break,** s., Ausbruch m.; **—burst,** Ausbruch m.; **—cast,** Verstoßenen m. & f.; **—come,** Ergebnis n.; **—cry,** Ausschrei m.; **—do,** v., übertreffen; **—fit,** s., (equipment) Ausrüstung f.; **—fitter,** Herrenwäsche und Kleidergeschäft n.; **—goings,** Ausgaben f.pl.; **—grow,** v., entwachsen; **—last,** überdauern; **—law,** s., Geächtete[r] m. v.; ächten; **—lay,** s., Auslage f.; **—let,** Ausweg m.; (market) Markt m.; **—line,** Umriß m.; **—live,** v., überleben; **—look,** s., Aussicht f.; **—lying,** a., entfernt liegend; **—number,** v., an Zahl übertreffen; **—post,** s., Vorposten m.; **—put,** Produktion f.; **—rage,** Schandtat f.; **—rageous,** a., schändlich; **—right,** adv., gänzlich; **—run,** v., überholen; **—side,** s., Äussere[s] n. adv., außerhalb; (outdoors) draußen; **—size,** s., extra Größe f.; **—skirts,** Umgebung f.; **—spoken,** a., freimütig; **—standing,** a., hervorragend; (debts) ausstehend; **—ward,** adv., nach außen; **—ward bound,** (shipping) nach auswärts bestimmt; **—wit,** v., überlisten

oval, oh-w'l, s., Oval n. a., oval

ovation, oh-weh-sch'n, s., Huldigung f.

oven, a-w'n, s., Bratofen m., Backofen m.

over, oh-w'r, adv. & prep., über; (past) vorbei; **—alls,** s., Überkleid n.; **—bearing,** a., arrogant; **—board,** adv., über Bord; **—cast,** a., bewölkt; **—charge,** s., (price) Überforderung f. v., überfordern; **—coat,** s., Überrock m.; **—come,** v., überwinden; (overpower) überwältigen; **—do,** übertreiben; **—dose,** überdosieren; —**draw**, überziehen; —**due**, a., (late) verspätet; (debt) überfällig; —**flow**, v., überlaufen; —**grow**, überwachsen; —**hang**, überhängen; —**haul**, überholen; —**hear**, belauschen; —**land**, a., über Land; —**lap**, v., übergreifen; —**load**, überladen; —**look**, übersehen; (view) überblicken; —**power**, überwältigen; —**rate**, überschätzen; —**rule**, (set aside) verwerfen; —**run**, überlaufen; —**seas**, a., überseeisch; —**seer**, s., Aufseher m.; —**sight**, Versehen n.; —**sleep**, v., verschlafen; —**step**, überschreiten; —**take**, einholen, überholen; —**throw**, umstürzen; —**time**, s., (work) Überstunden f.pl.; —**ture**, Vorschlag m.; (mus.) Ouvertüre f.; —**turn**, v., umfallen; (deliberate) umstoßen; —**weight**, s., Übergewicht n.; —**whelm**, v., überhäufen; (conquer) überwältigen; —**work**, sich überarbeiten

owe, oh, v., schulden

owing, oh-ing, a., schuldig; — **to**, prep., infolge

owl, aul, s., Eule f. [von

own, ohn, v., besitzen; (admit) gestehen. a., eigen

owner, oh-ner, s., Besitzer m.

ox, ox, s., Ochs m.

oxygen, ox-i-dschen, s., Sauerstoff m.

oyster, eus-ter, s., Auster f.; — **bed**, Austerbank

ozone, oh-sohn, s., Ozon n. [f.

pace, pehss, v., schreiten; (sport) Schritt machen.

pacific, päss-i-fik, a., friedlich [s., Schritt m.

pacify, päss-i-fai, v., besänftigen

pack, päck, v., packen. s.. (bundle) Pack m.; (cards) Spiel n.; (gang) Bande f.; (hounds) Meute f.; —**age**, Gepäckstück n.; —**et**, Paket n.; —**ing**, Verpackung f.

pact, päckt, s., Pakt m., Vertrag m.

pad, pädd, v., polstern; (coat) wattieren. s., Polster n.; (stamp) Stempelkissen n.; (paper) Papierblock m.; (animal's foot) Fußballen m.; —**ding**, Wattierung f.

paddle, päd-'l, v., rudern; (feet, hands) plätschern. s., Ruder n.; **—-steamer,** s., Raddampfer m.; **—-wheel,** s., Radschaufel m.

paddock, pädd-ock, s., (meadow) Wiese f.; (at races) Sattelplatz m.

padlock, pädd-lock, s., Anhängeschloss n. v., verschliessen

pagan, peh-gan, s., Heide m., Heidin f.

page, pehdsch, s., Seite f.; **—boy,** Page m.

pageant, pädsch-ent, s., Prunkaufzug m.

pail, pehl, s., Eimer m.

pain, pehn, s., Schmerz m.; **—ful,** a., schmerzhaft; **—less,** schmerzlos

paint, pehnt, v., anstreichen; (art) malen. s., Farbe f.; **—er,** Maler m.; **—ing,** Bild n.

pair, pähr, s., Paar n.

palace, päll-ess, s., Palast m.

palatable, päll-a-ta-b'l, a., schmackhaft

palate, päll-ett, s., Gaumen m.

pale, pehl, a., blaß. v., erbleichen; **—ness,** Blässe f.

palette, päll-it, s., Palette f.

pallid, päll-idd, a., bleich, blaß

palm, pahm, s., Palme f.; (hand) Handfläche f.; **—ist,** Handwahrsagerin f.; **—istry,** Handwahrsagerei f.; **—Sunday,** Palmsonntag m.

palpitation, päll-pi-teh-sch'n, s., Herzklopfen n.

paltry, po'all-tri, a., armselig, lumpig

pamper, päm-per, v., verhätscheln

pamphlet, pämf-let, s., Broschüre f.

pan, pänn, s., Topf m.; **frying-,** Bratpfanne f.

pancake, pänn-kehk, s., Pfannkuchen m.

pander, pänn-der, v., willfahren; schmeicheln

pane, pehn, s., Scheibe f.

panel, pän-'l, s., Täfelung f.; (list) Liste f.

pang, pängg, s., Stich m.; (mental) Qual f.

panic, pänn-nik, s., Panik f.

pansy, pänn-si, s., Stiefmütterchen n.

pant, pännt, v., keuchen

panther, pänn-ther, s., Panther m.

pantomime, pänn-to-maim, s., Pantomime f.; (Xmas) Kinderstück n.

pantry, pänn-tri, s., Speisekammer f.

pants, pänts, s.pl., Unterhose f.

pap, päp, s., Brei m., Kindernahrung f.

papal, peh-pal, a., päpstlich

paper, peh-per, s., Papier n. v., tapezieren

par, pahr, s., Pari n. a., normal; gleich

parable, pär-a-bal, s., Gleichnis n.

parachute, pär-a-schuht, s., Fallschirm m.

parade, pa-rehd, s., Prunk m.; (troops) Parade f.

paradise, pär-a-dais, s., Paradies n.

paraffin, pär-a-fin, s., Petroleum n.; Paraffin n.

paragraph, pär-a-grahf, s., Absatz m.

parallel, pär-a-lell, a., parallel

paralyse, pär-a-lais, v., lähmen

paralysis, pä-rál-i-siss, s., Lähmung f.

parapet, pär-a-pet, s., Brustwehr f.; Geländer n.

parasite, pär-a-saitt, s., Schmarotzer m., Parasit

parcel, pahr-s'l, s., Paket n.   [m.

parched, pahrtsch-'d, a., ausgetrocknet; dürr

parchment, pahrtsch-m'nt, s., Pergament n.

pardon, pahr-d'n, v., verzeihen; (official) begnadigen. s., Verzeihung f.; Begnadigung f.

parents, pär-ents, s.pl., Eltern pl.

parish, pär-isch, s., Kirchspiel n.; Pfarrbezirk m.

park, pahrk, s., Park m., Anlagen f.pl.; **—ing**, (motors) Parken m.; **—ing-place**, Parkstelle f.

parley, pahr-li, v., unterhandeln

parliament, pahr-li-m'nt, s., Parlament n.

parlour, pahr-lör, s., Empfangszimmer n.

parrot, pär-ott, s., Papagei m.

parry, pär-i, v., parieren, abwehren

parse, pahrs, v., Sätze zerlegen

parsimonious, pahr-ssi-moh-ni-oss, a., knauserig

parsley, pahrss-li, s., Petersilie f.

parsnip, pahrss-nipp, s., Pastinake f.

parson, pahr-ss'n, s., Pfarrer m.; **—age**, Pfarrhaus n.

part, pahrt, v., (divide) teilen; (separate) sich trennen; (the hair) scheiteln. s., Teil m.; (actor's) Rolle f.; **—time**, Halbtagsbeschäftigung f.

partake, pahr-tehk, v., ... in, teilnehmen; ... of, genießen

partial, pahr-sch*a*l, a., teilweise; ... **to,** eingenommen für; **—ity,** s., Vorliebe f.

participate, pahr-tiss-i-peht, v., teilnehmen

participle, pahr-tiss-i-p'l, s., Partizip n.

particle, pahr-ti-k'l, s., Teilchen n.

particular, par-tik-kjuh-lar, a., besonder; (fastidious) wählerisch; I(exact) genau.; **—s,** s.pl., Näheres n.; (details) Einzelheiten pl.; (data) Daten pl.

parting, pahr-ting, s., Abschied m.; (hair) Scheitel

partition, pahr-tisch-*o*n, s., Scheidewand f. [m.

partly, pahrt-ti, adv., teilweise

partner, pahrt-ner, s., (business, etc.) Teilhaber m.; (cards) Mitspieler n.; (dance) Tänzer m., Tänzerin f.; **—ship,** Teilhaberschaft f.

partridge, pahr-tridsch, s., Rebhuhn n.

party, pahr-ti, s., Partei f.; (social) Gesellschaft f.

pass, pahss, v., vorbeigehen; (at cards) passen; (examination) bestehen. s., Pass m.

passage, päss-edsch, s., Durchgang m.; (travel) Überfahrt f.

passbook, pahss-buk, s., Bankbuch m.

passenger, päss-in-dscher, s., Passagier m.

passer-by, pass-'r-bai, s., der Vorübergehende m.

passion, päsch-*o*n, s., Leidenschaft f.; (anger) Zorn m.; **—ate,** a., leidenschaftlich

passover, pahss-o-wer, s., Passa n.

passport, pahss-pohrt, s., Reisepass m.

past, pahst, prep., vorbei, vorüber. a., vergangen. s., Vergangenheit f.

paste, pehst, s., Kleister m.; (cakes, etc.) Teig m.; (gem) Paste f. v., kleben

pastime, pahss-taim, s., Zeitvertreib m.

pastries, pehss-tries, s.pl., Törtchen pl.

pastry, pehss-tri, s., Backwerk n.; **—cook's,** [Konditorei f.

pasture, pahs-tjur, s., Weide f.   [Konditorei f.

pat, pätt, v., streicheln. s., Klapps m.

patch, pätsch, s., Flicken m. v., flicken

patent, peh-tent, s., Patent n. v., patentieren; **— leather,** s., Lackleder n.; **—shoes,** Lack-

paternal, pa-tör-nal, a., väterlich   [schuhe pl.

path, pahth, s., Pfad m., Weg m.

pathetic, peh-thet-ik, a., pathetisch

patience, peh-schenss, s., Geduld f.

patient, peh-schent, a., geduldig. s., Patient m.

patriot, peh-tri-ott, s., Patriot m.

patriotic, peh-tri-ott-ik, a., patriotisch

patrol, pa-**trohl,** s., Patrouille f. v., die Runde [machen

patronize, pät-ron-ais, v., begünstigen

pattern, pät-ern, s., Muster n.

paunch, po'ansch, s., Bauch m.

pauper, po'a-pör, s., Arme m. & f.

pause, po'as, s., Pause f. v., pausieren

pave, pehv, v., pflastern; **—ment,** s., Pflaster m.

paw, po'ah, s., Pfote f., Tatze f.; v., scharren

pawn, po'ann, v., versetzen. s., (pledge) Pfand
n.; (chess) Bauer m.; **—broker's,** Leihaus n.

pay, peh, v., zahlen; **—able,** a., zahlbar; **—er,** s.,
Bezahler m.; **—ment,** Bezahlung f.

payload, peh-lohd, s., Nutzlast f.

pea, pieh, s., Erbse f.

peace, piess, s., Friede m.; **—ful,** a., friedlich

peach, pietsch, s., Pfirsich m.

peacock, pieh-kok, s., Pfau m.

peak, piehk, s., Gipfel m.

peal, piehl, s., (bells) Geläute n.; (thunder) Schlag
m. v., ertönen

peanut, pie-nat, s., Erdnuß f.

pear, pähr, s., Birne f.; **—-tree,** Birnbaum m.

pearl, pörl, s., Perle f.

peasant, pes-ant, s., Bauer m.; **—ry,** Landvolk n.

peat, pieht, s., Torf m.

pebble, pebb-'l, s., Kieselstein m.

peck, peck, v., picken [Eigenheit f.

peculiar, pi-**kjuh-**li-ar, a., sonderbar; **—ity,** s.,

pecuniary, pi-**kjuh-**ni-a-ri, a., pekuniär

pedal, pedd-'l, s., Pedal n. v., treten

pedantic, pi-**dän-**tik, a., pedantisch; kleinlich

pedestal, pedd-ess-tal, s., Postament n.

pedestrian, pi-**dess-**tri-an, s., Fußgänger m.

pedigree, pedd-i-grie, s., Stammbaum m.

pedlar, pedd-lar, s., Hausierer m.

peel, piehl, s., Schale f., Rinde f. v., schälen

peep, piehp, v., (look) verstohlen blicken

peer, piehr, v., gucken. s., Lord m., Pair m.;
   —age, Adelsstand m.; **—less**, a., unvergleich-
peevish, pieh-wisch, a., verdrießlich   [lich
peg, pegg, s., (tent, etc.) Pflock m.; (violin) Wirbel m.; (washing) Klammer f.; (hats, etc.) Klei-
   derhaken m. v., klammern; festlegen
pellet, pell-ett, s., Kügelchen n.; (shot) Schrot m.
pelt, pellt, v., bewerfen.   s., Fell n.; (fur) Pelz m.
pen, penn, s., Feder f.; (sheep) Hürde f.; **—hol-**
   der, Federhalter m.; **—knife**, Federmesser
penal, pieh-nal, a., strafbar; **—servitude**, s.,
penalty, penn-al-ti, s., Strafe f.   [Zuchthaus n.
penance, penn-enss, s., Buße f.
pencil, penn-sill, s., Bleistift m.   [m.
pendant, penn-dant, s., Gehänge n.; Kronleuchter
pending, penn-ding, a., schwebend. prep.,
   während
pendulum, penn-dju-lom, s., Pendel m. & n.
penetrate, penn-i-treht, v., durchdringen
penguin, penn-gu-in, s., Pinguin m.
peninsula, penn-in-ssju-la, s., Halbinsel f.
penitent, penn-i-tent, a., reuig
penniless, penn-i-less, a., mittellos
pension, penn-sch'n, s., Pension f.
pensioner, penn-sch'n-err, s., Pensionsempfänger
pensive, penn-siw, a., gedankenvoll   [m.
people, pih-p'l, s., Leute pl.; (nation) Volk n.
   v., bevölkern   [minz f.
pepper, pepp-er, s., Pfeffer m.; **—mint**, Pfeffer-
per, pörr, prep., per, für, durch; **—cent**, Prozent n.; **—centage**, s., Prozentsatz m.
perambulator, pörr-äm-bju-leh-ter, s., Kinder-
perceive, pörr-ssiew, v., wahrnehmen   [wagen n.
perception, pörr-ssep-sch'n, s., Wahrnehmung f.
perch, pörtsch, s., Sitzstange f.; (fish) Barsch m.
perchance, pörr-tschanss, adv., zufällig, viel-
percolate, pörr-kol-leht, v., filtern   [leicht
peremptory, per-emp-to-ri, a., entschieden
perfect, pörr-fekt, a., vollkommen. v., vervoll-
   kommen. **—ion**, s., Vollkommenheit f.
perfidious, pörr-fi-di-oss, a., treulos
perforate, pörr-for-eht, v., durchlochen

perform, pörr-fo'arm, v., verrichten, leisten; (stage) aufführen; (operation) ausführen; —ance, s., (stage) Vorstellung f.

perfume, pörr-fjuhm, s., Parfüm m.

perfume, pörr-fjuhm, v., parfümieren

perhaps, pörr-häpss, adv., vielleicht

peril, per-ill, s., Gefahr f.; —ous, a., gewagt

period, pi-ri-odd, s., Periode f.; —ical, Zeitschrift f. a., periodisch

periscope, per-iss-kohp, s., Periskop n.

perish, per-isch, v., verderben; (die) umkommen; —able, a., leicht verderblich

perjury, pörr-dschu-ri, s., Meineid m.

permanent, pörr-ma-nennt a., beständig

permeate, pörr-mi-eht, v., durchdringen

permission, pörr-misch-on, s., Erlaubnis f.

permit, pörr-mitt, v., erlauben

permit, pörr-mitt, s., Erlaubnisschein m.

pernicious, pörr-nisch-oss, a., verrucht

perpendicular, pörr-pen-dick-ju-lar, a., senkrecht

perpetrate, pörr-pi-treht, v., verüben [recht

perpetual, pörr-pett-juh-al, a., immerwährend

perplex, pörr-plex, v., verwirren

persecute, pörr-ssi-kjut, v., verfolgen

persecution, pörr-ssi-kju-sch'n, s., Verfolgung f.

perseverance, pörr-ssi-wie-ranss, s., Ausdauer f.

persevere, pörr-ssi-wier, v., beharren

persist, pörr-ssist, v., beharren

person, pörr-sson, s., Person f.; —al, a., persönlich; —ality, s., Persönlichkeit f.; —ate, v., darstellen; —ify, personifizieren

perspective, pörr-s'pek-tiw, s., Perspektive f.

perspicacity, pörr-s'pi-käss-i-ti, s., Scharfblick m.

perspiration, pörr-s'pi-reh-sch'n, s., Schweiß m.

perspire, pörr-s'pair, v., schwitzen

persuade, pörr-ssu-ehdd, v., überreden

persuasion, pörr-ssu'eh-sch'n, s., Überredung f.

pert, pört, a., schnippisch

pertain, pörr-tehn, v., gehören (zu), betreffen

pertinent, per-ti-nent, a., zutreffend

perturb, pörr-törbb, v., beunruhigen

perverse, pörr-wörss, a., verkehrt

pervert, pörr-**wört,** v., verdrehen, entstellen
pest, pest, s., Pest f.; —**er,** v., belästigen
pet, pett, v., liebkosen.   s., Liebling m.
petal, pet-'l, s., Blumenblatt n.
petition, pi-tisch-on, s., Bittschrift f.; —**er,** Bittsteller m.
petrify, pet-ri-fai, v., versteinern   [steller m.
petrol, pet-rol, s., Benzin n.; Triebstoff m.
petroleum, pi-troh-li-om, s., Petroleum n.
petticoat, pet-i-koht, s., Unterrock m.
petty, pet-i, a., kleinlich
pew, pjuh, s., Kirchenstuhl m.
pewter, pjuh-tör, s., Hartzinn n.
phantom, fänn-tom, s., Trugbild n.
phase, fehs, s., Phase f.
pheasant, fäs-ant, s., Fasan m.
phenomenon, fi-nom-i-non, s., Phänomen n.
phial, fai-al, s., Phiole f.
philosopher, fi-loss-o-fer, s., Philosoph m.
phlegm, flemm, s., Phlegma n.; (mucus) Schleim
phosphate, foss-feht, s., Phosphat n.   [m.
phosphorus, foss-fo-ross, s., Phosphor m.
photograph, foh-to-gräff, s., Photographie f.
photographer, foh-togg-raf-er,'s., Photograph m.
phrase, frehs, s., Phrase f.
physical, fis-ik-al, a., körperlich
physician, fi-sisch-an, s., Arzt m., Doktor m.
piano, pi-ä-noh, s., Klavier n.; (grand) Flügel m.
pick, pick, v., picken; (gather) pflücken; (teeth) stochern; —**up,** aufheben.   s., Picke f.
pickle, pick-'l, v., pökeln; —**s,** s.pl., Pickles pl.
pick-pocket, pick-po-kit, s., Taschendieb m.
picnic, pick-nick, s., Picknick n.
picture, pick-tscher, s., Bild n.; (oil) Gemälde n.
pie, pai, s., Pastete englischer Art
piece, piess, s., Stück n.; —**meal,** adv., stückweise
piece-work, piess-u'örk, s., Akkordarbeit f.
pied, paidd, a., scheckig, bunt
pier, pier, s., (seaside) Landungsbrücke f.
pierce, pierss, v., durchstechen
piercing, pierss-ing, a., durchdringend
piety, pai-i-ti, s., Frömmigkeit f.
pig, pigg, s., Schwein n.; — **sty,** Schweinestall m.

pigeon, pidsch-in, s., Taube f.; **—hole,** Fach n.

pig-iron, pigg-ai-ern, s., Roheisen n.

pike, peik, s., (fish) Hecht m.

pilchard, pil-tscherd, s., Pilchard m.

pile, paill, s., (heap) Stoß m.; (post) Pfahl m.; (carpet) Flaum m.; anhäufen

pilfer, pil-fer, v., mausen, stehlen

pilgrim, pill-grimm, s., Pilger m.; **—age,** Wallfahrt f.

pill, pill, s., Pille f. [fahrt f.

pillage, pill-edsch, s., Plünderung f.

pillar, pill-ör, s., Pfeiler m., Säule f.

pillory, pill-o-ri, s., Pranger m.

pillow, pill-oh, s., Kopfkissen n.

pilot, pai-lott, s., Lotse m. v., lotsen

pimpernel, pim-pör-nell, s., Pimpinelle f.

pimple, pim-p'l, s., Pickel m., Bläschen f.

pin, pin, s., Stecknadel f.; (bolt, etc.) Bolzen m. v., anheften

pinafore, pin-a-for, s., Schürze f. [anheften

pincers, pinss-örss, s.pl., Kneifzange f.

pinch, pintsch, s., Kniff m. v., kneifen; (press) drücken

pine, painn, s., (tree) Kiefer f. v., sich grämen; **— for,** schmachten nach; **—apple,** s., Ananas f.

pinion, pinn-ion, s., fesseln. s., (mech.) Ritzel m.

pink, pink, s., Blaßrot n.; (flower) Nelke f. a., rosa

pinnacle, pinn-a-k'l, s., Gipfel m. [rosa

pint, paint, s., Schoppen m. (0.57 Liter)

pioneer, pai-o-nier, s., Pionier m.; Bahnbrecher m.

pious, pai-oss, a., fromm [m.

pip, pip, s., [Obst-]Kern m.

pipe, paip, s., Röhre f., Rohr n.; (tobacco) Pfeife f.; **—dream,** s., Luftschloß n.

pirate, pai-rett, s., Seeräuber m.

pistol, piss-t'l, s., Pistole f.

piston, piss-t'n, s., Kolben m.

pit, pitt, s., Grube f.; (theatre) Parterre n.

pitch, pitsch, s., (tar) Pech n.; (mus.) Tonhöhe f. v., (throw) werfen; (naut.) stampfen

pitcher, pit-scher, s., Krug m.

pitchfork, pitsch-fo'ark, s., Mistgabel f.

piteous, pi-ti-oss, a., kläglich

pitfall, pit-fo'al, s., Fallgrube f.

pith, pith, s.; Mark n.; Kern m.; Quintessenz f.

pitiable, pit-i-a-b'l, a., kläglich, elend

pitiful, pit-i-full, a., mitleidig; elend

pitiless, pit-i-less, a., unbarmherzig

pity, pit-i, s., Mitleid n.; **what a** —! wie schade !

pivot, pi-wott, s., Drehpunkt m.

placard, plä-kahrdd, s., Plakat n.

placate, plä-keht, v., besänftigen

place, plehss, s., Platz m.; (locality) Ort m.; (home) Wohnung f. v., (put) stellen; (lay)

placid, pläss-idd, a., sanft, gelassen [legen

plagiarism, pleh-dschi-a-rism, s., Plagiat n.

plague, plehgg, s., Seuche f.; (fig.) Plage f. v.,

plaice, plehss, s., Scholle f. [plagen

plain, plehn, s., Ebene f. a., (simple) einfach; (looks) unansehnlich; (clear) klar

plaint, plehnt, s., Klage f.; (legal) Klageschrift f.; —**iff,** Kläger m., Klägerin f.; —**ive,** a., klagend

plait, plätt, s., Zopf m. v., flechten

plan, plän, s., Plan m.; (draft) Entwurf m. v., planen; (contrive) ausdenken

plane, plehn, v., hobeln. s., Hobel m.; —**tree,**

planet, plän-it, s., Planet m. [Platane f.

plank, plänk, s., Planke f., Brett n.

plant, plahnt, v., pflanzen. s., Pflanze f.; (mech.) Anlage f.; —**ation,** Pflanzung f.

plaster, plahss-ter, v., bepflastern. s., Pflaster n.; (building) Mörtel m.; (med.) Gipsverband m.; **court-** —, Englisches Pflaster n.; — **of Paris,** Gips m.

plastic, pläs-tik, s., Kunststoff m.; a., plastisch

plate, pleht, v., plattieren; (gild) vergolden; (silver) versilbern. s., Teller m.; (metal) Platte f.; (family) Silber n.; — **-glass,** Spiegelglas n.

platform, plät-fo'arm, s., Plattform f.; Tribüne f.; (station) Bahnsteig m.

platinum, plät-i-nom, s., Platin n.

play, pleh, v., spielen. s., Spiel n.; (theatre) Stück n.; —**er,** Spieler m., Spielerin f.; —**ful,** a., spielend, scherzhaft; —**ground,** s., Spielplatz m.

plea, plieh, s., Bitte f.; (petition) Gesuch n.; (excuse) Vorwand m.

plead, pliehdd, v., bitten; (law) plädieren

pleasant, ples-ant, a., angenehm

please, pliehs, v., gefallen. interj., bitte! —**d,**

pleasing, pliehs-ing, a., angenehm [a., erfreut

pleasure, plä-scher, s., Vergnügen n.

pledge, plädsch, s., Pfand n.; (oath) Gelübde n. v., (pawn) verpfänden, versetzen

plenty, plen-ti, a., reichlich, genügend

pleurisy, plu-ri-ssi, s., Rippenfellentzündung f.

pliable, plai-a-b'l, a., geschmeidig

pliers, plai-erss, s.pl., Drahtzange f.

plight, plaitt, s., Lage f., Zustand m.

plod, plodd, v., (work) sich abmühen; — **along,** streben; —**der,** s., Streber m.

plot, plott, s., Komplott n.; (land) Grundstück n.; (story) Knoten m. v., komplottieren

plotter, plott-er, s., Verschwörer m.

plough, plauh, v., pflügen. s., Pflug m.; —**man,** plov-er, s., Kiebitz m. [Ackersman m.

plover, plov-er, s., Kiebitz m. [Ackersman m.

pluck, plack, v., pflücken. s., (fig.) Mut m.

plug, plagg, v., zustopfen. s., Pflock m.; (electric) Steckkontakt m.; **sparking** —, Zündkerze f.

plum, plomm, s., Pflaume f.; — -**tree,** Pflaumen- [baum m.

plumage, pluh-medsch, s., Gefieder n.

plumb, plomm, s., Senkblei n. v., sondieren

plumber, plomm-er, s., Klempner m.

plump, plomp, a., drall; v., fett

plunder, plon-der, v., Beute f. v., plündern

plunderer, plon-der-er, s., Plünderer m.

plunge, plondsch, v., tauchen; (dagger) stoßen

plural, pluh-ral, s., Mehrzahl f., Plural m.

plus, ploss, adv., plus, mehr

plush, plosch, s., Plüsch m.

ply, plai, v., (trade) betreiben. s., (3-ply wood) Sperrholz n.; (3-ply wool) drei-fädige Wolle f.; — **between,** (naut.) verkehren zwischen

pneumatic, njuh-mä-tik, a., pneumatisch

pneumonia, njuh-mo-ni-a, s., Lungenentzündung f.

poach, pohtsch. v., wildern; **—ed eggs,** s.pl., Setzeier n.pl.; **—er,** Wilddieb m.

pocket, pok-it, v., einstecken. s., Tasche f.

pod, podd, s., Hülse f.; (peas) Schote f.

poem, poh-em, s., Gedicht n.

poet, poh-et, s., Dichter m., Dichterin f.

poetry, poh-et-ri, s., Gedichte n.pl., Poesie f.

point, peunnt, v., (finger) hindeuten; (sharpen) anspitzen; (point out) zeigen. s., (tip) Spitze f.; (punctuation) Punkt m.; **—er,** Zeiger m.; (dog) Vorstehhund m.

poise, peus, s., (deportment) Haltung f.

poison, peu-s'n, s., Gift n.   [giftig v., vergiften; **—ous,** a.,

poke, pohk, s., Stoß m.   v., stoßen; (fire) schüren

poker, poh-ker, s., Schüreisen n.; (cards) Pokerspiel n.

pole, pohl, s., Stange f.; (arctic) Pol m.   [spiel n.

police, po-liess, s., Polizei f.; **—man,** Schutzmann m.; **— station,** Polizeiwache f.

policy, pol-iss-i, s., Politik f.; (insurance) Police f.

polish, pol-isch, s., (gloss) Glanz m.; (furniture) Politur f.; (shoes) Wichse f. v., polieren; wichsen

polite, po-lait, a., höflich; **—ness,** s., Höflichkeit f.

political, po-lit-i-k'l, a., politisch

politician, po-li-tisch-an, s., Politiker m.

politics, pol-i-tiks s., Politik f.

poll, pohll, s., (election) Wahl f.; **— for,** v., stimmen für

pollute, po-ljuht, v., verunreinigen   [men für

pomade, pom-ehd, s., Pomade f., Salbe f.

pomegranate, pomm-grä-neht, s., Granatapfel

pomp, pomp, s., Prunk m.; **—ous,** a., hochtrabend

pond, pondd, s., Teich m.

ponder, pon-der, v., erwägen; **—ous,** a., schwerfällig

pontiff, pon-tiff, s., Oberpriester m.   [fällig

pony, poh-ni, s., Pony m. & n.

poodle, puh-d'l, s., Pudel m.

pool, puhl, s., (pond) Teich m.; (puddle; blood) Lache f.; (cards) Einsatz m.; (billiards) Poulespiel n.

poop, puhp, s., Achterhütte f.   [spiel n.

poor, puhr, a., arm. s., Armen pl.; **—ness,** Armut

pop, popp, v., knallen. s., Knall m.   [f.

Pope, pohp, s., Papst m.

poplar, pop-lar**, s.,** Pappel f.

poplin, pop-lin**, s.,** Poplin m.

poppy, pop-i**, s.,** Mohnblume f., Klatschrose f.

populace, pop-juh-lass**, s.,** Volk n., Pöbel m.

popular, pop-juh-lar**, a.,** beliebt; volkstümlich

populate, pop-juh-leht**, v.,** bevölkern

population, pop-juh-leh-sch'n**, s.,** Bevölkerung f.

populous, pop-juh-loss**, a.,** stark bevölkert

porcelain, porrs-i-lin**, s.,** Porzellan n.

porch, portsch, s., Vorhalle f.; Portal n.

porcupine, porr-kju-pain**, s.,** Stachelschwein n.

pore, pohr, s., Pore f.; **— over,** v., emsig studieren

pork, pohrk, s., Schweinefleisch n.; **—butcher,** Schweineschlächter m.

porous, porr-oss **a.,** porös

porpoise, porr-poss**, s.,** Tümmler m.

porridge, porr-idsch**, s.,** Haferschleim m.

port, port, s., (wine) Portwein m.; (harbour) Hafen m.; (naut.) Backbord n.; **—hole,** Bullauge n. [Bullauge n.

portable, port-a-b'l**, a.,** tragbar

portend, porr-tendd**, v.,** vorbedeuten

porter, porr-ter**, s.,** (door) Portier m.; (luggage) Träger m.; **—age,** Trägerlohn m.

portfolio, port-foh-li-oh**, s.,** Mappe f.; (ministerial) Portefeuille n.

portion, porr-sch'n**, s.,** Portion f.; (share) Teil m.

portly, port-li**, a.,** (stout) wohlbeleibt

portmanteau, port-män-toh**, s.,** Handkoffer m.

portrait, porr-trett**, s.,** Porträt n.

portray, porr-treh**, v.,** malen; (describe) schildern

pose, pohs, s., Haltung f. **v.,** posieren; **— as,** sich ausgeben für

position, po-si-sch'n**, s.,** Lage f.; (job) Stellung f.

positive, pos-i-tiw**, a.,** positiv; (certain) sicher

possess, po-sess**, v.,** besitzen; **—or,** s., Besitzer m.

possession, po-sesch-'n**, s.,** Besitz m.; (land) Gut n. [n.

possibility, poss-i-bil-i-ti**, s.,** Möglichkeit f.

possible, poss-i-b'l**, a.,** möglich

possibly, poss-i-bli**, adv.,** möglicherweise

post, pohst, v., auf die Post bringen. **s.,** Post f.; (wood, iron) Pfosten m., Stange f.; (job) Stelle f.; **—age,** Porto n.; **—card,** Postkarte f.;

— **-date**, v., nachdatieren; **—-free**, a.,
franko; **—man**,**'s.**, Briefträger m.; **—-master**,
Postdirektor m.; **— -mortem**, Leichenschau
f.; **—-office**, Postamt n.; **—-pone**, v., aufschieben; **—-script**, s., Nachschrift f.

poster, pohss-ter. s., Plakat n.

posterior, post-ie-ri-or, s., Hinterteil n. a., hinter

posterity, poss-ter-i-ti, s., Nachwelt f.

posture, poss-tjur, s., Stellung f., Positur f.

pot, pot, s., Topf m. v., (plants) versetzen

potash, pot-äsch, s., Pottasche f., Kali n.

potato, po-teh-to, s., Kartoffel f.

potent, poh-tent, a., kräftig, stark

potential, po-tenn-sch'l, s., Potential n. a., po- [tentiell

potion, poh-sch'n, s., Trank m.

pottery, pot-er-i, s., Töpferei f.; Steingut n.

pouch, pautsch, s., Sack m.; Beutel m.

poulterer, pohl-ter-er, s., Geflügelhändler m.

poultice, pohl-tiss, s., Umschlag m.

poultry, pohl-tri, s., Geflügel n.

pounce, paunss, v., (on, upon) herfallen über

pound, paund, s., Pfund n. v., zerstampfen

pour, pohrr, v., gießen; **— out**, (serve) einschenken

pout, paut, v., schmollen. s., Schmollen n.

poverty, pow-er-ti, s., Armut f.

powder, pau-der, v., pudern. s., Pulver n.;
(face) Puder m.; **—-puff**, Puderquaste f.

power, pau-er, s., Macht f., Gewalt f.; (mech.)
Kraft f.; **—ful**, a., mächtig, stark; **—less**,
machtlos

practicable, präk-ti-ka-b'l, a., tunlich, möglich

practical, präk-ti-k'l, a., praktisch

practice, präk-tiss, s., Praxis f.; (custom) Gebrauch m.; (exercise) Übung f.

practise, präk-tiss, v., üben; (med.) praktizieren

practitioner, präk-tisch-on-er, s., (med.) prak-
tischer Arzt m.

praise, prehs, v., loben. s., Lob n.

praiseworthy, prehs-u'örrth-i, a., lobenswert

prance, prahnss, v., stolzieren, herumhüpfen

prank, pränk, s., Streich m.

prattle, prä-t'l, v., schwatzen. **s., Geschwätz n.**

prawn, pro'ahn, s., Garnele f., Garnale f.

pray, preh, v., beten; (fig.) bitten

prayer, preh-er, s., Gebet n.; — -book, Gebetbuch n.; **Lord's Prayer,** das Vaterunser n.

preach, prietsch, v., predigen; —er, s., Prediger m.

precarious, pri-keh-ri-oss, a., prekär, riskant

precaution, pri-ko'a-sch'n, s., Vorsicht f.

precede, pre-ssied, v., vorangehen

precedence, pre-ssie-denss, s., Vortritt m.

precedent, pre-ssie-dent, s., Präzedenzfall m.

precept, pri-ssept, s., Lehre f., Regel f.; (law) Befehl m.; —or, Erzieher m.

precinct(s), pri-ssinkt[s], s., [Amts-]Bezirk m.

precious, presch-oss, a., kostbar; Edel...

precipice, press-i-piss, s., Abgrund m.

precipitate, pri-ssip-i-teht, v., stürzen. a., übereilt

precise, pri-ssaiss, a., genau; (formal) steif

precision, pri-ssi-sch'n, s., Präzision f.

preclude, pri-kluhd, v., (obviate) vorbeugen

precocious, pri-koh-schoss, a., altklug, frühreif

predatory, pred-a-to-ri, a., räuberisch, Raub...

predecessor, pri-di-ssess-or, s., Vorgänger m.

predicament, pri-dik-a-m'nt, s., Verlegenheit f.

predicate, pre-di-keht, s., (gram.) Prädikat n.

predict, pri-dickt, v., prophezeien, vorhersagen

prediction, pri-dick-sch'n, s., Prophezeiung f.

predominant, pri-dom-i-nant, a., vorherrschend

pre-eminent, pri-em-i-nent, a., hervorragend

preface, pref-iss, s., Vorwort n.

prefect, pri-fekt, s., Präfekt m.; (school) Aufseher

prefer, pri-förr, v., vorziehen; bevorzugen [m.

preferable, pref-er-a-b'l, a., vorzuziehen

preference, pref-er-enss, s., Vorzug m.

prefix, pri-fix, s., Vorsilbe f.. v., voransetzen

pregnancy, pregg-nan-ssi, s., Schwangerschaft f.

pregnant, pregg-nant, a., schwanger; (animals) trächtig

prejudice, pre-dschu-diss, v., beeinträchtigen. s., Vorurteil n.; **without —,** unter Vorbehalt

prejudiced, pre-dschu-dist, a., voreingenommen

prejudicial, pre-dschu-disch-al, a., nachteilig

prelate, prel-et, s., Kirchenfürst m., Prälat m.

preliminary, pre-lim-i-na-ri, a., einleitend. s., Vorbereitung f.

prelude, prel-juhd, s., Vorspiel n.

premature, prem-a-tjur, a., vorzeitig

premeditate, pri-medd-i-teht, v., vorbedenken

premier, prih-mi-er, s., Premierminister m. a., erst

premises, prem-i-ssis, s., Gebäude n., Lokal n.

premium, prih-mi-omm, s., Aufgeld n.; (insurance) Prämie f.

preparation, prep-a-reh-sch'n, s., Vorbereitung f.

prepare, pri-**pähr,** v., vorbereiten; herrichten [f.

prepay, pri-**peh,** v., vorausbezahlen; frankieren

prepossessing, pri-po-sess-ing, a., anziehend

preposterous, pri-poss-ter-oss, a., widersinnig

prerogative, pri-rogg-a-tiv, s., Vorrecht n.

presage, press-edsch, s., Vorahnung f.

prescribe, pri-s'kraibb, v., vorschreiben [n.

prescription, priss-krip-sch'n, s., (med.) Rezept

presence, pres-enss, s., Gegenwart f.; — of mind, Geistesgegenwart f. [ken

present, präs-ent, v., präsentieren; (give) schen-

present, präs-ent, s., Geschenk n. a., gegenwärtig; anwesend; **—ation,** s., Vorstellung f.; (gift) Überreichung f.; **—ly,** adv., sogleich

presentiment, präs-ent-i-ment, s., Vorahnung f.

preservation, pri-sörw-eh-sch'n, s., (state, condition) Erhaltung f.

preserve, pri-**sörw,** v., (defend) behüten; (in good state) erhalten; (fruit, etc.) einmachen

preserves, pri-**sörws,** s.pl., Konserven f.pl.

preside, präs-i-said, v., präsidieren

president, präs-i-dent, s., Präsident m.; (chairman) Vorsitzende m.

press, press, s., Presse f. v., drücken, auspressen; (clothes) bügeln; **—ing,** a., dringend; **—man,** s., Journalist m.

pressure, presh-er, s., Druck m.; (blood) Andrang

presume, pri-**sjuhm,** v., vermuten [m.

presumption, pri-somp-sch'n, s., Anmaßung f.

pretence, pri-**tenss,** s., Vorwand m.

pretend, pri-**tendd,** v., vorgeben

pretentious, pri-ten-*sch*oss, a., anspruchsvoll

pretext, pri-*text*, s., Vorwand m.

pretty, prit-i, a., hübsch, nett   [anlassen

prevail, pri-*wehl*, v., vorherrschen; (upon) ver-

prevalent, prew-*a*-lent, a., vorherrschend   [chen

prevaricate, pri-wär-i-*keht*, v., Ausflüchte ma-

prevent, pri-*went*, v., verhindern; —ion, s.,
    Verhinderung f.; —ive, a., vorbeugend

previous, pri-wi-*oss*, a., früher

prevision, pri-wi-*sch'n*, s., Voraussehen n.

prey, preh, s., Beute f., Raub m. v., rauben

price, praiss, s., Preis m.; —less, a., unschätzbar

prick, prick, s., Stich m. v., stechen; —ly, a.,

prickle, prick-'l, s., Stachel m.   [stachelig

pride, praidd, s., Stolz m. v., sich brüsten

priest, priehst, s., Priester m.

prig, prigg, s., eingebildete Laffe m.

prim, primm, a., zimperlich, geziert   [Haupt...

primary, *prai*-ma-ri, a., ursprünglich; (main)

primate, *prai*-met, s., (eccl.) Primas m.

prime, praim, s., (of life, period) Blüte f. a.,
    (quality) prima. v., (prepare) vorbereiten;
    — minister, s., Premierminister m.

primer, *prai*-mer, s., Elementarbuch n.

primitive, primm-i-tiw, a., primitiv

primrose, primm-*rohs*, s., Primel f.

prince, prinss, s., Prinz m., Fürst m.

princely, prinss-li, a., fürstlich

princess, prin-*ssess*, s., Prinzessin f., Fürstin f.

principal, prin-ssi-p'l, s., Prinzipal m.; (main)
    Haupt... n.; (chief) Chef m. a., hauptsächlich

principle, prin-ssi-p'l, s., Prinzip n., Grundsatz
    m.; on —, grundsätzlich

print, prinnt, s., Druck m.; (photo) Abzug m.
    v., drucken; —er, s., Drucker m.; —ing,
    Druck m.; —ing-works, Druckerei f.

prior, *prai*-or, s., Prior m. a., früher. adv., vor

priority, prai-*or*-i-ti, s., Vorrang m.

priory, *prai*-or-i, s., Priorei f.

prism, primm, s., Prisma n.; —atic, a., pris-
    matisch   [m. & f.

prison, pri-s'n, s., Gefängnis n.; —er, Gefangene

privacy, prai-*w*a-ssi, s., Zurückgezogenheit f.

private, prai-wet, a., privat

privation, prai-weh-sch'n, s., Entbehrung f.

privilege, priw-i-lidsch, s., Vorrecht n. v., privi-

prize, prais, s., Preis m. v., schätzen [legieren

pro, pro, prep., für; **pro and con,** für und wider

probable, prob-*a*-b'l, a., wahrscheinlich

probate, proh-bet, s., Testamentsbestätigung f.

probation, pro-beh-sch'n, s., Probezeit f.; **—er,** Probeanwärter m.; (eccl.) Novize m.

probe, prohb, v., sondieren, prüfen

probity, prob-i-ti, s., Redlichkeit f.

problem, prob-lemm, s., Problem m., Aufgabe f

procedure, pro-ssie-djur, s., Verfahren n.

proceed, pro-ssiedd, v., fortschreiten; **—s,** s., Ertrag m.; **—ings,** Verhandlungen f.pl.; (legal) gerichtliches Verfahren n.

process, proh-ssess, s., Verfahren n.; (chemical) Prozess m.

procession, pro-ssesch-on, s., Prozession f.

proclaim, pro-klehm, v., bekanntmachen [tion f.

proclamation, prok-l*a*-meh-sch'n, s., Proklama-

proclivity, pro-kli-wi-ti, s., Neigung f., Hang m.

procrastination, pro-kräss-ti-neh-sch'n, s., Aufschub m., Verzögerung f.

proctor, prok-tör, s., (university) Proktor m.

procurable, pro-kjuh-*r*a-b'l, a., erhältlich [pimp] kup-

procure, pro-kjuhr, v., verschaffen; (pimp) kup-

prod, prodd, s., Stich m. v., stossen, stechen

prodigal, pro-di-gal, s., Vergeuder m. a., verschwenderisch!

prodigious, pro-didsch-oss, a., ungeheuer

prodigy, pro-didsch-i, s., Wunderkind m.

produce, pro-djuss, s., Erzeugnis n. v., erzeugen

producer, pro-dju-sser, s., Produzent m.

product, pro-dakt, s., Produkt n., Erzeugnis n.

production, pro-dak-sch'n, s., Produktion f.

profane, pro-fehn, a., profan. v., entweihen

profess, pro-fess, v., vorgeben; **—or,** s., Professor

profession, pro-fesch-'n, s., Beruf m.; **—al,** a., berufsmäßig

proficiency, pro-fisch-en-si, s., Tüchtigkeit f.

proficient, pro-**fisch**-ent, a., bewandert
profile, proh-**fail,** s., Profil n.
profit, pro-fitt, s., Gewinn m. v., gewinnen;
——**able,** a., einträglich; ——**eer,** s., Schieber m.
profligate, pro-fli-geht, a., liederlich
profound, pro-**faund,** a., teif, gründlich
profuse, pro-**fjuhss,** a., reichlich [gen
prognosticate, progg-**noss**-ti-keht, v., vorhersa-
programme, pro-gräm, s., Programm n.; ——**r,**
s., Programmierer m.
progress, proh-gress, s., Fortschritt m.
progress, pro-**gress,** v., vorwärts kommen
prohibit, proh-**hibb**-itt, v., verbieten
prohibition, pro-hibb-**isch**-'n, s., Verbot n.
project, pro-dschekt, s., Projekt n.
project, pro-**dschekt,** v., hervorstehen; ——**ile,** s.,
Geschoss n.; ——**ion,** Vorsprung m.
proletarian, pro-li-tä-**ri**-an, s., Proletarier m.
prologue, pro-logg, s., Prolog m.
prolong, pro-**longg,** v., verlängern
promenade, prom-i-**nahdd,** s., Spaziergang m.
v., spazieren
prominent, pro-min-ent, a., hervorragend
promiscuous, pro-**miss**-kju-oss, a., vermischt
promise, pro-miss, s., Versprechen n. v., versprechen
promissory note, pro-miss-o-ri noht, s., Schuldschein m.
promote, pro-**moht,** v., fördern; gründen
promoter, pro-**moh**-ter, s., Förderer m.; **com-**
pany ——, Gründer m.
promotion, pro-**moh**-sch'n, s., Beförderung f.
prompt, prompt, a., prompt. v., (stage) soufflie-
ren; (induce) anregen; ——**er,** s., Souffleur m.
prone, prohn, a., geneigt; (lying) liegend
prong, prongg, s., Zinke f.
pronoun, proh-naun, s., Fürwort n.
pronounce, proh-**naunns,** v., aussprechen;
(judgment) verkünden [sprache
pronunciation, pro-**nonss**-i-**eh**-sch'n, s., Aus-
proof, pruhf, s., Beweis m., Probe f.; (printer's)
Abzug m. a., standhaft

prop, propp, s., Stütze f. v., stützen
propagate, prop-*a*-geht, v., fortpflanzen
propel, pro-**pell**, v., vorwärtstreiben; **—lant**, s., Treibmittel n.; **—ler**, s., Propeller-Schraube f.
proper, prop-*er*, a., passend; (decent) anständig
property, prop-er-ti, s., Eigentum n.; (landed) Gut n. [m.
prophecy, pro-fess-i, s., Prophezeiung f. [Gut n.
prophesy, pro-fi-ssai, v., prophezeien
prophet, pro-fett, s., Prophet m.
propitious, pro-pisch-oss, a., günstig
proportion, pro-por-sch'n, s., Verhältnis n.; Symmetrie f.; (share) Anteil m.
proposal, pro-pohs-*al*, s., Vorschlag m.; (marriage) Heiratsantrag m.
propose, pro-**pohs**, v., vorschlagen
proprietary, pro-**prai**-et-*a*-ri, a., besitzend
proprietor, pro-**prai**-e-ter, s., Besitzer m., Eigentümer m.
proprietress, pro-**prai**-e-tress, s., Besitzerin f.
propriety, pro-**prai**-e-ti, s., Schicklichkeit f.
propulsion, pro-**pal**-sch'n, s., Antrieb m.; **jet —**, s., Düsenantrieb m.
proscribe, pro-s'**kraibb**, v., ächten
prose, prohs, s., Prosa f.
prosecute, pro-ssi-**kjuht**, v., (law) anklagen
prosecution, pro-ssi-**kjuh**-sch'n, s., Anklage f.
prosecutor, pro-ssi-**kjuh**-ter, s., Ankläger m.
prospect, pro-s'**pekt**, s., Aussicht f.
prospective, pro-s'**pek**-tiw, a., zukünftig
prospectus, pro-s'**pek**-toss, s., Prospect m.
prosper, pross-per, v., gedeihen
prosperity, pross-**per**-i-ti, s., Wohlstand m.
prosperous, pross-per-oss, a., gedeihlich
prostitute, pross-ti-tjuht, s., Dirne f., Prostituierte f. v., prostituieren
prostrate, pross-treht, v., (oneself) niederfallen. a., (sorrow) niedergeschlagen; (humbly) fußfällig
prostration, pross-**treh**-sch'n, s., Fußfall m.; (med.) Entkräftung f. [m.
protect, pro-**tekt**, v., beschützen; **—ion**, s., Schutz [m.
protest, pro-test, s., Einspruch m. v., protestieren

protract, pro-träkt, v., hinausschieben
protrude, pro-truhd, v., hervorstehen
proud, praudd, a., stolz
provable, pruh-*wa*-b'l, a., nachweisbar
prove, pruhw, v., beweisen; (test) prüfen
proverb, pro-wörbb, s., Sprichwort n.
provide, pro-waidd, v., versorgen
provided, pro-wai-did, conj., vorausgesetzt
providence, pro-wi-denns, s., Vorsehung f.
provident, pro-wi-dennt, a., vorsorglich, sparsam
provider, pro-wai-der, s., Lieferant m. [reich m.
province, pro-winss, s., Provinz f.; (sphere) Be-
provision, pro-wi-sch'n, s., Vorkehrung f.; —s,
    pl., Lebensmittel n.pl.; —al, a., provisorisch
provocation, pro-wo-keh-sch'n, s., Reizung f.
provoke, pro-wohk, v., herausfordern, reizen
provost, pro-wosst, s., Vorsteher m.
prow, prau, s., Bug m.
prowess, prau-ess, s., Tapferkeit f.
prowl, praull, v., herumstreifen
proximity, prox-i-mi-ty, s., Nähe f.
proxy, pro-xi, s., Stellvertreter m.; **by —,** in Ver-
    tretung
prude, pruhdd, s., Prüde f.; **—nce,** Vorsicht f.;
    —nt, a., klug, vorsichtig; **—ry,** s., Sprödig-
prudish, pruh-disch, a., geziert, spröde [keit f.
prune, pruhn, s., Backpflaume f. v., (trees) stutzen
prussic acid, pru-ssik äss-idd, s., Blausäure f.
pry, prai, v., spähen, scharf schauen
psalm, sahm, s., Psalm m.
pseudonym, sjuh-do-nim, s., Pseudonym n.
psychology, sai-ko-*lo*-dschi, s., Psychologie f.
public, *pa*b-lik, s., Publikum n. v., öffentlich;
    —an, s., Schenkwirt m.; **— -house,** Wirts-
    haus n.
publication, *pa*b-li-keh-sch'n, s., Publikation f.;
    Herausgabe f.; (notification) Veröffentlichung
publish, *pa*b-lisch, v., veröffentlichen; (books)
    herausgeben; **—er,** s., Verleger m.
pucker, *pa*k-ker, v., runzeln. s., Falte f.
pudding, pud-ding, s., Pudding m.; **black —.**
    Blutwurst f.

puddle, padd-'l, s., Pfütze f., Lache f.

puerile, pjuh-er-il, a., kindisch

puff, paff, s., (breath) Hauch m.; (wind) Windstoß m. v., schnaufen; (swell) aufblasen; **powder——,** s., Puderquaste f.; **—y,** a., aufgedunsen

pug, pagg, s., (dog) Mops m.; **—nacious,** a., kampflustig; **——nosed,** a., stumpfnäsig

pull, pull, s., Zug m.; (tension) Spannung f. v., ziehen; reißen; **— down,** hinunterziehen; (demolish) abreißen; **— out,** ausziehen; **— up,** hinaufziehen

pullet, pull-it, s., Hühnchen n.

pulley, pull-i, s., Rolle f., Flaschenzug m.

pulp, palp, v., zu Brei machen. s., Brei m., Pülpe f.; **wood——,** s., Holzpülpe f.

pulpit, pull-pit, s., Kanzel f.

pulse, palss, s., Puls m.

pulverize, pal-ver-ais, v., pulverisieren

pumice-stone, pom-iss-s'tohn, s., Bimsstein m.

pump, pomp, s., Pumpe f. v., pumpen

pun, ponn, s., Wortspiel n.; (poor) Kalauer m.

punch, pontsch, v., schlagen, boxen; **—,** s., Schlag m.; (tool) Locheisen n.; (drink) Punsch m.; (Punch and Judy show) Kasperletheater n.

punctilious, ponk-til-i-oss, a., spitzfindig; förmlich

punctual, ponk-tjuh-al, a., pünktlich

punctuate, ponk-tjuh-eht, v., interpunktieren

punctuation, ponk-tjuh-eh-sch'n, s., Interpunktion f.

puncture, ponk-tscher, s., Stich m.; (tyre) Reifenpanne f.

pungency, pon-dschen-ssi, s., Schärfe f.

pungent, pon-dschent, a., scharf, beißend

punish, pon-isch, v., bestrafen, strafen; **—able,** a., strafbar; **—ment,** s., Strafe f.

punitive, pjuh-ni-tiw, a., strafend

punt, ponnt, s., Schauke f. v., staken

puny, pjuh-ni, a., schwächlich

pupil, pjuh-pil, s., Schüler m., Schülerin f.; (eye) Pupille f.

puppet, popp-it, s., Gliederpuppe f.

puppy, popp-i, s., Hündchen n.; (fig.) Laffe m.

purchase, pörr-tschess, s., Einkauf m. v., einkaufen; **—r,** s., Käufer m.

pure, pjuhr, a., rein; (chaste) keusch
purgative, pörr-gat-iw, s., Abführungsmittel n.
purgatory, pörr-ga-to-ri, s., Fegefeuer n.
purge, pördsch, v., reinigen; (med.) abführen
purify, pjuh-ri-fai, v., reinigen
purity, pjuh-ri-ti, s., Reinheit f.; (chastity) Keu-
purloin, pörr-leun, v., entwenden [schheit f.
purple, pörr-p'l, s., Purpur m. a., purpurfarbig
purport, pörr-port, s., Zweck m. v., besagen
purpose, pörr-poss, s., Absicht f. v., bezwecken
purposely, pörr-poss-li, adv., absichtlich
purr, pörr, v., schnurren
purse, pörss, s., Portmonaie n.; Börse f.
purser, pörr-ser, s., Proviantmeister m.
pursue, pörr-ssjuh, v., verfolgen; (aim) nachstre-
pursuit, pörr-ssjuht, s., Verfolgung f. [ben
purveyor, pörr-weh-er, s., Lieferant m.
pus, pöss, s., Eiter m.
push, pusch, v., stoßen, schieben; (press) drücken.
s., Stoß m., Schub m.
pushing, pusch-ing, a., (enterprising) unterneh-
puss, puss, s., Katze f., Miezekatze f. [mend
put, putt, v., (lay) legen; (upright) stellen; (set)
setzen; — **off,** aufschieben; — **on,** anziehen
putrefy, pjuh-tri-fai, v., verfaulen
putrid, pjuh-trid, a., faul
putty, pat-ti, s., Kitt m.
puzzle, pas-'l, v., irremachen; (be perplexed)
irre sein. s., Rätsel n.; **crossword** —,
Kreuzworträtsel n.
pyjamas, pi-dschah-mas, s.pl., Schlafanzug m.
pylon, pai-l'n, s., Pylon m., Mast m.
pyramid, pir-a-midd, s., Pyramide f.
python, pai-thon, s., Python m., Riesenschlange f.

quack, ku'äck, v., quaken. s., Quacksalber m.
quadruped, ku'o-dru-pedd, s., Vierfüßer m.
quadruple, ku'o-dru-p'l, a., vierfach
quagmire, ku'äg-mair, s., Sumpfboden m.
quail, ku'ehl, s., Wachtel f. v., verzagen [keit f.
quaint, ku'ehnt, a., seltsam; —**ness,** s., Seltsam-

quake, ku'ehk, v., beben; **earth—,** s., Erdbeben n.

qualification, ku'o-li-fi-**keh**-sch'n, s., Qualifikation f.; Befähigung f.; Einschränkung f.

qualify, ku'o-li-fai, v., qualifizieren; berechtigen

quality, ku'o-li-ti, s., Qualität f.; (characteristic) Eigenschaft f.

qualm, ku'oahm, s., Bedenken n.

quandary, ku'on-da-ri, s., Verlegenheit f.

quantity, ku'on-ti-ti, s., Quantität f.; Menge f.

quarantine, ku'or-an-tiehn, s., Quarantäne f.

quarrel, ku'or-'l, v., streiten. s., Streit m.

quarrelsome, ku'or-el-ssom, a., streitsüchtig

quarry, ku'or-i, s., Steinbruch m.; (prey) Beute f.

quart, ku'ort, s., Quart m.; (music) Quarte f.

quarter, ku'or-ter, v., vierteilen. s., Viertel n.; (period) Vierteljahr n.; **—day,** Quartalstag m.; **—ly,** a. & adv., vierteljährlich; **—master,** s., Quartier-meister m.

quartet, ku'or-tet, s., Quartett n.

quartz, ku'ortz, s., Quarz m. [stoßen

quash, ku'osch, v., zerdrücken; (a verdict) umquaver, ku'eh-wer, v., zittern. s., (mus.) Achquay, kieh, s., Kai m., Ufermauer f. [telnote f.

queen, ku'iehn, s., Königin f.

queer, ku'iehr, a., sonderbar; (ill) unwohl

quell, ku'ell, v., unterdrücken; (allay) stillen

quench, ku'entsch, v., auslöschen; (fig.) stillen

querulous, ku'er-u-loss, a., klagsüchtig; klagend

query (see **question**)

quest, ku'est, s., Suche f., Nachforschung f.

question, ku'ess-tjon, s., Frage f. v., (doubt) bezweifeln; (interrogate) zur Rede stellen; **—able,** a., fraglich; **— mark,** s., Fragezeichen

queue, kjuh, s., Schlange f. v., schlange stehen

quibble, ku'ib-b'l, s., (evasion) Ausflucht f. v., (evade) Frage umgehen

quick, ku'ick, a., schnell, rasch; (wit) lebhaft; **—en,** v., (animate) beleben; (hasten) beschleunigen; **—lime,** s., Ätzkalk m.; **—ness,** Schnelligkeit f.; (smart) Gewandtheit f.; **—sands,** Triebsand m.; **—silver,** Quecksilber n.

quiet, ku'ai-et, a., ruhig. s., Ruhe f., Stille f.

quill, ku'ill, s., Federkiel m.

quilt, ku'ilt, s., Steppdecke f.

quince, ku'innss, s., Quitte f.

quinine, kui-nihn, s., Chinin n.

quire, ku'airr, s., (paper) 24 Bogen Papier n.

quit, ku'itt, v., verlassen; —s, adv., quitt

quite, ku'ait, adv., ganz, völlig [zittern

quiver, ku'iw-er, s., (sheath) Köcher m. v., beben,

quoit, keut, s., Wurfring m., Wurfscheibe f.

quota, ku'oh-ta, s., Kontingent n., Quote f.

quotation, ku'oh-teh-sch'n, s., (citation) Zitat n.; (price) Preisangabe f.

quote, ku'oht, v., Preis aufgeben; (cite) zitieren

rabbi, räb-bai, s., Rabbiner m.

rabbit, räb-bit, s., Kaninchen n.

rabble, räb-b'l, s., Gesindel n., Pöbel m.

rabid, räb-idd, a., rasend, wütend, toll

rabies, räb-bics, s., Tollwut f., Wasserscheu f.

race, rehss, v., rennen, laufen. s., (breed) Rasse f.; (contest) Wettrennen n.; (race) Auto-Wett- fahrt f.; — **course,** Rennbahn f.; —**horse,** Rennpferd n.; —**s,** (horse) Pferderennen n.

racial, rehsch'l, a., rassisch

rack, räck, s., Gestell n.; (luggage) Gepäcknetz n.; (torture) Folter f. v., (brain) Kopf zerbrechen

racket, räk-et, s., (tennis) Tennisschläger m.; (noise) Lärm m.; (swindle) Erpressung f., Schwindel m.

radar, reh-dahr, s., Funkmesstechnik f.

radiant, reh-di-annt, a., strahlend

radiate, reh-di-eht, v., ausstrahlen

radiation, reh-di-eh-sch'n, s., (Aus)Strahlung f.

radiator, reh-di-eh-tor, s., Heizkörper m.; (motor) Kühler m.

radio, reh-dio, s., Radio n.; —-**active,** a., radio- aktiv

radish, räd-disch, s., Radieschen n.; Rettig m.

radium, reh-di-om, s., Radium n.

radius, reh-di-oss, s., Radius m., Halbmesser m.

raffle, räf-'l, s., Auslosung f. v., [ver-]losen

raft, rahft, s., Floß n.

rafter, rahf-ter, s., Sparren m.

rag, rägg, s., Lumpen m.; **—ged,** a., zerlumpt

rage, rehdsch, s., Wut f. — v., wüten, rasen

raid, rehdd, s., Überfall m.; (air- —) Luftangriff m.; (police- —) Razzia f. — v., überfallen

rail, rehl, s., Schiene f.; (stairs) Geländer n.

railway, rehl-u'eh, s., Eisenbahn f.

rain, rehn, v., regnen. — s., Regen m.; **—bow,** Regenbogen m.; **—coat,** Regenmantel m.; **—fall,** Regenfall m.; **—y,** a., regnerisch

raise, rehs, v., heben; (increase) erhöhen; (cultivate) ziehen; (hoist) hochziehen; (monument) [errichten

raisin, reh-sin, s., Rosine f.

rake, rehk, s., Rechen m.; (person) Wüstling m. v., rechen; (fire) schüren

rally, räl-i, v., (collect, reunite) sammeln

ram, rämm, s., Widder m.; (battering) Sturmbock m.; (naut.) Ramme f. v., rammen

ramble, räm-b'l, v., wandern; (mind) irre sein. s., Fußtour f.

rampant, räm-pant, a., (heraldic) steigend; (fig.) zügellos

rampart, räm-pahrt, s., [Festungs-]Wall m.

rancid, rän-ssidd, a., ranzig

rancour, rän-ker, s., Groll m., Erbitterung f.

random, rän-dom, at —, adv., aufs Geratewohl

range, rehndsch, v., ordnen. — s., (kitchen) Kochherd m.; (extent) Umfang m.; (projectile) Schußweite f.; **rifle** —, Schießplatz m.; **mountain** —, Gebirgskette f.; **—finder,** (photog.) Entfernungsmesser m.

ranger, rehndsch-er, s., (forester) Förster m.

rank, ränk, v., klassifizieren. a., (taste, smell) stark. stinkend. — s., (grade) Rang m.; (row) Reihe f.; — **and file,** Rang und Glied

rankle, rän-k'l, v., (fig.) erbittern, nagen

ransack, rän-ssäck, v., durchstöbern, durchwühren

ransom, rän-ssomm, s., Lösegeld n. v., auslösen

rap, räp, v., (hit) schlagen; (knock) klopfen. s., Schlag m.

rapacious, ra-peh-schoss, a., raubgierig; gierig

rape, rehp, v., vergewaltigen. s., Notzucht f.

rapid, räp-idd, a., rasch, schnell; (stream) reißend; **—ity,** s., Schnelligkeit f.; **—s,** pl., Stromschnelle f.

rapture, räp-tscher, s., Entzücken n.

rare, rehr, a., rar, selten; (precious) kostbar; (air) **—ity,** s., Seltenheit f. [dünn

rarity, räh-ri-ti, s., Seltenheit f.

rascal, rahss-k'l, s., Schelm m., Spitzbube m.

rash, räsch, s., (skin) Hautausschlag m. a., unbesonnen, rasch; **—ness,** s., Unbesonnenheit f.

rasher, räsch-er, s., Speckschnitte f.

rasp, rahsp, s., Raspel f. v., raspeln

raspberry, rahs-berr-i, s., Himbeere f.

rat, rätt, s., Ratte f.; **—-trap,** Rattenfalle f.

rate, reht, s., (exchange) Kurs m.; (charge) Preis m.; (proportion) Verhältnis n.; (tax) Gemeindesteuer f.; (speed) Geschwindigkeit f. v., (value) taxieren

rather, rah-dher, adv., ziemlich; (prefer) lieber

ratify, ra-ti-fai, v., bestätigen, ratifizieren

ratio, reh-schi-o, s., Verhältnis n.

ration, räsch-'n, s., Ration f.

rational, räsch-on-al, a., vernünftig

rattle, rät-'l, v., rasseln, klappern. s., (noise) Gerassel n.; (metal) Klirren n.; (toy) Klapper f.; (death) Röcheln n.; (instrument) Knarre f.

rattlesnake, rät-'l-s'nehk, s., Klapperschlange f.

ravage, räw-idsch, v., verwüsten. s., Verwüstung f.; (ravish) schänden

rave, rehw, v., rasen; **— about,** schwärmen [f.

raven, reh-wen, s., Rabe m.

ravenous, räw-en-oss, a., heißhungrig; gierig

ravine, rä-win, s., Schlucht f.

raving, reh-wing, a., rasend

ravish, räw-isch, v., schänden; (charm) entzücken; **—ing,** a., entzückend; hinreißend

raw, ro'a, a., roh; (wound) wund; (rough) rauh

ray, reh, s., Strahl m.; **— of light,** Lichtstrahl m.

raze, rehs, v., vernichten, schleifen

razor, reh-sor, s., Rasiermesser n.; (safety) Rasierapparat m.; (elec.) Elektrorasierer m.; **—'blade,** Rasierklinge f.

reach, rietsch, v., langen; (arrive) erreichen

react, ri-äkt, v., rückwirken; (chemical) reagieren;
   —ion, s., Rückwirkung f.; Reaktion f.; **—or,**
   s., (nuclear) Kernreaktor m.

read, riedd, v., lesen; **—er,** s., Leser m., Leserin f.;
   (book) Lesebuch n.; **—ing,** s., Lesen n.

readily, redd-i-li, adv., bereitwillig; (easily) leicht

ready, redd-i, a., bereit, fertig; willens; **—made,**
   fertig. s., (clothes) Konfektion[-sware] f.

real, riehl, a., wirklich; (genuine) echt; **—estate,**
   s., Grundbesitz m.; **—ly,** adv., wirklich

realize, ri-*a*-lais, v., begreifen; (sell) zu Geld
   [machen

realm, relm, s., Reich n.

ream, riem, s., (paper) Ries n.

reap, riep, v., ernten; **—er,** s., Schnitter m.

rear, rier, v., (children) großziehen; (animals;
   plants) ziehen; (prance) sich bäumen. s.,
   (mil.) Nachhut f.; (background) Hintergrund

rear-admiral, rier-ädd-mi-r'l, s., Konteradmiral

reason, rie-son, v., diskutieren. s., (intellect)
   Verstand m.; (motive) Grund m.; (sense) Vernunft f.; **—able,** a., vernünftig; (price) mäßig

reassure, rie-*a*-schuhr, v., beruhigen

rebate, ri-beht, s., Rabatt m.

rebel, reb-b'l, s., Rebell m.   [pörung f.

rebel, re-bel, v., sich auflehnen; **—lion,** s., Em-
rebound, ri-baundd, s., Rückprall m. v., zurückprallen

rebuff, ri-baff, v., abweisen. s., Abweisung f.

rebuke, ri-bjuhk, v., Verweis m. v., zurechtweisen

recall, ri-ko'al, v., zurückrufen; (mind) erinnern

recapitulate, ri-ka-pit-ju-leht, v., [kurz] wieder-

recede, ri-ssiedd, v., zurückweichen   [holen

receipt, ri-ssieht, v., quittieren. s., Quittung f.;
   (reception) Empfang m.

receipts, ri-ssiehts, s.pl., (business) Einnahme f.

receive, ri-ssiew, v., empfangen, erhalten; **—r,** s.,
   Empfänger m.; (bankruptcy) Konkursver-
   walter m.; (stolen goods) Hehler m.

recent, rie-ssent, a. & adv., kürzlich, neulich

receptacle, ri-ssep-täk-l, s., Behälter m.

reception, ri-ssep-sch'n, s., Empfang m.

recess, ri-ssess, s., Nische f.; (parl.) Ferien pl.
recipe, ress-i-pi, s., [Küchen-]Rezept n.
reciprocate, ri-ssip-ro-keht, v., erwidern
recital, ri-ssei-t'l, s., Hersagen n.; (mus.) Vortrag
recite, ri-ssait, v., hersagen; vortragen [m.
reckless, reck-less, a., sorglos; leichtsinnig
reckon, reck-'n, v., rechnen
reclaim, ri-klehm, v., zurückfordern; (land) urbar machen
recline, ri-klain, v., sich lehnen, zurücklehnen
recluse, ri-kluhss, s., Einsiedler m.
recognition, reck-og-ni-sch'n, s., Erkennung f.; (appreciation) Anerkennung f. [nen
recognize, reck-og-nais, v., erkennen; anerken-
recoil, ri-koil, v., zurückprallen. s., (gun) Rück-
recollect, reck-o-lekt, v., sich erinnern [schlag m.
recollection, reck-o-lek-sch'n, s., Erinnerung f.
recommence, ri-komm-enss, v., wiederanfangen
recommend, reck-omm-endd, v., empfehlen; —ation, s., Empfehlung f.
recompense, reck-omm-penns, v., entschädigen; (reward) belohnen. s., Entschädigung f.
reconcile, reck-on-sseil, v., versöhnen
reconnoitre, reck-kon-eut-er, v., rekognoszieren
reconsider, ri-kon-ssid-er, v., wieder erwägen
record, ri-ko'ardd, v., aufnehmen; registrieren
record, reck-o'ardd, s., (achievement) Höchstleistung f.; (sport) Rekord m.; (gramophone) Schallplatte f.; (law) Protokoll n.
recoup, ri-kuhp, v., entschädigen
recourse, ri-ko'arss, s., Zuflucht f.
recover, ri-kow-er, v., (retrieve) zurückgewinnen; (health) sich erholen; —y, s., Erholung f.
re-cover, ri-kow-er, v., neu überziehen
recreation, reck-ri-eh-sch'n, s., Erholung f.; — ground, Spielplatz m.
recruit, ri-kruht, s., Rekrut m. v., werben
rectangular, reck-täng-gju-lar, a., rechtwinklig
rectify, reck-ti-fai, v., berichtigen
rector, reck-t'r, s., Pfarrer m.; —y, Pfarrhaus n.
recumbent, ri-kom-bent, a., lehnend, ruhend
recuperate, ri-kjuh-per-eht, v., sich erholen

recur, ri-körr, v., wiedervorkommen

red, rädd, a., rot. s., Rot n.; **—breast**, Rotkehlchen n.; **—den**, v., röten; (blush) erröten; **—dish**, a., rötlich; **—hot**, rotglühend; **—ness**, s., Röte f.

redeem, ri-diem, v., (promise) erfüllen; (bonds) tilgen; (pledge) einlösen; (soul) erlösen

redemption, ri-demp-sch'n, s., (debts) Einlösung f. [sung f.

redouble, ri-dab-b'l, v., verdoppeln

redress, ri-dress, s., Abhilfe f. v., abhelfen

reduce, ri-djuhss, v., vermindern

reduction, ri-dak-sch'n, s., Verminderung f.; (cost) Ermäßigung f.

reed, riedd, s., [Schilf-]Rohr n.

reef, rief, s., Riff n., (sail) Reff n. v., reffen

reek, riek, s., Dunst m. v., [stark] riechen

reel, riel, s., Rolle f., Haspel m. v., taumeln

refer, ri-för, v., sich beziehen; (apply) wenden; (consult books) nachschlagen

referee, ref-f'r-ieh, s., Schiedsrichter m.

reference, ref-er-enss, s., Beziehung f.; (mention) Erwähnung f.; (testimonial) Zeugnis n.; (business) Auskunft f.; **with — to**, in betreff

refine, ri-fain, v., raffinieren; (fig.) verfeinern; **—d**, a., fein, gebildet; **—ment**, s., Bildung f.; (tone) Eleganz f.

re-fit, ri-fitt, v., neu ausrüsten

reflect, ri-flekt, v., zurückstrahlen; (ponder) nachdenken; **—ion**, s., Widerschein m.; (thought) Überlegung f.; (blame) Vorwurf m.

reflector, ri-flek-t'r, s., Reflektor m.

reform, ri-form, v., umbilden; (moral) sich bessern. s., Reform f.; **—ation**, (eccl.) Reformation f.

refrain, ri-frehn, v., sich enthalten. s., Refrain [m.

refresh, ri-fresch, v., erfrischen

refreshment, ri-fresch-m'nt, s., Erfrischung f.

refrigerator, ri-fridsch-er-eh-t'r, s., Kühl- [schrank m.

refuel, ri-fju-el, v., auftanken

refuge, ref-juhdsch, s., (place) Zufluchtsort m.

refugee, ref-juhdsch-ie, s., Flüchtling m.

refund, ti-fondd, v., zurückzahlen

refusal, ri-fjuh-s'l, s., Verweigerung f.
refuse, ri-fjuhs, v., verweigern
refuse, ref-juhss, s., Abfall m., Kehricht m.
regain, ri-gehn, v., zurückgewinnen; zurück-
regal, rie-g'l, a., königlich [bekommen
regale, ri-gehl, v., festlich bewirten
regard, ri-gahrd, v., betrachten. s., Blick m.;
(concerning) Hinsicht f.; (esteem) Achtung f.;
kind —s, herzliche Grüße; **—less**, a., ungeachtet
regenerate, ri-dschen-er-eht, v., neu beleben
regent, rie-dsch'nt, s., Regent m., Regentin f.
regiment, redsch-i-m'nt, s., Regiment n.
region, ri-dsch'n, s., Gegend f., Region f.
register, redsch-iss-ter, s., Verzeichnis n., Register n. v., einschreiben; (record) registrieren
registrar, redsch-iss-trahr, s., Standesbeamte m.
registration, redsch-iss-treh-sch'n, s., Eintragung f.; Registrierung f.
registry, redsch-is-tri, s., Registratur f.
regret, ri-grett, v., bedauern. s., Bedauern n.
regrettable, ri-grett-a-b'l, a., bedauerlich
regular, reg-juh-lar, a., regelmäßig
regulate, reg-juh-leht, v., regulieren [schrift f.
regulation, reg-juh-leh-sch'n, s., (rule) Vor-
rehearsal, ri-hörr-ss'l, s., (stage) Probe f.
rehearse, ri-hörss, v., probieren
reign, rehn, v., regieren. s., Regierung f.
reimburse, ri-im-börss, v., zurückzahlen
rein, rehn, s., Zügel m. v., zügeln; **—deer**, s., Renn-
reinforce, ri-inn-forss, v., verstärken [tier n.
reinstate, ri-inn-steht, v., wieder einsetzen
re-insure, ri-inn-schuhr, v., rückversichern
reject, ri-dscheckt, v., verwerfen; (spurn) ver-
rejoice, ri-dscheuss, v., sich freuen [schmähen
rejoicing, ri-dscheuss-ing, s., Frohlocken n.
rejuvenate, ri-dschu-wen-eht, v., verjüngen
relapse, ri-läpss, s., Rückfall m. v., zurückfallen
relate, ri-leht, v., erzählen; **—d**, a., verwandt
relation, ri-leh-sch'n, s., (reference) Beziehung f.;
(kinship) Verwandte m. & f.; **—ship**, Verwandtschaft f.

relax, ri-läx, v., erschlaffen; (abate) nachlassen; —**ing,** a., milde; —**ation,** s., (rest) Erholung f.

relay, ri-leh, v., (radio) übertragen

release, ri-liehss, s., Befreiung f. v., freilassen

relent, ri-lent, v., sich erweichen lassen

relentless, ri-lent-less, a., unbarmherzig

relevant, rel-i-want, a., anwendbar

reliable, ri-lai-a-b'l, a., zuverlässig

reliance, ri-lai-enss, s., Verlaß m., Vertrauen n.

relic, rel-ick, s., Überbleibsel n.; (eccl.) Reliquie f.

relief, ri-lief, s., Erleichterung f.; (pain) Linderung f.; (mil.) Ablösung f.; (siege) Entsatz

relieve, ri-liew, v., erleichtern; lindern; ablösen

religion, ri-lidsch-on, s., Religion f.

religious, ri-lidsch-oss, a., fromm, religiös

relinquish, ri-link-u'isch, v., aufgeben

relish, rel-isch, s., Würze f. v., Geschmack finden an

reluctance, ri-lak-tanss, s., Abneigung f.

reluctant, ri-lak-tant, a., abgeneigt, widerwillig

rely, ri-lai, v., sich verlassen

remain, ri-mehn, v., bleiben; —**der,** s., Rest m.

remand, ri-mahnd, v., (law) zurückstellen

remark, ri-mahrk, s., Bemerkung f. v., bemerken; —**able,** a., bemerkenswert

remedy, rem-i-di, v., (correct) abhelfen. s., Heilmittel n.

remember, ri-memm-ber, v., sich erinnern

remembrance, ri-memm-branss, s., Erinnerung f.

remind, ri-maindd, v., erinnern

remit, ri-mit, v., (money) überweisen; (fine, etc.) erlassen

remittance, ri-mit-tanss, s., (money) Rimesse f.

remnant, remm-nant, s., Überrest m. [machen

remonstrate, ri-monn-s'treht, v., Einwendungen

remorse, ri-morss, s., Reue f.

remote, ri-mohtt, a., entfernt

removal, ri-muh-wal, s., (furniture) Umzug m.

remove, ri-muhw, v., (furniture) umziehen; (shift) wegrücken; (dismissal) entlassen

remunerate, ri-mjuh-ner-eht, v., [be-]lohnen

remunerative, ri-m'uh-ni-ra-tiw, a., einträglich

rend, rennd, v., [zer-]reißen

render, ren-der, v., (aid) leisten; (service) erweisen; (bills) einsenden; **—ing**, s., (music, etc.) Vortrag m. [gat m.

renegade, re-ni-gehd, s., Überläufer m., Renegade, ri-njuh, v., erneuern; **—al**, s., Erneuerung f.

renounce, ri-naunss, v., entsagen, verzichten

renovate, ren-o-weht, v., renovieren

renown, ri-naun, m.; (repute) Ruf m.

rent, rentt, v., mieten. s., Miete f.; (tear) Riß m.

renunciation, ri-non-ssi-eh-sch'n, s., Entsagung

reorganize, ri-or-gan-ais, v., reorganisieren [f.

repair, ri-pehr, s., Reparatur f. v., reparieren

reparation, re-pa-reh-sch'n, s., Entschädigung f.

repartee, re-par-tieh, s., Schlagfertigkeit f.

repeal, ri-piehl, v., aufheben. s., Aufhebung f.

repeat, ri-pieht, v., wiederholen

repel, ri-pell, v., zurückschlagen; (fig.) abstoßen

repellent, ri-pell-'nt, a., abstoßend

repent, ri-pennt, v., bereuen

repetition, re-pe-ti-sch'n, s., Wiederholung f.

replace, ri-plehss, v., (substitute) ersetzen

replenish, ri-plenn-isch, v., wieder anfüllen

reply, ri-plai, s., Erwiderung f. v., erwidern

report, ri-pohrt, s., Bericht m.; (mil.) Meldung f.; (school) Zeugnis n.; (shot) Knall m. v., berichten, melden; **—er**, s., Berichterstatter m., Reporter m.

repose, ri-pohs, v., ruhen. s., Ruhe f. [m.

repository, ri-pos-i-to-ri, s., Aufbewahrungsort

represent, re-pri-sent, v., darstellen; (agent) vertreten; **—ation**, s., Darstellung f.; (agency) Vertretung f.; **—ative**, Vertreter m.

reprieve, ri-priew, s., Begnadigung f. v., begnadigen

reprimand, re-pri-mahndd, s., Verweis m. v., tadeln

reprint, ri-print, s., Neudruck m. v., wieder

reprisal, ri-prai-s'l, s., Repressalie f. [drucken

reproach, ri-prohtsch, s., Vorwurf m. v., vorwerfen

reprobate, re-pro-beht, s., Verworfene[r] m.
reproduce, ri-pro-djuhss, v., reproduzieren
reproduction, ri-pro-**d**ack-sch'n, s., Reproduktion f.
reproof, ri-pruhf, s., Vorwurf m., Tadel m.
reprove, ri-pruhw, v., tadeln, verweisen, rügen
reptile, rep-tail, s., Reptil n.
republic, ri-pob-lik, s., Republik f.
repudiate, ri-pjuh-di-eht, v., ableugnen; verwer- [fen
repugnant, ri-p*a*g-nant, a., zuwider
repulse, ri-palss, v., (enemy) zurückschlagen
repulsive, ri-pal-ssiw, a., widerwärtig
reputation, re-pjuh-teh-sch'n, s., Ruf m., Ansehen n.
repute, ri-pjuht, s., Ruf m.
request, ri-ku'est, s., Ansuchen n. v., bitten
require, ri-ku'air, v., (need) benötigen; (demand) verlangen; s., Bedarf m.
requisite, re-ku'i-sit, s., Erfordernis n. a., erforderlich
rescue, ress-kjuh, v., retten. s., Rettung f.
research, ri-ssörtsch, s., Forschung f.
resemble, ri-sem-b'l, v., gleichen, ähnlich sein
resent, ri-sennt, v., übelnehmen; —ful, a., empfindlich; —ment, s., Groll m.
reserve, ri-sörw, s., Reserve f. v., reservieren; (rights) sich vorbehalten
reservoir, re-ser-wo'ar, s., Wasserbehälter m.
reside, ri-saidd, v., wohnen
residence, re-si-denss, s., Wohnung f.; (stay) Aufenthalt m. [haft
resident, re-si-dent, s., Bewohner m. a., wohn-
resign, re-sain, v., zurücktreten; (claims) aufgeben; (oneself) sich ergeben
resin, re-sin, s., Harz n.; (violin) Kolophonium n.
resist, re-sist, v., widerstehen; —ance, s., Widerstand m.
resolute, re-so-luht, a., entschlossen [stand m.
resolution, re-so-ljuh-sch'n, s., (decision) Beschluß m.
resolve, ri-solw, v., sich vornehmen
resort, ri-sort, s., (health) Kurort m.; — to, v., Zuflucht nehmen zu
resound, ri-ssaundd, v., ertönen [mittel n.
resource, ri-sso'arss, s., Hilfsmittel n.; —s, Geld-

respect, ri-ss'pekt, v., beachten; (esteem) achten. s., Hinsicht f.; (esteem) Achtung f., Respekt m.; **—ability,** Achtbarkeit f.; **—able,** a., achtbar; **—ful,** ehrerbietig; **—ing,** prep., in Bezug auf

respite, ress-pit, s., Aufschub m.

respond, ri-ss'pondd, v., (reply) antworten

respondent, ri-ss'pon-dent, s., (law) Verklagte

response, ri-ss'ponss, s., Antwort f. [m. & f.

responsibility, ress-pon-ssi-bi-li-ti, s., Verantwortlichkeit f., Verantwortung f.

responsible, ress-pon-si-b'l, a., verantwortlich

rest, rest, s., (repose) Ruhe f.; (remainder) Rest m.; (sleep) Schlaf m. v., (repose) sich ausruhen; **—ful,** a., ruhig; **—ive,** unruhig; **—less,** ruhelos

restaurant, ress-to-rant, s., Restaurant n.; **—-car,** Speisewagen m.

restore, ri-s'tohr, v., (give back) zurückgeben; (health; repair) wiederherstellen

restrain, ri-s'trehn, v., (to check) zurückhalten; **—t,** s., Zurückhaltung f.; (arrest) Haft f.

restrict, ri-s'trikt, v., beschränken

restriction, ri-s'trik-sch'n, s., Einschränkung f.

result, ri-solt, s., Resultat n. v., erfolgen

resume, ri-sjuhm, v., wiederaufnehmen [f.

resumption, ri-somp-sch'n, s., Wiederaufnahme

resurrection, res-ör-rek-sch'n, s., Auferstehung

retail, ri-tehl, v., im kleinen verkaufen. s., Detail m.; **—er,** Kleinhändler m.

retain, ri-tehn, v., (keep) behalten

retaliate, ri-täl-i-eht, v., wiedervergelten

retard, ri-tahrd, v., verspäten; hindern

reticent, re-ti-ssent, a., zurückhaltend

retinue, re-ti-njuh, s., Gefolge n.

retire, ri-tair, v., sich zurückziehen; **—ment,** s., Zurückgezogenheit f.; (partner) Austritt m.

retort, ri-tort, s., Erwiderung f. v., erwidern

retract, ri-träkt, v., widerrufen [zug m.

retreat, ri-trieht, v., sich zurückziehen. s., Rück

retrieve, ri-triew, v., zurückgewinnen; (loss) wieder gutmachen; (by dog) apportieren

return, ri-törn, v., (come back) zurückkommen; (go back) zurückgehen; (give back) zurückgeben. s., Rückkehr f.; — **ticket,** Rückfahrkarte f.

returns, ri-törns, s.pl., (commercial) Umsatz m.

reveal, ri-wiehl, v., offenbaren, enthüllen

revel, rew-'l, v., schwelgen. s., Schwelgerei f.

revenge, ri-wendsch, v., rächen. s., Rache f.

revenue, rew-i-njuh, s., Einkünfte f.pl.

reverse, ri-wörss, v., umkehren; (engine) umsteuern. s., Rückseite f.; (defeat) Niederlage f.; (contrary) Gegenteil n.; (gear) rückwärts Gang m.

revert, ri-wört, v., zurückfallen an

review, ri-wjuh, v., (consider) betrachten; (inspect) mustern; (edit) rezensieren. s., Überblick m.; (army) Heerschau f.; (stage) Revue f.

revile, ri-wail, v., schmähen, lästern

revise, ri-wais, v., revidieren

revision, ri-wi-sch'n, s., Revision f. [schen

revive, ri-waiw, v., neubeleben; (matter) auffrischen

revoke, ri-wohk, v., widerrufen; (cards) nicht bekennen

revolt, ri-wollt, v., sich empören. s., Aufstand m.

revolution, re-wo-ljuh-sch'n, s., Revolution f.; (turn) Umdrehung f. [ver m.

revolve, ri-wolw, v., sich drehen; —**r,** s., Revolver m.

reward, ri-uo'ardd, v., belohnen. s., Belohnung f.

rheumatism, ruh-ma-tism, s., Rheumatismus m.

rhinoceros, rei-noss-i-ross, s., Nashorn n.

rhubarb, ruh-barbb, s., Rhabarber m.

rhyme, raim, s., Reim m. v., reimen

rib, ribb, s., Rippe f.

ribbon, rib-bon, s., Band n.; (medal) Ordensband [n.

rice, raiss, s., Reis m.

rich, ritsch, a., reich; (food) fett; —**es,** s., Reichtum m.

rick, rick, s., Schober m.

rickets, rick-ets, s., englische Krankheit f.

rickety, rick-et-i, a., (shaky) wackelig

rid, ridd, v., befreien; **to get — of,** loswerden

riddle, rid-d'l, s., (puzzle) Rätsel n. v., (perforate) durchsieben

ride, raidd, v., reiten; (cycle) radfahren; (vehicle) fahren; **—r,** s., Reiter m.; Fahrer(in) n. (f.)

ridge, ridsch, s., (mountain) Kamm m.

ridicule, ridd-i-kjuhl, v., lächerlich machen

ridiculous, ri-dik-juhl-*oss*, a., lächerlich

rifle, rai-f'l, s., Gewehr n. v., (rob) berauben

rift, rift, s., (crack) Sprung m.; (cleft) Spalte f.

rig, rigg s., (ship) Takelung f. v., takeln

right, rait, s., Recht n. v., berichtigen. a., recht, richtig; **all —,** ganz gut; **on the —,** rechts

rigid, ridsch-idd, a., starr, steif, fest

rigorous, rigg-*or*-*oss*, a., streng, scharf, hart

rigour, rigg-*or*, s., Strenge f.

rim, rimm, s., Rand m.; (hat) Krempe f.; (wheel) Radfelge f. [Radfelge f.

rind, raindd, s., Rinde f.

ring, ringg, s., Ring m. v., klingeln; läuten

ringleader, ringg-lieh-der, s., Rädelsführer m.

rinse, rinss, v., spülen; ausspülen

riot, rai-*ott*, s., Aufruhr f.; (revelry) Schwelgerei f.

rip, ripp, v., (slit) aufschlitzen

ripe, raip, a., reif; **—n,** v., reifen

ripple, rip-p'l, s., kleine Welle f.

rise, rais, v., steigen; (stand up) aufstehen; (revolt) sich erheben. s., Steigung f.; (sun) Aufgehen; (salary) Zulage f.

risk, risk, s., Risiko n.; Gefahr f. v., riskieren

rite, rait, s., Ritus m. [kurrent m.

rival, rai-w'l, s., Rivale m.; (competitor) Konriver, riw-wer, s., Fluß m.; Strom m.

rivet, riw-wet, s., Niete f. v., nieten

road, rohd, s., Strasse f.

roam, rohm, v., umherwandern

roar, ro-*ahr*, s., Gebrüll n. v., brüllen; (storm) brausen

roast, rohst, s., Braten m. v., braten [brausen

rob, robb, v., berauben; **—ber,** s., Räuber m.

robbery, robb-*'ri*, s., Raub m.; Diebstahl m.

robe, rohb, s., Kleid n.; (eccl.) Talar m.

robin, robb-in, s., Rotkehlchen n. [mig

robust, ro-bost, a., (health) kräftig; (build) stämrock, rock, s., Felsen m. v., (to roll) schaukeln; (cradle) wiegen; **—y,** a., felsig

rocket, rock-it, s., Rakete f.

rod, rodd, s., Stange m.; (birch) Rute f.

roe, roh, s., (deer) Reh n.; (fish) Rogen m.

rogue, rohg, s., Schurke m.; (in fun) Schelm m.; **—ry,** s., Schurkerei f.; Schelmerei f.

roll, rohl, s., Rolle f.; (bread) Brötchen f. v., rollen; **—call,** s., Appell f.; **—er,** Walze f.

roller-skate, rohl-ör-s'keht, s., Rollschlittschuh m.

romance, ro-mänss, s., Romanze f. [m.

romp, romp, v., sich umhertummeln

roof, ruhf, s., Dach n.; (mouth) Gaumen m.

rook, ruhk, s., Saatkrähe f.

room, ruhm, s., Zimmer n.; (space) Platz m.

roomy, ruhm-i, a., geräumig

roost, ruhst, v., schlafen. s., (hen) Hühnerstange

root, ruht, s., Wurzel f. v., wühlen [f.

rope, rohp, s., Seil n.; (ship's) Tau n.

rosary, rohs-a-ri, s., Rosenkranz m.

rose, rohs, s., Rose f.; (nozzle) Brause f.

rosemary, rohs-mä-ri, s., Rosmarin m.

rosy, rohs-i, a., rosig

rot, rott, s., Fäulnis f. v., faulen; vermodern

rotate, ro-**teht,** v., (sich) drehen

rotten, rott-'n, a., verfault, faul

rouge, ruhsch, s., Schminke f., Rouge n., Rot n.

rough, roff, a., (coarse) rauh; (manners, finish) grob; (crude) roh; (sea) stürmisch; (bumpy) holperig; **—ness,** s., Rauheit f.; Grobheit f.; Roheit f.

round, raundd, a., rund. v., abrunden. s., Runde f.; **—about,** adv., rundherum. s., Karussell n.; **—ness,** s., Rundung f.

rouse, raus, v., aufwecken; (anger) erzürnen

rout, raut, v., (mil.) in die Flucht schlagen. s., **route,** ruht, s., Route f., Weg m. [Flucht f.

routine, ruh-**tien,** s., Routine f.

rove, rohw, v., herumstreifen

row, roh, v., rudern. s., Reihe f.

row, rau, s., Streit m.; (noise) Lärm m.

royal, reu-al, a., königlich; **—ty,** s., Königshaus n.; (author's) Tantieme f.

rub, robb, v., reiben; **— off** or **down,** abreiben; **—ber,** s., Kautschuk m.; (eraser) Radiergummi

rubbish, rob-bisch, s., Schutt m.; (trash) Schund m.
ruby, ruh-bi, s., Rubin m. a., rubinfarbig [m.
rudder, rod-der, s., [Steuer-]Ruder n.
ruddy, rod-di, a., rötlich
rude, ruhdd, a., unhöflich; (rough) grob
rudiment, ruh-di-ment, s., Grundlage f.
rue, ruh, v., bereuen; —ful, a., kläglich
ruffian, rof-fi-en, s., roher Mensch m.; Räuber m.
ruffle, rof-f'l, v., verwirren. s., Krause f.
rug, rogg, s., (travelling) Reisedecke f.; (hearth) Vorleger m.
rugged, rog-gid, a., rauh; (bumpy) holperig [m.
ruin, ru-in, v., ruinieren. s., Ruine f.; (fig.) Ruin
rule, ruhl, v., linieren; (govern) herrschen. s., (regulation) Regel n.; —r, Lineal n.; Herrscher m.
rumbling, romb-ling, s., (thunder, guns, traffic) Rollen n.; (stomach) Knurren n.
rummage, rom-mädsch, v., herumstöbern
rumour, ruh-m'r, s., Gerücht n.
run, ronn, v., rennen, laufen; (flow) fließen. s., Lauf m. — **away,** v., weglaufen. s., (horse) Durchgänger m.
rupture, rop-tsch'r, s., Bruch m.
rural, ruh-r'l, a., ländlich
rush, rosch, s., Andrang m.; (water) Rauschen n.; (panic) Gedränge n.; (reed) Binse f., v., stürzen; — **hour,** s., Hauptverkehrszeit f.
rust, rost, s., Rost m. v., verrosten; —y, a., rostig
rustic, ross-tik, a., ländlich. s., Bauer m.
rustle, ross-'l, v., rauschen, rascheln
rut, rot, s., Furche f., Wagenspur f.
rye, rai, s., Roggen m.

sable, seh-b'l, s., (fur) Zobelpelz m. a., schwarz
sabre, seh-b'r, s., Säbel m., Schwert n.
sack, säck, s., Sack m. v., (mil.) plündern
sacrament, sa-kra-m'nt, s., Sakrament n.
sacred, seh-kridd, a., heilig
sacrifice, sä-kri-faiss, s., Opfer n. v., opfern
sacrilege, sä-kri-lidsch, s., Entweihung f.

sad, sädd, a., traurig; **—ness,** s., Traurigkeit f.
saddle, säd-d'l, v., satteln. s., Sattel m.; **—r,**
Sattler m.
safe, sehf, a., sicher. s., Geldschrank m.; (strong
room) Tresor m.; **—guard,** Schutz m. v.,
beschützen; **—ty,** s., Sicherheit f.
sag, sägg, v., sacken; niederhängen
sagacious, sa-geh-schoss, a., scharfsinnig
sage, sehdsch, s., Weise m.; (herb) Salbei f.
sail, sehl, s., Segel n. v., segeln; (leave) abfahren
sailing, sehl-ing, s., Segeln n.
sailor, sehl-or, s., Matrose m.; Seemann m.
saint, sehnt, s., Heilige m. & f.
sake, sehk, s., for ... sake, um ... willen
salad, säl-ädd, s., Salat m.
salary, säl-a-ri, s., Gehalt n., Besoldung f.
sale, sehl, s., Verkauf m.; (bargains) Ausverkauf
m.; **—able,** a., verkäuflich; **—sman,** s., Verkäufer m.
salient, seh-li-ent, s., Vorsprung m. a., spring-
saliva, sa-lai-wa, s., Speichel m.   [end
sallow, säl-oh, a., blaß[-gelb], bleich
salmon, säl-monn, s., Lachs m.   [saal m.
saloon, sa-luhn, s., Salon m.; **dining— —,** Speise-
salt, so'alt, s., Salz n. a., salzig; **— -cellar,** s.,
Salzfaß n.
salute, sa-ljuht, s., (mil.) Salut m. v., grüßen
salvage, säl-wedsch, s., Bergung f. v., bergen
salvation, säl-weh-sch'n, s., Rettung f.; (theol.)
Seligkeit f.; **— army,** Heilsarmee f.
salver, säl-wer, s., Präsentierteller m.
same (the), sehm, a., [der, die, das] selbe; (immaterial) gleich
sample, sahm-p'l, s., Muster n. v., proben;
kosten
sanctify, sang-ti-fei, v., heiligen; weihen
sanction, sänk-sch'n, s., Genehmigung f. v.,
genehmigen
sanctity, sänk-ti-ti, s., Heiligkeit f.
sanctuary, sänk-tju-a-ri, s., Heiligtum n.; Asyl n.
sand, sändd, s., Sand m.; **—y,** a., sandig; (hair)
sandal, sän-d'l, s., Sandale f.   [rötlich

sandpaper, sänd-peh-per, s., Sandpapier n.
sandwich, sänd-u'itsch, s., belegtes Butterbrot n.
sane, sehn, a., geistesgesund; vernünftig [sichtlich
sanguine, säng-u'inn, a., blutreich; (fig.) zuver-
sanitary, sän-i-tä-ri, a., Gesundheits...;—**towels**, s.,pl., Damenbinden f.pl.
sanity, sä-ni-ti, s., gesunder Verstand m.
sap, säpp, s., Saft m. v., (health) untergraben
sapphire, säf-fair, s., Saphir m.
sarcasm, sahr-käsm, s., Sarkasmus m.
sarcastic, sar-**käst**-ik, a., sarkastisch
sardine, sahr-**dien**, s., Sardine f.
sash, säsch, s., (belt) Schärpe f.
satchel, sätsch-'l, s., (school) Schulranzen m.
satiate, seh-schi-eht, v., sättigen
satin, sätt-inn, s., Satin m., Atlas m.
satire, sätt-air, s., Satire f.
satisfaction, sä-tiss-**fäk**-sch'n, s., Befriedigung f.
satisfactory, sä-tiss-**fäk**-to-ri, a., befriedigend
satisfy, sä-tiss-fai, v., befriedigen
satelite, sätt-e-leit, s., Trabant m.; Satellit m.
sauce, so'ass, s., Sauce f.;—**pan**, Kochtopf m.
saucer, so'a-sser, s., Untertasse f.
saunter, so'ahnn-ter, v., schlendern
sausage, so-ssidsch, s., Wurst f.
savage, sä-widsch, s., Wilde[r] m. a., wild
save, sehw, v., retten; (economise) sparen; (keep) aufbewahren; (theological) erlösen
saving, seh-wing, a., sparsam. s., Ersparnis f.
Saviour, seh-wi-er, s., (Jesus) Heiland m.; (de-liverer from danger, etc.) Erretter m.
savoury, seh-wer-i, s., ungesüßtes Gericht n. a., [schmackhaft
saw, so'a, s., Säge f. v., sägen
say, seh, v., sagen;—**ing**, s., Spruch m.
scabbard, skäb-berd, s., Scheide f.
scaffold, skäf-fold, s., (building) Gerüst n.; (execution) Schaffot n.;—**ing**, Baugerüst n.
scald, sko'alld, v., verbrühen
scale(s), skehl(s), s. (pl.), (fish) Schuppe f.; (mea-sure) Maßstab m.; (music) Tonleiter f. v., ab-schuppen; (climb) besteigen

scales, skehls, s.pl., Wage f., Wagschale f.

scallop, skall-*op*, s., Kammuschel f. v., auszacken

scalp, skälp, s., Skalp m.; Kopfhaut f.

scamp, skämp, s., Schlingel m. v., pfuschen

scamper, skäm-*per*, v., davoneilen; ausreißen

scan, skänn, v., untersuchen; (verse) skandieren

scandal, skän-d'l, s., Skandal m.; **—ous,** a., skan-

scanty, skän-ti, a., knapp, dürftig [dalös

scapegoat, skehp-*goht*, s., Sündenbock m.

scar, skahr, s., Narbe f. v., vernarben

scarce, skärss, a., rar, selten; **—ly,** adv., kaum

scarcity, skähr-ssi-ti, s., Mangel m.

scare, skähr, v., erschrecken; **— away,** verscheuchen; **—crow,** s., Vogelscheuche f.

scarf, skarf, s., Halstuch n., Binde f.

scarlet, skahr-let, a., scharlachrot; **—fever,** s.,
Scharlachfieber n.

scathing, skeh-dhing, a., scharf, verletzend

scatter, skätt-*r*, v., zerstreuen, ausstreuen;
—brain, s., Wirrkopf m.

scavenger, skäw-en-dsch'r, s., Straßenkehrer m.

scene, sien, s., Szene f.; (theatre) Auftritt m.

scenery, sien-er-i, s., Szenerie f.; (rural) Landschaft f.

scent, sennt, s., Parfüm n.; (smell) Geruch m.;
(flowers) Duft m.; (trail) Spur f. v., parfümieren

sceptical, skep-ti-*kal*, a., skeptisch [ieren

sceptre, sep-t'r, s., Zepter n.

schedule, sched-djuhl, s., Liste f., Verzeichnis n.

scheme, skiehm, s., Plan m. v., planen

schism, sism, s., Schisma n., Kirchenspaltung f.

scholar, skol-l'r, s., Gelehrte m. & f.; (pupil)
Schüler m., Schülerin f.; **—ship,** (prize)
Stipendium n.

school, skuhl, s., Schule f.; **—master,** Lehrer m.;
—mistress, Lehrerin f.

schooner, skuhn-'r, s., Schoner m.

sciatica, sai-ät-i-*ka*, s., Ischias f.

science, sai-enns, s., Wissenschaft f.

scientific, sai-en-tif-ik, a., wissenschaftlich

scissors, sis-örs, s.pl., Schere f.

scoff, skoff, v., spotten; **— at,** verspotten

scold, skohld, v., schelten.   s., Zänkerin f.

scoop, skuhp, s., Schippe f., Schaufel f.   v., (hollow) aushöhlen

scope, skohp, s., Spielraum m.; (aim) Ziel n.

scorch, sko'artsch, v., sengen, anbrennen

score, skohr, s., (number) Zwanzig f.; (games) der Stand des Spiels.   v., gewinnen; (cut) kerben; (keeping count) aufzeichnen

scorn, sko'arn, s., Verachtung f.   v., verachten

scornful, sko'arn-ful, a., verächtlich

scoundrel, skaun-dr'l, s., Schurke m.

scour, skaur, v., scheuern, reinigen

scourge, skördsch, s., Geißel f.; (fig.) Plage f.

scout, skaut, v., spähen.   s., Späher m.; boy—,   [Pfadfinder m.

scowl, skaull, v., finster blicken

scraggy, skräg-gi, a., dürr, hager

scramble, skräm-b'l, s., (struggle) Getümmel n.   v., (climb) klettern; — for, sich reißen um

scrap, skräpp, s., Stück n.; (cloth) Fetzen m.   v., abschaffen

scrape, skrehp, v., kratzen; (vegetables) schaben; (paw) schaffen; —r, s., Kratzeisen n.

scratch, skrätsch, s., Schramme f.; (sport) ohne Vorgabe f.   v., kratzen; (sport) streichen; — out, auskratzen; (erase) ausstreichen

scream, skriehm, v., kreischen.   s., Gekreisch n.

screen, skriehn, v., [be-]schirmen.   s., (cinema) Leinwand f.; (room) spanische Wand f.; (fire) Feuerschirm m.; wind—, Windschutz m.

screw, skruh, s., Schraube f.   v., schrauben; —driver, s., Schraubenzieher m.

scribble, skrib-b'l, s., Gekritzel n.   v., kritzeln

Scripture, skrip-tsch'r, s., heilige Schrift f.

scroll, skrohl, s., Rolle f.; (sculptural) Schnörkel m.

scrub, skrobb, v., scheuern.   s., Gestrüpp n.

scruple, skruh-p'l, s., Skrupel m.; Zweifel m.

scrupulous, skruh-pju-loss, a., peinlich; gewissenhaft

scrutinize, skruh-ti-nais, v., prüfen, untersuchen

scuffle, skof-f'l, s., Handgemenge n.

scull, skoll, s., (rowing) Riemen m.   v., rudern

scullery, skol-er-i, s., Spülraum m.

sculptor, sk*o*lp-ter, s., Bildhauer m.
sculpture, sk*o*lp-tsch'r, s., Bildhauerei f.
scum, skom, v., abschäumen. s., Schaum m.
surf, skorf, s., Schorf m.; **—y,** a., schorfig
scurvy, sk*o*r-wi, s., Skorbut m. a., (fig.) knauserig
scuttle, sk*o*t-t'l, s., Kohlenkasten m. v., (naut.)
scythe, saidh, s., Sense f. [versenken
sea, sieh, s., See f., Meer n.; **—man,** Seemann m.;
   —sick, a., seekrank; **—side,** s., Seebad n.;
   —weed, Seetang m.; **—worthy,** a., seefest
seal, siehl, s., Siegel n.; (animal) Seehund m.;
   v., siegeln; **—ing-wax,** s., Siegellack m.
seam, siehm, s., Saum m.; (mine) Lager n.
sear, siehr, v., (burn) versengen; (brand) branden
search, sörtsch, v., suchen; untersuchen; visitier-
   en. s., Suche f.; (customs) Untersuchung f.;
   —light, Scheinwerfer m.
season, sieh-s'n, s., Jahreszeit f.; (fashionable)
   Saison f. v., würzen; (timber) austrocknen;
   —able, a., zeitgemäß; **—ing,** s., Würze f.;
   — -ticket, Abonnementskarte f.
seat, sieht, s., Sitz m., Sitzplatz m.; (bench) Bank
   f.; (estate) Landsitz m.
secluded, si-kl*u*h-did, a., einsam, abgeschlossen
seclusion, si-kl*u*h-sch'n, s., Abgeschiedenheit f.
second, sek-*o*nd, s., Sekunde f. a., (numeral)
   zweite. v., (support) befürworten; **—ary,** a.,
   untergeordnet; **—hand,** aus zweiter Hand;
   —ly, adv., zweitens
secrecy, sieh-kris-si, s., Heimlichkeit f.
secret, sieh-krit, s., Geheimnis n. a., geheim
secretary, se-kret-*a*-ri, s., Sekretär(in) m. (f.)
secrete, si-kriet, v., verbergen; (glands) ausscheiden
secretion, si-krieh-sch'n, s., Ausscheidung f.
sect, sekt, s., Sekte f.
section, sek-sch'n, s., Abschnitt m.; (cross) Quer-
sector, sek-ter, s., Sektor m. [schnitt m.
secular, sek-juh-l*a*r, a., Säkular ...; weltlich
secure, si-kj*u*hr, a., sicher. v., sichern
security, si-kj*u*hr-i-ti, s., Sicherheit f.
sedate, si-d*e*ht, a., gesetzt, ruhig

sedative, se-*da*-tiw, s., Beruhigungsmittel n.
sedentary, se-dent-*a*-ri, a., sitzend
sediment, se-di-m'nt, s., Bodensatz m.
sedition, se-di-sch'n, s., Aufruhr m.
seditious, se-di-scho*ss*, a., aufrührerisch
seduce, si-djuh*ss*, v., verführen
see, sih, v., sehen, schauen; (visit) besuchen;
(interview) sprechen; — **through,** durch-
schauen; — **to,** besorgen
seed, sihd, s., Samen m.
seek, sihk, v., suchen; (strive) trachten nach
seem, sihm, v., scheinen; —**ly,** a., geziemend
seethe, siehdh, v., sieden; (crowds) wimmeln
seize, sihs, v., ergreifen, fassen
seizure, sieh-sch'r, s., Beschlagnahme f.; (stroke)
seldom, sel-dom, a., selten, rar   [Anfall m.
select, si-leckt, v., wählen. a., exklusiv
selection, si-*le*ck-sch'n, s., Auswahl f.; (music)
Auszug m.
self, self, selbst; **one—,** pron., sich; —**-conscious,**
a., befangen; —**ish,** selbstsüchtig; —**ishness,**
s., Selbstsucht f.; —**-starter,** (motor)
Anlasser m.
sell, sell, v., verkaufen; —**er,** s., Verkäufer[in]
semblance, sem-blan*ss*, s., Ähnlichkeit f. [m.[f.]
semi, sem-i, halb; —**circle,** s., Halbkreis m.;
—**-colon,** Semikolon n.; —**-detached,** s., hal-
bes Doppelhaus n.
semolina, sem-o-li-*na*, s., Grieß m.
senate, sen-et, s., Senat m.
send, sendd, v., senden, schicken; — **away,** wegschicken; — **back,** zurücksenden; —**er,** s.,
Absender m.; — **for,** v., holen lassen; — **in
advance,** vorausschicken; — **off,** abschicken
senile, si-nail, a., altersschwach
senior, sieh-ni-*or*, s., Ältere m., f.&n. a., senior;
—**ity,** s., höheres [Dienst-]Alter n.; — **partner,** ältere[r] Teilhaber m.
sensation, sen-*ss*eh-sch'n, s., Gefühl f.; (stir)
Aufsehen n., Sensation f.
sense, sen*ss*, s., Sinn m.; (reason) Verstand m.;
—**less,** a., sinnlos; (unconscious) bewußtlos

sensible, senss-i-b'l, a., vernünftig

sensitive, senss-i-tiw, a., empfindlich

sensual, sen-ssju-al, a., sinnlich

sentence, sen-tenss, s., Satz m.; (law) Urteil n.

sentiment, sen-ti-m'nt, s., Gefühl n., Empfindung f.; (conviction) Gesinnung f.; **—al,** a., sentimental [haus

sentry, sen-tri, s., Posten m.; **— -box,** Schilder-

separate, sep-ar-eht, v., [sich] trennen. a., einzeln

separation, sep-ar-eh-sch'n, s., Trennung f.

septic, sep-tik, a., septisch

sequel, sieh-ku-el, s., Folge f.

sequence, sieh-ku'enss, s., Reihenfolge f.

serenade, ser-i-nehd, s., Ständchen n.

serene, si-riehn, a., heiter; (still) ungetrübt

serge, sördsch, s., Serge f., Cheviot m. [m.

sergeant, sahr-dschent, s., Feldwebel m., Sergeant

serial, sieh-ri-al, a., Serien-... s.; (story) Fortsetzungsroman m.

series, sieh-rihs, s., Serie f., Reihe f.

serious, sieh-ri-oss, a., ernst, ernstlich

sermon, sörr-m'n, s., Predigt f.

serpent, sörr-pent, s., Schlange f.

serum, sieh-rom, s., Serum n.

servant, sörr-want, s., Diener m.; (maid) Dienstmädchen n., Magd f.

serve, sörw, v., [be-]dienen; (at table) servieren; (tennis) anspielen; (legal) zustellen

service, sörr-wiss, s., Dienst m.; (hotel, etc.) Bedienung f.; (Divine) Gottesdienst m.

serviceable, sörr-wiss-a-b'l, a., dienlich

servile, sörr-wail, a., (cringing) kriechend

servitude, sörr-wi-tjud, s., Knechtschaft f.; (penal) Zuchthaus n.

session, ses-sch'n, s., Sitzung f.

set, sett, v., (type, to music, etc.) setzen; (trap, clock, task) stellen; (example) geben; (blades) abziehen; (bone) einrenken; (solidify) dick werden; (jewels) fassen; (sun) untergehen. s., Satz m.; (series) Serie f.; (china, etc.) Service n.; (sun) Untergang m.; **—dog at,**

v., hetzen; — **on fire**, anzünden

settee, sett-ie, s., Ruhebank f., Sofa n.

settle, set-t'l, v., erledigen; (accounts) begleichen; (decide) entscheiden; (bequeath) vermachen; (domicile) sich niederlassen.

settlement, set-t'l-m'nt, s., (completion) Erledigung f.; (accounts) Begleichung f.; (colony) Siedlung f., Niederlassung f.; (foundations) Senken f.; (agreement) [Ausgleich m.; (bequest) Vermächtnis n.

seven, sew'n, a., sieben; —**teen**, siebzehn; —**th**, sieb[en]te; —**ty**, siebzig

sever, sew-er, v., trennen

several, sew-'r-'l, a., mehrere

severe, si-wiehr, a., (stern) streng; (intense) heftig

severity, se-wer-i-ti, s., Strenge f., Härte f.

sew, soh, v., nähen; (stitch) heften; —**ing**, s., Nähen n.; Heften n.; —**ing-cotton**, Nähgarn n.; —**ing-machine** Nähmaschine f.

sewage, sjuh-ädsch, s., Abflußwasser n.

sewer, sjuh-er, s., Abzugskanal m.

sex, sex, s., Geschlecht n.; —**ual**, a., geschlechtlich

shabby, schäb-i, a., schäbig; (action) gemein

shackle, schäk-'l, s., Fessel f. v., fesseln

shade, schehd, s., (colour) Farbenton m.; (lamp, eyes, fire) Schirm m. v., beschatten

shadow, schäd-doh, s., Schatten m. v., nachspüren

shady, scheh-di, a., schattig; (fig.) verdächtig

shaft, schahft, s., (arrow) Schaft m.; (mech.) Welle f.; (mine) Schacht m.; —**s**, pl., (vehicle) [Deichsel f.

shaggy, schägg-i a., zottig

shake, schehk, v., schütteln; (tremble) zittern; (loose) wackeln; (quake) beben

shaky, scheh-ki, a., wackelig

shallow, schäl-oh, a., seicht, untief [heucheln

sham, schämm, s., Trug m., Imitation f. v.,

shame, schehm, s., Schande f.; (modesty) Scham f. v., beschämen; —**ful**, a., schändlich; —**less** schamlos

shampoo, schäm-puh, s., Shamponieren n.

shamrock, schäm-rock, s., Klee m.; (leaf) Kleeblatt n.

shape, schehp, s., Form f.   v., formen, bilden

share, schähr, v., teilen.   s., Teil m., Anteil m.; (stock) Aktie f.; —**holder,** Aktionär m.

shark, schark, s., Haifisch m.

sharp, scharp, a., scharf; (mind) scharfsinnig. s., (mus.) Dur n.; —**en,** v., schärfen; (point) anspitzen; —**ness,** s., Schärfe f.

sharper, scharp-er, s., (crook) Bauernfänger m.

shatter, schät-ter, v., zerschmettern; (nerves) er-

shave, schehw, v., rasieren   [schüttern

shaving, scheh-wing, s., Rasieren n.; — -**brush,** Rasierpinsel m.; — -**cream,** Rasierseife f.

shavings, scheh-wings, s.pl., Hobelspäne m.pl.

shawl, scho'al, s., Schal m.

she, schie, pron., sie; (female) Weibchen n.

sheaf, schiehf, s., (corn) Garbe f.; (papers) Bündel

shear, schiehr, v., scheren; —**s,** s.pl., große Schere

sheath, schieth, s., (scabbard) Scheide f.   [f.

shed, schedd, s., Schuppen m.   v., (tears, blood) vergießen; (hair, leaves, and feathers) verlieren

sheen, schien, s., Glanz m.

sheep, schiep, s., Schaf n.

sheer, schier, a., lauter, rein; (steep) steil

sheet, schieht, s., (bed) Bettuch n.; Laken n.; (paper) Bogen n.; (metal) Platte f.; — -**lightning,** Wetterleuchten n.

shelf, schelf, s., Brett n.; (a set) Regal n.

shell, schell, s., (hard) Schale f.; (soft) Hülse f.; (artillery) Geschoß n., Granate f.   v., schälen; bombardieren; — -**fish,** s., Schaltier n.

shelter, schel-t'r, s., Obdach n.   v., sich unterstellen; (danger) schützen

shepherd, schep-hörd, s., Schäfer m.

shield, schieldd, s., Schild n.   v., schützen

shift, schift, s., (workers) Schicht f.   v., (move)

shin, schinn, s., Schienbein n.   [schieben

shine, schein, s., Schein m.   v., scheinen; leuchten; glänzen

shingle, sching-'l, s., Kiesel m.; (roof) Schindel f. v., (hair) kurz scheren

ship, schip, s., Schiff n. v., verschiffen; **—ment,** s., Verladung f.; **—owner,** Reeder m.; **—ping,** (traffic) Schiffsverkehr m.; **—wreck,** Schiffbruch m.; **—yard,** Werft f.

shire, schair, s., Grafschaft f. [berger m.

shirk, schörk, v., ausweichen; **—er,** s., Drücke-

shirt, schört, s., Hemd n.; **—ing,** Hemdenstoff m.

shiver, schi-wer, v., [er-]zittern. s., Schauer m.

shoal, scho'al, s., Schwarm m.; (fish) Fischzug m.; (shallows) Sandbank f.

shock, schock, s., Stoß m.; (fright) Schreck m. v., (disgust) Anstoß geben; **—absorber,** s., Stoßdämpfer m.; **—ing,** a., anstößig; schrecklich [a., geringwertig

shoddy, schod-di, s., Shoddy m., Kunstwolle f.

shoe, schuh, s., Schuh m.; (horse) Hufeisen n. v., (horse) beschlagen; **—black,** s., Stiefelputzer m.; **—horn,** Schuhanzieher m.; **—maker,** Schuhmacher m.; **—polish,** Schuhwichse f.

shoot, schuht, v., schießen; (kill) erschießen; (grow) aufschießen. s., Jagd f.; (growth) Sprössling m.; **—ing,** Schiessen m.; **—ing-star,** Sternschnuppe f.

shop, schop, s., Laden m. v., einkaufen gehen; **—breaking,** s., Ladeneinbruch m.; **—keeper,** Ladeninhaber m.; **—ping,** s., Einkäufe machen n. **—walker,** Aufsicht f.

shore, scho'ar, s., Ufer n., Strand m.; (coast) Küste f.; (land) Land n.; (support) Stütze f. [v., stützen

shorn, schorn, a., geschoren

short, scho'art, a., kurz; (small) klein; (need) knapp; s., Mangel m.; **—en,** v., kürzen, abkürzen; **—circuit,** Kurzschluß m.; **—hand,** s., Kurzschrift f.; **—ly,** adv., bald; **—ness,** s., Kürze f.; **—sighted,** a., kurzsichtig

shot, schott, s., Schuss m.; (report) Knall m.; (marksman) Schütze m.; (pellet) Schrot m.

shoulder, schohl-d'r, s., Schulter f.; Achsel f. v., schultern; **—strap,** s., Achselband n.

shout, schaut, s., Schrei m. v., schreien

shove, schɑw, s., Schub m. v., schieben

shovel, schɑ-w'l, s., Schaufel f. v., schaufeln

show, schoh, s., Schau f.; (play) Vorstellung f.; (exhibition) Ausstellung f. v., zeigen; **— -room,** s., Ausstellungsraum m.; **—y,** a., (gaudy) auffallend

shower, schɑu-er, s., Schauer m.; **— -bath,** Dusche f.; **—y,** a., regnerisch

shred, schredd, s., (tatter) Fetzen m. v., verfetzen

shrew, schruh, s., Zänkerin f.

shrewd, schruhdd, a., (artful) verschmitzt

shriek, schriehk, s., Schrei m. v., schreien

shrill, schrill, a., schrill, gellend

shrimp, schrimp, s., Garnele f.; (fig.) Knirps m.

shrine, schrain, s., Schrein m.

shrink, schrink, v., schrumpfen   [fen

shrivel, schri-w'l, v., **— up,** zusammenschrump-

shroud, schraudd, s., Leichentuch n. v., einhüllen

Shrove Tuesday, schrohw-ti'uhs-di, s., Fastnacht f.

shrub, schrob, s., Strauch m.; **—bery,** Gebüsch n.

shrug, schrogg, v., (shoulders) Achseln zucken

shudder, schod-d'r, s., Schauder m. v., schaudern

shuffle, schoff-'l, v., (gait) schlurfen; (cards)

shun, schonn, v., meiden   [mischen

shunt, schont, v., (trucks, etc.) rangieren

shut, schɑtt, v., zumachen, schliessen; **—ter,** s., Fensterladen m.; (photo) Verschluß m.

shuttle, schɑtt-'l, s., (-service) Pendelverkehr m.; (sewing) Schiffchen n.

shy, schai, a., schüchtern. v., scheuen

shyness, schai-ness, s., Schüchternheit f.

sick, sick, a., krank, übel; **—en,** v., krank werden; **—ly,** adv., kränklich; **—ness,** s., Krankheit f.

sickle, sick-'l, s., Sichel f.

side, saidd, s., Seite f.; (hill) Abhang m. v., Partei nehmen; **—board,** s., Büfett n.; **— -car,** Beiwagen m.; **— -slip,** Seitenrutsch m. v., ausrutschen; **—ways,** adv., seitwärts; **on the one —,** einerseits; **on the other —,** andererseits

siding, saidd-ing, s., Nebengeleise n.   [seits

siege, sihdsch, s., Belagerung f.

sieve, siw, s., Sieb n. v., sieben

sift, sift, v., sieben; (fig.) prüfen

sigh, sai, s., Seufzer m. v., seufzen

sight, sait v., erblicken. s., (eye) Sehkraft f.; (spectacle) Anblick m.; (gun) Visier n.; **at —**, auf den Blick; **by —**, von Ansehen

sights, saitss, s.pl., Sehenswürdigkeiten f.pl.

sign, sain, s., Zeichen n.; (board) Schild n. v., unterzeichen; **— -post**, s., Wegweiser m.

signal, sig-nal, s., Signal n. v., signalisieren

signature, sig-na-tscher, s., Unterschrift f.

significant, sig-nif-i-kant, a., bedeutend

signification, sig-nif-i-keh-sch'n, s., Bedeutung f.

signify, sig-ni-fai, v., bedeuten; (mean) bedeuten

silence, sai-lenss, s., (quiet) Stille f.; (interj.) Ruhe! v., zum Schweigen bringen

silencer, sai-lenss-er, s., (motor) Schalldämpfer [m.

silent, sai-lent, a., still, ruhig

silhouette, sil-juh-ett, s., Schattenbild m.

silicon, sil-i-kon, s., Silikon n.; Silizium n.

silk, silk, s., Seide f.; **— -cloth**, Seidenstoff m.; **—en**, a., seiden; **— -thread**, s., Seidengarn n.; **— -worm**, Seidenraupe f.; **—y**, a., seidenartig [denartig

sill, sill, s., Gesims n.

silly, sil-i, a., einfältig, albern

silver, sil-w'r, s., Silber n. a., silbern. v., versilbern; **—smith**, s., Silberschmied m.

similar, sim-i-ler, a., ähnlich; **—ity**, s., Ähnlichkeit f.

simile, sim-i-li, s., Gleichnis n.

simmer, sim-mer, v., brodeln, langsam kochen

simple, sim-p'l, a., einfach; **— -minded**, einfältig

simplicity, sim-pliss-i-ti, s., Einfachheit f.

simplify, sim-pli-fai, v., vereinfachen

simultaneous, si-mol-teh-ni-oss, a., gleichzeitig

sin, sinn, s., Sünde f. v., sündigen; **—ful**, a., sündhaft; **—less**, sündlos; **—ner**, s., Sünder m., Sünderin f.

since, sinss, prep., seit. adv., seitdem. conj., da

sincere, sin-ssiehr, a., aufrichtig; **—ly**, adv. [ergeben

sinew, sin-juh, s., Sehne f.

sing, singg, v., singen; **—er**, s., Sänger[in f.] m.

singe, sindsch, v., sengen; (scorch) versengen

single, sin-g'l, a., einzeln; (unmarried) ledig. s., (ticket) Hinfahrkarte f.; **— -file,** Gänsemarsch m.; **— -handed,** s., allein

singly, sing-gli, adv., einzeln; stückweise

singular, sing-gjuh-lar, s., Einzahl f. a., sonderbar

sinister, sin-is-ter, a., unheilvoll

sink, sink, v., sinken; (ships sinking) untergehen; (scuttle) versenken; (shaft) senken. s., Abwaschbecken n.

sip, sipp, s., Schlückchen n. v., nippen

siren, sai-r'n, s., Sirene f.

sirloin, sörr-leun, s., Lendenbraten m.

sister, siss-ter, s., Schwester f.

sister-in-law, siss-ter-in-lo'ah, s., Schwägerin f.

sit, sit, v., sitzen; (hens) brüten; **— down,** sich setzen; **—ting,** s., (session, etc.) Sitzung f.; (incubation) Brüten n.; **—ting-room,** Wohnzimmer n.

site, sait, s., Lage f.; (building) Bauplatz m.

situated, si-tjuh-ehtidd, a., gelegen

situation, si-tjuh-eh-sch'n, s., Lage f.; (post) Stellung f.

six, sicks, a., sechs; **—teen,** sechzehn; **—teenth,** sechzehnte; **—th,** sechste. s., Sechstel m.; **—tieth,** a., sechzigste; **—ty,** sechzig

size, saiss, s., Größe f.; (measure) Maß n.; (width) Breite f.; (glue) Leim m. v., leimen

skate, skeht, v., Schlittschuh laufen. s., Schlittschuh m.; (fish) Glattroche m.

skater, skeht-er, s., Schlittschuhläufer[in] m. [f.]

skein, skehnn, s., Strähne f.

skeleton, skel-i-ton, s., Skelett n., Gerippe n.

sketch, sketsch, s., Skizze f. v., skizzieren

skewer, skjuh'er, s., Speiler m. v., [auf]spießen

skid, skidd, v., ausrutschen; (cars) schleudern

skiff, skiff, s., Kahn m.

skilful, skill-full, a., geschickt, gewandt

skill, skill, s., Geschicklichkeit f.

skim, skimm, v., abschäumen; (cream) abrahmen

skin, skinn, s., Haut f.; (hide) Fell n.; (peel) Schale f. v., abhäuten; (peel) schälen

skip, skipp, v., hüpfen; (omit) überspringen

skipper, skip-per, s., Schiffer m., Kapitän m.

skirmish, skör-misch, s., Geplänkel n. v., plän-

skirt, skört, s., Rock m.; (edge) Saum m. [keln

skittle, skitt-'l, s., Kegel m.

skull, skall, s., Schädel m.

skunk, skonk, s., Skunk m., Stinktier n.

sky, skai, s., Himmel m.; **— light,** Oberlicht n.

sky-scraper, skai-skrehp-'r, s., Wolkenkratzer

slab, s'läbb, s., Steinplatte f. [m.

slack, s'läck, s., Schlacke f. a., loose, schlaff;
(business) flau; **—en,** v., lockern; (pace)
verlangsamen

slam, s'lamm, v., zuschlagen. s., (cards) Schlemm

slander, s'lahn-der, s., Verleumdung f. v., verleumden; **—er,** s., Verleumder[in] m. [f.]

slang, s'längg, s., Slang n., Volksmund m.

slant, s'lahnt, s., Schräge f., Neigung f. v.,
schräge laufen; **—ing,** a., schief, schräg

slap, s'läpp, s., Klaps m. v., schlagen, klopfen

slash, s'läsch, s., (cut) Schnitt m., (gash) Wunde f.;
(clothes) Schlitz m. v., aufschlitzen

slate, s'leht, s., Schiefer m.; v., mit Schiefer decken;

slaughter, s'lo'a-ter, s., Metzelei f., Schlachten;
(massacre) niedermetzeln; **—er,** s., Schlächter m.

slave, s'lehw, s., Sklave m., Sklavin f. v., sich
schinden; **—ry,** s., Sklaverei f.

slay, s'leh, v., erschlagen, umbringen

sledge, s'ledsch, s., Schlitten m.; **— hammer,**
Schmiedehammer m.

sleek, s'liehk, a., glatt; (well fed) wohlgenährt

sleep, s'liehp, s., Schlaf m. v., schlafen; **—ing-
car,** s., Schlafwagen m.; **—less,** a., schlaflos;
—lessness, s., Schlaflosigkeit f.; **—y,** a.,

sleet, s'lieht, s., Graupeln f. [schläfrig

sleeve, s'liehw, s., Ärmel m.; (mech.) Muffe f.

sleigh, s'leh, s., Schlitten m.

sleight, s'lait, s., **— of hand,** Taschenspielerei f.

slender, s'len-der, a., schlank; (means) karg

slice, s'laiss, s., Schnitte f., Scheibe f. v., in
Scheiben schneiden

slide, s'laidd, s., (ice) Rutschbahn f.; (microsco-
pic) Platte f. v., schleifen; (slip) ausgleiten

slight, s'lait, s., Geringschätzung f. a., gering; (slender) schmächtig. v., geringschätzig behandeln

slim, s'limm, a., schlank. v., eine Entfettungskur [machen

slime, s'laim, s., (mud) Schlamm m.

slimy, s'lai-mi, a., schlammig, (fig.) schmierig

sling, s'ling, s., Schlinge f. v., (throw) schleudern

slink, s'link, v., schleichen

slip, s'lipp, v., ausrutschen; —pery, a., schlüpfrig

slipper, s'lipp-er, s., Pantoffel m., Hausschuh m.

slit, s'lit, s., Schlitz m. v., aufschlitzen

sloe, s'loh, s., Schlehe f. [mer m.

slop, s'lopp, s., Spülwasser n.; — -pail, Spülei-

slope, s'lohp, s., Abhang m. v., schräg laufen

slot, s'lott, s., Schlitz m.; (for coins) Einwurf m.; — machine, s., Verkaufsautomat m.

sloth, s'loth, s., Faulheit f.; (animal) Faultier n.

slouch, s'lautsch, v., lottern

slovenly, s'lo-w'n-li, a. & adv., schlampig [gehen

slow, s'loh, a., langsam; **to be** —, v., (watch) nach-

slug, s'lagg, s., nackte Schnecke f.; (missile) Blei-

sluggish, s'lag-gisch, a., träge [stück n.

sluice, s'luhss, s., Schleuse f.

sluice-gate, s'luhss-geht, s., Schleusentor n.

slum, s'lomm, s., Armenviertel n. [mer m.

slumber, s'lom-b'r, v., schlummern. s., Schlum-

slump, s'lomp, s., Baisse f.; Preissturz m.

slur, s'lörr, v., beschmutzen. s., [Schand-]Fleck

slush, s'lasch, s., [Straßen-]Schmutz m. [m.

slut, s'latt, s., Schlampe f.

sly, s'lai, a., schlau, [hinter-]listig

smack, s'mäck, s., Schlag m.; (boat) Schmacke f. v., schlagen; (lips) schmatzen

small, s'mo'all, a., klein; —**ness**, s., Kleinheit f.

smallpox, s'mo'all-pocks, s., Pocken f.pl.

smart, s'mahrt, a., aufgeweckt; (clever) gescheit; (spruce) elegant. v., (pain) schmerzen

smash, s'mäsch, s., (collision) Zusammenstoß m.; (commercial) Krach m. v., zerschmettern

smattering, s'mät-ter-ing, s., oberflächliche Kenntnis f.

smear, s'miehr, v., [be-]schmieren. s., Schmiere f.

smell, s'mell, s., Geruch m. v., riechen

smelt, s'melt, v., schmelzen. s., (fish) Stint m.

smile, s'mail, s., Lächeln n. v., lächeln

smite, s'mait, v., schlagen; (afflict) heimsuchen

smith, s'mith, s., Schmied m.; —**y,** Schmiede f.

smoke, s'mohk, s., Rauch m. v., rauchen; —**less,** a., rauchlos; —**r,** Raucher m.

smoky, s'moh-ki, a., rauchig

smooth, s'muhdh, a., glatt; (soft) sanft. v., glätten

smother, s'modh-er, v., ersticken [ten

smoulder, s'mohl-der, v., glimmen

smudge, s'modsch, s., Schmutzfleck m. v., beschmutzen, beschmieren

smug, s'magg, a., selbstzufrieden

smuggle, s'mag-g'l, v., schmuggeln

smuggler, s'mag-gler, s., Schmuggler m.

smut, s'matt, s., Rußfleck m.

snack, s'näck, s., Imbiß m.

snail, s'nehl, s., Schnecke f.

snake, s'nehk, s., Schlange f.

snap, s'napp, s., Schnappen n., Knack m.; (bite) Biß m. v., abbrechen; (animals, locks) schnappen; —**shot,** s., Momentaufnahme f.

snare, s'nähr, s., Schlinge f. v., in Schlingen fangen

snarl, s'nahrl, v., knurren; (fig.) brummen [gen

snatch, s'nätsch, s., schnelle Griff m. v., (seize) ergreifen; — **at,** greifen nach

sneak, s'niehk, s., (school) Duckmäuser m. v. (steal) mausen; — **away,** wegschleichen

sneer, s'niehr, v., hohnlächeln

sneeze, s'niehs, s., Niesen n. v., niesen

sniff, s'niff, v., schnüffeln

snip, s'nipp, — **off,** v., abschneiden [m.

snipe, s'naipp, s., Schnepfe f.; —**r,** Scharfschütze m.

snob, s'nobb, s., Snob m.; —**bish,** a., aufgeblasen

snore, s'nohr, v., schnarchen

snort, s'nort, s., Schnauben n. v., schnauben

snout, s'nautt, s., Schnauze f.; (pig) Rüssel m.

snow, s'noh, s., Schnee m. v., schneien; —**bound,** a., eingeschneit; —**drop,** s., Schneeglöckchen n.; —**storm,** Schneesturm m. [gen

snub, s'nobb, s., Abfertigung f. v., kurz abferti-

snub-nose, s'nobb-nohs, s., Stumpfnase f.

snuff, s'noff, s., Schnupftabak m.

snug, s'nogg, a., mollig, behaglich

so, so, adv., so; (therefore) also

soak, sohk, v., einweichen; (drench) durchnässen

soap, sohp, s., Seife f.

soar, sohr, v., sich aufschwingen, auffliegen

sob, sobb, s., Schluchzen n. v., schluchzen

sober, soh-b'r, a., nüchtern; (serious) ernst

sociable, so-scha-b'l, a., gesellig

social, so-schal, a., sozial; —ism, s., Sozialismus

society, so-ssai-i-ti, s., Gesellschaft f.   [m.

sock, sock, s., Socke f.; (sole) Einlagesohle f.

socket, sock-it, s., Tülle f.; (eyes, teeth) Höhle f.

sod, sodd, s., Sode f., Rasensode f.   [m.

soda, soh-da, s., Soda n.; — -water, Sodawasser

soft, soft, a., weich; —en, v., aufweichen; (ease) lindern; —ness, s., Weichheit f.

soil, seul, s., Erde f., Boden m. v., beschmutzen

sojourn, sodsch-örn, s., Aufenthalt m.

solace, sol-iss, s., Trost m. v., trösten

solder, sol-der, s., Lötmetall n. v., löten

soldier, sohl-dsch'r, s., Soldat m.

sole, sohl, s., (foot, shoe, etc.) Sohle f.; (fish) Seezunge f. v., besohlen. a., einzig

solemn, sol-emm, a., feierlich; (serious) ernst

solicit, so-liss-it, v., dringend bitten; belästigen

solicitor, so-liss-it-er, s., Rechtsanwalt m.

solicitude, sol-iss-i-tjuhd, s., Besorgnis f.

solid, sol-idd, a., fest, massiv

solidarity, sol-i-dä-ri-ti, s., Solidarität f.

solidify, sol-idd-i-fai, v., hart werden; dick werden

solitary, sol-i-ta-ri, a., einsam; (single) einzeln

solitude, sol-i-tjuhd, s., Einsamkeit f.; Öde f.

soluble, sol-ju-b'l, a., löslich; (problem) lösbar

solution, sol-juh-sch'n, s., Lösung f.

solve, solw, v., lösen; (puzzle) enträtseln

solvency, sol-wen-ssi, s., Zahlungsfähigkeit f.

solvent, sol-went, a., solvent; (chemistry) lösend

sombre, somb'r, a., düster

some, somm, a. & pron., etwas; einige, manche, pl.; (a little) ein wenig; —body, s., jemand;

—how, adv., irgendwie; **—thing,** s., etwas;
—times, adv., manchmal; **—what,** etwas;
—where, irgendwo

somersault, somm-er-so'alt, s., Purzelbaum m.
somnambulist, somm-näm-bju-list, s., Nachtwandler m.
son, sonn, s., Sohn m.; **—-in-law,** Schwiegersohn
sonata, so-nah-ta, s., Sonate f. [m.
song, song, s., Lied n.
soon, suhn, adv., bald; **as — as,** so bald wie
soot, sutt, s., Ruß m.
soothe, suhdh, v., besänftigen; (pain) lindern
sorcerer, sors-ser-'r, s., Zauberer m.
sorcery, sors-ser-i, s., Zauberei f., Hexerei f.
sordid, so'ar-did, a., schmutzig, gemein
sore, sohr, s., wunde Stelle f. a., schmerzhaft
sorrel, sor-r'l, s., Sauerampfer m.
sorrow, sor-roh, s., Kummer m. v., sich grämen
sorrowful, sor-roh-full, a., kummervoll
sorry, sor-ri, a., betrübt; elend; **I am —,** es
tut mir leid
sort, so'art, s., Sorte f. v., sortieren [tut mir leid
soul, sohl, s., Seele f.
sound, saundd, s., Ton m., Laut m.; (ringing)
Klang m. v., ertönen. a., (health) gesund;
(thorough) gründlich; (sleep) fest; **—-track,**
s., Tonstreifen m. [f.
soundings, saundd-ings, s.pl., (shipping) Lotung
soup, suhp, s., Suppe f.; **—-tureen,** Suppenschüssel f.
sour, saur, a., sauer; (fig.) mürrisch [schüssel f.
source, sohrss, s., Quelle f.; (origin) Ursprung m.
south, sauth, s., Süd m., Süd...
southerly, soth-'r-li, a., südlich
souvenir, su-wenn-ihr, s., Andenken n.
sovereign, sow-er-in, s., Herrscher m. a.,
höchst, oberst; (effective) unfehlbar
sow, soh, v., säen; besäen; **—er,** s., Säer m.
sow, sau, s., Sau f.
space, s'pehss, s., Raum m.; (time) Zeitraum m.;
(gap) Zwischenraum m.; **— age,** Zeitalter des
Weltraums; **—-ship,** Raumschiff n.
spacious, s'peh-schoss, a., geräumig, umfangreich
spade, s'pehd, s., Spaten m.; (cards) Pik n.

span, s'pänn, s., Spanne f.; (architecture) Spann-
weite f. v., spannen

spangle, s'päng-g'l, s., Flitter m. v., beflittern

spaniel, s'pän-yell, s., Wachtelhund m.

spanner, s'pän-ner, s., Schraubenschlüssel m.

spar, s'pahr, v., boxen. s., (naut.) Spiere f.

spare, s'pehr, a., karg; (thin) dürr; (over) übrig.
v., (part with) entbehren; (forbear) [ver]schon-

spare part, s'pehr pahrt, s., Ersatzteil m.   [en

sparing, s'pehr-ing, a., (thrifty) sparsam

spark, s'park, s., Funke m. v., Funken sprühen

sparking-plug, s'park-ing-plögg, s., Zündkerze f.

sparkle, s'park-'l, v., funkeln, glänzen; (wine)
perlen; (champagne) schäumen

sparrow, s'pär-roh, s., Sperling m., Spatz m.

spasm, s'päsm, s., Krampf m.

spasmodic, s'päs-mo-dick, a., krampfhaft

spatter, s'pät-ter, v., spritzen, bespritzen

spawn, s'po'an, s., Laich m. v., laichen

speak, s'piek, v., sprechen, reden; **—er,** s., Redner

spear, s'pehr, s., Speer m. v., aufspießen   [m.

special, s'pesch-al, a., besonder, extra; **—ity,** s.,
Spezialität f.; **— train,** Sonderzug m.

species, s'pieh-schies, s., Gattung f.

specification, s'pess-i-fi-keh-sch'n, s., Spezifi-
zierung f., Spezifikation f.

specify, s'pess-i-fai, v., spezifizieren

specimen, s'pess-i-m'n, s., Muster n.; Exemplar

specious, s'pieh-schoss, a., plausibel   [n.

speck, s'peck, s., Fleck m.

spectacle, s'peck-ta-k'l, s., Anblick m.; **—s,** Brille

spectator, s'peck-teh-t'r, s., Zuschauer m.   [f.

spectre, s'peck-t'r, s., Gespenst n.

speculate, s'pe-kjuh-leht, v., spekulieren

speech, s'piehtsch, s., Sprache f.; (discourse)
Rede f.; **—less,** a., sprachlos; (dumb) stumm

speed, s'piehd, s., Geschwindigkeit f. v., eilen;
—ometer, s., Geschwindigkeitsmesser n.;
—y, a., schnell

spell, s'pell, s., (charm) Zauber m. v., buchstab-

spend, s'pennd, v., ausgeben   [ieren

spendthrift, s'pennd-thrift, s., Verschwender m.

sphere, s'fiehr, s., Sphäre f.; (globe) Erdkugel f.; (thought) Denkkreis m.

spice, s'paiss, s., Gewürz n. v., würzen

spicy, s'pais-si, a., würzig; (fig.) pikant

spider, s'pai-d'r, s., Spinne f.

spike, s'paik, s., Spieker m., Stachel m.   v., verna-

spill, s'pill, v., verschütten   [geln

spin, s'pinn, v., spinnen; — **drier,** s., Trocken-schleuderer m.; —**ning,** s., Spinnen n.

spinach, s'pin-itsch, s., Spinat m.

spinal, s'pain-'l, a., Rückgrat ...

spindle, s'pinn-d'l, s., Spindel f.

spine, s'painn, s., Rückgrat n.

spinster, s'pin-st'r, s., Jungfer f.

spiral, s'pai-ral, s., Spirale f.   a., spiralförmig

spire, s'pair, s., (church) Kirchturmspitze f.

spirit, s'pi-rit, s., Geist m.; (alcohol) Spiritus m.; (vitality) Lebhaftigkeit f.; (drinks) Spirituosen pl.; —**ed,** a., geistreich; (bold) mutig; —**ual,** geistig; —**ualist,** s., Spiritist m.

spit, s'pit, v., spucken.   s., Spuck m.; Bratspieß m.

spite, s'pait, s., Groll m.   v., kränken; —**ful,** a., boshaft; **in — of,** conj., trotz

spittle, s'pit-t'l, s., Speichel m.

spittoon, s'pit-uhn, s., Spucknapf m.

splash, s'pläsch, s., Spritzfleck m.   v., bespritzen

splendid, s'plen-did, a., prächtig, glänzend

splendour, s'plen-dör, s., Pracht f., Glanz m.

splint, s'plint, s., (surgical) Schiene f.

splinter, s'plint-er, s., Splitter m.   v., zersplittern

split, s'plit, s., Spalt m.   v., spalten

spoil, s'peul, v., verderben; (indulgence) verwöhn-

spoils, s'peuls, s.pl., Beute f.   [en

spoke, s'pohk, s., Speiche f.

spokesman, s'pohkss-männ, s., Wortführer m.

sponge, s'pondsch, s., Schwamm m.

sponsor, s'pon-sor, s., Bürge m.; (baptism) Pate

spontaneous, s'pon-teh-ni-oss, a., freiwillig   [m.

spool, s'puhl, s., Spule f.   v., spulen

spoon, s'puhn, s., Löffel m.; —**ful,** Löffelvoll m.

sport, s'port, s., Sport m.; —**ive,** a., scherzhaft; —**sman,** s., Sportsmann m.; (hunter) Jäger m.

spot, s'pot, s., Fleck m.; (place) Ort m., Stelle f.
v., beflecken; (pattern) tüpfeln; **—less**,
a., fleckenlos

spout, s'paut, s., (gutter) Ausguß m.; (pot or jug)
Schnabel m. v., sprudeln, [hervor-]quellen

sprain, s'prehn, s., Verrenkung f. v., verrenken

sprat, s'pratt, s., Sprotte f.

sprawl, s'pra'ahl, v., sich spreizen, sich rekeln

spray, s'preh, s., (water) Sprühregen m.; (branch)
Zweig m. v., (water, etc.) sprühen, spritzen

sprayer, s'preh-er, s., Zerstäuber m.

spread, s'predd, v., ausbreiten; (butter, etc.) bestreichen; (news) verbreiten

sprig, s'prigg, s., Reis m., Sproß m.

sprightly, s'prait-li, a., munter, lebhaft

spring, s'pring, s., Frühling m.; (leap) Sprung m.;
(water) Quelle f.; (metal) Feder f. v., springen

springy, s'pring-i, a., elastisch   [streuen

sprinkle, s'prink-'l, v., sprengen; **— with**, be-

sprout, s'praut, s., Sprößling m. v., sprossen

spur, s'pörr, s., Sporn m. v., anspornen

spurious, s'pjuh-ri-oss, a., unecht, falsch

spurn, s'pörn, v., verschmähen

spy, s'pai, s., Späher m., Spion m. v., spionieren

squabble, sku'ob-b'l, s., Zank m. v., [sich] streiten

squad, sku'odd, s., (mil.) Trupp m.; **—ron**, (mil.)
Eskadron f.; (naval, air) Geschwader n.

squalid, sku'ol-id, a., schmutzig; ärmlich

squall, sku'oal, s., (wind) Bö f. v., (scream)
schreien

squalor, sku'ol-*r, s., Schmutz m.; (fig.) Elend n.

squander, sku'on-der, v., verschwenden

square, sku'ähr, a., viereckig. s., Viereck n.;
(public) Platz m.   [drücken

squash, sku'oasch, v., [zer-]quetschen; (fig.) er-

squat, sku'ot, v., hocken. a., (figure) untersetzt

squeak, sku'iehk, v., quieken

squeeze, sku'iehs, s., Druck m. v., drücken

squint, sku'int, s., Schielen n. v., schielen

squirrel, sku'ir-'l, s., Eichhörnchen n.

squirt, sku'ört, v., spritzen. s., Spritze f.

stab, s'tább, s., Stich m. v., stechen; (fatal) erstechen

stability, s'ta-bil-i-ti, s., Festigkeit f.; Stabilität f.

stable, s'teh-b'l, s., Stall m. a., fest, stabil

stack, s'táck, s., (wood) Stoß m.; (hay) Schober m.; (chimney) Schornstein m. v., aufstapeln

staff, s'taff, s., Stab m.; (employees) Personal n.

stag, s'tägg, s., Hirsch m.

stage, s'tehdsch, s., (theatre) Bühne f.; (step) Stufe f. v., aufführen

stagger, s'täg-ger, v., taumeln; (astonish) verblüffen

stagnate. s'täg-neht, v., stocken, stillstehen

staid, s'tehdd, a., gesetzt, ernst

stain, s'tehnn, v., beizen; (soil) beflecken. s., Beize f.; Fleck m.; (character) Makel m.

stainless, s'tehn-less, a., (metal) rostfrei

stair, s'tähr, s., [Treppen-]Stufe f.; —s, pl., Treppe f.

stake, s'tehk, s., Pfahl m.; (wager) Einsatz m. v., abstecken; (wager, etc.) setzen

stale, s'tehl, a., (bread) altbacken; (liquor) schal

stalk, s'toak, s., Stengel m. v., pirschen

stall, s'toal, s., Stand m.; (theatre) Sperrsitz m.

stalwart, s'toal-u'ert, a., wacker; standhaft

stamina, s'tä-min-a, s., Ausdauer f. [m.

stammer, s'täm-'r, v., stottern; —er, s., Stotterer

stamp, s'tämp, s., (seal; rubber, etc.) Stempel m.; (postage) Briefmarke f. v., stempeln; (postage) frankieren; (foot) stampfen; (memory) einprägen

stampede, s'täm-piehd, s., wilde Flucht f.

stand, s'tändd, s., Stand m.; (receptacle) Ständer m.; (resistance) Widerstand m. v., stehen; (place) stellen; (endure) ertragen; —ing, a., [be-]ständig. s., (position) Rang m.; —ing-room, Stehplatz m.

standard, s'tand-ard, s., Fahne f.; (fig.) Norm f, Niveau n. a., maßgebend; Normal...; —ize, v., normen

standstill, s'tändd-s'till, s., Stillstand m.

staple, s'teh-p'l, a., Haupt... s., (loop) Haspe f.

star, s'tahr, s., Stern m.; **—ry,** a., gestirnt
starboard, s'tahr-bo'ard, s., Steuerbord n.
starch, s'tahrtsch, s., Stärke f.   v., stärken
stare, s'tähr, s., Starren n.   v., [an-]starren
starling, s'tahr-ling, s., Star m.
start, s'tahrt, s., Anfang m.; (shock) Schreck m.
   v., (commence) anfangen; (mech.) anlassen;
   (depart) abfahren; (leave) fortgehen
startle, s'tahrt-'l, v., erschrecken
starvation, s'tahr-**veh**-sch'n, s., Hungerleiden n.
starve, s'tahrw, v., [ver-]hungern
state, s'teht, v., angeben, erklären.   s., Staat m.;
   (condition) Zustand m.; (pomp) Prunk m.;
   —ly, a., stattlich; **—ment,** s., Erklärung f.;
   (account) Aufstellung f.; **—sman,** Staats-
   mann m.
station, s'teh-sch'n, s., (railway) Bahnhof m.;
   (position) Rang m.   v., stellen
stationary, s'teh-sch'n-a-ri, a., stillstehend
stationer, s'teh-sch'n-er, s., Schreibwarenhänd-
   ler m.; **—y,** Schreibwaren f.pl.
statistics, s'ta-**tiss**-ticks, s.pl., Statistik f.
statue, s'tä-tjuh, s., Standbild n., Statue f.
statute, s'tä-tjuht, s., Statut n., Gesetz n.
staunch, s'toansch, a., treu, fest.   v., stillen
stave, s'tehw, s., Stab m.; **— in,** v., einschlagen
stay, s'teh, s., Aufenthalt m.   v., (remain) bleiben
stead, s'tedd, s., Stelle f.; **in — of,** adv., anstatt
steadfast, s'tedd-fahst, a., standhaft, fest
steady, s'te-di, a., (reliable) solide; (markets) fest;
   (stable) stabil; (chairs, tables, etc.) fest
steak, s'tehk, s., Beefsteak n.
steal, s'tiehl, v., stehlen   [len
stealth, s'telth, s., Heimlichkeit f.; **by —,** verstoh-
steam, s'tiehm, s., Dampf m.; **—er,** Dampfer m.
steel, s'tiehl, s., Stahl m.   v., härten
steep, s'tiehp, a., steil.   v., (soak) einweichen
steeple, s'tiehp-'l, s., Kirchturm m., Spitzturm m.
steer, s'tiehr, v., steuern.   s., junger Ochs m.
steerage, s'tiehr-edsch, s., Zwischendeck n.
stem, s'temm, s., Stiel m.   v., stemmen
stench, s'tentsch, s., Gestank m.

step, s'tep, s., Schritt m.; (stair) Stufe f. v., schreiten; **—father**, s., Stiefvater m.; **—mother**, Stiefmutter f.

stereophonic, s'ter-i-oh-fonik, a., stereophonisch

sterile, s'ter-ail, a., unfruchtbar

sterilize, s'ter-i-laihs, v., sterilisieren [m.

sterling, s'tör-ling, a., bewährt, echt. s., Sterling

stern, s'törn, s., (ship) Heck n. a., ernst, streng

stevedore, s'tieh-ve-dor, s., Stauer m.

stew, s'tjuh, s., Ragout n. v., schmoren

steward, s'tjuh-ardd, s., Steward m.; (estate) Verwalter m.

stick, s'tick, s., Stock m. v., stecken; (to paste) ankleben; **—y**, a., klebrig

stiff, s'tiff, a., steif; starr; **—en**, v., steif machen

stifle, s'tai-f'l, v., ersticken

stigmatize, s'tig-ma-tais, v., brandmarken

stile, s'tail, s., Zaunsteige f.

still, s'till, a., still. v., stillen; (to calm) beruhigen. adv., immer noch. conj., (yet) jedoch. s., Destillierapparat m.

stimulate, s'ti-mjuh-leht, v., anregen

sting, s'tingg, v., stechen; (nettle) brennen. s., Stich m.; (barb) Stachel m.

stingy, s'tin-dschi, a., geizig, filzig

stink, s'tink, v., stinken. s., Gestank m.

stint, s'tint, v., einschränken

stipend, s'tai-pendd, s., (parson's) Stipende f.

stipulate, s'ti-pjuh-leht, v., bedingen

stipulation, s'ti-pjuh-leh-sch'n, s., Bedingung f.

stir, s'törr, v., rühren; (to move) bewegen

stirrup, s'tör-rop, s., Steigbügel m.

stitch, s'titsch, v., heften; (sew) nähen. s., Stich m.; (knitting) Masche f.

stock, s'tock, s., (tree) Stamm m.; (gun) Kolben m.; (flower) Levkoje f.; (store) Warenbestand m. v., (keep) führen; **—book**, s., Lagerbuch n.; **—broker**, Börsenmakler m.; **— exchange**, Börse f.; **—'size**, Normalgrösse m.; **—taking**, Inventur f.

stocking, s'tock-ing, s., Strumpf m. [Pranger m.

stocks, s'tockss, s., Staatspapiere pl.; (pillory)

stoke, s'tohk, v., heizen; **—r**, s., Heizer m.

stolid, s'tol-idd, a., stumpf; (stupid) dumm

stomach, s'tam-ak, s., Magen m.; **— -ache**, Magenschmerzen m.pl.

stone, s'tohn, s., Stein m.; (pebble) Kieselstein m.; (of fruit) Kern m. v., steinigen; (fruit) auskernen

stool, s'tuhl, s., Schemel m.; (med.) Stuhlgang m.

stoop, s'tuhp, v., sich bücken; sich beugen

stop, s'topp, s., Halt m.; Halteplatz m.; (interruption) Unterbrechung f.; (punctuation) Punkt m. v., halten, anhalten; (stay) sich aufhalten; (payment) einstellen; (teeth) plombieren; (cease) aufhören; (to remain standing) stehen bleiben; **— up**, verstopfen; **—per**, s., Stöpsel

storage, s'tohr-edsch, s., Lagerung f.

store, s'tohr, s., (shop) Warenhaus n. v., lagern

stork, s'tork, s., Storch m.

storm, s'torm, s., Sturm m. v., stürmen

stormy, s'torm-i, a., stürmisch

story, s'tor-i, s., (narrative) Geschichte f.; (floor) Stock m.; (untruth) Lüge f.; **—book**, Märstout**, s'taut, a., dick; (strong) stark [chenbuch n.

stove, s'tow, s., Ofen m.; (range) Herd m.

stow, s'toh, v., stauen

stowaway, s'toh-a-u'eh, s., blinder Passagier m.

straggle, s'träg-g'l, v., (lag) umherstreifen

straight, s'treht, a. & adv., gerade; **—en**, v., gerade machen; **—forward**, a., (honest) redlich

strain, s'trehn, s., (effort) Anstrengung f.; (music) Klang m.; (tension) Spannung f. v., sich anstrengen; spannen; (tendon) verrenken; (liquid) durchseihen; **—er**, s., Seihe f.; (tea) Teesieb n.

straits, s'trehts, s., (channel) Meerenge f.

strand, s'trändd, s., Strand m.; (hair) Strähne f. v., (naut.) stranden

strange, s'trehndsch, a., fremd; (peculiar) seltsam

stranger, s'trehndsch-er, s., Fremde m. & f.

strangle, s'träng-g'l, v., erwürgen

strap, s'träp, s., Riemen m. v., festschnallen

straw, s'tro'a, s., Stroh n.; **—berry**, Erdbeere f.

stray, s'treh, v., irregehen [wachsen

streak, s'trihk, s., Streifen m.; —y, a., (meat) durch-

stream, s'tri-hm, s., Strom m. v., strömen

street, s'trieht, s., Straße f.

strength, s'trength, s., Stärke f., Kraft f.

strengthen, s'treng-then, v., kräftigen, verstärken

strenuous, s'trenn-juh-*oss*, a., angestrengt

stress, s'tress, s., (pressure) Druck m.; (urge) Drang m. v., betonen

stretch, s'trätsch, s., Strecke f. v., strecken

stretcher, s'trätsch-er, s., Tragbahre f.

strew, s'truh, v., streuen, ausstreuen

strict, s'trikt, a., streng

stride, s'traidd, s., Schritt m. v., schreiten

strife, s'traif, s., Streit m.

strike, s'traik, s., Streik m. v., streiken; (hit, beat) schlagen; (lightning) einschlagen; (match) anstreichen; —out, (delete) ausstreichen

striker, s'traik-er, s., (of work) Streiker m.

string, s'tring, s., Schnur f.; (violin) Saite f.

stringency, s'trin-dschenn-ssi, s., Strenge f.; (brevity) Bündigkeit f.

strip, s'tripp, s., Streifen m. v., (undress) entklei-

stripe, s'traip, s., Streifen m. v., streifen [den

strive, s'traiw, v., streben

stroke, s'trohk, s., Schlag m.; (pen) Zug m.; (piston) Hub m. v., streicheln [gehen

stroll, s'trohl, s., Spaziergang m. v., spazieren-

strong, s'trong, a., stark; (firm) fest; (light) grell

strop, s'tropp, s., Streichriemen m. v., abziehen

structure, s'trok-tscher, s., Bau m.

struggle, s'tro*ss*-g'l, s., Kampf m. v., kämpfen; — (for), s., Ringen n. (um). v., ringen (um)

strut, s'trott, v., stolzieren. s., (brace) Strebe f.

stubborn, s'tob-bern, a., hartnäckig

stud, s'todd, s., Beschlagnagel m.; (collar) Kragenknopf m.; (breeding) Gestüt n. v., beschlagen

student, s'tjuh-d'nt, s., Student(in) m. (f.)

studio, s'tjuh-di-oh, s., Atelier n.

studious, s'tjuh-di-*oss*, a., lernbegierig

study, s'tod-di, s., Studium n.; (room) Studierzimmer n. v., studieren

stuff, s'toff, v., stopfen; (preserve) ausstopfen. s., Stoff m., Zeug n.; **—ing**, Füllung f.; **—y**, a., dumpf

stumble, s'tom-b'l, v., stolpern

stump, s'tomp, s., Stumpf m.; (cricket) Torstab m.

stun, s'tonn, v., betäuben; **—ning**, a., (fig.) famos

stunted, s'tont-ed, a., (growth) verkümmert

stupefy, s'tjuh-pi-fai, v., betäuben; (fig.) verstör-

stupendous, s'tjuh-**pen**-doss, a., kolossal [en

stupid, s'tjuh-pidd, a., dumm; **—ity**, s., Dumm-

stupor, s'tjuh-pör, s., Betäubung f. [heit f.

sturdy, s'törr-di, a., kräftig, fest

sturgeon, s'törr-dsch'n, s., Stör m.

stutter, s'tot-ter, v., stottern

sty, s'tai, s., Schweinestall m.; (eye) Gerstenkorn n.

style, s'tail, s., Stil m., Art f.

stylish, s'tai-lisch, a., modern; elegant

subdue, sabb-djuh, v., unterwerfen; (soften) dämpfen; **—d**, a., kleinlaut

subject, sabb-dschekt, v., unterwerfen. s., Sub-jekt n.; (a national) Untertan m.; **—ion**, Unterwerfung f.; **to**, a., ausgesetzt

subjunctive, sabb-dschonk-tiw, s., Konjunktiv m.

sublime, sabb-laim, a., erhaben [m.

submarine, sabb-ma-riehn, s., Unterseeboot n. a., versenken

submerge, sabb-**mördsch**, v., untertauchen

submission, sabb-mi-sch'n, s., Unterwerfung f.

submit, sabb-mitt, v., nachgeben; (offer) vorlegen

subordinate, sabb-ord-i-necht, a., untergeordnet

subscribe, sabb-skraib, v., [unter-]zeichnen; (money) beitragen; (journals) abonnieren; **—r**, s., Unterzeichner m.; Beitragende[r] m.; Abonnent m.

subscription, sabb-**skrip**-sch'n, s., Subskrip-tion f.; Beitrag m.; Abonnement n.

subsequent, sabb-sse-ku'ent, a., folgend

subservient, sabb-sser-wi-ent, a., dienlich

subside, sabb-ssaid, v., sinken; (abate) abnehmen

subsidiary, sabb-ssid-ja-ri, a., Hilfs..., Tochter...

subsidy, sabb-ssi-di, s., Subvention f., Hilfsgeld n.

subsist, sabb-ssist, v., auskommen, sich ernähren

577 **SUI**

…s-t'anss, s., Substanz f.; Stoff m.;
…teil m.; (means) Mittel n.pl.
…ob-s'tän-sch'l, a., beträchtlich;
…k, kräftig
…se, sabb-s'tän-schi-eht, v., beweisen
…ive, sabb-s'tän-tiw, s., Hauptwort n.
…tute, sabb-s'ti-tjuht, s., (proxy) Stellvertreter m.; (thing) Ersatz m.   v., unterschieben
subterranean, sabb-ter-rehn-'jen, a., unter-
subtle, sat-'l, a., scharfsinnig, fein   [irdisch
subtract, sabb-träkt, v., abziehen
suburb, sabb-örb, s., Vorstadt f.
subway, sabb-u'eh, s., Unterführung f.
succeed, sak-ssiehd, v., nachfolgen; (inherit) erben; (achieve) gelingen
success, sak-ssess, s., Erfolg m.; —ful, a., erfolg-
reich; —ion, s., Nachfolge f.; —or, Nach-
succour, sak-k'r, s., Hilfe f. v., helfen [folger m.
succumb, sak-kom, v., erliegen
such, satsch, pron. & a., solcher m., solche f.,
solches n.; —a, solch ein m. & n., solche eine f.
suck, sack, v., saugen; —le, säugen
suction, sak-sch'n, s., Saugen f.
sudden, sad-d'n, a., plötzlich
sue, sjuh, v., verklagen
suet, sjuh-it, s., Nierenfett n.
suffer, saff-'r, v., leiden, erleiden; —ing, s., Leiden
n.   a., leidend; on—ance, nur geduldeter-
suffice, saf-faiss, v., genügen   [weise
sufficient, saf-fisch-ent, a., genügend. adv., genug
suffocate, saff-fo-keht, v., ersticken
suffrage, saff-redsch, s., Wahlrecht n.
sugar, schug-ger, s., Zucker m.; — -tongs,
Zuckerzange f.
suggest, sa-dschest, v., andeuten; (advise) raten;
—ion, s., Anregung f.; Rat m.; —ive, a., an-
deutend; (anecdote, etc.) rizant
suicide, sjuh-i-ssaid, s., Selbstmord m.
suit, sjuht, v., passen.   s., Anzug m.; (law) Prozess m.; —able, a., passend; —or, s., Freier
suite, su'iht, s., Gefolge n.; (rooms) Zimmer-
flucht f.; (furniture) Einrichtung f.

sulk, salk, v., schmollen; —**y**, a., mürrisch

sullen, sall-en, a., mürrisch

sulphur, sal-f'r, s., Schwefel m.

sultry, sal-tri, a., schwül

sum, somm, s., Summe f.; —**mary**, s., Auszug m.
   a., summarisch; —**up**, v., kurz zusammen-

summer, somm-'r, s., Sommer m.   [fassen

summit, somm-it, s., Gipfel m.

summon, somm-on, v., vorladen; (call)einberufen

summons, somm-ons, s., (legal) Vorladung f.

sumptuous, somp-tju-oss, a., prächtig, kostbar

sun, sonn, s., Sonne f.; —**beam**, Sonnenstrahl m.;
   — **dial**, Sonnenuhr f.; —**ny**, a., sonnig;
   —**rise**, Sonnenaufgang m.; —**set**, Sonnenuntergang m.; —**shine**, Sonnenschein m.;
   —**stroke**, Sonnenstich m.

sundries, sonn-dries, s.pl., Verschiedenes n.

sundry, sonn-dri, a., verschiedene

sunken, sonk-'n, a., (features) eingefallen

super, sjuh-per, s., (theatrical) Statist m.
   a., fein, fabelhaft; —**annuation**, s.,
   Pensionierung f.; —**cilious**, a., arrogant;
   —**ficial**, oberflächlich; —**fine**, hochfein;
   —**intend**, v., überwachen; —**intendent**, s.,
   Inspektor m.; —**natural**, a., übernatürlich;
   —**sede**, v., ersetzen; —**vise**, beaufsichtigen;
   —**vision**, s., Aufsicht f.

superb, sjuh-pörbb, a., herrlich; ausgezeichnet

superfluous, sjuh-pör-flu-oss, a., überflüssig

superior, sjuh-piehr-i-er, s., Vorgesetzte m. & f.
   a., (quality) höher, besser

superlative, sjuh-pör-la-tiw, s., Superlativ m.

superstition, sjuh-pör-s'ti-sch'n, s., Aberglaube

superstitious, sjuh-pör-s'ti-schoss, a., abergläu-

supper, sap-per, s., Abendessen n.   [bisch

supplant, sa-plant, v., verdrängen

supple, sa-p'l, a., geschmeidig, biegsam

supplement, sa-pli-m'nt, s., Nachtrag m.; (newspaper) Beilage f. v., ergänzen

supplier, sa-plai-er, s., Lieferant m.

supply, sa-plai, v., (with) [mit] versehen, versorgen; (deliver) liefern. s., Vorrat m.

support, sa-port, s., (prop) Stütze f.; (maintenance, moral aid, etc.) Unterstützung f. v., stützen; unterstützen

suppose, sa-pohs, v., vermuten, annehmen

supposition, sa-po-si-sch'n, s., Voraussetzung f.

suppress, sa-press, v., unterdrücken; (conceal) verheimlichen

supremacy, sjuh-pre-ma-ssi, s., Obergewalt f.

supreme, sjuh-priehm, a., höchst, oberst

surcharge, sör-tschardsch, v., überfordern; (overload) überlasten. s., (postage) Strafporto n.

sure, schuhr, a., sicher, gewiß; —ty, s., (bail) Bürge m. [Brandung f.

surf, sörff, s., Brandung f.

surface, sörr-fess, s., Oberfläche f.

surge, sördsch, v., [auf-]schwellen; wogen

surgeon, sörr-dsch'n, s., Chirurg m., Wundarzt [m.

surgery, sörr-dscher-i, s., Chirurgie f.

surgical, sörr-dschi-k'l, a., chirurgisch

surly, sörr-li, a., mürrisch, schroff, grob

surmise, sörr-mais, s., Vermutung f. v., vermuten

surmount, sörr-maunt, v., überragen; (overcome) überwinden

surname, sörr-nehm, s., Familienname m.

surpass, sörr-pahss, v., übertreffen

surplus, sörr-ploss, s., Überschuß m. [raschen

surprise, sörr-prais, s., Überraschung f. v., über-

surrender, sör-ren-d'r, s., (mil.) Übergabe f. v., sich ergeben; (cede) aufgeben

surround, sör-raund, v., umringen; umgeben

surroundings, sör-raund-ings, s.pl., Umgebung f.

survey, sörr-weh, s., (land) Vermessung f. v., vermessen; (to glance) überblicken; —or, s., Feldmesser m.; Inspektor m.

survival, sörr-wai-w'l, s., Überleben n.

survive, sörr-waiw, v., überleben

survivor, sörr-waiw-er, s., Überlebende[r] m.

susceptible, sos-sep-ti-b'l, a., empfänglich; (sensitive) empfindlich

suspect, sos-pekt, v., verdächtigen. s., Verdächtigte[r] m.

suspend, sos-pend, v., (payment) einstellen; (defer) verschieben; **—ers,** s., Strumpfhalter m.pl.

suspense, sos-penss, s., Ungewißheit f.

suspension, sos-pen-sch'n, s., Einstellung f.; (delay) Aufschub m.; **—-bridge,** Hängebrücke f.

suspicion, sos-pi-sch'n, s., Verdacht m. [dächtig

suspicious, sos-pi-schoss, a., mißtrauisch; ver-

sustain, sos-tehn, v., tragen; (maintain) ernähren; (suffer) erleiden; (music) aushalten

sustenance, sos-tin-anss, s., Unterhalt m.

swagger, su'ag-g'r, s., Großtuerei f. v., großtun

swallow, su'ol-loh, s., Schluck m.; (bird) Schwalbe f. v., schlucken; verschlucken

swamp, su'omp, s., Sumpf m. v., (boat) überfüllen

swan, su'onn, s., Schwan m. [und sinken

swarm, su'o'ahrm, s., Schwarm m. v., schwärmen; (people) wimmeln

sway, su'eh, s., (power) Herrschaft f.; (influence) Einfluß m. v., schwingen; beherrschen; beeinflussen; (to rock) schwanken; (reel) taumeln

swear, su'ähr, v., schwören; (curse) fluchen

sweat, su'ett, s., Schweiß m. v., schwitzen

sweep, su'iehp, s., Schornsteinfeger m. v., kehren

sweeper, su'iehp-er, s., Feger m.

sweet, su'ieht, s., Bonbon m. or n. a., süß; **—-bread,** s., Bröschen n.; **—en,** v., (ver-) süßen; **—heart,** s., Geliebte(r) f.(m.); **—ness,** Süße f.; (smell) Wohlgeruch m.; **—-pea,** wohlriechende Wicke f.

swell, su'ell, s., (sea) Dünung f. v., aufschwellen

swelling, su'ell-ing, s., Geschwulst f.

swerve, su'örw, v., ausbiegen, abweichen

swift, su'ift, a., schnell, geschwind, rasch

swim, su'imm, v., schwimmen

swindle, su'in-d'l, s., Schwindel m. v., beschwindeln; **—r,** s., Schwindler m.

swine, su'ain, s., Schwein n.

swing, su'ing, s., Schwung m.; (child's) Schaukel f. v., schwingen, schaukeln

switch, su'itsch, s., (riding) Gerte f.; (electrical) Schalter m. v., (train) rangieren (electric) — **off,** ausschalten; — **on,** einschalten [ten

swivel, su'i-w'l, s., Drehring m.

swoon, su'uhn, v., in Ohnmacht fallen

swoop, su'uhp, s., Sturz m.; — **down,** v., herab- [schießen

sword, sohrd, s., Schwert n.

sworn, su'orn, a., vereidigt

syllable, sill-a-b'l, s., Silbe f.

syllabus, sill-a-boss, s., Lehrplan m.; Prospekt m.

symbol, simm-b'l, s., Symbol n., Sinnbild n.

symmetry, simm-e-tri, s., Symmetrie f., Ebenmaß n.

sympathetic, sill-a-the-tik, a., mitfühlend

sympathize, simm-pa-thais, v., mitfühlen

sympathy, simm-pa-thi, s., Sympathie f., Mitgefühl n.

symptom, simp-tom, s., Symptom n. [fühl n.

synchronize, sinn-kroh-nais, v., synchronisieren

syndicate, sinn-di-keht, s., Syndikat n.

synonymous, si-non-i-moss, a., sinnverwandt, [synonym

syphon, sai-f'n, s., Siphon m.

syringe, sir-indsch, s., Spritze f. v., ausspritzen

syrup, sir-op, s., Sirup m.; **fruit** —, Obstsaft m.

system, siss-tem, s., System n.

table, tä-b'l, s., Tisch m.; (list) Tabelle f.; —**cloth,** Tischtuch n.; —**cover,** Tischdecke f.; —**land,** Hochebene f.; —**spoon,** Eßlöffel m. [chen n.

tablet, täb-lett, s., Tafel f.; (sweets, etc.) Plätz-

tack, täck, s., (nail) Stift m. v., anschlagen; (sew) anheften; (sailing) lavieren

tackle, täck-'l, s., (fishing) Gerät n.; (naut.) Takel n. v., (to attack, to set to work) anpacken

tact, täckt, s., Takt m.; —**ful,** a., taktvoll; —**ics,** s., Taktik f.; —**less,** a., taktlos

tadpole, täd-pohl, s., Kaulquappe f.

tag, tägg, s., Anhängezettel m. v., anhängen

tail, tehl, s., Schwanz m.; (comet) Schweif m.

tailor, tehl-'r, s., Schneider m.

taint, tehnt, s., Makel m. v., beflecken, besudeln

take, tähk, v., nehmen; (medicine, fortress) ein-nehmen; (accept) annehmen; (along) mitneh-men; — **away**, wegnehmen; — **off**, abnehmen

takings, tähk-ings, s.pl., Einnahmen f.pl.

tale, tehl, s., Erzählung f.; (fairy) Märchen n.

talent, täl-ennt, s., Talent n., Begabung f.

talk, toak, s., Gespräch n. v., sprechen, reden

talkative, toak-*a*-tiw, a., redselig, gesprächig

tall, toal, a., (high) hoch; (big)) groß

tallow, täll-oh, s., Talg m.

tally, täll-i, s., Kerbe f. v., (agree) stimmen

talon, täl-onn, s., Kralle f.

tame, tehm, a., zahm. v., zähmen, bändigen; —**ness**, s., Zahmheit f.; —**r**, Bändiger m.

tamper, täm-p'r, v., — **with**, hineinpfuschen

tan, tänn, s., Lohe f. v., gerben; (sunburn) bräu-nen; —**ner**, s., Gerber m.; —**nery**, Gerberei f.

tangerine, tän-dsche-rien, s., Mandarine f.

tangible, tän-dschi-b'l, a., greifbar; (real) wirklich

tangle, täng-g'l, s., Verwicklung f.

tank, tänk, s., Behälter m.; (mil.) Tankwagen m.

tankard, tänk-'rd, s., Zinnkrug m.

tantalize, tän-t*a*-lais, v., quälen

tantamount, tän-t*a*-maunt, a., gleichbedeutend

tap, täp, s., (cock) Hahn m. v., pochen, klopfen; (barrel, tree) anzapfen

tape, tehp, s., Band n.; (adhesive) Klebeband n.; (recording) Tonband n. v., (record) auf Band aufnehmen; — **measure**, s., Bandmaß m.; —**recorder**, Tonbandgerät n.; —**worm**, Bandwurm m.; **red** —, Bürokratismus m.

taper, teh-p'r, s., Wachskerze f. v., spitz zulaufen

tapestry, tä-pess-tri, s., Wandteppich m.; Gobe-tappet, täp-pett, s., Daumen m.; Hebel m. [lin m.

tar, tahr, s., Teer m. v., teeren

tardiness, tar-di-ness, s., Säumigkeit f.

tardy, tar-di, a., (slow) langsam; (late) spät

tare, tähr, s., Wicke f.; (weight) Tara f.

target, tar-get, s., Scheibe f.

tariff, tä-riff, s., Tarif m.

tarnish, tar-nisch, v., trüben, matt werden

tarpaulin, tar-po'a-linn, s., Persenning f.

tart, tahrt, s., Torte f.   a., herb

task, tahsk, s., Aufgabe f., Arbeit f.

tassel, täs-s'l, s., Quaste f., Troddel f.

taste, tehst, s., Geschmack m.   v., schmecken, kosten; **—ful**, a., geschmackvoll; **—less**, a., geschmacklos

tasty, tehss-ti, a., schmackhaft   [geschmacklos

tatter, tät-t'r, s., Fetzen f.; **—ed**, a., zerfetzt

tattoo, ta-tuh, s., (mil.) Zapfenstreich m.   v., (the skin) tätowieren

taunt, to'ant, s., Hohn m.   v., verhöhnen

tavern, täv-ern, s., Schenke f., Wirtshaus n.

tawdry, to'a-dri, a., flitterhaft

tax, täx, s., Steuer f.;   v., besteuern; (fig.) beschul- [digen

taxi, täx-i, s., Taxe f.; Autodroschke f.

tea, tieh, s., Tee m.; **—pot**, Teekanne f.

teach, tiehtsch, v., lehren; **—er**, s., Lehrer(in) m. (f.); **—ing**, Lehren n., Unterricht m.

team, tiehm, s., Gespann n.; (sport) Mannschaft f.

tear, tähr, s., Riß m.   v., reißen, zerreißen

tear, tiehr, s., Träne f.; **—ful**, a., tränig

tease, tiehs, v., necken.   s., Quälgeist m.

teat, tieht, s., Zitze f.; (dummy) Lutscher m.

technical, tek-ni-k'l, a., technisch

technique, tek-niek, s., Technik f.

tedious, tieh-di-oss, a., langweilig; (tiring) ermü-

tedium, tieh-di-om, s., Lang(e)weile f.   [dend

teem, tiehm, v., wimmeln

teething, tieh-dhing, s., Zahnen n.

teetotaller, tieh-to-t'l-er, s., Abstinenzler m.

telegram, tell-i-gramm, s., Telegramm n.

telegraph, tell-i-graf, v., telegraphieren

telephone, tell-i-fohn, s., Fernsprecher m.   v., telefonieren

telephoto, tell-i-foh-to, s., Fernaufnahme f.

telescope, tell-i-skohp, s., Fernrohr n.

television, tell-i-wisch-n, s., Fernsehen n.

tell, tell, v., sagen, mitteilen; (relate) erzählen

temper, temm-per, s., Laune f.; (steel) Härte f.

temperance, temm-per-anss, s., Mäßigkeit f.

temperate, temm-per-ett, a., mäßig, gemäßigt

temperature, temm-p'ra-tscher, s., Temperatur f.

tempest, temm-pest, s., Sturm m., Ungewitter n.

temple, temm-p'l, s., Tempel m.; (head) Schläfe
temporary, temm-po-ra-ri, a., zeitweilig [f.
tempt, tempt, v., verlocken, versuchen; **—ation,**
ten, tenn, a., zehn [s., Versuchung f.
tenable, tenn-a-b'l, a., haltbar
tenacious, ti-neh-schoss, a., zäh, beharrlich
tenacity, ti-näss-i-ti, s., Zähigkeit f.
tenancy, tenn-an-ssi, s., Innehabung f.
tenant, tenn-ant, s., Mieter m.; (land) Pächter m.
tend, tenndd, v., sich neigen zu; (nurse) pflegen
tendency, tenn-denn-ssi, s., Neigung f.
tender, tennd-er, s., Tender m.; (offer) Angebot
   n.; (public) Ausschreibung f. a., zart;
   —-hearted, weichherzig; **—ness,** s., (affection) Zärtlichkeit f.
tenement, tenn-i-m'nt, s., [Arbeiter-]Wohnung f.
tennis, tenn-iss, s., Tennis n.
tenor, tenn-er, s., Tenor m.; (purport) Inhalt m.
tense, tennss, a., gespannt. s., (gram.) Zeitform f.
tension, tenn-sch'n, s., Spannung f.
tent, tennt, s., Zelt n.
tentative, tenn-ta-tiw, a., versuchsweise
tenth, tenn-th, a., zehnte. s., (fraction) Zehntel n.
tenure, tenn-juhr, s., Besitz m.
tepid, tep-id, a., lauwarm
term, törm, s., Ausdruck m.; (time) Zeitraum m.;
   (quarter) Quartal n.; **—s,** pl., Bedingungen f.
terminate, törr-mi-neht, v., endigen [pl.
terminus, törr-mi-noss, s., Endstation f.
terrace, terr-ess, s., Terrasse f.
terrible, terr-i-b'l, a., schrecklich
terrific, terr-if-ik, a., fürchterlich
terrify, terr-i-fai, v., [er-]schrecken
territory, terr-i-to-ri, s., Gebiet n.
terror, terr-or, s., Schrecken m.; **—ize,** v., terrori-
terse, törss, a., kurz und bündig [sieren
test, test, s., Versuch m., Probe f.; (exam.) Prüfung f. v., probieren; prüfen; **—ify,** bezeugen; **—imonial,** s., Zeugnis n.; (presentation)
   Ehrengeschenk n.; **—imony,** Zeugnis n.
testicle, tess-ti-k'l, s., Hode f.
tether, te-dher, s., Spannseil n. v., anbinden

text, text, s., Text m.; — **-book,** Lehrbuch n.

textile, tex-tail, a., Textil..., Web...

texture, tex-tjuhr, s., Textur f.; (weave) Gewebe [n.

than, dhän, conj., als

thank, thänk, v., danken; — **you,** interj., danke! — **ful,** a., dankbar; — **less,** undankbar; — **s,** s.pl., Dank m.; — **s to,** prep., dank; — **sgiving,** s., Dankgebet n.; (festival) Dankfest n.

that, dhätt, adj. & pron., dies-er m., -e f. & pl., -es n.; (yon, yonder) jen-er m., -e f. & pl., -es n.; relative pron., welch-er m., -e f. & pl., -es n., der m., die f. & pl., das n. conj., daß; dem., das

thatch, thätsch, s., Strohdach n. v., mit Stroh [decken

thaw, tho'a, s., Tauwetter n. v., tauen

the, dhie, def. art., der m., die f., das n.; pl., die; the ... the ...., je ...,'desto'...; example: the later the better, je später, desto besser; so much the ..., umso ...

theatre, thi-*a*-t'r, s., Theater n.

theft, theft, s., Diebstahl m.

their, dhär, poss. pron., ihr; — **s,** der ihrige m., die ihrige f., das ihrige n.; ihrer m., ihre f., ihres n.

them, dhem, pron., sie; **to —,** ihnen

theme, thiem, s., Thema n.

themselves, dhem-sselws, pron., sich

then, dhen, adv., dann, darauf; (that time) damals

thence, dhens, adv., dorther

thenceforth, dhens-fohrth, adv., von da an

theology, thi-o-lo-dschi, s., Theologie f.

theoretical, thi-*o*-ret-*i*-kal, a., theoretisch

theory, thi-*o*-ri, s., Theorie f.

there, dhär, adv., dort; — **after,** danach; — **by,** dadurch; — **fore,** deshalb; — **upon,** darauf

thermal, thörm-'l, a., thermal [n.

thermometer, thör-mom-i-ter, s., Thermometer

thermostat, thör-moh-s'tät, s., Temperaturregler [m.

these, dhiehs, pron., diese

thesis, thi-ssiss, s., These f.

they, dheh, pron., sie

thick, thick, a., dick; — **en,** v., verdicken

thicket, thick-ett, s., Dickicht n.

thickness, thick-ness, s., Dicke f., Stärke f.

thief, thief, s., Dieb m.

thieve, thiew, v., stehlen

thigh, thai, s., Schenkel m., Lende f.

thimble, thim-b'l, s., Fingerhut m.

thin, thinn, a., dünn; (lean) mager; (sparse) spärlich. v., verdünnen; **—ness,** s., Dünne f.

thine, dhain, pron., deiner m., deine f., deines n.

thing, thing, s., Ding n.; (matter) Sache f.

think, think, v., denken; (believe) glauben; **— of,** denken an; (opinion) denken von; **— over,** überlegen

third, thörrd, a., dritte. s., (fraction) Drittel n.

thirdly, thörrd-li, adv., drittens

thirst, thörrst, s., Durst m.; **—y,** a., durstig

thirteen, thörr-tien, a., dreizehn; **—th,** dreizehnte

thirtieth, thörr-ti-ith, a., dreißigste

thirty, thörr-ti, a., dreißig

this, dhiss, pron. & a., dieser m., diese f., dieses n.

thistle, thiss-'l, s., Distel f. [pron., dies, das

thong, thong, s., Riemen m.

thorn, thoarn, s., Dorn m.; **—y,** a., dornig

thorough, thor-o, a., gründlich; (real) wirklich; **—bred,** s., Vollblut n.; **—fare,** Durchgang m.; (main street) Hauptstraße f.; **no —fare,** gesperrt

those, dhohs, pron. & a., jene; die, diejenigen

though, dhoh, conj., obwohl, obgleich; zwar

thought, thoaht, s., Gedanke m.; **—ful,** a., nachdenklich; (considerate) rücksichtsvoll; (attentive) aufmerksam; **—less,** (inconsiderate) rücksichtslos, achtlos

thousand, thaus-'nd, a., tausend; **—th,** tausendste

thrash, thrăsch, v., dreschen; (beat) prügeln; **—ing,** s., Tracht Prügel f.; **—ing-machine,** Dreschmaschine f.

thread, thrăd, s., Faden m.; v., einfädeln

threadbare, thrăd-behr, a., fadenscheinig

threat, thrătt, s., Drohung f.; **—en,** v., drohen

threatening, thrătt-ning, a., drohend

three, thrie, a., drei; **—fold,** dreifach

threshold, thresch-old, s., Schwelle f.

thrice, thraiss, adv., dreimal

thrift, thrift, s., Sparsamkeit f.; **—less**, a., verschwenderisch; **—y**, sparsam

thrill, thrill, v., durchschauern. s., Schauer m.

thrilling, **thrill**-ing, a., packend, ergreifend

thrive, thraiw, v., gedeihen; (success) Erfolg haben

throat, throht, s., Kehle f., Hals m.

throb, throbb, v., pochen; (heart) schlagen

throes, throhs, s.pl., Schmerz m.; (fig.) Qual f.

throne, throhn, s., Thron m.

throng, throng, s., Gedränge n. v., sich drängen

throttle, throt-t'l, v., drosseln; (kill) erdrosseln. s., Luftröhre f.; (mech.) Drosselventil n.

through, thruh, prep., durch; **—out**, adv., durchaus; (everywhere) überall; **—train**, durchgehender Zug m.

throw, throh, v., werfen; (fling) schmeißen. s., [Wurf m.

thrush, throsch, s., Drossel f.

thrust, throst, s., Stoß m. v., stoßen

thud, thod, s., dumpfer Schlag m.

thumb, thomm, s., Daumen m.

thump, thomp, s., (noise) Plumps m.; (blow) Puff m. v., plumpsen; (to strike) schlagen

thunder, thon-d'r, s., Donner m. v., donnern; **—bolt**, s., Donnerkeil m.; **—storm**, Gewitter [n.

thus, dhoss, adv., so; also, daher

thwart, thu'o'art, v., (design) vereiteln; (someone) jemandem in die Quere kommen

thyme, thaim, s., Thymian m.

tick, tick, s., Schaflaus f. v., (clock) ticken; (check) anhaken; **—ing**, s., Ticken n.

ticket, tick-ett, s., Karte f.; (railway, etc.) Fahrkarte f.; (of admission) Eintrittskarte f.; (label) Zettel m.; **season—**, Dauerkarte f.

tickle, tick-'l, v., kitzeln

ticklish, tick-lisch, a., kitzlig

tidal, tai-d'l, a., Ebbe und Flut unterworfen

tide, taidd, s., (high) Flut f.; (low) Ebbe f. [f.

tidings, taid-ings, s., Kunde f.; (news) Nachricht

tidy, tai-di, a., ordentlich; (neat) sauber. v., aufräumen

tie, tai, s., (bow) Schleife f.; (neck) Halsbinde f. v., binden; (join) verbinden

tier, tier, s., Reihe f.; (theatre) Rang m.

tiff, tiff, s., Missverständnis n.

tiger, tai-g'r, s., Tiger m.

tight, tait, a., (close) dicht, fest; (garments) eng; **air- —,** luftdicht; **—en,** v., enger machen; (a screw) anziehen; **water—,** a., wasserdicht; **—s,** s., Trikot f.

tile, tail, s., (roof) Ziegel m.; (glazed) Kachel f.; (floor) Fliesen f.pl. v., decken

till, till, s., Ladenkasse f. v., (land) bestellen. conj. & prep., bis zu; — now, adv., bisher

tiller, till-er, s., Ackersmann m.; (naut.) Ruderlilt.

tilt, tilt, v., kippen. s., Neigung f. [pinne f.

timber, tim-b'r, s., Bauholz n.

time, taim, v., kontrollieren. s., Zeit f.; (period) Zeitdauer f.; (occasion) Mal n.; (hour) Uhr f.; (music) Takt m.; (step) Schritt m.; **—keeper,** Chronometer m.; (sport) Schiedsrichter m.; **— -limit,** Frist f.; **—ly,** a. & adv., rechtzeitig; **— -table,** s., Fahrplan m.

timid, tim-idd, a., zaghaft, furchtsam

tin, tinn, s., Zinn n.; (can) Büchse f. v.verzinnen; (can) einmachen; **—ned,** a., konserviert; **— box,** s., Blechschachtel f.; **—foil,** Stanniol n.; **—plate,** Weißblech n.

tincture, tink-tscher, s., Tinktur f.

tinge, tindsch, s., Färbung f.; (fig.) Anflug m. v., leicht färben

tingle, ting-g'l, v., prickeln; summen

tinkle, ting-k'l, v., klingeln. s., Geklingel n.

tinsel, tin-s'l, s., Flitterwerk n.

tint, tint, s., Farbenton m. v., [leicht] färben

tiny, tain-i, a., winzig

tip, tipp, s., Spitze f.; (hint) Wink m.; (gratuity) Trinkgeld n. v., kippen; (reward) Trinkgeld geben; **on — -toe,** auf den Zehen

tire, tair, s., (rim) Radreifen m. v., ermüden; **—d,** a., müde; **— of,** v., überdrüssig werden; **—some,** a., ermüdend; (boring) langweilig

tissue, tisch-juh, s., Gewebe n.; (fabric) Schleierstoff m.; **— -paper,** Seidenpapier n.

tithe, taidh, s., Zehntel n.; Kirchensteuer f.

title, tai-t'l, s., Titel m.; (right) Rechtstitel m.;
   — **-deed,** Eigentumsurkunde f.; — **-page,**
   Titelblatt n.

titter, tit-t'r, s., Gekicher n. v., kichern

to, tuh, prep. & adv., zu; (going to a place) nach;
   (writing to someone) an; (writing to a place)
toad, tohdd, s., Kröte f.   [nach

toast, tohst, s., geröstete Brotschnitte f. v., rösten
   (drink a ...) s., Trinkspruch m. v., toasten

tobacco, to-bäk-koh, s., Tabak m.; — **-nist,** Ta-
   bakhändler m.; — **-pouch,** Tabaksbeutel m.

toboggan, to-bog-_an_, s., Rodelschlitten m. v.,
to-day, tu-deh, adv., heute   [rodeln

toe, toh, s., Zeh m., Zehe f.

toffee, toff-ieh, s., Zuckerbackwerk n., Karamel-
   bonbons m.pl.

together, tu-ge-dher, adv., zusammen

toil, teul, s., Plackerei f. v., sich placken

toiler, teul-er, s., Schwerarbeiter m.

toilet, teu-lett, s., Toilette f.; (W.C.) Abtritt m.

token, toh-k'n, s., Zeichen n.; (gift) Andenken n.

tolerable, tol-er-_a_-b'l, a., erträglich

tolerance, tol-er-_a_nns, s., Toleranz f., Duldsam-
tolerant, tol-er-annt, a., duldsam   [keit f.

tolerate, tol-er-eht, v., dulden

toll, tohl, s., Wegegeld n.; (bell) Läuten n. v., läu-

tomato, to-mah-to, s., Tomate f.   [ten

tomb, tuhm, s., Gruft f.; — **-stone,** Grabstein m.

tomboy, tom-beu, s., Wildfang m.

tomcat, tom-kätt, s., Kater m.

tomfoolery, tom-fuhl-er-i, s., Narrenspossen f.
to-morrow, tu-morr-o, adv., morgen   [pl.

tomtit, tom-titt, s., Meise f.

ton, tonn, s., Tonne f.; — **-nage,** Tonnengehalt m.

tone, tohn, s., Ton m.

tongs, tongs, s., Zange f.

tongue, tong, s., Zunge f.; — **-tied,** a., stumm

tonic, ton-ik, s., Stärkungsmittel n.

to-night, tu-nait, adv., heute abend, heute nacht

tonsil, ton-ssill, s., Mandel f.   [f.

tonsilitis, ton-ssill-ei-tiss, s., Mandelentzündung

too, tuh, adv., zu; (also) auch; — **much,** zuviel

tool, tuhl, s., Werkzeug n.
tooth, tuhth, s., Zahn m.; **— -ache**, (Zahnschmerzen m.pl.; **— -brush**, Zahnbürste f.; **— -paste**, Zahnpasta n.; **—-pick**, Zahnstocher m.; **— -powder**, Zahnpulver n.
top, topp, s., Spitze f.; (mountain) Gipfel m.; (trees) Wipfel m.; (house) First m.; (toy) Kreisel m.; (school) Primus m. a., oberst; **on —**, oben auf; **— -hat**, Zylinderhut m.
topic, top-ik, s., Gesprächsstoff m., Thema n.
topple (over), top-p'l, v., umstürzen
topsy-turvy, top-ssi-törr-wi, adv., verkehrt
torch, tortsch, s., Fackel f.; (electric) Taschenlampe f.
torment, torr-m'nt, s., Qual f. v., quälen
tornado, torr-neh-do, s., Wirbelsturm m.
torpedo, torr-pieh-do, s., Torpedo m.; **— -boat**, Torpedoboot n.
torpid, torr-pidd, a., starr, erstarrt
torpor, torr-pör, s., Erstarrung f.; (sluggishness) [Stumpfsinn m.
torque, tohrk, s., Drehkraft f.
torrent, torr-r'nt, s., reißende Strom m.
torrid, tor-rid, a., brennend heiß [Schildpatt n.
tortoise, torr-toss, s., Schildkröte f.; **— -shell**,
torture, torr-tsch'r, s., Folter f. v., foltern
toss, toss, s., Wurf m. v., werfen; (coin) losen; (cattle) spießen; **— about**, sich wälzen
total, toht-'l, s., Totalbetrag m. a., gänzlich. v., zusammenrechnen; **—isator**, s., Totalisator m.
totter, tot-ter, v., wanken, wackeln [tor m.
tottering, tot-ter-ing, a., wackelig
touch, totsch, s., Gefühl n. v., berühren; **—ing**, a., (emotion) rührend; **—y**, (fig.) empfindlich
tough, toff, a., zäh, zähe
tour, tuhr, s., Reise f., Tour f. v., bereisen; **—ist**, s., Tourist m.; **—nament**, Tournier n.
tout, taut, s., Anlocker m. v., Kunden schleppen
tow, toh, v., (haul) schleppen. s., (flax) Werg n.; **—ing**, Schleppen s.; **—ing-path**, Schleppwegm m.; **—rope**, Bugsiertau n., Schlepptau n.
towards, toh-oards, prep., gegen, nach
towel, tau-el, s., Handtuch n.

tower, tau-er, s., Turm m.

town, taun, s., Stadt f.; **— hall,** Rathaus n.

toy, teu, s., Spielzeug n. v., tändeln

trace, trehss, s., (track) Spur f.; (harness) Zugriemen m. v., nachspüren; (draw) durchpausen

tracing, trehss-ing, s., Pause f.

tracing-paper, trehss-ing-peh-per, s., Pauspapier n.

track, träck, s., (trace) Spur f.; (race) Bahn f.; (railway) Gleis n. v., verfolgen

tract, träkt, s., Strecke f.; (religious) Traktat m.

traction, träk-sch'n, s., Zug m.; **—engine,** Lokomobile f.

trade, trehd, s., Handel m.; (craft) Handwerk n. v., handeln; **— mark,** s., Schutzmarke f.; **—sman,** Händler m.; **—union,** Gewerkschaft f.

tradition, tra-di-sch'n, s., Überlieferung f.

traditional, tra-di-schon-al, a., überliefert

traduce, tra-djuhss, v., verleumden

traffic, träff-ik, s., Verkehr m.

tragedian, tra-dschie-di-an, s., Tragöde m.

tragedy, trä-dsche-di, s., Tragödie f.; [Trauer-
tragic, trä-dschik, a., tragisch [spiel n.

trail, trehl, s., Fährte f. v., die Fährte suchen; (drag) schleppen

trailer, trehl-er, s., (van) Anhängewagen m.

train, trehn, v., ausbilden; (sport) trainieren; (animals) dressieren; (mil.) einexerzieren. s., (railway) Zug m.; (dress) Schleppe f.; **—ing,** Ausbildung f.; (sport) Training n.

traitor, treh-tor, s., Verräter m.

tram, trämm, s., Straßenbahn f.

tramp, trämp, s., Landstreicher m.; (walk) Fußtour f.

trample, träm-p'l, v., niedertreten [tour f.

trance, trahnss, s., Hypnose f.; (med.) Starrsucht f.

tranquil, tränk-u'ill, a., ruhig; (mind) gelassen

transact, tränss-äkt, v., verrichten, durchführen **—ion,** s., Verrichtung f.; (business) Geschäft n.

transcribe, trän-skraibb, v., abschreiben

transfer, tränss-för, v., (shares) übertragen; (move) verlegen; (person) versetzen. s., Übertragung f.; Verlegung f.; Versetzung f.

transform, tränss-**form,** v., umgestalten
transgress, tränss-gress, v., übertreten
tranship, trän-schip, v., umladen
transit, trän-ssitt, s., Transit m.; Durchgang m.
translate, tränss-leht, v., übersetzen
translation, tränss-leh-sch'n, s., Übersetzung f.
translator, tränss-leh-tor, s., Übersetzer m.
transmit, tränss-mitt, v., übersenden, versenden
transparent, tränss-pä-rent, a., durchsichtig
transpire, tränss-pair, v., sich herausstellen
transport, tränss-port, s., Transport m. v., transportieren
transpose, tränss-pohs, v., umstellen
transverse, tränss-wörss, a., querlaufend
trap, träp, s., Falle f. v., fangen; **—-door,** s., Falltür f.
trappings, träpp-ings, s.pl., Staat m., Putz m.
trash, träsch, s., Plunder m.; (nonsense) Unsinn m.
trashy, träsch-i, a., wertlos   [f.
travel, träw-'l, v., reisen; **—ler,** s., Reisende m. &
traverse, träw-erss, v., durchkreuzen. a., quer
trawler, troal-er, s., Schleppnetzfischerboot n.
tray, treh, s., Tablett n.; ash- **—,** Aschbecher m.
treacherous, tretsch-er-oss, a., verräterisch
treachery, tretsch-er-i, s., Verrat m.
treacle, trie-k'l, s., Sirup m.
tread, trädd, s., Tritt m. v., treten
treason, trie-s'n, s., [Hoch-]Verrat m.
treasure, trä-scher, s., Schatz m. v., schätzen
treasurer, trä-scher-er, s., Schatzmeister m.
treasury, trä-scher-i, s., Schatzamt n.
treat, triet, s., (outing) Ausflug m.; (enjoyment) Genuß m. v., behandeln; (negotiate) verhandeln; (entertain) freihalten
treatise, triet-is, s., Abhandlung f.
treatment, triet-m'nt, s., Behandlung f.
treaty, trie-ti, s., Vertrag m.
treble, tre-b'l, s., (mus.) Diskant m. a., dreifach. v., verdreifachen
tree, trie, s., Baum m.; **family —,** Stammbaum m.
trellis, trell-iss, s., Gitterwerk n.
tremble, trem-b'l, v., zittern; (quake) beben

tremendous, tri-men-doss, a., ungeheuer

tremulous, tre-mju-loss, a., zitternd

trench, trentsch, s., Graben m.; (mil.) Schützen-graben m.

trend, trendd, s., Neigung f. v., neigen

trespass, tress-pass, v., (transgress) sich ver-gehen; (grounds) unbefugt betreten

trespasser, tress-pass-er, s., Übertreter m.

trestle, tress-'l, s., Gestell n., Bock m.

trial, trai-'l, s., Probe f.; (law) Verhandlung f.

triangle, trai-äng-'l, s., Dreieck n.

triangular, trai-äng-ju-ler, a., dreieckig

tribe, traibb, s., Stamm m.

tribunal, trai-bjuh-n'l, s., Tribunal n.

tribune, tri-bjuhn, s., Tribun m.

tributary, tri-bjuh-ta-ri, s., (stream) Nebenfluß

tribute, tri-bjuht, s., Tribut m., Abgabe f. [m.

trick, trick, s., Kniff m.; (fraud) Trug m.; (joke) Streich m.; (dexterity) Kunststück n.; (cards score) Stich m. v., überlisten; —ery, s., Gaunerei f.; —ster, Gauner m.

trickle, trick-'l, v., tröpfeln

trifle, traif-'l, s., Kleinigkeit f. v., tändeln

trifling, traif-ling, a., geringfügig

trigger, trig-ger, s., (gun) Drücker m., Abzug m.

trill, trill, s., Triller m. v., trillern

trim, trimm, v., (dress) besetzen; (hair) stutzen

trimming, trimm-ing, s., (garments) Besatz m.

trinity, tri-ni-ti, s., Dreieinigkeit f.

trinket, trink-ett, s., Schmuckstück n.

trio, tri-oh, s., Trio n., Terzett n. [pern

trip, tripp, s., (journey) Reise f. v., (stumble) stol-

tripe, traip, s., Kaldaunen f.pl.; Gedärme f.pl.

triple, trip-'l, a., dreifach

triplets, trip-letts, s.pl., Drillinge m.pl.

tripod, trai-podd, s., Dreifuß m.; (phot.) Stativ n.

tripper, tripp-'r, s., Ausflügler m.

triumph, trai-omf, s., Triumph m.

trivial, tri-wi-al, a., geringfügig

trolley, trol-li-s, Karren m.; (electric) Rolle f.

trombone, tromm-bohn, s., Posaune f.

troop, truhp, v., sich scharen. s., Trupp m.

trooper, truhp-er, s., (mil.) Kavallerist m.

troopship, truhp-schip, s., Truppentransport-

trophy, tro-fi, s., Trophäe f. [schiff n.

tropical, trop-pi-k'l, a., tropisch

tropics, trop-picks, s.pl., Tropen f.pl.

trot, trott, s., Trab m. v., traben

trouble, tro-b'l, s., (cares) Sorge f.; (inconvenience) Mühe f.; (disturbance) Unruhe f.; (difficulty) Schwierigkeit f. v., (bother) [sich] bemühen; (worry) sich sorgen; (disturb) belästigen; —some, a., lästig; (difficult) beschwerlich

trough, troff, s., Trog m., Mulde f.

trounce, traunss, v., durchhauen

trousers, trau-sers, s., Hosen pl.

trout, traut, s., Forelle f.

trowel, trau-el, s., (mason's) Maurerkelle f.; (garden) Pflanzenstecher m.

truant, truh-ant, play —, v., die Schule schwän-

truce, truhss, s., Waffenstillstand m. [zen

truck, trock, s., Rollwagen m.; (railway) Lore f.

truculent, tro-kjuh-l'nt, a., wild, roh

trudge, trodsch, v., sich schleppen; — **along,**

true, truh, a., wahr; (faithful) treu [gehen

truffle, trof-f'l, s., Trüffel f.

truism, truh-ism, s., bekannte Tatsache f.

trump, tromp, s., Trumpf m. v., trumpfen

trumpery, trom-per-i, a., geringfügig, lumpig

trumpet, trom-pit, s., Trompete f.

truncheon, tron-sch'n, s., Knüttel m.

trunk, tronk, s., (tree) Stamm m.; (elephant) Rüssel m.; (travelling) Reisekoffer m.; (body) Rumpf m.; — **call,** Fernruf m.

truss, tross, s., Bündel n.; (surgical) Bruchband n. v., verschnüren; (poultry) zäumen

trust, trost, s., Vertrauen n.; (combine) Trust m. v., trauen; (rely) sich verlassen auf

trustee, trost-i, s., Kurator m.; (legal) Treuhand f.

trustworthy, trost-u'ör-dhi, a., zuverlässig

truth, truhth, s., Wahrheit f.

try, trai, v., versuchen, probieren; (taste) kosten; (law) verhören; —**ing,** a., schwierig

tub, tob, s., Kübel m.; (bath) Wanne f.

tube, tjuhb, s., Rohr n., Röhre f.; (paint, etc.) Tube f.; **inner —,** s., Schlauch m.

tuck, tock, s., Falte f. v., falten; **— in,** (rug, etc.) einwickeln; **— up,** aufkrempeln

tuft, toft, s., Büschel n.

tug, tog, s., Zug m. v., schleppen; (pull) zerren; **—-boat,** s., Schlepper m.; **— of war,** Seilziehen n. [ziehen n.

tuition, tjuh-isch'n, s., Unterricht m. [ziehen n.

tulip, tjuh-lip, s., Tulpe f.

tumble, tom-b'l, v., purzeln; (fall) stürzen

tumbler, tom-bler, s., (glass) Wasserglas n.

tumour, tjuh-mor, s., Geschwulst f.

tumult, tjuh-molt, s., Tumult m.; (riot) Aufruhr f.

tune, tjuhn, s., Melodie f. v., stimmen

tuneful, tjuhn-full, a., melodisch

tunic, tjuhn-ik, s., (mil.) Waffenrock m.

tuning fork, tjuh-ning fohrk, s., Stimmgabel f.

tunnel, ton-n'l, s., Tunnel m. v., tunnelieren

tunny, ton-ni, s., Thunfisch m.

turbine, törr-bain, s., Turbine f.

turbot, törr-bott, s., Steinbutt m.

turbulent, törr-bjuh-lent, a., stürmisch

tureen, tjuh-rien, s., Terrine f., [Suppen-] Schüssel f. [sel f.

turf, törrf, s., Rasen m.; (peat) Torf m. [sel f.

turkey, törr-ki, s., Truthahn m.; Puter m.

Turkish, törr-kisch, a., türkisch

turmoil, törr-meul, s., Aufruhr f., Unruhe f.

turn, törn v., drehen, wenden. s., Wendung f.; (service) Dienst m.; (order of sequence) Reihe f., Reihenfolge f.; **— about,** v., umkehren; **— aside,** abwenden; **— back,** zurückkehren; **—-coat,** s., Überläufer m.; **—-er,** Drechsler m.; **—-ing,** Seitenstraße f.; (corner) Ecke f.; **—-ing-point,** Wendepunkt m.; **— into,** v., verwandeln in; **— off,** abdrehen; **— on,** andrehen; **— out,** ausdrehen; (expel) wegjagen; **— over,** [sich] umdrehen. s., (trade) Umsatz m.; **— to,** v., sich wenden an

turnip, törrn-ip, s., weiße Rübe f.

turnstile, törrn-s'tail, s., Drehkreuz n.

turpentine, törr-pen-tain, s., Terpentin m.

turret, tör-rit, s., Türmchen n.; (naval) Panzerturm m.

turtle, tört-'l, s., Schildkröte f.; — **-dove**, Turteltaube f.; **turn** —, v., kentern

tusk, tosk, s., Stoßzahn m., Hauzahn m.

tussle, toss-'l, s., Kampf m., Rauferei f. v., kämpfen

tutor, tjuh-ter, s., Hauslehrer m. v., schulen

twang, tu'äng, s., näselnde Sprache f.; (sound) heller Ton m.; (taste) Beigeschmack m.

tweezers, tu'ie-sars, s., Pinzette f.

twelfth, tu'elf-th, a., zwölfte, s., (fraction) Zwölftel n.

twelve, tu'elw, a., zwölf [tel n.]

twentieth, tu'enn-ti-ith, a., zwanzigste. s., (fraction) Zwanzigstel n.

twenty, tu'enn-ti, a., zwanzig

twice, tu'aiss, adv., zweimal, zweifach

twig, tu'igg, s., Zweig m.

twilight, tu'ai-lait, s., Zwielicht n.

twill, tu'ill, s., Zwillich m.

twin, tu'inn, s., Zwilling m. a., doppelt

twine, tu'ain, s., Bindfaden m. v., sich winden

twinge, tu'indsch, s., Stechen n., Stich m. v., stechen

twinkle, tu'ing-k'l, v., flimmern; (eyes) funkeln

twirl, tu'örl, v., herumdrehen; (twist) drehen

twist, tu'ist, v., drehen; (hurt, contort) verdrehen

twit, tu'itt, v., (tease) necken

twitch, tu'itsch, s., Zucken n. v., zucken

twitter, tu'it-ter, s., Gezwitscher n. v., zwitschern

two, tuh, a., zwei; — **-fold,** zweifach [ern]

type, taip, s., (model) Vorbild n.; (sort) Art f.; (printing) Schrift f. v., maschineschreiben

typewriter, taip-rai-ter, s., Schreibmaschine f.

typhoid, tai-feudd, s., Typhus m.

typical, tip-i-k'l, a., typisch, vorbildlich

typist, taip-ist, s., Stenotopist(in) m.(f.)

typography, tai-po-gra-fi, s., Buchdruckerkunst f.

tyrannical, ti-ran-ni-k'l, a., tyrannisch

tyrannize, tir-an-nais, v., tyrannisieren

tyrant, tai-rant, s., Tyrann m.

tyre, tair, s., Reifen m., Radreifen m.

ubiquitous, juh-**bi-k**u'i-to*ss,* a., allgegenwärtig
udder, o*d*-ör, s., Euter n.
ugliness, o*g*-li-ness, s., Häßlichkeit f.
ugly, o*g*-li, a., häßlich, garstig
ulcer, o*l*-sser, s., Geschwür n.
ulcerate, o*l*-serr-eht, v., schwären
ulterior, o*l*-**tie**-ri-ör, a., jenseitig; (further) weiter
ultimate, o*l*-ti-met, a., allerletzt, endlich
ultimatum, o*l*-ti-meh-tom, s., Ultimatum n.
ultimo, o*l*-ti-mo, adv., vorigen Monats
ultra, o*l*-tr*a,* a., ultra, übermäßig
umbrella, amm-**brel**-l*a,* s., Regenschirm m.
umbrella-stand, amm-brel-l*a*-s'tahnnd, s., Schirmständer m.
umpire, a*mm*-pair, s., Schiedsrichter m.
unabashed, ann-*a*-bäsch't, a., unverfroren
unabated, ann-*a*-beh-tid, a., unvermindert
unable, ann-ä-b'l, a., unfähig, unvermögend; **to be —,** v., nicht können
unacceptable, ann-äk-ssept-ä-b'l, a., unannehmbar
unaccountable, ann-ä-kaunt-ä-b'l, a., unerklärlich
unacquainted, ann-*a*-ku'en-tid, a., unbekannt
unaffected, ann-*a*-fek-tid, a., unbefangen
unaided, ann-eh-did, a., ununterstützt
unalterable, ann-o'alt-ör-ä-b'l, a., unveränderlich
unaltered, ann-o'al-terd, a., unverändert [lich
unanimity, juh-*na*-ni-mi-ti, s., Einmütigkeit f.
unanimous, juh-*na*-ni-mo*ss,* a., einstimmig
unanswerable, ann-ahn-ssör-ä-b'l, a., unwiderlegbar
unapproachable, ann-*a*-prohtsch-ä-b'l, a., unnahbar [nahbar
unarmed, ann-ahrm'd, a., unbewaffnet
unashamed, ann-*a*-schehmd, a., schamlos
unassailable, ann-*a*-ssehl-ä-b'l, a., unangreifbar
unattainable, ann-*a*-tehn-ä-b'l, a., unerreichbar
unattended, ann-*a*-ten-did, a., unbegleitet
unattractive, ann-*a*-träckt-iw, a., reizlos
unavoidable, ann-*a*-weud-ä-b'l, a., unvermeidlich
unaware, ann-*a*-u'ähr, a., unbekannt [lich

unawares, *ann-a-*u'**ährs,** adv., unversehens
unbearable, *ann-*bähr-ä-b'l, a., unerträglich
unbecoming, *ann-*bi-kom-ing, a., unziemlich; (dress, etc.) unkleidsam
unbeliever, *ann-*bi-lie-wer, s., Ungläubige m. & f.
unbend, *ann-*bennd, v., (yield) nachgeben
unbending, *ann-*bend-ing, a., fest, unbeugsam
unbiassed, *ann-*bai-*a*st, a., vorurteilsfrei
unbleached, *ann-*blietsch't, a., ungebleicht :
unblemished, *ann-*blem-isch't, a., makellos
unbounded, *ann-*baun-did, a., unbegrenzt
unbreakable, *ann-*brehk-ä-b'l, a., unzerbrechlich
unburden, *ann-*börr-d'n, v., entlasten
unbutton, *ann-*bött-'n, v., aufknöpfen
uncalled for, *ann-*ko'alldd for, a., unangebracht
uncanny, *ann-*kän-ni, a., unheimlich
uncared, *ann-*kährdd, — for, a., (unbeloved) ungeliebt; (unheeded) vernachlässigt
unceasing, *ann-*ssiss-ing, a., unaufhörlich
uncertain, *ann-*ssörr-t'n, a., unsicher
unchangeable, *ann-*tschehnsch-ä-b'l, a., unveränderlich
uncivil, *ann-*ssi-w'l, a., unhöflich
unclaimed, *ann-*klehmdd, a., unbeansprucht
uncle, *ank-*el, s., Onkel m.
unclean, *ann-*klien, a., unrein, unreinlich [quem
uncomfortable, *ann-*komm-fort-ä-b'l, a., unbe-
uncommon, *ann-*kom-m*on,* a., ungewöhnlich
unconcern, *ann-*kon-ssörn, s., Gleichgültigkeit f.
unconditional, *ann-*kon-disch-*o-*n'l, a., bedingungslos
uncongenial, *ann-*kon-dschie-ni-a*l,* a., unsympathisch
unconscionable, *ann-*kon-schon-ä-b'l, a., übermässig
unconscious, *ann-*kon-schoss, a., bewußtlos
uncontrollable, *ann-*kon-trohl-ä-b'l, a., unkontrollierbar
unconventional, *ann-*kon-wenn-schon-'l, a., zwanglos
uncork, *ann-*ko'ark, v., entkorken
uncouth, *ann-*kuhth, a., ungeschlacht

uncover, *a*nn-kow-er, v., aufdecken; (to bare) entblößen

uncultivated, *a*nn-kol-ti-weh-tid, a., unkultiviert

undated, *a*nn-deh-tid, a., undatiert

undaunted, *a*nn-do'ahn-tid, a., unverzagt

undecided, *a*nn-di-ssai-did, a., unentschieden

undefiled, *a*nn-di-faildd, a., unbefleckt

undelivered, *a*nn-di-li-werd, a., (goods) ungeliefert; (letters) unbestellt

undeniable, *a*nn-di-nai-ä-b'l, a., unleugbar

under, *a*nn-d'r, adv. & prep., [unter; **— age,** a., unmündig; **—carriage,** s., Untergestell n.; **—clothing,** s., Unterzeug n.; **—done,** a., ungar, blutig; **—estimate,** v., unterschätzen; **—fed,** a., unterernährt; **—go,** v., durchmachen; (suffer) erleiden; **—graduate,** s., Student m.; **—growth,** s., Unterholz n.; Gestrüpp n.; **—ground,** a., unterirdisch, s., (railway) Untergrundbahn f.; **—hand,** a., hinterlistig; **—line,** v., unterstreichen; **—mine,** untergraben; (health) schwächen; **—neath,** prep., unter; **—proof,** a., unter Normalstärke; **—rate,** v., unterschätzen; **—sell,** unterbieten; **—signed,** s., Unterzeichnete m.; **—sized,** a., unter Normalgröße; **—stand,** v., verstehen; **—standing,** s., Verständnis n.; (accord) Einverständnis n.; (supposition) Voraussetzung f.; **—state,** v., zu niedrig ansetzen; **—study,** s., Stellvertreter[-in f.] m.; **—take,** v., unternehmen; **—taker,** s., (funeral) Leichenbestatter m.; **—taking,** Unternehmen n.; **—tone,** Flüsterton m.; **—wear,** Unterwäsche f.; **—world,** Unterwelt f.; **—writer,** Assekurant m.

undeserved, *a*nn-di-sörwdd, a., unverdient

undesirable, *a*nn-di-sair-a-b'l, a., unerwünscht

undignified, *a*nn-dig-ni-faidd, a., würdelos

undiminished, *a*nn-di-min-ischt, a., unvermindert

undisclosed, *a*nn-diss-klohs'd, a., nicht bekanntgegeben

undismayed, *a*nn-diss-mehd, a., unverzagt

undisturbed, *a*nn-diss-törb'd, a., ungestört

undo, *a*nn-**duh**, v., aufmachen; (untie) lösen
undoing, *a*nn-**duh**-ing, s., (downfall) Verderben
undoubted, *a*nn-**dau**-tid, a., unzweifelhaft   [n.
undress, *a*nn-**dress**, v., auskleiden
undue, *a*nn-**djuh**, a., (improper) ungehörig
undulating, *a*nn-**dju-leht**-ing, a., wellenförmig
unduly, *a*nn-**dju**-li, adv., (overdone) übertrieben
unearned, *a*nn-**örn-'d**, a., unverdient
unearth, *a*nn-**örth**, v., ausgraben; (fig.) aufstöbern
unearthly, *a*nn-**örth**-li, a., (fig.) unheimlich
uneasy, *a*nn-**ieh**-si, a., ängstlich, unruhig
uneducated, *a*nn-**edd**-juh-keh-tid, a., ungebildet
unemployed, *a*nn-em-**pleudd**, a., arbeitslos
unemployment, *a*nn-em-**pleu**-m'nt, s., Arbeitslosigkeit f.
unequal, *a*nn-**ie**-ku'*a*l, a., ungleich
unequalled, *a*nn-**ie**-ku'*a*ldd, a., unvergleichlich
unerring, *a*nn-**er**-ing, a., unfehlbar; untrüglich
uneven, *a*nn-**ie**-wen, a., uneben; (road) holperig
unexpected, *a*nn-ex-**pek**-tid, a., unerwartet
unfailing, *a*nn-**feh**-ling, a., unerschöpflich; sicher
unfair, *a*nn-**fähr**, a., unbillig, unfair
unfaithful, *a*nn-**fehth**-full, a., untreu   [kend
unfaltering, *a*nn-**fo'al**-ter-ing, a., fest, nicht wan-
unfasten, *a*nn-**fahss**-'n, v., lösen, aufmachen
unfathomable, *a*nn-**fädh**-omm-*a*-b'l, a., uner-
gründlich
unfavourable, *a*nn-**feh**-wör-*a*-b'l, a., ungünstig
unfeeling, *a*nn-**fieh**-ling, a., gefühllos
unfit, *a*nn-**fitt**, a., untauglich
unflagging, *a*nn-**fläg**-ging, a., unermüdlich
unflinching, *a*nn-**flin**-tsching, a., unentwegt
unfold, *a*nn-**fohld**, v., entfalten   [en
unforeseen, *a*nn-fohr-**ssiehn**, a., unvorhergeseh-
unfortunate, *a*nn-for-**tjun**-et, a., unglücklich;
—**ly,** adv., unglücklicherweise, leider
unfounded, *a*nn-**faun**-did, a., grundlos
unfriendly, *a*nn-**frend**-li, a., unfreundlich
unfulfilled, *a*nn-ful-**fill'd**, a., unerfüllt
unfurl, *a*nn-**förl**, v., ausbreiten, entfalten
unfurnished, *a*nn-**förr**-nisch'd, a., unmöbliert
ungainly, *a*nn-**gehn**-li, a., plump, ungeschickt

ungrateful, *ann*-**greht**-full, a., undankbar
unguarded, *ann*-**gahr**-did, a., unbewacht
unhappiness, '*ann*-**häp**-i-ness, s., Unglück(-Seligkeit) f.
unhappy, *ann*-**häp**-pi, a., unglücklich
unharness, *ann*-**har**-ness, v., ausspannen
unhealthy, *ann*-**häl**-thi, a., ungesund
unheard, *ann*-**hörd,** a., ungehört; — **of,** unerhört
unheeded, *ann*-**hie**-did, a., unbeachtet
unhinge, *ann*-**hindsch,** v., ausheben
unhinged, *ann*-**hindsch**'d, a., (mind) geistesgestört
unhurt, *ann*-**hört,** a., unverletzt
unification, juh-ni-fi-**keh**-sch'n, s., Vereinigung f.
uniform, juh-ni-**foarm,** s., Uniform f. a., gleichförmig; — **ity,** s., Gleichförmigkeit f.
unilateral, juh-ni-**lät**-ter-'l, a., einseitig
unimaginable, *ann*-im-**madsch**-in-*a*-b'l, a., undenkbar
unimaginative, *ann*-im-**madsch**-in-*a*-tiw, a., phantasielos
unimpaired, *ann*-im-**pähr**'d, a., ungeschwächt
unimpeachable, *ann*-im-**piehtsch**-ä-b'l, a., vorwurfsfrei
unimportant, *ann*-im-**por**-tant, a., unbedeutend
uninhabitable, *ann*-in-**hab**-it-ä-b'l, a., unbewohnbar
unintelligible, *ann*-in-**tel**-i-dschi-b'l, a., unverständlich
unintentional, *ann*-in-**ten**-schøn-'l, a., unabsichtlich
uninviting, *ann*-in-**wai**-ting, a., uneinladend
union, juh-ni-*on*, s., Vereinigung f.
unique, juh-**niehk,** a., einzig, einzigartig
unit, juh-nit, s., Einheit f.
unite, juh-**nait,** v., vereinigen
unity, juh-ni-ti, s., Einigkeit f.
universal, juh-ni-**wörr**-s'l, a., universal
universe, juh-ni-**wörss,** s., Weltall m.
university, juh-ni-**wörss**-i-ti, s., Universität f.
unjust, *ann*-**dschost,** a., ungerecht
unkind, *ann*-**kaindd,** a., unfreundlich
unknown, *ann*-**nohn,** a., unbekannt

unlawful, *a*nn-**lo'**a-full, a., ungesetzlich

unless, *a*nn-**less,** conj., wenn nicht, außer

unlike, *a*nn-**laik,** a., unähnlich, anders als

unlikely, *a*nn-**laik-**li, adv., unwahrscheinlich

unlimited, *a*nn-**lim-**it-id, a., unbeschränkt

unload, *a*nn-**lohd,** v., abladen, ausladen

unlock, *a*nn-**lock,** v., aufschließen

unlooked for, *a*nn-**luhk't** for, a., unerwartet

unlucky, *a*nn-**lock-**i, a., unglücklich

unmannerly, *a*nn-**män-**er-li, a., unmanierlich

unmarried, *a*nn-**mär-**rid, a., unverheiratet

unmerciful, *a*nn-**mörr-**ssi-full, a., unbarmherzig

unmistakable, *a*nn-**miss-tehk-**ä-b'l, a., unverkennbar

unmoved, *a*nn-**muhw'd,** a., (unemotional) ungerührt

unnatural, *a*nn-**nä-**tschör-'l, a., unnatürlich

unnecessary, *a*nn-**ness-**ess-*a*-ri, a., unnötig

unnerve, *a*nn-**nörrw,** v., entnerven

unnoticed, *a*nn-**noh-**tisst, a., unbemerkt   [lich

unobtainable, *a*nn-**obb-tehn-**ä-b'l, a., unerhält-

unoccupied, *a*nn-**ok-**kjuh-paid, a., unbesetzt; (not busy) unbeschäftigt

unofficial, *a*nn-o-**fisch-**'l, a., nichtamtlich

unopposed, *a*nn-**op-pohs'd,** a., ungehindert, unbestritten

unorthodox, *a*nn-**or-**tho-dox, a., unkonventionell

unpack, *a*nn-**päck,** v., auspacken

unpardonable, *a*nn-**pahr-**donn-ä-b'l, a., unverzeihlich

unpleasant, *a*nn-**pläs-**ant, a., unangenehm

unpopular, *a*nn-**pop-**juh-l*a*r, a., unpopulär

unprecedented, *a*nn-**press-**i-den-tid, a., beispiellos

unprepared, *a*nn-**prie-pähr'd,** a., unvorbereitet

unproductive, *a*nn-pro-**d**ok-tiw, a., unproduktiv, unfruchtbar

unprofitable, *a*nn-**pro-**fit-ä-b'l, a., unvorteilhaft

unpromising, *a*nn-**prom-**iss-ing, a., nicht viel versprechend

unpropitious, *a*nn-pro-**pi-**schoss, a., ungünstig

unprotected, *a*nn-pro-**tek-**tid, a., unbeschützt

unprovided, *ann-pro-__wai__-did,* a., unversorgt
unpunctual, *ann-__ponk__-tju-el,* a., unpünktlich
unquestionable, *ann-ku'ess-tion-ä-b'l,* a., fraglos
unravel, *ann-__räw__-'l,* v., auffasern; (solve) lösen
unread, *ann-__rädd__,* a., ungelesen
unreadable, *ann-ried-ä-b'l,* a., unlesbar
unreasonable, *ann-__rie__-son-ä-b'l,* a., unvernünftig
unrelated, *ann-ri-__leh__-tid,* a., unverwandt [tig
unrelenting, *ann-ri-__lent__-ing,* a., unerweichlich
unreliable, *ann-ri-__lai__-ä-b'l,* a., unzuverlässig
unremitting, *ann-ri-__mit__-ting,* a., unablässig
unreserved, *ann-ri-__sörw__'d,* a., unreserviert
unrest, *ann-__rest__,* s., Unruhe f.
unrestrained, *ann-ri-s'__trehn__'d,* a., ungezwungen
unrestricted, *ann-ri-s'__trict__-id,* a., uneinge- [schränkt
unripe, *ann-__raip__,* a., unreif
unroll, *ann-__rohl__,* v., abwickeln, entrollen
unruly, *ann-__ruh__-li,* a., ungehorsam
unsafe, *ann-__ssehf__,* a., unsicher
unsaleable, *ann-__ssehl__-ä-b'l,* a., unverkäuflich
unsatisfactory, *ann-__ssät__-iss-__fäk__-to-ri,* a., unbe- [friedigend
unscrew, *ann-__skruh__,* v., losschrauben
unscrupulous, *ann-__skruh__-pjuh-loss,* a., ge- [wissenlos
unseasonable, *ann-__ssieh__-son-ä-b'l,* a., unzeitig
unseemly, *ann-__ssiehm__-li,* a., unziemlich
unseen, *ann-__ssiehn__,* a., ungesehen
unselfish, *ann-__sself__-isch,* a., selbstlos
unsettled, *ann-__ssett__-l'd,* a., unbeständig
unshaken, *ann-__scheh__-k'n,* a., unerschüttert
unshrinkable, *ann-__schrink__-ä-b'l,* a., nicht ein- [laufend
unshrinking, *ann-__schrink__-ing,* a., unverzagt
unsightly, *ann-__ssait__-li,* a., häßlich
unskilful, *ann-__sskil__-full,* a., ungeschickt
unskilled, *ann-__skill__'d,* a., ungelernt
unsociable, *ann-__ssoh__-scha-b'l,* a., ungesellig
unsold, *ann-__ssohld__,* a., unverkauft
unsolicited, *ann-__sso__-liss-i-tid,* a., ungebeten
unsolved, *ann-__ssolw__'d,* a., ungelöst
unsuccessful, *ann-__ssök__-__ssess__-full,* a., erfolglos

unsuitable, *ann*-ssjuht-ä-b'l, a., unpassend
unsuited, *ann*-ssjuh-tid, a., ungeeignet   [fen
unsurpassed, *ann*-ssörr-**pahss**'d, a., unübertrof-
unsympathetic, *ann*-simm-p*a*-the-tik, a., teilnahmslos
untack, *ann*-**täck**, a., losmachen, trennen
untamed, *ann*-**tehm**'d, a., ungezähmt
untarnished, *ann*-**tar**-nisch'd, a., ungetrübt
untenable, *ann*-ten-ä-b'l, a., unhaltbar
untenanted, *ann*-ten-*ann*-tid, a., unbewohnt
unthankful, *ann*-**thänk**-full, a., undankbar
unthinking, *ann*-**think**-ing, a., gedankenlos
untidy, *ann*-tai-di, a., unordentlich
untie, *ann*-tai, v., lösen, aufbinden
until, *ann*-till, prep., bis — daß
untimely, *ann*-**taim**-li, adv., ungelegen
untiring, *ann*-tai-ring, a., unermüdlich
untold, *ann*-tohld, a., ungesagt; (vast) unermeß-
untouched, *ann*-**totsch**'t, a., unberührt   [lich
untranslatable, *ann*-transs-leh-tä-b'l, a., un-
   übersetzbar
untried, *ann*-**traidd**, a., unversucht, unerprobt
untrodden, *ann*-**trodd**'n, a., unbetreten
untrue, *ann*-truh, a., unwahr; (faithless) untreu
untrustworthy, *ann*-**trost**-u'örr-dhi, a., unzuverlässig
untruth, *ann*-**truhth**, s., Unwahrheit f.
untwist, *ann*-tu'ist, v., aufdrehen, aufflechten
unusual, *ann*-juh-schu-al, a., ungewöhnlich
unvaried, *ann*-**wäh**-rid, a., unverändert
unveil, *ann*-wehl, v., entschleiern; enthüllen
unwarrantable, *ann*-u'*ar*-*ann*-tä-b'l, a., unverantwortlich; nicht zu rechtfertigen
unwavering, *ann*-u'eh-wer-ing, a., standhaft
unwelcome, *ann*-u'ell-kom, a., unwillkommen
unwell, *ann*-u'ell, a., unwohl
unwholesome, *ann*-hohl-ssom, a., ungesund
unwieldy, *ann*-u'iehl-di, a., unhandlich
unwilling, *ann*-u'il-ling, a., ungern; abgeneigt
unwind, *ann*-u'aind, v., abwickeln, abwinden
unwise, *ann*-u'ais, a., unklug
unwittingly, *ann*-u'it-ting-li, adv., unbewußt

unworthy, *ann-u'örr-*dhi, a., unwürdig

unwrap, *ann-*räpp, v., auswickeln

unwritten, *ann-*rit-t'n, a., ungeschrieben

unyielding, *ann-*jield-ing, a., unbeugsam

up, *app,* adv. & prep., auf; empor; **— and down,** auf und nieder; **— here,** (position) hier oben; (movement) herauf; **— there,** (position) dort oben; (movement) hinauf; **— to,** (until) bis

upbraid, *app-*brehd, v., schelten, vorwerfen

upheaval, *app-*hie-w'l, s., Umwälzung f.

uphill, *app-*hill, a., bergauf; (toilsome) mühsam

uphold, *app-*hohld, v., aufrechterhalten; (support) stützen

upholster, *app-*hohl-s'ter, v., polstern; **—er,** s., Tapezier[-er] m.; **—y,** Polster(waren); Möbel

upkeep, *app-*kiep, s., Instandhaltung f.; (expenses) Kosten pl.

upland, *app-*ländd, s., Hochland n.

uplift, *app-*lift, v., emporheben

upon, *app-*on, prep., auf, darauf

upper, *app-*per, a., ober; **— hand,** s., Oberhand f.; **—most,** a., oberst, höchst; **— part,** s., Oberteil m. & n.

upright, *app-*rait, a., aufrecht; (honest) rechtschaffen

uprising, *app-*rais-ing, s., Aufstand m.

uproar, *app-*rohr, s., Aufruhr m.

uproot, *app-*ruht, v., entwurzeln, ausreißen

upset, *app-*ssett, v., umwerfen; (worry) beunruhigen

upside, *app-*ssaid, **— down,** umgekehrt; (disorder) drunter und drüber

upstairs, *app-*s'tährs, adv., oben; **to go —,** v., hinaufgehen

upstart, *app-*s'tahrt, s., Emporkömmling m.

upwards, *app-*u'erds, adv., aufwärts; (rising) steigend

uranium, *juhr-*rehn-i-*am,* s., Uran n. [gend

urban, *örr-*b'n, a., städtisch

urchin, *örr-*tschin, s., kleiner Kerl m.; Schelm m.

urge, *örrdsch,* v., drängen. s., Drang m.

urgency, *örr-*dschen-ssi, s., Dringlichkeit f.

urgent, *örr-*dschent, a., dringend

urine, ju-rin, s., Urin m., Harn m.
urn, örrn, v., Urne f.
us, ass, pron., uns
use, juhs, v., gebrauchen; (apply) anwenden;
— **up,** verbrauchen
use, juhss, s., Gebrauch m.; (utility) Nutzen m.,
Wert m.; —**ful,** a., nützlich; —**less,** nutzlos;
—**d to,** (accustomed) gewohnt an
usher, asch-er, s., Gerichtsdiener m.; — **in,** v.,
einführen
usual, juh-schu-al, a., gewöhnlich, gebräuchlich
usurp, juh-sörp, v., usurpieren; —**er,** s., Usurpa-
usury, juh-schu-ri, s., Wucher m. [tor m.
utensil, juh-ten-ssill, s., Gerät n.
utility, juh-til-i-ti, s., Nützlichkeit f.
utilize, juh-til-ais, v., benutzen, verwerten
utmost, ot-mohst, a. & adv., äußerst
utter, ot-ter, v., äußern; ausstoßen. a., völlig
utterance, ot-ter-anns, s., Äußerung f.
uttermost, ot-ter-mohst, a., alleräußerst

vacancy, weh-kan-ssi, s., Freistelle f., Vakanz f.;
(emptiness) Leere f.; (gap) Lücke f.
vacant, weh-kant, a., leer; (free) frei
vacate, wa-keht, v., räumen; (a post) aufgeben
vacation, wa-keh-sch'n, s., (holidays) Ferien pl.
vaccinate, wäk-ssin-eht, v., impfen
vaccination, wäk-ssin-eh-sch'n, s., Impfung f.
vacillate, wäs-si-leht, v., schwanken; (undecided) wankelmütig sein
vacuum, wä-kjuh-om, s.„Vakuum n.; — **cleaner,**
Staubsauger m.
vagabond, wa-ga-bonnd, s., Vagabund m.
vagary, wa-geh-ri, s., Grille f., Schrulle f.
vagina, wa-dschi-na, s., Mutterscheide f.
vague, wehg, a., unbestimmt
vain, wehn, a., eitel; **in —,** umsonst
vale, wehl, s., Tal n.
valet, wäl-et, s., Diener m.
valiant, wä-li-ant, a., brav, kühn
valid, wäl-idd, a., gültig; (sound) triftig

valley, wäl-li, s., Tal n.

valorous, wä-*lo*-r*o*ss, a., tapfer

valour, wäl-er, s., Tapferkeit f.

valuable, wäl-juh-ä-b'l, a., wertvoll

valuation, wäl-juh-eh-sch'n, s., Schätzung f.

value, wäl-juh, s., Wert m. v., schätzen

valuer, wäl-juh-er, s., Taxator m., Schätzer m.

valve, wälw, s., Ventil m.; (heart) Klappe f.; (radio) Röhre f., Lampe f.

vamp, wämp, s., Oberleder m. v., vorschuhen; (piano, etc.) improvisiert begleiten

vampire, wämm-peir, s., Vampir m.

van, wänn, s., Lastwagen m.; (foremost) Vorhut f.

vandalism, wän-d'l-ism, s., Zerstörungswut f.

vane, wehn, s., Wetterfahne f.; (windmill) Flügel [m.

vanilla, w*a*-nil-*a*, s., Vanille f.

vanish, wän-isch, v., verschwinden

vanity, wän-i-ti, s., Eitelkeit f.

vanquish, wän-ku'isch, v., besiegen

vapour, weh-p'r, s., Dunst m.

variable, weh-ri-ä-b'l, a., veränderlich

variance, weh-ri-anns, s., Uneinigkeit f.

variation, weh-ri-eh-sch'n, s., Abweichung f.

varicose vein, wä-ri-kohs wehn, s., Krampfader f.

varied, weh-ridd, a., verschiedenartig

variegated, weh-ri-e-geh-tid, a., buntfarbig

variety, w*a*-rai-i-ti, s., Mannigfaltigkeit f.; (theatre) Variété n.

various, weh-ri-*o*ss, a., verschiedene, mehrere pl.

varnish, wahr-nisch, s., Firnis m., Lack m. v., lackieren

vary, weh-ri, v., ändern, verändern, sich verändern, wechseln, abwechseln

vase, wahs, s., Vase f.

vaseline, wahs-e-linn, s., Vaselin n.

vast, wahst, a., unermeßlich, ungeheuer

vat, watt, s., großes Faß n.; (tannery) Grube f.

vault, wo'alt, s., Gewölbe n.; (burial) Gruft f. v., (jump) springen

veal, wiehl, s., Kalbfleisch n.

veer, wiehr, v., sich drehen; (wind) vieren

vegetables, wedsch-i-tä-b'ls, s., Gemüse n.

vegetarian, wedsch-i-tär-*jan*, s., Vegetarier m.

vegetation, wedsch-i-**teh**-sch'n, s., Vegetation f.

vehement, wieh-hi-ment, a., heftig; gewaltig

vehicle, wieh-i-k'l, s., Fahrzeug n.

veil, wehl, s., Schleier m. v., verschleiern; (cloak) bemänteln

vein, wehn, s., Ader f.; (mood) Stimmung f.

vellum, well-om, s., Schreibpergament n.; Velin n.

velocity, wi-loss-i-ti, s., Geschwindigkeit f.

velvet, wel-wet, s., Samt m.

velveteen, wel-wit-**ien,** s., Baumwollsamt m.

vendor, wend-er, s., Verkäufer m.

veneer, wi-**niehr,** s., Furnier n. v., furnieren

venerable, wen-er-ä-b'l, a., ehrwürdig

veneration, wen-er-**eh**-sch'n, s., Verehrung f.

venereal, wi-**ni**-ri-*al*, a., geschlechtlich, venerisch

vengeance, wen-dschanss, s., Rache f.; **with a**

venial, wie-ni-al, a., verzeihlich [—, tüchtig

venison, wen-i-s'n, s., Wildbret n.

venom, wen-'m, s., Gift n.; (fig.) Groll m.

venomous, wen-em-oss, a., giftig

vent, wennt, s., Öffnung f.; (cask) Spundloch n.; give — to, v., sich Luft machen

ventilate, wen-ti-leht, v., lüften

ventilator, wen-ti-leh-ter, s., Ventilator m. [m.

ventriloquist, wen-**tri**-lo-ku'ist, s., Bauchredner

venture, wen-*tscher*, s., Wagnis m. v., wagen; —some, a., kühn, waghalsig

veracity, wi-**räss**-i-ti, s., Glaubwürdigkeit f.

verb, wörb, s., Zeitwort n., Verbum n.

verbal, wörb-'l, a., (oral) mündlich

verbatim, wörr-**beh**-tim, adv., wörtlich

verbose, wörr-**bohs,** a., wortreich, schwülstig

verdant, wörr-*dant,* a., grünend, frisch

verdict, wörr-*dikt,* s., (judgment) Urteil n.

verdigris, wörr-di-gries, s., Grünspan m.

verge, wördsch, v., grenzen an. s., (brink) Rand

verger, wörr-*dscher,* s., Küster m. [m.

verify, wer-ri-fai, v., bestätigen, nachweisen

vermilion, wörr-**mil**-*yon,* s., Scharlach m.

vermin, wörr-min, s., Ungeziefer n. [f.

vernacular, wörr-**nä**-kjuh-*lar,* s., Landessprache

versatile, wörr-ssa-tail, a., vielseitig, gewandt

verse, wörss, s., Vers m.; (poetry) Dichtung f.

versed, wörss't, a., bewandert, erfahren

version, wörr-sch'n, s., Version f.; (translation) Übersetzung f.

versus, wörr-ssoss, prep., gegen

vertical, wörr-tik-'l, a., senkrecht

vertigo, wörr-ti-goh, s., Schwindel[-anfall] m.

very, werr-i, adv., sehr; gerade; (that is the very idea = das ist gerade die Idee)

vessel, wess-'l, s., Gefäß n.; (naut.) Schiff n.

vest, west, s., Unterhemd n., Unterjacke f.

vested, wess-tid, a., festgesetzt

vestige, wess-tidsch, s., Spur f., Zeichen n.

vestment, west-m'nt, s., Meßgewand n.

vestry, wess-tri, s., Sakristei f.

veteran, wet-c-ran, s., Veteran m.

veterinary, wet-e-ri-na-ri, a., tierärztlich; — **surgeon,** s., Tierarzt m.

veto, wie-to, s., Veto n. v., verwerfen

vex, wex, v., ärgern; —**ation,** s.. Ärger m.; —**atious,** a., ärgerlich

via, wai-a, prep., über; —**duct,** s., Viadukt m.

vibrate, wai-breht, v., vibrieren, schwingen

vibration, wai-breh-sch'n, s., Schwingung f., Vibrieren n.

vicar, wik-er, s., Pfarrverweser m., Vikar m.

vicarage, wi-ker-idsch, s., Pfarrhaus n.

vice, waiss, s., Laster m.; (mech.) Schraubstock m.; — **admiral,** Vizeadmiral m.; — **president,** Vizepräsident m.; —**roy,** Vizekönig m.

vicinity, wi-ssin-i-ti, s., Nähe f., Nachbarschaft f.

vicious, wi-schoss, a., lasterhaft; (dog, etc.) bösartig; —**ness,** s., Lasterhaftigkeit f.

victim, wik-tim, s., Opfer n.; —**ize,** v., preisgeben

victor, wik-tor, s., Sieger m.; —**ious,** a., siegreich

victory, wik-to-ri, s., Sieg m.

victual, wit-t'l, v., verproviantieren

victuals, wit-t'ls, s., Lebensmittel n.pl.

vie, wai, v., wetteifern

view, wjuh, s., Ausblick m.; (opinion) Ansicht f. —**finder,** s., (camera) Sucher m.

vigil, wi-dschil, s., Nachtwachen n.; **—ance,**
 Wachsamkeit f.; **—ant,** a., wachsam
vigorous, wig-gör-oss, a., rüstig
vigour, wig-gör, s., Kraft f., Energie f.
vile, wail, a., niederträchtig
vilify, will-i-fai, v., beschimpfen, schmähen
village, will-idsch, s., Dorf n.
villager, will-idsch-'r, s., Dorfbewohner m.
villain, will-in, s., Schurke m., Schuft m.; **—ous,**
 a., schändlich, schurkisch; **—y,** Schurkerei
vindicate, win-di-keht, v., rechtfertigen   [f.
vindication, win-di-keh-sch'n, s., Rechtfertigung
vindictive, win-dik-tiw, a., rachsüchtig, rach-
 gierig; **—ness,** s., Rachsucht f.
vine, wain, s., Weinstock m.
vinegar, win-i-gar, s., Essig m.
vineyard, win-jahrd, s., Weinberg m.   [gang m.
vintage, win-tidsch, s., Weinlese f.; (year) Jahr-
violate, wai-o-leht, v., (dishonour) notzüchtigen;
 (law) verletzen
violence, wai-o-lenss, s., Gewalt f., Heftigkeit f.
violent, wai-o-lent, a., heftig, gewaltsam
violet, wai-o-lett, s., Veilchen n.   a., veilchenblau
violin, wai-o-lin, s., Violine f., Geige f.
violinist, wai-o-lin-ist, s., Geiger m., Geigerin f.
viper, wai-per, s., Natter f., Viper f.
virgin, wörr-dschin, s., Jungfrau f.
virginian, wörr-dschi-ni-an, a., virginisch
virile, wirr-ail, a., mannbar, mannhaft
virtual, wörr-tjuh-al, a., eigentlich
virtually, wörr-tjuh-al-i, adv., so gut wie
virtue, wörr-tjuh, s., Tugend f.; (chastity)
 Keuschheit f.
virtuous, wörr-tjuh-oss, a., tugendhaft; keusch
virulent, wir-ju-lent, a., giftig; (fig.) bösartig
visa, wi-sa, s., Visum n., Visa n.
visibility, wis-i-bil-it-i, s., Sicht f.
visible, wis-i-b'l, a., sichtbar
vision, wi-sch'n, s., Sehkraft f.; (phantom) Erscheinung f., Phantom n.
visit, wi-sit, s., Besuch m.   v., besuchen; **—ing-
 card,** s., Visitenkarte f.; **—or,** Besucher[in]

vital, wai-t'l, a., (essential) wesentlich; **—ity,** s., Lebenskraft f.; **—s,** edle Organe n.pl.
vitiate, wisch-i-eht, v., verderben; umstossen
vitriol, wit-tri-ol, s., Vitriol m. & n.
vivacious, wi-weh-schoss, a., lebhaft, munter
vivacity, wi-wäss-i-ti, s., Lebhaftigkeit f.
vivid, wi-widd, a., lebhaft; (bright) grell
vivify, wi-wi-fai, a., beleben
vixen, wik-sen, s., Füchsin f.; (fig.) Xantippe f.
viz. = namely, nehm-li, adv., nämlich
vocabulary, woh-käb-juh-la-ri, s., Wörterverzeichnis n.; (command of words) Wortschatz
vocal, wo-k'l, a., vokal; **— chord,** s., Stimmband
vocation, wo-keh-sch'n, s., Beruf m.; (call) Ruf m.
vociferous, wo-ssi-fer-oss, a., schreiend, laut
vogue, wohg, s., Mode f.
voice, weuss, s., Stimme f.
void, weudd, a., leer. s., Leere f.; (desert) Öde f.
volatile, woll-a-tail, a., flüchtig
volcano, woll-keh-no, s., Vulkan m.
volley, woll-i, s., (mil.) Salve f.
volt, wolt, s., Volt n. **—age,** elek. Spannung f.
voluble, woll-ju-b'l, a., redselig; (fluen) geläufig
volume, woll-juhm, s., Band m.; (bulk) Volumen
voluminous, woll-juh-mi-noss, a., umfangreich
voluntary, woll-on-ta-ri, a., freiwillig
volunteer, woll-on-tier, s., Freiwillige[r] m.
voluptuous, wo-lap-tjuh-oss, a., üppig, wollüstig
vomit, wom-it, v., sich erbrechen, sich übergeben
voracious, wo-reh-schoss, a., gefräßig, gierig
vortex, wor-tex, s., Wirbel m.
vote, woht, s., [Wahl-]Stimme f. v., wählen
voter, woh-ter, s., Wähler m., Wählerin f.
vouch, wautsch, v., bürgen; **— for,** einstehen für
voucher, wautsch-er, s., (document) Belegschein
vow, wau, s., Gelübde n. v., geloben   [m.
vowel, wau-'l, s., Vokal m.
voyage, weu-edsch, s., [See-]Reise f. v., reisen
vulcanite, wol-kä-nait, s., Hartgummi n.
vulgar, wol-gar, a., gemein, gewöhnlich; vulgär
vulnerable, wol-ne-rä-b'l, a., verletzbar
vulture, wol-tscher, s., Geier m.

wabble, u'ob-b'l, v., wackeln, schwanken

wad, u'odd, s., (cartridge) Pfropfen m.; (surgical) Bausch m., v., verstopfen; **—ding,** s., Watte f.; (padding) Wattierung f.

waddle, u'od-d'l, v., watscheln

wade, u'ehd, v., waten

wafer, u'eh-fer, s., Waffel f.; (eccl.) Hostie f.

wag, u'ägg, s., Spaßvogel m. v., wedeln

wage, u'ehdsch, s., Lohn m. v., (war) Krieg führen

wager, u'ehdsch-er, s., Wette f. v., wetten

wages, u'ehdsch-oss, s.pl., Lohn m.

waggle, u'ägg-'l, v., wackeln   [wagen m.

waggon, u'äg-gon, s., Wagen m.; (railway) Güter-

waif, u'ehf, s., (child) verwahrloste[s] Kind n.

wail, u'ehl, s., Wehklage f. v., jammern

waist, u'ehst, s., Taille f.; **—coat,** Weste f.

wait, u'eht, v., warten; (at table) bedienen; **—er,** s., Kellner m.; **— for,** v., warten auf; **—ing,** s., Warten n.; (service) Bedienung f.; **—ing-room,** Wartesaal m.; (doctors, etc.) Wartezimmer n.; **—ress,** Kellnerin f.; **—upon,** v., bedienen

waive, u'ehw, v., verzichten auf, aufgeben

wake, u'ehk, v., (to awake) aufwachen; (to call or be called) aufwecken. s., (ship's) Kielwasser

walk, u'oak, v., gehen; (stroll) spazieren gehen. s., Spaziergang m.; **—er,** Fußgänger m.

wall, u'oall, s., Mauer f.; (room, etc.) Wand f.; **—flower,** Goldlack m.; **—paper,** Tapete f.

wallet, u'oal-it, s., (note-case) Brieftasche f.

wallow, u'oal-loh, v., sich wälzen

walnut, u'oal-not, s., Walnuß f.

walrus, u'oal-ross, s., Walroß n.

waltz, u'oalts, s., Walzer m. v., Walzer tanzen

wander, u'oann-der, v., wandern; (mentally)

wane, u'ehn, v., abnehmen   [faseln

want, u'onnt, s., (lack) Mangel m.; (distress) Not f. v., wollen, wünschen; (require) brauchen

wanton, u'onnt-on, a., zügellos; (lustful) lieder-lich, geil; (malicious) frevelhaft. s., Hure f.

war, u'o'ar, s., Krieg m.   v., kriegen, kämpfen; **—like,** a., kriegerisch

warble, u'o'ar-b'l, v., trillern; **—r,** s., Singvogel m.

ward, u'o'ard, s., (minor) Mündel n.; (hospital) Krankensaal m.; **—en,** (guard) Aufseher m.; (college) Rektor m.; **—er,** Wärter m.; **—off,** v., abwehren; **—ress,** s., Wärterin f.; **—robe,** (clothes) Garderobe f.; **—room,** (naval) Offiziersmesse f.

ware, u'ähr, s., Ware f.; **—house,** Lagerhaus n.

warily, u'ähr-i-li, adv., vorsichtig, behutsam

warm, u'o'arm, a., warm.   v., wärmen

warmth, u'o'armth, s., Wärme f.

warn, u'o'arn, v., warnen; **—ing,** s., Warnung f.

warp, u'o'arp, v., (wood) sich werfen

warrant, u'or-rant, s., (security) Bürgschaft f.; (power) Vollmacht f.; (for arrest) Haftbefehl m.; (voucher) Lagerschein m.; **—y,** Garantie f.

warrior, u'o'ar-ri-or, s., Krieger m.

wart, u'o'art, s., Warze f.

wary, u'ä-ri, a., bedachtsam

wash, u'osch, v., (sich) waschen; **—able,** a., waschbar; **—basin,** s., Waschbecken n.; **—ing,** s., (laundry) Wäsche f.; **—ing machine,** Waschmaschine f.

washer, u'osch-er, s., (mech.) Dichtungsring m.

wasp, u'o'asp, s., Wespe f.

waste, u'ehst, s., Verschwendung f.; (refuse) Abfall m.; (land) Einöde f.   v., verschwenden; **— away,** dahinschwinden; **—ful,** a., verschwenderisch; **—paper,** s., Makulatur f.; **—paper-basket,** Papierkorb m.

watch, u'otsch, s., Uhr f.; (pocket) Taschenuhr f.; (wrist) Armbanduhr f.; (look-out) Wache f.   v., [be-]wachen; (observe) beobachten; **—ful,** a., wachsam; **—maker,** s., Uhrmacher m.; **—man,** Wächter m.; **—over,** v., (guard) behüten; **—word,** s., Parole f.

water, u'o'a-ter, v., begießen; (cattle, etc.) tränken. s., Wasser n.; **hot —bottle,** Wärmflasche f.; **—closet,** (W.C.) Klosett n.; **—colour,** Aquarellfarbe f.; **—cress,** Brunnenkresse f.;

—**fall,** Wasserfall m.; —**jug,** Wasserkrug m.; —**level,** [—**line,**] Wasserstand m.; —**lily,** Seerose f.; —**logged,** a., voll Wasser; —**mark,** s., (paper) Wasserzeichen n.; —**proof,** Regenmantel m. a., wasserdicht; —**tank,** s., Wasserbehälter m.; —**tight,** a., wasserdicht; —**y,** wässerig

watering, u'o'a-t'r-ing, s., Begießen n.; —**can,** Gießkanne f.; —**place,** Badeort m.

wave, u'ehw, s., Welle f. v., (flags) wehen; (to somebody) winken; (hair) wellen

waver, u'eh-wer, v., zaudern; —**ing,** a., unschlüssig

wavy, u'eh-wi, a., wellig; (hair) gewellt [sig

wax, u'äks, s., Wachs n. v., (to wax) wichsen; (polish) polieren; (become) werden

wax-works, u'äks-u'örrks, s.pl., Panoptikum n.

way, u'eh, s., Weg m.; (manner) Weise f., Art f.; — **in,** Eingang m.; —**lay,** v., auflauern; — **out,** s., Ausgang m.; — **through,** Durchgang m.

wayward, u'eh-u'örrdd, a., launisch [gang m.

we, u'ie, pron., wir

weak, u'iehk, a., schwach; —**en,** v., schwächen; —**ening,** a., schwächend. s., Abschwächung f.; —**ling,** Schwächling m.; —**ness,** Schwäche

weal, u'iel, s., Wohl n.; (wale) Schwiele f.

wealth, u'älth, s., Reichtum m.; —**y,** a., vermögend

wean, u'iehn, v., entwöhnen; (fig.) abgewöhnen

weapon, u'ä-p'n, s., Waffe f.

wear, u'är, s., (wear and tear) Abnützung f.; (clothes) Kleidung f. v., tragen; (last) tragen; — **out,** verbrauchen; (clothes) abnützen; (fatigue) ermüden

weariness, u'iehr-i-ness, s., Müdigkeit f.; (fig.) Überdruß m.

weary, u'iehr-i, a., müde. v., (tire) ermüden; (to weasel,** u'ieh-s'l, s., Wiesel n. [bore) langweilen

weather, u'edh-er, s., Wetter n. v., überstehen; — **beaten,** a., wettergebräunt; — **bound,** vom Wetter zurückgehalten; —**forecast,** s., Wettervoraussage m.; — **report,** Wetterbericht

weave, u'iehw, v., weben; **—r,** s., Weber m.

web, u'ebb, s., Gewebe n.; **—bing,** Gurtband n.

web-footed, u'ebb-fut-tid, a., schwimmfüßig

wed, u'edd, v., heiraten, sich verheiraten

wedding, u'ed-ding, s., Hochzeit f.; (ceremony) Trauung f.; **—ring,** Trauring m.

wedge, u'edsch, s., Keil m. v., einkeilen; **— in,** einzwängen

wedlock, u'edd-lock, s., Ehestand m.

weed, u'iehd, s., Unkraut n. v., jäten

week, u'iehk, s., Woche f.; **—day,** Werktag m.; **—end,** Wochenende n.; **—ly,** a., wöchentlich

weep, u'iehp, v., weinen; **—ing willow,** s., Trauerweide f.

weevil, u'ieh-v'l, s., Kornwurm m.

weigh, u'eh, v., wiegen; (consider) erwägen

weighing, u'eh-ing, **—machine,** s., Wage f.

weight, u'eht, s., Gewicht n.

weighty, u'eht-i, a., schwer; (serious) gewichtig

weir, u'iehr, s., Wehr n.

weird, u'iehrdd, a., unheimlich; (odd) sonderbar

welcome, u'ell-komm, s., Willkommen m. a., willkommen. v., willkommen heißen

weld, u'edd, v., schweißen

welfare, u'ell-fähr, s., Wohlfahrt f.

well, u'ell, s., Brunnen m.; (source) Quelle f. adv., wohl, gut, recht; **— being,** s., Wohlsein n.; **—bred,** a., wohlerzogen; **— done,** (food) durchgebraten; **— wisher,** s., Gönner

welt, u'ellt, s., (shoe, etc.) Rahmen m. [m.

wend, u'endd, v., sich wenden, gehen

west, u'estt, s., Westen m.; **—erly,** a., westlich

wet, u'ett, s., Nässe f. a., naß. v., naß machen

wet-nurse, u'ett-nörss, s., Amme f.

whack, hu'äck, s., Schlag m. v., schlagen

whale, hu'ehl, s., Walfisch m.; **—bone,** Fischbein n.

whaler, hu'ehl-'r, s., Walfischfänger m.

wharf, hu'o'arf, s., Werft f. & n., Kai m.

what, hu'ott, pron., was, wie; **—ever,** adv., was auch, was auch immer; **— kind of** or **what a...,** was für; was für ein[e] m. & n. [f.]

wheat, hu'ieht, s., Weizen m.

wheedle, hu'ieh-d'l, v., beschwatzen

wheel, hu'iehl, v., fahren, rollen. s., Rad n.; ——**-barrow,** Schubkarren m.; ——**-wright,** Wagenbauer m.

wheezy, hu'ieh-si, a., keuchend

whelk, hu'elk, s., Kinkhorn n.

when, hu'enn, (indef.'time) wann; (def. time) als; (if) wenn; ——**ce,** woher; ——**ever,** conj., so oft als

where, hu'är, adv., wo; ——**about(s),** wo; ——**as,** conj., während, wohingegen; ——**at,** adv., worauf, wonach; ——**by,** wodurch; ——**fore,** weshalb; ——**in,** worin; ——**on,** worauf; ——**to,** wozu; wohin

wherever, hu'är-ew-'r, adv., wo immer

whet, hu'ett, v., wetzen; (appetite) anregen

whether, hu'e-dher, conj., ob

which, hu'itsch, interrog. also relative pron., welcher m., welche f., welches n.; relative pron., der m., die f., das n.; ——**ever,** pron., welcher auch m., welche auch n., welche auch f. & pl.

while, hu'ail, s., Weile f. conj., während. v., [verweilen

whim, hu'imm, s., Grille f.

whimper, hu'im-per, s., Gewinsel n. v., winseln

whine, hu'ain, v., wimmern

whip, hu'ipp, s., Peitsche f. v., peitschen

whirl, hu'örl, v., wirbeln. s., Wirbel m.; ——**pool,** Strudel m.; ——**wind,** Wirbelwind m.

whisk, hu'isk, s., Wedel m.; (beater) Schläger m. v., (sweep) fegen; (beat) schnell schlagen; —— **away,** schnell wegziehen

whiskers, hu'iss-kers, s.pl., Backenbart m.sing.

whisky, hu'iss-ki, s., Whisky m.

whisper, hu'iss-per, v., flüstern. s., Geflüster n.

whist, hu'ist, s., Whist n.

whistle, hu'iss-'l, s., Pfeife f.; (sound) Pfiff m. v., pfeifen

whit, hu'it, s., Pünktchen n.; Bißchen n.

white, hu'ait, a., weiß. s., Weiß n.; ——**ness,** Weiße f.; ——**of egg,** Eiweiß n.; ——**wash,** Kalktünche f.

whither, hu'idh-er, adv., wohin

whiting, hu'**ait**-ing, s., Weißfisch m.

Whitsun, hu'it-sson, s., Pfingsten f.

whiz, hu'is, v., zischen, sausen

who, hu, pron., wer, welcher m., welche f., welches n.; (not interrog.) der m., die f., das n.

whoever, hu'ew-er, pron., wer auch; jeder der

whole, hohl, s., Ganze n. a., ganz; **—sale,** s., Großhandel m.; **—some,** a., gesund

wholly, hohl-i, adv., gänzlich, völlig

whom, huhm, interrog. pron. (accus.), wen. relative pron. (accus.), welchen m., welche f., welches n., welche pl., den m., die f., das n., die pl.; interrog. pron. (dat.) wem. relative pron. (dat.), welchem m. & n., welcher f., welchen pl., etc.

whoop, u'huhp, s., Schrei m. v., schreien

whooping-cough, huh-ping-ko'aff, s., Keuchhusten m.

whore, hohr, s., Hure f. v., huren [husten m.

whose, hus, interrog. pron., wessen. relative pron., dessen m. & n.; deren f. & pl.

whosoever, hu-sso-ew-er, pron., wer auch immer

why, u'ai, adv., warum, weshalb

wick, u'ick, s., Docht m.

wicked, u'ick-id, a., böse; (morally) schlecht

wickedness, u'ick-id-ness, s., Schlechtigkeit f.

wicker, u'ick-er, **—basket,** s., Weidenkorb m.

wicket, u'ick-it, s., (cricket) Dreistab m.

wide, u'aid, a., weit, breit; **—awake,** aufgeweckt; **—ly,** adv., weit; **—n,** v., sich erweitern; breiter machen; **—spread,** a., weitverbreitet

widow, u'id-oh, s., Witwe f.; **—er,** Witwer m.

width, u'idth, s., Breite f.

wield, u'iehld, v., schwingen; (power) ausüben

wife, u'aif, s., Frau f.; (polite) Gattin f.

wig, u'igg, s., Perücke f.

wild, u'aild, a., wild; (mad) toll

wilderness, u'ill-der-ness, s., Wildnis f., Wüste f.

wile, u'ail, s., Tücke f.

wilful, u'ill-full, a., eigenwillig; (act) vorsätzlich

will, u'ill, s., Wille m.; (legal) Testament n. v., wollen; (future) werden; (bequeath) vermachen

willing, u'ill-ing, a., willig, willens, bereit
willingness, u'ill-ing-ness, s., Bereitwilligkeit f.
will-o'-the-wisp, u'ill-o-dhi-u'isp, s., Irrlicht n.
willow, u'ill-oh, s., Weide f.
wily, u'ai-li, a., verschmitzt, schlau, listig
win, u'inn, v., gewinnen ; **—ner,** s., Gewinner m.;
  —ning, a., (manners) einnehmend; **—ning-**
  post, s., Ziel n.; **—nings,** pl., Gewinn m.
wince, u'innss, v., zucken, zusammenfahren
winch, u'intsch, s., (reel) Haspel m.
wind, u'aindd, v., winden; (twist) drehen; **—ing,**
  a., sich windend; **— up,** v., aufwickeln;
  (clock) aufziehen; (business) liquidieren
wind, u'indd, s., Wind m.; (flatulence) Blähung f.;
  —fall, (luck) unverhoffte[r] Glücksfall m.;
  (fruit) Windfall m.; **—mill,** Windmühle f.;
  —pipe, Luftröhre f.; **—screen,** Windschutz-
  scheibe f.; **—screen wiper,** Scheibenwischer
  m.; **—ward,** adv., windwärts; **—y,** a., windig
windlass, u'innd-läss, s., Winde f.
window, u'indd-oh, s., Fenster n.
wine, u'ain, s., Wein m.; **— -glass,** Weinglas n.
wing, u'ing, s., Flügel m.; (of car) Kotflügel m.
wink, u'ink, v., winken, blinzeln; (blink) zwinkern
winter, u'in-ter, s., Winter m. v., überwintern
wipe, u'aip, v., wischen; (boots) abkratzen
wire, u'air, s., Draht m. v., drahten
wireless, u'air-less, s., Radio n.; (apparatus) Ra-
  dioapparat m.; (message) Funkspruch m.
  v., funken, drahtlos senden
wiring, u'air-ing, s., Leitungen (elek.) pl.
wisdom, u'is-dom, s., Weisheit f. Verstand m.
wise, u'ais, a., weise, verständig, klug
wish, u'isch, s., Wunsch m. v., wünschen
wishful, u'isch-full, a., sehnsüchtig
wisp, u'isp, s., Bündel n.; (brush) Handbesen m.
wistaria, u'iss-teh-ri-a, s., blauer Goldregen m.
wistful, u'ist-full, a., gedankenvoll
wit, u'it, s., Witz m.; **—s,** Verstand m.; **—ticism,**
  Witzelei f.; **—ty,** a., witzig
witch, u'itsch, s., Hexe f.; **—craft,** Hexerei f.
with, u'idh, prep., mit; **—draw,** v., zurückziehen;

(money) herausziehen; **—hold,** zurückhalten; **—in,** adv., drinnen; innerhalb; **—out,** prep., ohne. adv., (outside) draußen; **—stand,** v., widerstehen

wither, u'idh-er, v., verwelken

withering, u'idh-er-ing, a., (look) vernichtend

witness, u'it-ness, s., Zeuge m., Zeugin f. v., (testify) bezeugen

wizard, u'is-erd, s., Zauberer m.

wobble, u'obb-'l, v., wackeln; (sway) schwanken **— to him,** wehe ihm

woe, u'oh, s., Weh n.; **— to him,** wehe ihm

woeful, u'oh-full, a., jammervoll, elend

wolf, u'ulf, s., Wolf m.; **she —,** Wölfin f.

woman, u'umm-en, s., Frau f., Weib n.; **—hood,** Weiblichkeit f.; **—ly,** a., frauenhaft

womb, u'uhm, s., Gebärmutter f.

wonder, u'on-der, s., Wunder n.; (astonishment) Verwunderung f. v., sich wundern; (ask oneself) gern wissen mögen

wonderful, u'on-der-full, a., wunderbar

woo, u'uh, v., freien, werben; **—er,** s., Freier n.

wood, u'udd, s., Holz n.; (forest) Wald m.; **—bine,** Geißblatt n.; **—cock,** Waldschnepfe f.; **—en,** a., hölzern; **—pecker,** s., Specht m.; **—y,** a., (trees) bewaldet

wool, u'ul, s., Wolle f.; **—len,** a., wollen

woolly, u'ul-i, a., wollig; wollenartig

word, u'orrd, v., (couch) abfassen. s., Wort n.; (news) Nachricht f.; **—ing,** Wortlaut m.; (style) Stil m.; **— of honour,** Ehrenwort n.

work, u'ork, v., arbeiten. s., Arbeit f.; (occupation) Beschäftigung f.; (achievement) Werk n.

worker, u'ork-er, s., Arbeiter m., Arbeiterin f.

workhouse, u'ork-haus, s., Armenhaus n.

working, u'ork-ing, s., (effect) Wirken n.; (business) Betrieb m.; (machine) Gang m.; (mine) Bau m.; **— expenses,** Betriebskosten pl.

workman, u'ork-man, s., Arbeiter m. [f.

workmanship, u'ork-man-schip, s., Ausführung

works, u'orks, s., Werk n.; (mech.) Werk n., Getriebe n.

workshop, u'ork-schop, s., Werkstätte f.

world, u'örrld, s., Welt f.; (globe) Erde f.

worldly, u'örrld-li, a., weltlich, irdisch; materiell

worm, u'örrm, s., Wurm m.; (screw) Gewinde n.

worm-eaten, u'örrm-ieht-'n, a., wurmstichig

worry, u'ar-ri, s., Sorge f.; (anxiety) Besorgnis f.; (bother) Mühe f.   v., sich sorgen; besorgt sein

worse, u'örss, a. & adv., schlechter; schlimmer

worship, u'örr-schip, s., Verehrung f.; (divine) Gottesdienst m.   v., anbeten

worst, u'örrst, a., schlechteste; schlimmste. adv., am schlechtesten; am schlimmsten

worsted, u'uss-tidd, s., (yarn) Kammgarn n.

worth, u'örrth, s., Wert m.   a., wert; —ily, adv., würdig; —less, a., wertlos; (person) nichtswürdig; — while, adv., der Mühe wert

worthy, u'örrth-i, a., würdig; trefflich

would-be, u'udd-bie, a., angeblich

wound, u'uhndd, s., Wunde f.   v., verwunden

wrangle, räng-g'l, v., zanken, hadern. s., Zank

wrap, räp, s., Umhang m.   v., hüllen; — up, einwickeln; (oneself) sich einhüllen

wrapper, räp-per, s., (postal) Kreuzband n.; (book) Umschlag m.

wrath, ro'ath, s., Zorn m.; —ful, a., zornig

wreath, riehth, s., Kranz m.

wreathe, riehdh, v., umkränzen, umwinden

wreck, reck, s., Wrack n.; Schiffbruch m.   v., scheitern; (destroy) zerstören; —age, s., (débris) Trümmer m.pl.; (naut.) Schiffstrümmer pl.

wrecked, reckt, a., schiffbrüchig; (fig.) zerstört

wren, ren, s., Zaunkönig m.

wrench, rentsch, s., (jar) Ruck m.; (sprain) Verrenkung f.; (tool) Schraubenschlüssel m.; (fig.) Schmerz m.   v., verrenken; (pull) reißen

wrestle, ress-'l, v., ringen

wrestler, ress-ler, s., Ringer m., Ringkämpfer m.

wretch, retsch, s., Elende m. & f.; —ed, a., elend

wretchedness, retsch-ed-ness, s., Elend n.

wriggle, rig-g'l, v., sich winden, sich schlängeln

wring, ringg, v., (clothes) [aus-]wringen; (neck) umdrehen; (hands) ringen

wrinkle, rink-'l, s., Falte f.; (face) Runzel f.,
    Falte f. v., falten; runzeln
wrist, rist, s., Handgelenk n.
writ, rit, s., Verfügung f.; Klageschrift f.
write, rait, v., schreiben
writer, rait-er, s., Schreiber m.; (author) Schrift-
    steller m.
writhe, raidh, v., sich krümmen
writing, rait-ing, s., Schrift f.; **hand—,** Hand-
    schrift f.; **in —,** adv., schriftlich; **—paper,**
    Schreibpapier n.
written, rit-ten, a., geschrieben
wrong, rongg, a., falsch, unrichtig; (moral) un-
    recht. s., Unrecht n. v., Unrecht zufügen
wroth, ro'ath, a., zornig, erzürnt
wrought iron, roat ei-ern, s., Schmiedeeisen n.
wry, rai, a., schief; **—face,** Grimasse f.; **—neck,**
    steife[r] Hals m.; (bird) Wendehals m.

Xmas (= Christmas), kriss-mass, s., Weih-
    nachten f.pl.; **—eve,** Heiligabend m.
X-ray, ex-reh, s., Röntgenstrahl m.; (X-ray photo-
    graph) Röntgenaufnahme f. v., röntgen
xylophone, sai-lo-fohn, s., Xylophon n.

yacht, jott, s., Jacht f.; **—ing,** Jacht fahren
yard, jahrd, s., Hof m.; (measure) Yard n.;
    ship-—, Schiffswerft n.; **timber-—,** Holz-
    hof m.
yarn, jahrn, s., Garn n.
yawn, jo'ahn, v., gähnen; **—ing,** s., Gähnen n.
year, jier, s., Jahr n.; **—ling,** Jährling m.; **—ly,** a.,
    jährlich
yearn, jörrn, v., sich sehnen, verlangen; **—ing,** s.,
    Sehnen n.; **—ingly,** adv., sehnsüchtig
yeast, jiest, s., Hefe f.
yell, jell, v., gellend schreien, schreien. s., Schrei
yellow, jell-oh, a., gelb. s., Gelb n.   [m.
yelp, jelp, v., kläffen
yeomanry, joh-m'n-ri, s., (mil.) berittene Miliz f.
yes, jess, adv., ja

yesterday, jess-ter-deh, adv., gestern

yet, jett, adv., noch. conj., dennoch, aber; **not —,** noch nicht

yew, juh, s., Eibe f., Eibenbaum m.

yield, jiehld, s., Ertrag m. v., (give way) nach geben; (bring in) eintragen; (produce) erzeu- [gen

yoke, johk, s., Joch n. v., anjochen

yokel, joh-k'l, s., dumme[r] Bauer m.

yolk, johk, s., Eidotter m., Eigelb n.

yonder, jonn-der, adv., dort drüben. a., jener m., jene f., jenes n., jene pl.

you, juh, pron., Sie, (fam.) du; ihr pl.; man

young, jong, a., jung; **the —,** s., die Jungen pl.; **—er,** a., jünger; **—ster,** s., Jüngling m.; Kind n.

your, juhr, pron., Ihr, (fam.) dein; euer pl.

yours, juhrs, pron., Ihrer m., Ihre f. & pl., Ihr[e]s n.; der [die f., das n.] Ihre or Ihrige m., die Ihren or Ihrigen pl.; (fam.) der [die f., das n.] eure or eurige m.; die euren or eurigen pl.

youth, juhth, s., Jugend f.; (lad) Jüngling m.; **—ful,** a., jugendlich; **—fulness,** s., Jugend- lichkeit f.; **— hostel,** s., Jugendherberge f.

Yule-tide, juhl-taidd, s., Weihnachtszeit f.

zeal, siehl, s., Eifer m.

zealous, sel-oss, a., eifrig; enthusiastisch

zebra, sih-bra, s., Zebra n.

zenith, sen-ith, s., Zenit m. & n., Scheitelpunkt m.

zephyr, sef-'r, s., Zephir m.

zero, si-roh, s., Null f., Nullpunkt m.; Gefrier- punkt m.

zest, sest, s., Würze f.; (enjoyment) Genuß m.

zinc, sink, s., Zink n. v., verzinken

zip-fastener, sip-fahss-ner, s., Reißverschluß m.

zone, sohn, s., Zone f.

zoological, soh-o-lo-dschi-k'l, a., zoologisch

zoology, soh-oll-o-dschi, s., Zoologie f., Tier- kunde f.

hugo

POCKET DICTIONARIES

*With Imitated Pronunciation
issued in*

French-English/English-French
German-English/English-German
Spanish-English/English-Spanish
Italian-English/English-Italian
Russian-English/English-Russian
Dutch-English/English-Dutch
English Pocket Dictionary
(*without pronunciation*)

★

POCKET PHRASE BOOKS

for

France, Germany, Spain, Greece,
Italy, Holland, Scandinavia and
Portugal

*Essential words and phrases, with
lots more useful information.*